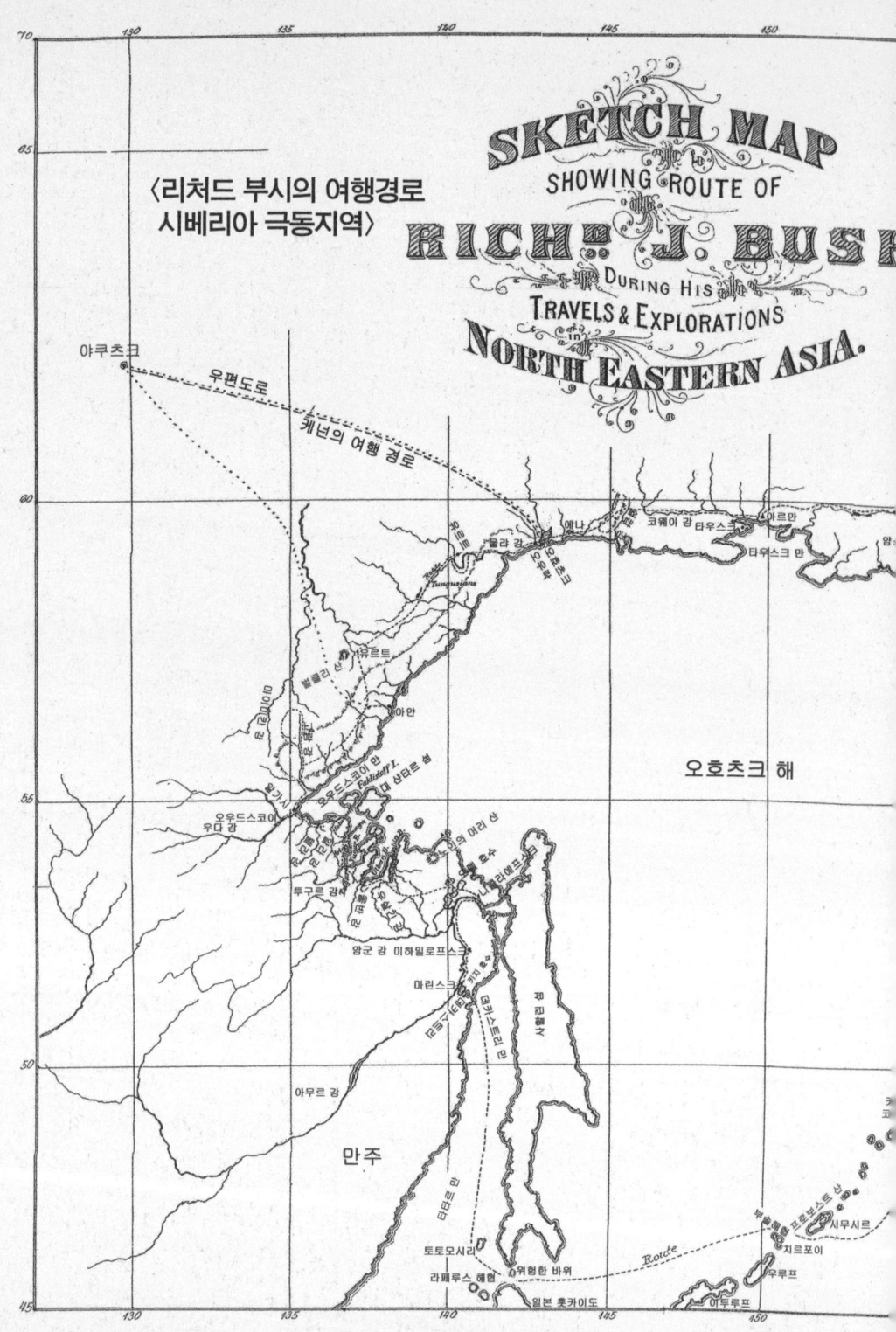

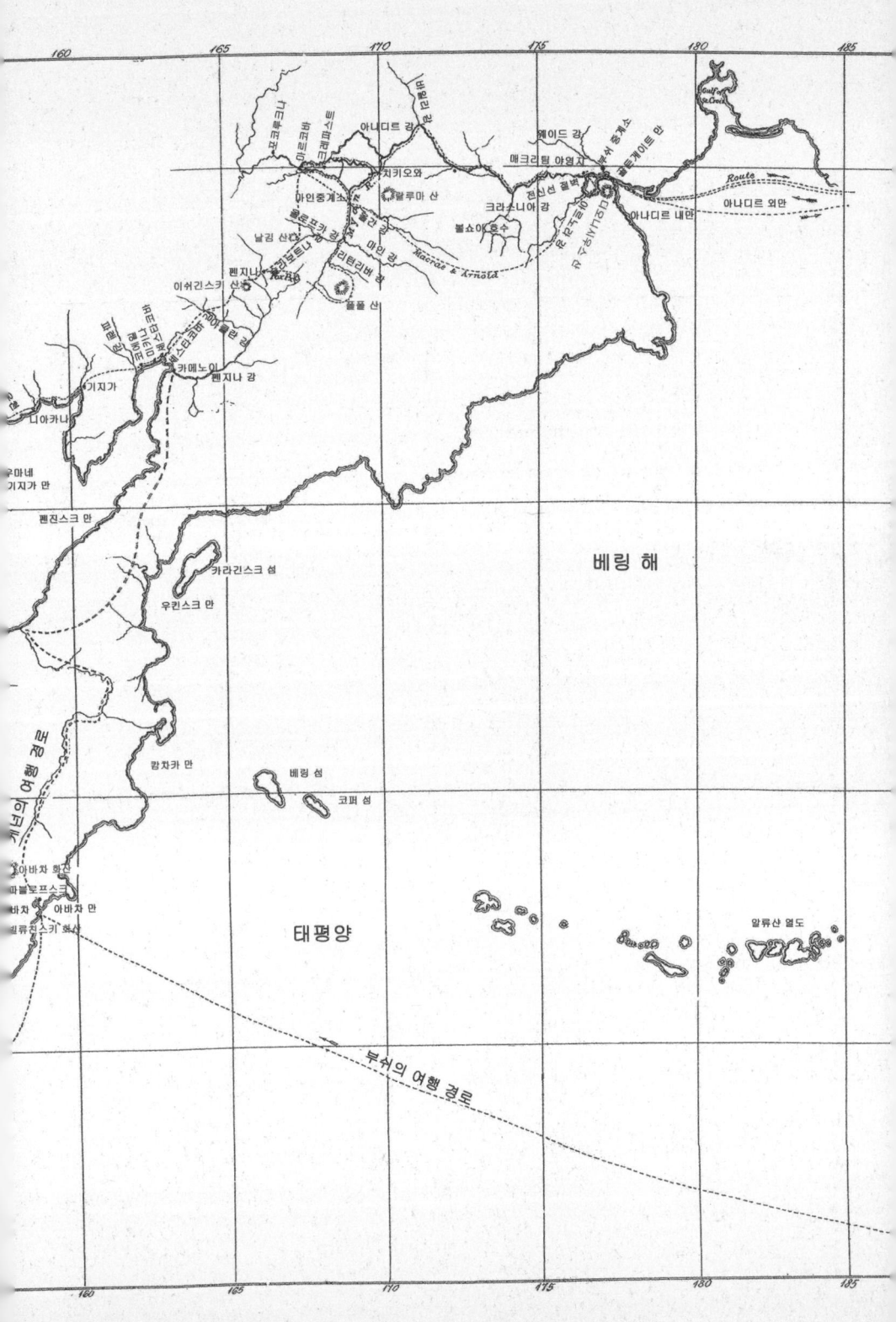

순록과 함께한 시베리아 탐험 일지

1865~1867년 동안의 시베리아 탐험 일지
(Reindeer, dogs, and snow-shoes : A Journal of Siberian Travel and
Explorations made in the years 1865, 1866, and 1867)

이 도서의 국립중앙도서관 출판시도서목록(CIP)은 서지정보유통지원시스템 홈페이지 (http://seoji.nl.go.kr)와 국가자료공동목록시스템(http://www.nl.go.kr/kolisnet)에서 이용하실 수 있습니다(CIP제어번호: CIP2016028099).

순록과 함께한
시베리아 탐험 일지
흑룡강, 캄차카, 축치 반도 탐사 기록 1865, 1866, 1867

리처드 부시 지음 | 정재겸 역주

1865~1867년 동안 참여했던 러-미 전신회사 소속 탐험대원들에게
이 일지를 존경하는 마음으로 바친다.

뉴욕 하퍼 앤 브라더스(Harper & Brothers) 출판사, 1871

우리역사연구재단

순록과 함께한 시베리아 탐험 일지

2016년 12월 1일 초판 1쇄 인쇄
2016년 12월 7일 초판 1쇄 발행

지은이 | 리처드 부시
옮긴이 | 정재겸
펴낸이 | 이세용
펴낸곳 | 우리역사연구재단
주　간 | 정재승
교　정 | 배규호
디자인·편집 | 배경태
출판등록 | 2008년 11월 19일 제321-2008-00141호

주　소 | 서울시 서초구 서초동 1689-2번지 서흥빌딩 401호
전　화 | 02-523-2363
팩　스 | 02-523-2338
이메일 | admin@koreahistoryfoundation.org
홈페이지 | http://www.koreahistoryfoundation.org

ISBN | 979-11-85614-03-8 03810

잘못된 책은 구입하신 서점에서 바꾸어 드립니다.
이 책의 저작권은 우리역사연구재단에게 있습니다.
우리역사연구재단의 허락 없이 내용을 인용하거나 발췌하는 것을 금합니다.

정　가 | 22,000원

REINDEER, DOGS, AND SNOW-SHOES:

A JOURNAL OF SIBERIAN TRAVEL AND EXPLORATIONS

MADE IN THE YEARS 1865, 1866, AND 1867.

By RICHARD J. BUSH,
LATE OF THE RUSSO-AMERICAN TELEGRAPH EXPEDITION.

WITH ILLUSTRATIONS.

NEW YORK:
HARPER & BROTHERS, PUBLISHERS,
FRANKLIN SQUARE.
1871.

1871년 뉴욕 프랭클린 스퀘어 하퍼 앤드 브라더스 출판사에서 나온 초판본 속표지

축치족 텐트 야랑가

오호츠크 전경. 1857년

페트로파블로프스크 캄차츠키의 코랴크스키 화산. (출처: 위키피디아)

길랴족 곰놀이. 사할린. 1903년. 블라스 도로셰비치

이텔멘족 겨울 움집과 여름집

유카기르족 순록 탄 아이들. 1940년

축치족 순록썰매

라무트족(에웬족) 여인네들. 오호츠크. 20세기 초. (출처: 위키피디아)

유카기르족 마을. 1896년. 제숲 탐험대

축치족 개썰매

기지가 전경

유목 코랴족 순록떼

길략족 사냥꾼들. 사할린

기지가 러시아 정교 교회. 1898년

길략족 겨울 움집과 여름집

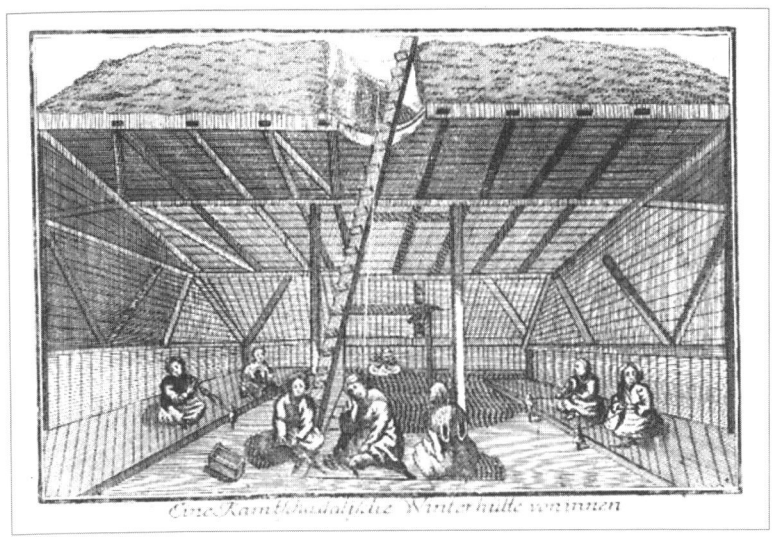

이텔멘족 겨울 움집 내부. 1774년. 게오르그 스텔러스 그림

이텔멘족 여름 어렵 야영지. 18세기. 스테판 크라셰니니코프 그림

유목 코략족 유르트

니콜라예프스크. 1900년

코략족 순록썰매

정착 코략족 겨울집. 요헬슨. 미국 자연사 박물관

야쿠트족 개썰매. 양말 신은 썰매개들

말종족 야쿠트족. 1905년

야쿠트족 사다리꼴 유르트와 말젖술 만드는 여인네들.
20세기 초

유카기르족. 1905년

순록과 개들의 싸움(380페이지 참조)

Reindeer, dogs, and snow-shoes:

A Journal of Siberian Travel and Explorations
made in the years 1865, 1866, and 1867

저자 서문

시베리아 탐험이 끝난 지 4년이나 지난 이 늦은 시기에 그 기록물인 이 탐험 일지를 대중 앞에 내놓는다는 것은 저자로서는 커다란 망설임 속에서 또 하나의 모험을 시작하는 것과 다름없는 일이었다. 왜냐하면 보통 일지라는 것에는 흥미로운 내용들이 빠져 있어 독자의 시선을 끌 수 없을 것이라는 점도 있지만, 그보다는 그 기록물을 독자들이 좀 더 읽기 쉽고 이해할 수 있게, 더 나아가 재미를 느낄 수 있도록 묘사할 수 있는 능력과 자신이 저자에게는 부족하다는 생각이 들었기 때문이었다. 그럼에도 불구하고 수많은 친구들의 진지한 요청을 마다할 수 없었던 저자는 마침내 이제 이 탐험 일지를 문학이라는 너른 바다에 진수시키는 모험을 하기로 결정했다. 문학이란 바다는 과거로부터 대중들의 욕망과 기호가 부침해 왔던 곳이다. 이제 그 바다에 빠져 죽느냐, 아니면 헤엄쳐 살아 나오느냐 하는 것은 전적으로 운명에 달려 있는 것이다.

우리 탐험대의 목적은 오로지 러-미 전신회사의 케이블을 예정된 루트에 깔기 위한 사전 답사였다. 그러나 필요한 자재들이 제때 공급되지 못한 관계로 수많은 설치 지점들에서 작업이 제대로 이루어지지 않게 된 것은 피할 수 없는 일이었다.

저자는 백인들이 결코 가 본 적이 없는 어느 춥고, 황량하고, 책에도 나오지 않는, 그러나 어떤 면에서는 재미있기도 한 시베리아의 드넓은 지역에서 거의 3년을 보내는 동안 저자 자신이 보고, 듣고, 또 견디어 냈던 모든 것들을 독자들에게 온전히 전달해 주려는 마음으로 이 책을 썼다. 독자들이 이 책을 다 읽게 될 무렵에, 저자의 그러한 마음을 독자들이 조금이라도 깨달을 수 있게 된다면, 저자로서는 진심으로 독자들에게 고마움을 느끼게 될 것이다.

이 책을 세상에 내놓는 저자의 목적은 이 책이 학문적 관점에서 귀중한 자료가 되기를 바라는 것이 아니다. 하지만 만일 저자가 방문했던 시베리아 지역에 관한 기존의 척박한 정보들에 이 책이 무언가를 더 보탤 수 있다면, 혹은 만일 이 책을 다 읽고 난 독자들이 책을 읽는 데 들인 시간을 보상받았다고 느낀다면, 저자의 목적은 완전히 달성되었다고 말할 수 있다.

책 속에 나오는 그림들은 대부분 저자가 직접 현장에서 그린 것이다. 다양한 원주민들의 초상은 모두 일상생활 속에서 나온 것들이다.

1871년 4월 샌프란시스코.

역자 후기

　리처드 부시의 이 책은 1870년 출간된 조지 케넌(George Kennan)의 《시베리아 탐험기(Tent Life in Siberia)》(우리역사연구재단)와 쌍둥이 형제 같은 작품이라 할 수 있다. 당시 조지 케넌의 탐험기가 베스트셀러로 유명해지자, 같은 탐험대 팀장이었던 리처드 부시의 탐험 일지를 다듬어서 다음 해인 1871년에 책으로 출판하게 되었던 것이다. 이로써 당시 미국의 웨스턴 유니온 전신회사의 시베리아 탐험대가 1865~1867년 3년간 답사했던 양대 구간(조지 케넌이 담당했던 캄차카의 페트로파블로프스크 - 기지가 - 아나디르스크 구간과 리처드 부시가 담당했던 아무르 강의 니콜라예프스크 - 오호츠크 - 기지가 구간)의 탐험기가 모두 완성되었다. 따라서 리처드 부시의 탐험기는 조지 케넌의 탐험기와 떼려야 뗄 수 없는 이란성 쌍둥이와도 같은 존재가 되었다.

　조지 케넌의 탐험기가 마치 마크 트웨인(Mark Twain)의 소설 《톰소여의 모험》이나 《허클베리핀의 모험》 같은 유려하고도 유머스런 문체로 쓰였고, 캄차카 반도와 축치 반도 원주민인 캄차달족, 코략족, 축치족 등에 관한 관찰이 포함되어 있다면, 리처드 부시의 탐험기는 성실하고 꼼꼼한 일지 형식을 취하고 있으며 아무르 강과 주그주르 산맥 원주민인 길랴크족, 라무트족, 야쿠트족 등에 관한 관찰이 포함되어 있다. 따라서 이 두 작품들은 서로 형식과 내용이 다르면서도 보완적인 구조를 갖고 있다고 볼 수 있다.

당시 시베리아 탐험대는 민간회사인 웨스턴 유니온 전신회사 소속이지만, 조직 구성은 군대처럼 되어 있어 탐험대장에는 찰스 벌클리 대령, 그 밑에 브리티시 컬럼비아(오늘날 캐나다) 탐험팀장 프랭크 포트 소령, 러시아령 미국(오늘날 알래스카) 탐험팀장 로버트 케니콧 소령, 그리고 시베리아 탐험팀장 러시아인 아바자 소령이 있고, 시베리아 탐험팀장 아바자 소령 밑에는 니콜라예프스크 - 오호츠크 구간 팀장 리처드 부시 대위, 기지가 - 아나디르스크 구간 팀장 조지 케넌이 있으며, 아바자 소령 자신은 오호츠크 - 기지가 구간을 직접 담당했다. 리처드 부시는 원래 담당 구간이 니콜라예프스크 - 오호츠크였으나, 아바자 소령의 제안에 따라 나머지 구간인 오호츠크 - 기지가 - 아나디르스크 구간까지 전 구간을 주파하면서 시베리아 탐험대의 전체 구간에 대한 일지를 작성하게 되었다. 따라서 일부 구간만을 답사한 조지 케넌과는 달리 리처드 부시는 명실공히 시베리아 탐험대의 전 구간 정식 기록자가 되었던 것이다. 게다가 그는 현지에서 직접 그린 그림까지 보고서에 첨부함으로써 생생한 기록물을 오늘날까지도 남기고 있는 것이다. 리처드 부시 팀이 답사한 경로는 대략 다음과 같다.

캄차카 페트로파블로프스크(1865년 7월 3일 미국 샌프란시스코 항 출발 48일 만인 8월 20일 도착. 5일 체류) - 타타르 해협 데 카스트리 항(배로 15일 만인 9월 10일 도착) - 아무르 강 하류 니콜라예프스크(9월 16일 도착. 말, 보트, 거룻배 이용. 35일 체류) - 오우드스코이(11월 25일 도착. 증기선, 순록, 개썰매 이용. 23일 체류) - 아얀(1866년 1월 18일 도착. 순록 이용. 21일 체류) - 오호츠크(3월 7일 도착. 순록썰매, 개썰매 이용. 7일 체류) - 타우스크(3월 19일 도착. 개썰매 이용) - 얌스크(3월 24일 도착. 개썰매 이용) - 기지가(4월 2일 도착. 개썰매 이용. 15일 체류) - 펜지나(4월 26일 도착. 개썰매 이용) - 마인 강(5월 3일 도착. 개썰매 이용) - 아나디르스크(5월 8일 도착. 개썰매 이용) - 아나디르 내(內)만(Anadyr Bay)(8월 15일 도착. 뗏목 이용) - 아나디르 외(外)만 (Anadyr Gulf)의 프로비덴스 항(8월 18일 도착. 증기선 이용) - 부시 중계소(10월 1일 도착. 증기선 이용) - 아나디르스크(11월 17일 도착. 개썰매 이용) - 기지가(1867년 4월 9일 도착. 개썰매 이용. 23일 체류) - 아나디르스크(5월 21일 도착. 개썰매 이용) - 마인 강 중계소(6월 10일 도착. 카르바스 보트 이용) - 부시 중계소(6월 26일 도착. 카르바스 보트 이용) - 집으로(9월 6일 출발 22일 만에 미국 도착)

이상과 같이 당시 북미 대륙 - 베링 해 - 유라시아 대륙의 러시아를 하나의 전신선으로 연결하려는 미국 웨스턴 유니온 전신회사와 러시아 정부의 합작회사 러-미 전신회사의 시베리아 탐험대에 속한 리처드 부시 팀은 3년에 걸쳐 아무르 강 하류 지역에서부터 해안가를 따라 베링 해에 접한 아나디르 만까지 겨울에는 순록과 개썰매를 이용하고, 수로가 열리는 여름에는 배를 이용해 성공적인 답사를 마쳤던 것이다. 하지만 희생도 뒤따라서 범선 골든게이트 호가 난파당했고, 매크리 팀 로빈슨은 도중에 장염으로 죽었으며, 선원 게디스는 류머티즘 열병으로 죽는 희생을 치렀다. 조지 케넌 팀의 리트가 정신이상으로 자살한 것을 포함하면 모두 3명이 희생된 것이다. 게다가 시베리아의 혹독한 추위보다도 더 무서운 것은 기근 사태였다.

우리나라에도 과거에 겨울이 끝나가는 춘궁기에 많은 굶주림이 있었듯이, 이 북극권 시베리아에도 혹독한 기근 사태가 벌어지고, 전염병이 나도는 등 재난에 시달렸는데, 조지 케넌의 보고에 따르면, 심한 경우 그 지역 주민의 거의 절반이 굶어죽었던 때도 있었다고 한다. 이런 기근 사태의 원인은 물론 기본적으로 정착 원주민들의 주식인 물고기가 잡히지 않는 자연재해이지만, 자세히 살펴보면 매번 당하고도 미리 대처하지 않는 원주민들의 부주의가 더 큰 이유로 진단되고 있다. 이런 굶주림에서 이들을 구해 줄 수 있는 자들은 오로지 많은 순록들을 보유하고 있는 순록유목 원주민들인데, 이번에는 그들마저 나타나지 않았다.

리처드 부시 팀은 기지가에 보급품이 많이 쌓여 있는데도 불구하고 많은 개들이 굶어죽었기 때문에 유일한 이동 수단인 개썰매를 구할 수 없어 제때 보급품을 공급받지 못하는 상황이었다. 그러나 그런 상황에서도 자력으로 거위 등을 사냥하고 말을 잡아먹는 등 근근이 살아가면서 주어진 과업인 전신주 기둥 베는 작업을 완수했던 것이다. 이런 혹독한 고난을 이겨내고 이제부터는 수월하게 작업을 할 수 있겠다는 자신감이 들 무렵 사업 포기라는 믿을 수 없는 사태가 닥치게 되자, 저자는 큰 좌절감을 느끼게 되면서 회사의 일방적 결정에 분노를 드러내기까지 한다. 그만큼 시베리아 탐험팀은 모두 이 사업에 국가적인 자부심과 애착을 갖고 임했던 것이다. 결국 이 사업은 미완으로 끝나게 되었지만, 시베리아 탐험팀이 답사하면서 얻어 낸 많은 다양한 정보들은 오늘날 미국 자연사 박물관과 스미소니언 박물관에 소장되면서 그 가치를 발하고 있다.

이 책에는 시베리아를 처음 접한 저자의 솔직한 관점들이 잘 드러나 있다. 동토와 불모의 땅으로만 시베리아를 인식하고 있었던 저자가 캄차카 반도에서 맞이한 한 여름의 풍요로움을 묘사한 장면은 아주 인상적이다.

"……사람들은 시베리아를 춥고 황량한 불모지이며, 굶주림에 지친 늑대, 얼어붙은 이끼, 휘몰아치는 눈폭풍, 그리고 굶주린 유배자들이 떠도는 곳이라 했다. …… 그런데 실상은 얼마나 다른 것인가! 한여름 소나기가 시원하게 쏟아져 내린 후, 해안선까지 뻗어 내린 푸른 언덕에 햇살이 반짝거리는 고요하고 아름다운 날이 있는가 하면, 색색의 야생화들이 들판에 흩뿌려져 있고, 또 앞으로 나아가면 키 큰 풀숲이나 무성한 덤불숲에서 수백 마리의 새떼들이 휘리릭 날아가기도 한다. 하늘은 파랗고 군데군데 거대한 깃털구름이 느릿느릿 흘러가면서 지상의 풍경에 명암을 드리운다. 이런 아름다운 광경에 마지막 획을 긋는 것은 바로 캄차카 풍경의 결정체인 화산들이다.……"

또한 혹독한 추위와 굶주림이라는 모든 시련을 극복해 낸 사람들에게는 그에 대한 보상으로 신기루, 환일 현상 등과 함께 북극권 시베리아에서만 볼 수 있는 아름다운 자연 풍광들을 맛볼 수 있는 기회가 제공되었다.

"……해가 질 때와 뜰 때, 딱 2시간 동안을 제외하고 나머지 시간 동안은 항상 날이 밝았다. …… 이 짧은 시간 동안에 해는 사라졌다고 하지만, 사실은 지평선 아래를 따라 스쳐 지나가고 있을 뿐이었고, 그래서 해가 없는 동안에도 북녘 하늘은 온통 황금색, 심홍색, 자주색, 오렌지색 등의 아주 멋진 색으로 빛나게 되면서, 온갖 아름답고 미묘한 색조들이 뒤섞여 하나로 조화된 장엄한 광경을 연출하고 있었다. 다시 말해, 그것은 춥고도 황량한 풍경 위로 말로 형언할 수 없는 그런 아름다운 광채를 드리우고 있는 것이다. …… 자정 무렵 아나디르 강변으로 지는 이런 일몰 현상을 나는 결코 잊을 수 없을 것이다. 그것은 내가 지금까지 보았던 어떤 일몰 현상보다도 장엄하고 아름다운 것이었는데, 거의 2시간 동안 그런 아름다운 현상이 사라지지 않고 계속됐다.……"

저자는 또한 당시 19세기 제국주의자들인 서구열강, 즉 러시아를 포함한 서양인의 원주민에 대한 편견을 그대로 드러내고 있으면서도, 한편 북부 원주민들 중 가장 호전적인 축치족에 대한 기술에서, 그들이 서양인의 관점에서 이해할 수 없는 야만스런 관습을 지녔음에도 불구하고, 지적이면서 고상한 특성들을 많이 갖고 있다는 긍정적인 평가도 내리고 있다. 이런 그의 긍정적인 평가는 실제로 축치족이 막강한 러시아 제국과 맞서 싸우며 끝까지 항복하지 않은 유일한 시베리아 원주민이었다는 역사적 사실과도 잘 부합된다고 할 수 있다.

또한 저자는 아무르 강을 타고 내려가다가 미하일로프스크와 니콜라예프스크 중간에 있는 오른쪽 마을 절벽 위에 옛날 절터가 있고, 타타르족 기념비가 3개 남아 있다는 이야기를 듣게 된다.[1] 여기 나오는 절터와 기념비들은, 역자가 조사한 바에 의하면 명나라 영락제의 명에 따라 흑룡강 하류와 사할린 섬을 관할하기 위해 세워진 누르간 요새의 영녕사(奴兒干 永寧寺)와 그 기념비들이다.[2] 이것은 당시에 명나라가 아무르 강 하구까지 지

---

1) 역주 - 저자는 그 기념비들에 관해서는 페리 콜린즈의 《아무르 강 항행기(Voyage down the Amoor)》에 자세한 설명이 나와 있다고 했다. 역자가 《아무르 강 항행기》에서 확인한 바로는, 그 기념비 중 하나에 한자, 몽골어, 티베트어 등의 문자가 새겨져 있으며, 그 내용은 기념비가 있는 자리가 옛날 원나라 때 절터이고, 그 절 이름은 구녕사(求寧寺, The temple of Eternal Repose)이며, 원나라의 힘이 사방에 미치고 있다는 내용의 뜻을 담고 있다고 했다. 그 절터가 있던 당시 지명은 툰(Toon)이며, 러시아 지명으로는 트베르(Tver)라 했다. 하지만 당시 페리 콜린즈의 이 설명은 역자가 위에서 설명한 것과는 다르며, 틀린 것으로 볼 수 있겠다. 원나라가 아니라 명나라이며, 구녕사가 아니라 영녕사인 것이다.

2) 역주 - 누르간 영녕사의 역사는 다음과 같다. 명나라 3대 황제 영락제(1402-1424년 재위)는 요동에서의 몽골 세력을 견제하기 위해 여진족 세력하에 있는 흑룡강 하류 누르간에 1409년 요새를 신설하여 흑룡강 하류와 사할린 섬을 관리케 했다. 그러나 야인 여진의 습격이 잦아지자 1412년 영락제는 해서 여진 출신 환관 이시하(亦失哈)를 지휘관으로 하는 정벌군을 보낸다. 1413년 이시하는 25척의 배와 1,000명의 군대를 거느리고 송화강을 거쳐 흑룡강에 진입한 후 누르간에 도착하여 거의 1년 동안 머물며 주변을 평정하고 영녕사를 건립한다. 그러나 이후 샤머니즘을 믿는 토착민들의 습격이 잦아지자, 1432년 마지막 원정에 나선 이시하는 50척의 배와 2,000명의 군대를 거느리고 누르간에 도착하여 1433년 무너진 절을 다시 중건한다. 하지만 결국 1435년 명나라는 누르간 요새를 포기하게 된다. 누르간 요새는 현재 러시아 하바로프스크의 작은 마을인 티르(Tyr)인데, 당시 중국에서는 특림(特林, Telin)이라 불렸고, 현재 중국어 이름은 체이(蒂你, Dier)로 흑룡강과 그 지류인 암군 강(Amgun River, 중국어로는 아모공하阿姆貢河, 청나라 때는 흥곤하興袞河라 불림)이 만나는 곳에 있다.

영녕사비   영녕사중건비

배했던 징표임을 보여 주고 있다는 점에서 중요한 유적으로 볼 수 있겠으며, 앞으로 더 많은 연구가 요청된다고 하겠다. 또한 현재까지 누르간 영녕사에서 발견된 비는 2개인데, 하나는 1413년 1차로 세운 칙수누르간영녕사비(勅修奴兒干永寧寺碑)이고, 다른 하나는 1432년 2차로 세운 중건영녕사비(重建永寧寺碑)이다. 일반적으로 영녕사 비문이라 하면 1413년 세워진 비문을 일컫는데, 이 비문은 앞면에는 한자, 뒷면에는 여진어와 몽골어로 기록되어 있다. 현재까지 알려진 여진어 비문 중 가장 늦게 쓰여진 비문으로 여진어 연구에 매우 중요한 자료이며, 이들 기념비들은 모두 현재 블라디보스토크의 아르세니예프 박물관에 소장되어 있다.

이 밖에도 저자는 현지의 부패한 지방 관리들과 정교회 신부들의 실상을 낱낱이 공개하고, 또 현지 주민들의 생활상을 자세히 묘사해 주는 등 삽화가의 날카로운 눈으로 북극권 시베리아의 생활상을 잘 그려 주고 있다.

저자가 묘사하고 있는 북방 원주민들의 생활상에서 인류학적으로 우리 한민족의 전통문화와 연결 지을 수 있는 요소들이 많이 발견되고 있다. 예를 들면, 캄차달족의 식량 창고인 '볼로간'은 고구려의 부경(桴京)과 닮아 있으며, 길랴족의 움집에 있는 온돌시설은 우리의 온돌과 닮아 있고, 또 축치족의 노인 죽이는 풍습은 우리나라의 옛날 고려장과 닮아 있으며, 일본 북해도 지방에도 존재했던 것으로 알려져 있다. 또한 다음과 같은 기술도 우리와 닮아 있다는 생각이 든다.

"……약 40km 거리를 호수 수로로 이동하는 동안, 우리는 보쉬냐(Boshniak)이라 불리는 작은 바위섬을 지나쳐 갔는데, 이 섬은 길랴족 사람들이 성지로 받드는 곳으로, 샤먼들이 그들의 이교적 제의를 이곳에서 지내기 위해 정기적으로 오가는 곳이다. 많은 면에서 이런 것들은 아메리카 인디언들의 제의와도 닮아 있었다.……"

이것은 역자가 바이칼 호 여행을 갔을 때 바이칼 호의 알혼 섬을 주변의 부랴트족, 알타이족 등 원주민들이 최고의 성소로 여기면서 모든 샤먼들이 몰려와 제의를 지낸다는 이야기를 들었던 것을 떠올리게 한다. 우리나라에서도 섬인 강화도에 제천단이 있지 않은가! 이 같은 북방 원주민들과 우리 한민족과의 연관성은 아마도 필연적인 것이 아닌가 하는 생각이 든다. 왜냐하면 한반도는 만주 대륙을 사이에 두고 극동 러시아 지역과 이어져 있으므로, 북방 민족들과의 교류는 당연한 것이며, 한반도와 만주의 식생 조건 역시 비슷하다. 특히 연해주 지역과 한반도의 식생 조건은 아주 흡사하다. 소나무, 낙엽송, 갈참나무 등의 식물군과 호랑이, 늑대, 여우 등의 동물군 역시 양쪽에 똑같이 살아왔다.

역자가 2012년 연해주 답사 여행 때에도 목격했던 사실이다. 한반도의 백두대간을 타고 올라가면 연해주의 시호테 알린 산맥과 이어지고, 시호테 알린 산맥은 아무르 강을 넘어 스타노보이 산맥과 주그주르 산맥으로 이어진다. 역자는 아무르 강 너머 주그주르 산맥은 가보지 못해 알 수 없지만, 시호테 알린 산맥까지는 우리 한반도 백두대간 산 풍경과 아주 닮아 있음을 확인하였다. 따라서 한반도와 연해주는 같은 식생대라고 말할 수 있다. 역자는 당시 연해주 답사 때 현지 원주민인 우데게족의 풍습 중 호랑이 숭배 신앙과 산삼 캐는 심마니의 산신 숭배 신앙을 확인하기도 했다. 이렇듯 북방 원주민들과 우리 한민족과의 연관성은 앞으로 많은 연구를 통해 더 많이 밝혀져야 할 필요가 있다고 본다. 따라서 리처드 부시의 시베리아 탐험팀이 남긴 자료들과 기록들은 비록 단편적인 것일 수도 있지만, 퍼즐 맞추기와도 같은 앞으로의 북방 연구에 일조할 수 있을 것으로 보인다.

역자는 시베리아에 관심을 갖고 시베리아 원주민에 관한 저작물들을 번역하기로 하면서 개론서인 《시베리아 원주민의 역사》, 각론서인 캄차카와 축치반도의 이텔멘족, 코랴족, 축치족에 관한 《시베리아 탐험기》를 출간하고, 이어서 아무르 강 하류와 오호츠크 해안의 길랴족, 야쿠트족에 관한 이 책을 번역하게 되었다. 지금까지는 시베리아 극동 원주민들을 다루었다면, 다음에는 중부나 서부 시베리아의 다른 원주민들을 소개하는 기회를 갖고자 하는 것이 역자의 희망이다.

이 책이 나오기까지 우리역사연구재단 이세용 이사장님과 편집진 여러분의 많은 성원이 있었음에 마음 깊이 감사드린다. 또한 그간 많은 조언을 해주었던 정재형 교수, 매트 지 그리고 계룡산 학우들과 함께 출간의 기쁨을 나누고자 한다.

2016년 10월 계룡산방에서
역주자 정재겸

/차 례/

저자 서문 9
역자 후기 11

제 1 장 35

　　　　탐험의 목적-탐험 경로-웨스턴 유니온 전신회사-탐험대장 벌클리 대령-샌프란시스코에서 탐험대 조직-시베리아 탐험팀장 아바자 소령-캄차카로 향하는 범선 올가 호-47일간의 태평양 항해-장막 같은 안개-육지다!-멀리 만년설에 뒤덮인 캄차카 화산들-상륙 준비-캄차카 해안-놀랍게 아름다운 풍경-좁은 아바차 만 입구-외국인 모피상 플렝거 씨의 영접-목마른 문명 세계 소식-페트로파블로프스크 마을-아름다운 항구-연합국과의 전쟁-인구-초기 역사-닻을 내리고 접안-짖어 대는 에스키모 개들-기쁨에 들뜬 상륙-예절 바른 원주민들-혼혈인 캄차달 코사크족-원주민 옷-그리스 정교 교회-독신자 숙소-러시아식 벽돌난로 페치카-러시아식 찻주전자 사모바르-시베리아의 음료 차-캄차카 지방장관(이스프라브닉)이자 선장인 수트코보이-베링 기념비-러시아식 환대-보편적인 관습인 숙녀들의 끽연-수호신 페나테스-교회 휴일 프라즈닉-겨울과 여름의 오락거리-라페루스 기념비-만발한 야생화와 무성한 장과류-장대한 해안선 풍경-1861년의 아바친스키 화산 대폭발과 대지진-병사들 무덤-탄약창고의 코사크족 초병-술 마시고 노는 낚시꾼들-방탕한 신부들-카누 같은 캄차달식 보트-소심한 원주민들-미국인과 영국인 거주자들-나름대로 즐거운 페트로파블로프스크의 삶

제 2 장 62

　　　　아바자 소령의 계획-횡단 지역-아무르 강을 향하여-조랑말 타기-캄차달 말과 안장-러시아어 출발 신호 포숄! 포숄!-고문당하는 것 같은 고통-발을 높이 올리는 시도-우리가 상상했던 것과는 완전히 다른 아름다운 캄차카-연어잡이-연어를 낚아채 가는 까마귀와 에스키모 개-해안가를 따라서-건초 말리기-시베리아 암소-곰과 늑대-내 온순한 암말-천방지축 새끼 망아지 '보좌관'-장엄한 아바친스키 화산과 빌류친스키 화산-그림 같은 마을-시베리아 타타르족 유배자-정부 스파이로 의심-중간 역사무소-파리처럼 많은 바퀴벌레-박멸 방법-시골식 러시아 증기탕-목욕 순서-오염된 공기 '우가' 빼내기-돌아가는 길-사람을 늑대로 오인-곡예 부리는 말-일상이 된 나의 불운-후트레 마을-버터가 되기 전 우유-귀환-페트로파블로프스크에서의 마지막 날-겨울용

모피외투 쿠크랑카-모피장화 토르바싸-모피양말 차지-챙 없는 모피모자 말라치와 목도리 아르카닉-질 좋은 캄차카산 모피-모피 세금 야삭-모피 훔치면 극형에 처함-몰려드는 모피 무역상-심해지는 경쟁-미국말 속임수-높은 가격-천둥번개 폭풍-이별 모임-소개장-이별

제 3 장　80

굿바이-니콜라예프스크로 출발-매혹적인 아바차 만과의 이별-짙은 안개-어려운 항해-추측 항법-암초다!-간신히 탈출-새로운 위험 무풍지대-배 버릴 준비-돛이 펄럭이다-다시 바다로-우시시르 섬과 케토이 섬-시무시르 섬-부솔 해협-프로보스트 산-치르노이 군도의 활화산-오호츠크 해-라페루스 해협-아름다운 날씨-고래-사할린 섬-폭풍의 징조인 조개구름과 쇠뜨기말-예조-위험한 바위-폭풍-일본 섬들-토토모시리 섬-타타르 해협-서쪽의 만주 대륙 해안-데 카스트리 만-중요한 항구-운하와 철도 건설 계획-알렉산드로프스크 마을-군대 막사 같은 집들-전신 중계소-증기선 군함-한 폭의 그림 같은 해안가 절벽 풍경-정성스런 환대-끊어진 전신선 수리 중-페테르부르크에서 온 협조 명령과 러시아 관리들의 따뜻한 협조-내륙 경로-여행 준비-말 부족을 병사들로 대신한 이상한 대체-구름 낀 아르보드 산-출발-폭우-웅덩이 길-베레고보이 언덕-선장의 익살스런 항해용어 "난파!"-황량한 키지 호수-테데로프스크 우편역 사무소-관리 병사-길랴족 남녀-용모와 옷-오두막집 내부-병사들의 호의-정중한 사양

제 4 장　100

테데로프스크에서-음울한 전망-예베테보 역사로 가는 길-불안한 보트-병사들의 도착-다시 출발-먹구름-위험한 자세-뭍-호숫가를 따라가는 밤길-고단한 여정-어둠-녹초-걸어서 호수 건너기-희망과 절망-한 번 더 노력-신호탄-보트-예베테보 도착-역사무소-휴식-바퀴벌레-식욕-불만스런 보트 주인-벽돌 차-블라디미르스크를 향해 출발-한 폭의 정물화-블라디미르스크 역사무소-사라진 보트-러시아 병사들-친절한 장교-벌목 사역-거룻배-병사들의 우정-길랴족의 성지인 바위섬 보쉬냐-마린스크 마을-길랴족 로트카-역사무소 책임장교-대조적-무역상 로젠하임-실망-딜레마-도움의 손길-부족한 방-러시아식 환대-게으른 남자들-여성에 대한 학대-거룻배-출발-아무르 강-길랴족-주거-생계-언어-여자들의 노젓기-아무르 강 풍경

제 5 장　116

카다 마을-이르쿠츠크 같은 곳-우편역사무소-말과 소 양육-아무르 강의 홍수-역지기 폴란드 노인의 불행-부주의-말쑥한 여인-미국인의 식욕-노인의 어린 아들-원시적인 쟁기와 닻-출발-즐거운 여행-아무르 강에서의 여름날 저녁-노 젓는 병사들-노래-수줍은 병사-풀린 의문-폭풍우-천둥과 번개-어둠-뭍을 찾아서-불안한 전망-피난처-낚시 야영지-비좁은 공간-러시아식 환대-칭찬받아야 할 덕목-괴로운 잠자리-뚱뚱한 선장의 나쁜 잠자리 습관-가엾은 마후드-분노-다시 출발-멋진 길랴족 모자-미하일로프스크 마을-고지대-길랴족의 어렴-타타르족 기념비-길랴족 마을-모닥불-길랴족의 인내심-옷-미신-종교-샤먼-장례식-야만성-살인과 형벌-무기-집-호기심-정령 제의-표류-잠든 배몰이꾼들-해안에서-길랴족 그림-황새-범고래-오르내리는 증기선과 거룻배-니콜라예프스크 항구 풍경-널려 있는 어망들

제 6 장　132

니콜라예프스크-기원-위치-요새-길랴족 주거지-교회와 시장관사-4륜마차-미국 상무대표 체이스 씨-미국 상인들-현 주지사 카자케비치 제독 방문-빈번한 휴일로 인한 업무 지연-인구-외국상인 조합 길드-조합장-술 파는 상점 라프카-항구 건물들-기계공장-주물공장-러시아로부터 금메달 훈장을 받은 미국인 바 씨-군대막사-장교 클럽하우스-페테르부르크에서 오는 우편물-신문 발행-2개의 학교-공원-군악대-새 주지사 푸루헴 제독의 도착-환영회-가두행진-연회-축배-주지사 헹가래-무도회-사라진 숙녀들-부족한 여행정보-스웨덴인 린드홈 씨와 폴란드인 스와르츠 씨의 귀중한 도움-오렐 호수-야쿠트족 가축상인 솔라바요프-퉁구스족에게 보상을 약속-코사크족 병사 야코프-주위사람들의 우려-증기선 고네츠 호-35일간의 체재 기간 동안 만난 새로운 러시아 친구들의 값진 도움들

제 7 장　144

니콜라예프스크 출발-안녕-친구들의 걱정-부족한 순록-통역자 스와르츠-장비와 보급품-증기선 고네츠 호-아무르 강 상류로-마르가 마을-첫 얼음-팔보 마을-복잡한 수로-얼음을 뚫고-긴급 논의-전진-눈폭풍-좌초-후퇴-병사들의 어렴 야영지-좋아진 날씨-비-새로운 야쿠트족 김잡이-새로운 출발-얼음-선장의 거부-오렐 호수-강한 바람-길랴족 마을-멀리서 들려온 외침 소리-사람을 찾아 나선 마후드-비 새고 연기 나는 텐트-이웃한 길랴족-피난

처-요람-개들-길략족의 신성한 장소-순록 소식-수색팀-비-우칼레-길략족-처음 본 순록-실망-순록의 이상한 생김새-순록 타기-야코프 순록팀의 고생-퉁구스족 미하일로프와 콘스탄틴-퉁구스족의 생김새-관습과 의복-순록 먹이-야쿠트족과의 이별-이별 의식-풍성한 식단-여행 준비-순록 등에 안장과 짐 싣기-약한 등짝-조심-놀랄 만한 묘기

제 8 장 163

짐 싸기-출발 의식-술 취한 야코프-순록 타다 미끄러지기-폴카 장대-출발-낙엽송 지대-야영-느린 출발-올가미로 순록 잡기-습지-크랜베리-비르포쿤 강-무덤처럼 생긴 언덕-짐을 찢어 놓은 순록-해결사 미하일로프-아스말 시냇물-비-야영-뇌조 사냥-콘스탄틴의 임시 거처-퉁구스족의 잠자는 법-안식일-희석시킨 술-술을 찾아온 방문객들-머릿기름을 먹다-계속 비-초상화-가위로 머리털을 자르다-별-비가 더 오다-다리 만들 계획-달

제 9 장 175

범람하는 습지-나쁜 여행길-불쌍한 순록-힘든 순록 타기-달리기 경주-야코프의 특기-새로운 장화 벗기기-상처 입은 순록-'노인의 머리' 봉우리-미하일로프의 빗나간 사격-원인 규명-강물에 빠진 마후드-상처 입은 순록 돌보기-비가 더 많이 내리다-눈이 내리다-겨울의 신호-침차갈리 강-수컷 뇌조-퉁구스족의 순록 사냥법-몸살 걸린 미하일로프-치료약-야영-담비 서식처-우살긴 만-솔로루칸 강-부서진 온도계-우살긴 강-타원형 진흙 언덕-뇌조와 크랜베리-황량한 지역-보트가 없다-밤의 축제-사치스런 음식과 그 대가-뗏목 타기-한결 나아진 여행길-동상에 처음 걸림-영하 24도-야생동물들의 길-퉁구스족의 길-버려진 야영지-순록의 죽음-땅속 고기 저장소-정직한 원주민들-울반 강-얼음 위에서-얼어붙은 호수-수정 같은 얼음 카펫-세란 강-지바락 지역-투구르 계곡

제 10 장 189

투구르 도착-투구르 역사-초기 정착촌-코사크족의 탐험-퉁구스족 야영지-예쁜 퉁구스족 여자의 무관심-옷-우아한 순록 타기-콘티네 강-투구르 기지-실망-담비 사냥 시기-홀로 사는 할머니-투구르 강-외딴 오두막집-첫 여행의 끄트머리-야쿠트족 마을-융숭한 접대-야쿠트족-야쿠츠크-토르바싸-사모바르-유일한 백인 소녀-퉁구스족 스타로스타-순록 협상-바실리와 에오프-

옷과 침구 구매-신선한 소고기-연기로 가득 찬 텐트-미하일로프와 콘스탄틴의 떠나감-결혼 작전-비싼 지참금-퉁구스족의 구애와 결혼-술취한 원주민 친구들-다시 출발-알고칸 강-눈폭풍-따가운 눈-우리의 새로운 순록들-말마진 강-깊이 쌓인 눈과 힘든 여행길-설피-야코프의 호기심-재미있는 장면-깊이 쌓인 눈-완만한 경사-자연적인 원형 경기장-힘들고 위험한 산 오르기-산사태로 쌓인 눈더미-행운-멋진 전망-하산-힘든 순록 타기-저절로 나오는 욕설-야영-순록들의 이탈-가엾은 에오프!-알라 구릉지대

제 11 장 207

솔라바요프의 집-알라 강 계곡-수풀 강-퉁구스족 어부들과 어망-마을-가축 기르기-기근 사태-귀중한 봉사와 보상-야쿠트족 유르트-창문-츄알-페나테스와 사모바르-옛 친구와의 재회-더럽고 가난한 생활-예쁜 퉁구스족 처녀-시련-계속되는 시련-출발-토롬 강-퉁구스족 무덤-늑대 발자국-예방 조치-시베리아 늑대-습관-잡는 방법-함정-텔라 구릉지대-전망-엘보우 섬과 샨타르 군도-주그주르 산맥-대(大), 소(小) 텔라 강-달빛 여행-구불구불한 길-우다 강-알가시-마을 사람들의 환영-구일료프 촌장-숨겨진 물체-말머리 음식-가장 맛있는 부위-야코프와 구일료프의 만남-퉁구스족 아이의 미국 노래 부르기-스와르츠의 모험-부빙을 타고 바다 유랑-다가오는 위험-굶주림과 목마름-천우신조-여행 전 개에게 먹이를 주다

제 12 장 221

스와르츠의 실수-날이 밝다-처음 개썰매 타기-흥분한 개들-썰매-개 장구 씌우기-오슬-풀 죽은 개-썰매에 짐 싣기-출발-새벽 풍경-개 성격-친족의 식과 경쟁의식-집단 개싸움-우다 강-차와 우칼레-여우 뒤쫓기-밤에 오우드스코이 도착-주민들의 놀람-이스프라브닉 관사-진심 어린 환대-보드카-이스프라브닉의 술친구 신부-저녁 식사-신부의 계략-오우드스코이 사회와 관습-낮에 본 마을-그리스 정교 교회와 의식-단순한 원주민들-성직자-신부 이반의 집과 가족-우리 숙소-무도회-마을 유지들-음악-춤-당황스런 춤추기-보드카와 차-무도 의상-설피 적응 훈련-폴카 장대-신부의 초능력과 성공적인 질주

제 13 장 239

러시아식 증기탕-효과-우리 숙소-온도-은행 금고로 쓰이는 성화-원주민들의 도둑질 성향과 미신적 관념-특이한 병-잔인한 장난-희생자-말고기 시

식-내장 먹기-우리를 돕는 일에 대한 이스프라브닉의 무관심-순록 떼를 찾아 퉁구스족 친구들을 파견-야쿠트 상인들의 도착-행운-커다란 축일-세례식-마후드의 곤경-악마에게 침 뱉기-러시아식 이름-축하-대부들의 의무-시베리아의 보호 성인-성명 축일-인노센시아 성인 이야기-구교도-기적 같은 일-성 니콜라이 성명 축일-축성-종교적 어릿광대극-악당 같은 신부-돌아온 퉁구스족 친구들-구할 수 없었던 길잡이-마이미칸 경로-사기를 떨어뜨리는 말들-우리가 의도한 직선 경로-새로 충전한 장비들-냉동 우유-송별 무도회-순록을 데리고 출발

제 14 장   254

러시아식 이별-코사크족 예포와 송별식-밤 여행-퉁구스족 사냥꾼-늑대에게 잡아먹힌 순록-아얀을 향해 출발-해안가를 따라서-절벽들-빙상 구간-험한 길-안티칸 강-크리스마스 이브-겨울 야영 풍경-힘든 일지 쓰기-고람 강-불안한 전망-크리스마스-춥고 힘든 여행-결실 없는 노력-우리의 의도-장대한 풍경-땅속의 임시 저장고와 여우 함정-괴혈병-긴급 회의-계속된 여행-산불에 탄 지역-불확실성-동상에 걸린 텔레폰트-모닥불로 몸을 녹이다-"차가 다 됐습니다"-고람 강 상류-주그주르 산 정상에서-장대한 풍경-힘든 하산길-위험한 야생순록 길-또 한 번의 힘든 산 오르기-부어오른 발목

제 15 장   267

푸르가의 징조-버려진 야영지-길을 잃다-퉁구스족 사냥꾼들의 야영지-퉁구스족 미인-새로운 길잡이로 알렉세이 고용-새해 첫날 축하-이웃 원주민 텐트 방문-아름다운 환일 현상-새해 첫 저녁 식사-추운 날씨-되돌아가기-로블랴 강-퉁구스족의 놀랄 만한 식욕-대식가인 야쿠트족-잔인한 말 죽이는 방법-여우 함정-다시 고람 강에-에콘다 강-순록의 예민한 후각-케드로브닉-켈라 산맥 횡단-살을 에는 바람과 동상-설피 신고 걷기-잠자리 붕괴 사건-네아무르 강 계곡-곰 사냥꾼 에프라임 카람신

제 16 장   279

원주민들의 놀라운 인내력-땅 밑 육류 임시 저장고-에프라임 야영지-딸 사포-퉁구스족 장난감-예술적 재능-에프라임의 귀환-시베리아 다람쥐-퉁구스족의 총과 탄환 아끼기-곰고기 시식-선물-고마워하지 않는 사포-순록의 혀-산양뿔 수저-처음 동상에 걸린 나의 코-어리석은 대처-묵타 강-오로와

강-단조로운 여행-매일 같은 일정-다이아나와 그녀의 요정들-퉁구스족 무리들-순록 등 위에 실린 아이들-아이들 옷-나욱타라 강-간간이 몰아치는 눈보라-야영-따뜻한 날-마이마이 강-굶주린 순록-달아난 요정-오우에이 산-길고도 힘든 여정-버려진 우편도로-걱정-역 사무소-탈진

제 17 장　290

행운-탐험가의 특권-온갖 불경한 소리들-지친 순록들-우편도로-우편물-순록과 썰매-여름 여행-바다-아얀 만-아얀의 첫인상-아름답고 화려한 건물들-경찰서장 포포프 씨-시베리아의 감로수-환대-사기를 겪는 말들-과거에 흥청대던 아얀-물자 부족-의약품 부족-길잡이들과의 계약 종료-숙소 구하기-퇴색된 화려한 건물-아얀에서의 오락거리-코사크족 과부 니콜라요브나-신사답지 못한 계략-무도회-음악-놀라운 체력-최악의 상태-지칠 줄 모르는 니콜라요브나-반도의 아름다운 풍경-미약 산-힘들고 위험한 산행-부주의-장대한 풍경-동상에 걸린 손-하산

제 18 장　305

출발 걱정-계획 포기-퉁구스족의 도착-순록 마련 계획-순록 썰매 타고 나들이-해안가 동굴-주민들에게서 받은 고마운 손길-출발-밤 여행-경사길 질주-전복 사고-날아갈 듯 달리는 썰매 몰이꾼-우편 역사무소 도착-로만 카람신-퉁구스족 정착민-특징과 종교-행정체제-귀족정치-한결 나아진 접대-끝없는 차 마시기-새로운 길잡이-메두사-더 빠른 길 선택-알데미르 강-퉁구스족의 깊은 신앙심-미카체 강-눈길을 뚫는 순록-예전의 개썰매 길-일팡기 강-투차 강-오울린칸 강-산불-카치 강-산신령에게 바치는 퉁구스족의 제물-마후드의 제물-의미 없는 날짜-힘든 여행-주그주르 산맥 오르기-분수령-판이한 양쪽 풍경-물탄 강-너른 평원지대-벌클리 산-울칸 강-순록의 빠른 걸음-말 안 듣는 순록-메두사의 패배

제 19 장　321

비상시 대책-건강 유지-병날 조짐-수컷 검은 뇌조-순록 초지-퉁구스족 유르트 도착-하룻밤 유숙-사치스런 저녁 식사-부유한 원주민-술-곰 사냥 창과 덫-추운 날씨와 감기 증상-얄반디야 강-토타 강-어렵 야영지-아름다운 일몰 광경-순록의 특이한 경향-멘조이운 산-네오틀 강-여정의 절반쯤에서 만난 유르트-코사크족 전령을 보냈다는 아바자 소령의 소식-텐트의 특이한 양식-

커다란 솥-진심 어린 환대-살찐 순록을 잡다-원주민들의 먹는 방식-못생긴 퉁구스족 여인-잘생긴 퉁구스족 여인-매력이 깨지는 순간-영하 38도-원주민들과의 하룻밤-미아칸 강-엘리칸 강-계략-퉁구스족 야영지-노인 촌장 이반-차-어려운 대화-야만적인 프랑스인-순록 죽이는 방식-에스키모식 공놀이-샤머니즘-전통 신앙-선령과 악령-무능한 신부들-샤먼의 주문-기적적인 치료-대가-코사크족 전령의 도착-성공적인 탐험이었다는 옛친구의 소식

제 20 장 339

순록 떼-불침번-순록 분리-출발-아르테란 강-아순고룬 강-콜로윈가 능선-말썽 부리는 순록-순록 몰이꾼의 놀라운 기술-쉬고 싶어 하는 길잡이들-혹한 속의 아침 풍경-욕이 나올 만큼 힘든 불 피우기-보석 뿌려진 것 같은 풍경-영하 43도-이른 출발-산불로 탄 지역-누에드니세 강-환일 현상-오우네네 강-메르티 강-상충되는 지리 정보-알렉세이의 형제-알렉세이를 찾아서-버려진 유르트-알렉세이 다른 형제들의 만남-혹한 지역-마후드의 앞선 출발-처음 있는 퉁구스족의 도움 거절-다시 출발-말편자 궤적-점점 높아지는 길-주그주르 산맥을 가로질러-마후드가 금방 떠난 야영지-하산-우르타 강-야영-탈라 강-움카 강-비상 식량 징발-코울롬칸 마을-마지막 긴 순록 여행-다시 개썰매로-오울리아 강 하류를 따라-오우락 마을에서 온 썰매-오우락 마을 도착-커다란 유르트-야쿠트족-특징-용모-초기 역사-끝나가는 여행-오호츠크-실망-황량한 풍경-오호타 강-역사-여름 사냥철-풍부한 물고기

제 21 장 359

또 다른 여행-비교적 편안한 여행이 될 것으로 예상-여행 준비-출발-오호츠크 마을의 마지막 모습-파보쉬카-고급 여행-원기 왕성한 개들-다가오는 봄-툰드라지대의 장애물인 작은 언덕들-바다-소금기 있는 얼음-봄을 따라 온 오리-우편 역사무소-에나 마을-빠른 여행-환대-새로운 개들로 교체-원주민들의 호기심-공손함-푸르가 조짐-출발-투모프 강-거세어지는 푸르가-썰매 몰이꾼들의 반대-협박하다시피 설득-산 오르기-앞이 안 보이는 눈폭풍-안락한 파보쉬카 여행-길을 잃다-당황한 썰매 몰이꾼들-정상-급경사의 하산길-부서진 썰매-수직 절벽-눈사태-위험한 여행-말린 생선 임시 저장소-소중한 썰매개들-코웨이 강-계속되는 눈폭풍-점심 식사-황제 소유의 담비-굶어 죽은 개들-밤늦은 여행-타우스크 만-얼음 언덕-험난한 길-썰매 수리-타우스크 도착

제 22 장 372

타우스크 마을-인구-타우스크 만-구경꾼들-미국 잡지들 그림-우체부-조지 케넌의 편지-담비의 가치-담비 덫-도브라 마을로 출발-게으른 개들과 더 게으른 썰매 몰이꾼-영어 구사하는 썰매 몰이꾼-아르만 마을-라무트족 사람들-생계-좋은 옷으로 치장-생각 없는 소비-전신선 가설공사 설명회-약 처방-원주민들의 질병-유빙에 떠내려간 원주민들-아르마니 강-썰매 개들에 물려 죽은 순록-폴로그 방-물개 기름 등잔-얌스크까지의 여행-강행군-장화 신은 개들-고래 갈비뼈로 만든 활주부-마노석-부싯깃-불피우는 방법-개들의 습성-우두머리 개의 영리함-밤 여행-폭설에 파묻히다-눈 뚫고 나오기-아직 모자라는 현장 적응력-얌스크-정착 코랴족의 부지런함-푸르가-해안가를 따라-토우마네 마을-뻔뻔한 썰매 몰이꾼-시챠스(지금)-굶주린 개들-고립된 우편배달부-굶주리는 마을-생각 없는 원주민들-매년 벌어지는 기근 사태-풍부한 물고기들-정부가 제공하는 그물-게으름-라무트족에게 구걸하다

제 23 장 390

토우마네 마을 출발-빌리가 산맥-원주민들의 신앙심-현명한 제비-빌리가 강-밤 여행-길을 잃다-눈 속에 파묻힌 유르트-놀랄 만한 개들의 인내심-타바토마 강-유황 온천-니아카나 마을-케넌으로부터 온 편지-그의 아나디르 강 탐험-매크리 팀 구조-실종된 매크리와 아놀드-기지가 만과 강-기지가 마을-여행 끝-요충지-초기 역사-아파나시 셰스타코프-주민들-일거리와 오락거리-모피 무역-부활절 준비-그네 타기-축제와 금식-부활절 미사-한밤중의 방문-케넌, 매크리, 아놀드-매크리 팀의 모험-늦은 도착-임시 거처 만들기-연료-겨울-불확실한 전망-오카크리 축치족 우두머리-축치족-손짓 발짓으로 협상-매크리와 아놀드의 고난-늦어지는 여행-아르노라 강-온갖 방해와 협박-아나디르스크 도착-놀라운 만남-케넌의 모험-2주간의 휴식-다가오는 봄-다시 출발 준비-평범한 썰매 준비

제 24 장 409

기지가 출발-몰모프카 강-야쿠트족 유르트-우유 구매-개들에게 공격당한 암소-툰드라지대-설맹-불모지대-우시노바 강-파렌 강-독수리 둥지-새벽 출발-푸르가-전속력으로 질주-코에일 마을-이상하게 생긴 건물-이교도들의 희생물-입구 찾기-내부-즈다로바(인사를 전합니다)-커다란 구리솥-영예로운 자리-해충들-코랴족-용모-의복-특징-음식-불평 안 하기-물물교환-코랴

족 춤-인구-연료-문명화된 코랴족-정착 코랴족-생활-보트-무기-설피-정령 숭배-독한 술에 중독-독버섯 음료 묵카무르-마취되는 방법-결혼식-일방적 결정-순록 유목 코랴족-개 먹이 부족-원주민 아이들의 활쏘기-무관심-가까스로 맞지 않은 화살-달리기와 레슬링-출발-미키나 마을-호의적이지 않은 접대-셰스타코바 마을과 강-징검다리 얼음-셰스타코바 산맥-아클란 강-눈구덩이 잠자리-잠잘 때 입는 옷-풍부한 물고기와 다양한 사냥감-썰매에 치인 개-거친 치료

제 25 장 429

거대한 툰드라지대-우스카나나 산-지치고 힘들어 하는 개들-풀린 의문점-효과 없는 비난-꼼수-우스카나나 강-이쉬긴스키 산-펜지나 강 계곡-무서운 푸르가-뿔뿔이 흩어진 썰매들-밤샘 수색-펜지나 마을-아나디르스크 행 썰매-마인 강 탐험 계획-많은 장애물들-출발-슬라보트나 강-라세이차 소프카(여우 봉우리)-마인 강-폴폴 산-신기루-이상한 환상-춤추는 도시-폴폴 강-코랴족이 지나간 흔적-눈폭풍-폴로그 방-땔감 구하기-눈보라 치는 밤-코랴족 사냥꾼들-순록 유목 코랴족-용모와 성격-큰 부자-지배체제-주인장과 하인-순록의 가치-손키(작은 썰매)-개 먹이로서의 이점을 가진 말린 생선-무서운 푸르가-5월 1일에 맞은 눈폭탄-뜬눈으로 밤새기-착각-다시 출발-또 다시 푸르가-야영-순록 옆구리살-갈비구이 야영지-마인 강-해빙-설맹 치료제-올로프카 강-아바자 강-백조와 곰 발자국-풍부한 사냥감-썰매 자국-추측-가설 공사에 적합한 프로스펙트 절벽-지친 상태-마지막 개 먹이-올간 강-전신선 절벽-아나디르 강 계곡-크레파스트 마을-여행의 끝

제 26 장 453

크레파스트 마을-아나디르스크의 초기 역사-데즈뇨프-세묜 모토라-추반치족과 유카기르족-축치족 원정대-파블류츠키-잔인한 살육-현재 주민-마르코바 마을-작업 계획-이스프라브닉의 협조 지시-코사크족 하사관 코셰빈-아바자 소령의 출발-뉴펀들랜드 종 개 '쿡'-쿡의 가혹한 운명-봄철 보급품-순록 확보 계획-숲지대-뇌조와 덫-우리의 시기적절한 도착-아나디르 강 상류-수많은 수로와 섬들-마인 수로와 바카라나 수로-오두막집 구입-작은 보트 베트카-에스키모 강아지 '닉'-거위와 백조-큰 보트 카르바스-원주민들의 여름옷-순록고기 구하러 간 사람들의 귀환-마인 강으로 출발-코셰빈에 내린 지시-위험스런 얼음길 여행-전신 중계소 건물 짓기-사기 떨어지는 소식-뇌조 사냥-

마르코바 마을 신부의 도착-코사크족 톨스테킨의 고난-불운-벌목-마인 강의 요란한 해빙-마르코바로 출발-물새들-해가 지지 않는 지역-자정 무렵의 일몰 현상-천둥과 번개-자연의 규칙성-아나디르 강의 해빙-장엄한 광경-이교도들의 미신적인 유산-홍수-굶주림-죽은 동료들의 사체를 뜯어먹는 개들-몽둥이로 토끼 잡기-뗏목 만들기-뗏목 타고 출발

제 27 장 476

항해-뗏목 타고 아나디르 강 하류로-섬과의 충돌-마르코바 마을에 지원 요청-넓은 강으로 진입-가장 낮이 긴 날-홍수로 넘치는 강-바카라나 수로-줄어드는 식량-원주민들의 강한 위장-불침번-수영-놀라워하는 원주민들-아바람 노인의 수영 실력-순진한 주민들-소심함-오리알-아바람 노인의 모험-"까묵(악마다)!"-느린 항해-말털로 꼰 그물-닉과 키요테, 모기 떼에게 물려 죽을 뻔한 개들-바카라나 수로-바일리(하얀 물고기)-다시 마인 강으로-야생 순록 잡기-실패-원주민 야영지-말린 고기 보충-깊은 강-화석화된 나무와 맘모스 상아-야생순록 이동-마인 강 하구-물고기 잡는 마르코바 주민들-축제 분위기-물고기 잡기-편안한 뗏목 항해-아름다운 일몰과 일출 광경-도망간 야생 순록-커다란 보트 비데라와 작은 보트 비다르카-바일리(하얀) 강-강 이름의 기원-수은 발견-야생화-강풍-순록 사냥과 물고기 잡이-'천 개의 섬' 통과-짜릿한 순록 사냥-축치족 유르트 야랑가-비다르카-축치족 안덴코프의 관대함-초청-순록고기 말리는 덕장-잔치-다시 출발-우초스티카 마을-가설 공사용 겨울 유르트 건설-지긋지긋한 모기 떼-부어오른 얼굴-고통스런 개들-모스케(각다귀)-하더의 성공적인 귀환-아스베스토스와 구리 광석 표본들

제 28 장 498

우초스티카 출발-습지-얀덴코프에게 편지 전달을 부탁하다-치키오와 절벽-러시아인 유적-미하일 이바니치란 사람 이름으로 불리는 곰-크라스니아 강-필리페우스-볼쇼이 호수-전신선 절벽-스미스의 출발-침차 산-마지막 뗏목-떨어질 것 같은 위치-푸른 색 보트-화가 난 스미스의 이야기-매크리 팀 야영지 숙소에 난입한 축치족-파괴-쾌적한 항해-매크리 팀 야영지-황량한 화장터-까치밥나무 꽃-텐트를 뚫고 들어온 모기떼-줄어든 식량-몽둥이와 창으로 야생거위 사냥-거위 잡는 창-쫓아가다 넘어진 매크리-마르코바 마을 신부의 도착-선물 제공으로 개종-환영받지 못한 매크리-축치족 우두머리 오카크리-피부약을 마시다-오두막집 짓기-수영 잘하는 사람과 리볼버 권총에 대한 축

치족의 생각-축치족의 용모, 언어, 특징, 관습, 종교 등-노인 죽이기-스파르타식 영웅주의-늙은 촌장 이야기-샤먼의 마술-공격 무기와 수비 무기-보트 끌어당기는 데 개들을 이용-파이프 담배 피우기-이상하게 생겼지만 경제적인 파이프-니코틴 중독-신부의 귀환-코셰빈에게 내린 지시-도착하지 않는 큰 범선-식량과 옷의 부족 사태

제 29 장 518

매크리 팀 야영지에서의 생활-물고기 잡이-증기선 라이트 호의 라본과 윔퍼-증기선의 첫 모습-애완견을 처음 본 원주민들-아나디르 내(內)만과 외(外)만-골든게이트 만-플로버 만으로 항행-플로버 만-축치족 마을-회사 범선 나이팅게일 호와 러트거스 호-전신선 중계소 건설 작업-북부 해안가 원주민들-주거-비데라-먹거리-물물교환-바다코끼리 사냥-한 떼의 축치 사람들-노인 죽일 준비-무관심-축치족 난쿰의 설명-죽이는 방법-풍부한 해부학 지식-강을 오르내리는 작은 증기선-회사 범선 골든게이트 호의 도착-아나디르 강으로 출발-증기선 웨이드 호-좌초된 골든게이트 호-전신선 중계소 위치 선택-골든게이트 호를 끌어당기는 웨이드 호-다가오는 겨울-무거운 물자 내리기-다시 뜬 골든게이트 호-강풍에 침몰한 바지선-웨이드 강-겨울 준비-첫눈-얼어붙는 강-다시 좌초된 골든게이트 호-두꺼운 얼음덩이-위험에 빠진 웨이드 호-웨이드 호의 올해 마지막 여행-얼음을 뚫고 해안가로-해안가에 올려진 웨이드 호-난파된 골든게이트 호-선원들의 위험한 탈출-보급품 내리기-우울한 전망-선원들 숙소 건설-중계소 건물-보급책임자 파남의 저장소-도서관-우리 숙소-동장군 오기를 기다림-줄어든 배급량-중계소 규칙-업무 분담-우리의 새로운 손님들-이전 거주자들이 남긴 십자가들

제 30 장 541

난파선 선원들까지 관리-걱정과 희망-풍족치 않은 보급품-매크리 팀 야영지로 보낸 도보 팀-성공-우리 사업에 대한 축치족의 생각-설명-순록 떼의 도착-협상-순록 죽이기-굼벵이 같은 벌레들-거울-아나디르스크에서 온 썰매들의 도착-기근 사태와 개 전염병-아나디르스크로 출발-푸르가-신참내기의 절망감-개들의 죽음-전신선 절벽-우초스티카 마을-다시 만난 얀덴코프-최고의 씨름꾼-거래되는 여자들-마르코바에서-주민들의 절박한 상황-물고기도, 순록도 뇌조도 개도 없는 상황-기근 사태-순록 구하러 코사크족 코셰빈을 보내다-기지가로 출발-캐년-사기를 돋워 주는 소식-순록 구하러 더 많은 팀들

을 보내다-굶주림을 견디는 원주민들-한탄할 만한 상황-원주민들의 단순한 사고-시간과 나이 관념이 없다-약에 대한 맹신-펜지나에서 온 보급품-재레드 노턴의 도착-혹독한 추위 영하 56도-고통받는 야영팀-크리스마스 휴일-악령 쫓아내기-펜지나에서 구입한 순록들-코략족이 데려온 순록들-실망-무역 거래 시기-주민들의 마지막 희망인 축치족이 오지 않다-매크리 팀 로빈슨의 죽음-쓸쓸한 오두막집-난파선 해체 작업-썰매 개 닉의 죽음-늑대의 습격을 받은 난파 선원 영-시베리아에서 가장 무서운 사람

제 31 장 564

어려움에 부딪친 전신주용 기둥 배분 작업-마인 강으로 떠나 간 매크리-펜지나의 보급품-기지가에서 오지 않는 썰매-추측-오호츠크로 출발-비어 있는 펜지나 마을-재레드 노턴과 코사크족에게 내린 지시-기지가 도착-어려움에 빠진 아놀드-마인 강으로 출발한 썰매들-푸르가 때문에 길을 잃고 되돌아오다-다시 출발-아나디르스크와 펜지나에서 온 썰매들-재정난으로 약속어음 발행-도박 여행 다니는 신부들-구하기 어려운 개썰매-마르코바로 돌아가는 길-샌포드가 감춰 놓은 노상 저장고와 곰들-얼음이 녹은 펜지나 강-첫 번째로 떠난 썰매들-위기에 처한 마인 강 팀-계속되는 실패-마르코바 도착-매크리 보고서-벌목-설사 증세-줄어드는 보급품-작업 연기-일리야 디치코프의 공로-크레파스트에서 온 보급품 썰매-사기가 떨어진 사람들-사냥 실패-코략족을 찾아서-올간 강-힘든 여행-실패-되돌아오다-작업 중지-아슬아슬한 식량-마르코바로 출발-말을 구입하다-때맞춰 말고기를 보내다-펜지나로 출발-엄청난 식욕-말고기 썰매-돌아가는 길-보급품을 가지고 마인 강으로 떠난 백스터-해명-보급품이 모자랐던 이유

제 32 장 586

일에 대한 열정-디씨 노턴의 보고서-극한의 추위 영하 55도-추위를 모르는 원주민들-동상-마인 강 중계소-대대적인 보수 작업-도끼에 미치는 추위의 영향-전신주 기둥 분배-캠프 1, 2, 3-추위에 잠 못 이루는 밤-떨어져 가는 식량-귀환-다시 작업장으로-올로프카 강-보이지 않는 보급품 썰매-4번 캠프 설치-설맹-신호 올리기-뇌조 사냥-떨어져 가는 보급품-남기로 한 콜번과 네스빗-중계소로 출발-눈폭풍 속에 길을 잃다-부족한 식량-힘든 여정-눈길 뚫고 나가기-잠을 잘 수 없는 밤-중계소 도착-펜지나로부터 보급품 도착-마인 강 팀의 고난-걱정-돌아온 백스터-마인 강을 향해 출발한 러브맨의 썰매-툰

드라지대에서 길을 잃다-곰들-얼음이 깨져 물에 빠지다-자포자기-되돌아온 썰매-개 짖는 소리-마르코바 도착-보급품의 도착-지난 힘든 일을 잊고 다시 재계약-풍부한 식량 확보-로빈슨의 유해-굶주린 개들-부서지는 얼음-마인 강으로 출발-나무에 줄을 매어 보트 끌어당기기-즐거운 원주민들-순록 사냥-잔치 분위기-마인 강-야생 물새들-거친 물살-다시 만난 일리야-잠복-아름다운 모습-동정심-살육-순록 덫-마인 강 중계소 도착-전신선 절벽 유르트로 출발-능력 있는 친구 이반 에르메치코프

제 33 장 607

카르바스를 타고 마인 강 하류로-비-오리알 사냥-아바람 노인-오래된 감시탑-외로운 언덕 유르트-전신선 절벽 도착-까치 한 마리-임시 매장-떨어져 가는 식량-갈매기 둥지-강풍-위험한 항해-매크리 팀 야영지-곰들에 의해 엉망이 된 유르트-골든게이트 만-남아 있는 부빙-부시 중계소 도착-웨이드 호의 진수-장비 개선-건강한 선원들-선원 게디스의 죽음-장례식-제이에이치 로빈슨의 보고서-무서운 푸르가-길 잃은 켈리-또 하나의 모험-밤새 툰드라지대를 헤매다-반쯤 얼어 버린 몸-구조팀-손가락 절단 수술-조악한 수술 도구-부서지는 부빙-조류에 떠밀려 파손된 난파선-극한 추위가 금속에 미치는 영향-정전기-오로라-능력 있는 보급 책임자 파남-사냥과 야외 운동-증기선에 보급품 선적-아나디르 강 첫 여행-축치족의 호기심-감탄사 훅호!-로빈슨 유해의 재매장-미국 독립기념일 기념식-매크리 팀-1차 뗏목 팀-거친 시련-회사 배 클라라 벨 호의 도착-사업 포기-실망-선장 라이트 소령-웨이드 호의 마지막 여행-회사의 무법적인 조치-끊어진 보급품 공급-포경선 선장 레드필드-마지막 떠날 준비-보급 책임자 파남의 저장고 임대-남겨진 로빈슨과 게디스의 무덤-출발-플로버 만-옛 친구들과의 재회-관대한 레드필드 선장-"고래가 물 뿜는다!"-고래잡이와 절단 작업-거대한 고래 혀와 뼈-게걸스런 원주민들-집으로 가는 항해

• 일러두기

이 책에는 저자의 각주와 역자의 각주가 있습니다. 저자의 각주는 '저자 주'라고 표시하였고, 달리 표시가 없는 것은 모두 역자의 각주입니다.

| 제1장 |

탐험의 목적-탐험 경로-웨스턴 유니온 전신회사-탐험대장 벌클리 대령-샌프란시스코에서 탐험대 조직-시베리아 탐험팀장 아바자 소령-캄차카로 향하는 범선 올가 호-47일간의 태평양 항해-장막 같은 안개-육지다!-멀리 만년설에 뒤덮인 캄차카 화산들-상륙 준비-캄차카 해안-놀랍게 아름다운 풍경-좁은 아바차 만 입구-외국인 모피상 플렝거 씨의 영접-목마른 문명 세계 소식-페트로파블로프스크 마을-아름다운 항구-연합국과의 전쟁-인구-초기 역사-닻을 내리고 접안-짖어 대는 에스키모 개들-기쁨에 들뜬 상륙-예절 바른 원주민들-혼혈인 캄차달 코사크족-원주민 옷-그리스 정교 교회-독신자 숙소-러시아식 벽돌난로 페치카-러시아식 찻주전자 사모바르-시베리아의 음료 차-캄차카 지방장관(이스프라브닉)이자 선장인 수트코보이-베링 기념비-러시아식 환대-보편적인 관습인 숙녀들의 낑연-수호신 페나테스-교회 휴일 프라즈닉-겨울과 여름의 오락거리-라페루스 기념비-만발한 야생화와 무성한 장과류-장대한 해안선 풍경-1861년의 아바친스키 화산 대폭발과 대지진-병사들 무덤-탄약창고의 코사크족 초병-술 마시고 노는 낚시꾼들-방탕한 신부들-카누 같은 캄차달식 보트-소심한 원주민들-미국인과 영국인 거주자들-나름대로 즐거운 페트로파블로프스크의 삶

우리의 작은 범선이 샌프란시스코의 금문교(Golden Gate Bridge)를 빠져 나온 둘째 날, 하얀 안개가 주위를 뒤덮기 시작하자 우리 앞에 불확실성이란 단어가 어슴프레 다가오기 시작했다. 우리가 알고 있는 것이라곤 첫 번째 기항지가 페트로파블로프스크[1]라는 캄챠카 반도 남쪽에 있는 작은 러

---

1) 저자는 페트로파블로프스키(Petropaulovski)라고 표기했으나, 오늘날의 발음 페트로파블

시아인 마을이라는 것뿐이었다. 우리 팀 대장인 러시아인 아바자 소령은 저 너머 거대한 대륙 반도의 작은 마을에서 어떤 정보를 얻어 낼 수 있을지 모르겠지만, 어쨌든 앞으로의 작전 계획을 세우고 있었다. 저 너머에는 모든 것이 불확실성이라는 베일에 가려져 있으므로, 우리로서는 저 미지의 극지방에 유령처럼 존재하는 혹독한 추위, 굶주림 그리고 기타 모든 위험들을 상상해 볼 뿐이며, 비슷한 기후를 겪어 봤던 케인(Kane),[2] 홀(Hall),[3]

로프스크(Petropavlovsk)로 표기했다. 1740년 베링이 두 번째로 캄차카 반도를 탐험할 때 항구로 세워졌으며, 1854년 크림 전쟁 때 영국-프랑스 연합군 공격을 받았지만 격퇴했다. 오늘날에는 어업 중심지로 인구는 약 20만 명이며, 페트로파블로프스크-캄차츠키로 불린다.

[2] Elisha Kent Kane(1820~1857) 미국의 탐험가이자 해군 의무장교. 1842년 펜실베이니아 의대를 졸업하고 해군에 입대한 그는 1850~1851년 북극에서 행방불명된 존 프랭클린 경 탐험대를 찾기 위한 극지 탐색대의 수석 의무장교로 참가하였다. 프랭클린 경의 첫 번째 겨울 캠프를 찾아낸 것으로 끝난 1차 탐색에 이어 1853년 제2차 극지 탐색대의 일원으로 다시 참가하였다. 범선 어드밴스 호를 타고 뉴욕 항을 떠나 북극해로 향한 탐색대는 얼음 없는 북극 항로를 개척하여 나중에 피어리 등의 북극 탐험대에 도움을 주었으며, 1855년 빙산에 갇혀 배를 버리고 83일간 걸어서 우페르나빅(Upernavik) 기지에 도착하여 구조된 후 뉴욕으로 귀환하였다. 1856년 그는 실패로 끝난 두 번의 탐색대 경험을 다룬 두 권의 책《극지 탐험(Arctic Explorations)》을 출간했다. 1857년 영국에 있는 프랭클린 경의 부인에게 자신의 보고서를 전달하겠다는 약속을 지키기 위해 배를 타고 영국으로 가는 도중에 병이 난 그는 쿠바 아바나에 상륙했다가 건강을 회복하지 못하고 죽었다. 그의 시신은 뉴올리언스를 거쳐 필라델피아로 옮겨졌다. 그의 공적을 기려 미 해군 전함들에 그의 이름이 붙여졌고, 달 탐험 시 분화구에도 그의 이름이 붙여졌다. 1986년 그를 기리는 22센트짜리 기념우표가 발행되기도 했다.

[3] Charles Francis Hall(1821~1871) 미국 극지 탐험가. 대장장이 등 여러 직업을 거쳐 1849년 신시내티에서 작은 신문사를 경영하다가 1857년부터 수년 동안 극지 탐험에 관심을 갖고, 존 프랭클린 경 같은 이전 탐험가들에 관한 자료를 수집하였다. 1860~1863년 그는 직접 탐험대를 조직하여 포경선 조지 헨리(George Henry) 호를 타고 뉴베드포드 항을 떠나 배핀 섬(Baffin Island)에 닿았고, 그곳에서 이누이트족 원주민들의 도움을 받아 프랭클린 탐험대가 살아있을지 모른다는 추정을 하게 된다. 뉴욕에 돌아온 그는 곧《극지 탐험과 에스키모와의 생활(Arctic Researches and life Amongst the Esquimaux)》을 출판했다. 1864~1869년 자금 부족으로 조그만 탐험대를 조직하여 포경선 몬티첼로(Monticello) 호를 타고 2차 극지 탐험에 나선 그는 킹 윌리엄 섬(King William Island)에 도착하여 프랭클린 탐험대의 유품들을 발견하고, 그들이 모두 굶어죽었다는 결론을 내린

프랭클린(Franklin)4) 등과 같은 사람들의 경험담을 통해서 어렴풋이 예상을 해보는 것이다. 하지만 다른 사람들이 견디어 냈다면, 우리도 견디어 낼 수 있으리라 생각했다. 우리는 모두 젊고, 건강하고, 강하고 또 야심만만했으므로, 이번 모험에 인생을 걸 만한 가치가 있다고 생각했다. 그래서 우리는 상상 속에서 지레 겁먹기보다는 앞으로 나아가 우리 앞에 놓인 운명을 받아들이면서 저 북극 지방에 살고 있는 존재들의 힘을 시험해 보고, 가능하면 이겨 내고, 그렇지 않으면 최선을 다해 신의 은총을 기대할 수밖에 없다고 마음먹었다. 이것이 우리 대부분이 이번 모험에 참가하면서 갖게 된 마음가짐이었다.

그런데 독자들은 "도대체 어떤 모험인데 그러는 거야?"라고 물을 수 있을 것이다. 간략하게 말하면 이런 것이다. 즉 우리는 구세계와 신세계 사이, 즉 브리티시컬럼비아5)의 프레이저(Frazer River) 강 하구에 있는 마을 빅토리아(Victoria)에서 베링 해협을 지나 아시아의 아무르 강 하구에 있는 러시아

다. 1871년 그는 미국 의회로부터 5만 달러를 지원받아 북극점까지 가는 제3차 탐험대를 조직하였다. 범선 폴라리스(Polaris) 호를 타고 승무원 25명과 함께 떠난 그는 도중에 주도권 다툼으로 2파로 나뉘는 내분에 휘말리게 되었고, 1871년 그린란드 북쪽 해안에 도착한 후 갑자기 토하고 정신착란 증세를 보이다가 결국 숨을 거두게 된다. 죽기 전에 그는 독일인 의사인 에밀 베셀스(Emil Bessels)를 포함한 선원 여러 명을 독살자로 지목하였다. 그의 시신은 해안가에 임시 매장되었고, 폴라리스 호는 계속 항해하다가 1872년 빙산에 난파되었는데, 선원들은 2척의 보트를 타고 빠져나와 포경선에 구조되었다. 1968년 홀의 전기작가 루미스(Chauncey C. Loomis)는 그린란드에 가서 영구동토층에 있는 홀의 시신을 찾아 검시 표본을 채취하여 돌아왔고, 검시 결과 독살당한 것으로 드러났다. 그러나 범인을 잡기엔 너무 시간이 흘러 있었다.

4) Sir John Franklin(1786~1847) 영국의 해군 소장이며 태즈매니아 총독을 역임한 탐험가로 기사 작위를 받음. 수차 북미 북동부 해안을 탐험했던 그는 1845년 2척의 배에 129명을 태우고, 대서양에서 태평양으로 가는 북미 지역 북극 해로에 세계 최초로 도전했으나, 빙하에 갇혀 모두 사망했다. 이들이 실종된 이후 1850, 1859년 수차에 걸친 탐색으로 이들의 일부 유해와 유물들이 발견되었다. 비록 그는 실패했지만, 후에 아문젠이 그가 남긴 기록을 보고 많은 준비 끝에 북극의 북서 해로를 최초로 개척하는 데 많은 도움을 주었다.

5) 현재는 캐나다의 태평양 연안주이지만, 당시는 영국령.

도시 니콜라예프스크(Nikolayefsk)까지에 걸쳐 전신 통신 루트를 최초로 개설하려는 사업 계획을 갖고 있었다. 그러기 위해서는 베링 해 양쪽 대륙에 걸쳐 있는 수천km에 달하는 미지의 루트를 답사해 가면서 사업의 실현 가능성을 타진해 보아야 했다. 북극권의 혹독한 기후를 겪어야만 할 것이고, 또 미개 야만족들에게 도움을 요청해야할지도 모를 일이다. 우리 팀은 이런 목적을 달성하기 위해 만들어진 최초의 팀 중 하나였다.

전직 아무르 주재 미국 상무대표였던 페리 콜린즈(Perry McD. Collins)[6]의 지칠 줄 모르는 노력으로 러시아와 영국 양국 영토에 전신선을 설치하기 위한 모든 인허가 사항들이 양국 정부로부터 모두 얻어졌다. 우리 미국 정부 또한 사업 진행을 위해 많은 일을 했다. 콜린즈는 나중에 자신의 권리를 미국의 웨스턴 유니온 전신회사(Western Union Telegraph Company)에 이양했고, 웨스턴 유니온 전신회사는 즉시 사업 진행을 위한 발걸음을 떼었다.

활력에 찬 유명한 기술자인 찰스 벌클리(Charles S. Bulkley) 대령은 탐험대장으로 지명되자 즉시 1864년과 1865년 겨울에 샌프란시스코로 와서 탐험대를 조직하고, 사업 진행을 위한 필요한 조치들을 취했으며, 배를 비롯하

---

[6] Perry McDonough Collins(1813~?) 미국 뉴욕 출신 변호사로 초기 삶이 잘 알려져 있지 않으며, 30대초 남부 뉴올리언스로 이주하여 미국이 북미 대륙을 지배해야 한다고 주장하는 목사 윌리엄 그윈과 운명적인 만남을 갖게 된다. 캘리포니아에 골드러시 바람이 불자 그는 그윈을 따라 캘리포니아로 가서 금광 사업을 벌이다 미국과 러시아 자본이 합쳐진 회사를 운영하게 되었고, 이후 그윈이 캘리포니아의 최초 상원의원이 되면서 워싱턴 정가와도 인맥을 쌓게 된다. 그윈의 도움을 받아 페테르부르크와 모스크바에서 시베리아 총독 니콜라이 무라비요프와 차르 알렉산드르 2세를 만나 미국과 러시아의 상업 발전을 위한 견해를 나누고, 이르쿠츠크, 캬흐타, 치타를 거쳐 아무르 강을 타고 내려가 니콜라에프스크에 도착한 다음, 배를 타고 미국으로 돌아간다. 그는 러시아 여행을 통해 미국-브리티시 컬럼비아-알래스카-베링 해협-아무르 강 하구-이르쿠츠크-유럽에 이르는 전신선 구축 사업을 구상하여, 미국, 러시아, 영국의 지지를 얻어 내며 사업을 추진했고, 결국 웨스턴 유니온 전신회사 사장인 히람 시블리를 설득하여 러-미 전신회사를 세우게 된다. 저서로 《아무르 강 여행(A Voyage Down to the Amoor)》을 남겼다.

여 필요한 장비들을 모두 구입했다.

수백 명의 남자들이 탐험대원이 되고자 지원했고, 대령은 항상 젊은이들에게 우선권을 주면서 필요인력들을 뽑았다. 그는 말했다.

"젊은이들은 더 잘 견딜 수 있는 인내력을 갖고 있기 때문에, 나는 사업 성공에 따른 영예나 이득을 그 젊은이들이 누리게 되길 바란다."

시카고 자연과학회장인 로버트 케니콧(Robert Kennicott) 소령은 미국 북서부를 여행했던 과거 경력 때문에 베링해 미국 해안 쪽에 상륙하는 탐험팀의 팀장으로 지명되었다. 이 팀은 미국 해안에서 동쪽으로 러시아령 미국(역주-오늘날 캘리포니아)을 통과하여 프랭크 포프(Frank Pope) 소령이 이끄는 다른 탐험팀과 연결될 것이다. 포프 소령팀은 프레이저 강에 상륙한 다음, 북쪽으로 나아가 브리티시컬럼비아를 통과해 갈 예정이다.

작은 탐험팀을 이끄는 매크리(C.L. Macrae) 중위는 베링 해의 시베리아 쪽에 있는 아나디르 강(Anadyr River) 하구에 상륙해 강 상류를 따라 올라가 한때 아나디르스크(Anadyrsk)로 불렸던 작은 러시아 전진기지에 도달한 다음, 가능하면 더 남쪽에 있는 원주민 마을 카마니(Kamanie)까지 가서 우리 탐험팀과 만나게 되길 기대하고 있다.

마지막 남은 시베리아 탐험팀은 아바자 소령팀으로 캄차카 반도에서 북극권을 향해 약 3,000km를 올라갈 예정인데, 소령 자신은 키가 크고 아주 지적인 러시아 신사로 아시아 쪽 탐험팀들을 모두 책임지는 위치에 있었고, 팀원은 소령 자신, 마후드(Jas.A. Mahood) 대위, 조지 케넌(George Kennan) 그리고 나를 포함한 4명이었다.

몇 번 출항이 연기되다가 마침내 1865년 7월 3일 우리 팀을 캄차카로 데려다줄 범선 올가(Olga) 호가 닻을 끌어올린 다음, 회사 소속 증기 예인선 조지 라이트(George S. Wright) 호의 견인을 받아 샌프란시스코 만을 빠르게 빠져나가는 동안, 우리는 주위의 언덕과 산꼭대기에 아마도 마지막이 될지도 모를 작별인사를 길게 나누고 있었다.

증기 예인선 라이트 호가 방향을 바꾸더니 배의 깃발을 살짝 내렸다 올리면서 우리에게 마지막 경례를 올리고, 예인선 앞부분으로 많은 친구들이 나오더니 우리에게 환호를 보내고 손수건을 흔들며 마지막 "안녕"을 외쳤다. 이제 예인선은 다시 방향을 바꾸어 우리를 저 너른 대양을 향해 돌려 세워 놓고 금문교 방향의 푸르른 육지 쪽을 향해 곧 사라져 갔다.

어떤 팀도 우리보다 더 좋은 장비를 갖추고, 더 안락한 객실에서 지내지는 못했을 것이다. 범선 올가 호는 비록 작지만 튼튼한 배였고, 편안한 객실을 위해 개조되었다. 배 뒤쪽에 작고 안락한 방 8개가 나뉘어 만들어졌다. 우리 팀원은 단 4명이었지만, 짐이 많았기 때문에 충분한 방을 배정받았다. 우리 짐이 많아진 것은 고향 친구들이 오랜 바다 여행에서 오는 지루함을 달래라고 책과 게임판 등 이것저것 많이 가져다주었기 때문이었다. 안락한 객실과 지루한 시간을 보낼 수 있는 충분한 여가 도구들을 갖췄음에도 불구하고, 배를 타고 가는 동안 시간이 빨리 갈 정도로 재미있게 시간을 보냈다고 말하기는 어려웠다.

긴 항해 기간 동안의 세세한 면면을 다 밝힐 수는 없으므로, 그 모든 것은 독자들의 상상력에 맡길 수밖에 없다. 47일간의 긴 항해기간 동안 우리는 계속해서 서쪽을 향해 나아갔다. 때로는 돛을 내리고 바다의 품안에 안겨 조용히 앞뒤로 흔들리면서 휴식을 취하기도 하고, 또 순풍에 돛을 올리고 앞으로 전진하기도 하며, 때로는 이리저리 휘몰아치는 역풍과 힘든 싸움을 벌이기도 했다. 대체로 비바람 불고 안개 끼는 날이 많았고, 맑은 날은 드물었다. 항해 기간 내내 우리는 돛을 단 배 한 척도, 육지도 찾아볼 수 없었다.

8월 19일 아침 갑판에 올라가 보니 장막처럼 두꺼운 안개가 우리를 감싸고 있었다. 너무 짙어서 앞을 분간하기가 어려웠다. 하지만 바람이 순조롭게 불이 주어 우리 배는 시속 7노트라는 비교적 빠른 속도로 전진하고 있었고, 고대하던 해안가에 빨리 도달할 가능성이 있었다. 여러 날이 지나도 안개가 걷히지 않아 앞이 보이지 않았으므로, 우리가 정확히 어디쯤 있는지 전혀 알 수가 없었지만, 추측 항법으로 대략 우리가 페트로파블로프스크에서 130km 정도 떨어져 있는 것으로 추정됐다.

만일 그런 추정이 사실이라면, 우리는 해지기 전에 육지를 볼 수 있다는 희망을 품을 수 있을 것이다. 이런 기대심리가 배 전체에 퍼져 나갔고, 아침 식사 후 갑판에 사람들이 모두 모이면 파이프 담배에 불을 붙여 물고 장막처럼 드리운 안개를 뚫어지게 쳐다보면서, 안개가 걷히고 육지가 바라다보이는 드라마 같은 장면을 상상하고 있었다.

시간은 계속 흘러갔지만, 안개가 걷힐 징조는 보이지 않았으므로, 우리는 다소 실망하여 다시 일상 속으로 복귀하려 할 즈음, 배 앞쪽에서 환호 소리가 울려 퍼졌다.

"육지다!"

모두들 발작적으로 뛰어가는 소리가 들려왔다. 앞은 여전히 어둠 속에 있었으므로, 우리는 눈에 힘을 주고 앞을 바라보았으나 그 환호 소리에 걸맞은 실체를 발견할 수 없었다. 그러다 마침내 저 멀리 수평선 가까이에 몇몇 기다란 빛줄기가 새어 나오는 것을 볼 수 있었고, 곧 만년설에 뒤덮인 높은 산봉우리 하나가 눈에 들어왔다. 이어서 멀리 북쪽으로 그보다 더 높은 산 하나가 나타났다. 두 산봉우리의 위치를 정확히 확인하기도 전에 그것들은 곧 다시 시야에서 사라졌다. 하지만 우리 위치를 확인할 수 있었으므로 그것만으로도 충분했다. 지도를 펼쳐 놓고 살펴보니 첫 번째 산은 약 2,100m 높이의 빌류친스키 산, 두 번째 산은 약 3,400m 높이의 아바친스키 산인 것으로 추정됐다.[7)]

이것은 해안에 상륙할 준비를 하라는 신호였다. 우리는 항해 기간 동안

코닥스키, 아바친스키, 코젤스키 화산

입고 있었던 칙칙한 색깔의 울 셔츠를 갈아입기 위해 모든 트렁크를 뒤져 깨끗한 하얀 리넨 윗도리를 찾았고, 가장 하기 싫은 구두닦기도 순식간에 해치웠다.

게으른 선원들도 이런 분위기에 편승해 진작부터 열심히 자기 몸의 때를 벗기고 있었다. 어떤 것도 이들의 열정을 막을 수는 없었다. 갑자기 돼지 비명 같은 외침 소리가 들려와 우리는 갑판에 나가 어디서 나오는 소리인지 찾아보았다. 곧 그 의문은 풀렸다. 선원들이 커다란 물통에 2명의 동료를 집어넣고 사정없이 물을 뿌려 대고 솔질을 박박 해 댔기 때문이었다. 그 2명은 거의 형벌 수준의 목욕을 하고 있었던 것이다.

"아이구 아파! 이 불한당 같은 놈들아, 제발 그만둬! 사람 죽이네!"

"괜찮다니까, 다 됐어. 다 너 좋으라고 하는 거야."

목욕이 다 끝나고 조용해지자, 우리들 귀도 쉬게 되었지만, 이것은 다양한 사람들의 다양한 성격들이 드러나는 익살맞은 한 장면이었다.

오후에는 단 몇 분간이었지만, 잠시 안개가 걷혀 지평선이 맑게 바라보였으므로, 100km 정도 거리에 있는 해안가의 높고 낮은 윤곽을 확인할 수 있었다. 그러나 다시 안개가 밀려왔으므로 어쩔 수 없이 방향을 바꾸어 바다 쪽으로 나가 밤을 지새웠다. 다음 날 아침 아직 안개가 걷히지 않았지만, 날이 밝으면서 안개가 걷히리라는 희망을 갖고 새벽 5시 뱃머리를 다시 해안가 쪽으로 돌렸다. 그런데 앞으로 나아갈수록 안개가 더 심해져서 우리는 좌절감에 빠지게 됐으나, 오전 11시경이 되자 이런 심한 안개는 육지가 모습을 드러내면서 나타나는 현상인 것을 알게 됐고, 얼마 되지 않아

---

7) 아바친스키 산(Avachinsky Mt.)은 2,741m이므로 저자가 3,456m의 코략스키 산 (Koryaksky Mt.)을 아바친스키 산으로 잘못 표기한 것으로 보인다. 빌류친스키 산 (Villyuchinsky Mt.)은 2,173m로 페트로파블로프스크의 아래쪽 멀리 위치해 있고, 페트로파블로프스크 위쪽으로는 코략스키 산, 아바친스키 산, 코젤스키 산(Kozelsky Mt. 혹은 Koselskoi Mt. 2,189m)이 나란히 위치해 있다.

곧 해안가 절벽의 검은 표면이 3km 정도의 거리에서 안개를 뚫고 그 모습을 드러냈다. 들쭉날쭉한 해안선을 따라 절벽의 움푹 들어간 곳은 안개에 가려 보이지 않고 툭 튀어나온 돌출부만 연이어 안개 속에서 그 모습을 드러냈다.

수면 가까이보다 머리 위쪽으로 안개가 더 심해서 우리 위치를 판단할 수 있는 두드러진 지형물들을 모두 가려 버렸다. 마침내 우리는 앞이 보이지 않는 상태에서 진로를 정해야 했다. 바로 그때 작고 낮은 섬 하나가 자신의 몸을 드러냈는데, 지도에 의하면 그것은 '노인 섬(Old Man's Island)'이었다. 그렇게 안개를 헤치고 가다 우리는 우연히 아바차 만 입구 아래쪽으로 약 6km 떨어진 해안을 발견하게 되었다. 여기서 해안을 따라 북쪽으로 올라가면 페트로파블로프스크 마을이 나온다. 지금까지 우리 앞에 나타난 캄차카의 해안선은 우리가 예상했던 대로 황량한 모습이었다. 그러나 그 황량한 해안가 절벽들조차 우리로서는 반가운 존재들이었고, 또 어서 상륙해 발을 딛고 싶은 존재들이었다. 그런데 갑자기 안개가 걷히면서 드러난 모습은 빼어나게 아름답고 장대한 야생 풍경이었다!

그러니 우리가 얼마나 놀라고 기뻐했는지를 한번 상상해 보라! 긴 줄을 이루며 늘어선 절벽은 밝은 햇살을 맞아 빛나고 있었는데, 그늘진 회색 부분과 대비되면서 환상적인 부조를 이루고 있었다. 이 절벽은 높이가 약 30~120m에 달하며, 등성이에는 아름답고 푸른 풀밭이 펼쳐져 있고, 초록잎 무성한 나무들이 한 덩어리씩 듬성듬성 점을 이루고 있으며, 그 사이로 작은 실개천들이 지나가면서 절벽 가장자리까지 흘러 내려오고, 마침내 한 줄기 은빛 폭포가 되어 물보라를 일으키며 파도가 이는 바다 위로 떨어져 내리고 있었다.

파도가 부딪히는 가장자리 부분들은 움푹 파여서 사람이 들어가 서 있어도 될 정도로 깎여 있었는데, 언젠가 묵직한 윗부분 바위들이 무게를 못 이기고 아래쪽 바다로 떨어질 것만 같았다. 그 밖에 아치 모양이나 기둥 모양으로 형태를 유지하고 있는 것들도 수없이 달려드는 파도 때문에 서서히 침식당해 가고 있었다. 이미 수많은 암벽들이 떨어져 나가고 조각이 나면서 수면 위로 우리가 상상할 수 없는 온갖 기이하고 환상적인 형상들이 만들어져 있었는데, 결과적으로 아주 그림 같은 해안가 풍경이 형성되어 있었던 것이다. 어떤 것은 성 모양을 닮았는데, 양쪽 날개 벽과 요새가 딸려 있으며, 그 끝에는 탑이 돌출되어 바다 위에 떠 있었다. 또 어떤 것은 크기만 크고 가늘고 약해 보여서 지금까지 견뎌 온 것이 놀라울 뿐이었다. 특히 완전한 형상을 갖춘 대표적인 것으로 배 모양이 있었는데, 마치 승무원을 모두 태우고 돛을 활짝 편 채 만으로 접근하고 있는 형상이었다.

절벽 꼭대기에는 수많은 종류의 바닷새들이 무수히 많이 모여 쉬려고 즐겨 찾는 보금자리들이 있었는데, 때때로 새들이 무리 지어 주변을 빙빙 돌다가 꼭대기에 내려앉으면 그 자리가 새들로 완전히 뒤덮여 버렸다. 절벽 밑에는 수많은 물개들이 햇볕을 쪼이고 있어 문자 그대로 까만색으로 뒤덮여 있는데, 이들은 때때로 게으름을 피우며 서로의 몸 위로 뒹굴어 대고, 혹은 뒤뚱거리는 어색한 몸짓으로 바닷물 속에 풍덩 뛰어들기도 했다.

바다 수면은 유리처럼 투명하고 잔잔하여 주변의 매혹적이고도 진기한 풍경들을 거울처럼 비쳐 주고 있었는데, 우리가 다가가자 수많은 섬새와 오리들이 날개를 퍼덕이고 소리를 지르면서 절벽 아래 더 외지고 안전한 곳으로 도망가는 바람에 거울 같은 평온 상태가 깨지고 말았다.

오리의 퍼덕거림, 놀란 섬새들의 외침 소리, 물개의 거칠고도 단조로운 으르렁 소리, 절벽 아래 어두컴컴한 동굴에서 천둥처럼 울려 퍼지는 파도 소리 등 우리가 예기치 못한 뭔가 활기찬 분위기와 마주치게 되자, 우리는 정말 항해가 끝났구나 하는 생각과 더불어 지난 47일간의 지루했던 여정에 대해 모두 보상받은 것 같은 아주 최상의 기쁨을 느끼고 있었다.

삼형제 바위

아바차 만으로 들어가는 입구는 가장 좁은 곳이어서 너비가 약 2.4km밖에 안 됐다. 만을 향해 다가가면 양쪽의 높은 절벽들이 서서히 낮아지면서 피난처가 되어 주는 작은 만들과 푸르른 풀밭 등성이들이 이어졌다. 입구 왼쪽으로 높이 솟은 곶(串) 가장자리에는 나무로 만든 등대가 서 있으면서 신호 깃대가 바람에 넘어가지 않도록 밧줄로 땅에 묶여 있었다. 바로 그 아래쪽에는 수면 위로 노출되어 있는 바위 3개가 있었는데, 그것들은 일명 '삼형제 바위'였다.

3~5km 정도 떨어져 있는 맞은편 해안가에는 '바부시카', 즉 '할머니' 바위라 불리는 바위가 비슷한 모양으로 서 있었다. 그 너머에 바로 아바차 만이 있었는데, 길이가 30km 정도의 너른 설원이 햇빛에 반사되어 마치 하얀 종잇장처럼 넓게 펼쳐져 있었다. 북으로는 구릉지대와 접해 있고, 남서쪽으로는 내륙 안 멀리까지 평원지대가 이어져 있었다.

망원경으로 해안가를 샅샅이 뒤져 보아도 마을 흔적을 찾아볼 수 없어서 우리는 어디로 가야할 지 난감해 하고 있었는데, 바로 그때 고래잡이 보트 하나가 오른쪽 곶(串) 방향에서 우리 배를 향해 다가오고 있는 모습이 발견되었다.

노 젓는 사람들의 검은 피부, 검은 머리 그리고 거친 옷들은 자신들이 이 지방의 반(半)개화된 토착민들이란 사실을 말해 주고 있었다. 그런데 뒤쪽에 두꺼운 곰가죽을 깔고 앉아 상체를 뒤로 누이고 한가롭게 향기로운 마닐라 여송연을 피우고 있는 키잡이는 그 용모와 태도로 보아 외국인이거나 아니면 러시아인 신사로 보였다.

우리가 그에게 어떻게 말을 걸어야 하나 하고 주저하고 있을 때, 또박또박한 영어 발음이 들려왔다.

"그 배는 무슨 배입니까?"

우리의 모든 의문이 사라졌다. 그 신사는 여기 현지 외국인 모피상 플렝거 씨(Mr. Flenger)였고, 멀리서 우리 범선을 보고 마중 나왔던 것이다. 그의 안내를 받아 우리는 경사가 급한 곳으로 향했는데, 그곳에서는 북쪽이 바다 보이면서 뒤쪽에는 페트로파블로프스크 마을이 자리 잡고 있었다.

그의 두 번째 질문은 세상 소식이 어떠냐는 것이었다. 페테르부르크에서 시베리아를 거쳐 도착한 편지가 벌써 3년 전이었고, 그동안 1년에 배 1~2척이 항구에 닿으면서 전해지는 소식이 전부였다고 했다. 매년 겨울에 한 번 유럽에서 육상으로 우편을 보내는 것이 관례였는데, 이것이 중단되면서 이제 현지인들이 소식을 얻을 수 있는 유일한 통로는 배가 항구에 도착하는 것이 되었다고 했다. 그래서 배의 도착은 현지인 모두의 커다란 환영을 받았으며, 페트로파블로프스크 마을 연대기에도 커다란 사건으로 기록된다고 했다.

해안에 가까워지자 우리는 사람 사는 마을을 찾아보고자 했지만, 라이플

총 사거리 이내의 거리인데도 불구하고 인근 언덕 중턱에 있는 소와 개 몇 마리를 제외하고는 사람 사는 흔적을 발견할 수 없었다. 이제 배의 방향이 바뀌어 곶의 끄트머리를 돌아나가자 갑자기 아름답고 아늑해 보이는 작은 항구가 나타났다. 그곳은 높고 좁은 절벽이 삼면에서 팔로 감싸안듯이 둘러싸고 있었고, 나머지 한 면은 약 300m 높이의 야산에서부터 완만한 경사를 이루며 하얀 백사장까지 뻗어 내려와 있었다. 만 입구는 해안 끄트머리에서부터 이어져 있는 길고 낮은 모래톱 때문에 이미 좁아져 있는 상태여서 완벽하게 은폐되어 있는 천혜의 관문이었고, 만 안쪽은 마치 산중에 있는 호수처럼 항상 잔잔하고 평온했다.

완만한 경사면의 북쪽과 서쪽에는 낮은 통나무집들이 여기저기 산재해 있었고, 그중에 녹색의 작은 탑이 올려져 있는 팔각형의 빨간 지붕 교회가 가장 두드러져 보였다. 대부분의 집들은 나무껍질 지붕이거나 초가지붕이었지만, 정부 관리들이나 외국 상인들이 차지하고 있는 몇몇 집들은 빨간색을 입힌 판자지붕이어서 배경이 되는 초록빛 야산과 뚜렷한 대비를 이루고 있었다. 마을 뒤쪽으로는 작은 계곡이 하나 있었는데, 맑은 날이면 그 너머에 있는 아바친스키 화산의 높은 원추형 봉우리가 장대한 모습을 드러낸다고 했다. 하지만 우리가 도착한 날에는 이런 아름다운 풍경이 안개에 가려 있었다.

항구에 들어서자 양쪽에는 크림 전쟁(Crimean War)[8] 당시 연합군 함대의

---

[8] 1854~1856년 벌어진 러시아와 영국, 프랑스, 사르데냐 왕국, 오스만 제국 등 4개 연합국과의 전쟁. 크림 반도와 흑해의 영유권을 차지하기 위해 남하 정책을 추진하던 니콜라이 1세의 러시아가 쇠약해진 오스만 제국 내의 정교회에 대한 보호권을 주장한 것이 직접적인 원인이 되었으나, 팔레스타인의 성지를 둘러싼 러시아 정교회와 로마 가톨릭 사이의 권한 다툼을 배경으로 프랑스와 영국이 참전하는 등 중동을 둘러싼 열강들의 이권 다툼에 의해 일어난 것이다. 사르데냐 왕국은 이탈리아 통일을 위해 영국과 프랑스의 지원을 받을 계산으로 참전했다. 전쟁의 대부분은 흑해에 위치한 크림 반도에서 일어났으며, 서부 아나톨리아, 캅카스, 발트 해, 백해, 태평양 등에서도 교전이 있었다. 태평양의 극동 지역에서도 소

페트로파블롭스키 훼리 군락스키 화산

공격으로부터 마을을 성공적으로 방어하는 데 일조를 한 여러 토루 진지들의 유적이 남아 있었다. 이 작은 마을은 문명 세계와는 동떨어져 있었고, 또 이 마을을 점령한다고 해서 크림 전쟁의 승리에 쌀 한 톨만한 기여를 할 수 있는 상황이 아니었는데도 불구하고, 캄차카에 있는 이 작은 마을은 전쟁 속으로 휩쓸려 들어갈 수밖에 없었다. 하지만 이 마을은 용기 있게 대처하면서, 육지에서 삐죽 나온 곶 끄트머리 부분으로 쳐들어 온 함대 규모의 강력한 적들에게 포격을 가하고 육상 전투를 감행하여 적들을 몰아냈다. 러시아군이 적은 숫자임에도 불구하고 이런 승리를 거둘 수 있었던 것은 전적으로 이 마을이 위치한 지리적 이점 때문이었다. 접근로가 오로지 만의 좁은 입구밖에 없었으므로, 진입하는 적들은 모두 해안 포대와 항구 안에 숨어있는 2척의 전함으로부터 집중 공격을 받을 수밖에 없는 지형이었던 것이다.

현재 페트로파블로프스크의 주민 수는 원주민을 합해도 모두 300명을 넘지 않는다. 그러나 전쟁 당시에는 태평양에서 제일 큰 러시아 정착촌으로 주민 수가 약 1,000명으로 훨씬 더 많았다. 그런데 전쟁이 일어난 다음 해 니콜라예프스크(Nikolayefsk) 항구가 건설되면서 페트로파블로프스크를 포기하라는 황제의 명령에 따라 모든 군대와 대부분의 주민들이 니콜라예

규모 해군 작전이 진행되었다. 캄차카 반도의 페트로파블로프스크에 나타난 영국과 프랑스의 연합함대 병력 2,600명은 1854년 9월 920명의 러시아군이 지키는 해안에 상륙을 시도하다 러시아군 사상자 100여 명의 5배인 500여 명의 사상자를 내는 큰 피해를 입고 물러났으며, 이후 연합군의 증원이 이루어지자 1855년 초 러시아군은 눈이 오는 틈을 타서 철수하였다. 연합함대는 이 외에도 사할린이나 쿠릴 열도의 우루프 등에 상륙하기도 했다. 러시아는 알마 강 전투, 발라클라바 전투, 인케르만 전투, 세바스토폴 포위전 등 4번의 전투에서 완패했고, 1856년 니콜라이 1세의 뒤를 이어 러시아 황제에 등극한 알렉산드르 2세가 파리 조약을 체결하여 종전을 맞이하게 된다. 결국 러시아는 다뉴브 강 하구 및 흑해 인근에서의 영향력을 잃게 되어 남하 정책이 좌절되었고, 내부적으로는 농노 해방 등 러시아 근대화를 본격적으로 추진하는 계기가 되었으며, 오스만 제국도 영국, 프랑스의 조언에 따라 개혁에 나서게 된다.

프스크로 철수했다. 이것은 한번 격퇴당한 연합군이 명예를 회복하기 위해 다시 공격을 개시하는 시점에 취해진 조치였다. 연합군에 의해 모든 포대가 파괴되고 대부분의 건물들이 불타 버렸으며, 그 이후로 페트로파블로프스크는 크게 발전하지 못했다.

페트로파블로프스크 마을의 역사는 1740년으로 거슬러 올라가는데, 그 당시 베링이 북미 대륙의 북서쪽 해안을 탐험하기에 앞서 아바차 만을 탐사하는 선발대로 보낸 펠라긴(Felagin)이 여기에 물자 저장고를 만들면서 마을이 시작됐다. 마을 이름은 1739년 오호츠크 해에 있는 오호츠크 항구에서 건조된 세인트 피터(St. Peter)와 세인트 폴(St. Paul) 2척의 배 이름에서 따왔으며, 베링은 이 배들을 타고 항해에 나섰다. 그때부터 이 마을은 규모가 점점 커지면서 중요성도 높아갔고, 결국 위에서 언급한 전쟁까지 벌어졌던 것이다.

항구에 가까워지자 우리 배는 선장의 지시에 따라 돛을 걷어 올리고 닻을 내렸다. 닻이 바닷물 아래 부드러운 뻘 속에 둔탁한 소리를 내며 박히자, 쇠사슬의 철컹대는 소리가 주변 언덕까지 메아리쳐 울려 댔고, 이에 놀란 수백 마리의 에스키모 개들이 으르렁거리며 짖어댔는데, 그 소리가 또 이 아름다운 작은 만 전체에 울려 퍼지면서 하나의 묘한 화음을 만들어내고 있었다.

처음 이국땅에 발을 내딛는 사람이 아니라면 지금 우리가 이곳에서 느끼는 이런 기쁨을 어느 누구도 느낄 수 없을 것이다. 보이는 것마다 신기하고 새로웠으며, 들리는 소리와 말소리마다 모두 놀라운 것이었다. 나무, 덤불, 바위 등 모든 것에 어떤 특별한 후광이 둘려 있는 것 같았고, 평범한 사물이나 사건들도 모두 특별한 의미를 지니고 있는 것처럼 생각됐다.

첫 방문지인 마을에 상륙하기 위해 보트를 내렸다. 플렝거 씨가 친절하게 우리를 호위해 주었고, 나중에 자기 집으로 안내해 주겠다고 했다. 해안가 주변은 미끄럽고 젖어 있어서 부둣가에는 계단이 설치돼 있었고, 그 옆에는 마을을 용감하게 방어한 조그만 전투 범선 모형 하나가 대포 2문을 장착하고 17명의 코사크족 전사들을 태운 채 놓여 있었다. 계단을 올라서자 야생 그대로의 아이들 한떼거리가 몰려왔는데, 우리가 다가가자 아이들 하나하나가 아주 공손한 태도로 모자를 벗어들고 우리에게 인사를 건넸다. 이것은 우리가 전혀 예상치 못했던 캄차카식 방식이었고, 우리도 기꺼이 그들의 인사에 답례를 보냈다. 이런 관습은 자신들이 더 문명화되었다는 사실을 외국 사람들에게 적절히 보여 주기 위한 것 같았다.

조금 더 나아가자 우리는 캄차달족(Kamtchadals)9) 사람들 그리고 그들과 절반쯤 피가 섞여서 거친 검은 머리와 작은 눈을 가진 혼혈인들 한 무리를 만났다. 그들은 호기심 어린 눈으로 우리의 일거수일투족을 바라보면서 이 놀랍고도 예기치 못한 우리의 방문 목적이 무엇인가 알아내려고 애쓰고 있었다. 그들 중에는 코사크족들도 다수 있다고 들었지만, 다른 사람들과 외모나 입고 있는 옷 같은 것들이 모두 비슷해서 따로 구별해 내기란 불가능할 것 같았다.

이들 원주민들은 원래 전통 의상인 가죽옷을 입지 않고 보통 입는 여름

---

9) 캄차카 반도에 사는 원주민을 지칭하며 이텔멘족(Itelmens)이라고도 한다. 그러나 엄밀히 말하면 원래 원주민을 이텔멘족이라 하고 나중에 이주해 온 러시아인과 원주민 사이에 혼혈된 주민들을 캄차달족이라 구분한다. 오늘날 인류학자들은 이텔멘족이 동남아시아를 통해 캄차카로 이주해 온 고아시아족과 중앙아시아를 통해 이주해 온 북미 인디언의 조상들과의 사이에서 7,000년 전에 형성된 것으로 추측하고 있다. 18세기 초 이텔멘족의 인구는 약 15,000~25,000명이었으나, 이후 '캄차카의 피사로'로 불리는 아틀라소프가 이끄는 코사크족 용병부대에 의해 거의 학살당하고, 또한 러시아인이 옮긴 전염병으로 많은 사람들이 죽어 18세기 말경에 이미 인구가 약 3,000명으로 줄었으며, 이후 러시아인과의 혼혈 등으로 인해 20세기 말에는 인구가 약 1,000명으로 줄어들고 원주민어인 이텔멘어가 아닌 러시아어를 대부분 구사하는 것으로 보고되고 있다. 이텔멘족은 원래 주변의 코략족, 축치족 등과 마찬가지로 사로잡히기보다는 자살하는 쪽을 택하는 아주 호전적인 종족이었다.

페트로파블로프스크의 교회

용 옷을 착용하고 있었지만, 다리에는 기다란 물개가죽 장화를 여전히 착용하고 있었다. 왜냐하면 그것은 보통 옷보다 더 싸게 먹힐 뿐 아니라 얕은 해안가를 따라 물고기를 잡는 이들의 일상생활에 더 적합하기 때문이었다. 겨울에는 캄차카의 다른 모든 주민들과 마찬가지로 이들도 무거운 가죽외투를 착용한다.

이색적인 풍경의 작은 교회는 가까이 다가가 살펴보자 대부분의 다른 건물들과 마찬가지로 아주 낡아 있었다. 입구는 길고 낮은 왼쪽 건물 끝에 있고, 그 옆에 본채 건물과는 별도로 세워진 작은 종막에 7~8개의 종이 매달려 있었다. 우리가 다가가자 그곳에 있던 서너 명의 사람들이 힘차게 줄을 당겨 종을 쳐 댔다.

다양한 형태의 단층짜리 통나무 건물들 사이로 구불구불 헤쳐 나가자 마침내 우리는 그 이름에 걸맞은 대로에 도달했고, 그 한쪽에 플렝거 씨의 집이 서 있었다. 크기도 적당하고 잘지어진 집이었는데, 외장은 관심을 끌 만한 정도는 아니었지만, 내부 시설은 우리의 예상을 훨씬 뛰어넘는 정도였다. 그 지역에서 다른 좋은 집들과 비견되는 그의 집에 대해 간단히 묘사해 보자면, 방들은 모두 천장이 높고 안락했다. 벽지가 잘 붙여져 있고, 카펫도 깔려 있었으며, 고상한 분위기보다는 좀 더 편안한 분위기에 맞춰 꾸며져 있었다. 수많은 책과 잡지, 그리고 철 지난 신문들이 방안에 널려 있었고, 소파, 안락의자, 시가 담배, 유리 물병, 기타 많은 소소한 생활 필수품 등의 존재가 바로 이곳이 독신자 숙소라는 사실을 말해 주고 있었다.

러시아식 찻주전자인 '사모바르(samovar)'가 탁자 위에 있어서, 당장이라도 맛있는 시베리아식 음료 한 잔을 맛보여 줄 태세였다. 이 지방에서 우리가 맛보았던 차맛은 의심할 여지없이 탁월한 맛이었다. 한 입만 마셔도 우리가 가졌던 편견을 무너뜨리기에 충분했으며, 그것은 미국에서 통상 맛볼 수 있는 맛과 아주 달랐다. 이 차는 이곳 현지에서 계급에 상관없이 모든 사람들이 즐겨 마시는 음료로 항상 손님들에게 접대하기 위해 비치해 놓고 큰 컵으로 제공하는 것이 일반적이었다.

페트로파블로프스크에 있는 집들의 특징은 모든 집들이 '페치카(pech-ka)'로 불리는 커다란 러시아식 벽돌난로를 갖고 있다는 점이었다. 그것은 빵을 구워 내는 화덕 비슷하게 생겼지만, 열기와 연기가 굴뚝을 빠져나가기 전에 중간에 있는 수많은 연도(煙道)와 배관을 통과하면서 모든 벽돌을 달구어 준다. 불이 다 꺼지게 되면 굴뚝을 막아 내부 열기가 빠져나가지 못하게 한다. 페치카는 보통 집 한가운데 만들어 놓고 각방에 열기를 나누어 주는 구조로 되어 있으며, 통상 아침에 불을 때면 하루 종일 따뜻할 정도로 충분히 열기가 공급된다.

배로 되돌아오기 전에 우리는 캄차카 지방장관, 즉 이스프라브닉(ispravnik)이자 선장인 수트코보이(Soutkovoi) 씨 집을 방문했다. 수트코보이

베링 기념비

선장 집은 이 지역에서 넓은 마당이 딸린 가장 크고 좋은 집이었는데, 대로에서 조금 떨어져 있는 하얀 포플라 나무들이 서 있는 도로변에 있었다. 마당은 걷기 편하도록 잘 관리되어 있었고, 수많은 꽃들이 정원을 이루고 있었으며, 그중에는 미국인들이 좋아하는 꽃들도 여럿 보였다. 작은 시냇물도 마당 한가운데를 통과해 가다가 작은 인공 폭포를 이루고 있었다. 폭포 옆에는 쇠로 만든 기념비가 하나 서 있었는데, 탐험가 베링을 기념하는 것이었다.

수트코보이 선장과 그의 쾌활한 아내가 우리에게 베풀어 준 환영회는 이미 널리 알려져 있는 러시아식 환대로 가득한 자리였다. 사모바르 차를 마시기도 전에 우리는 이미 자리에 앉을 사이도 없이 더 강한 종류의 음료들과 시가 담배를 서로 권하고 있었다. 사실 우리는 러시아 여인네들이 담배 피우는 모습에 다소 당황스러워하고 있었는데, 선장의 아내가 우리에게 시범을 보이며 러시아 시가 담배인 '파피로사(Papyrosa)'에 불을 붙여 피워 물더니 아주 편안한 자세로 연기를 내뿜기 시작했다. 이후로 시베리아에서는 여자들도 담배 피우는 것이 거의 보편적인 관습이라는 사실을 알게 되자, 우리는 곧 편견을 버리고 그런 모습에 익숙하게 되었다.

집안 내부 구조는 이미 전에 묘사했던 것과 대동소이했는데, 다만 취향별로 가구들이 달리 배치돼 있었고, 특히 여성적인 섬세한 솜씨가 돋보이는 작은 공예품들이 다양하게 있는 것으로 보아 여성스러움을 강조하는 듯이 보였다. 각방 구석에는 '페나테스(Penates)'10) 같은 집안 수호신으로 여러 성인들의 성화들이 모셔져 있고, 그곳에서 가족들이 아침 저녁으로 기도를 올렸다. 연중 절반 가까이 되는 교회 축일이자 휴일, 즉 '프라즈닉(Prasniks)'에는 성화 앞쪽에 작은 등잔불이나 촛불을 항상 켜 놓는다.

어느 큰 방안에는 피아노 한 대가 놓여 있었는데, 선장 부인이 말하길 이 방은 마을에서 제일 큰 방으로 겨울에는 저녁에 무도회나 카드 파티가 열린다고 했다. 내가 보기에 이곳 사람들은 비록 아주 오지에 고립돼 있지만, 자기들이 갖고 있는 자원을 충분히 활용하여 아주 즐거운 삶을 영위해가고 있었다. 남자들은 모두 자기의 개썰매팀을 갖고 있어서 겨울에는 이웃마을로 자주 놀러 다녔으며, 밤이 되면 아낙네들을 태우고 선장 집에서 열리는 저녁 무도회, 즉 베추르카(Vechourkas)에 참석하였다. 짧은 여름동안에는 만에서 물고기를 잡고 보트타기를 즐기거나, 언덕 중턱까지 올라가 각종 열매들을 채집하고 또 인근의 수많은 아름다운 장소로 피크닉을 가거나 말타기를 즐겼다.

이렇게 우리의 최초의 상륙경험은 아주 흥미로운 것이었다. 하지만 다시

---

10) 고대 로마에서 집 또는 식량 저장고를 지켜 주고 가족의 행복과 번영을 지켜 주는 집안의 수호신으로 집집마다 젊은이 형상을 모셔 놓고 숭배하였다. 페누스(penus, 식량)와 결부시켜 식량을 넣는 찬장, 광 또는 곳간의 수호신이라는 말에서 유래했으며, 사적으로는 개인 집안의 수호신으로, 공적으로는 로마 국가의 수호신으로 숭배되어, 팔라티노 언덕 벨리아에는 페나테스 신전이 있었다고 한다.

우리의 범선 올가 호의 작고도 아늑한 선실로 되돌아오게 되자, 잠깐 자리를 비웠음에도 불구하고 긴 항해기간동안 익숙하고 친근해진 선실분위기에 다시 한번 젖어들면서 우리는 커다란 안도감에 빠져들었다.

우리 배 왼쪽에 있는 곳에는 파괴된 러시아 포대 자리 부근에 라페루스(La Perouse)[11] 기념비가 서 있었다. 다음 날 아침 일찍 우리는 이슬에 젖은 가파른 언덕길을 따라 올라갔고, 오래지 않아 꼭대기에 다다랐다. 가까이가 바라보니 기념비는 이 위대한 항해가의 명성에 걸맞지 않을 정도로 우리의 기대에 미치지 못했다. 조망이 더 좋은 아름다운 장소에 세워졌으면 하는 생각이 들었다. 기념비는 철판으로 만들어졌는데, 아마도 지난 전투의 유물인 듯, 총알 구멍들이 여기저기 뚫려져 있었다. 맨 밑에 피라미드식 층계가 있고, 그 위에 낮은 원통이 자리 잡고 있었으며, 그 위에 15kg 정도 무게의 철 구조물이 올려져 있었고, 속이 빈 철 구조물 안에 조그만 나무 십자가 하나가 세워져 있었다.

우리는 언덕 중턱에 야생화가 만발해 있는 광경을 발견하고 놀라지 않을 수 없었다. 그중에서 가장 유명한 것들만 고른다면 들장미, 참나리, 둥굴레 등인데, 이것들은 모두 여기뿐만 아니라 미국에서도 잘 자라는 것들이었다. 워틀베리(월귤나무과), 블랙베리(검은딸기)도 무성했는데, 라즈베리(나무딸기), 구즈베리, 크랜베리(덩굴월귤) 같은 것들도 일부 지역에 무성하게 자란다는 이야기를 들었다. 하얀 자작나무와 전나무로 이루어진 무성한 숲이

---

11) La Perouse(1741~1788) 프랑스 해군대령이자 해양탐험가. 루이16세의 명을 받아 선원 220명의 배 2척을 끌고 태평양 탐험에 나선 그는 1785년 브레스트 항을 출발하여 대서양의 카나리아 군도, 칠레 남단 케이프 혼, 하와이 군도, 알래스카, 하와이, 마카오, 필리핀 제도, 일본, 한국(1787년 5월 정조 때 제주도를 지나 울릉도를 발견하는 등 남해안과 동해안을 조사하고 지도에는 일본해로 잘못 표기함), 캄차카 반도(1787년 9월 7일 페트로파블로프스크에 상륙하여 현지인들의 환대를 받음), 사모아, 호주 등을 거쳤으며, 호주 북쪽 바다 뉴칼레도니아 산타크루즈의 티코피아 섬에 이르러 좌초되어 행방불명되었고, 이후 1826년에 그 잔해가 발견되었다.

언덕을 뒤덮고 있으면서 수많은 새들에게 보금자리를 마련해 주고 있었다.

우리는 기념비를 떠나 서쪽으로 능선을 따라 산책을 계속 하다가 바다와 만나는 곳에 다다랐다. 이곳 경치는 장대하기까지 했다. 우리 왼쪽으로는 능선이 갑자기 높고 험한 절벽으로 바뀌었고, 그 아래쪽에는 아바차 만이 수km에 걸쳐 동, 남, 서쪽으로 뻗어나가면서 아름다운 광경을 연출하다가 저 멀리 기다란 해안선이 우아한 곡선을 그리고 있는 곳에서 멈춰 있었다. 그 너머에는 숲과 구불거리는 시냇물이 산재해 있었고, 시냇물은 햇빛을 받아 반짝이고 있었다. 우리 정면으로는 능선이 끝나는 곳에 타원형의 작은 호수가 좁고 기다란 모래톱 때문에 만에서 분리된 상태로 놓여 있었다. 우리 오른쪽으로는 마을과 언덕배기에 점점이 박혀 있는 텃밭들이 만 안쪽과 경계를 이루면서 계곡 안에 자리 잡고 있었다.

우리가 그토록 보고 싶어 했던 화산은 여전히 자신을 덮고 있는 구름 망토 속에서 자신의 몸을 드러내기를 거부하고 있었다. 맑은 날이면 이 지점에서 세 화산 봉우리들이 모두 뚜렷이 보인다고 했다. 3개 중에서 가장 높고 가까이 있는 아바친스키 화산은 거의 항상 연기를 뿜어 댄다고 했다.[12] 1861년 아바친스키 화산이 대폭발하여 여러 날 동안 쉬지 않고 폭발이 계속됐으며, 화산재가 수km 멀리까지 날아갔다고 했다. 이들 화산 봉우리들은 모두 화산의 전형을 보여 주고 있었는데, 오늘날에는 한두 예외를 제외하고 모두가 휴화산이라고 했다.

---

12) 전에도 말했듯이 3개의 산 중 가장 높은 산은 페트로파블로프스크에서 가장 왼쪽에 있는 코략스키 산이며, 아바친스키 산은 가운데 위치하면서 두 번째로 높은 산이다. 따라서 저자가 아바친스키 산을 가장 높은 산으로 본 것은 착각일 것이다. 아바친스키 산은 1779년 대폭발하여 당시 아바차 만에 떠 있던 제임스 쿡 탐험선 위로 화산재가 떨어졌다고 한다. 코략스키 산은 2009년 폭발 때 화산재가 20km까지 날아갔다고 하는데, 다행히 페트로파블로프스크는 28km 떨어져 있어 무사했다고 한다.

지진도 심한 지진이 자주 오는 것은 아니지만, 약한 지진은 자주 오는 편이라고 했다. 1861년 2월 대지진 발생 때 남부 캄차카 지역 전체가 심하게 흔들렸다고 한다. 그 지역 전체에 걸쳐서 땅이 갈라졌으며, 조용한 마을 페트로파블로프스크는 파괴의 공포에 떨었다고 했다. 그러나 결국 더 이상 심각한 피해는 없었으며, 다만 페치카와 굴뚝 등이 무너져 내리고, 문짝과 창틀이 비틀렸을 뿐이었다고 했다.

언덕을 내려오다가 우리는 무덤 2개를 지나쳤는데, 그 위에는 러시아어가 새겨진 나무 십자가들이 꽂혀 있었다. 그 무덤 아래에는 전쟁 중에 살해당한 병사들의 유해가 누워 있을 것이다. 무덤 옆에 또 하나의 무덤같이 생긴 토루가 하나 있었는데, 나지막한 출입구로부터 더러운 넝마조각을 걸친, 아주 가난해 보이는 은둔자 같은 사람 한 명이 툭 튀어나왔다. 우리는 이 사람의 모습에 크게 동정심이 일었고, 또 그가 어떻게 그런 집에 사는지 매우 궁금해졌다. 그런데 마을로 돌아와서야 우리는 모든 것을 알게 되었다. 그 토루는 집이 아니라 탄약 창고였고, 그 사람은 코사크족 초병이라는 것이었다. 우리로서는 전혀 초병처럼 보이지 않는 병사를 상상하기가 어려웠다.

마을로 돌아오는 길에 우리는 곶의 바깥쪽 절벽 아래 해안가를 따라 걷다가 한 떼의 낚시하는 사람들을 만나게 되었다. 그들은 모닥불을 크게 피워놓고 둘러앉아 무언가 의심스러워 보이는 병들을 돌리며 즐겁게 놀고 있었다. 그들 중에서 머리가 길고 긴 옷을 입은 마을의 성직자 중 한 명을 발견하지 못했더라면, 그런 놀이가 우리 주의를 끌지는 못했을 것이다. 성직자는 어떤 상황에서도 절제된 자세를 보여야 하는 것이 그의 소명일 것이다. 그는 신도들을 이끌고 와서 세례식을 베풀어 주려고 했을 것이다. 그런데 분위기는 그런 영적인 분위기가 아니었다. 일행 모두의 표정을 보고 판단해 보건대, 결코 절제된 분위기가 아니라 아주 유흥에 빠진 분위기였다.

처음 마주친 이런 모습으로 우리 눈에 비친 그들의 첫인상은 아주 좋지 않은 것이었다. 비천하고 무지한 신도들이 어떻게 저런 성직자들에게 믿음을 가질 수 있겠는가 하는 것이 나에게는 수수께끼였다. 그들은 그런 방탕한 모습을 숨기려고도 하지 않았는데, 그런 비틀거리는 모습으로 성당에 돌아가 기도문을 읽는지도 모를 일이었다.

우리는 이곳이 극도로 소외된 지역이기 때문에, 이런 모습이 아주 예외적인 러시아 성직자의 모습일 것이라는 기대를 걸고 있었지만, 유감스럽게도 나중에 우리 탐험팀이 들어간 시베리아 지역 어디에서도 이보다 더 나은 상태를 발견할 수 없었다는 사실을 나는 솔직하게 말하고자 한다. 내가 들은 바로는, 성직자들이 아들을 낳고, 그 아들들이 또 성직자가 되어 자신의 이득에 따라 헌신한다는 것이었다. 만일 사실이 그렇다면 그들의 위선적인 행동과 신도들에 대한 무관심은 자연스러운 일이 될 것이다. 러시아에서 성직자들은 무지하고 미신에 사로잡혀 있는 원주민들에게 커다란 영향력을 미치고 있었다. 성직자 자신들도 규율에 순종하는 것이 자신들을 완전한 기독교인으로 만들어 주는 데 필수적인 것이라고 생각하고 있는데도 불구하고, 나는 그런 모든 종교적 형식과 규율을 더욱 엄격하게 지키려는 사람을 한 사람도 본 적이 없었다.

낚시꾼들이 술판을 벌이고 있는 곳 옆에는 해변가에 카누같은 배들이 올려져 있었는데, 그 배들은 아메리카 인디언들이 호수나 강을 오르내릴 때 사용하는 속이 파인 통나무 배처럼 생겼다. 이것이 배 전문가들이 아닌 캄차달족 사람들이 사용하는 유일한 배였다. 파도가 험할 때에는 안전을 위해 2척 이상의 보트에 옆으로 긴 장대를 가로질러 묶었다. 그렇게 하고도 해안가 멀리 떠나가는 모험을 감행하는 일은 드물었고, 또한 그리 멀어 보이지 않는 곳에도 횡단해 가려고 하지 않고 해안가 주변을 왔다 갔다 할 뿐이었다. 내가 보기에 이런 소심함은 아마도 물이 너무 차서 수영을 배우지 않았기 때문이 아닐까 추측해 보았다.

　우리는 페트로파블로프스크에서 모피 무역에 종사하는 미국인들이 많이 있다는 사실에 놀랐다. 그중 2명이 퍼스(Peirce)와 헌터(Hunter)였는데, 이들은 벌써 오랜 기간 동안 이곳에 살아 왔고, 또 너무 이곳에 애착이 갔으므로 더 이상 미국으로 돌아가고 싶은 생각이 없었다. 이들은 우리가 이곳에 머무는 동안 애로 사항이 없도록 노고를 아끼지 않았다. 우리는 이들의 안내를 받아 각종 연회를 계속 즐길 수 있었으며, 마지막 떠나는 날이 다가오자 이 아름다운 작은 마을과 대접이 후한 주민들을 두고 차마 발걸음을 뗄 수가 없었다. 또 다른 2명의 미국인인 도드(Dodd)와 프론필드(Fronefield)는 나중에 우리 탐험팀에 합류하게 되면서 많은 일들을 효과적으로 처리해 주었고, 그들이 함께하는 것만으로도 우리는 마음이 편안했다.

　내가 보기에 이 지역 부근의 자연 풍광은 어느 누가 이곳에 수년간 머문다 해도 그 아름다움 자체만으로도 충분히 만족감을 느낄 수 있으리라고 본다. 게다가 이곳은 많은 보급품 지원을 받고 있어서 우리가 고향집에서 즐길 수 있는 내구재나 웬만한 사치품들은 거의 다 갖추고 있었고, 또 수익성 좋은 사업까지 갖추고 있었으므로, 거의 모든 사람들의 욕구를 충족시켜 줄 수 있었다. 이곳 사회가 작고 주로 남성 중심의 단조로운 사회라는 것은 맞는 말이지만, 우리와는 다른 종류의 즐거움을 가져다주는 이곳만의 자원들은 풍부했으며, 또 이곳 사람들은 이 자원들을 충분히 이용하는 방법들을 잘 터득하고 있었다.

| 제 2 장 |

아바자 소령의 계획-횡단 지역-아무르 강을 향하여-조랑말 타기-캄차달 말과 안장-러시아어 출발 신호 포숄! 포숄!-고문당하는 것 같은 고통-발을 높이 올리는 시도-우리가 상상했던 것과는 완전히 다른 아름다운 캄차카-연어잡이-연어를 낚아채 가는 까마귀와 에스키모 개-해안가를 따라서-건초 말리기-시베리아 암소-곰과 늑대-내 온순한 암말-천방지축 새끼 망아지 '보좌관'-장엄한 아바친스키 화산과 빌류친스키 화산-그림 같은 마을-시베리아 타타르족 유배자-정부 스파이로 의심-중간 역사무소-파리처럼 많은 바퀴벌레-박멸 방법-시골식 러시아 증기탕-목욕 순서-오염된 공기 '우가' 빼내기-돌아가는 길-사람을 늑대로 오인-곡예 부리는 말-일상이 된 나의 불운-후트레 마을-버터가 되기 전 우유-귀환-페트로파블로프스크에서의 마지막 날-겨울용 모피외투 쿠크랑카-모피장화 토르바싸-모피양말 차지-챙 없는 모피모자 말라치와 목도리 아르카닉-질 좋은 캄차카산 모피-모피 세금 야삭-모피 훔치면 극형에 처함-몰려드는 모피 무역상-심해지는 경쟁-미국말 속임수-높은 가격-천둥번개 폭풍-이별 모임-소개장-이별

페트로파블로프스크에 도착한 이래로 우리는 계획된 전신선이 지나갈 지역들에 관한 정보를 얻기 위해 모든 노력을 기울였으나, 지금까지 얻어 낸 성과는 보잘 것 없는 것이었다.

계획 구간 중에서 가장 가까운 구간이 페트로파블로프스크로부터 약 1,600km 떨어진 먼 거리에 있으므로, 이곳에 도달하려면 캄차카 반도 전체 길이만큼을 횡단해 가야 했다. 이것은 그 자체로 힘든 여정이 될 것이

확실했고, 어쩌면 몇 달이 걸릴 수도 있었다. 하절기 초에 시작한다면 바다로 직접 기지가(Ghijigha)에 도착할 수 있겠지만, 연중 이맘 때쯤이라면 오호츠크 해의 북쪽 멀리까지 바다로 간다는 것은 안전을 담보할 수 없는 일이었다. 그래서 육지로 가는 것을 제외하고는 아무런 대책이 없었다. 여름에는 말과 뗏목을, 겨울에는 개와 순록을 이용하더라도, 다음 겨울이 시작되기 전에 목적지에 도착하기는 어려울 것 같았다. 반도의 북쪽에 사는 야만족이며 이교도들인 코랴족(Koryaks)[13]이 사는 지역에 도달하기 전까지는 원주민들로부터의 위협은 없는 것으로 알려져 있었다. 페트로파블로프스크에서 얻은 정보에 따르면, 이 종족은 약탈을 위해서라면 주저 없이 사람을 죽이는, 믿을 수 없는 종족으로 신이나 사람에 대한 두려움이 없다고 했다. 따라서 우리는 이 종족에게서 어려움을 겪게 될 것을 예상하고 있었다.

여행의 중간 거점인 기지가에서 오호츠크 해 북쪽 해안을 따라 서쪽으로 1,200km 정도 가게 되면 오호츠크 마을에 닿게 되는데, 이 구간은 횡단하기가 어려워서 그렇지 비교적 러시아인들에게는 잘 알려져 있는 지역이었다. 그런데 기지가에서 북쪽으로 예전 러시아의 전진 기지인 아나디르스크(Anadyrsk)로 가는 구간은 이미 횡단되어 닦여 있는 길이지만, 모피 사냥꾼들을 제외하고는 잘 알려져 있지 않은 지역이었다. 매크리 중위가 이끄는 팀이 아나디르 강(Anadyr River)을 거슬러 올라가 이 전진 기지에 도착해 우

---

[13] 아직 코랴족의 기원은 알려져 있지 않으나, 오늘날 인류학자들은 갱신 홍적세 말기 북미 대륙과 유라시아가 이어져 있었을 때, 양쪽에서 인류가 오가다 형성된 것으로 추측하고 있다. 18세기 초 인구가 약 1만 명이었으나, 러시아의 침략으로 18세기 말 약 4,800명으로 줄었고, 20세기 말 약 5,600명을 기록하고 있다. 코랴족은 18세기 중엽 러시아의 학살로 인구가 절반 이하로 줄어들자 결국 굴복하여 러시아에 공물을 바치게 된다. 토착어인 코랴어는 이웃한 축치어, 이텔멘어와 더불어 같은 고아시아어의 추코트-캄차카 언어 계열에 속하지만, 이텔멘어보다 축치어와 더 유사하며, 문화도 축치족과 유사성을 보이고 있다. 또한 코랴족 언어와 문화는 아무르 강 하류의 길랴족과 유사하다는 보고도 있다. 현재 원주민 대부분이 코랴어보다는 러시아어를 구사하고 있다.

리 팀의 일부와 합류할 예정이라는 사실을 기억할 필요가 있다. 우리 팀 모두가 캄차카 반도를 경유해 기지가로 가게 된다면, 우리는 겨울 내내 이미 언급한 두 구간을 횡단하는 데 모든 시일을 소비하게 될 것이다. 그런데 아무르 강(Amoor River)에서 북쪽으로 오호츠크 마을까지 오호츠크 해의 서부 해안을 따라 전신선이 설치될 구간은 약 1,200km에 달하는 거리였는데, 사람의 발길이 거의 닿지 않은 미지의 지역으로 여전히 남아 있는 곳이었다. 이 구간은 산이 많아 접근하기가 어려운, 아주 험한 지역이어서 지금까지 이곳을 뚫고 나간 사람이 없었다고 했다. 게다가 우리는 이 지역에 대한 정보를 아무것도 얻어 낼 수 없었다.

어떻게 첫 동절기에 이 구간을 통과해 나가느냐 하는 것이 우리의 숙제였다. 그러다 마침내 아바자 소령은 자기 팀을 둘로 나누기로 결정했다. 마후드(Mahood)와 나 자신으로 이루어진 한 팀은 배를 타고 바다로 아무르 강에 있는 니콜라예프스크(Nikolayefsk) 도시로 간 다음, 북쪽으로 오호츠크 마을까지 탐사하고, 아바자 소령과 케넌으로 이루어진 나머지 한 팀은 캄차카 반도를 경유해 오호츠크 마을까지, 그리고 북쪽으로 아나디르스크에 도착하는 어려운 임무를 떠맡기로 했다.

다행스럽게도 범선 올가 호는 니콜라예프스크로 향하는 화물이 있어서 화물을 싣는 대로 곧 출발할 예정이었다. 8월 26일 마후드와 나는 올가 호를 타고 떠날 예정이었다.

출발 날짜가 다가오자, 우리는 페트로파블로프스크 교외의 풍광 좋은 곳을 관광할 기회가 따로 없을 것 같아, 10km 정도 거리의 아바차 만 끄트머리에 있는 아바차라 불리는 작은 마을까지 조랑말을 타고 가기로 했다. 그런데 필요한 숫자의 말을 구하는 데 애로 사항이 있었다. 이곳에는 말이 별로 없고, 내륙 쪽으로 흩어져 방목하고 있어서 제대로 구해 올 수 있을지가 의문이었다.

약속된 시간에 거리에 나가자, 말 4마리가 우리를 기다리고 있었다. 플렝거 씨, 도드, 마후드 그리고 나 이렇게 4명이 먼저 출발했다. 케넌과 새로운 친구인 볼맨(Bollman) 씨는 다른 말들이 도착하면 따라오기로 했다. 처음에 나는 말의 모습을 보고 조금 놀랐는데, 작은 체구로 건장한 성인 남자들을 태우고 언덕길을 올라갈 것을 생각하니 불쌍한 생각이 들었다. 그런데 한편으로는 말에서 떨어져도 그리 큰 부상은 입지 않겠다는 생각이 드니 다소 위안이 되었다.

키가 약 1.4m밖에 되지 않는 이 말들은 땅딸막하지만 강인해 보였으며, 갈기가 무릎 아래까지 내려오고 길고 무거운 꼬리는 땅에 질질 끌렸다. 나는 말타기에 자신이 없어서 가장 온순한 말을 요구했다. 원주민 중 한 명이 내게 골라 준 말은 말 중에서 가장 작은 말이었는데, 거의 자기만큼 커버린 새끼 망아지를 데리고 있는 어미 말이었다.

안장은 톱질 받침대 같은 나무틀에 두꺼운 곰가죽을 씌운 것으로, 마치 단봉 낙타의 혹처럼 작은 짐승의 등 위로 솟아나 있었다. 한쪽에는 등자가 있고, 다른 한쪽에는 등자가 없는 대신 밧줄을 둥글게 감아 놓았는데, 그 크기가 하도 커서 말 한 마리가 걸어 들어가도 좋을 만한 크기였다. 내 작은 말이 나들이 갈 채비를 다 갖추고 나타난 우스꽝스런 모습을 보고 우리는 속으로 불쌍한 마음에 웃음소리를 줄이려고 애를 쓰면서도 모두 웃음을 터뜨리지 않을 수 없었다. 말에 올라타는 것은 아주 간단했다. 한쪽 다리로 균형을 잡는 것이 필수적이었고, 그런 다음에 다른 한쪽 다리를 안장 위로 들어 올려 앉는 것이었다. 안장이 낮아 발이 나무 그루터기나 돌에 걸릴 수도 있었다. 이런 어려움을 피하기 위해 나의 동료들은 등자를 말의 등 위로 최대한 끌어 올렸고, 나 역시 발을 곰가죽 위로 최대한 올리면서 무릎과 등이 거의 수평을 이룬 이상한 자세가 되었다.

마침내 모든 준비가 끝나자, 도드와 망아지 한 마리만 남겨 놓고 모두 출발하기 시작했다. 그런데 내가 휘파람을 불고 혀를 끌끌 차도 도무지 나의 말은 갈 생각을 하지 않고 서 있었다. 나는 말에서 떨어질까 봐 발로 차지도 못했고, 또 채찍이나 회초리 같은 것도 없었으므로 어쩔 줄 모르고 그냥 말 위에 앉아 있었다. 마침내 도드가 웃음을 터뜨리며 나에게 다가오더니, 말이 영어를 못 알아 들으니 러시아어로 말해 보라고 했다.

"포숄(Posholl)! 포숄!"

이 말이 떨어지자마자 정말로 마술과도 같은 일이 벌어졌다.

갑자기 내 말이 종종걸음으로 빨리 걷기 시작했고, 매 걸음마다 내 몸이 30cm씩 뛰어올랐다. 1분이 1년처럼 느껴졌다. 처음 약 5분간은 마치 평생의 고통을 집중시켜 놓은 것처럼, 그리고 약 1km까지는 정말 고문받는 것처럼 고통스러웠다. 이때 나는 예전에 빨리 달리고 있는 말의 등자를 높여 줌으로써 말을 편안하게 타고 가는 사람들을 종종 보았던 기억을 떠올렸다. 그런데 발을 높이 올리면, 불편할 뿐만 아니라 위험하기도 했다. 하지만 지금 겪고 있는 고통보다 낫다는 생각에 나는 그런 시도를 해 보기로 결심했다.

그러나 몸이 튀어 오르는 소동이 계속되자, 다음 순간 나는 나도 모르게 죽을힘을 다해 양손으로 말갈기를 잡고 말목에 매달려 엎드렸고, 손에서 풀린 말고삐가 공중에 날렸다. 고삐 풀린 말은 나 때문에 더해진 무게로 중심이 앞으로 쏠리는 것을 막으려고 몸부림치면서 필사적으로 앞으로 돌진해 갔다.

이제 말의 목을 부여잡고 있는 우스꽝스런 내 모습은 전혀 걱정이 되지 않았고, 언제 몸을 일으킬 수 있을까 하는 것만이 걱정이었다. 나는 계속 그런 자세를 유지하면서 앞서 가던 말들을 다 따라잡았는데, 그 순간 누군가의 정지 명령이 떨어지면서 말의 속도가 줄어들었다.

언젠가 나는 한 친구가 치통을 가장 커다란 축복 중 하나라고 말하는 것을 들은 적이 있었다. 왜냐하면 이빨을 뽑고 나면 그렇게 시원할 수가 없다는 것이었다. 나로서는 말달리기도 똑같다는 생각이었다. 왜냐하면 "정지!"라는 누군가의 명령 한마디에 나는 죽었다 살아나는 행운을 맛보았기 때문이었다.

사람들은 시베리아를 춥고 황량한 불모지이며, 굶주림에 지친 늑대, 얼어붙은 이끼, 휘몰아치는 눈폭풍 그리고 굶주린 유배자들이 떠도는 곳이라 했다. 같은 태양 아래 이토록 관심받지 못하고, 또 이토록 신에게 버림받은 지역도 별로 없을 것이다. 캄차카는 음울하고, 쓸쓸하며, 사람의 마음을 끌어당기지 못하는 그런 시베리아의 대표적인 명칭인데, 그 이름만으로도 혀가 뒤엉키고, 머리가 마비되는 듯했다. 사실 그곳은 인간이 마지막으로 발을 디디게 될 지구의 마지막 땅인 것이다!

이런 것들이 바로 우리가 고향을 떠나기 전에 캄차카에 대해 갖고 있었던 생각이었고, 또 우리 탐험팀이 앞으로 만나게 될 것이라고 기대했던 캄차카의 모습이었다. 그런데 실상은 얼마나 다른 것인가! 한여름 소나기가 시원하게 쏟아져 내린 후, 해안선까지 뻗어 내린 푸른 언덕에 햇살이 반짝거리는 고요하고 아름다운 날이 있는가 하면, 색색의 야생화들이 들판에 흩뿌려져 있고, 또 앞으로 나아가면 키 큰 풀숲이나 무성한 덤불숲에서 수백 마리의 새떼들이 휘리릭 날아가기도 한다. 하늘은 파랗고 군데군데 거대한 깃털구름이 느릿느릿 흘러가면서 지상의 풍경에 명암을 드리운다. 이런 아름다운 광경에 마지막 획을 긋는 것은 바로 캄차카 풍경의 결정체인 화산들이다. 이들 봉우리들은 대체적으로 두꺼운 구름에 덮여 있다.

우리는 마을 뒤쪽에 있는 작은 계곡을 통과해서 능선 끄트머리에 있는 병사들 묘지를 지나고, 아바차 만에서 작은 호수를 분리해 주고 있는 모래톱을 따라갔다. 여기서 우리는 캄차카의 어촌 풍경을 지나쳐 보게 되는 기회를 갖게 되었다. 수천 마리의 연어들이 나무껍질과 짚으로 덮인 오두막집에 매달린 채 건조되고 있었다. 이것들은 겨우내 썰매 끄는 개들의 유일한 식량으로 하루에 개 한 마리당 하나씩 준다고 했다. 수십 마리의 까마귀들이 주변을 날아다니며 까악까악 울어 대다가 가끔씩 연어를 한입에 훔쳐 물고 달아나기도 하는데, 에스키모 개들은 기둥에 묶여 있어 어찌하지도 못하면서 안타까워 끙끙대기만 했다.

연어는 인간이나 동물 모두에게 중요한 식량이었다. 다른 먹거리가 없는 경우에 말이나 소도 이것으로 생계를 유지한다고 했다. 건조장에서 바람 부는 쪽으로 지나가자 코를 자극하는 아주 불쾌한 냄새 때문에 걸음을 빨리하지 않을 수 없었다.

모래톱을 벗어나자 바다로 내려가는 내리막길이 나타났고, 아름다운 만의 해안가 끝자락을 따라 오르락내리락 했다. 조개가 부서져 만들어진 부드러운 백사장, 그리고 울퉁불퉁한 바위와 둥근 돌로 이루어진 해변가도 있었다. 말이 걷는 길의 대부분은 잡초가 무성하게 자라 거의 말등 위에까지 닿을 정도여서 어떤 때는 풀에 가려 앞서 가는 사람의 머리와 어깨가 보이지 않았다.

지금은 풀을 베는 계절이었다. 구식 낫을 사용하고 있었고, 풀더미를 높이 쌓아 놓고 있었다. 이것들은 마을로 옮겨져서 건초가 되고, 겨울 동안 소와 말에게 귀중한 식량이 된다.

우리가 보았던 소들은 말에 비해서 작았는데, 키가 작은 대신 옆으로 벌어졌다. 우유는 풍부하고 마시기에 좋아서 대체로 캄차달식 식단에 사용된다. 수프부터 시작해 모든 혼합 요리에 빠지지 않고 사용되는 재료이다. 암소 한 마리가 매일 약 5병, 즉 4리터 정도를 생산한다. 여기서는 계량컵 대신 병을 사용한다.

우리는 해안에서 가까운 풀밭에서 곰 발자국을 많이 발견했는데, 주로 밤에 해안가에 나는 갯배추를 찾아 나왔다가 남긴 것이라 했다. 이 갯배추라는 바다 식물은 연어가 알 낳으러 강을 거슬러 오기 전까지 봄에 곰이 먹을 수 있는 거의 유일한 식량이라고 했다. 그 다음부터 곰은 연어로 연명하게 되는데, 긴 앞발로 물에서 연어를 낚아채는 데 선수이다. 연어살은 비린내가 강해서 기분 좋게 먹기는 힘들다.

캄차카에는 곰이 아주 많은데, 동부 시베리아의 다른 지방에 있는 곰보다 덜 사납다고 했다. 겨울이 특별히 길어지는 경우에는 곰들이 가끔 페트로파블로프스크 마을 안까지 들어와 가축들을 잡아먹는다고 했다. 늑대도 많이 있는데, 떼지어 다닐 때를 제외하고는 그리 위험하지 않다고 했다.

내 암말은 온순하지만, 그 새끼 망아지는 천방지축이어서 행렬 중에 뒤떨어지는 일이 다반사였다. 길 또한 좁고 구불구불해서 일렬종대로 가는 것 이외에는 달리 방법이 없었다. 하지만 나는 한두 번 앞장서려는 시도를 해 봤는데, 다른 사람들이 '보좌관'이라 부르는 이 힘이 넘치는 새끼 망아지가 나보다 더 앞서 나갔다. 다른 말이 자기보다 앞서려 하면, 뒷발질을 하며 경고를 보냈다. 때때로 키 큰 풀숲으로 사라져 버렸다가 큰 소리로 히힝 대면, 내가 서툰 러시아어로 자꾸 보채도 어미말이 가던 길을 멈추고 새끼가 따라오기를 기다렸다.

목적지인 아바차 마을에 가까워 오자, 장엄한 광경이 우리를 맞아 주고 있었다. 해안가에서 내륙 쪽으로 수km 정도는 아주 평평하다가 조금씩 오르막이 되면서 야산으로 커져 갔다. 야산은 더 높아지다가 중간에 걸려 있는 두터운 구름 때문에 가려졌다. 이 구름 위로 장엄한 아바친스키 화산 봉우리가 높이 솟아 있었다. 약 50km의 먼 거리이지만, 하얀 눈이 덮인 정상 부분은 햇빛에 반짝이면서 하늘빛과 대조를 이루고 있었는데, 마치 1~2km밖에 떨어져 있지 않은 것처럼 보였다. 이 봉우리는 완벽한 원추형으로 맨 위에 만년설이 덮여 있고, 그 밑으로는 경사가 급해서 눈과 얼음이 밑으로 떨어져 내려 눈이 없는 맨살 부분과 눈 덮인 부분이 서로 섞여 있고, 또 그 밑에는 구름에 가려 보이지 않는 부분이 있었다. 그래서 멀리서 보면 마치 만년설 봉우리가 하늘에서 내려온 보이지 않는 줄에 매달려 있는 것처럼 보이기도 한다. 남쪽으로 멀리에는 고고한 자태의 빌류친스키 화산 봉우리가 은빛으로 빛나는 만년설을 떠안고 솟아 있었다. 왼쪽으로는 바로 전면에 하얀 백사장이 만 앞쪽에서부터 우아한 곡선을 그리며 펼쳐져 있고, 우리 바로 앞에는 조그만 강이 하얀 자작나무숲과 무성한 풀밭 사이를 돌아내려와 강 하구를 형성하고 있는 곳에 통나무집들이 한 폭의 그림같이 작은 군락을 이루고 있는데, 바로 그곳이 아바차 마을이었다.

이런 광경을 처음 접했을 때, 우리 모두는 저절로 발이 멈추어졌고, 그 장대한 광경에 경외심마저 느끼고 있었다. 몇 분 동안 우리는 말 한마디 없이 그냥 멈추어 서있었다. 마치 말을 하면 지금 이 광경이 없어지기라도 할 것 같은 두려움이 들었던 것이다. 마침내 참을성 없는 사람 한 명이 긴 한숨을 쉬고 잠시 뜸을 들이더니 나지막한 목소리로 단 한마디를 토해 냈다.

"이럴 수가!"

몰입의 순간에 예기치 못한 감탄사가 터져 나오자, 모두가 웃음을 터뜨렸다. 제정신으로 돌아온 우리는 말에 박차를 가해 마을을 향해 달려갔고, 수백 마리의 개들이 으르렁거리고 짖어 대는 소리가 열렬한 환영 인사를 대신했다.

가는 가지들을 엮어 만든 낮은 담장에 말들을 묶어 놓고, 우리는 플렝거 씨의 안내로 마을에서 가장 큰 집에 따라갔고, 집주인이 문 앞에 서서 우리를 맞이했다.

집이 가까워지자 도드가 속삭였다.

"저 노인은 유배자야."

우리가 만나게 된 이 마을의 첫 번째 인물에게 나는 특별한 관심을 가지고 대하면서, 고향에서 멀리 떨어진 곳에서 인생을 마치도록 선고받은 인

아바차 마을

간에게서 자연스레 드러나는 슬픔과 고통 같은 것들의 흔적을 찾아내려 애썼다. 그는 이방인인 우리들을 의심스러운 눈으로 훑어보았는데, 나는 그가 다른 주민들보다 덜 행복하다는 인상을 찾아볼 수 없었다. 그의 이름도 몰랐지만, 그는 타타르족 노인으로 그 당시 76세였으며, 46년간 유배생활을 했다. 그는 자기의 과거에 대해 말해 주지 않았지만, 그가 러시아 군

|제2장| 81

대를 탈영하고 도둑떼가 되어 잔인함으로 이름을 떨쳤다는 사실만은 알려져 있었다.

그는 중키 정도의 남자로 머리는 작고 둥글며, 다소 좁아 보이는 이마 위로 가는 회색빛 머리카락이 떨어져 내려 두 눈 바로 위에서 각지게 깎여 있어 두 회색빛 눈을 찌를 듯했다. 두 눈은 서로 붙어 있는 것처럼 가까이 있었고, 눈썹이 짙고 두툼하여 눈에 그늘이 졌다. 검댕이 묻어 있는 코는 들창코로 짧았으며, 입은 매우 컸다. 닳아서 작아진 앞니 3개를 제외하고 다른 이들은 모두 지난 거친 세월이 앗아가 버린 듯했다. 길고 성긴 회색 수염이 뺨 아래쪽에 매달려 있고, 일주일 기른 듯한 콧수염은 거칠었다. 옷은 흙투성이의 누더기 같은 윗도리에, 끈으로 허리를 단단히 조여 맨 가죽바지, 그리고 많이 닳은 물개가죽 장화를 신고 있었다.

그러나 그의 이런 지저분한 모습에도 불구하고, 그는 그 지역 하층민 중에서 가장 잘사는 사람 중 하나였다. 나는 그의 모습을 스케치하려 했으나, 그가 보인 불신과 불만의 모습 때문에 중도에 포기했다. 그는 나의 제복과 공책 때문에 나를 정부 스파이가 아닌지 의심하면서 혹시 자신의 개와 소를 징발해 갈까 봐 걱정하는 듯했다.

페트로파블로프스크에서 썰매나 말을 타고 떠나는 사람들은 항상 이 노인네 집을 중간역으로 이용한다고 했다. 왜냐하면 이 노인에게 몇 코펙(copeks, 러시아 동전)만 주면 다른 사람들보다 더 잘 집을 지켜주기 때문이었다. 집은 통나무집인데, 다른 집들과 마찬가지로 틈새를 이끼와 진흙으로 메웠다. 난방은 페치카로 하는데, 요리하는 데도 사용된다. 바닥에는 엉성한 순록가죽 대신 돛에 쓰는 범포를 고정시켜 깔아 놓았다. 탁자는 나무를 대충 베어 만든 조그만 것으로 깨끗했고, 그 위에 러시아 가정에 필수적인 사모바르 같은 찻주전자 등이 놓여 있었고, 차는 벌써 끓기 시작하고 있었다.

방 안에 들어서자, 바닥과 탁자 위, 그리고 사방 벽 갈라진 틈으로 수백 마리의 바퀴벌레들이 돌아다니고 있는 광경을 보고 나는 커다란 충격을 받았다. 이곳 사람들은 마치 우리가 파리를 대하듯이 무덤덤하게 음식에서 바퀴벌레들을 빗자루로 쓸어 내고 있었는데, 바퀴벌레들을 없애려는 아무런 노력도 하지 않는 듯했다.

처음에 나는 이런 너그러움을 바퀴벌레에 관련된 어떤 미신적인 관념 때문에 그런 것으로 생각했으나, 나중에 들은 바로는, 이곳 사람들이 바퀴벌레를 박멸시키려고 무진 애를 썼으나 모두 실패했다는 것이었다. 박멸해도 그때뿐, 곧 다시 급속도로 수가 불어나서 어쩔 도리가 없으므로, 할 수 없이 이 성가신 것들과 타협을 하고 있다가, 겨울이 오면 2~3일 동안 모든 문을 열어 놓는다는 것이다. 그러면 바퀴벌레들이 모두 얼어 죽고, 그 다음에 빗자루로 쓸어내고 깨끗이 청소한다는 것이었다.

호기심 어린 눈으로 마을의 오두막집, 헛간, 물고기 말리는 곳 등을 살펴보다가, 나는 다른 집들과 따로 떨어져 있는 어느 낡은 오두막집의 천정이 낮고 어두운 방안으로 머리를 디밀었다가 방안의 음침한 분위기에 충격을 받았다. 처음에는 지하 감옥이 아닐까 하는 생각이 들었으나, 이런 2~3가구밖에 살지 않는 평온한 마을에서 그런 것이 쓰일 용도가 없겠다는 생각이 들면서 도무지 그 용도가 무엇인지 상상할 수 없었다.

방 한쪽 통나무 벽에는 조그만 사각 창문이 있어서 그곳을 통해 빛이 들어오고 있었지만, 너무 적어서 사물을 분간하기 어려웠다. 서서히 어둠에 익숙해지자, 나는 천정이 아주 낮고 또 천정과 벽 모두 연기에 그을린 듯 검고 번들거린다는 것을 알 수 있었다.

한 구석에는 약 1.5m 높이의 단이 있는데, 그 위 표면은 부드럽다. 그 밑으로 거칠게 만든 3단짜리 넓은 계단이 있다. 또 한구석에는 높이가 낮은, 거칠게 만든 화덕이 있는데, 쇠로 만든 화로 위에 아무렇게나 자갈돌들이 쌓여 있고, 화로 안에는 타다가 숯이 된 나뭇조각들이 있었으며, 그 옆에는 낡은 물통 2개에 물이 일부 들어 있었다.

호기심이 부쩍 일어난 나는 무언가 설명을 들을 수 있겠지 하는 기대감으로 동료들에게 다가갔다. 도드는 그것이 러시아 증기탕의 시골식 형태라고 말해 주었다. 탕에 들어가면 물이 채워진 물통들이 있고, 화덕 위에 쌓인 돌들이 달궈지면, 몇 개의 돌을 물통 속에 넣어 찬물을 데운다. 다른 통에 있는 찬물은 그대로 두고 나중에 물을 끼얹을 때 사용한다. 그런 다음 러시아인들이 말하는 오염된 공기, 즉 '우가(ouga)'를 빼내기 위해 방안의 문을 열어 놓는다. 그리고 목욕하는 사람들이 발가벗고 입장하고 다시 문을 닫아 내부를 밀폐시킨다. 그런 다음 달궈진 돌에 찬물을 뿌리면 증기가 발생하면서 순식간에 내부 온도가 견딜 수 없을 만큼 달아오른다. 물론 위쪽에 있는 단이 가장 뜨거워진다. 3단으로 구분된 넓은 계단은 온도가 서로 달라 목욕하는 사람들이 취향에 따라 선택할 수 있다.

충분히 땀을 뺀 후에는 뜨거운 물로 몸을 닦고 찬물로 마무리한다. 그런 다음 증기탕을 떠나 옆에 있는 작은 방으로 들어가 옷을 입는다. 가족들이 모두 같이 탕 안에서 목욕을 즐기기도 한다.

목욕하기 전에 나쁜 가스를 배출시켜 주는 것이 아주 조심해야 할 필수 사항인데, 가끔 가다 남아 있는 나쁜 가스 때문에 위험한 상황이 발생되기도 한다. 이곳 사람들은 증기탕을 아주 좋아하고 높은 온도를 잘 견딘다.

아바차 마을에서의 짧은 머무름을 마치고 우리는 느지막하게 페트로파블로프스크를 향해 떠났는데, 날이 어두워지기 전에 되돌아갈 수 있을 것이다. 말 타고 되돌아가는 길은 아주 즐거운 일이었고, 날씨도 춥지도 덥지도 않은 아주 쾌적한 상태로 한 번 숨을 들이쉴 때마다 감미로운 맛이 났다. 그래서 누군가는 이 달콤하고 신선한 공기를 더 많이 마시지 못하는 자신의 신체적 한계를 무의식적으로 한탄하기까지 했다.

사건이 없다면 무슨 재미가 있겠는가? 한번은 누군가 "늑대야, 늑대!" 하고 외치는 바람에 우리 모두가 놀랐던 적이 있었다. 리볼버 권총도 갖고 있었고, 또 마주칠 것을 대비해 만반의 준비를 하고 있었는데, 곧 그것이 잘못된 경보였다는 사실이 밝혀졌다. 즉 그 무서운 짐승들은 우리를 맞이하러 나온 케넌과 볼맨 씨였던 것이다. 우리와 합류한 후, 볼맨 씨는 헐렁해진 안장을 손보려고 몸을 돌리는 순간 거꾸로 뒤집히는 사고를 당했으나, 다행히 다치지는 않았다. 케넌과 볼맨 씨 역시 우리 뒤를 따라다니는 망아지에 대해 궁금해 하고 있었다. 그들은 망아지가 숲속을 뛰어다니며 어미 말을 찾아 히힝거리고, 또 수풀 위로 귀와 코만 내놓고 있는 모습을 보고 웃음을 터뜨렸다.

우리 말들은 비록 덩치는 작지만 영리하고, 심지어 교활하기까지 했다. 플렝거 씨가 모는 말은 곡예를 부리는 데 아주 뛰어났다. 특히 그 말은 경사진 언덕길 가장자리에서 기술을 선보이는 것을 좋아했다. 주인의 기분과는 전혀 상관없이 그 말은 걸어가는 것보다 뛰어오르는 것에 더 몰두하는 것이었다. 한번은 나의 온순한 암말까지도 그것을 따라했는데, 그 정도는 용서해 줄만 했다. 그날도 나에게는 불운이 따라서 거의 거꾸로 뒤집어질 뻔했다. 우리는 아름다운 경치를 감상하며 약 15m 남은 가파른 비탈길을 내려가고 있었다. 그런데 내려가다 내 안장이 풀어지기 시작했기 때문에, 나는 말을 멈추고 내리려고 했다. 하지만 내 발과 다리가 옆에 감아 놓은 밧줄과 등자에 끼었고, 그런 사실을 모르고 나는 말에서 내리려다 한쪽 다리가 말머리 위에 걸리는 상태가 되었다. 이 부담스런 상태에서 벗어나기 위해 말은 뛰어오르기 시작했고, 결국 내 다리가 말머리에서 풀리면서 나는 간신히 말에서 내릴 수 있었다. 바닥에 주저앉아 나는 내 말이 여전히 그 자리에 서서 아주 만족스럽다는 듯이 나의 행동을 지켜보고 있는 모습을 올려다보아야만 했다.

우리는 아바차 마을에서 약 5km 떨어져 있는 후트레(Houtre)라 불리는, 몇 집 안 되는 전원마을에서 한 번 더 쉬었다. 여기서 우리는 마을사람들이 곧 버터가 될 것이니 많이 마시지 말라고 솔직하게 경고해 주었음에도 우유를 많이 마셨다. 피곤하고, 몸이 쑤시고 아팠지만, 그래도 오늘 말 타고 나들이한 것은 아주 즐거운 일이었다. 날이 저물면서 기울어 가는 햇빛이 아바친스키 봉우리를 비쳐 주고 있을 때, 우리는 페트로파블로프스크를 향해 다시 달려가고 있었다.

8월 25일 금요일, 이날은 마후드와 내가 페트로파블로프스크에서 보내는 마지막 날이었으므로, 우리는 겨울여행에 필요한 모피옷을 장만하러 나섰다. 모피옷은 아무르 지방보다 여기가 더 값싸고 품질도 더 좋다고 했다. 겨울용 모피옷으로 가장 좋은 것은 '쿠크랑카(kuklanker)'로 불리는, 무릎까지 닿는 커다란 외투이다. 이것은 두꺼운 순록가죽 2장으로 만들어졌으며, 목에다 이어 붙여 머리에 뒤집어쓰는 두건이 달려 있다. 보통 이 두건은 끝부분이 길고 부드러운 개나 늑대의 털가죽으로 되어 있어 찬바람이나 눈보라로부터 얼굴을 보호해 준다. 쿠크랑카의 어떤 부분은 태어나지도 않은 어린 사슴가죽으로 만들어진 것도 있는데, 암사슴 가죽처럼 아주 부드럽다. 이런 것은 아주 비싸서 보통 장식용으로 쓰인다. 넓은 요대에 색색의 비단으로 수를 놓거나, 다른 색의 순록털로 꽃이나 구름 같은 문양을 집어넣어 장식할 때, 이런 장식용 가죽이 사용된다. 쿠크랑카 전체의 끄트머리는 비버나 수달 가죽으로 넓게 마무리하는데, 가끔 담비가죽도 사용되어 옷을 아주 기품 있게 만들어 준다.

사육된 순록가죽은 색상이 하얀색부터 어두운 갈색까지 다양하게 있으며, 어떤 것들은 아름다운 점박이 무늬도 있다. 그래서 어떤 취향의 사람이든 거의 다 만족시킬 수 있다.

우리는 또한 '토르바사(torbassa)', '차지(chazee)', '말라치(malachis)' 등을

구입했다. 토르바사는 기다란 모피장화로 무릎 위에까지 올라온다. 다른 부분보다 털이 더 짧고 가죽은 더 질기며, 사슴 다리가죽으로 만든다. 발바닥은 보통 곰이나 물개가죽으로 만들고, 기다란 가죽띠로 무릎 부분과 발목 부분을 보강해 준다. 모피 양말인 차지는 개, 순록, 늑대의 가죽으로 만드는데, 늑대가죽을 최고로 친다. 통풍 걸린 발에 붕대를 칭칭 감아 놓은 것처럼 모양새는 별로 좋지 않지만 따뜻하다. 말라치는 챙 없는 모피모자로 할머니들이 쓰는 모자와 닮았다. 쿠크랑카의 후드 밑에 받쳐 쓴다. 이외에도 벙어리 장갑, 숫사슴가죽 바지, '아르카닉(archaniks)'이라 불리는 목도리 등을 구입했다.

아르카닉은 쓸모도 있고 장식용으로도 좋았다. 검은색의 아름다운 목도리인데, 시베리아산 다람쥐 꼬리털로 아주 솜씨 있게 만든 것이다. 찬바람이 불 때, 얼굴 아래쪽 부분을 보호하기 위한 것으로 그린란드 사람들은 여우 꼬리를 이용한다.

캄차카산 모피는 질이 좋은데, 특히 담비는 러시아 전체에서 생산되는 것이면 아주 상급품이 아니더라도 좋은 값을 받는다. 은빛 회색, 검은색, 그리고 빨간색 여우, 족제비, 수달, 그리고 그 밖의 다른 많은 모피동물들이 캄차카에 산다.

정부는 원주민들에게 '야삭(yassak)'14)이란 세금을 부과하는데, 내가 듣기로 15~50세의 남자들은 모두 매년 1명당 2루블에 해당하는 모피를 모아낸다고 한다. 담비가죽으로 내는 것을 우선으로 하고, 안 되면 그에 상당하는 다른 모피로 낸다는 것이다. 공동체에 부과된 세금도 있는데, 그런 경우

---

14) 원래 야삭은 칭기즈칸이 정한 성문법으로 몽골제국의 기본법이었다. 칭기즈칸의 아들 주치와 손자 바투가 킵차크한국으로 러시아를 지배할 때 야삭에 따른 공물을 러시아가 몽골에 바쳤고, 이후 몽골체제를 배워간 러시아가 시베리아로 진출하여 원주민들을 복속시키고 공물을 받게 되는데, 야삭(공물, 세금)이란 이름으로 변형되어 착취하게 된다. 러시아는 특히 시베리아 원주민들로부터 검은 담비를 야삭으로 징수하게 된다.

공동체에서는 징수관에게 가장 좋은 것들을 시장가의 절반 가격으로 세금을 내도록 되어 있고, 남은 것들은 시장에 내다 팔아 남은 이익금을 똑같이 나눠 갖는다고 한다.

이런 식으로 보통 가장 좋은 모피들이 정부의 손 안에 들어오고, 러시아 황제 가족들의 사적인 용도로 쓰이기 위해 보관된다. 우리가 방문했던 때에는 이렇게 징수한 엄청난 양의 모피들이 운송되기를 기다리며 정부 창고에 쌓여 있었다. 코사크족 보초병들이 교대로 계속 창고를 지키고 있었는데, 정부 창고에서 훔치는 자는 사형에 처해진다는 이야기를 들었다(미국에서 그런 법이 제정되어 집행될 수 없다는 것은 유감스런 일이다).

이런 극형에도 불구하고 우리가 도착하기 얼마 전에 정부 창고가 털려서 수천 달러 가치에 달하는 모피들이 없어졌다고 했다. 나중에 범인들이 잡혔는데, 그들은 감옥에 갇혔다가 처형을 위해 니콜라예프스크로 보내졌다고 했다.

캄차카 담비

캄차카와 동부 시베리아에는 값비싼 모피가 많이 있으며, 아주 싼 가격에 구할 수 있다는 생각에 많은 사람들이 와서 일하고 있지만, 실상은 그렇지 않다. 오랜 세월 동안 무역 거래가 이루어져 왔으므로 경쟁이 심해져 왔다. 그래서 이제 원주민 사냥꾼들은 모피의 종류에 따라 값이 다르다는 사실을 완전히 이해하고 있으므로 조건에 따라 가격을 올린다. 그들은 심지어 미국말을 하면서 속임수를 쓸 정도로 발전해 왔다. 색깔이 옅고 좋지 않은 가죽, 그리고 특히 담비가죽의 경우 매달아 놓고 연기에 그슬려서 어둡고 진한 색으로 바꾸어 버리는 것은 아주 일반적인 그들의 사기 수법이다. 이제는 모피를 구입할 때 무역상들은 처음부터 항상 코로 냄새를 맡아 보고, 손수건으로 닦아 보고, 또 불어 보고 난 다음에 모피의 질과 두께를 알아낸다. 페트로파블로프스크 상인들 이야기에 따르면, 담비가죽은 색과 질에 따라 1장당 6~30달러 가치가 있다고 한다.

우리가 떠나기 전날, 캄차카 남부에 번개를 동반한 강한 폭풍이 상륙했는데, 몇 년 만에 처음이라고 마을 사람들이 말해 주었다.

우리는 배를 타고 가는 동안 즐길 마닐라 시가를 충분히 확보하는 등 모든 물품 구입을 끝마쳤고, 남은 시간은 여기서 만난 새 친구들 집을 방문하며 작별 인사를 나누는 데 할애했으며, 거기서 우리는 아무르 강 지역의 유지들에게 보내는 우리 소개장들을 많이 받았다. 또한 최근 동시베리아 연해주 주지사로 임명된 푸루헴(Furruhelm) 제독과 니콜라예프스크 주재 미국 상무대표 체이스 씨(Mr. Chase)에게 보내는 소개장들도 같이 갖고 있었으므로, 우리는 탐험에 대한 정보를 얻고 지원을 받는 데 별 어려움이 없을 것으로 예상했다. 8월 26일 오전 2시 우리는 페트로파블로프스크에서의 마지막 시간을 보내기 위해 범선 '올가' 호에 올랐다.

| 제3장 |

굿바이-니콜라예프스크로 출발-매혹적인 아바차 만과의 이별-짙은 안개-어려운 항해-추측 항법-암초다!-간신히 탈출-새로운 위험 무풍지대-배 버릴 준비-돛이 펄럭이다-다시 바다로-우시시르 섬과 케토이 섬-시무시르 섬-부솔 해협-프로보스트 산-치르노이 군도의 활화산-오호츠크해-라페루스 해협-아름다운 날씨-고래-사할린 섬-폭풍의 징조인 조개구름과 쇠뜨기말-예조-위험한 바위-폭풍-일본 섬들-토토모시리 섬-타타르 해협-서쪽의 만주 대륙 해안-데 카스트리 만-중요한 항구-운하와 철도 건설 계획-알렉산드로프스크 마을-군대 막사 같은 집들-전신 중계소-증기선 군함-한 폭의 그림 같은 해안가 절벽 풍경-정성스런 환대-끊어진 전신선 수리 중-페테르부르크에서 온 협조 명령과 러시아 관리들의 따뜻한 협조-내륙 경로-여행 준비-말 부족을 병사들로 대신한 이상한 대체-구름 낀 아르보드 산-출발-폭우-웅덩이 길-베레고보이 언덕-선장의 익살스런 항해용어 "난파!"-황량한 키지 호수-테데로프스크 우편역 사무소-관리 병사-길랴족 남녀-용모와 옷-오두막집 내부-병사들의 호의-정중한 사양

송별 파티에 너무 빠지게 되면, 사람이 지치게 된다. 전날 밤까지 페트로파블로프스크에서 너무 소모적인 밤을 보냈으므로, 나는 다음 날 아침 늦은 시각에 갑판에 나왔다. 마후드는 나보다 먼저 나와 있었는데, 전날 빼 놓고 구입하지 못한 물건이 있어서 다시 한 번 마을에 갔다와야 할 텐데 하고 안타까워 했다. 작은 만에 정박해 있는 배들이 순풍이 불 때까지 며칠씩 기다리는 것은 다반사였다. 그런데 오늘 아침은 출항하기에 좋은 날씨였다.

우리 배는 천천히 출항했는데, 가까이서 조그만 범선 하나가 모래톱을 지나 우리 쪽으로 다가오고 있는 모습이 보였다.

그 작은 범선은 우리 배를 따라왔고, 우리 배가 '바부시카', 즉 할머니 바위에 다다를 무렵 서로 만났다. 그 배는 우리와 다시 한 번 작별 인사를 나누기 위해 케넌과 플렝거 씨를 데려왔던 것이다. 어제 작별 인사를 나눴지만, 내 가슴에도 여전히 무언가 아쉬운 감정이 남아 있었다. 우리 각자의 앞에는 길고도 어려운 과업이 주어져 있었다. 그 과업을 수행하려면 몇 개월이 걸릴 수도 있고, 또 분리된 우리 작은 탐험팀들이 다시 만날 수 있을지는 알 수 없는 일이었다. 어디서 언제 우리가 다시 만날 수 있을 것인지는 오로지 신만이 아실 것이다.

출항하기에는 따뜻하고 쾌적한 날씨였다. 대기는 투명하게 맑아서 멀리 있는 사물도 가까이 있는 것처럼 아주 잘 보였다. 아바친스키, 빌류친스키, 코젤스키(Koselskoi) 화산들이 초록색과 하얀색으로 조화된 멋진 옷을 차려입고 푸른 하늘을 만년설 봉우리로 꿰뚫은 채 웅장한 모습으로 우리 앞에 서 있었다.[15] 옆에는 해안선을 따라 무성한 초록 수풀들이 점점이 박혀 있고, 또 능선에는 잔디가 뒤덮고 있었는데, 아침 이슬 때문에 아직 젖어 있는 대지가 비스듬하게 햇빛을 받으면서 마치 수많은 보석처럼 찬란하게 빛나고 있었다. 높이 솟은 절벽들, 환상적인 모습의 바위들, 이 모든 것들이 잔잔한 수면에 그대로 반사되면서 진상과 허상을 구별할 수 없을 지경이었다. 자연이 모두 합심하여 이런 광경을 만들어 내기로 한 것 같았다. 이렇게 우리는 아바차 만과 그 주변 풍경을 마지막으로 바라보면서 그 범접할 수 없는 아름다움을 맛보았던 것이다. 심지어 물새들도 미리 협의해 놓았다는 듯이 화려한 군무를 보여 주기 위해 우리에게 더 가까이 다가왔

---

15) 이 역시 코략스키, 아바친스키, 코젤스키 화산으로 바뀌어야 할 것이다.

다. 보통 때는 다가오기를 꺼리던 물개들도 돌을 던지면 닿을 거리에서 수면 위로 점박이 머리를 내밀고 커다란 눈을 껌벅이며 우리의 무사한 항해를 빌어 주고 있는 것 같았다. 바람도 그리 강하지 않게 부드럽게 불면서 하얀 돛을 부풀어 오르게 만들어 주었고, 조류도 순조로워 우리는 곧 이 매혹적인 풍경을 뒤로 하고 다시 한 번 거친 바다로 나가게 되었다. 너른 바다에 들어서자 우리는 이곳 해안의 공통적인 현상인 짙은 안개에 다시 갇히게 되었다.

해상으로 나간 후 며칠 동안은 헤어진 동료들이 무척 그리워졌다. 하지만 점차 새로운 생활과 타협하게 되었고, 예전 항해 시절 해 왔던 일상으로 되돌아가게 되었다.

며칠 동안 계속 안개가 끼었으므로, 때때로 한낮에도 불을 켜야만 시야가 확보되었는데, 나아갈 방향을 정하는 데에는 주로 측정선(log-line)16)과 나침반에 의지해야만 했다. 캄차카 해안에서 이런 방식으로 항해하는 것은 안전을 보장받지 못하는 행위였다. 왜냐하면 강한 조류를 잘못 만나면 순식간에 현재의 측정 위치에서 벗어나 버리기 때문이었다. 캄차카 반도의 남단을 완전히 벗어날 때까지는 안전을 위해 매우 세심한 주의를 기울여야 했다. 우리 배는 쿠릴 열도의 북단을 향해 가면서 오호츠크 해로 진입해야 했다. 남쪽으로 더 멀리 돌아가는 다른 항로가 있지만, 때때로 순조롭지 않은 바람이나 안개, 또는 무풍(無風) 지대 속으로 들어가게 되면 며칠 혹은 몇 주 동안 배가 묶일 수도 있었다. 이런 위험을 피하기 위해 우리는 쿠릴 열도 북단 항로를 선택했던 것이다.

짙은 안개가 계속됐음에도 불구하고, 우리는 계속 우리가 잡은 진로를 고수했으며, 쿠릴 열도 북단에 이르기까지 안전한 운항이 되도록 기원하면

---

16) 선박의 속력이나 항해한 거리를 측정하는 장치. 일정 시간 동안 풀린 측정선의 길이로 속력이나 거리를 측정한다.

서 안개로 뒤덮인 배 앞쪽을 날카롭게 주시하고 있었다.

8월 29일 금요일까지 이런 식으로 항해하는 동안 재미있는 일은 하나도 일어나지 않았다. 정오쯤 되자 우리는 하나둘 갑판에 모여서 육지가 보이나 바라보고 있었다. 갑자기 선장의 외침 소리가 들렸다.

"저기 고래가 물 뿜는다!"

그런데 그런 광경을 볼 사이도 없이 이번에는 망보는 선원에게서 아주 불길한 외침 소리가 다시 들려왔다.

"암초다!"

선장이 안개에 가려서 암초에 부서지는 물보라를 고래가 물 뿜는 것으로 잘못 보았던 것이다. 순식간에 배가 삼면으로 암초에 포위되었다. 성난 파도가 하늘을 찌를 듯했고, 저 너머로 육지가 안개에 가려 있었다. 미리 경고음이 들린 후에 큰 사건이 벌어지는 경우는 드문 법이다.

한순간도 낭비할 시간이 없었다. 배는 탈출의 희망도 없이 계속 앞으로 돌진하고 있었고, 곧 악마의 이빨 같은 암초들에 부딪혀 산산조각이 나 버릴 것이다. 배 뒤쪽에서는 엄청 큰 파도가 밀려오고 있어서 탈출하기가 쉽지 않을 것 같았다. 그런데 다행히 선장이 즉각 지시를 내려 배가 급선회를 하면서 공포의 암초들로부터 가까스로 벗어나게 되었다.

마침내 위험스런 순간이 지나가자 모두가 안도의 한숨을 쉬었다. 그러고는 두려움 대신 농담이 이어졌다. 우리는 배가 난파당하고, 혹독한 추위와 화산이 터지는 섬에서 겪게 될 모험처럼 마치 소설 속에서나 나오는 꿈같은 일들에 대해 이야기를 나누고 있었다. 우리가 겪을 고통, 아슬아슬한 탈출 등의 스릴 넘치는 이야기들은 나중에 책으로 출판하기로 했다! 그러나 곧 농담은 수그러들었다. 왜냐하면 바람이 빨리 잦아들고 있었고, 여전히 우리는 암초에서 약 3km밖에 떨어져 있지 않았기 때문이었다. 우리 배는 잠시 움직이지 않는 듯하더니 드디어 한 곳에 멈춰 섰고, 물결에 배가 잠시 출렁일 때를 제외하고 돛은 펄럭이지도 않고 돛대에 수직으로 곧게 매달려 있었다. 게다가 안개가 다시 끼기 시작하고 있었다. 이것은 우리가 할 수 있는 것이 아무것도 없는 무기력한 상태에 빠져 있음을 말해 주는 것이었다. 조류는 계속 우리를 암초 있는 쪽으로 밀어내고 있었는데, 다행히 속도가 느려서 암초에 닿기 전에 순풍이 불어 주길 기대할 뿐이었다. 잠시 후 멀리서 커다란 파도가 출렁이는 소리를 듣고 우리는 모두 놀란 상태였는데, 그 후로 즉시 안개가 걷히는 것 같았다. 왜냐하면 희미하지만 하얀 파도가 공중으로 치솟는 모습을 볼 수 있었기 때문이었다.

이제는 우리가 강한 조류에 떠밀려 암초 있는 쪽으로 빠르게 이동하고 있다는 사실을 알게 되었는데, 이런 속도로 떼밀려 가면 순풍이 불어 주지 않는 한, 30분 이내에 배는 박살날 것이다. 닻을 내릴 수 있는 지 알아보려고 심해 측정 납추가 내려졌으나, 계속 가라앉기만 하고 바닥에 닿지 않았다. 돛이 바람에 조금이라도 펄럭이는지 애타는 눈으로 바라보고, 또 돛대를 흔들어 보기도 하고 돛대를 향해 소리를 질러 보기도 했지만, 오히려 점점 더 잠잠해져 갔다. 이렇게 되면 배가 난파되는 것은 피할 수 없는 일이었으므로, 선원들에게는 긴 보트를 바다에 내릴 준비를 하라는 명령이 떨어졌다. 만일 배를 포기해야 하는 상황이 오면, 뭍으로 갖고 갈 필수품들을 챙기기 위해 나는 밑으로 내려갔다.

마후드는 나보다 먼저 내려가 있었다. 우리는 물개가죽 가방에 모피 등 필수품들을 챙겼고, 라이플 총과 탄약도 빠뜨리지 않았다. 혹시 우리가 뭍에 안전하게 상륙하게 되면, 그 다음에는 어떻게 하든 살아남아야 했기 때문이었다. 작은 꾸러미로 싼 것들은 재빨리 가져갈 수 있도록 선실 계단 아래 놓아두고 다시 갑판으로 나왔다.

이제 배는 그 자리에 서서 둔중하게 흔들리면서 암초로부터 라이플 총 사거리 안에 놓여 있었는데, 여전히 바람 한 점 불지 않았다. 보트 내리는 삭구 앞에 서 있는 선원들은 명령이 떨어지면 보트를 즉시 내릴 채비를 하고 있었다. 다시 한번 납추가 내려졌으나 역시 바닥에 닿지 않았다. 배는 암초쪽으로 점점 더 가까이 가고 있었으므로, 배를 버려야 할 시점이 다가오고 있었다. 선장이 보트를 내리라는 명령을 하려고 할 바로 그때, 선원 하나가 기쁨에 들떠 소리를 질렀다.

"돛이 펄럭인다!"

우리는 새빨리 눈을 들어 위를 쳐다봤는데, 과연 큰 돛대 위쪽 돛이 잠시 펄럭이는 모습이 보였다. 그러나 곧 다시 펄럭임이 멎었다. 우리는 긴장감이 더해 갔다. 한동안 펄럭이다 멈추다가를 반복했다. 이제 배는 밀어 대는 조류의 힘을 잘 버텨 내고 있었으며, 여전히 암초에서 수km 거리를 유지하고 있어 한시름을 놓을 수 있었다.

바람은 다음 날인 수요일까지 계속 불었고, 낮 12시경이 되자 안개가 다 사라져 버렸다. 배는 남쪽으로 나아갔고, '우시시르(Ushishir)' 섬과 '케토이(Ketoy)' 섬이 수면 위로 작은 봉우리들을 불쑥 내밀고 있는 모습이 보였다. 밤이 되자 '시무시르(Simusir)' 섬이 수평선 위로 모습을 드러냈다. 아침이 되기 전에 바람이 다시 잦아들어 완전히 무풍 상태가 되더니, 우리 배는 시무시르 섬과 나란히 있는 상태로 정지해 있었다. 날이 저물기 시작하자 가벼운 바람이 다시 일기 시작했고, 완전히 어두워지기 전에 우리는 부솔 해협(Boussole Channel)[17])에 닿을 수 있었다. 이 해협은 쿠릴 열도에서 섬과 섬 사이가 가장 크게 벌어져 있는 수로로 시무시르 섬과 '치르포이(Chirpoy)' 군도 사이에 있다. 여기가 러시아와 일본 영토가 갈라지는 선이다.[18])

---

17) 부솔 해협이라는 이름은 라페루스 탐험대가 사용한 2척의 배 중 탐험대장인 라페루스가 탔던 부솔 호의 이름을 따왔다.
18) 저자가 착각한 것으로 보인다. 1855년 에도 막부와 러시아는 치르포이 군도 밑에 있는 우루프(Urup) 섬과 이투루프(Iturup) 섬 사이를 국경선으로 정했다. 제2차 세계대전이

다음 날 아침, 화산 보러 갑판으로 나오라는 소리에 우리는 일찍 잠이 깼다. 배는 여전히 부솔 해협을 통과해가고 있었다. 북쪽으로 약 5km 거리에 시무시르 섬이 자신의 모습을 드러내고 있었는데, 그 위쪽으로 약 4km 거리에는 사화산인 듯한 분화구가 보이는 프로보스트(Provost) 산이 자태를 드러내고 있었다. 남서쪽으로 약 9km 거리에는 치르포이 군도가 있었는데, 바위가 많은 작은 섬들이지만, 아주 높은 산들이 서너 개 솟아 있었고, 그중 3개는 짙은 연기 기둥을 말아 올리며 수km 인근 바다 수면에 장막 같은 그림자를 드리우고 있었다. 우리는 금방이라도 폭발이 일어날 것 같아 걱정이 되었는데, 다행히 더 이상 악화되지 않고 밤이 지나갔다. 그러나 다음 날 아침 연기 때문에 시야가 가려졌다.

오호츠크 해에 들어선 우리 배는 라페루스 해협19)으로 향해 가고 있었다. 바람은 약했지만 여러 날 동안 날씨는 아주 좋았다. 하늘에 구름 한 점 보기 어려웠다. 바다에서 보는 일몰현상은 말로 표현할 수 없이 아주 장관이었고, 구름 한 점 없는 밤하늘에 밝은 보름달이 떠서 망망대해를 비추면, 그것이 우리 배의 하얀 돛에 반사되어 주변이 대낮처럼 환해졌다. 날씨는 따뜻해서 외투나 모자를 쓰지 않고도 저녁 내내 갑판에 앉아 있을 수 있었다. 낮에는 섬에 사는 새들에게 총을 쏘기도 하고, 수면 위로 솟아오르는 고래떼들을 바라보기도 했다. 그런데 이 고래들은 기름이 별로 나오지 않기

끝난 1945년 9월 1일 소련이 쿠릴 열도 최남단 이투루프 섬과 쿠나시르(Kunashir) 섬, 시코탄(Shikotan) 섬과 하보마이(Habomai) 군도 등 4개 섬을 점령한 이후 현재까지 그 국경선이 유지되고 있다.

19) 사할린 섬 남단과 홋카이도 섬 사이의 해협. 일본어로는 소야(宗谷) 해협이라 부른다. 1787년 프랑스의 라페루스 탐험대가 5월 27일 울릉도를 발견하고 동행한 과학자 다줄레의 이름을 따 다줄레 섬으로 명명했으며, 블라디보스토크 앞바다를 지나 타타르 해협 최북단까지 갔다가 사할린 섬 동쪽 해안을 타고 내려와 8월 2일 사할린과 홋카이도 사이의 해협을 지나면서 라페루스 해협이란 이름을 붙였다. 9월 7일에는 캄차카의 아바차 만에 도착하여 러시아 사람들의 환대를 받았다.

때문에 어부들에게는 별 가치가 없는 종류들이라 했다.

  9월 5일 저녁 사할린 섬이 수평선 위로 모습을 드러냈고, 우리 배는 동쪽에서 불어오는 강한 바람을 타고 사할린 섬 남단 쪽을 향해 빠른 속도로 나아갔다. 오후에는 내내 강한 바람의 조짐인 조개구름, 쇠뜨기말 등이 보였는데, 이런 바다의 징조에 정통한 선원이 아침 되기 전에 커다란 폭풍이 다가올 것으로 예상했다. 라페루스 해협에 막 들어서면서 우리는 순풍이 불어 주기를 간절히 기원했다. 이 해협은 사할린 섬과 예조(Jesso, 蝦夷)[20] 섬 사이에 있는데, 가장 좁은 곳의 너비가 약 42km밖에 안 됐다. 게다가 그 중간쯤에 '위험한 바위(Danger Rock)'라 불리는 바위 하나가 있는데, 거기에 물개들이 떼지어 있으면서 울어 댄다든지 아니면 어떤 다른 경고의

---

[20] 예조(蝦夷)란 홋카이도에 살던 아이누족을 말하며, 예조치(蝦夷地)는 홋카이도의 옛 이름이다. 저자가 Jesso라 한 것은 탐험가 라 페루즈가 프랑스인이어서 당시 지도에 홋카이도를 뜻하는 예조를 프랑스어 표기인 Jesso로 표기했기 때문이다. 홋카이도는 오키나와와 같이 원래 일본의 영토가 아니었다. 일본에 속하기 전에는 원주민인 아이누족이 수렵, 어로, 채집 등을 생업으로 독특한 문화와 풍습을 갖고 살고 있었다. 14세기 이후 화인(和人, 홋카이도 이남의 일본인)들이 혼슈 동북 지방의 아이누족을 정복하고 홋카이도 남부까지 진출하기 시작했다. 16세기 말부터는 마츠마에(松前) 씨족이 번(藩)을 세우고, 1604년 막부에서 아이누족과의 독점적 교역권을 인정받아 아이누족을 경제적으로 수탈하였다. 이에 아이누족은 1457년, 1669년 대규모 군사봉기를 일으켜 저항했지만, 패배하여 점차 화인의 지배를 받았다. 근대 이전까지 화인들의 지배는 홋카이도 남부에 제한됐으며, 아이누족은 여전히 자율성을 인정받으며 전통문화를 지키며 살아갈 수 있었다. 18세기 후반 러시아의 극동 진출이 활발해지면서 일본의 예조 정책은 큰 변화를 가져왔다. 러시아 진출에 맞서 막부는 1799년 국경 단속을 구실로 번을 없애고 예조를 직접 통치하는 막령화를 단행했고, 이 동안에 강제로 일본어의 사용과 일본 풍속을 따르게 하는 동화정책을 실시하였다. 1868년 메이지 유신으로 근대 국가가 수립된 후, 메이지 정부는 예조의 개척을 본격화하면서 1869년 명칭을 홋카이도로 바꾸고, 혼슈의 영세 농어민을 홋카이도로 집단 이주시키면서 철도와 도로를 건설했다. 홋카이도 개척의 역사는 본격적인 아이누족 수탈의 역사였다. 개척 과정에서 일본 정부는 아이누족을 구토인(舊土人)이라고 부르며, 민족 말살을 위한 동화 정책을 수행했다. 아이누족 언어와 전통적 생활 양식을 금지시키고, 아이누족 토지를 국가적으로 수탈했으며 그들을 강제 이주시켜 농업과 목축을 강요했다. 그로 인해 아이누족의 전통 문화는 급속히 파괴됐고, 대대적인 학살과 약탈로 아이누족 인구는 크게 줄었다.

표시가 없다면, 안개 낀 날이나 어두운 밤에 배들이 그 바위 때문에 좌초하기 쉬웠다.

날이 저물자 우리 배는 남서쪽으로 방향을 잡고 별다른 위험 없이 약 60km 거리를 나아갈 수 있었는데, 날이 완전히 어두워지기 전에 해협을 통과할 수 있기를 기원했다. 자정 무렵 강한 바람이 불어 닥쳤는데, 다행히 동쪽에서 불어오는 바람이었다. 곧 날이 어두워지면서 육지가 보이지 않게 되었다. 그래서 북쪽으로 몇 km 나아간 후 날이 샐 때까지 그대로 머물러 있는 것이 나을 것 같았다. 밤새도록 강한 바람에 시달린 나머지, 내 트렁크가 뒤집어 지면서 내용물들이 선실 안에 다 흩어져 버렸고, 신발과 타구(唾具) 등이 이리저리 숨바꼭질 놀이를 하고 있었다.

다음 날 아침 여전히 불어 대는 강한 바람에도 우리 배는 큰 돛을 말아 올리고 '위험한 바위' 근처를 지나가고 있었다. 파도가 배에 부딪혀 하얀 포말을 이루고 후갑판 쪽은 아예 물이 들이쳐 흥건해졌다. 예조 섬 북쪽 끄트머리에 있는 작은 섬들 중 하나가 손에 잡힐 듯 남쪽에 가까이 있었는데, 갑판에서 아주 분명히 바라다 보였다. 또한 그보다 작은 섬들도 여럿 있었는데, 일부는 개간이 되어 있었고, 내가 듣기로는 이곳 섬사람들은 주로 어업에 종사한다고 들었다.[21] 오후 4시경 '토토모시리(Totomosiri)'[22] 섬이 나타났고, 밤이 되자 우리는 '타타르 해협(Gulf of Tartary 혹은 Tartary Straits)'에 다다랐다. 여전히 바람은 사나웠고, 파도가 뱃전을 때려 댔다.

다음 날 처음으로 "배가 보인다! 조심해라!" 하는 외침소리가 들렸고, 모두가 손을 놓고 바라보았다. 60여 일 동안 배를 탔는데도 배 한 척 보지 못

---

21) 위치상으로 현재 홋카이도 북서쪽에 있는 레분(礼文) 섬이나, 리시리(利尻) 섬 등으로 추측된다.

22) 현재 사할린 남서쪽에 있는 섬으로 토토모시리는 일본식 명칭이고, 현재는 러시아 명칭으로 모네론(Moneron) 섬이다.

했는데, 지금까지 다른 배를 본 것은 처음이었다. 그것은 범선이었고, 우리와 똑같이 분명 '카스트리 만(Castries Bay)'이나 아무르 강쪽으로 가는 것 같았다. 두 배는 마치 약속이나 한 것처럼 같은 방향으로 경주를 하듯이 나아갔다.

9월 9일 토요일 날씨는 나무랄 데 없이 아주 좋았다. 낮에는 다소 따뜻하고 온도는 섭씨 35도였다. 앞으로 나아가자 동쪽으로는 사할린의 높은 해안 지대가, 서쪽으로는 만주 대륙의 해안 지대가 눈에 들어왔고, 북쪽으로 올라 갈수록 양쪽이 서로 가까워졌다. 만주 대륙의 해안 지대는 높고 험했으며, 해안가 뒤쪽으로는 전나무 종류의 나무들로 빽빽한 밀림을 이루고 있었다.

며칠 전부터 기압계가 아주 급속히 내려가고 있었고, 대기는 또 한 번의 폭풍을 예고하고 있었다. 우리로서는 라페루스 해협을 통과할 때 겪었던 가슴 졸인 순간들이 새삼스레 떠오를 수밖에 없었다. 9월 10일 오후 6시경 카스트리 만 남쪽에 있는 등대가 모습을 드러냈을 때만 해도 우리는 다 온 것처럼 기뻐했는데, 얼마 지나지 않아 바람이 삭구 사이로 소리를 내며 세차게 불어 대기 시작했으므로, 어쩔 수 없이 우리는 방향을 바꾸었다. 카스트리 만 입구에도 '위험한 바위'가 또 하나 있었는데, 그 바위와 등대 사이를 지나서 수많은 작은 수풀 섬들이 둘러싸고 있는 평온한 곳에 닻을 내렸다. 앞서 가던 범선도 이곳에서 닻을 내리고 쉬고 있었다.

카스트리 만은 데 카스트리 만(De Castries Bay)으로도 불리는데, 만주 대륙 해안에 있는 작은 만으로 아무르 강 하구 부근에 있는 항구 도시 니콜라예프스크에서 아래쪽으로 약 240km 떨어져 있다. 1787년 프랑스의 라페루스 탐험대가 발견하고 탐험을 지원했던 전 프랑스 해군장관 마르퀴 드 카스트리(Marquis De Castries)의 이름을 따 카스트리 만으로 불렀다. 아무르 강으로 향하는 배들은 모두 이 만에 있는 항구 데 카스트리(De Castries)[23]에 입항해 도선사를 찾거나, 아니면 니콜라예프스크에서 온 러시아 증기선 군함이 자기 배를 끌고 올라가기를 기다렸다. 타타르 해협과 그 위 아무르 강 하구 쪽에 있는 아무르 해협(Gulf of the Amoor), 즉 '리만(Liman, 익호 溺湖) 해협'은 항해하기가 아주 어려운 구간이었기 때문에 이런 준비는 필수적이었다. 특히 아무르 해협은 수로가 아주 얕고, 좁고, 복잡하고, 또 변화가 심했다. 그래서 증기선이 끌고 가지 않는 한, 날씨가 좋지 않고, 또 능력 있는 도선사를 구하지 못하면, 배의 안전을 보장받을 수 없었다.

지도를 보면 아무르 강 하구에서 상류를 거슬러 올라가 약 300km 떨어진 지점에 마린스크(Marinsk)[24]라는 러시아인 마을이 있는데, 그곳은 이곳 카스트리 만에서 서쪽으로 약 80km 거리밖에 되지 않는다. 마린스크에서 아무르 강은 북쪽으로 계속 약 230km를 흘러가다가 동쪽으로 방향을 틀어 아무르 해협으로 들어가게 된다.

카스트리 만과 마린스크 마을 사이에는 키지 호수(Lake Kizi)를 통과해 가는 수로가 형성되어 있었는데, 그 호수는 작은 호수로 아무르 강과 인접해 있으면서 통나무 깔린 수송로가 약 25km 이상 건설되어 있는 육로를 지나면 분수령을 이루고 있는 낮은 산들이 이어져 있는 '베레고보이 산맥(Beregovoi Khrebet)'에 이르고 있었다.

카스트리 만에서 키지 호수까지의 짧은 수송로, 그리고 접근성이 좋은 항구 등 이런 자연적인 이점 때문에 러시아인들은 한때 카스트리 만과 아

---

23) 러시아 하바로프스크 변경주 울치스키 구에 있는 항구로 인구는 약 4,000명. 현재 치카초바 만(Chikhachyova Bay, 과거엔 카스트리 만)에 위치하고 있으며, 크림 전쟁 당시 러시아 태평양 함대가 주둔하던 곳으로 영불 연합군 함대가 캄차카를 공격할 때 이곳에서 러시아 함대가 출항하여 캄차카로 이동하였다.
24) 카스트리 만 북서쪽에 있는 키지 호수 북쪽 아무르 강변에 위치한 마을.

무르 강을 연결하는 철도나 운하를 건설하려는 계획을 세웠었다. 그렇게 되면 아무르 해협의 얕은 바다와 기타 다른 장애 요소들을 피할 수 있는 것이다. 그러나 예비 조사만 해 놓고 거기서 더 나아가 계획을 완수하려는 조치들은 아직까지 이루어지지 않고 있었다.

만 자체는 아주 아름답고 잔잔하고 작았다. 너비가 3km 정도였고, 뒤쪽으로는 숲으로 뒤덮인 낮은 언덕들이 둘러싸고 있었고, 바다 쪽으로는 역시 숲으로 뒤덮인 작은 섬들이 점점이 박혀 있어 동쪽에서 불어오는 바람으로부터 안에 있는 배들을 보호해 주고 있었다. 우리가 정박해 있는 때에도 만 밖에서는 강한 바람이 불고 있었지만, 안쪽에는 거의 물결이 일지 않았다.

우리 곁에는 5척의 다른 배들이 정박하고 있었는데, 그 배들 사이로 작은 보트들이 계속 왔다 갔다 했다. 우리 앞에는 알렉산드로프스크(Alexandrofsk)라는 러시아인 마을이 있는데, 1853년 처음 인근 언덕에 세워졌다가 절벽으로 둘러싸인 만 쪽으로 확장됐다고 한다. 이 마을은 조그만 군대 기지보다 조금 큰 정도였다. 500명 정도 규모의 군대 막사 같은 집들, 정부 창고들, 상점 1~2개, 그리고 전신소 하나가 전부인 것 같았다. 니콜라예프스크와의 통신은 여기서부터 아무르 강의 전신선을 따라 이루어지는 것 같았다. 우리는 갑판 위에서 이런 마을의 일부분만을 볼 수 있었다.

우리가 돛을 완전히 말아 올린 뒤에야 해안에서 사람들이 보트를 타고 우리 배에 올라왔다. 그러나 그 사람들로부터 언제 러시아 증기선 군함이 도착하는지에 대한 정보를 전혀 얻을 수 없었으므로, 다음 날 아침 우리가 직접 배에서 내려 해안에 상륙한 다음, 전신을 보내 확인할 수 있을 때까지 기다려야만 했다. 1~2일 안에 증기선 군함이 도착하지 않으면, 우리는 내륙으로 가는 방법을 찾아보기로 결정했다.

다음 날 아침, 우리는 보트를 타고 해안가에 다가갔는데, 자연이 만들어 놓은 아주 아름다운 둥근 아치 같은 돌 모양이 눈에 들어왔다. 절벽에서 튀어나온 바위에서부터 물 위로 솟아 있는 탑 모양의 바위까지 하나의 우아한 곡선이 만들어져 있었는데, 지름이 8m 정도 되었다. 거친 표면은 여기저기 붙어 있는 이끼들로 반짝이고 있었고, 풀로 뒤덮인 꼭대기에는 사나운 날씨에 상처를 입은 5~6그루의 비틀린 늙은 전나무들이 뿌리를 드러내고 있었다. 둥근 아치 아래로는 파도가 왔다 갔다 하면서 마치 끓어오르는 듯이 거품을 만들어 냈다. 파도는 절벽 아래쪽에 생긴 깊은 구멍 속으로 미친 듯이 밀려들어갔다가 다시 빠져 나오고 있었다. 둥근 아치 사이로 저 멀리 푸릇푸릇한 풀밭과 푸르른 하늘이 눈에 들어왔고, 이 모든 것이 자연이 준 한 폭의 아름다운 그림이었다.

해안가에는 나무계단이 길게 이어져 있었고, 우리는 그것을 따라 올라간 다음, 작은 전나무 숲 사이로 구불구불 나 있는 길을 수백m 따라가니 독일 상인들의 회사인 므슈 에셰 컴퍼니(Messrs. Esche & Company)의 상점과 그들이 사는 집에 도착했다. 집은 크고 안락했으며, 위치도 아주 잘 잡은 것 같았다. 베란다에서는 섬들이 보이는 만 전체와 배가 드나드는 광경이 잘 보이는 등 전망이 좋았다.

예의바른 이 집 사람들은 우리를 아주 정성스럽게 맞아주었고, 그들 중 한 명은 친절하게도 통역자로서 전신 중계소까지 우리를 데려다 주었다. 전신 중계소는 에셰 씨 상점에서 1.5km 정도 떨어져 있었으며, 새로 지은 통나무 건물로 만의 일부가 내려다보이는 완만한 경사면에 위치해 있었다. 주변에는 최근에 벌목하고 그대로 남아 있는 그루터기들이 널려 있었다. 그런 풍경은 마치 미국 서부 개척 시대의 변경 지대 모습과 닮아 있었다.

전신 중계소에 도착해 보니 운이 없게도 소피예프스크(Sofyevsk)와 니콜라예프스크 사이의 선로가 끊어져 수리 중에 있었으며, 다시 정상화되기까지에는 적지 않은 시일이 걸린다는 소식을 듣게 되었고, 우리로서는 내륙

쪽으로 가서 마린스크에서 아무르 강 하구까지 가는 증기선을 잡아타는 모험을 택할 수밖에 없었다.

항구에 있는 러시아 관리들 몇 명이 우리를 만나러 전신 중계소로 왔다. 이들은 우리의 업무 수행에 필요한 모든 시설을 제공해 주었고, 또 우리가 구간 중에 들르는 역마다 우리에게 필요한 지원을 모두 해 주라는 지시를 페테르부르크로부터 받았다는 환영할 만한 정보를 우리에게 전달해 주었다. 이런 러시아인들의 따뜻한 협조로 말미암아 우리는 나중에 주어진 것보다 훨씬 더 많은 일을 성취할 수 있었다.

다음 날 출발하기로 결정이 나자 곧 여행 준비가 시작됐고, 호수까지 타고 갈 말들을 구하기 위해 이웃 지역에 전령을 보냈다. 식량, 담요, 그리고 주로 담배로 이루어진 기호품 등을 가져가기 편하게 꾸러미로 묶는 등 우리는 모든 준비를 마쳤다. 그런데 정작 구할 수 있었던 말은 단 3마리뿐이었고, 또 그중 2마리만 안장이 있었다. 이런 상황인데 올가 호의 선장까지 우리를 따라간다고 하여, 우리는 어떻게 해야 할지를 모르고 있었다. 그런데 전신 중계소의 러시아인 책임자가 친절하게도 러시아 병사 3명을 짐꾼으로 제공하겠다고 하여 돌파구가 마련되었다. 그들은 짐을 메고 걸어서 약 25베르스따(verst)[25] 떨어진 호수까지 가야만 했다. 사람을 짐 지고 가는 짐승처럼 만드는 것 같아 우리는 다소 망설였으나, 다른 운송 수단이 없었으므로 그의 새로운 제안을 감사히 받아들였다.

이 병사들은 아무르 강으로 파견되어 그곳에서 계속 생활하게 된다고 했다. 내가 들은 바로는, 이 병사들은 15년간 군대 복무를 해야 하는데, 1년에 3루블에 해당하는 월급으로 정부로부터 흑빵과 간간이 나오는 홍차를 지급받는다고 했다. 주된 식량은 물고기인데, 이들 스스로 알아서 잡아야 하

---

25) 러시아의 거리 단위로 약 1km.

고, 카스트리 만에서는 굴을 채취한다고 했다. 이곳 굴은 아주 크고 맛도 좋다고 했다.

우리 여행이 시작되는 9월 12일 아침은 좋지 않은 징조로 시작됐다. 알렉산드로프스크 주민들의 기상 예보인 '아르보드(Arbod)'[26] 산의 정상이 구름으로 뒤덮여 있었기 때문이다. 주민들은 이것은 나쁜 날씨를 예고하는 것으로 우리의 여행길에 비가 뿌릴 것이라고 주저 없이 말해 주었고, 그래서 우리는 질 좋은 고무 판초를 공급받았다. 또한 밤이 될 무렵이면 아무르 강 부근에 있는 마린스크에 도착할 수 있고, 또 그곳에는 안락한 막사가 있었으므로, 아무리 하루 동안의 여행길이 어렵고 불편할 것으로 예상되더라도 그런 것들이 우리의 출발을 막지는 못했다.

우리 짐을 둘러메고 터벅터벅 걸어가던 병사들은 우리가 보기에 불쌍하게 보였으나, 이들은 곧 우리를 앞질러 나갔다. 마치 이런 일은 처음이 아니라는 듯, 오히려 만에서의 단조로운 생활에서 벗어나는 좋은 기회라도 되는 양 즐거워하는 듯했다.

우리가 탄 말들은 캄차카에서 본 말들과 아주 닮아 있었다. 몸집이 조금 더 컸고, 마구도 더 세련된 것이었다. 안장 없는 말에 누가 탈 것인지가 문제였다. 선장이 자진해서 나섰다. 육지 항해는 많이 해 보지 않았지만, 3시간 정도는 견딜 수 있을 것이라고 선장이 말했다. 3시간 정도면 호수 가는 거리에서 첫 번째 기착지인 테데로프스크(Tederovsk)에 도착할 시간이었고, 만일 그가 지쳐서 힘들어 한다면, 여행 중에 번갈아 갈아 탈 수도 있을 것이다.

오전 7시경 출발한 우리는 해변가의 숲을 뚫고 난 좁은 길을 잠시 따라갔는데, 바라다 보이는 만의 풍경이 아름다웠다. 그런 다음 옅은 웅덩이가

---

26) 저자 주: 아르보드 산은 숲이 울창한 약 450m 높이의 산으로 알렉산드로프스크 마을의 바로 뒤에 위치해 있다. 카스트리 만으로 들어오려는 배들이 길잡이로 사용하는 산이다.

듬성듬성 있는 곳에 발을 적셔 가며 걷다가 지금까지 내가 본 것 중 가장 낡아빠지고, 물에 젖어 미끄러운 통나무 길을 통과하고 있었다. 그때 하늘 문이 열리면서 폭우가 쏟아지기 시작했고, 고무 판초를 뒤집어썼는데도 물기가 스며드는 것을 막을 수가 없었다. 이런 나쁜 길 사정 때문에 앞으로 나아가는 것이 느릴 수밖에 없었고, 또 우리는 여러 번 말에서 내려 말을 끌고 웅덩이나 붕괴된 길을 피해가야만 했다.

곧 우리는 웅덩이 많은 길을 벗어나 '베레고보이 언덕(Beregovoi Hills)'을 오르기 시작했다. 이곳은 숲이 울창하고 경사가 아주 완만했는데, 언덕이라 부르기가 좀 어려운 곳이었다. 흙이 누런 황토로 찐득했는데, 폭우로 인해 길이 완전 진창으로 망가져서 사람에게나 동물에게나 아주 최악의 길 상태였다. 우리는 출발한 이후 처음으로 병사들을 앞서 갔는데, 그들은 정말 누군가에게 버림받은 것처럼 물에 흠뻑 젖은 초라한 행색이었다. 우리는 말을 타고 가면서도 불평을 늘어놓고 있었지만, 이제 저 병사들과 우리의 처지를 비교해 보니, 우리는 정말 감사한 위치에 있다는 사실을 깨닫게 되었다.

말을 타고 가는 것은 대체로 느리고 단조로운 일이었는데, 때때로 말이 넘어지거나 미끄러지는 경우에는 예외였다. 또 한 예외는 때때로 선장이 현 상황을 익살스럽게 배를 타고 가는 식으로 비유해서 이야기해 주는 경우였다. 그는 땅에서나 바다에서나 좌석 없이 서서 가는 갑판 여행은 할 것이 못 된다고 자조적으로 말했는데, 특히 말 위에서 안장 없이 가다가 떨어지는 경우를 강조했다. 길을 가다가 그의 말이 넘어질 때, 그는 "난파!"라고 외치며, 간신히 위기를 모면하기를 수차례 했다. 말이 미끄러져 넘어질 뻔하면, 그는 "항구에 도착하기 전에 큰 파도가 배 꽁무니를 덮칠 뻔 했다"라고 표현했다.

이 길을 통해 지나간 지역은 숲이 무성했는데, 대부분 낙엽송이었고, 사시나무포플러, 가문비나무, 소나무, 자작나무 등도 조금 눈에 띄었다. 통나무 길은 호수까지의 거의 전 구간에 걸쳐 뻗어 있었고, 중간 중간에 딱딱한 도로가 짧게 이어져 있었다. 우리는 통나무 길에서 늦어진 시간을 이 딱딱한 도로 구간에서 만회하려고 말에게 채찍질을 가했지만, 모든 수고에도 불구하고 6시간이라는 긴 시간 동안 비에 흠뻑 젖어 진흙탕 속에서 시달린 끝에 키지 호수에 닿을 수 있었다. 황량한 모습의 좁은 호수는 축축하고 어두운 분위기의 낙엽송 숲에 둘러싸여 있었다. 우리에게 이런 황량한 풍경은 처음이었다.

  이 지점에서 볼 때 호수의 너비는 약 1.5km였고, 가장자리 둑도 낮고 웅덩이가 많았다. 사람의 흔적이라곤 무너질 듯한 통나무 길과 호숫가에 세워진 다 낡아 쓰러질 듯한 헛간뿐이었다. 여기가 호수에서의 첫 번째 기착지이자 우편역 사무소인 '테데로프스크'였는데, 잠시 후 우리는 이런 생각에 잠겼다. 즉 우리가 길을 잃고 헤매다가 어떤 낚시꾼의 오두막에 도착한 것이 아닐까? 그 낚시꾼은 세상에서 버림받은 유배자로 가능한 한 세상과 사람들로부터 멀리 달아나려는 은둔자가 아닐까? 이런 의심스런 공상 속에서 우리는 고함을 지르며 사람을 불러 보았으나 아무런 응답이 없었고, 오두막의 외로운 작은 문짝도 밖에서 잠겨 있었다. 그런데 그 순간 조그만 잡종 개 한 마리가 다가와 우리 말의 발굽을 물으려 하면서 짖어 대는 바람에, 이 오두막이 버려진 곳이 아니라는 생각이 들었다.

  이 무렵 우리는 완전히 물에 빠진 생쥐꼴이 되어 녹초가 되어 있었으므로, 헛간 같은 오두막이라도 감지덕지할 심정이어서 잠시 쉬어갈 생각을 하고 있었는데, 바로 그때 저 멀리서 상자처럼 보이는 작은 보트 한 척에 두 사람이 타고 다가오고 있었고, 또 한편으로 호숫가를 따라 다른 두 사람이 다가오고 있는 모습이 보였다. 호숫가를 따라오는 두 사람은 이 지역 원주민들이 분명해 보였는데, 결코 그들의 외모에 어떤 선입견을 갖고 있지 않았지만, 우리의 관심과 호기심을 불러일으키기에 충분했다. 그들의 외모가 타타르족과 닮았다는 것 빼곤, 그들이 어떻게 분류될지 우리로서는 아는 바가 없었다.

그들이 입고 있는 더러운 옷 사이로 드러난 피부로 보아, 우리는 그들의 피부색이 중국인과 아메리카 인디언 사이의 중간에 있다는 판단이 들었다. 무엇보다 단정적으로 말할 수 있는 것은 그들이 몽골리안의 특징을 갖고 있다는 것이었다. 눈은 편도를 닮아 쭉 찢어졌고, 코는 낮고, 머리털은 검고 거칠었다. 가장 두드러진 특징은 툭 튀어나온 광대뼈로, 옆모습을 보면 거의 얼굴 전체를 가릴 정도였다.

지저분해 보이는 그들의 외모 속에서도 그들은 남녀 한 쌍이라는 사실이 드러났다. 그들은 가죽에 기름칠한 더러운 옷을 입고 있었고, 맨발에다 맨다리였다. 머리는 빗질 한 번 하지 않은 거칠고 긴 머리였는데, 한 번 꼬아서 등 뒤로 내린 변발이었다. 남자 머리는 중국인처럼 한 번 꼬아 내린 변발인데, 틀린 점은 머리를 대머리로 밀지 않았다는 점이다. 여자 머리는 두 줄로 꼬아 내린 변발인데, 머리 전체가 완전히 꼬아 놓은 덩어리로, 여러 사람이 줄기차게 손가락으로 폈다 꼬았다를 반복해서 완성된 것으로 보였다.

만일 두 사람 중 한 명이 황갈색 부리 달린 긴 곰방대와 작은 놋쇠 그릇을 갖고 있는 것을 보지 못했다면, 아마 우리는 그들이 누가 남자고 여자인지 구별하는 데 많은 어려움을 겪었을 것이다. 한편 여자는 방금 잡아올린 듯한 물고기들을 많이 들고 있었다.

한 쌍의 부부 같기도 한 이 두 사람은 길략족(Gilyaks)[27]이라 불리는 종족

---

27) 길략족(Gilyaks) 혹은 니브흐족(Nivhs). 길략족의 기원은 자세히 알 수 없으나, 오늘날 인류학자들은 갱신 홍적세 말기 육지로 이어져 있던 아무르 강 하류 지역과 사할린 지역에서 세석기 문화를 담당하던 신석기인들이 빙하기가 끝나면서 남쪽에서 밀고 올라온 퉁구스 계열 종족들에게 쫓겨 가다 고립된 고아시아족일 것으로 추정하고 있다. 길략어 역시 주변 종족 언어와 관계 없는 고립어이며, 러시아 언어학자 크레이노비치는 한국어

의 일원이었다. 이 종족은 인구가 약 8,000명으로 퉁구스계 종족으로 분류된다고 했다. 그러나 우리가 나중에 알아본 바로는, 이들은 우리가 여행 중에 만난 다른 퉁구스족들과는 매우 달랐다. 길랴족은 백인들이 처음 이곳에 들어오기 전부터 아무르 강 하류 지역에서 살아 온 원주민들로 그때가 언제인지는 알 수 없다고 했다.

이 무렵 노를 저어 보트를 타고 오는 두 사람이 도착해서 자신들의 작은 거룻배를 해안가에 올려놓았다. 그들은 이곳을 지키는 러시아 병사들이었는데, 한 사람은 발틱(Baltic) 지역 출신으로 독일어를 구사할 줄 알았으므로, 자신이 튜튼계(Teutonic) 출신이라는 선장과 대화하는 데 아무 지장이 없었다.

우리는 말들을 병사들에게 넘겨주었는데, 그들은 말들을 근처에 있는 짚으로 엮은 작은 헛간에 매놓았다. 우리는 연기로 까맣게 그을린 방 안에 들어갔는데, 길랴족 사람들과 닭 몇 마리가 따라 들어왔다. 방 안에는 통나무 벽 작은 틈새에 놓여 있는 물고기 가죽 심지 호롱불이 불을 밝히고 있었다. 커다란 벽돌로 만든 페치카가 지저분한 방바닥의 3/4을 차지하고 있었고, 그 위에는 말린 물고기와 연료로 쓸 장작들이 쌓여 있었다. 구석자리 두 군데에는 좁은 침대들이 누더기 천으로 덮여 있었는데, 보기만 해도 그냥 빠져나오고 싶을 정도였고, 또 다른 구석자리에는 거칠게 만든 작은 탁자와 의자 2개가 놓여 있었다.

길랴족 여자는 방에 들어서자마자, 우리를 전혀 개의치 않고 거리낌 없는 태도로 침대 쪽에 서서 물로 몸을 닦고, 머리에 빗질을 하는 등 자신의

와의 연관성을 주장하고 있기도 하다. 생활 양식은 캄차카 반도의 코랴족, 이텔멘족과 유사하지만, 곰을 숭배하여 곰축제를 벌이는 것으로도 유명하다. 러시아의 침략을 받던 17세기 중엽 인구가 수천 명이었으나, 이후 주변의 다른 종족들보다 러시아의 영향을 덜 받은 탓으로 19세기 중엽 약 5,000명, 2002년 약 5,000명으로 별 변동이 없는 것으로 보고되고 있다.

용모를 좀 더 낫게 꾸미려고 애썼다. 그러나 안타깝게도 그녀의 모습이 별로 나아진 기미가 보이지 않았는데, 왜냐하면 우리에게는 보이지 않는 수많은 바퀴벌레들을 쫓아내기 위해 양손을 번갈아가며 계속 바쁘게 움직여야 했기 때문이었다.

  집주인인 병사들이 들어왔고, 긴 여행길에 배가 고팠으리라는 생각에 그 중 한 명이 아주 호의적으로 자신의 저장 식품을 우리에게 건네주었다. 실제로 배가 고팠던 우리는 음식 생각이 간절했으나, 건네받은 검은 색깔의 무언가 말로 표현할 수 없는 정체불명의 음식을 보자마자 식욕이 싹 가셨으므로, 우리는 그의 호의를 정중하게 거절하고 그의 식량을 조금이라도 축낼 수 없기 때문에 조금 기다렸다가 우리 것이 오면 먹겠다는 변명을 했다. 긴 여행 기간동안 종종 우리는 그런 현지 음식을 맛보는 것을 즐기기도 했다. 그러나 아직까지 시베리아 생활에 충분히 익숙해지지 않았기 때문에, 결국 우리는 우리 입맛을 고집하면서 당장 꼬르륵 거리는 뱃속의 불만을 감수해야 했다.

| 제4장 |

테데로프스크에서-음울한 전망-예베테보 역사로 가는 길-불안한 보트-병사들의 도착-다시 출발-먹구름-위험한 자세-뭍-호숫가를 따라가는 밤길-고단한 여정-어둠-녹초-걸어서 호수 건너기-희망과 절망-한 번 더 노력-신호탄-보트-예베테보 도착-역사무소-휴식-바퀴벌레-식욕-불만스런 보트 주인-벽돌 차-블라디미르스크를 향해 출발-한 폭의 정물화-블라디미르스크 역사무소-사라진 보트-러시아 병사들-친절한 장교-벌목 사역-거룻배-병사들의 우정-길랴족의 성지인 바위섬 보쉬냐-마린스크 마을-길랴족 로트카-역사무소 책임장교-대조적-무역상 로젠하임-실망-딜레마-도움의 손길-부족한 방-러시아식 환대-게으른 남자들-여성에 대한 학대-거룻배-출발-아무르 강-길랴족-주거-생계-언어-여자들의 노젓기-아무르 강 풍경

    우리 식량과 짐을 메고 오는 병사들이 아직도 도착하지 못하고 있었으므로, 기다리는 시간이 지루하게 흘러갔다. 이 황량하고 음침한 오두막집에서 배는 점점 더 고파오고, 날씨도 잔뜩 흐려져 있었는데, 병사들이 너무 늦게 도착하면 꼼짝없이 오늘밤을 이 더러운 바닥에서 보내야 한다는 우울한 생각이 너무 강하게 들면서 담배 피우는 동안 누렸던 즐거움과 위로가 사라져 버리는 것 같았다.
    우리는 세 시간 동안 그런 우울한 생각에 잠겨 있다가, 결국 참지 못하고 집주인인 병사들에게 차를 요청했다. 그들은 어떤 괴상한 벽 틈바구니에서

작고 귀중한 차 꾸러미를 꺼내서 따뜻한 차를 만들어 마음대로 마시라고 우리에게 주었다. 그로부터 한 시간이 지나고 오후 5시가 되자 폭우가 내리기 시작했고, 빠르게 어둠이 찾아오기 시작했다. 우리가 그들에게 물어 본 바로는, 두 번째 우편 역사무소까지는 호수 물길로 10km 정도 거리였는데, 거기에 도달하는 유일한 방법은 아까 우리가 호수에서 보았던 작은 상자 모양의 보트를 타고 가는 것이라고 했다. 그 초라한 보트가 짐은 고사하고 우리 일행을 다 실을 수 있을지가 의문이었고, 또 건너가는 데 시간이 얼마나 걸릴지도 알 수 없었다.

이런 열악한 환경에 사기가 꺾인 우리는 아무런 결정을 내리지 못하고 기다리다 밤이 되었고, 그때서야 우리의 짐꾼들이 도착했다. 짐이 도착하자 우리는 다음 우편 역사무소인 예베테보(Yevetevo)에 도착하면 최소한 여기보다 더 안락한 잠자리가 있을 것으로 기대하면서, 폭우와 어둠 속에도 여행을 계속하기로 결정했다.

불쌍한 짐꾼 병사들은 비에 흠뻑 젖은 상태로 완전히 녹초가 되어 있었다. 그러나 애용하는 차에 보드카를 섞어 마시고, 또 러시아 루블화로 많은 보상을 받게 되자, 곧 그들에게서 모든 피로가 사라지고 다시 생기가 돌았다. 우리는 병사들 중 독일어 하는 병사 한 명을 통역자로 함께 데려가기로 결정했다.

서둘러서 점심 겸 저녁 식사를 해치워 버린 우리는 보트에 짐을 싣고 떠날 채비를 차렸다. 오래지 않아 우리는 양손에 노를 쥐고 젓는 병사 한 명의 도움을 받아 느릿느릿 호수 한가운데로 나아가고 있었다. 가로세로 각 60cm의 작은 돛을 올렸으나, 아직 바람이 없어 속력이 나지 않았다.

보트는 그 자체로 호기심이 갔다. 아주 조잡하게 만들어져 한쪽으로 조금만 움직여도 거의 뒤집어질 것 같았다. 그래서 우리는 각자 위치를 할당받아 자기 자리를 이탈하지 않도록 했다. 나무판으로 만들어진 보트는 바닥이 평평하고 얕은 사각 구조였다. 보트가 너무 작아서 짐과 노 젓는 사람을 포함한 우리 팀이 모두 타자 뱃전 위 끝부분과 수면과의 사이가 불과 약 5cm밖에 안 될 정도로 주저앉았다. 그런데 다행스럽게도 바람이 불지 않아 수면이 아주 잔잔했으므로, 보트는 안정감 있게 앞으로 나아갈 수 있었다.

비는 여전히 거세게 내렸고, 머리 위로 검은 먹구름이 무겁게 내려앉아 있었으며, 황혼의 어두운 그림자가 낮게 깔려 있는 등 이 모든 현상들이 앞으로의 불편한 여행을 예고해 주는 것 같았다. 4km 정도 나아가니 호수 한 가운데에 도달했고, 북쪽으로부터 가벼운 바람이 불기 시작했다. 낮은 파도가 일면서 보트가 흔들렸고, 그 틈을 타 보트 안으로 호수물이 스며들기 시작했다. 손에 잡히는 대로 모자 같은 것으로 물을 퍼냈으나 아무 효과가 없었다. 만일 우리 보트가 계속 이런 식으로 나아간다면, 중간에 침몰할 것은 뻔한 일이었다. 이제 여기서 벗어나는 길은 지체 없이 해안가로 가는 방법밖에 없었다. 우리는 보트를 해안가로 돌렸고, 몇 분 후 해안가에 도착했다.

잠시 의견을 나눈 후, 우리는 여행을 계속 하기로 결정했다. 그러나 그렇게 하려면 보트를 가볍게 해야만 했으므로, 선장과 통역자 그리고 내가 보트에서 내려서 해안가의 습지를 따라 걸어가기로 했고, 마후드와 노 젓는 사람은 보트에 짐을 싣고 호수로 가기로 했다. 날은 거의 어두워졌고, 여기서부터 목적지까지는 해안가 길을 따라 15km 정도 남아 있었다. 그런데 우리는 우리 앞에 놓인 어려운 길을 조금도 인식하지 못한 채 그냥 밀어붙이고 있을 뿐이었다. 해안은 낮고 아주 울퉁불퉁했는데, 작은 강들로 이리저리 찢겨져 수많은 작은 언덕들을 이루고 있으면서, 길은 반쯤 파묻힌 통나무들로, 또 그 통나무 길들은 모두 우리 어깨 높이까지 무성하게 자란 잡초로 뒤덮여 있었다.

비가 여전히 거세게 내리고 있었고, 잡초는 완전히 젖어 있어서 그 사이를 뚫고 100m 정도 나아가자, 우리는 완전히 물에 빠진 것처럼 젖어 버렸다. 옷은 마치 납덩이처럼 몸에 무겁게 매달려 있어서 앞으로 나아가는 데 큰 장애가 되었다.

이런 장애에도 불구하고 한 시간 동안 우리는 통나무 길에서 계속 넘어지고 고꾸라지고 하면서도 앞으로 나아갔다. 해안가의 깊은 만이나 꺾여 들어간 곳은 가장자리를 따라 걸어갔고, 또 툭 튀어나온 곳 같은 곳은 돌아서 빠져나왔다. 해안에는 진짜 여행할 만한 곳은 없었고, 오로지 습지나 수렁 같은 것만 있었는데, 그중에는 호수까지 멀리 연결되는 곳도 있었다.

계속 넘어지면서 가는 여행길은 정말 힘들었다. 목적지의 절반쯤 왔을 무렵 우리는 너무나 힘들어서 발을 들어올리기도 힘들 정도였다. 마지막 황혼 빛이 사라지자, 밤은 주위 모든 것을 검은담비 가운을 입은 것처럼 검은색으로 뒤덮어 버렸다. 앞으로 나아갈 길을 알아내는 것은 불가능했다. 우리는 팔이 닿는 거리 내에서도 서로를 알아볼 수 없었으므로, 계속 부르고 소리침으로써만 함께 붙어 있을 수 있었다. 게다가 비가 더 많이 쏟아지기 시작했다. 장님이 되어 버린 우리들은 더 이상 구제할 수가 없는 그런 어려운 상황에 내던져졌다.

마침내 완전히 기운이 빠진 우리는 넘어지면 혼자서는 일어나지도 못하는 지경이 되자, 함께 모여 있어야 한다는 사실을 깨닫기 시작했다. 게다가 억센 잡초가 마구 엉켜 있고, 땅은 울퉁불퉁하여 앞으로 나아가기가 어려웠다. 이런 상황에서 우리가 할 수 있는 것이라곤 호수 가장자리로 들어가 나아가는 것뿐이었다. 그래서 우리는 손에 손을 잡고 호수로 들어갔다. 결국 이것은 탁월한 선택이었다. 왜냐하면 호수 바닥은 평평했고, 우리는 이미 비에 흠뻑 젖어 있었으므로 호수물에 빠지는 것이 별 장애가 되지 않았기 때문이었다. 한 시간 가량 우리는 때로는 진흙탕과 물속에 허리까지 빠져가면서, 그리고 오로지 호수 깊은 곳에 주의하면서 앞으로 나아갔다. 툭 튀어나온 곳을 여러 번 지나가면서 매번 앞쪽에 목적지의 불빛이 어렴풋이 보이는가 기대를 했으나, 번번이 우리의 간절한 기대는 실망으로 바뀌었다. 이제는 여행길이 끝날 때도 됐다는 생각이 들면서 우리에게 남은 기운이 모두 소진되어 가고 있었다. 그 무렵 우리 앞으로 1.5km 정도 되는 거리에 또 하나의 거무스레한 곶이 나타났고, 그 너머에서 작은 불빛이 어렴풋이 비치는 것 같았다. 우리는 그곳이 목적지임을 확신했는데, 왜냐하면 우리가 이미 네 시간 동안 위쪽으로 전진해 왔으므로 15km 정도는 확실히 주파했을 것이기 때문이었다.

기쁨에 들뜬 우리는 마지막 힘을 내어 약 45분 동안 전진하여 곶에 도착했는데, 그 너머에는 여전히 어두운 호수가 우리 앞에 놓여 있었다.

우리는 완전히 기진맥진해 있었으므로, 그냥 젖은 풀밭에 몸을 내던진 상태로 밤을 지샐 수밖에 없는 상황이었는데, 불을 피울 마른 나무도 성냥도 없는 상태였다. 바로 그때 우연히 나는 곰이 나타날 것을 대비해 항상 마른 상태로 간직해 온 리볼버 권총이 생각났고, 또 목적지에 이미 도착했을 마후드가 생각났으므로, 우리가 있는 위치를 알리고 우리를 구조하러 오도록 할 심정으로 권총 신호탄 세 발을 연속해서 쏘아 올렸다.

마지막 총알이 발사되고 총소리가 호수를 가로질러 어둑한 숲속까지 울려 퍼졌고, 그때 또 다른 세 발의 총성이 대답이라도 하는 듯 똑똑히 울려 퍼졌다. 그 후로 30분 정도 지나자 호수에서 노 젓는 소리가 들려왔다. 다시 한 30여 분이 지나자 목적지 쪽에서 횃불이 보였고, 곧 우편 역사무소 초병들이 나타나 우리를 안락해 보이는 통나무 건물로 데려갔다. 그곳에는 방이 서너 개 있었고, 커다란 페치카에 불을 때고 있었다. 이곳이 예베테보 우편 역사무소였다.

궁전도 이보다 더 마음에 들 수 없을 것이다. 집안에 화덕문이 활짝 열려 있고, 그 안에는 커다란 불이 맹렬히 타면서 벽을 달구고 있었다. 우리는 젖은 옷을 벗어 방안 여기저기에 걸어 두어 말렸고, 가방에서 새옷을 꺼내 입었다. 친절한 집주인은 탁자 위에 있는 바퀴벌레들을 비로 쓸어내린 후, 약 4.5kg짜리 갈색 빵을 가운데 놓고 그 주위에 찻잔들을 늘어놓은 다음 차례로 가득히 차를 부었다. 그리고 빵 옆에는 구식의 화려한 문양이 있는 중국 접시가 하나 놓였는데, 그 안에는 버터와 더러운 바퀴벌레들이 반반씩 담겨져 있었다.

"이걸 먹으라고?"

아마 누군가 우리의 표정을 보았더라면, 우리가 결코 그런 더러운 음식을 먹지 않았으리라고 생각했을 것이다. 게다가 그들은 아무렇지도 않다는 듯, 차, 빵, 버터, 그리고 바퀴벌레 역시 원래 예전부터 있어 왔던 자연스런 동거라고 했다. 그러나 실제 상황은 정반대로 돌아가고 있었다. 배가 무척 고팠던 우리에게 그런 더러움은 아무것도 아니었다. 우리는 게걸스레 모든 것들을 먹어치웠는데, 아마도 그 와중에 바퀴벌레까지도 먹어치웠을지도 몰랐다. 우리에게 주인을 배려하는 마음이 없었더라면, 아마도 내일 아침이 되기 전에 주인은 식량창고가 텅 비어 있는 것을 발견하게 될지도 몰랐다. 중국 찻잔들도 금세 잔이 비워지면서, 채우고, 또 비우고, 채우고를 반복했다. 너무나 많이 먹어 대어 평판이 나쁘게 날 것이 두려워 자제를 해야만 할 정도였다. 하지만 식사가 끝나자, 나는 그 정도에서 멈춘 나 자신의 인내심에 놀라 커다란 존경심마저 들 정도로 한동안 자리에 그대로 앉아 있었다.

식사 후에 담배가 나왔다. 이런 때에 담배 피우는 것을 지속적으로 비방하는 일부 사람들이 있다면, 그런 사람들은 정말 감사할 줄도, 은혜도 모르는 그런 사람들이라는 생각이 든다. 일단 이렇게 힘들고 지친 상태에서 담배를 한 모금 빨고 훅하고 내뱉어 보면, 그렇게 비방하는 사람들의 생각이 잘못된 것이라는 확신이 들게 될 것이며, 또한 그 이후로 영원히 그런 말을 하지 않을 것이라고 나는 감히 말하고 싶다.

몇 시간 전만 해도 최악의 상태에서 잠을 잘 뻔 했는데, 지금은 바닥에 마른 건초를 뿌려 놓은 침대 위에서 아주 안락한 밤을 보내고 있었다. 날이 밝자 여행 준비를 하느라 사방이 시끄러워졌다.

여기서부터 호수의 다음 우편 역사무소인 블라디미르스크(Vladimirsk)까지는 전보다 더 나은 보트와 노 젓는 사람을 새로 구하기로 했는데, 왜냐하면 어젯밤의 고생스런 도보 여행을 또 다시 하고 싶지 않았기 때문이었다. 아침 식사로 맛있는 송어튀김 요리와 '벽돌 차(brick tea, 전차(塼茶))' 몇 잔을 마시고 나니 완벽하게 여행 채비가 갖추어졌다. 아침 6시 우리는 어제 노를 젓던 사람의 투덜대는 소리를 뒤로 한 채 다시 한 번 여행길에 나섰다. 그는 그의 초라한 보트를 우리에게 넘기면서 자신의 노동의 대가를 포함해 터무니없는 금액을 요구했으나, 10개월치 임금에 해당하는 금액으로 만족해야 했다.

'벽돌 차'는 현지인들이 마시는 거의 유일한 음료인데, 아주 질이 떨어지는 차이지만 현지인들은 이보다 더 좋은 것을 구할 수 없었고, 우리 입맛에도 아주 잘 맞았다. 그것은 차의 작은 가지와 거친 잎으로 만들어지는데, 먼저 말려서 가루로 만든 다음 수소의 피를 섞어 진한 반죽을 만들어 굽거나 말려 벽돌 모양의 단단한 형태로 만들어지므로 그런 이름이 생겨났다. 그것은 아주 단단하기 때문에 사용 시에는 반드시 가루로 만들어 써야 했다. 우리는 서두르는 바람에 범선에서 차를 미처 가져오지 못했던 것이다.

날씨는 더할 수 없이 화창하고 아름다웠다. 호수는 물결 하나 일지 않고 거울같이 맑았으며, 끝없이 펼쳐진 낙엽송 숲이 우리 시야를 가리며 마치 한 폭의 정물화같이 움직임 없이 서 있었다. 움직이는 것이라곤 우리의 작은 보트와 때때로 물속의 먹잇감을 낚아채려 뛰어드는 매뿐이었는데, 이것들만이 여기가 살아 있는 곳이라는 사실을 말해 주고 있을 뿐이었다. 우리는 몇 km 정도 더 나아가 호수의 북쪽에 도달했는데, 여러 마리의 하얀 황새와 백조들이 눈에 띄었고, 곧 나지막한 진흙 둑으로 이루어진 습지 많은 해안가에 도착하자 수백 마리 떼로 몰려 있는 거위들이 놀라 달아났다.

물고기들이 수시로 잔잔한 호수 표면을 뚫고 튀어나와 순간적으로 황금 햇살에 반짝이며 꿈틀대다가 다시 첨벙 하고 무지갯빛 물보라를 일으키며 물속으로 들어가는 장면들은 정말 말할 필요도 없이 낚시를 좋아하는 꾼들을 끌어들이는 아주 매혹적인 순간들이었다. 어제와 오늘은 정말 똑같은 지역에서 어떻게 이런 정반대의 날씨가 일어날 수 있는지 믿을 수 없을 정도로 극과 극을 달리는 날씨인 것 같았다.

10시경 우리는 세 번째 우편 역사무소인 블라디미르스크(Vladimirsk)에 도착했다. 이곳은 다른 곳에서와 마찬가지로 집이 한 채뿐이었는데, 이집은 다른 곳보다 더 크고 안락했다. 그 당시 약 50명의 병사들이 이곳에 주둔해 있었는데, 이들을 전부 수용할 수 있는 규모였다. 그런데 우리가 찾아갔을 때엔 병사들이 주변에 한 명도 보이지 않았고, 또 우리를 데려다준 노 젓는 사람도 보트와 함께 사라져 버렸다. 우리가 그 노 젓는 사람을 다음 구간까지 더 가도록 설득하지 못했기 때문이었다.

역사무소에 남아 있는 배라곤 커다란 거룻배 한 척뿐이었는데, 30명 정도 태울 수 있는 크기로 해안가 위에 높이 끌어 올려져 있었다. 오늘은 바람도 불지 않아서 이 배를 사용할 방법이 마땅치 않았다. 해안가를 따라 1km 정도 내려가다가 병사들이 도끼질하는 소리가 들려왔는데, 아까 우리 보트에서 노를 저어 주던 사람이 우리에게 병사들이 마린스크로 떠날 뗏목을 만들기 위해 통나무를 베러 나갔다고 이야기해 주었던 것이 기억났다. 노 젓는 사람이 언제 돌아올지 알아보러 마후드와 선장, 그리고 통역자 셋이 통나무 베는 병사들 있는 데로 갔다가 두 시간이 지나서 돌아왔다. 노 젓는 사람은 마린스크로 가 버려서 이틀 후에나 돌아온다는 이야기였는데,

친절하게도 역사무소 책임장교가 거룻배와 노 저을 병사 9명을 제공해 주겠다고 하여 1시경 우리는 비록 보잘것없는 거룻배로 느리게 나아가더라도 다시 여행길에 나설 수 있게 되었다. 거룻배 후미는 사각형의 넓은 발판으로 사방이 개방되어 있었는데, 사공이 노 젓는 데 그리 큰 공간이 필요한 것은 아니지만, 불편해 보이는 키를 조작하는 데 편리하도록 만들어져 있었다. 그 자리에 마후드와 선장이 자리를 잡고 누워 담요를 덮은 채 깊은 잠에 빠져들었고, 우리 배는 앞으로 나아가고 있었다.

나는 편안하게 기대 누워 시가 한 개피를 피워 물고 동그란 담배연기를 만들어 내뿜으면서 일부 병사들이 짓궂은 장난을 치고 있는 모습을 바라보는 등, 그 사이로 보이는 다양한 장면들을 즐기고 있었다. 그러면서도 이제 이 야생지대에서 앞으로 우리가 어떤 일들을 겪게 될지 모든 가능한 일들을 생각해 보는 상상 속으로 빠져들었다. 무성한 이 숲들이 잘려져 나가고, 여기저기 마을이 들어서고, 날카로운 고동소리를 내면서 증기선 등의 다양한 배들이 물살을 가르고 다니며, 기관차들이 바람에 흔들리는 옥수수밭 사이로 달려나가는 풍경 등이 눈에 선하게 그려졌다. 그러는 사이 일부 병사들이 게를 잡으러 간다고 부산을 떠는 바람에 나는 상상 속에서 빠져나왔다.

병사들은 모두 쾌활했는데, 운명에 따라 지워진 그들의 삶에 꽤 만족해 하는 것 같았다. 병사들 사이에는 어떤 강한 우정 같은 것이 우러나왔으며, 혹시 그럴 수 있는데도 자기만 생각하는 이기적인 행동은 전혀 보이지 않았다.

파이프 담배를 피울 때는 불을 붙여 모두에게 돌려 피우고, 또 근처에서 캐온 작은 무 두 개라도 똑같이 나누어 먹었다. 연락소를 떠나올 때도 병사들은 서로 따뜻한 우정을 나누며 작별인사를 나누었다. 마치 2~3일 떨어져 있는 것이 아니라 평생 이별이라도 하는 것처럼 말이다.

약 40km 거리를 호수 수로로 이동하는 동안, 우리는 보쉬냑(Boshniak)이라 불리는 작은 바위섬을 지나쳐 갔는데, 이 섬은 길략족 사람들이 성지로 받드는 곳으로, 샤먼들이 그들의 이교적 제의를 이곳에서 지내기 위해 정기적으로 오가는 곳이다. 많은 면에서 이런 것들은 아메리카 인디언들의 제의와도 닮아 있었다.

5시경 우리는 길게 튀어나와 있는 어떤 곳을 돌아 나갔고, 곧 오른쪽 해안가 나지막한 절벽위에 위치한 마린스크 마을이 눈앞에 나타났다. 이 마을은 1851년 네벨스코이(Nevelskoi, Gennadii Ivanovich)[28] 탐험대장이 러시아-미국 회사의 무역기지로 사용하기 위해 세운 곳인데, 나중에 카스트리만과의 인접성 때문에 중요한 군사기지가 되었다. 처음에는 중국의 침략을 자주 받아서 많은 방어진지들이 구축되었고, 또 지금도 보병대대가 마을에 주둔하고 있지만, 현재 진지들은 더 이상 사용되고 있지 않았다.

집들은 모두 단층 통나무 건물들이었는데, 해안을 따라 약 1.5km에 걸쳐 산재해 있었고, 그리 인상적인 모습을 보여 주지는 못하고 있었다. 마을의 가장 두드러진 특징은 교회 건물이었는데, 작고, 단정해 보이고, 화려한 색칠을 하고 있으면서, 돔이나 첨탑 같은 것들이 달린 동양의 건축 양식을 본뜨고 있었다. 호수에서 보면 이 교회 건물은 아주 아름답게 보였으며, 옆에는 한두 개의 아주 안락해 보이는 집들이 있고, 또 그 옆에는 자갈보도가 깔려 있으면서 가지런하게 정리된 정원이 딸려 있었다. 이런 것들은 어디

---

[28] 1813-1876. 페테르부르크 출생의 러시아 극동 탐험가. 1832년 해군장교로 임관되었고 1848~1849년 바이칼 호수 수송선 바이칼(Baikal)호 선장을 역임했으며, 이후 크론쉬타트에서 페트로파블로프스크-캄차츠키까지 항해했다. 1850년 무라비요프 총독 지시에 따라 아무르 강 하류지역을 탐험하면서 사할린이 반도가 아니라 섬이라는 사실을 증명해 내고 하구에 니콜라예프스크 전초기지를 세웠으며, 사할린 섬의 서부해안을 따라 가다가 타타르 해협의 가장 좁은 곳에 네벨스코이 해협이란 이름을 붙였고, 1853년 사할린 섬 남쪽에 있는 만에 니콜라야 만(현재 가반 만)이란 이름을 붙였다. 1874년 제독의 위치에 올랐다.

에 있더라도 그 집의 가치를 높여 주는 역할을 하는 것들이다.

구명정에서부터 길랴족의 카누인 '로트카(lotka)'까지 모든 다양한 작은 배들이 해안가 위로 올려져 있었고, 그 옆에는 거무스름하고 지저분하게 보이는 커다란 배 한 척이 있었는데, 그 배에서는 가늘게 구름 같은 증기가 뿜어져 나오고 있었다. 우리는 이제 거대한 아무르 강 하구에 가까이 다가와 있었으므로, 이것이 바로 아무르 강을 오르내리는 증기선들 중 하나일 것이라는 생각이 들었다.

뭍에 오르자, 우리는 역사무소 책임장교 집으로 안내됐는데, 그 집은 아주 낡은 통나무집이었다.

유감스럽게도 우리는 그에게서 좋은 대접을 받지 못했는데, 그 이유를 알 수 없었다. 다만 지금까지 우리가 가는 곳마다 두 손 벌려 환영받았던 것과는 아주 다른 대조를 보이고 있을 뿐이었다.

우리는 곧 그 지역의 상주 무역상인 로젠하임(Rosenheim) 씨에게 인도되었다. 그는 우리가 자기 집에서 머물도록 배려해 주었는데, 왜냐하면 증기선이 이곳에 도착하려면 몇 주가 걸릴지 모르기 때문이었다. 그는 또 자진해서 우리가 니콜라예프스크에 도달할 수 있도록 자신이 할 수 있는 모든 도움을 주겠노라고 했다.

니콜라예프스크에 도달하려면 아직도 강을 따라가는 약 300km의 항해 길이 남아 있었다. 증기선이 너무 늦게 도착한다면 우리는 이 수로를 작은 보트를 타고 가야만 했다. 그런데 문제는 그 오랜 항해 길에 동참할 보트와 노 젓는 사람들을 구하기가 쉽지 않다는 것이다.

첫 번째 생각나는 것이 길랴족이었는데, 지금이 물고기 잡는 계절이어서 이 기간 동안 그들은 겨울에 먹을 식량을 준비하고 저장해야 하기 때문에 아무리 돈을 많이 준다 해도 그들을 데려올 수 없을 것이라는 이야기를 들었다.

마침 로젠하임 씨에게 커다란 거룻배 한 척이 있었는데, 그는 흔쾌히 우리가 쓸 수 있도록 허가해 주었고, 우리로서는 다른 방법이 없었으므로 역사무소 책임장교에게 우리가 가져온 소개장들을 전달하고 노 젓는 사람으로 쓸 병사 5명을 요청했다. 그는 마지못해 허락했고, 우리는 다시 다음 날 여행을 계속할 수 있게 되었다.

이런 마을에서는 여관이라는 개념조차 없고, 또 남아도는 방도 없었으므로, 결국 여행자들은 열악한 잠자리를 감내해야 한다. 그 대신 예기치 못한 손님을 받는 주인집에서는 로젠하임 씨처럼 주인이 자기 가족 잠자리를 손님들에게 양보해야만 했는데, 우리는 로젠하임 씨의 양보를 받아들이지 않고 차라리 그의 서재 바닥에서 자게 해달라고 요청했다. 그 정도라도 우리로서는 아주 안락한 밤을 보낼 수 있었다.

다음날 아침 떠날 준비를 하고 있는데, 마린스크의 거의 모든 주민들이 우리를 전송하기 위해 해안가에 나와 있었다.

남자들은 대부분 밖에 나와 담배를 피워 물고 어슬렁거리고 있었고, 여자들은 집에 남아 가사를 돌보거나 마땅히 남자가 해야 할 일들, 즉 도끼로 나무를 패거나 강에 가서 무거운 양동이에 물을 담아 집까지 나르는 등의 힘든 일까지 하고 있었다.

여자들의 두툼한 팔뚝과 허리는 그들이 게으른 남편들을 위해 오랫동안 그 힘든 노동을 견뎌왔음을 잘 보여 주고 있었다. 우리로서는 그런 장면을 바라보는 것이 고통스러웠다. 잠시 후 어린 소녀들이 무거운 짐을 등에 지고 지나가고 있었는데, 남자들은 자리에 앉아 그냥 바라보고만 있었다. 소녀들의 연약한 허리는 꺾여서 부러질 것만 같았고, 그녀들의 표정은 창백하고 핼쑥했다. 우리들에게 남자들은 짐승처럼 잔인해 보였고, 이런 행위는 불법이고도 범죄적인 것으로 보였다. 우상숭배자들인 길략족들과 오랫동안 같이 지내다 보니 그들의 야만적인 관습들에 백인들도 물든 것이 아닌가 싶었다.

  로젠하임 씨의 거룻배는 우리 목적에 잘 맞는 배였고, 사실 우리로서는 그보다 더 나은 배를 구할 수 없었다. 비록 조잡하게 만들어지고 다루기가 불편한 점도 있지만, 항해 중 조류만 잘 만나면 아무 이상이 없을 것 같았다. 이 거룻배의 장점은 크기에 있었다. 8×2m 크기였는데, 짐을 쌓아 두기에도, 잠자기에도 아주 넉넉했다.

  배 뒤쪽은 물건 나르기 편리하게 십자형의 4쪽으로 나뉘었다. 그중 한쪽에 마른 건초를 깔아 잠자리를 만들어 놓았고, 다른 한쪽에는 노 젓는 사람들을 위한 자리를 마련해 놓았다. 그리고 즉석에서 고무 담요 2장으로 돛을 만들어 작은 돛대를 세워 놓았다. 그런 다음 주민들의 환송을 받으며 배를 해안에서 밀어 냈다. 서툴지만 활기차게 노를 몇 번 저어 주자 우리 배는 곧 아무르 강 한복판에 들어섰고, 고무 돛이 바람을 맞아 부풀어 오르면서 배는 빠르게 나아가기 시작했고, 곧 마린스크 마을의 모습이 시야에서 사라졌다.

  러시아인들이 아무르 강을 처음 발견한 것은 1843년이었다. 중국 측 기록에 따르면 이 지역에 사람이 살기 시작한 것은 기원전 1,100년경으로 거슬러 올라간다. 아마 이 지역에 대해 알고 있었던 것은 그보다 더 오래 전이었는지도 모른다. 약 3,800km에 달하는 총길이 중에 2,400km 정도는 증기선이 항행할 수 있는 상태였고, 수많은 지류들이 약 200만km^2 이상의 넓은 지역을 관통해 흘러가고 있어, 과연 아무르 강은 아시아 최대의 강중 하나로 불릴 만한 것이다. 이 거대한 강은 다양한 기후와 토양을 갖고 있는데, 극지 동식물과 열대 동식물이 만나는 세계에서 유일한 지역이라고 말할 수 있다. 왜냐하면 이상하게 들릴 수도 있겠지만, 이곳에는 극지동물인 순록이 열대동물인 뱅갈 호랑이의 먹이가 되고, 또 멧돼지와 오소리 같은 동물들이 극지 토끼나 족제비 같은 동물들과 같은 위도상에서 살고 있기 때문이다.

하류 쪽 아무르 강은 너비가 거의 약 1.5km에 달하면서 키 큰 잡풀들이 무성하게 자란 너른 초지를 관통해 흘러가고, 그 너머에는 양쪽으로 멀리 푸른 언덕들이 희미하게 시야를 가리고 있었다. 초지 군데군데 숲들이 점점이 박혀 있고, 어떤 데는 숲이 강둑까지 이어져서 해안가 모래사장 옆에 무성한 숲을 이루고 있었다. 그런 곳에 길랴족 사람들은 집을 지었는데, 그 모습은 마치 한 폭의 그림 같았다. 마린스크를 떠나고 바로 우리는 이런 길랴족 집들을 발견할 수 있었다. 해안가에 있는 집집마다 앞에는 그들의 이상하게 생긴 카누가 환상적으로 깎아 놓은 짧은 노와 함께 층층이 들어 올려져 있었고, 해안가를 따라 맨발의 원주민들이 긴 그물을 손질하고 있는 모습이 보였다. 강둑마다 잡아놓은 수백 마리의 싱싱한 연어들이 여기저기 쌓여 있었는데, 햇빛을 받아 마치 백색의 은을 쌓아놓은 것처럼 빛났다. 이 물고기들은 나중에 손질되어 나무껍질이나 풀로 엮은 헛간 아래에 있는 나무 건조대에 널려 말리게 된다. 말린 연어들은 캄차카에서와 마찬가지로 긴긴 겨울 동안 사람과 개들의 주요 식량원이 된다. 물고기와 나무열매, 그리고 다양한 나무들의 껍질과 뿌리 등이 이곳 원주민들의 거의 유일한 식량원이다. 조금만 땀 흘려 농사를 지으면 좀 더 풍성한 야채를 얻을 수 있지만, 원주민들은 자연이 내려준 선물로 만족할 뿐이다.

어떤 때는 말 그대로 물 반 물고기 반일 정도로 연어가 풍성하여 조금만 노력해도 많은 연어를 잡을 수 있으므로 연어 가치가 거의 없어질 때도 있다. 다른 많은 나라들에서는 연어가 연회장의 최고 요리로 장식되곤 하지만, 여기서는 수백 마리의 연어들이 개먹이로 아무렇지도 않게 던져지고 있는 것이다.

때때로 우리는 원주민들의 카누 '로트카(lotkas)'를 만나게 됐는데, 이것들

길략족 마을과 로트카

은 해안과 해안 사이를 미끄러지듯 누비고 다녔다. 이 카누를 젓는 사람은 거의 전부 여자였는데, 짧게 깎아 만든 노를 솜씨 좋게 다루며 물살을 헤치고 앞으로 나아가는 우아한 모습은 정말 감탄스러울 정도였다. 그들의 노 젓는 방법은 우리와 같았지만, 그들은 양손을 같이 저어 주는 것이 아니라 따로 번갈아가며 저었다. 한쪽 노를 저으면, 다른 쪽 노는 젓지 않고 배옆에 그대로 붙이고만 있었다. 남자들 역할은 상대적으로 비중이 작았는데, 그들은 그저 배의 후미에 앉아 긴 곰방대로 담배를 피우면서 가벼운 노로 배의 방향을 잡아 주고 있을 뿐이었다.

우리는 거룻배의 방향을 한 번 잡아놓으면, 그 다음에는 물결가는 대로 배를 맡기고 건초 깔린 뒷자리에 편하게 자리를 잡고 앉아 시시각각 달라지는 주변 해안가 풍경을 만끽하고 있었다. 그날은 더할 나위 없이 좋은 날씨였다. 우리 배는 비록 조잡했지만, 4노트(시속 약 7km) 정도의 조류와 적당한 바람에 힘입어 제법 빠른 속도로 나아갔기 때문에, 한 번 해안가 모퉁이를 돌아 나가면 다음 풍경을 자세히 볼 틈도 없이 빨리 지나쳐 갔다. 작은 섬, 바위 암초, 마을, 숲, 들판 등의 모든 풍경들이 파노라마처럼 하나씩 차례로 지나가고, 장대한 아무르 강은 마치 콜로이드 은용액처럼 햇빛을 받아 반짝이고 있었다. 수백 군데의 다른 지방에서 발원하여 하나의 거대한 강을 이루며, 어머니인 바다로 들어가 하나가 되려는 아무르 강의 거센 물살에 휩쓸려 우리 배는 앞으로 나아가고 있었다.

이렇게 우리는 실제로는 조잡하고 불편한 거룻배에 몸을 싣고 가는 신세였지만, 기분만은 마치 집안에서 소극장을 차려 놓고 멋진 풍경화들을 편안하게 감상하고 있는 것 같은 만족스런 느낌이었다.

| 제 5 장 |

카다 마을-이르쿠츠크 같은 곳-우편역사무소-말과 소 양육-아무르 강의 홍수-역지기 폴란드 노인의 불행-부주의-말쑥한 여인-미국인의 식욕-노인의 어린 아들-원시적인 쟁기와 닻-출발-즐거운 여행-아무르 강에서의 여름날 저녁-노 젓는 병사들-노래-수줍은 병사-풀린 의문-폭풍우-천둥과 번개-어둠-뭍을 찾아서-불안한 전망-피난처-낚시 야영지-비좁은 공간-러시아식 환대-칭찬받아야 할 덕목-괴로운 잠자리-뚱뚱한 선장의 나쁜 잠자리 습관-가엾은 마후드-분노-다시 출발-멋진 길랴족 모자-미하일로프스크 마을-고지대-길랴족의 어렵-타타르족 기념비-길랴족 마을-모닥불-길랴족의 인내심-옷-미신-종교-샤먼-장례식-야만성-살인과 형벌-무기-집-호기심-정령 제의-표류-잠든 배몰이꾼들-해안에서-길랴족 그림-황새-범고래-오르내리는 증기선과 거룻배-니콜라예프스크 항구 풍경-널려 있는 어망들

우리는 거룻배를 약간 수리한 다음 비교적 늦은 시각인 오전 10시 마린스크를 떠났다. 그 후로 우리는 또다시 거룻배 위에 편안하게 누워 시시각각 변하는 아름다운 풍경들을 감상하느라 고단했던 지난 시간들을 모두 잊어 버렸다.

오후 1시경 우리는 카다(Kada)라는 작은 러시아인 마을을 지나치게 됐는데, 그곳은 마린스크에서 강 하류 쪽으로 약 25베르스따 떨어져 있는 곳이었다. 우리는 이곳에 상륙해 허기진 배를 채우려는 생각이 많았으나, 러시아인 친구들이 조금만 더 내려가면 이르쿠츠크(Irkoutsk)같이 먹을 것이 많

은 곳이 나타난다고 달콤한 말로 유인하는 바람에 우리는 마치 순교자라도 되는 양 배고픔을 참고 견뎌 보기로 했다.

우리는 배고프다는 생각을 회피하기 위해 다른 일들에 몰두해 보려 무진 애를 썼으나, 정신과 육체는 이미 따로 따로 놀고 있어서 쉽지가 않았다.

6시간을 더 항해한 끝에 마침내 우리는 이르쿠츠크 같은 곳에 가까이 도착했다. 강에서 보니 마을 같은 흔적은 전혀 보이지 않았다. 만일 우리끼리만 가는 길이었다면 분명 그냥 지나쳤을 그런 곳이었다. 이 지역을 잘 안다는 병사 한 명의 안내를 받아 우리는 강의 주류를 벗어나 너른 초지 사이를 관통하고 있는 좁은 지류를 타고 반 시간을 지나쳐가니 갑자기 농가 창고와 건초더미로 둘러싸인 농장 같은 건물이 안온하게 들어가 앉은 곳이 눈에 들어왔다. 수많은 말, 소, 닭들이 우리를 반겼고, 오랫동안 굶주린 우리 눈에 그것들이 신선한 우유와 달걀로 보이면서 우리 입맛을 자극하고 있었다.

다른 사람들은 벌써 해안가에 불을 지피며 그것들을 잡아먹을 준비에 들어갔고, 그 사이에 우리는 우편 역사무소 건물을 찾아갔다. 그 건물은 정부가 고용한 한 폴란드인 노인이 관리하고 있었다.

거창하게 동시베리아의 수도인 이르쿠츠크의 이름을 본떠 만든 이곳에는 이곳을 지키는 사람들의 집과 창고들이 조금 있을 뿐으로, 이곳은 단지 겨울에 얼어붙은 강을 오르내리는 여행객들에게 말을 갈아탈 수 있도록 하는 중계소 역할을 하고 있는 것 같았다. 우편 역사무소는 정부가 운영하는 것으로, 말들을 소유하고 있는 개별 소유주에게 매년 200루블씩 지불하면서 말들을 사용한다고 했다.

사람들이 사는 집은 통나무로 잘 지었는데, 안락한 방들이 많이 있었고, 특히 우리 주의를 끌었던 것은 지금까지 보아 왔던 지저분한 집들과는 달리 깨끗함을 보여 주고 있었다. 여기서는 모든 것이 정리 정돈되어 있었고,

심지어 거친 마루도 자주 세심하게 닦아 주어서 하얗게 탈색되어 있을 정도였다. 주변 지역은 끊임없이 좋은 건초를 생산해 내고 있었으므로 역사무소의 기능과도 잘 맞아 떨어지고 있었다. 수천 마리의 말과 소들이 아주 저렴한 비용으로 양육되고 있었던 것이다. 이런 장점에도 불구하고 위치가 아무르 강이 범람하는 곳이어서 때때로 홍수가 건초더미를 덮쳐 많은 피해를 입히곤 한다고 했다. 우리가 이집 주인인 폴란드인 노인에게 이곳의 풍요로움을 칭찬해 주자, 그는 슬픈 표정을 짓고 머리를 가로저으며 말하기를, 2년 전에 발생한 큰 홍수 때문에 거의 모든 것이 파괴될 뻔했다고 했다.

당시에 강물이 전에 없이 크게 불어났다고 했다. 이웃지역이 거대한 호수로 변하고, 범람한 강물이 모든 것을 휩쓸어 갔다. 노인이 저장해 놓았던 모든 것 역시 휩쓸려 갔고, 오로지 살아남은 것은 언덕 위로 올려다 놓은 것들뿐이었다. 노인에게 이런 피해는 막대한 것이었는데, 설상가상으로 곧 긴 겨울이 닥쳐오자 살아남았던 말과 소들마저 굶어죽었고, 따라서 우편역사무소 기능도 마비되었다고 한다. 그러나 노인은 이에 굴하지 않고 다시 열심히 일하고 절약하여 우리가 방문할 무렵에는 이전 상태로 막 회복되기 시작했다고 한다.

홍수가 매년 다시 발생할 수 있다고 예측할 수 있음에도 불구하고, 노인은 놀랄 정도로 사전 준비를 하지 않았고, 건초더미들도 언덕 위로 옮겨 놓지 않았던 것이다. 그런 부주의에다가 이번 홍수는 이전보다 더 큰 홍수여서 피해가 막대했다. 이번 피해는 노인에게 너무나 생생해서 눈물 없이는 말할 수 없을 정도였다. 다행스럽게도 우리에게는 눈물을 그치게 하는 해독제가 있었으니, 술 한 잔 꿀꺽 단숨에 마시고 나니 곧 노인은 농담을 나눌 정도로 다시 유쾌해졌다.

우리가 집안으로 들어가 요청하지도 않았는데, 커다란 몸집의 건강해 보이는 여인네 하나가 진주같이 하얀 이를 드러내고 환한 웃음을 지으며 식사 준비를 하고 있었다. 이르쿠츠크처럼 풍성하리라는 우리의 예상이 완전히 현실화되고 있었다. 우리는 입맛을 다시며 식탁에 달려들어 신선한 우유, 달걀, 구운 연어 등을 먹어치우고 있었다. 그 자리에는 우리 말고도 미국인을 구경하러 그곳 사람들 모두가 몰려와 있었다. 나는 감히 말할 수 있는데, 그곳 사람들의 식욕도 결코 만만한 것은 아니었지만, 우리 미국인들의 식욕은 당할 자들이 없을 정도로 그 자리에서 유명해졌다.

우리는 여기서부터 밤새도록 조류에 배를 맡기고 항행할 작정이었다. 내일 아침 강 하구에 있는 작은 러시아인 마을 미하일로프스크(Mikhaelofsk)에 닿기를 기대하면서. 이번 항행에는 노인의 어린 아들이 우리와 동행하기로 했다.

가짜 이르쿠츠크 마을에 머무르는 동안, 우리 모두의 관심을 끄는 물건이 하나 있었는데, 이곳 주민들이 보통 사용하고 있는 쟁기였다. 그것은 금속이 하나도 들어가지 않은 순 나무로 만들어졌는데, 자연 상태 그대로의 나무 굽은 것과 벌어진 가지 등을 이용해 가죽끈으로 묶어 만들어졌다.

배의 닻도 똑같은 방식으로 만들어졌는데, 날카로운 나뭇가지들을 이용해 닻가지를 만들었다. 거기에 무게를 더하기 위해 무거운 돌을 가죽끈으로 묶어 놓았다. 이런 방식은 길략족이 고안해 낸 것이라 했다.

해가 떨어지자마자 우리는 다시 강을 따라 항행을 시작했는데, 고무 돛을 올리고 조류의 도움을 받아 시속 약 7노트(약 13km)의 속도로 나아갔다. 이 구간 여행은 아주 즐거운 것이었다. 저녁 날씨는 따뜻했고, 서쪽 노을이 장밋빛과 오렌지색으로 아름다웠으며, 머리위로는 감청색 하늘에 별들이 하나둘 반짝이기 시작했다. 어둠이 빠르게 다가오고 있었고, 이미 강둑 위 물체들이 흐릿해지면서 점점 어둠 속으로 자취를 감추어 버리고 강과의 경계선만이 드러나고 있었다. 상쾌하고 따스한 여름바람이 돛을 부풀려 주어서 배는 따로 노 저을 필요가 없이 앞으로 나아갔다. 우리는 모두 손을 놓고 편안한 자세로 여행을 즐기고 있었고, 오로지 배는 바람과 조류에 따라 앞으로 나아가고 있었다.

우리는 바닥에 두껍게 깔아 놓은 건초더미 위에 담요를 깔아 안락한 자리를 마련한 다음, 몸을 뒤로 젖히고 편한 자세로 누워, 식후 담배를 맛있게 피우면서 노 젓는 병사들이 불러 주는 러시아 노래를 듣고 있었다. 때때로 이들의 노랫소리에 답해 해안가에 있는 어떤 곳으로부터 희미한 곡조가 들려오기도 했는데, 그 소리들은 계속 이어지는 러시아 노래 소리와 조화를 이루다가 근방에 있는 절벽에 부딪혀 메아리로 되돌아오기도 하고, 또 근처의 어느 길랴족 마을에 있는 사나운 개떼들을 깨워 섬뜩한 개들의 합창 소리로 되돌아오기도 했다.

러시아 사람들은 모두 음악을 사랑하는 사람들인 것 같았다. 비록 이들의 취향이나 능력이 결코 놀랄 만한 것은 못 되지만, 어릴 때부터 노래 부르는 것을 배워 왔기 때문에, 사실 이 사람들을 음악을 좋아하는 민족이라 불러도 무방할 것 같았다. 이들의 거의 모든 놀이나 오락에는 노래가 결합되어 있었고, 심지어 춤추는 데에도 기다리는 동안 노래를 부르곤 했다.

그런데 병사들 중 한 명은 이런 노래 부르는 분위기에 빠져들지 않았는데, 그는 오히려 폴란드인 노인의 아들인 어린 소년과 같이 뱃머리 쪽으로 멀리 떨어져서 오랫동안 둘만의 속삭임에 빠져 있었다. 그는 어린 친구를 제외하곤 아무것도 보이지 않는 듯했다. 우리가 그에게 노래 부르라고 청해도 그는 알아들을 수 없는 러시아어로 더듬거리며 변명을 하면서 수줍은 눈초리로 다른 동료들을 바라보고 다시 어린 친구와 속삭임을 계속했다. 우리는 그의 어색한 태도에 다소 놀랐으나, 키잡이 병사가 다가와 조용히 속삭였다.

"어린 소년이 예쁜 누나를 얻었대요."

이 말이 모든 것을 설명해 주었다. 그래서 우리는 그의 새로운 연애를 방해하지 않았다.

　가짜 이르쿠츠크 마을을 떠나고 한 시간 동안은 아주 즐거운 여행이었는데, 갑자기 정반대 현상이 일어났다. 서쪽 하늘을 먹구름이 뒤덮기 시작하면서 사방이 깜깜해지더니, 먹구름 사이로 번개가 번쩍거렸다. 담요를 개고, 고무 우비로 짐을 덮을 겨를도 없이 폭우가 쏟아져 내렸다. 눈 깜짝할 사이에 바람은 폭풍으로 변해 넘실대는 파도가 거룻배의 부실한 옆부분을 두들겨 댔고, 사방에서 일렁이는 파도는 창백한 빛의 포말을 만들어 내면서 마치 수많은 유령들이 몰려오는 것 같았다. 우리는 돛을 내려 배가 뒤집어지는 것을 피해야만 했다.

　번개가 몇 분간 계속됐고, 번개가 끝나자 마치 사방이 벽으로 막혀 있는 것처럼 아무것도 보이지 않았다. 우리는 아무것도 구별할 수 없었고, 배는 방치되어 어디로 가고 있는지도 몰랐다. 이런 식으로 우리는 거의 두 시간을 표류했고, 오로지 폭풍우가 끝나기만을 기다리고 있었다.

　하지만 그런 행운은 우리에게 주어지지 않았고, 마침내 배가 물에 침수될 위험에 놓였으므로, 우리는 필사적으로 노를 저어 해안가를 찾아가야만 했다. 노 젓는 병사들이 수 km 이내에는 거처할 집들이 없다고 전해주었으므로, 우리는 비를 피할 바위나 나무 같은 것이라도 찾아내야만 했다.

　마침내 뒤쪽에서 누군가가 "육지다!"라고 외치는 소리가 들렸고, 더 반가운 것은 몇 백m 떨어진 거리에서 개 짖는 소리가 들려왔다는 것이었다. 이것은 러시아인이든 길랴족 사람이든 분명 사람이 산다는 표시였다. 우리의 외침소리에 곧 환한 횃불이 어둠을 뚫고 다가왔고, 우리는 횃불에 이끌려 어느 나무껍질로 만든 주거지로 인도되었다. 그곳은 러시아 병사들이 겨울에 먹을 연어를 저장하기 위해 일시적으로 주둔해 있는 막사인 것으로 판명됐다.

　횃불을 들고 안내하는 사람을 따라 우리는 출입구에 들어섰는데, 그 내부 광경에 우리는 놀라지 않을 수 없었다. 작은 내부는 2.5×3.6m로 말 그대로 좁아터졌다. 양옆으로 좁은 침상들이 줄을 이어 남은 공간이 없었고, 유일한 공간이라고는 가운데로 난 비좁은 통로뿐이었다. 각 침상은 1명이 눕기에 충분한 자리였지만, 2명의 병사들이 차지하고 있었다.

오두막 자체는 통나무 틀에다 나무껍질들을 대충 덧붙여 만든 것으로 바람과 비를 완벽하게 막아 주지는 못하고 있었다.

여러 명의 러시아 병사들이 자신들의 침상을 우리에게 제공한다고 했을 때, 우리는 말로만 듣던 러시아식 환대를 직접 체험할 수 있었다. 하지만 그들의 따뜻한 환대를 받아들이고 이런 밤에 그들을 집 밖으로 내몬다는 것은 아주 무례한 짓이었으므로, 우리는 곧 밖으로 나가 다시 한 번 쉴 수 있는 곳을 찾아보았으나 실패했다. 마침내 일부 병사들이 다시 잠자리를 받아들이도록 우리에게 권고했고, 자기들은 이웃 막사로 가서 자겠다고 했다. 그래서 우리는 기꺼이 그들의 호의를 받아들였지만, 그 대신 그들에게 너무 민폐를 끼치지 않기 위해 침상은 단 한 개만 받아들이도록 했다. 우리의 어린 소년은 의형제가 되는 영광을 차지하려고 열렬히 구애하고 있는 병사 2명 사이에 끼어 잘 수 있는 공간을 마련하는 데 별 어려움이 없었다.

내 생각에 타인을 위해 자신의 편안함을 희생하는 행위는 인간의 특성으로서 가장 칭찬받아야 할 덕목 중 하나라고 보는데, 특히 이번 경우처럼 호의를 받는 입장이 되면 더욱 그렇다. 한때 나도 받는 것보다는 주는 것이 더 낫다고 생각해 실제로 이것을 실천하다 보면, 받는 사람이 그것을 아주 당연시하거나 무관심하게 받아들이는 경우가 종종 있어서 결국 나는 나중에 그런 행위를 중단하게 되었던 경험이 있었다. 오늘밤 이런 곳에서 병사들의 호의를 받는 것은 아주 특별한 경우에 속하는 것이다.

좁은 침상 하나에 부족해 보이는 이불 하나로 3명이 잠잔다는 것은 아주 불편한 일이겠지만, 지금처럼 밖에 나가서 추운 비바람을 맞아가며 자야 하는 사람들을 생각하면 정말 행복한 잠자리인 것이며, 특히 양쪽에 두 사람을 끼고 가운데 자리를 차지한 사람은 그야말로 더할 나위 없는 잠자리일 것이다. 침상은 오두막의 벽에 해당하는 빈약한 나무껍질을 잇댄 벽 쪽을 향해 배치되어 있었는데, 벽 사이로 바람이 밤새도록 윙윙대며 파고들었고, 빗발치는 폭우에 벽에 있는 옹이구멍이나 틈새를 통해 빗물이 튀겨 들어왔다. 이런 사실을 알면서도 나는 자진해서 벽 쪽에 자리를 잡고 자리를 너무 많이 차지하지 않기 위해서 모로 누워 칼잠을 잘 자세를 취하고 숨도 가능하면 크게 쉬지 않았다.

네덜란드 출신인 선장은 몸집이 크고 뚱뚱해 몸무게가 86kg 정도 나갔는데, 가운데 자리를 차지했고, 마후드는 그 옆 침상 가장자리에서 한 발을 내려놓고 몸을 지탱하고 있었다.

시간이 얼마 지나지 않았는데 벌써 코고는 소리가 들려오기 시작했다. 선장은 마치 멀리서 들려오는 천둥소리처럼 깊이 코를 골았으며, 무거운 몸을 이리저리 굴려대 아주 나를 벽을 뚫고 나가게 할 심산인 것 같았다. 화를 내보아도 아무 소용없었다. 어떤 것도 깊이 잠든 그를 깨울 수 없을 것 같았다. 오랜 시간 동안 잠을 못 이루고 누워 있는데, 한쪽으로는 찬바람과 빗물이 뚫고 들어오고, 다른 한쪽으로는 선장의 거대한 몸이 버티고 있어 어디 피할 데가 없었다. 나의 잠자리 친구 선장에게 약간의 자비심을 간청했는데도 불구하고 이제는 조금씩 내 몸을 덮고 있던 이불도 선장 쪽으로 끌려가기 시작했다. 마침내 날이 밝아오자, 옷이 빗물에 다 젖고, 찬바람을 맞아 목이 쉬어 말도 안 나오는 상태였는데도 불구하고 나는 선장에게서 벗어나는 해방감과 기쁨을 느끼고 있었다. 마후드는 나보다 조금 나아 보였지만, 역시 선장 때문에 잠자리에서 밀려 떨어지지 않기 위해 한 발로 견디느라 밤새 깨어있었던 것 같았다. 불쌍한 친구! 우리가 이렇게 된 것은 모두 선장 때문이었으므로, 화가 안 날 수 없었다. 선장은 배를 깔고 엎드린 상태에서 머리에서 발끝까지 이불을 뒤집어쓰고 있었는데, 마치 이집트 미라 같았다. 우리를 더욱 화나게 만든 것은 그가 눈뜨자마자 한 첫 번째 말이었다.

"야아, 여기 잠자리도 그리 나쁘지 않네. 이보다 더 잘잔 적이 없는 것 같은데."

우리는 감히 그에게 대답할 말이 없었다.

아침 날씨는 맑았고, 바람도 적당했다. 병사들은 낡은 군용담요와 여러 개의 가방을 펼쳐 모아 더 크고 좋은 돛을 만들었고, 7시경 우리는 이미 3~4베르스따의 거리를 주파했다.

풍경은 어제와 똑같았다. 해안에는 러시아인과 길랴족의 작은 마을들이 점점이 박혀 있었다. 나는 우리가 지나온 곳에서 보았던 길랴족 사람들의 모자 만드는 솜씨에 감탄하지 않을 수 없었다. 자작나무 껍질로 만든 모자는 낮고 넓은 원추형 모자였는데, 바깥쪽에는 얼룩진 나무껍질을 잘라 아름다운 회오리 문양으로 장식해 놓았다.

12시경 우리는 6시간 동안 약 65베르스따의 거리를 주파해 미하일로프스크에 도착했다. 이 지역 부근은 우리가 강을 따라 내려오면서 본 지역들과 달리 경작이 많이 된 지역이었다.

언덕 경사면 여러 곳에 곡식 경작지들과 베어 놓은 낟가리들이 눈에 띄었다.

미하일로프스크에는 300명 정도의 주민이 살고 있었고, 강을 따라 크고 안락해 보이는 집들이 서 있었다. 집에 딸린 정원에는 토마토, 순무, 양배추 등의 딱딱한 채소들이 자라고 있었다. 저녁 식사를 위해 우리는 한 집에 들렀는데, 짧은 머무름인데도 그 집 가정주부와 최근에 니콜라예프스크에 있는 여학교를 졸업한 그녀의 딸로부터 환대를 받았다.

미하일로프스크를 떠나고 얼마 안 되어 우리는 또 돛을 내려야 할 정도

미하일로프스크

로 큰 폭풍을 만났는데, 다행히 금방 멎었다. 그러나 오후 내내 가는 비가 계속 내렸다. 이쯤에서 멀리 산맥들이 수면 위로 불쑥 솟아나 있었는데, 이런 풍경은 허드슨 강의 고지대와 아주 흡사했다. 절벽 아래에는 길랴족 마을이 그림처럼 자리 잡고 있었는데, 만일 한 떼의 길랴족 사람들이 자작나무 모자를 쓰고 로트카에 탄 채 그물을 끌어 올리고 있는 아름다운 풍경만 아니었으면, 우리는 마치 허드슨 강 일대를 따라 내려가고 있는 듯한 착각이 들 정도였다. 우리가 지나가면서 보니 수백 마리의 물고기들이 펄떡이며 그물에 잡혀 있었다. 고지대를 지나자 날씨가 맑아지고 바람도 사라져서 우리는 다시 노를 젓기 시작했다. 해질 무렵 우리는 오른쪽 해안가에 있는 작은 마을을 지나쳤는데, 니콜라예프스크에서 약 143베르스따 정도 떨어져 있는 곳이었다. 우리는 가능하면 내일 토요일까지 니콜라예프스크에 도착할 예정이었으므로 이곳을 들르지 않고 그냥 지나쳐 계속 나아갔다.

어두워질 무렵 머리 위에 금방 비가 쏟아질 것 같은 먹구름이 떠 있었고, 또 멀리 수평선 위로 번개가 치기도 했는데, 또다시 전날 밤의 악몽이 재현되는 것이 아닌가 걱정했으나, 다행스럽게도 폭풍우는 다른 방향으로 비껴갔다. 하지만 해안가 언덕이 높고 절벽도 많아 수로 길이 아주 어두웠다. 도중의 한 절벽 위에는 옛날 절터가 남아 있고, 타타르족의 글씨가 새겨져 있는 기념비가 세 개 있다고 했다. 우리는 도중에 내려 그곳을 방문해 보고 싶은 마음이 간절했으나, 지체할 시간이 없었다. 콜린즈 씨가 쓴 《아무르 강 항행기(Voyage down the Amoor)》에 이 유적에 대한 자세한 설명이 나와 있다.

그 유적이 있는 절벽을 지나갈 때, 어둠 속에서 으르렁대며 개 짖는 소리가 들려왔는데, 마치 지옥문에 다가가자 분노의 화신들이 모두 풀려나오는 것 같았다. 밤이 너무 고요하고 어두워서 수천, 수만 마리가 짖어 대는 것으로 알아들을 수도 있겠지만, 환상에서 벗어난 우리는 곧 그곳이 길랴족 마을이 틀림없다고 결론 내렸다.

밤새워 강을 따라 내려갈 예정이었으므로, 우리는 잠시 이 마을에 상륙해 차를 마시고 가기로 했다. 뭍에 오른 우리는 마른 가지들을 모아 불을 붙였다. 이것이 신호가 되어 잠시 후 우리 주위에는 한 떼의 사람들이 몰려들었다. 사방에서 반나체의 남자들, 여자들, 아이들, 그리고 수십 마리의 굶주린 듯한 개들이 우리를 에워쌌다.

밤 날씨는 외투를 입어야 할 만큼 추웠는데, 이 원주민들은 모자도 없고, 발도 맨발이었다. 몸에는 단지 가운 같은 헐렁한 가죽옷 하나만 걸쳤는데, 앞은 활짝 트여 있었다.

길랴족 사람들은 비록 많은 사람들이 그리스 정교로 세례를 받고, 또 목에 금속제 십자가를 걸고 있지만, 아주 미신을 좋아하는 이교도들로 오래된 나무나 돌로 만든 우상을 숭배한다. 그들에게는 '샤먼'이라 부르는 사제들이 따로 있는데, 이들은 모든 의식을 주재하고 공동체의 조언자 역할을 한다. 이 샤먼들은 초능력을 부여받은 자들로 간주되어 사람들로부터 경외와 존경을 받는다고 한다.

그들의 장례의식은 때때로 아주 인상적이다. 처음에 유해를 불태운 다음 남은 재 위에 조그만 나무집이나 무덤을 세운다. 죽으면 영혼이 자기가 좋아했던 개에게로 거처를 옮기고, 그 개가 죽어야 그 거처에서 풀려난다고 믿는다. 영혼이 풀려나는 것을 돕기 위해, 때에 맞춰 그 개를 잘 사육해 놓았다가 주인이 죽으면 무덤에서 그 개를 희생물로 바치는 것이 관례이다.

또 다른 미신적인 관념은 집 안에 있는 불은 곰방대의 불 같은 작은 불이라도 밖으로 가져가지 못하게 한다는 것이다. 만일 이것을 어기면 커다란 재앙이 떨어진다고 믿고 있다. 사냥이나 물고기잡이를 하는 데 실패한다든가, 아니면 주변 친구나 친척에게 죽음과 같은 심각한 사고가 생긴다는 것이다.

그들의 이런 미신이 모두 이렇게 별로 해로운 영향을 끼치지도 않고 공격적이지도 않은 것은 아니다. 어떤 것들은 아주 야만적인 것도 있다. 예를 들면, 임산부가 아이를 낳을 때가 되면, 여름이든 겨울이든 상관없이, 산모를 집 밖으로 쫓아내는데, 산모는 일정 기간이 경과할 때까지 어떤 도움도 받지 못한 채 혹독한 날씨 속에서 혼자 살아가야 한다. 이 기간 동안 산모에게 어떤 조그만 도움을 주더라도 그것은 거의 범죄적인 행동으로 간주된다. 그래서 종종 산모가 죽기도 한다. 오히려 개들에게는 거처를 마련해 주는 등 산모보다 더 나은 대우를 해준다.

살인은 이들 종족에게 있어서 그리 특별한 일이 아니며, 종종 사소한 일 때문에 발생한다. 범죄는 어떤 만들어진 법에 따라 다스려지는 것이 아니라, 미신에 따라 다스려지는 것이 다른 지역과 다르다. 살인자는 보통 죽은 자의 친구들에 의해 벌을 받게 되는데, 어떤 식으로든 복수하려는 그 친구들은 통상 똑같은 형벌인 죽임을 선택한다. 눈에는 눈, 이에는 이, 이것이 그들의 정의의 관념이다.

예전에 이들이 무기로 삼은 것은 활과 창이었는데, 이제는 활을 버리고 대신 러시아인과의 교역에서 얻은 수발총(燧發銃: 부싯돌 발화장치가 달린 총)을 사용한다. 이들의 집은 구조가 좀 다르다. 많은 집들이 지상에서 1~2m 높이의 기둥들을 세우고 난 후 그 위에 단을 쌓고 지어지는데, 단 위에 썰매, 그물, 무기 등을 올려놓는다. 이 단은 통나무에 계단을 파놓은 사다리를 통해 올라간다.29)

많은 집들은 방 한가운데에서 불을 때고, 잠자리는 주변에 배치된다. 지붕에는 사각형 구멍이 있어 연기가 빠져나간다. 일부 다른 집들은 방 한쪽 구석에 화덕 같은 곳에서 불을 때는데, 연기와 열이 잠자리 밑으로 통과해 방 주변 전체를 달구어준 다음 굴뚝으로 빠져나간다. 이것은 겨울에 잠자리를 따뜻하게 달구기 위한 구조이다.30) 머리 위 서까래에는 수백 마리의 연어들을 걸어 놓고 연기에 그을려 말린다. 이것이 바로 러시아어로 '우칼레(ukale)'라고 부르는 것으로, 샘 웰러(Sam Weller)31)가 송아지 고기 파이를 맛보며 극찬했던 것과 같이 아주 맛이 좋다.

차를 준비하는 동안 병사들은 우리 주위에 몰려든 원주민들과 계속 농담을 주고받으며 서로 웃고 있었다. 우리가 미국인이라는 사실을 알게 된 원

---

29) 이것은 길랴족의 여름 주거지이거나 아니면 캄차달족의 볼로간, 즉 고구려의 부경 같은 식량창고를 묘사한 것으로 보인다.
30) 이것이 바로 길랴족에게서 발견되는 우리의 온돌을 묘사한 부분이다. 여러 인류학적 보고서에서 길랴족의 겨울용 주거인 움집에서 온돌 구조가 발견되고 있다.
31) 찰스 디킨스의 소설 《Pickwick Papers》에서 주인공 Pickwick을 따라 여행길에 오른 시종 역할을 맡고 있는데, 유머러스한 인물로 유명하다. 소설 《돈키호테》에서 주인 돈키호테와 시종 산초 판자와의 관계와 비슷하다.

주민들은 과도할 정도의 호기심을 보이며 우리의 행동거지를 지켜보고 있었다. 그들은 제복에 달린 단추 등 우리가 입고 있는 옷을 말없이 자세히 들여다보았는데, 그렇다고 크게 거슬리지는 않았다.

어디선가 북치는 듯한 낮은 소리가 들려왔다. 이 소리의 정체에 대해 묻자, 길랴족 사람들이 정령들을 불러들여 물고기잡이를 성공적으로 마칠 수 있게 도와달라는 제의를 하고 있다고 했다.

우리는 다시 거룻배를 강에 띄우고 조류에 배를 맡겼다. 담요를 덮고 누워 이내 모든 것을 잊고 달콤한 잠에 빠졌다. 밤 사이에 배는 해안가를 따라 내려갔고, 날이 밝자 잠에서 깨어나 보니 돛대가 강둑에 있는 버드나무 가지에 걸려 있었다. 노를 저어 빠져 나온 배는 한 시간을 더 떠내려갔고, 우리는 후미 쪽에서 뒤따라오는 보트 한 척을 발견했다. 그런데 그 보트에는 키잡이와 노 젓는 사람 모두가 잠에 빠져 있는 것 같았다.

6시경 우리는 다시 차를 마시러 길랴족 마을 근처에 있는 해안가에 상륙했다. 곧 우리는 전날 밤과 마찬가지로 원주민 사람들로 둘러싸였다. 그들은 해변가에 있는 울퉁불퉁한 돌들 위를 맨발로 돌아다녔는데, 마치 발에 쇠로 만든 밑창을 붙인 것 같았다. 추위에도 이들은 아무 상관없는 것 같았다. 우리가 다시 배를 타고 떠날 때, 누군가가 아주 재미있는 그림 한 장을 그려 우리에게 선물했다. 그림에는 우리가 피워 놓은 모닥불 옆에 약 2m도 안 되는 길이의 표류목이 있었고, 그 위에 남녀 원주민 6명이 앉아 있는데, 무릎에 팔을 괴고 손으로 얼굴을 받쳐 들고 있었다. 6명 중에 머리가 허연 사람이 마을 촌장이었고, 잘 걷지 못하는 어린 소년 1명은 어른들의 행동을 유심히 쳐다보며 흉내를 내고 있었다. 그 그림을 보지 않았더라면, 나는 실제 크기의 작은 표류목 위에 그렇게 많은 사람들이 걸터앉아 있었다는 것을 믿지 않았을 것이다.

그날 우리는 해안가 부근에서 얕은 물위를 걸어다니는 하얀 황새들 여러

니콜라예프스크 부근의 해안가에서

마리를 보았고, 또 러시아어로 '벨루가(bielugas)'라고 불리는 하얀 범고래들을 많이 보았다. 범고래는 길이가 약 7~8m로 고래와 같이 물위로 솟구치고 물을 뿜어냈다. 그들은 연어를 잡아먹기 위해 연어를 따라 강을 거슬러 올라온다. 새끼들 색깔은 검었다. 이런 다양한 풍경들을 지나치자 이제 초원 고지대에 마을이 여기저기 산재해 있는 풍경이 펼쳐졌고, 오후 4시경에는 니콜라예프스크 맞은편 강가에 배들이 정박해 있는 모습이 눈에 들어왔다. 증기선이 꽁무니에 2척의 커다란 거룻배를 매달고 강을 거슬러 천천히 올라가고 있었고, 반대편에서는 건초를 가득 실은 거룻배 한 척이 강을 따라 내려가고 있었다.

　왼쪽 해안은 초원으로 계속 이어져 있었고, 거기엔 수천 톤이나 되는 엄청난 건초들이 쌓여 있었다. 오른쪽 해안에는 구릉지대가 이어져 있었는데, 해안가 쪽을 따라 카스트리 만까지 가는 전신선이 가설되어 있었다. 마을에 가까워지자, 해안가에 그물 등의 물고기 잡는 도구들이 줄지어 늘어서 있었고, 우리는 식사시간이 무척 기다려졌다. 특히 희귀한 음식이거나, 아니면 이곳 주민들이 특별히 좋아하는 음식이기를 기대하면서.

| 제 6 장 |

니콜라예프스크-기원-위치-요새-길럇족 주거지-교회와 시장관사-4륜마차-미국 상무대표 체이스 씨-미국 상인들-현 주지사 카자케비치 제독 방문-빈번한 휴일로 인한 업무 지연-인구-외국상인 조합 길드-조합장-술 파는 상점 라프카-항구 건물들-기계공장-주물공장-러시아로부터 금메달 훈장을 받은 미국인 바 씨-군대막사-장교 클럽하우스-페테르부르크에서 오는 우편물-신문 발행-2개의 학교-공원-군악대-새 주지사 푸루헴 제독의 도착-환영회-가두행진-연회-축배-주지사 헹가래-무도회-사라진 숙녀들-부족한 여행정보-스웨덴인 린드홈 씨와 폴란드인 스와르츠 씨의 귀중한 도움-오렐 호수-야쿠트족 가축상인 솔라바요프-퉁구스족에게 보상을 약속-코사크족 병사 야코프-주위사람들의 우려-증기선 고네즈 호-35일간의 체재 기간 동안 만난 새로운 러시아 친구들의 값진 도움들

니콜라이 황제의 이름을 딴 니콜라예프스크는 1851년 네벨스코이 탐험대장이 러시아와 미국 회사들을 위한 무역 거점으로 세운 항구였는데, 1854년 캄차카에서 군대와 물자를 이곳으로 옮겨온 이후로 중요성이 더 커졌다. 도시는 아무르 강 왼쪽, 즉 북쪽 둑 고지(高地)에 위치해 있는데, 만 위쪽으로 약 35km 떨어져 있다. 이곳의 강은 너비가 2km 정도 되고, 약 4노트(약 7km)의 조류가 흐르고 있으며, 도시 쪽은 너무 얕아서 큰 배들은 부두에 접근할 수 없다. 도시 맞은편에는 섬이 하나 있는데, 이곳에는 24개의 포대가 구축되어 있는 콘스탄틴(Constantine) 요새가 있다. 이곳은 상류

쪽에서 접근하는 적을 제압할 수 있고, 하류 쪽에서는 세 곳의 다른 요새들의 보호를 받을 수 있는 곳이다. 세 곳 중 가장 가까운 곳이 니콜라스(Nicholas) 요새인데, 도시의 하류 쪽 끝에 위치하면서 항구를 내려다보고 있다. 나머지 두 곳 중 하나는 도시의 맞은편 해안에서 하류 쪽으로 약 6km 떨어진 곳에 있고, 마지막 하나는 강 하구에서 위쪽으로 약 16km 떨어진 '치니락(Chnyrrakh)' 곶에 있다.

도시에 가까워지자, 노시는 우리가 기대했던 것과는 좀 못미치는 다소 실망스런 크기였다. 강둑을 따라 1층짜리 건물들이 줄지어 산재해 있었고, 뒤쪽으로는 거무스름하게 보이는 침엽수림이 작은 규모로 조성되어 있으면서 그 한가운데에 돔 형식의 작은 교회가 자리 잡고 있었다. 항구에는 수많은 작은 배들이 왕래하고 있었고, 해안가에는 남자들이 떼를 지어 있어서 우리의 호기심을 자극하고 있었다.

어두워지기 전에 우리 배는 콘스탄틴 요새를 지나 뭍에서 툭 튀어나온 통나무로 만들어진 부두에 닿았다. 해변가에는 문자 그대로 갓 잡은 연어를 가득 실은 길랴족 로트카들이 줄지어 서 있었고, 뭍에는 그들의 임시 거처들이 온갖 모양을 한 채 우리의 호기심을 끌면서 늘어서 있었다. 어떤 것은 나무껍질로 만든 작은 것이고, 또 어떤 것은 2명이 들어갈 수 있는 큰 것이고, 또 어떤 것은 카누를 뒤집어 지붕으로 만든 것도 있었다. 이런 것들은 모두 임시 거처이지 주거지는 아니었으며, 단지 커다란 모닥불을 피워 놓고 남자, 여자, 아이들 할 것 없이 모든 원주민들이 함께 모여 식사를 하는 용도인 것 같았다.

부두 위로 올라가는 길은 절벽 옆을 따라 돌아가는 길로 잘 나 있었는데, 그 길을 따라 올라가니 바로 도시의 주요 도로가 나왔다. 이 도로는 거의 약 3km에 걸쳐 강둑을 따라 이어져 있는데, 양옆으로는 나무판자가 깔린 보도가 붙어 있었다. 우리 앞에는 교회가 너른 광장에 정면으로 서 있었고,

교회 바로 뒤쪽에는 이 도시 시장 관사가 있었다. 1층 통나무집으로 지붕에는 조그만 누각에서 신호수가 지나가는 배들에게 신호를 보내고 있었다.

거리에는 회색빛 외투를 걸친 수많은 장교들과 병사들이 늦은 시간인데도 불구하고 부드러운 저녁 분위기를 즐기면서 오가고 있었고, 도로에는 작은 말들이 건초를 가득 실은 2륜마차들을 끌고 계속 왕래하고 있었다. 이 불쌍한 작은 짐승들은 무자비한 마부들이 마구 쏟아내는 러시아어 욕설에 거의 기가 죽어 있었다. 이와는 대조적으로 장병들의 한가로운 걸음걸이에서는 그 어디에서도 그런 힘든 삶의 모습은 결코 보이지 않았지만, 세상에서 멀리 떨어진 이런 곳에서도 그런 혹독한 장면들을 보게 되리라곤 우리는 상상도 하지 못했다.

전에 이미 말했듯이, 우리는 니콜라예프스크 주재 미국 상무대표인 체이스 씨에게 보낼 소개장을 캄차카에서 갖고 왔는데, 병사들 중 한 명이 우리를 그의 집으로 안내해 주었다. 그의 집은 벽에 비막이 판이 설치되어 있는 등 이곳에서 장식이 잘 되어 있는 집들 중 하나로 교회 광장 옆에 위치해 있었다.

집에 들어가자 방에 좋은 가구들이 잘 배치되어 있어서 우리는 크게 놀랐다. 집 안에는 이 도시에 있는 미국 상인들이 전부 모인 것 같았다. 이 미국 신사들은 우리가 5일 전에 카스트리 만에서 보낸 전신을 받고 우리가 오길 기다렸다고 했다. 주변에서 친근한 영어가 들려오자 우리는 잠시 여기가 외국 땅인 것을 잊어버리고 서로 대화하는 데 열중했다. 범선 올가 호를 타고 고향 땅을 떠난 이후로 이국 땅을 전전하다 이렇게 우리 고향 말을 마음대로 주고받을 수 있는 기회를 갖게 된 것은 대단한 일이었다.

이 미국 신사들은 우리에게서 최근의 미국 소식을 궁금해 했고, 반대로 우리는 그들에게서 우리가 앞으로 여행할 지역에 관한 정보를 궁금해 했으므로, 대화는 계속 이어졌고, 밤도 또한 깊어갔다. 모임이 끝나자 우리는 다음 날 겨울 탐험을 위해 준비해야 할 사항들을 점검했다.

다음 날인 일요일은 프라즈닉, 즉 교회 휴일로 방문하기 적당한 날이어서 우리는 맨 먼저 이곳 동부 시베리아 연해주 주지사인 카자케비치(Kazakevitch) 제독에게 인사차 방문하기로 하고, 친절하게도 체이스 씨가 통역자로 우리와 함께 동행했다. 주지사는 사람 좋아 보이는 나이든 신사로 아주 고상한 품위를 지니고 있었고, 또한 아주 사교적이고 쾌활한 사람이어서 우리를 아주 충심으로 환영해 주었고, 또 우리 사업에 커다란 관심을 표명하면서 자기가 있는 짧은 기간 동안에 모든 가능한 도움을 주겠노라고 말해 주었다. 왜냐하면 새로 임명된 주지사인 푸루헴 제독이 곧 도착해 그를 대신할 것이기 때문이었다. 그는 친절하게도 우리가 탐험할 지역에 관한 정보를 줄 수 있는 이곳의 모든 자료들을 우리에게 넘겨주었는데, 나중에 이 자료들을 살펴보니 정작 우리가 최초로 횡단해야 할 아무르 강과 오호츠크 항구 마을 사이에 있는 지역과 오호츠크 해 인근지역에 관해서 도움이 될 만한 자료는 하나도 없었다. 그 당시까지만 해도 그 지역들은 여전히 미지의 땅이었던 것이다.

교회 휴일에는 모든 일이 휴무였고, 모든 사람이 즐거움에 빠진다. 통상 오전에 교회에서 아침 미사를 드리고, 오후에는 하층 계급 사람들이 낮은 도수의 술을 마시고 즐거운 기분으로 그날을 축하한다. 이런 교회 휴일들은 일요일뿐만 아니라 모든 성인들의 축일들, 그리고 유명한 사람들의 생일과 기일을 모두 포함하고 있어서, 결과적으로 거의 1년의 2/3를 교회 축일로 보내고 있다. 몇 주 동안에 교회 휴일이 8일 이하인 적은 없으며, 때때로 같은 날 교회 축일이 겹치는 날도 있다.

이러다 보니 빈번한 휴일 때문에 불평하는 외국인들이 많이 있다. 결과적으로 업무가 늦어지기 때문이다. 그래서 집 한번 짓는데 평생 걸린다거나, 또는 집에서 화덕 하나 만들거나 고치는 아주 사소한 일에도 5주나 걸린다는 이야기가 나온다.

니콜라예프스크 인구는 약 5,000명인데, 주로 군인과 죄수들이다. 그래서 여자들이 상대적으로 적다. 이곳에 있는 많은 외국인 상인들의 집들은 사치스럽다. 우리 미국 상인들의 경우에 그들은 미국 배들이 가져다주는 온갖 사치품들에 빠져 이곳에서는 기대하기 어려운 정도의 사치를 누리며 살고 있다.

러시아에서는 상인들을 '길드(guilds)'라 부르는 동업조합 소속 등급으로 나누는데, 각 등급은 투자한 자본의 양에 따라 나뉜다. 1등급은 3만 루블 정도의 자본을 가진 자들로 무역에 특혜를 받기 위해 일정 금액을 지불한다. 이 등급에 외국의 모든 상인들이 가입해 있고 시민권의 자격을 부여받고 있으므로 조합장, 즉 '스타로스타(starosta)'로 선출될 수도 있다. 조합장은 1등급 조합 상인들 중에서 뽑히며 그 등급의 이익을 대변한다. 우리가 방문했을 당시 함부르크 출신인 루도르프 씨(Mr. Luhdorf)가 조합장을 맡고 있었다. 외국인들은 이 지역의 대다수 자본을 차지하고 있으므로 모든 공공이익에 많은 기여를 해야 할 위치에 있다.

주요 무역거래 품목으로는 보드카를 비롯한 다른 증류주들, 담배, 차, 설탕, 밀가루, 소금 등인데, 특히 보드카를 비롯한 술은 엄청나게 많이 소비되고 있다. 현재 도시에는 술파는 상점인 '라프카(lafkas)'가 75개 이상 있고, 거리에서는 술 취한 사람들을 거의 언제나 볼 수 있다.

집들은 보통 크고 안락해 보였으며, 몇몇 예외는 있지만 대개 통나무집들이다. 잘 사는 집들은 내부에 산뜻하게 벽지를 바르고 좋은 가구와 양탄자를 갖추고 있다. 주지사 방문을 마친 우리는 곧바로 도시의 강 하류 쪽으로 걸음을 옮겼고, 그곳에는 항구 건물들과 정부 기관 건물들이 있었다. 여기에는 주물공장, 제재소 등과 같이 목재나 금속을 만들어 내는 모든 종류의 기계공장들이 있었다. 여기는 미국인 바 씨(Mr. Barr)의 감독하에 있는데,

바 씨는 미국에서 이곳으로 증기선 2척을 들여온 장본인으로 1858년 그 공로를 인정받아 러시아로부터 금메달 훈장을 받았다. 바 씨 밑에 있는 또 다른 미국인들 우드(Wood)와 엘리옷(Elliott) 씨는 다른 부서들을 직접 책임지고 있다.

그 외에 병사들을 위한 막사, 병원 등의 시설들이 있고, 또한 장교들을 위한 클럽하우스가 있다. 이곳은 도시의 자랑거리로 크고 안락해 보이는 통나무 건물인데, 여기에는 무도회장, 휴게실, 카드놀이 방, 독서실 등이 있고, 또한 술파는 바(bar)와 당구장도 있다. 당구장에는 미국식 당구대가 두 대 있고, 몇 년 전만 해도 전성기를 누렸었는데, 지금은 클럽에서 식사하는 장교들이 많은 관계로 당구대 하나는 매일 식탁으로 변모하고 있다. 장교들의 불평이 있는 것으로 보아 그곳 식사가 그리 특별한 것 같지는 않다.

한 달에 두 번 페테르부르크에서 우편이 오는데, 이것 때문에 신문이나 기타 읽을거리들이 갱신되며, 어떤 것들은 아주 최근 것들도 우리 눈에 띄었다. 도시에서는 매주 작은 신문이 발행되고 있다.

학교는 두 개가 있는데, 하나는 소녀들을 위한 것이고, 다른 하나는 병사와 선원들의 어린이들을 위한 것으로 둘 다 지원을 받아 잘 운영되고 있었다. 진취적인 학교 모임에서는 두 차례 사진 전시회를 열어 좋은 작품을 선보이기도 했다고 한다.

강까지 뻗어 있는 도시의 대로변에는 커다란 공원이 최근에 조성되어 대중의 휴식처가 되고 있었고, 특히 일요일 오후가 되면 군악대가 오페라곡과 다른 유명한 음악들 중에서 뽑은 곡들을 연주했는데, 별로 좋아 보이지 않는 솜씨로 보아 최근에 결성되어 연습이 짧았던 것으로 보였다. 군악대원들을 충원하기 위해 병사들을 쭉 줄지어 세워 놓고 군악대장이 앞으로 지나가면서 병사들의 입을 살펴보고 가슴 크기를 재보았다. 군악대장이 필요한 인원을 다 뽑을 때까지 병사들은 그 자리에 서 있어야 했다. 일단 선발된 인원들에게는 악기들이 지급되었는데, 이들 중 많은 병사들이 처음 보는 악기들이어서 어디에 입을 대야 할지 몰라 당황해했다. 이런 식으로 인원이 보충됐으므로 병사들은 군악대장의 명령에 따라 자기 악기에 열중해야 했다.

공원에는 구불구불 자갈길이 산뜻하게 조성되어 있었고, 그 옆에는 작은 나무들이 많이 심어져 있었다. 머지않아 이 공원은 도시를 아름답게 장식해 줄 것이다.

우리가 여기에 도착하고 난 후 거의 2주일이 지나서야 비로소 새 주지사인 푸루헴 제독이 니콜라예프스크에 도착했다. 그동안 이곳 사람들은 새 주지사를 기다리며 만반의 준비를 다했다. 주지사가 바뀌는 이런 사건은 과거 10년 동안 한 번도 일어나지 않았었다. 모든 시민들이 설렘 속에 새 주지사를 맞을 준비를 했고, 또한 퇴임하는 주지사의 명예를 위해 송별연과 무도회를 준비했다.

축하행사가 벌어지는 날 군대는 주지사를 위해 가두행진에 나섰고, 장교들은 진짜 금은으로 만들어진 훈장과 기장으로 장식된 가장 멋진 제복을 입고 대열에 앞장섰다. 성 게오르기우스(St. George),32) 성 블라디미르

---

32) 성 게오르기우스(275?~303) - 모스크바의 수호성인. 로마가 지배하던 팔레스타인에서 태어난 그는 로마의 군인 귀족가문 출신이었다. 팔레스타인 출신 어머니의 영향으로 기독교도가 된 그는 디오클레티아누스 황제의 최측근 호민관이 되었고, 이후 기독교를 버리고 로마의 신을 경배하라는 황제의 명령에 굴복하지 않아 결국 303년에 처형당하고 만다. 처형되기 전 그는 자신의 재산을 가난한 이들에게 모두 나누어 주었고, 그가 순교당한 후 시신이 팔레스타인으로 옮겨졌고, 많은 이들이 기독교로 개종했다고 하며 곧 성인으로 추앙받았다고 한다. 그에 대한 공경은 주위로 널리 퍼져 이웃한 그루지아에서는 그의 이름을 본떠 나라 이름을 정하고 수호성인으로 삼았다. 5세기에 공식적으로 성인으로 시성되었고, 9세기경 잉글랜드에서도 그에 대한 공경이 깊어지면서 이후 수호성인으로 삼게 되었다. 영국 최고훈장인 가터 훈장도 바로 성 게오르기우스가 용을 퇴치하는 모습을 새긴 것이다. 이후 모스크바를 비롯한 수많은 나라와 도시들이 그를 수호성인으로 삼고 있으며, 특히 그가 군인이었으므로 군인들의 수호성인이기도 하다. 또한 그는 용

(Vladimir),33) 성 스타니슬라우스(Stanislaus)34) 십자 훈장 등이 다른 영예로운 기장들과 함께 섞여 있었는데, 이것들 중 많은 것들이 지난 크림 전쟁 시기에 발휘된 용맹스런 공적 덕분에 수여받은 것들이었다. 뒤이어 베풀어진 연회는 우리가 기대했던 것 그 이상이었다. 각 방들은 만국기, 상록수, 반짝이는 총검류 등으로 아름답게 장식되어 있었고, 식탁에는 맛있는 음식들로 가득 찼다. 축하 인사 뒤에 전임 주지사가 차르의 건강을 위해 첫 술잔을 높이 들었고, 뒤따라 모두가 일어서서 힘차게 잔을 들어 올렸다. 그들 중 일부는 우리 모험의 성공을 빌어 주었고, 체이스 씨(Mr. Chase)가 우리 대신 친절하게 답례해 주었다. 러시아어를 모르기 때문에 우리는 왜 술잔을 들어 올리는지를 몰랐고 나중에 통역해 주는 대로 알아들을 수밖에 없어 재미가 반감되었다.

모두가 주지사 곁으로 몰려들어 그의 노고를 축하하는 인사를 보냈고, 군악대가 러시아 국가를 연주하기 시작하자 모두가 술잔을 들어 올리고 소리치며 환호하기 시작했다. 우리는 키가 작고 뚱뚱한 체구의 주지사가 갑자기 나타나서야 비로소 무슨 상황인지 이해할 수 있었다. 그는 군중들 머리 위로 쑥 올라왔다가 곧 다시 군중 속으로 사라지기를 한동안 반복하더

의 전설로도 유명하다. 옛날 동유럽 어느 왕국에서 사람들이 사나운 용에게 추첨으로 돌아가며 아이들을 먹이로 바치다가 국왕의 딸 차례가 되었는데, 그때 게오르기우스가 지나다가 용을 퇴치하고 모든 사람들을 기독교로 개종시킨다는 이야기로 그리스 신화와도 유사하다.

33) 성 블라디미르(975~1015) – 키예프 군주였던 그는 989년 비잔틴 황제의 여동생과 결혼하면서 기독교로 개종하고 러시아가 기독교 국가가 된다. 그는 러시아 정교의 수호성인이다.

34) 성 스타니슬라우스(1030~1079) – 폴란드의 수호성인. 폴란드 태생으로 크라코프 주교가 된 그는 당시 폴란드 왕의 불의에 대항하다 반역죄로 몰려 사형당했으나, 왕에게 반기를 든 폴란드 국민들에 의해 왕은 폐위되고 그는 순교성인으로 추앙되었다. 1253년 교황 인노첸시오 4세는 그를 순교성인의 반열에 올렸다.

니 마침내 그를 위로 내던지는 사람들이 지쳤던 것인지 그를 바닥에 내려놓았고, 맨 앞에 군악대가 앞장서면서 그는 주위 장교들의 호위를 받으며 걸어오고 있었다. 이런 식으로 사람을 헹가래 치는 것은 아주 명예로운 일로 생각되겠지만, 내가 보기에 그런 것은 자주 할 것은 아닌 것 같았다.

송별연에는 남자들만 참석했지만, 이틀 후 벌어진 무도회에는 여자들로 가득 찼다. 모두가 보석으로 치장한 우아한 옷차림이었다. 장교들의 제복과 숙녀들의 아름다운 무도복이 잘 어울렸고, 홀 안에 있는 수백 개의 촛불에 빛을 발하면서 아주 좋은 볼거리를 제공해 주고 있었다. 하지만 나는 숙녀들의 아름다움보다는 오히려 제복 입은 신사들의 모습이 훨씬 더 나아 보였다는 말을 하지 않을 수 없다.

자정 무렵이 되자 무도회가 잠시 중단되었고, 모두가 풍성한 저녁 만찬을 즐기려고 기다렸다. 저녁 만찬은 끝날 기미가 보이지 않았다. 마치 마술과 같이 거의 모든 숙녀들이 갑자기 홀에서 사라져 버리고 돌아올 기미가 안 보였다. 군악대가 이미 무도회의 재개를 알리는 음악을 시작했는데도 아무도 돌아오지 않았다. 이 미스터리를 풀 수 없었던 나는 같이 대화를 나누던 신사에게 물어 보았다. 그는 따라오라는 대답과 함께 앞장 서 걸어갔다. 곧 커다란 옆방이 나오고 아무도 보이지 않았다. 그가 말했다.

"이제 문이 열린 방으로 들어가 보면 압니다."

어떤 방을 지나치다 보니 아주 재밌고 놀라운 광경이 눈에 들어왔다. 방안에 담배 연기가 가득해서 잘 구별이 안 갔지만, 숙녀들이 다리를 꼬고 바닥에 앉아 러시아제 시가(cigar) 파피로사를 맛있게 즐기고 있었던 것이다. 살짝 열린 문틈으로 들려오는 그녀들의 웃음소리와 재잘거림은 마치 연기가 자욱한 전쟁터에서 끊임없이 연달아 들려오는 총소리를 방불케 했다.

신사들만 외로이 먼저 입장했는데, 잠시 후 숙녀들의 입장이 시작되자 다시 열기가 달아올랐고, 그 열기는 늦은 시각까지 계속됐다.

여기에 머무는 동안 우리는 우리가 탐험해야 할 지역, 즉 아무르 강으로부터 북쪽으로 오호츠크 마을까지의 구간에 관한 정보를 얻으려고 매번 노력해 왔다. 이 구간 탐험은 마후드와 나에게 할당된 과업이었고, 오호츠크 마을에서 아바자 소령과 만나기로 약속되어 있었다. 이 넓은 구간을 횡단하려면 약 1,900km를 지나가야 하는데, 과거에 이 구간을 지나간 사람들은 5~6명에 불과하고, 또 아무르 강 근처 일부분에 대한 지식을 제외하면 이 구간에 대해 아무것도 아는 것이 없었다. 그나마 다행스럽게도 여행 장비들을 준비하는 중에 니콜라예프스크에서 만난 두 사람, 즉 스웨덴 사람인 린드홈(Lindholm) 씨와 폴란드 사람인 스와르츠(Swartz) 씨로부터 귀중한 정보와 도움을 받고 있었다. 나중에 스와르츠 씨는 통역자로 우리 팀에 합류하게 되었다.

니콜라예프스크를 떠나고 우리의 첫 번째 기착지가 될 곳은 투구르(Tugur)라는 마을이 될 것인데, 이곳은 투구르 만(Tugur Bay) 입구에 있는 고래잡이 기지로 오렐 호수(Orell Lake, 독수리 호수)로부터 순록을 타고 약 10일 걸리는 거리에 있었다. 아무르 강 근처에 있는 이 호수는 니콜라예프스크에서 서쪽으로 약 100km 거리에 있는데, 뱃길로 도달할 수 있다. 린드홈 씨는 투구르 기지에 회사를 갖고 있지만, 늦겨울까지는 그곳으로 돌아갈 계획이 없으므로, 여행 중 그의 회사를 이용할 수 없을 것 같았다. 하지만 그에게서 그 구간은 습지가 많은 관계로 짐을 싣고 갈 순록을 확보하는 것이 필수적이라는 사실을 알게 되었다. 그런데 이 지역에서는 띄엄띄엄 흩어져 있는 소수의 퉁구스족 가족들만 순록을 기르고 있어서 구하기가 쉽지 않았으므로, 우리는 친절하게도 필요한 숫자만큼의 순록을 구해 주기로 한 푸루헴 주지사의 제안을 받아들이기로 했다. 그의 귀중한 도움이 없었더라면, 우리는 아무것도 할 수 없었을 것이다. 그는 우리 탐험의 중요성을 인식하고 있었으므로 우리 장비의 일부 비용을 스스로 부담하기도 했다. 그는 또한 우리에게 정보를 주었는데, 우리가 가려는 방향에서 솔라바요프(Solavaoff)란 야쿠트족 가축 상인이 순록을 몰고 곧 여기에 도착할 예정이니, 만일 우리가 출발을 좀 늦출 수 있으면 그에게서 원하는 순록을 얻어 타고 투구르스크(Tugursk)까지 갈 수 있다는 이야기였다. 그때 린드홈 씨로부터 중간에 식량 공급을 충분히 받을 수 있다는 정보를 들은 우리는 준비해 놓은 많은 식량을 다시 재조정할 겸, 또 새로운 이동 수단인 순록을 확보할 겸 기다려 보기로 했다.

순록을 얻어 내기 위해 여러 날을 기다리면서 계속 그 야쿠트족 사람이 도착하기를 기대했으나, 우리 출발이 너무 늦어져 겨울이 시작되면 어쩌나 하는 걱정이 앞서, 어디 가서 빨리 순록을 구해 오는 것이 좋겠다는 생각이 들었다. 일을 빨리 진행하기 위해 코사크족 병사들이 각지에 보내졌고, 최대한 구할 수 있는 대로 구해 오라는 지시가 떨어졌다. 그동안에 우리는 모든 준비를 끝냈다.

며칠이 지난 후 코사크족 병사들이 모피를 걸친 야생의 퉁구스족 원주민들 몇 명을 데려왔다. 그들은 모두 아주 가난한 사람들이어서 가을에 야생 순록과 담비를 사냥하기 위해 타고 나갈 정도의 적은 순록밖에 갖고 있지 않았으므로, 결국 그들은 자기 짐승들을 파는 것을 아주 꺼렸다. 그러나 마침내 협상은 타결되었다. 만일 그들이 우리를 투구르스크까지 빠르고 안전하게 데려다 준다면, 그에 대한 보상으로 주지사가 칼과 메달 등을 준다는 약속을 했던 것이다.

또한, 코사크족 병사 야코프(Yakov)가 오우드스코이(Oudskoi)까지 우리와 함께 동행하도록 지시가 내려졌다. 그곳은 여기서 한 달 정도 걸리는 거리에 있는 작은 러시아인 마을로 오호츠크 해 근처에 위치해 있었다. 우리는 오우드스코이 지역의 책임자에게 보내는 소개장을 갖고 있었는데, 거기에는 우리가 도착하면 우리에게 모든 지원을 해주고, 다음 목적지로 떠날 때 야코프 대신 다른 코사크족 병사를 동행시키라는 지시가 적혀 있었다. 그런 고마운 지원이 있었으므로, 우리는 새로 사귄 친구들로부터 그런 험악한 산악 지형을 여행한다는 것은 생명을 걸어야 한다는 우려 섞인 이야기를 수차 들었음에도 불구하고, 가벼운 마음으로 이 어려운 탐험 준비를 할 수 있었던 것이다.

야코프와 퉁구스족 원주민들은 곧 함께 순록을 구하기 위해 떠났는데, 그들은 순록들을 데리고 오렐 호수로 갈 예정이었다. 거기서 그들은 우리와 10월 22일 합류하기로 했다. 정부 소유의 작은 증기선인 고네츠(Gonets)호는 이미 우리 짐을 싣고 호수로 가기로 되어 있었고, 이제 우리의 준비는 모두 완료되었다.

니콜라예프스크에서 35일을 머무르는 동안, 아쉬웠던 점이 있었다면, 러시아어를 몰라서 생긴 불편함과 구속감을 들 수 있다. 그 때문에 우리는 여기에서 만났던 수많은 사람들과 더 깊은 사회적 관계를 만들어 내지 못했던 것이다. 하지만 러시아인들은 처음부터 끝까지 우리에게 모든 호의를 보여 주었고, 우리가 원하는 것을 말하기 전에 다 처리해 주었다. 모든 고통을 감수하고 우리가 머무는 것을 허락했으며, 모든 종류의 오락들을 제공하여 즐거움을 주었다.

우리의 탐험과 관련해 마음에서 우러나온 귀중한 지원들이 우리에게 제공되었다. 그 제공자는 전임 주지사인 카자케비치 제독, 후임 주지사인 푸루헴 제독, 공병 대위 벨소이프(Belsoif)와 하켈(Hackel), 기타 수많은 사람들로, 이들은 우리를 포함한 이 거대한 전신사업과 관련된 모든 사람들의 감사를 받을 자격이 있다. 전에도 말했듯이 그들의 도움이 없었더라면, 우리는 이 거대한 사업을 조금도, 아니 전혀 시작할 수도 없었을 것이다.

제7장

니콜라예프스크 출발-안녕-친구들의 걱정-부족한 순록-통역자 스와르츠-장비와 보급품-증기선 고네츠 호-아무르 강 상류로-마르가 마을-첫 얼음-팔보 마을-복잡한 수로-얼음을 뚫고-긴급 논의-전진-눈폭풍-좌초-후퇴-병사들의 어렵 야영지-좋아진 날씨-비-새로운 야쿠트족 길잡이-새로운 출발-얼음-선장의 거부-오렐 호수-강한 바람-길랴족 마을-멀리서 들려온 외침 소리-사람을 찾아 나선 마후드-비 새고 연기 나는 텐트-이웃한 길랴족-피난처-요람-개들-길랴족의 신성한 장소-순록 소식-수색팀-비-우칼레-길랴족-처음 본 순록-실망-순록의 이상한 생김새-순록 타기-야코프 순록팀의 고생-퉁구스족 미하일로프와 콘스탄틴-퉁구스족의 생김새-관습과 의복-순록 먹이-야쿠트족과의 이별-이별 의식-풍성한 식단-여행 준비-순록 등에 안장과 짐 싣기-약한 등짝-조심-놀랄 만한 묘기

마침내 출발 날짜로 잡힌 10월 21일이 다가왔다. 이미 계절은 얼음이 강에서 얼기 시작하는 때였다. 오렐 호수에 이르는 좁은 해협이 얼어서 막히면 오렐 호수에서 만나자는 계획에 차질이 생기고, 또 한 달 동안 계획이 미뤄질 수 있다는 사실을 알고 있었으므로, 지정된 시간에 증기선 고네츠 호도, 우리도 출발했다.

출발하기 전에 많은 친구들이 체이스 씨 집에 모여 우리의 모험 성공을 위해 잔을 부딪쳐 술잔을 나누면서 송별연을 가진 다음, 부두까지 따라 나와 우리를 전송했다.

사실 우리가 출발할 때 약간의 망설임이 없지 않았다는 사실을 고백하고자 한다. 앞으로 무슨 일이 벌어질지는 오로지 앞서 간 사람들, 즉 케인, 홀, 그리고 기타 북극 탐험가들이 겪었던 고난을 그린 오싹하고 무서운 이야기들을 통해서 미리 맛볼 수밖에 없는 것이다. 하지만 나는 이런 이야기들이 조금 과장됐을 것이라는 생각으로 스스로를 위로하고 있었다. 그런데 현지 주민들로부터 주그주르(Juggur) 산맥[35]의 깊이를 알 수 없는 골짜기와 무서운 눈폭풍 '푸르가(poorgas)' 등의 피할 수 없는 운명이 우리를 기다리고 있다는 다소 기를 죽이는 이야기들이 더해지자, 만일 재난이 닥쳤을 경우 구조될 수 있는 가능성이 전혀 없어 보이면서 우리 앞에 정말 어려운 과업이 놓여 있다는 사실을 느끼게 되었다.

우리는 해안가에 있는 러시아인 마을 2~3개를 만날 수도 있겠지만, 그것들은 오로지 바다를 통해서만 접근할 수 있는 곳들이고, 또 그 사이사이에는 사막과도 같은 황무지들이 거대하게 펼쳐져 있어서 오로지 큰 사슴 엘크, 산양, 담비 등을 잡으러 다니는 사나운 퉁구스족 사냥꾼들만이 그곳을 뚫고 들어간다고 했다.

아무르 강 지역에는 순록이 귀하기 때문에 우리는 단지 18마리밖에 구하지 못했다. 이들 중 4마리는 마후드, 통역자 스와르츠, 코사크족 병사 야코프, 그리고 나 이렇게 4명이 탈 예정이었고, 퉁구스족 사람 2명이 순록을 돌보면서 우리를 투구르까지 안내하기 위해 우리와 동행하게 될 것이다. 나머지 14마리는 짐을 실을 예정이었는데, 긴 여행에 대비한 짐이 너무 많아 다 실을 수 없게 되자, 마침내 우리는 두세 번 갈아입을 속옷과 페트로파블

---

[35] 아무르 강을 따라 형성돼 있는 스타노보이 산맥(해발 2,412m)이 동쪽으로 태평양 연안까지 뻗어 있고, 스타노보이 산맥의 동쪽 가장자리에는 지맥인 주그주르 산맥(해발 1,906m)이 오호츠크 해안을 따라 북동쪽으로 솟아 있으며, 이 산맥은 다시 콜리마 산맥으로 이어져 추코트 반도까지 뻗어 있다.

로프스크에서 구입한 모피옷을 제외한 모든 개인 짐들을 포기해야만 했다. 우리는 일단 투구르까지 도착하는 데 필요한 식량만을 준비했는데, 왜냐하면 린드홈 씨가 그곳에서 식량을 재충전할 수 있다는 정보를 주었기 때문이었다. 식량은 주로 차, 설탕, 돼지고기 등이었다. 그 밖의 신선한 육류는 퉁구스족에게서 현지 조달할 예정이었는데, 거기에 대비해서 우리는 육류와 맞바꿀 알콜류를 10갤론(약 38리터) 정도 준비했다. 그 외에 항구에 있는 정부 소유 돛 공장에서 가벼운 범포로 만든 원추형 텐트가 하나 있었고, 짐을 담을 용도로 범포로 만든 등바구니 26개, 자물쇠가 달리고 가죽으로 덮은 나무상자 4개, 침구, 몇 개의 주방기구, 작은 화씨 온도계, 그보다 큰 레오뮈르 온도계(Reaumur scale),[36] 부싯돌, 나침반, 그 밖의 소소한 물건 등을 포함한 모든 장비들이 준비되었다. 레오뮈르 온도계는 특별히 벨소이프 대위가 준비해 준 것이다.

주방기구는 아주 간소해서 주로 찻주전자, 프라이팬, 작은 양철 냄비, 에나멜을 칠한 쇠컵 3개와 접시들, 나무 수저, 칼 등이었다. 이외에 리볼버 권총, 샤프스(Sharps)제 후장(後裝) 카빈총,[37] 쌍발 엽총 등이 준비되었다.

호수를 향해 출발한 증기선 고네츠 호는 얕은 아무르 강 하류를 항해하면서 빠른 배송을 하기 위해 특별히 제작한 작은 배였다. 외양이나 구조 모두 이 배의 목적과 잘 맞아 떨어지는 것이지만, 얇은 쇠로 만들어진 선체는

---

36) 1730년 프랑스의 르네 레오뮈르가 빙점은 0도, 비등점은 80도로 만든 것으로 현재는 잘 사용하지 않는다.

37) 미국의 크리스챤 샤프스(Christian Sharps. 1810~1874)는 1848년 꽃을대로 앞에서 장전하는 전장총과는 다르게 새로운 후장 시스템(breech-loading system)을 장착한 총으로 특허를 따내고, 1849~1878년까지 라이플에서 카빈, 샷건까지 다양한 총을 생산하는데, 당시 남북전쟁에서 재장전이 유리하고 명중률이 높은 이 샤프스 모델 총들이 인기를 끌었다. 샤프스 라이플의 높은 명중률 덕분에 이후 명사수나 저격수를 의미하는 Sharpshooter라는 단어가 생기게 되었다. 라이플은 저격수들이 애용하고 카빈은 기병대가 선호하는 무기였다.

좀 약해 보여서 크지 않은 파도에도 인도산 고무보트처럼 튕겨져 나갔다. 지난번에 강가로 잠시 이것을 타고 놀러 나갔다가, 배가 완전히 부서지는 게 아닌가 할 정도로 우리 모두가 두려움에 떨었던 적이 있었다. 물론 당시에 파도가 아주 높이 치고 있었지만 말이다.

우리가 출발하는 날 날씨는 아주 좋았다. 바람도 없고 아주 상쾌한 날씨였는데, 밤이 될수록 온도가 점점 떨어졌다. 오후 7시쯤 온도계가 영하 6도를 가리키고 있었다. 날씨가 좋으면 다음 날 아침 우리의 목적지에 쉽게 다다를 수 있을 텐데, 이렇게 갑자기 추워지면 결국 얼어붙은 얼음 때문에 다시 니콜라예프스크로 되돌아가야 할 상황이 발생하지 않을까 하는 두려움이 앞섰다.

우리는 밤 동안에 호수를 통과해야 하지만, 지금까지 증기선이 호수를 통과해 간 적은 한 번도 없었고, 또 우리들 중 이 길을 잘 알고 있는 사람도 없었다. 이 지역 전체는 수많은 웅덩이와 수로들이 거미줄처럼 얽혀 있는 곳이었다. 그런 곳에 우리 길이 놓여 있었고, 오로지 길략족 원주민들만이 길을 알고 있었다. 오후 8시반쯤 그들은 우리를 마르가(Margah)라 불리는 그들 마을에 데려다 주었고, 그 마을은 니콜라예프스크에서 약 43베르스따 떨어져 있었다. 우리는 해안에 배를 정박시키고 마후드와 스와르츠가 원주민들의 도움을 구하러 나갔다. 우리와 동행할 2명의 원주민을 구해 우리는 다음 날 새벽 4시쯤 다시 배를 타고 출발했다.

밤사이에 온도는 다시 영하 2도로 떨어졌고, 강둑에는 얇은 얼음이 얼기 시작했다. 출발하고 얼마 안 돼 우리는 팔보(Palvo)라 불리는 작은 러시아인 마을을 지났는데, 이 마을은 3~4가구뿐이었고, 조금 더 지나가니 호수로 이어지는 강으로 들어가는 작은 수로 중 하나로 들어섰다. 수로는 여기저기 숲이 널려 있는 초원 사이를 뚫고 빙 돌아가고 있었다.

지금까지 우리는 약간 얼어 있는 것만 보았으나, 좁은 개펄 호수 안으로 들어갈수록 놀랄 정도로 많이 얼어 있었다. 처음에 우리는 해안가에 좁은 띠처럼 얼어 있는 모습을 보았는데, 점점 수면 위를 침식해 들어오더니 마침내 두께가 1cm가 넘는 얼음판이 형성돼 있는 모습을 목격하게 되었다. 증기선은 조그만 수류으로 이 유리장 같은 얼음판을 산산이 깨부수며 앞으로 나아가고 있었다. 처음에는 얼음이 얇아서 앞으로 잘 나아가고 있었는데, 나중에 두께가 1cm를 넘어가자 앞으로 나아가는 속도가 현저히 줄어들었다.

우리는 이제 정말 겨울로 들어섰다는 확신이 들었고, 호수 초입까지는 약 30km 정도 남았으므로 급히 논의를 한 다음, 증기선이 얼음에 묶이는 위험이 있더라도 계속해서 얼음판을 뚫고 나가야 한다고 결정했다. 여기에서 실패하면 우리는 니콜라예프스크로 되돌아가야만 했고, 거기에서 아무르 강이 충분히 얼어붙을 때까지 기다렸다가 말이나 개를 이용해 호수로 가는 수밖에 없었다.

코사크족 병사 야코프와 퉁구스족 원주민들은 호수에 도착한 다음 만나기로 한 우리가 없는 것을 보고 곧 식량을 구하러 떠나가거나, 아니면 우리가 탐험을 포기했다고 생각하고 그 자리를 떠날지도 몰랐다. 그렇게 되면 우리 탐험은 오랫동안 지체되어 아무것도 할 수 없는 상태가 될 것이고, 겨울이 끝나기 전에 탐험을 마치려면 낭비할 시간이 없었다.

게다가 오전 9시 30분에는 약한 바람을 동반한 눈폭풍이 몰아쳤다. 눈발이 굵고 빠르게 내려 시야를 가리면서 해안선이 보이지 않았고, 잠시 후 얼음판은 눈으로 하얗게 뒤덮였다. 모든 지형지물이 사라졌는데도 길략족 원주민들은 자신만만하게 우리를 호수로 이끌었고, 우리는 앞으로 계속 나아갔다.

이런 식으로 얼음판을 깨며 한동안 앞으로 나아가다가 갑자기 배가 정지하더니 바닥에 닿았다. 뒤로 빼었다 다시 앞으로 나아가다가 다시 바닥에 닿았다. 이제 앞으로 나아가는 것은 불가능해 보였다. 길랴족 원주민들은 우리의 물음에 대한 대답으로 현재 눈폭풍 때문에 우리 위치가 어디쯤인지 전혀 알 수 없노라고 고백했고, 증기선 선장은 연료가 거의 떨어져가고 있다고 보고했다.

이제 우리에게 절망의 그림자가 다가오고 있었다. 또 한 번 짧은 회의를 거친 다음, 우리는 연료가 남아 있는 동안 왔던 데로 다시 돌아가는 것 이외에 다른 방법이 없다고 결론지었다. 마지못해 우리는 발길을 돌렸고, 팔보로 되돌아가 거기서 날씨가 좋아지기를 기다렸다가 길랴족의 로트카를 타고 재도전하든지, 아니면 날씨가 더 추워져서 얼어 버리기를 기다렸다가 개썰매를 타고 투구르까지 가든지 해야 했다. 첫 시작부터 우리는 실패할 수 있다는 생각에 마음이 가라앉았다.

1시간 반을 되돌아가다 우리는 어떤 허름한 오두막에 도착했는데, 그곳에는 25~30명의 병사들이 겨울용 식량으로 쓰기 위해 물고기를 잡고 있었다. 그들은 우리를 따뜻하게 맞아주었고, 또 날씨가 좋아지고 있었으므로, 우리는 다시 한 번 도전하기 위해 병사들 중에서 길안내해 줄 사람을 구해 보려고 애썼다. 그러나 얼음에 갇혀 굶어 죽을 수도 있다는 두려움 때문에 우리와 동행하기를 꺼렸다.

그럼에도 불구하고 우리는 다시 한 번 도전해 보기로 결정했고, 마침 운 좋게도 그때 카누를 타고 우연히 지나가던 2명의 야쿠트족 원주민들을 길안내인으로 확보할 수 있었으므로, 병사들에게 연료로 쓸 나무를 베어줄 것을 요청했고, 밤에도 우리는 다시 한 번 항행을 하기 위한 모든 준비를 하고 있었다. 이제 비가 내리기 시작했고, 온도계는 오후 내내 영상 1도를 유지했으므로, 성공의 가능성이 커지기 시작했다.

아침에도 여전히 비가 내리고 있었다. 우리는 2명의 야쿠트족 원주민들을 태우고 오전 7시 호수를 향해 출발했다. 도중에 아무런 문제없이 곧 호수 입구까지 도착했는데, 우리의 예상과는 반대로 어제의 얼음이 녹아서 사라져 버리는 대신, 우리 눈앞에는 눈에 덮인 거대한 빙판이 가로놓여 있었다. 증기선이 그 빙판을 뚫고 나가려 했지만 너무 힘든 일이었다. 얼음 사이에 끼었다가 빠져나오기를 반복하면서 약 1km를 전진했지만, 증기선 선장이 더 이상 나갈 수 없다고 거절했다. 그러나 우리는 좀 더 나아가도록 설득했고, 몇 분 후 앞이 훤히 트인 호수가 눈앞에 들어왔다. 호수의 길이는 약 30베르스따, 너비는 약 20베르스따, 깊이는 약 1~3m 정도로 물이 풍부했다. 이제 별 장애 없이 항행할 수 있게 된 것에 우리는 감사할 따름이었다.

호수 중간에 다다랐을 무렵, 강한 북풍이 일면서 우리의 작은 증기선을 시험에 들게 했는데, 얇은 선체가 파도에 흔들리긴 했지만, 증기선은 우리를 안전하게 목적지까지 데려다 주었다. 근처 해안가에서 우리는 아주 낡은 통나무집 2채를 발견했는데, 진흙 굴뚝에서 연기가 피어오르지 않는 것으로 보아 한동안 사람이 살지 않은 것으로 보였다.

약 1km 동쪽 지점에서 호숫가에 있는 어두운 낙엽송 숲을 배경으로 희미한 연기가 피어오르는 모습이 보였다. 혹시나 야코프와 순록들을 만날 수 있지 않을까 하는 기대로 연기 나는 쪽을 향해 갔으나, 가까이 다가가 보니 해변 위쪽에 로트카 2척이 올려져 있는 것으로 보아 길랴족 마을인 것 같았다.

근처에 야영할 적당한 장소를 잡아 놓고, 우리는 곧 짐을 내렸다. 짙은 안개가 호수에 내려앉기 시작했고, 증기선은 왔던 길로 방향을 바꾸더니 재빨리 눈앞에서 사라졌다. 이것이 우리가 마지막 본 증기선의 모습이었다. 증기선이 떠난 후 날씨가 따뜻해졌으므로, 증기선이 무사히 돌아갔을 것은 의심의 여지가 없어 보였다.

이웃에 살고 있는 길랴족 원주민들에게서 순록들에 대한 정보를 들을 수 없었고, 그들은 호수에 머문 지 1~2일밖에 안 됐다고 했다. 그들은 강을 따라 있는 겨울 숙영지로 가던 도중에 갑자기 날씨가 추워지고 얼음이 어는 바람에 발이 묶였다고 했다. 그러나 그들은 해안가 부근 멀리에서 누군가 외치는 소리들을 들었다고 전해 주었고, 우리는 그들이 호수로 통하는 강이 얼어붙어 더 가까이 올 수 없었던 우리 팀 사람들일지도 모른다고 생각했다. 얼음이 사람을 지탱하기에는 너무 얇고, 순록이 물속을 건너다니기에는 너무 두꺼워서 여러 날 동안 장애물이 될 것으로 보였다.

야쿠트족 원주민 2명이 텐트를 치는 동안, 마후드와 스와르츠는 길랴크족 원주민들에게서 로트카 1척을 빌려서 잃어버린 우리 팀을 찾으러 갔다. 돌아올 때 그들 역시 무슨 사람 부르는 소리 같은 비슷한 소리를 들었으나, 너무 먼 거리여서 그 팀을 찾으러 가기 전에 우선 밥을 먹으러 야영장으로 돌아가는 것이 최선이라고 생각했다고 보고했다. 우리 모두는 니콜라예프스크를 떠난 이후 약간의 정어리와 크래커 과자만을 먹었을 뿐이어서 무언가 좀 더 실속 있는 식사를 해야 할 필요성을 느끼고 있었다.

야쿠트족 원주민들은 길랴크족 원주민들에게서 얻어온 여러 마리의 싱싱한 연어와 송어들을 오래지 않아 기름에 튀겨 냈고, 또 커다란 주전자에 뜨거운 차를 끓여 냈는데, 이 모든 것이 삽시간에 동이 났다. 식사를 마치자마자 마후드는 다시 야쿠트족 원주민 1명을 데리고 가랑비가 내리는 가운데 잃어버린 우리 팀을 찾아 떠났다.

우리 텐트는 새것이지만 아주 얇은 재질이어서 비가 많이 샜다. 너무나 많이 새서 차라리 밖에 나가 있는 것이 더 따뜻하고 비도 덜 맞는 것 같았다. 텐트 안에다 조그만 모닥불을 피워 보려 했으나 금방 연기가 차서 견딜 수 없을 정도가 되었으므로, 더 나은 피난처를 찾아 스와르츠와 나는 이웃 길랴크족 원주민들에게로 도망갔다. 그들의 거처는 자작나무 껍질로 만들어졌는데, 약 70cm 길이의 기다란 조각들을 땅바닥에 경사를 이루고 세워져

길략족 야영지

있는 나무틀 위에 넓게 이어붙인 것으로 헛간 같은 모양을 하고 있으면서 앞면이 열려 있었다. 이것은 해안가에 세워져 있었는데, 바람막이 역할을 하는 강둑의 높은 나무숲을 마주보고 있었다.

우리가 다가가자, 여인 1명이 거처 앞에서 조그만 모닥불 위에 점심 식사 준비를 하고 있었다. 조그만 솥에는 여러 마리의 싱싱한 송어가 들어 있었고, 그 옆에는 구리로 된 찻주전자가 걸려 있었다. 이 주전자는 차를 즐기지 않는 길략족 원주민들에게 흔치 않은 물건이었는데, 우리가 물고기와 맞바꾸어 그들에게 준 것이었다.

그들의 거처 바닥에는 여러 장의 순록 가죽이 두껍게 층을 이룬 나뭇가지 위에 깔려 있었고, 그 위에 5~6명의 사람들이 갖가지 모습으로 앉아 있었다. 그 모습으로부터 우리는 그들의 직업뿐만 아니라, 집안일에 대해서도 어느 정도 유추해 볼 수 있었다.

거처 한쪽 구석에 아이가 마치 아메리카 인디언들이 사용하는 것과 비슷한 나무로 만든 요람에 칭칭 감겨 있었는데, 무릎 아래 두 다리는 자유롭게 풀려 있었다. 이 요람은 기울어진 나무 기둥들에 묶인 4개의 가죽끈에 의해 수직으로 매달려 있었는데, 그 끈들은 아이의 발이 땅바닥에 닿을 정도로 충분히 늘어져 있어서 요람에 타고 있는 아이가 발을 한 번 굴러 주면 이후로 누구의 도움 없이도 스스로 앞뒤로 흔들리게 되어 있었다.

그 옆에는 추레한 머리에 말라빠진 여인네 2명이 터키식으로 다리를 포개고 앉아 더러운 가죽옷을 아주 열심히 바느질하고 있었다. 그녀들은 가끔 바느질을 멈추고 음식을 하는 사람에게 뭐라고 지시를 내리거나, 이빨 빠진 늙은 개와 순록 가죽 침대를 놓고 실랑이를 벌이고 있는 벌거벗은 장난꾸러기 아이들 머리를 만지작거리곤 했다. 그 늙은 개는 자신을 괴롭히는 아이들의 작은 주먹질에도 불구하고 고집스럽게 침대 자리를 고수하며 자기 권리를 주장하고 있는 듯했다. 다른 개들도 많았지만 왕의 대접을 받고 있는 개는 바로 그 늙은 개였는데, 이빨도 없는 주름투성이의 늙은 노파 같은 그 암캐는 몸이 더러운 데다 얼굴에는 털들이 기다란 타래를 이루며 듬성듬성 매달려 있었다. 그녀들이 더러운 여자아이 머리에서 이를 잡아먹는 장면을 보지 않았더라면, 우리는 식욕도 떨어지지 않았고, 또 그녀들을 동정하는 마음을 갖게 되었을 것이다.

길랴족 거처 바로 앞 둑 위에 있는 숲에 올라가서 보니, 길랴족이 신성시하는 지점이 보였다. 숲 사방에는 땅위로 약 1~2m 높이의 작은 나무 그루터기들에 곰 머리뼈들이 여기저기 흩어져 있었다. 이것들은 원주민 신에게 바치는 희생물로 보였는데, 나중에 알게 된 것이지만, 새로운 위치가 정해지면 담배, 나무열매, 뿌리, 기타 물건 등이 그 자리에 뿌려진다고 했다. 이런 곰 희생 제의는 최근 2년 동안 치러진 적이 없는 것 같았는데, 어떤 것들은 만지기만 해도 부서질 정도로 오래되었고, 또 어떤 것들은 땅에 파묻혀 이끼가 끼어 알아볼 수 없는 것도 있었다. 일단 위치가 정해지고 나면, 그 이후로 그것을 다시 건드리는 것은 신성 모독으로 여겨지는 것 같았다. 길략족 관념에 따르면, 그것을 건드릴 수 있는 것은 오직 시간뿐이었다.

오후 5시쯤 마후드가 비를 다 맞고 굶주린 채 돌아왔다. 그는 작은 강을 여러 개 건너고 해안가를 따라 오랫동안 헤매는 고생을 했는데도 그들을 만나지 못했다. 그러나 1시간 후 길략족 원주민 1명이 반가운 소식을 전해 왔다. 야코프가 이끄는 순록떼가 호수에서 10베르스따 떨어진 거리에 있는데, 우리가 예상했던 대로 얼음 때문에 더 가까이 다가오지 못하고 있다는 것이었다. 그들을 돕기 위해 우리는 다음 날 아침 일찍 야쿠트족 원주민 2명과 길략족 원주민 2명을 로트카에 태워 보내기로 결정했다.

나의 일기에는 야영지에서의 첫날에 대해 다음과 같이 간략하게 쓰여 있는데, 주로 날씨에 관한 이야기였다.

"오후 8시. 비, 비, 비. 계속해서 비가 올 모양이다. 정말 견딜 수 없을 정도이지만 시베리아에서 그 밖에 무엇을 더 기대할 수 있단 말인가? 온도계는 밤에 영상 4도를 가리키고 있다. ……

10월 24일. 여전히 비가 내린다. 원주민들이 오늘 양식으로 강에서 물고기를 잡고난 후, 순록떼를 찾아 나섰다. ……"

시간을 보내려고 스와르츠와 나는 총으로 새를 잡으러 나섰는데, 새는 한 마리도 못 잡고 비만 쫄딱 맞고 돌아왔다. 그런데 이웃 원주민들이 이곳에서 흔한 '라프쉬크(rapsheaks)'라는 메추라기 비슷한 갈색의 작은 새들을 여러 마리 우리에게 가져왔다. 우리는 그들에게 설탕을 조금 주었다. 이런 식으로 그들은 매번 다른 종류의 새들, 물고기, '우칼레' 등을 갖고 와서 차, 화약, 납 등으로 바꾸어갔다. 그러다 보니 우리 비축물들이 점점 줄어들고 있어서 이런 거래를 중단해야만 했다. 하지만 우리는 그들처럼 여행할 때 간단하게 가는 것이 아니라 많은 비축물이 필요하다는 사실을 그들에게 이해시키기가 어려웠다.

이들 원주민들은 수상(水上)민족으로 불려도 이상할 것 같지 않다. 여름에는 로트카를 타고 계속 돌아다니며 거의 물에서 살고, 겨울에도 마찬가지로 식량을 거의 물에서 얻어 낸다. 추운 겨울에 이들은 개썰매를 타고 밖으로 돌아다니는 일이 아주 드물고, 겨우내 어두컴컴하고 연기 나는 집안에 틀어박혀 봄이 오기를 기다리며 지낸다.

봄이 오면 이들이 주로 하는 일이란 로트카를 타고 나가서 물고기를 잡는 일인데, 오로지 신체의 상부 근육만을 발달시키는 운동이다. 그래서 이들의 신체를 보면, 가슴과 팔은 강건하게 발달돼 있는 반면에, 하체 부분은 상대적으로 작고 발달돼 있지 않아 전체적으로 기형적인 모습이다.

오후 5시쯤 텐트 안에 앉아 있는데, 갑자기 밖에 있는 원주민들의 목소리가 들려왔다.

"알라네(Alane)! 알라네!"

우리는 모두 밖으로 튕기듯이 나갔다. 이제 우리는 이미 이 말이 순록을 뜻한다는 사실을 아는 정도가 되어 있었다. 우리는 어릴 때부터 말로만 들어왔던 그 유명한 순록을 실제로 보게 된다는 사실에 약간 흥분돼 있었다. 다른 사람들은 이미 순록을 알고 있겠지만, 마후드와 나에게 순록은 상상 속의 동물이었으므로, 상상과 실제가 얼마나 맞아 떨어질지가 매우 궁금했다. 그러나 맙소사! 실제와 상상은 너무 멀리 떨어져 있어서 우리는 실망감이 컸다. 우리의 첫인상은 결코 우호적이지 않았다. 물론 이것은 우리가 너무 큰 기대를 했기 때문이었다.

약 1km 정도 떨어진 거리에서 바위 많은 해안가를 따라 긴 행렬을 이룬 순록떼가 다가오고 있었는데, 대부분이 하얀색이었고, 멀리서 잘못 보면 마치 소떼로 보이기도 했다. 나는 사슴이나 순록이 하얀 색이라고는 한 번도 생각해 본 적이 없었다. 또한 가까이에서 보니 소에는 없는 커다란 가지 뿔이 보였다. 그 순록떼는 마치 팔스타프(Falstaff)[38)]가 어설프게 분장한 뿔 달린 사슴이 떼지어 있는 것처럼 우스꽝스럽게 보였다. 대부분이 하얀색이었고, 나머지는 등이 갈색이거나 배가 밝은 색이었다. 그중 2~3마리는 크고 완전한 가지 뿔을 갖추고 있었지만, 나머지는 오른쪽 뿔이 없거나, 왼쪽 뿔이 없거나 했다. 또 그중 몇 마리는 양쪽 뿔이 다 잘리고 머리에서 약 15cm 정도만 남아 있어 마치 사람 손가락을 활짝 편 것처럼 보기 흉하게 보이기도 했다. 사람이 탈 수 있도록 훈련된 것들은 모두 수컷들이었는데, 위에 탄 사람이 다치지 않도록 뿔을 잘라 놓았다. 개중에는 뿔이 전혀 없는 것들도 있었는데, 그것들은 서로 싸우는 와중에 잃어버렸거나, 아니면 숲을 지나치다 나무에 걸려 부러진 것이었다.

지금은 겨울을 대비해 털갈이나 뿔갈이를 할 때였는데, 머리 위에 기다란 피투성이 허물이 대롱대롱 매달려 있는 모습은 집에서 기르는 유순한 동물의 모습과는 거리가 있었다. 가지 뿔이 어느 정도 자라면 딱딱해지는데, 그때 순록은 속에서 가려움을 느끼게 되고, 그 가려움을 해소하기 위해 기회가 있을 때마다 나무에 대고 문지른다. 그런 과정을 거쳐 겉 부분이 느슨해지고 조각이 나면서 며칠 동안 뿔에 대롱대롱 매달려 있게 되면, 나중에 주인이 칼로 끊어 주게 된다. 뿔은 수컷과 암컷 모두 갖고 있는데, 수컷의 뿔이 더 크고 무거우며, 크기는 대체로 약 2m 정도에 이른다. 뿔갈이는 2월에 시작한다. 나는 특히 순록의 몸집에 크게 실망했는데, 왜냐하면 나는 아주 크고 당당한 모습을 기대했기 때문이었다. 그러나 순록의 키는 땅에서 등까지 1.5m를 넘지 못했다. 뿔이 없으면 머리 모양은 소와 아주 흡사

---

38) 베르디의 희극 〈팔스타프〉에 나오는 주인공으로 뚱뚱하고 늙은 기사이다. 돈이 궁한 나머지 유한부인들을 꾀어내려던 주인공이 오히려 봉변을 당하고 용서를 구한다는 내용인데, 부인들에게서 뿔 달린 사슴 복장을 하고 나오라는 이야기를 들은 주인공이 사슴 복장을 하고 나갔다가 도깨비 복장을 한 사람들로부터 몽둥이세례를 받는 장면이 나온다. 원래는 셰익스피어의 〈헨리 4세〉에 나오는 명랑하고 기지 있고 허풍스러운 뚱뚱한 기사를 말한다.

했고, 몸은 홀쭉하고, 다리는 가늘고, 소 발굽과 많이 닮은 발굽은 크고 넓었다. 그래서 눈이 많이 쌓인 곳이나 습지를 갈 때는 수월하게 갈 수 있었고, 딱딱한 땅위를 갈 때는 탁탁 소리를 내며 걸었다. 수컷은 목 아래 길고 두툼한 털뭉치를 달고 있다.

맨 앞에 가는 순록을 타고 가는 사람은 두꺼운 모피외투를 입고 있어서 보통 사람의 두 배 크기로 보였다. 이것은 배보다 배꼽이 더 큰 경우처럼 보였다. 순록이 한 발짝 내디딜 때마다 그의 몸이 옆으로 흔들렸고, 그의 손에는 막대기가 하나 들려 있어, 불쌍한 동물의 옆구리를 찌르거나 가지 뿔 위를 두들기거나 하면서 계속 움직여 댔다. 동시에 두 발로 순록의 옆구리와 가슴을 계속 차면서, 찰 때마다 내가 이전에 들어본 적이 없는 특이한 혀 차는 소리를 냈다. 이 모든 정황을 볼 때, 순록은 걷는 것보다 더 빠르게 움직일 수는 없는 것 같았다. 그렇다면 순록이 이렇게 애를 먹이는 것을 감안하고, 또 인간이 순록보다 덩치가 큰 것을 감안하면, 인간이 순록을 끌고 가는 것이 훨씬 더 적절한 모양새로 보였다. 이 선두 순록을 따라가는 순록이 6~8마리 됐는데, 각각의 순록은 물개가죽끈으로 만들어진 굴레로 앞의 순록과 연결돼 있었고, 등 위에는 아주 작은 안장 위로 짐을 싣고 있었다. 그 뒤로 또 한 마리의 커다란 순록이 선두 순록과 똑같은 움직임을 보이면서 뒤따라오는 20마리의 순록을 이끌고 있었다.

그와 동시에 보트 1척이 다가왔는데, 보트 안에는 우리의 코사크족 병사 길 안내인인 야코프, 퉁구스족 원주민들, 그리고 우리가 그들을 찾으러 보낸 야쿠트족과 길랴크족 원주민들이 타고 있었다. 그들은 호수에서 4일 동안 있었는데, 우리가 예상한 대로 강에 얼음이 얼어 합류 지점에 도착할 수 없었던 것이다. 우리가 보낸 로트카가 도착하자, 그들은 배에 짐을 싣고 배 뒤에 순록을 끈으로 연결한 후 많이 얼지 않은 곳을 헤엄쳐 가는 등 어렵사리 강 하구를 돌아 나왔다. 이런 식으로 그들은 강을 4개나 건너야 했던 것이다.

선두에 있던 원주민이 순록에서 내리면서 모피 두건을 뒤로 젖히고 우리에게 인사했을 때, 우리는 곧 그가 니콜라예프스크의 주지사 관사에서 본 적이 있던 미하일로프(Mikhaeloff)라는 이름의 원주민이란 사실을 알게 되었다. 또 다른 사람은 콘스탄틴(Constantine)이란 원주민인데 우리로서는 처음 보는 사람이었다.

이 원주민들 이름은 모두 러시아 이름이었는데, 그 당시 원주민들은 그리스 정교식으로 세례를 받고 러시아 이름을 부여받는 것이 통상적인 관습이었다. 퉁구스족 원주민들은 검은 피부에, 넓은 광대뼈, 작고 날카로운 검은 눈 등으로 타타르족의 일반적인 특성을 갖고 있는데, 가끔 회색빛 도는 눈을 갖고 있는 사람들도 눈에 띄었다. 이들은 이웃종족인 길략족과는 언어, 관습, 생활방식, 복식, 청결성 등에서 다른 모습을 보이고 있었는데, 다만 옷의 재질은 똑같았다.

이들의 옷은 아주 단순한데, 여름옷과 겨울옷 모두 순록 가죽으로 만든다. 물론 겨울옷이 훨씬 더 두껍고 무겁다. 커다란 모피 외투는 우리가 입고 있는 것처럼 앞이 트여 있고, 캄차달식 머리 두건은 없다. 이것은 안에 다른 것을 걸치지 않고 몸에 그대로 입는다. 안쪽에 모피가 달린 가죽바지는 몸에 착 달라붙는데, 무릎까지 올라오는 순록 가죽 장화 토르바싸(torbassa) 속으로 집어넣어진다. 토르바싸의 밑창은 곰 가죽이나 물개 가죽으로 덧대진다.

이들은 보통 밖에 나갈 때 머리에 아무것도 쓰지 않지만, 필요할 때는 옷의 목 부분에 부착돼 있는 '말라치(malachi)'라는 분리형 모피 두건을 뒤집어쓴다. 이 두건에는 장식이 많이 돼 있는데, 빨간색, 검은색, 은빛 회색 여우들의 다리 부분 가죽이 선호되고 있으며, 다른 색깔의 가죽들을 번갈아 대는 줄무늬로 장식하고 담비, 비버, 해달 등의 가죽으로 테두리를 마무리

한다.

 이 종족은 길랴족이나 더 남쪽에 사는 다른 종족들처럼 머리를 길게 기르지 않고 테두리를 짧게 치는데, 양쪽 귀 앞 얼굴에만 길게 타래를 짓는다. 이들의 관습은 순전히 유목민적인 것이다. 이들은 원뿔형 가죽 텐트 안에서 사는데, 이 텐트는 몇 분이면 금방 세울 수 있다(우리 텐트도 똑같은 방식으로 세워졌다). 이들은 몇 개 안 되는 가재도구와 함께 이 텐트를 순록 위에 싣고 사냥감이 떨어질 때마다 이동을 하는데, 다음 날 밤이 되면 완전히 새로운 지역에 안락한 거처를 마련하고 정착하게 된다. 이들은 매년 일정한 장소에서 만나는 러시아 무역 상인들에게 모피를 건네주고 받는 몇 안 되는 단순한 물품들과 수렵으로 얻은 먹거리들로 생계를 이어가고 있다. 이들의 영역은 아무르 강에서부터 북쪽으로 오호츠크 마을까지, 그리고 서쪽으로 레나 강까지 뻗어 있는데, 이들은 결코 수가 많은 종족이 아니다.

 1~2일 만에 여행을 다시 시작할 수는 없었으므로, 우리는 순록들을 야영지에서 약 1.5km 정도 떨어져 있는 이끼지대로 이동시켰다. 순록은 양처럼 떼를 지어 다니므로 무리에서 따로 이탈하는 경우는 드물다. 집에서 완전히 길들여진 순록이 2~3마리만 있어도 큰 무리에서 이탈하는 일은 막을 수 있다. 순록은 건조한 지역에서 자라는 옅은 색깔의 이끼를 먹고 살아간다. 오렐 호수와 경계를 이루고 있는 지역은 서쪽과 북쪽으로 어느 정도 거리를 두고 뻗어 있는데, 대부분 지대가 낮고 습지인 곳이 많아서 이끼가 생산되지 않으며, 따라서 이곳에서는 야생이건 길들인 것이건 순록 자체가 드물다.

 이제 야코프와 퉁구스족 원주민들이 도착했으므로, 우리는 고네츠 호가 떠난 이후로 우리와 함께 있었던 2명의 야쿠트족 원주민들이 더 이상 필요치 않게 되었다. 그들이 떠날 때, 우리는 그들에게 우리를 도와준 대가로 약간의 루블화와 많은 차를 주었다. 그럼에도 불구하고 그들은 우리를 떠나는 것을 아쉬워하면서, 로트카를 타고 떠나기 전에 우리 텐트에 와서 인사를 한 다음, 우리 거처를 보호해 주는 신의 축복을 기원하면서 가슴에 성호를 그었다. 그리고 눈물을 흘리며 자기들이 받은 충분한 보상에 대해 고마움을 전했다. 나는 단지 그들의 자연스런 감정을 전달하고자 할 뿐이다. 그들의 그런 행동에 의해서 모든 집, 텐트, 온갖 종류의 거처 등이 모두 보호신의 가호아래 들어가게 될 것이다. 이런 격식은 오로지 그리스 정교에 귀의한 원주민들 사이에서만 보이고, 그렇지 않은 다른 원주민들은 전혀 격식을 차리지 않는다. 우리들과 작별을 나눌 때, 그들 모두는 머리에 쓴 것을 모두 벗고 서로 뺨에 세 번씩 입을 맞추는 격식을 차리고 있었다. 나중에 우리는 이것이 만나고 헤어질 때 보통 행하는 관습인 것을 알게 되었다.

호수에 머무는 동안, 우리는 아주 호화롭게 대접받았다. 이웃에 있는 길략족 원주민들이 우리가 베푸는 보상을 보고 계속 우리에게 호수에서 잡은 송어, 메추라기, 크랜베리 등을 풍부하게 공급해 주었고, 미하일로프가 도착하자 순록다리 한 짝이 추가로 공급되었다. 우리가 먹는 차나 커피에 타 먹으라고 암컷 순록에게서 짜온 순록젖도 물론 공급되었다. 내 생각에 순록 고기는 미국 사슴 고기보다 좀 더 질기지만 맛은 훨씬 더 좋으며, 최고 좋은 소고기보다는 조금 질이 떨어졌다. 순록 젖은 우유보다 맛과 질이 많이 떨어졌지만, 농도는 우유보다 훨씬 더 진했다. 하룻밤에 생산하는 순록 젖의 양은 찻잔 한 개 분량인데, 이 정도 양이면 보통 거의 우유 1쿼트(약 1리터)에 해당한다. 이렇게 양이 적은 것은 아마도 불규칙적으로 젖을 짜기 때문일 것으로 생각된다.

다음 날은 순록 위에 실을 짐을 다시 싸고 적당한 무게로 나누는 작업에 몰두했다. 1마리당 약 45kg의 짐을 실을 수 있는데, 그 이상 싣는 것은 안전상 위험했다. 그러나 타고 가는 순록일 경우, 짐 싣는 순록보다 더 크고 튼튼하므로, 순록이 상태가 좋고 또 타고 가는 사람이 균형을 잘 잡고 순록에게 스트레스를 주지 않는다면, 약 80kg 나가는 남자도 수월하게 운반할 수 있을 것이다. 우리 순록에게 씌울 짐 안장은 캘리포니아에서 노새에게 사용하는 것을 본떠 만들었는데, 순록의 앞 어깨에 맞추다 보니 노새 것보다 훨씬 작게 만들어졌다. 짐 안장은 수컷 가죽으로 만든 2개의 작은 깔개로 이루어져 있는데, 깔개 속은 이끼나 털로 채워져 있고, 깔개 양쪽 끄트머리는 자연스럽게 활처럼 휘어진 순록 뿔 조각으로 만들어진 장구가 서로 합쳐지는 구조로 돼있다. 깔개 사이에는 공간이 있어서 순록 어깨가 충분히 움직일 수 있도록 돼 있다.

사람이 타고 가는 안장은 짐 안장과 거의 비슷하지만, 깔개가 조금 더 넓은 관계로 순록의 어깨에서 더 나와 있고, 앉는 사람을 위해 더 넓고 더 편한 자리를 제공해 주고 있다는 점이 달랐다. 크기는 길이가 약 33cm, 너비가 약 36cm이다. 등자는 없고, 그 밖에 발을 지지해 주는 어떤 장비도 없다. 안장은 앞 어깨에 걸쳐 있는 배띠에 의해서 조여져 있다.

순록 위에 짐을 실을 때는 무게가 연약한 등에 쏠리는 것을 피하도록 세심한 주의가 필요하다. 미하일로프가 알려주기를, 조그만 압력이라도 어떤 때는 순록을 아주 못 쓰게 만드는 경우가 있으니 세심하게 다루라는 것이었다. 고삐는 유연한 물개가죽이나 숫사슴 가죽을 꼬아 만들었다.

오늘 우리는 사람들이 흔히 말하는, 그러나 별로 본 적이 없는 그런 놀랄 만한 묘기의 한 장면을 목격할 기회를 갖게 되었다. 우리는 우리 눈의 정확성에 대해 다소 의문점을 갖고 있는 것은 사실이지만, 어떤 다른 대안이 있기 전에는 믿음을 가질 수밖에 없는 것이다. 그 묘기를 보여 줄 장본인은 코사크족 병사 야코프였는데, 그는 체격이 자그마한 사람이었다. 그래서 그가 엄청난 힘을 가진 이빨과 턱으로 그런 묘기들을 보여 주었다는 사실을 믿을 수 없었다. 그 묘기는 이런 식으로 이루어졌다. 증기선 고네츠 호에서 짐을 내리는데, 가죽으로 싼 짐바구니 중 하나가 심하게 부서졌다. 다시 짐을 싸려면 먼저 바구니를 고쳐야 했는데, 우리는 못을 찾지 못해 어쩔 줄 몰라 하고 있었다. 그런데 어떤 상자에 못이 여러 개 박혀 있는 것을 발견하고 못을 빼내려 했으나, 상자를 부수지 않고는 어려웠다. 작은 손도끼 등 손에 잡히는 다른 모든 수단을 동원했는데도 성공하지 못했다. 마침내 야코프는 신중하게 무릎을 꿇더니 무릎으로 상자를 고정시킨 다음, 상자를 부서뜨리지 않은 상태에서 이빨로만 못 2개를 빼냈다. 이 광경을 보고 놀란 우리에게 스와르츠는 코사크족 사람들 대부분이 이런 강력한 이빨과 턱을 갖고 있다고 알려 주었다. 그들은 도끼를 살 때면 언제나 도끼날을 이빨로 물어뜯어 보고 그 품질을 시험한다고 했다. 이런 시험은 아주 효과적이어서 그들은 장사꾼들에게 잘 속아 넘어가지 않는다고 했다.

| 제8장 |

짐 싸기-출발 의식-술 취한 야코프-순록 타다 미끄러지기-폴카 장대-출발-낙엽송 지대-야영-느린 출발-올가미로 순록 잡기-습지-크랜베리-비르포쿤 강-무덤처럼 생긴 언덕-짐을 찢어 놓은 순록-해결사 미하일로프-야스말 시냇물-비-야영-뇌조 사냥-콘스탄틴의 임시 거처-퉁구스족의 잠자는 법-안식일-희석시킨 술-술을 찾아온 방문객들-머릿기름을 먹다-계속 비-초상화-가위로 머리털을 자르다-별-비가 더 오다-다리 만들 계획-달

10월 26일 목요일 아침 우리는 모두 일찍 일어났다. 날씨는 구름이 좀 끼었지만, 좋은 날씨로 바뀔 것 같았다. 만일 폭우가 쏟아질 것을 예상할 수 있었다면, 출발을 늦추도록 설득할 수 있었을지도 모른다. 그러나 출발이 눈앞에 다가왔고, 우리는 빨리 출발하지 못해 안달이 나있었다. 오렐 호수에 도착한 이후 예기치 못하게 오래 지체했던 것이다. 거의 매일 뿌려대는 비 때문에 텐트 안에 갇혀서 지루하고 단조로운 나날들을 보내왔으므로, 이제 우리는 여기서 빠져나가는 변화 말고는 다른 대안을 받아들일 수 없는 상태였던 것이다. 미하일로프와 콘스탄틴이 순록을 데리고 이끼 지대에서 돌아오자, 우리는 곧 텐트를 걷고 짐을 싸기 시작했고, 모든 짐은 똑같은 무게로 나누어 싸서 순록 안장 위에 물개가죽 끈으로 고정시켰다.

그런 다음 사람이 타고 갈 순록을 분배했다. 마후드와 나는 아직 타는 기술이 서툴러서 성질이 좀 부드러운 순록을 원했으므로, 가장 유순한 순록 2

마리가 우리에게 할당됐고, 나머지는 다소 타본 경험이 있는 사람들에게 돌아갔다. 짐은 모두 14마리의 운반용 순록에 실렸는데, 다음 도착지인 투구르에 도착할 때까지 짐을 풀 필요가 없는 것들과 매일 사용하는 것들, 즉 침구, 주방도구, 텐트 등을 따로 분리해 실었다. 이런 출발 준비 장면은 나에게 아주 새롭고도 재미있는 일이었다. 운반용 순록들은 줄로 연결되어 이어졌고, 크게 세 그룹으로 나뉘어 야코프와 퉁구스족 원주민들이 이끌었다. 이들은 순록 옆에 서서 신호만 떨어지면 올라탈 준비를 하고 있었다. 길랴족 원주민들이 여기저기 몰려와서 우리의 준비 과정을 지켜보고 있었는데, 우리가 자리를 뜨면 텐트 자리에 남겨진 빵과 설탕 조각들을 찾으려고 뛰어들 준비를 하고 있었다. 마후드, 스와르츠, 나는 빠뜨린 것이 없는지 주변을 둘러본 다음 순록 고삐를 잡고 서 있었다.

　야코프는 한 손에 술이 든 컵을 들고 입에 들이킬 순간을 애타게 기다리고 있었다. 이제 출발의 가장 인상적인 순간이 다가왔다. 마후드는 엄숙한 태도로 느리게 손을 외투 왼쪽 가슴 안으로 집어넣더니, 그동안 이 순간을 위해 보관해 놓았던 검은색 술병 하나를 꺼내 들었다. 그리곤 칼집으로 병목을 쳐 날려 버린 다음, 남아 있는 술병을 높이 쳐들고 비장감마저 느껴질 정도의 목소리로 외쳤다.

　"이 영광스런 자리를 함께하지 못한 친구들을 위하여!"

　마치 감동받았다는 듯이 침묵하고 있던 길랴족 원주민들은 술 마실 기회가 다가오자 더 이상 감정을 억제하지 못하고 갑자기 낮은 소리로 웃음을 터뜨리기 시작했다. 말할 필요도 없이 우리는 모두 잔을 들어 건배했다. 이런 의식이 야코프에게는 아주 감동을 주는 것이어서 자신의 슬픈 감정을 감추기 위해 술잔을 거푸 들이켰다. 만일 미하일로프와 콘스탄틴이 그에게 다가와 말리지 않았더라면, 그는 완전히 술에 취해 버렸을 것이다. 세 번 건배가 이루어졌다. 길잡이들이 먼저 순록에 올라타 앞장섰고, 그렇게 우리의 여행은 시작됐다. 그러나 여러 가지 이유로 나머지 일행들이 순록에 타지 못하고 있었다. 순록 타는 일은 초보자에게 결코 그리 쉬운 일이 아니다. 순록을 다치지 않게 하면서 타는 일은 많은 주의가 필요하고, 게다가 내가 갖고 있지 않은 민첩함까지 필요로 했다. 순록 타는 사람은 항상 러시아어로 '폴카(polka)'라 불리는 장대를 휴대하는데, 이것이 순록 타는 것을 도와준다. 폴카는 길이가 약 1.5m로 밑에는 순록가죽 끈으로 묶어 놓은 작은 굽이 달려 있어서 겨울에 눈에 빠지는 것을 방지해 준다. 또한 이 장대는 설피 신는 일도 도와준다. 순록에 올라타려면, 먼저 오른손에 고삐를 쥐고 안장을 잡은 다음, 왼손으로는 이 장대 끝을 잡는다. 그런 다음 오른발을 안장에 놓고 두 손 사이에 똑같이 무게를 나누면서 가볍게 뛰어오른다.

그런데 이렇게 하려면 상당한 계산이 필요하다. 순록 어깨부분 가죽은 아주 미끄러워서 만일 몇 cm 더 멀리, 아니면 더 가까이 뛰어오르면 안장이 돌아가고, 그렇게 되면 땅에 떨어질 수밖에 없다. 순록에 올라탄 이후에도 계속 균형을 잡아 주는 노력을 해야만 순록타기에 익숙해진다. 이미 이야기한 대로 순록 어깨부분 가죽이 미끄러워서 올라탄 사람이 이상하게 흔들리는 것인데, 순록이 걸어갈 때 순록의 어깨뼈가 움직이면서 안장이 이쪽저쪽 교대로 기울어지게 되는 것이다. 따라서 이것을 상쇄해 주려면, 안장이 왼쪽으로 기울어질 때 올라탄 사람은 반대쪽인 오른쪽으로 몸을 기울여 줘야만 하는 것이다.

이런 사실들을 알게 되면, 독자들은 우리의 실수에 덜 놀라게 될 것이다. 스와르츠는 마후드와 나보다 더 많은 자신감을 갖고 있었으므로 조금 더 멀리 뛰어올랐고, 결국 완전히 순록을 넘어 지나쳐 버렸다. 마후드는 처음에는 잘했으나 너무 느려서 그의 오른쪽 발이 안장에 닿자마자 순록이 앞으로 나가 버려서 안장에 앉을 수가 없었다. 나는 기본적인 첫 번째 원칙도 실패하고 말았는데, 안장 높이까지도 발을 차올릴 수 없었기 때문이었다.

3~4번 다시 시도해 보았지만 성과가 없었으므로, 길잡이 중 한 명이 도움을 주기 위해 나에게로 와야만 했다. 이런 우리들의 모습을 보고 길랴족 아이들이 크게 소리 내어 웃으며 즐거워했다.

페트로파블로프스크에 있을 때 캄차카 지방장관이 우리에게 만일 이 지역을 통과하려면 순록을 타야만 될 것이라고 말해 주었지만, 우리는 전에 그런 말을 들은 적도, 읽은 적도 없었고, 또 순록이 사람 무게를 견디리라고는 상상도 못했으므로 그가 농담하는 것으로 생각했었다. 그러나 그는 자기 친구 한 명이 순록을 타고 짧은 여행을 한 번 한 적이 있는데, 장대, 즉 폴카 2개를 가져가는 것이 필수적이라는 것이었다. 왜냐하면 장대 2개로 순록 양옆을 짚어야만 순록에서 떨어지는 것을 막을 수 있다는 것이었다. 우리는 장대 2개를 사용하지 않았고, 그래서 매번 떨어지면서 여행을 할 수밖에 없었다. 그러나 나로서는 장대 2개를 사용한다 해서 떨어지는 것을 막을 수 있다는 이야기는 좀 의심스러워 보였다.

우리는 호수에서 서쪽으로 나아갔고, 곧 호수는 시야에서 사라졌다. 러시아어로 '하크마탁(hackmatack)'이라 불리는 낙엽송 나무들이 여기저기 흩어져 있는 습지를 약 5km 정도 통과한 후, 우리는 순록에게 먹이를 먹일 수 있는 좋은 이끼지대에 도착했고, 여기서 하룻밤을 지새기로 결정했다. 출발한 지 얼마 되지 않은 시간이었지만, 우리는 처음부터 순록들에게 너무 많은 부담을 주지 않기로 했다. 게다가 우리 자신도 쉬기를 원하고 있었다. 왜냐하면 그리 멀리 온 것은 아니지만, 안장 위에서 자세를 유지하는 데 어려움을 겪었고, 또 가끔 넘어져서 조금 아픈 것도 있었으므로 일행 모두가 여기서 야영하자는 제안을 받아들였던 것이다.

이상하게 들릴 수도 있지만, 우리는 처음부터 km당 한 번 정도 떨어지는 평균 이상의 성과에 우쭐해 있었다. 그런데 솔직하게 고백하건대, 내가 떨어진 사건은 좀 굴욕적인 것으로 순록 타는 사람의 명성을 깎아 먹는 것이었다. 그 당시 순록은 완전히 정지해 있었고, 나는 나를 돌봐주던 사람과 떨어져 홀로 있었다. 그런데 순록이 머리만 살짝 한쪽으로 돌렸을 뿐인데도 나는 균형을 잃고 안장이 돌아가면서 순록 위에서 떨어졌다. 순록 위에서 종종 떨어지는 사람들은 나이 든 사람들인데, 젊은 내가 그렇게 떨어진 것은 굴욕이었다. 보통 안장 위에 앉아 있으면, 무릎은 순록 양 옆에, 아니면 순록 목 위에 위치하면서 발은 밑에 대롱대롱 매달려 있게 된다. 자신의 몸을 지탱해 줄 수 있는 등자 같은 것이 없으면, 순록이 조금이라도 옆으로 움직이기만 해도 그냥 나가떨어지고 마는 것이다.

도착하고 나서 얼마 되지 않아 퉁구스족 친구들이 텐트 지지대로 쓸 가늘고 긴 장대 20~30여 개를 잘라왔다. 이것들을 지름 약 4m 정도의 원 모양으로 세워 놓고, 그 윗부분들을 기울여 서로 지탱하게끔 만들었다. 그리고 그 위에 텐트를 펼쳐 덮었다. 잔가지들을 꺾어와 바닥에 깔고 그 위에 잠자리를 만들고, 가운데 부분은 충분히 넓게 남겨 두어 모닥불을 피웠다. 모닥불 위에 찻주전자를 올려놓고 차가 끓고 있는 짧은 시간 동안, 나는 이 글을 썼다.

원래 다음 날 아침 일찍 출발하려고 했던 것이 우리의 의도였는데, 야생순록들 때문에 그럴 수가 없었다. 야생순록 몇 마리를 올가미로 잡아야 했는데, 주변이 울창한 숲이어서 그렇게 하기가 매우 어려웠다. 그런 목적으로 사용되는 밧줄은 물개가죽으로 만든 가늘고 긴 줄인데, 기름을 잘 발라 보관했기 때문에 나긋나긋하고 유연했다. 줄의 강도가 필수적인 요소가 아니었지만, 줄은 아주 강했고, 또 이 순록들은 모두 이런 올가미질을 너무 많이 당해 본 터라, 밧줄이 뿔에 걸리면 저항하기를 포기했다. 우리 미국 캘리포니아 사람들과 마찬가지로, 퉁구스족 원주민들에게도 이 올가미줄은 필수불가결한 물건으로 인식되고 있었다.

야생순록들이 확보되자, 올가미줄들을 길게 뻗어 나무에서 나무까지 연결하여 반원 형태를 그리며 목장을 만들어 놓고 그 안에 모두 몰아넣었다. 우리가 통과할 지역은 습지가 많은 지역이었는데, 최근에 비가 많이 내려 습지가 2배로 불어났고, 따라서 순록들은 무거운 짐을 지고 진흙탕에 무릎까지 빠져가며 앞으로 나아가야 했다. 그래서 우리는 오늘 여행의 대부분을 순록에서 내려서 걸어가야만 했다.

  우리는 서쪽으로 평평하고 단조로운 지역을 계속 통과해 갔는데, 일부 강 언덕에 몇 그루의 자작나무가 있는 것을 제외하고는 온통 낙엽송만 눈에 띄었다. 일부 구간에는 글자 그대로 크랜베리가 길을 뒤덮고 있었고, 아침에는 2~3마리의 야생순록이 눈에 띄었다. 12시경 우리는 작은 급류에 도달했는데, 길잡이들 이야기로는 '비르포쿤 강(Birpocoon river)'이라고 했다. 여기까지 우리는 낮은 언덕 사이 길을 통과해 왔는데, 그 너머에는 늪이 많은 좁은 계곡이 있고, 그 계곡 사이로 비르포쿤 강이 흐르고 있는 것이었다. 우리는 여기서 잠시 멈추어 차를 마시고 휴식을 취한 다음, 강을 따라 올라가다가 언덕 옆길로 들어서게 되었고, 그때 우리는 짧은 거리지만 순록을 타고 갈 기회를 얻게 되었다.

  5시경 허리에 땀이 찰 정도로 지치고, 쌀쌀해진 날씨 때문에 우리는 하룻밤을 보내기 위해 주변에 순록이 먹을 이끼지대가 있는 마른 장소에 텐트를 쳤다. 텐트 부근에 타원형의 언덕이 하나 있었는데, 돌들이 듬성듬성 있고 언덕 위에는 아주 커다란 낙엽송 2그루가 있었다. 그 타원형 언덕은 길이가 약 10m, 높이가 약 2m 정도로 외따로 떨어져 있었고, 그 규칙적이고도 인공적인 모습으로 보아 커다란 무덤처럼 보였다. 그것은 마치 우리 미국에 있는 인디언 무덤처럼 보였고, 만일 그렇다면 그것이 만들어진 지 많은 세월이 흘러간 것으로 보였다.

  오늘 하루 동안은 운반용 순록 중 한 마리가 문제를 일으켰는데, 어깨에서 삐져나온 짐을 오른쪽 뿔로 찢어 놓아 시간이 지체되었다. 밤에 그 순록을 풀어 주기 전에, 미하일로프가 우리에게 그 문제를 미연에 방지하겠노라고 말해 주었는데, 우리로써는 그가 어떻게 해결할 지가 아주 궁금해졌다. 순록들에게서 짐을 풀어 내릴 때, 그는 그 순록을 적당한 크기의 낙엽송 나무로 데려가더니, 올가미줄로 순록 머리를 나무에 붙들어 맸는데, 뿔의 자연스런 곡선이 나무줄기를 편안하게 감싸고 있는 모양이었다. 그런 다음 몇 분에 걸쳐 그는 손도끼로 뿔가지들을 잘라냈다. 가격에 의한 충격과는 다르게, 순록은 나무에서 풀려날 때까지 아무런 불편함도 느끼지 않았던 것 같았다. 그런데 풀려나자마자 순록은 머리 왼쪽으로 무게가 쏠린 듯 약 30분 동안 왼쪽으로 원을 그리며 뱅뱅 돌다가 어느덧 정상으로 되돌아왔다.

다음 날 오전 10시 30분경 우리는 길잡이들이 야스말(Yasmall)[39])이라 부르는 작은 시냇물을 걸어서 건넜다. 이 시냇물은 동쪽으로 흘러가서 아무르 강의 커다란 지류인 암군(Amgoon) 강으로 흘러 들어간다.

정오부터 비가 내리기 시작했고, 순록을 먹이려고 이끼지대를 찾아 헤매다가 우리는 비가 그칠 때까지 야영하기로 결정했다. 짐 중에는 많은 것들이 습기에 취약한 것들로 단지 범포 자루에 넣어 두었을 뿐이어서, 물품들을 보호하기 위해 우리는 이런 선택을 해야만 했던 것이다. 오전 중에 우리가 통과한 지역은 전날 통과한 지역과 똑같이 지대가 낮은 습지로 아주 진저리가 쳐지는 곳이었다. 다음 날 아침 일찍 우리는 비르포쿤 강을 떠나 북서쪽으로 방향을 잡았다.

텐트를 치고 차를 마시자마자, 자기 부족들 사이에서 사냥꾼으로 이름 높은 미하일로프가 가장 상태가 좋은 순록 2마리를 데리고 사냥감을 찾아 떠났다. 더 나은 일거리가 없었으므로 나 역시 판초 우의를 입고 스와르츠

---

39) 저자 주: 다음 페이지들에서 사용된 산과 강 이름들은 러시아식 이름이 주어진 것들을 제외하고는 전적으로 퉁구스어 이름에 따른 것이다.

의 엽총을 둘러맨 채, 현재 신선한 고기류가 거의 바닥난 우리의 보급 창고에 약간의 먹을 것을 보태기 위해 사냥에 나섰다. 약 2시간 만에 나는 전에 본 적이 없는 종류의 큰 새 한 마리를 잡아 야영지로 돌아왔는데, 스와르츠는 그것을 뇌조라고 불렀다. 아마도 다음 설명을 보면 조류학자들이 그 새를 알아차릴 수 있을지 모르겠다.

그 새는 부리 끝에서 꼬리 끝까지의 길이가 약 70cm이고, 한쪽 날개 끝에서 다른 날개 끝까지의 길이가 약 1m이며, 몸통 둘레가 약 38cm였다. 암컷이었고 무게는 약 2.3kg였다. 부리는 짧고 검었으며, 눈과 발 역시 검었다. 다리는 짧고 발까지 깃털로 뒤덮여 있었다. 깃털 색깔은 갈색인데, 검은색과 하얀색의 작은 반점들이 얼룩져 있었다. 스와르츠가 알려 준 바에 따르면, 수컷은 거의 검은색인데, 눈 위에 작고 빨간 선이 있다고 했다.

야영지로 돌아오는 길에 나는 콘스탄틴이 미하일로프와 함께 지낼 거처를 바삐 만들고 있는 모습을 보았다. 우리 거처는 12개의 작은 기둥으로 반원을 형성하면서 그 위에 순록가죽을 뒤집어씌운 것으로 단지 4명만을 수용할 수 있었는데, 그것만으로는 거처가 부족한 상태였다. 콘스탄틴이 만든 거처는 성인 남자 2명은 고사하고 어린 소년 1명이 들어가기에도 충분치 않아 보였다. 그러나 퉁구스족 원주민들은 무릎을 뺨까지 끌어당기고, 거처 앞에 피워 놓은 모닥불 쪽으로 등을 향한 채, 아주 좁은 공간에서도 몸을 말아 올려 잠자곤 했다. 그들의 잠자리라곤 오로지 등을 대고 누울 조그만 순록가죽 한 장뿐이었고, 덮을 것이라곤 그들이 입고 있는 모피 외투를 벗어 어깨 위에 덮는 것뿐이었으며, 노출된 등짝은 모닥불 쪽을 향하고 있을 뿐이었다. 아마도 비오는 날을 제외하고, 만일 이들이 충분한 침구들을 제공받는다 하더라도, 이들은 이 간단한 침구보다 더 나은 것을 원하지 않을 것으로 보였다.

미하일로프는 5시가 지나서야 야영지에 돌아왔다. 그는 사슴을 잡지는 못했지만, 내가 잡은 새와 비슷한 커다란 새 3마리를 잡았다. 그래서 우리의 식량 창고는 당분간 신선한 고기로 채워지게 되었다.

10월 29일은 우리가 야영지에서 보내는 첫 번째 안식일이었다. 비가 여전히 거세게 내려서 보급품들을 온전하게 보전하기가 어려웠다. 안식일이었는데도 불구하고, 할 일 없이 빈

미하일로프

둥거리는 건장한 6명의 남자들은 얼마나 배가 고픈지 보급 창고를 습격하다시피 뇌조 고기를 가져다 먹었는데, 이제 우리는 기회가 있을 때 다른 종류의 고기를 확보해 시식해 보는 것이 좋겠다는 생각에 모두 동의했고, 이번에는 스와르츠가 사냥에 나섰다. 그가 잡아 온 다른 새들의 고기 맛도 좋았고, 우리 역시 왕성한 식욕을 자랑하고 있었다. 종류가 다른 새들을 많이 잡아왔지만, 그중에 수컷은 한 마리도 없었다.

호수를 떠난 이후로 우리는 희석시킨 술을 하루에 두 번 배급제로 나누어 주는 것을 관례화했다. 그 짧은 시간에도 원주민들은 이 할당량이 우리와의 계약 조건에 포함된다는 사실을 배우고 있었다. 우리가 텐트 안에 앉아 있는데, 입구가 천천히 열리면서 미하일로프의 텁수룩한 머리가 나타났다. 우리는 그의 용건을 금방 알아차렸지만, 모르는 체 하고 있었다. 그는 얼마간 앉아 있다가 실망한

콘스탄틴

|제8장| 181

표정을 역력히 보이면서 일어나 나갔다. 잠시 후 콘스탄틴이 똑같은 방식으로 나타났다. 우리는 그가 어떤 행동을 할까 궁금해서 여전히 그들의 방문 목적을 모르는 체 하고 있었다. 마침내 지쳐 버린 콘스탄틴도 역시 일어나서 나가 버렸다. 이후 밖에서 두 사람이 잠시 낮은 목소리로 대화를 나누는 소리가 들렸고, 바로 미하일로프가 다시 텐트 안으로 들어왔다. 이번에는 만면에 미소를 지으며 그는 무언가 하얗고 기름처럼 보이는 물체가 들어 있는 부레 주머니를 들고 왔고, 그것을 선물로 우리에게 준다는 몸짓을 했다. 스와르츠가 자리에 없었으므로 우리는 그와 대화할 수가 없었고, 따라서 그 부레 주머니에 무엇이 들었는지 알 수가 없었다. 미하일로프는 우리가 주저하고 있다는 것을 알아채고, 잠시 이 계략이 술을 얻어내는 데 실패할 수도 있다는 생각이 들었는지, 갑자기 얼굴표정을 다시 한 번 밝게 바꾼 다음, 한 조각의 빵을 꺼내 놓고 그 부레 주머니에 들어 있는 물체가 버터 대용이라는 사실을 우리에게 손짓발짓으로 알려 주었다. 마후드가 의아스런 표정으로 나를 돌아보며 말했다.

"부시, 넌 저게 뭐라고 생각해?"

"알고 싶으면 한번 시도해보는 게 어때?"

미하일로프의 만족스러워하는 표정을 바라보며, 우리는 그것을 한번 맛보기로 했다. 이전에 우리는 앞으로 닥칠 시련에 대비하기 위해 닥치는 대로 모든 음식을 먹어 보기로 서로가 다짐했었다. 그 맛은 특별히 받아들일 수 없을 정도는 아니었지만, 뭐라고 정의를 내리기 어려운 맛이었다. 우리는 먹기를 계속하고 있었는데, 그때 스와르츠가 돌아왔고, 미하일로프가 그 음식을 그에게도 권했다. 스와르츠는 머리를 흔들고, 어깨를 들어올리며, 코를 멀리하는 등 싫다는 표시를 했고, 그 때문에 마후드와 나는 먹기를 중단하고 대체 그 물체가 무엇인지 물어보았다. 그가 대답했다.

"머릿기름이야, 머릿기름!"

"곰의 지방으로 만든 거라고."

마후드와 나는 설마 그럴 리가 하는 표정으로 서로의 눈을 바라보다가 반쯤 씹어 삼킨 음식이 목에 걸리는 듯했다. 그래서 우리는 더 오래 있다간 무슨 일을 더 당할지 몰라 퉁구스족 친구들에게 술을 배급해 주었다.

10월 30일 아침 깨어나 보니, 들려오는 첫소리가 빗물 떨어지는 소리였다. 비가 계속해서 내리면서 텐트를 들이치고 있었다. 그야말로 반갑지 않은 소리였지만, 다른 대안이 없었으므로 우리는 또 하루를 연기할 수밖에 없었다. 우리는 이 소나기가 하절기의 마지막 비가 되기를 간절히 바랐다. 그렇게 되면 추운 계절이 뒤따라오면서 습지가 다 얼어붙게 되고, 무거운 등짐을 진 우리 순록들도 큰 어려움 없이 걸어갈 수 있을 것이며, 또한 두말할 필요도 없이 우리도 매일 물에 빠져가며 걸어가는 일도 없어질 것이다.

하릴없이 시간 보내는 것이 아까워진 나는 미하일로프를 설득해 앉혀놓고 초상화를 그렸다. 그는 일생동안 거울을 본 적이 없었는데, 나는 그가 못생겼다고 생각한 적이 없었다. 아무튼 내가 그린 초상화를 본 그는 별로 달가워하지 않았고, 반면에 콘스탄틴은 초상화에 많은 관심을 표명하고 있었으므로, 내가 그의 초상화를 그려 주자, 그제야 그는 만족해 했다. 그러나 인간의 나약함이란 어쩔 수 없었다! 이제는 판세가 역전되어 오히려 미하일로프가 좋아하고 콘스탄틴이 고개를 푹 숙이고 있었다. 초상화가 그들의 마음속에 이상한 영향을 미친 것일까, 그들은 손으로 머리털을 쓸어내리며 깊은 생각에 잠긴 채 텐트 밖으로 나갔다. 이내 콘스탄틴이 되돌아와 나에게 가위를 빌려달라고 했고, 잠시 후 머리에 털이 거의 남아 있지 않은 상태로 두 사람이 되돌아와서 나에게 다른 초상화를 만들어 달라고 애원했다.

오늘 하루 동안 뇌조 2마리와 우리가 처음 본 극지 메추라기 1마리가 보급 창고에 추가되었다. 오후 9시경 별들이 하늘에 나타나자, 우리는 기쁨에 들떠 있었다. 이제 우리의 인내심이 바닥을 드러내고 있었으므로, 내일 출발할 수 있으리라는 기대감을 안고 우리는 가문비나무의 가지와 잎으로 만들어진 잠자리에 들었다.

"10월 31일 - 야영지에 머물다. 하늘이 미쳤다. 하늘은 지난 일주일 내내 비가 내린 것을 잊었나 보다. 아직도 여전히 우리를 비로 사랑하고 있으니. 오늘도 출발한다는 희망이 보이지 않는다."

오후 내내 사냥 다니다가 미하일로프가 야영지 앞 약 1.5km 되는 지점에서 조그만 시냇물을 발견했는데, 지난 비 때문에 크게 물이 불어서 다리를 놓아야 할 지경이었다. 콘스탄틴이 다리 놓을 나무를 베러 나갔고, 우리도 곧 미하일로프에게로 갔다. 밤 9시 30분경 달이 온화한 표정을 짓고 밤하늘에 떠올랐다.

| 제 9 장 |

범람하는 습지-나쁜 여행길-불쌍한 순록-힘든 순록 타기-달리기 경주-야코프의 특기-새로운 장화 벗기기-상처 입은 순록-'노인의 머리' 봉우리-미하일로프의 빗나간 사격-원인 규명-강물에 빠진 마후드-상처 입은 순록 돌보기-비가 더 많이 내리다-눈이 내리다-겨울의 신호-침차갈리 강-수컷 뇌조-퉁구스족의 순록 사냥법-몸살 걸린 미하일로프-치료약-야영-담비 서식처-우살긴 만-솔로루칸 강-부서진 온도계-우살긴 강-타원형 진흙 언덕-뇌조와 크랜베리-황량한 지역-보트가 없다-밤의 축제-사치스런 음식과 그 대가-뗏목 타기-한결 나아진 여행길-동상에 처음 걸림-영하 24도-야생동물들의 길-퉁구스족의 길-버려진 야영지-순록의 죽음-땅속 고기 저장소-정직한 원주민들-울반 강-얼음 위에서-얼어붙은 호수-수정 같은 얼음 카펫-세란 강-지바락 지역-투구르 계곡

아침마다 비가 내리는 실망스런 상황이 계속 반복되다 보니, 더 이상 기대할 것이 없어지고, 또 놀랄 일도 없어질 정도로 무덤덤해졌는데, 11월 1일 이른 아침에 우리는 밖을 내다보고 땅 위에 얇게 눈이 쌓여 있는 광경을 목격하게 되었다. 이제야 여행을 새로 시작하기 좋은 날씨가 되었던 것이다. 그러나 흩어져 있는 순록들을 불러 모으고 텐트를 거두는 데 시간이 걸렸다. 마침내 우리는 출발하게 되었고, 물이 불어 있는 습지를 통과해 전날 밤 우리의 길잡이 친구들이 만들어 놓은 통나무 다리로 향했다. 이것은 단지 깊고 좁은 시냇물 위에 커다란 통나무 2개를 걸쳐 놓은 것뿐이었다. 그런데 이미 통나무 1개는 밤사이 불어난 물에 떠내려갔고, 그 너머에는 호수

가 끝없이 펼쳐져 있었다. 횡단해 갈 엄두가 나지 않은 우리는 다른 길을 찾아 시냇물 상류 쪽으로 올라갔다. 길 찾기에 실패한 우리는 올라왔던 길을 다시 내려와 원점으로 돌아왔고, 그렇게 한 시간 반을 지체한 다음, 남아 있는 한쪽 통나무 다리 위로 어깨 위에 짐을 멘 채 건너고, 순록들은 헤엄쳐 건너가게 함으로써 시냇물 건너는 데 성공했다. 습지를 만나자 순록들은 진흙탕에 배까지 빠지기 일쑤여서 출발초부터 우리는 모두 홀딱 옷이 젖어 버렸다. 그날은 영하 1도로 결코 쾌적한 날씨가 아니었다.

우리의 진로는 서쪽이었다. 그날 하루 동안 여러 개의 불어난 강물과 불어 넘치는 습지들을 건너야 했다. 사실 이쪽 지역은 강과 습지로 거의 뒤덮여 있었고, 마른 땅이라곤 보이지 않고 온통 지난 비에 흠뻑 젖어 있는 스펀지 같은 이끼밭투성이었다. 한 걸음 내디딜 때마다 우리와 순록들은 거의 무릎까지 이끼 속으로 빠져들었고, 발을 빼내면 길은 곧 물로 흥건해졌다. 이런 경험을 하게 되자, 우리는 이후로 순록 타기가 싫어지게 되었고, 심지어 순록과 관계된 것이면 모든 것이 싫어졌다. 우리 행렬은 물에 젖어 초라한 행색으로 느릿느릿 나아갔는데, 마치 길 모르는 노인네처럼 헤매고 다니는 것 같았다.

이제 오늘 여정의 1/4도 남지 않았지만, 일단 순록을 타면 순록 위에서 자세를 유지하기 위해 끊임없는 노력을 기울여야 했고, 차라리 걷는 것이 어떤 면에서는 편했다. 우리는 양쪽 다리로 순록을 계속 차 주어야 하고, 폴카로 순록뿔을 가끔 두드려 주며, 또 쉬지 않고 혀를 끌끌 차 주어야 한다는 사실을 알게 되었다. 우리가 상상 속에서 알고 있던 순록은 바람처럼, 번개처럼 순식간에 나타났다 사라지는 그런 동물이었는데, 우리가 알게 된 실상은 신이 만든 피조물 가운데 가장 느린 동물 중 하나가 순록이었다. 우리가 아무리 노력해도 사람이 걸어가는 속도보다 더 빠르게 갈 수가 없었다.

이것은 우리가 여행에 활기를 불어넣기 위해 스와르츠와 내가 순록을 타고 달리기 경주를 벌이는 도중에 완전히 드러난 사실이다. 경기 도중에 퉁구스족 친구 2명과 코사크족 친구 1명이 순록에서 내려 우리 뒤를 따라 걸어오면서 순록 엉덩이들을 장대로 끊임없이 찔러 대고, 또 우리도 순록 가슴을 비롯한 온갖 근육 부위에 자극을 가하며 모든 노력을 다했는데도 불구하고 아무런 소용이 없었다. 순록의 속도는 사람 걷는 것보다 빠르지 않았다. 그래서 나는 순록이 소와 비슷하다는 생각을 갖게 되었다. 특히 머리 부분이 아주 유사했다. 그리고 순록을 타는 데는 어떤 양심의 가책까지 느끼게 되었음을 고백하지 않을 수 없다.

  어쩔 수 없이 징발당해 짐을 지고 있지만, 연약해 보이는 등과 그 전체적인 모습이 짐을 지우기에는 적합하지 않은 동물임을 나타내 주고 있는 것 같았다. 매번 그 연약한 등 위에 무거운 상자나 짐, 혹은 커다란 사람까지 부담 지우는 장면을 볼 때마다 너무 과중한 것처럼 느껴졌다. 신이 결코 그렇게 의도하지 않았던 불쌍한 동물에게 인간이 그런 부담을 안겨 주었던 것이다. 그러나 이들 북부 원주민들에게 순록은 전부였다. 특히, 개가 별 쓸모가 없는 산악지역에서 순록은 아주 소중한 동물이 될 수밖에 없었다.

  오후 1시 반쯤 우리가 전에 아무르 강 근처에서 본 것보다 더 높은 산맥이 눈에 들어왔다. 우리가 가는 길에서 약 15베르스따 정도 떨어져 있었고, 높이는 약 1,000m 정도 되어 보였다. 야영하기 전에 미하일로프가 저녁거리로 큰 뇌조 한 마리를 총으로 잡아 왔다.

  오늘은 지금까지 우리가 겪었던 날 중 가장 힘들고 추운 하루였다. 날이 어두워지자 우리는 안락한 텐트와 타오르는 모닥불, 끓어오르는 차와 마음을 위로해 주는 파이프 담배 등으로 즐거운 시간을 보냈다. 우리는 아침부터 내내 옷이 젖어 있었는데, 자연스런 결과로 발이 부어올라 꽉 낀 장화가 빠지지 않았다. 우리로서는 어떻게 해 볼 재간이 없었다. 모든 방법이 실패하자, 우리의 소중한 친구 야코프가 도와주러 나타났다. 장화 끄트머리를 이빨로 물고 손으로 장화 뒤축을 잡아당기니 놀랄 정도로 쉽게 발이 빠져 나왔다. 정말 놀라운 이빨이었다. 만일 그 이빨이 빠지기라도 한다면 많은 사람들이 아쉬워할 것이 분명했다.

오후 8시경 온도계는 영하 3도를 가리키고 있었다.

다음 날인 11월 2일도 어제처럼 그렇게 추운 날씨였고 힘든 하루였다. 너무 힘들다 보니 혓바닥이 달라붙어 아무도 말하는 사람이 없을 정도였다. 힘든 일과를 마치고 밤에 마지막으로 순록을 올가미로 만든 울타리 안에 몰아넣다가, 스와르츠의 순록이 심하게 절룩이는 것을 발견하게 되었다. 우리는 이것이 우리 여행의 방해 요인이 될까 봐 걱정스러웠다. 가다가 운 좋게 우살긴 만(Usalghin Bay)에서 퉁구스족 원주민들을 만나 그 상처 입은 순록을 교환할 수 있기를 바랄 뿐, 우리로서는 아무런 확신도 할 수 없었다.

그날 하루 종일 오호츠크 해 고래잡이 선원들이 '노인 머리' 봉우리라 부르는 오호츠크 해안에 위치한 봉우리 하나가 눈에 들어왔다. 이 봉우리는 약 1,000m 높이로 이미 하얀 옷으로 갈아입고 있었고, 어두운 하늘을 배경으로 우뚝 서서 아름다운 자태를 뽐내며, 지금까지 지루하게 물이 넘치는 습지만을 통과해 온 우리에게 새로운 변화를 불어넣어 주고 있었다.

우리 팀의 사냥꾼인 미하일로프가 오늘 하루 동안 큰 수컷 뇌조 한 마리에게 총을 두 번 쏘았으나 모두 맞히지 못해 우리에게 놀라움을 안겨 주면서 동시에 자신은 커다란 수치심에 잠기게 되었다. 그의 평상시 성공률과는 아주 다른 성적을 보인 이 불행은 그에게 커다란 걱정거리였다. 어떤 잘못된 행동에 대한 인과응보라는 그의 미신적 생각에 대해 어떤 다른 설명도 먹혀들지 않았다. 그 원인을 찾으려고 몇 시간 동안 굳은 얼굴로 순록을 타거나 걸어다녔다. 마침내 원인을 찾아낸 그는 밝은 얼굴로 우리에게로 와 그 이유를 설명해 주었다. 그는 그의 불행이 자기가 뇌조의 머리를 잘못 쏴 날려 버렸기 때문에 발생한 것이라고 굳게 믿고 있었다. 이런 그의 미신적인 관념은 우리 모두를 웃게 만들었으나, 그는 진지하게 불행의 원인을 찾아낸 것 같았으므로, 우리는 모르는 척 그의 의견에 동조해 주었다.

밤이 가까워오자 날이 불편할 정도로 추워졌다. 젖은 발과 다리가 오그라들어 순록 등에 타고 가기가 어려웠다. 혈액순환을 위해서는 뭔가 격렬한 운동이 필요했다. 야영지 도착 30분 전에 마후드는 지나친 자신감의 희생사가 되었다. 그는 순록 다는 기술이 니보다 훨씬 뛰어나서 여행 도중에 여러 환상적인 기술을 뽐냈었다. 그러다가 이번에는 좁고 깊은 시냇물을 만나자, 순록에서 내리는 것을 모욕으로 여기고 순록을 탄 채 뛰어넘으려 했다. 갑작스런 재촉에 놀란 순록이 크게 뛰어오르면서 마후드의 몸이 통째로 차가운 물속으로 떨어졌다. 다행스럽게도 순록은 물속에 빠지지 않았다. 곧 모닥불을 피워 그의 몸을 따뜻하게 말렸다. 밤이 되자 스와르츠의 순록이 거의 걸을 수 없을 정도로 불쌍한 상태가 되었다. 그런데 상처 부위를 술로 부드럽게 마사지해 주자 한결 좋아졌다. 그 순록 주인인 콘스탄틴에게 순록이 죽을지도 모르겠다고 걱정해 주자, 그는 상관없다고 무관심하게 대답했다. 왜냐하면 그는 여행을 위해 자기 아들에게서 그 순록을 빌렸으므로, 그는 잃을 것이 없다는 것이었다.

다음 날은 하루 종일 거센 비바람이 불어 댔으므로, 우리는 텐트 안에 꽁꽁 묶여 있으면서 오로지 다음 날 아침까지 날이 좋아지기를 기대할 수밖에 없었다. 술로 마사지해 준 것이 그 상처 입은 순록 치료에 많은 효과가 있었다.

"11월 4일. 오늘 아침 우리는 반가운 풍경에 기분이 좋아졌다. 주변 숲에 있는 수많은 전나무 가지들이 무거운 눈의 무게를 견디지 못하고 꺾이거나 휘어져 있었고, 지면은 온통 약 20cm 깊이로 눈옷을 뒤집어쓰고 있었다. 잠에서 깨어나 보니 주변 풍경이 이렇게 소리도 없이 갑자기 완전히 달라진 상황에 이상함마저 느껴졌다. 지난밤에 순록들은 주변의 무성한 수풀의 어두운 색깔과 쉽게 구별되는 하얀색으로 보였지만, 이제 사방이 새하얗게 변한 상황에서는 오히려 누르스름하고 거무스름한 색깔을 띠고 있었다. 사실 혹독한 계절인 겨울이 다가왔다는 신호임에도 불구하고 우리의 마음에는 기쁨과 만족함이 가득해지는 것은 이상한 일이었다. 하지만 우리는 지금까지 현재 상황에서 우선적으로 선택해야 할 일을 먼저 생각하는 것을 경험으로부터 배워 왔다. 날이 밝자, 날씨가 좀 좋아졌고, 가랑비가 내리기 시작했다. 그러나 8시쯤 비가 그쳤고, 우리는 즉시 출발 준비를 시작했다. 적어도 미하일로프가 말해 준, 여기서 약 5베르스따 떨어져 있는, 다리가 놓여 있을 강까지는 갈 작정을 하고 있었다. 습지대를 통과해 1시간 넘게 나아간 후에, 우리는 퉁구스족 원주민들이 '침차갈리(Chimchagalee)'라 부르는 강에 도착했다."

습지대는 얇은 얼음이 얼어 있었는데, 그것을 깨고 나아갔다. 침차갈리는 폭이 약 7m 정도로 물살이 매우 빨랐다. 그러나 물이 얕아서 걸어서 건널 수 있는 것이 다행이었다. 이 강은 암군(Amgun) 강의 지류였다. 강둑 부근에는 바닥이 깊이 파인 곳들이 있고, 또 쓰러진 나무들이 있어서 접근하기가 쉽지 않았다. 강을 건너고 조금 후에는 높은 지대가 한 1베르스따 정도 나타나 아주 나아가기가 좋았는데, 그곳을 지나 다시 낮은 지대로 내려오니 곧 다시 습지대가 나타났다.

우리가 앞으로 나아갈수록 양옆에 있는 숲 언덕이 서서히 가까워지더니, 밤 무렵 계곡 입구에 다다른 것 같았다. 나무들이 더 무성하고 키도 더 컸는데, 낙엽송, 가문비나무, 전나무 등이었다. 도중에 스와르츠가 총을 쏴 수컷 뇌조 1마리를 잡았는데, 약 2.5kg의 큰 것으로 처음 보는 것이었다. 머리는 검고, 목은 초록색, 등은 갈색인데 작은 회색 점들이 점점이 박혀 있었다. 꼬리는 부채 모양으로 컸는데, 6~8개의 짧은 꼬리 깃털은 끄트머리 부근에 하얀색 선이 그어져 있었다. 눈꺼풀은 빨간색이었다. 지금까지 우리는 이런 종류의 뇌조들을 항상 물가 근처 땅위에서 발견하곤 했는데, 지금은 이 새들이 가까운 숲속에서 날아올라 우리들을 놀라게 했다. 우리들의 니므롯(Nimrod)40)인 미하일로프는 사냥 나갈 때 항상 순록 한 마리를 데리고 가는데, 대개 사냥감들이 순록을 보면 놀라지 않으므로 순록 뒤에 숨어서 사냥감에게로 아주 가까이 다가갈 수 있기 때문이었다. 그는 이렇게 순록을 훈련시켜 야생순록을 잡기 위한 미끼로 이용하고 있었다.

오후 3시경 미하일로프가 마치 말라리아에 걸린 것처럼 덜덜 떨며 다가와서 빨리 야영을 하자고 요청했다. 그는 아침부터 내내 몸이 젖어 있었는데, 우리는 그가 병이라도 날까 봐 걱정되어 그에게 희석시킨 술을 큰 잔으로 한 잔 주면서 제일 가까운 순록 목초지를 찾으라고 말해 주었고, 1시간 만에 우리는 그곳에 도착했다.

야영지에서는 밤이 제일 즐거운 시간이다. 우리는 전나무와 가문비나무로 가득한 아름다운 숲에 둘러싸인 언덕 중턱에 자리를 잡았다. 가문비나무 몇 그루는 지름이 거의 약 60cm 가량 될 정도로 큰 나무였다. 눈을 치우고 텐트를 친 다음, 평상시처럼 바닥에 초록잎 달린 가지들을 두툼하게 깔았다. 뜨거운 차가 준비되면, 우리는 모두 하루 중 가장 사치스럽고도 즐거운 시간 속으로 빠져 들어갔다. 저녁 만찬이 준비되는 동안 모닥불에 빛나는 찻잔을 들어올리며 뜨거운 차를 마시고, 맛있는 담배를 즐겼다. 식사를 마치기 전에, 우리는 미하일로프에게 추위를 물리치라고 큰 잔으로 술을 또 한 잔 주었는데, 그는 우리의 의도를 잘 모르는 것 같았다. 그는 아주 고마워하면서 자신이 얼마나 우리들에게 신실한 사람인지를 계속 중얼거리면서 힌두교도처럼 무릎까지 꿇고 머리가 땅에 닿을 정도로 숙이며 여러

---

40) 《구약성경》에 나오는 야훼가 인정한 사냥꾼.

번 인사를 했다. 새벽 7시 온도계는 영하 4도를 가리키고 있었다.

다음 날 아침 온도는 영하 6도였다. 우리는 평상시보다 더 일찍 서둘러 떠났고, 다시 온몸이 젖는 불편한 습지 여행이 시작됐다. 2개의 작은 강을 걸어서 건넌 다음, 숲으로 둘러싸인 능선을 오르기 시작했다. 그 능선은 고래잡이 어부들에게 잘 알려진 우살긴 만으로 흘러들어가는 오렐 호수의 지류들과 아무르 강을 나누는 분수령이었다. 이 능선에는 미하일로프가 예전에 사용했던 야영터가 있었고, 또 퉁구스족 원주민들이 사용했던 텐트의 나무 뼈대들이 많이 남아 있었다. 그것들은 우리 것과 똑같은 방식으로 지어진 것이었다. 이 능선은 담비의 서식처로 알려져 있었다. 정상에서 바라보니 북서쪽 방향으로 약 15km 정도 떨어져 있는 우살긴 만이 첫눈에 들어왔다. 더 멀리에는 높은 산맥이 눈이라도 내릴 것 같은 먹구름이 떠 있는 하늘을 배경으로 자신의 눈 덮인 하얀 산봉우리들을 드러내고 있었다. 능선 기슭에서부터 해안가까지는 이끼 평원, 즉 툰드라 지대가 이어지고 있었는데, 퉁구스족 원주민들이 살고 있는 솔로루칸 강(Sololoucan river)이 그곳을 휘돌아 가고 있었다.

우리는 추운 북풍을 맞아가며 이 툰드라 지대를 건너가야만 했다. 만이 가까워지자, 진로를 서쪽으로 바꾸어 솔로루칸 강과 그 강의 지류 2개를 건넜다. 약 40베르스따 정도를 전진한 후, 막 어두워지기 시작할 무렵에 추위와 물에 젖어 지친 우리는 황량한 툰드라 지대를 외롭게 홀로 휘돌아가고 있는 작은 강에 도착해 텐트를 쳤다. 눈보라를 동반하고 만에서 불어오는 차가운 돌풍을 막아 주는 것은 우리의 가벼운 범포 텐트뿐이었다. 전날 밤 우리는 돌이킬 수 없는 손실을 입었다. 야코프가 우리의 작은 화씨 온도계를 밟아 부서뜨렸던 것이다. 하지만 아직 우리에게는 니콜라예프스크에서 우리의 친구 벨소이프 대위가 놀라운 예지력으로 우리에게 준 커다란 레오뮈르 온도계가 남아 있었다. 그것은 사용하기가 약간 불편했지만, 현재로서는 최적의 물건이었다.

　다음 날 아침 오전 11시경 습지대를 수없이 넘어지며 어렵게 전진한 끝에, 우리는 우살긴 강의 둑에 도착했다. 그곳은 그 강하구 위쪽으로 약 5베르스따 정도 떨어져 있었다. 도중에 우리는 습지 위로 약 1~3m 정도 높이로 솟아 있는 타원형 형태의 아주 커다랗고 호기심 가는 진흙 언덕들을 만나게 되었다. 겉은 우리를 지탱할 정도로 껍질처럼 딱딱하게 굳어 있었지만, 우리가 놀아가며 대여섯 번 두들기니 껍질 속으로 뚫고 들어갈 수 있었다. 그러나 바닥을 찾을 수가 없었고, 속에는 묽고 검은 진흙이 가득 차 있었다. 이것들은 최근에 생성된 것은 아닌 것 같았고, 겉에는 꿩, 오리 잡는 사냥총 탄환 크기의 크랜베리 열매로 뒤덮여 있었으며, 그 위에 10여 마리의 극지메추라기들이 둥지를 틀고 있었다. 이 새들은 사람을 아주 꺼리고, 또 눈이 올 때만 가끔 눈에 띄지만, 스와르츠가 2마리를 잡아왔다.

　이 지점에서의 우살긴 강은 폭이 약 180m 정도였고, 너무 깊어서 건너갈 수가 없었으므로 우리는 즉시 미하일로프와 콘스탄틴을 강하구 쪽으로 보내어 퉁구스족이나 길랴족 원주민들을 찾아보도록 했다. 만일 원주민들이 있다면 배를 빌려 타고 건너갈 생각이었다. 그동안 우리는 강둑에 텐트를 세웠다. 우리가 아침에 통과한 지역은 지금까지 우리가 본 것 중 가장 황량한 지역이었다. 길 양쪽으로 나무 한 그루 없는 거대한 습지가 펼쳐져 있으면서 마치 죽은 듯이 사방이 고요했다. 우리 행렬이 지나가는 모습 이외에 움직이는 생명체라곤 보이지 않았다. 그런데 우리가 지나갈 때, 정적을 깨고 들려오는 소리가 있었는데, 우리가 다가갈수록 소리가 더 커졌고, 마침내 우리는 우살긴 강둑에 도착했다. 그것은 강물이 미친 듯이 빠르게 흘러가는 소리였는데, 만에서 빠져나가는 조류 때문에 물살이 더 빨라져 황량한 툰드라 지대를 휘돌아 나가며 얇게 얼어 붙어 있는 커다란 얼음장들을 부수어 나르고, 진흙 강둑 밑 부분을 침식해 가파르게 만들어 놓고 있었다. 때때로 수 톤에 해당하는 진흙더미가 소용돌이치는 강물 속으로 떨어져 나가 진흙탕을 만들더니, 마치 거대한 솥처럼 거품을 내며 끓어올랐다.

오후 3시경 우리의 길잡이들인 미하일로프와 콘스탄틴이 돌아와서 주변에 아무도 없다고 보고했다. 이제 우리에게 남은 방법은 건너갈 수 있는 곳을 찾을 때까지 강을 따라 계속 올라가는 것뿐이었다. 그러나 이미 시간이 늦었으므로 야영할 곳을 찾기로 했다.

우리가 찾은 야영지에는 텐트 칠 때 쓰는 것 같은 작은 나뭇가지 뼈대만 남아 있었는데, 그 밑에는 불을 피운 흔적이 있었다. 우리의 길잡이들은 이것이 여름에 원주민들이 모기떼로부터 순록을 보호하기 위해 불을 피운 흔적이라고 말해 주었다. 순록들이 모기떼를 피해 모닥불 주위로 몰려들면, 순록들이 불에 데지 않도록 하기 위해 모닥불 주위에 그런 나무들을 세워 놓았던 것이다. 오늘밤 우리는 축제를 벌였다. 닭고기보다 연한 뇌조 고기 스튜, 크랜베리 소스, 맛좋은 차, 진한 순록 우유 등으로 우리는 이보다 더 맛있는 것을 찾아볼 수 없었다.

하루 여행길이 끝나면 아주 즐거운 시간이 찾아왔다. 모닥불에 젖은 옷을 말리고, 담요 위에 아무렇게나 널브러져 누가 오든 상관하지 않고 맛 좋은 담배를 즐기며 서로 이야기 나누는 것에 빠져들었고, 그 사이에 맛있는 저녁 식사 냄새가 코끝을 간질이고 있었다. 어찌 이 맛있는 냄새에 식욕이 동하지 않겠는가? 특별한 맛이 아니어도 음식이 준비되면 이미 그것에 푹 빠질 준비가 되어 있었다. 이것은 비슷한 경험을 해 본 사람만이 이해할 수 있는 것이다. 그런데 우리 경우에 있어서 이런 더할 나위없는 훌륭한 순간들은 비싼 대가를 치르고 얻어진 것이었다. 우리는 하루 종일 물에 젖어가며 추위와 싸워야 했고, 또한 여행 중 여러 가지 어려운 상황들을 겪어가며 야영지에 도착하므로, 그런 즐거움을 맛볼 수 있었던 것이다.

다음 날 우리는 남서쪽으로 진로를 잡고 우살긴 강 상류 쪽으로 올라갔다. 우살긴 강 지류들 5개를 건너고 약 20베르스따를 전진하고 나니, 밤이 찾아왔고 우리는 텐트를 쳤다. 이날은 아주 추운 날씨여서 젖은 장화와 수사슴가죽 바지가 얼어서 뻣뻣했다. 그리고 니콜라예프스크를 떠난 이후로 햇빛이 온종일 그 자태를 드러낸 것이 오늘이 처음이라는 사실을 제외하고는 기록할 일이 아무것도 없었다.

다음 날 아침 오전 10시경 다시 우살긴 강 상류로 올라갔고, 폭이 60m를 넘지 않는 지점을 발견했는데, 물속은 아주 깊었다. 우리는 이곳을 건너기로 결정했고, 곧 물개가죽 끈으로 통나무를 엮어 뗏목을 만드는 작업에 착수했다. 다 만들어진 뗏목으로 여러 번 왔다 갔다 하면서 짐을 모두 날랐는데, 물살이 빨라서 매번 뗏목을 상류 쪽으로 끌어다 놓아야 했다. 그런 다음 순록은 수영으로 건너게 하였다. 순록들이 머리와 뿔만 물 위에 내놓고 헤엄쳐 건너는 모습은 아주 볼 만한 광경이었다.

11월 9일 우리는 우살긴 만으로 흘러들어 가는 강들과 울반 강(Ulban river)으로 흘러들어 가는 강들 사이의 분수령을 통과했다. 그 지역은 우살긴 강 주변 지역과 비슷한 자연 환경이었다. 너른 습지, 서로 교차하는 작은 강들, 그리고 낙엽송과 러시아인들이 '케드로브닉(kedrovnik)'이라 부르는 난쟁이 소나무들이 드문드문 자라고 있는 그런 지역이었다. 그러나 부분적으로 얼어붙은 습지 위로 약 35cm 가량 눈이 쌓여 있었으므로 여행길은 더 좋았다. 이날이 지금까지 우리가 경험한 가장 추운 날이었는데, 온도계는 영하 19도를 가리키고 있었다. 미하일로프는 발가락이 조금 얼었는데, 그리 심한 것은 아니었다. 나는 가죽장화를 벗고 토르바싸로 바꿔 신었는데, 그럭저럭 마른 상태를 유지할 수 있어서 이전보다 고통을 훨씬 덜 받았다.

10일 아침, 온도계는 영하 24도를 가리키고 있었다. 하루 종일 코와 귀가

시려 왔다. 야생순록, 늑대, 여우, 담비, 수달, 토끼 등이 최근에 다닌 흔적이 있는 길들이 눈에 띄었지만, 정작 눈에 보인 것은 작은 야생들쥐들뿐이었다. 이것들은 부드러운 눈 속으로 다이빙하듯 달려들었는데, 정말 눈을 좋아하고 즐기는 것 같았다.

오후에 우리는 퉁구스족 원주민들이 최근에 순록을 데리고 간 자국이 남아 있는 길을 따라갔다. 미하일로프의 말에 따르면, 그들은 사냥꾼임이 분명하며, 가끔 이 길을 이용하고 있는 것 같다고 했다. 그들은 우리가 가려는 방향으로 가고 있어서 우리는 그들을 따라가기로 했고, 그들을 만나면 신선한 순록고기를 얻을 수 있기를 기대했다. 또한 점점 추워지는 날씨에 지금 갖고 있는 담요로는 추위를 감당하기 어려워 새로운 순록가죽을 더 얻었으면 했다. 몇 베르스따를 더 가서 우리는 그들이 묵어 간 야영지에 도착했다. 그곳은 비어 있었고, 아직도 잿더미에서 연기가 피어오르고 있었다. 그런데 실망스럽게도 그들은 진로를 바꾸었고, 우리는 그들을 따라가기를 포기했다. 밤이 되자 능선을 따라 남북으로 숲이 울창한 울반 언덕(Ulban Hills) 자락에 야영을 했다.

지난 2~3일 동안 우리의 상처 입은 순록의 상태가 급속히 나빠져서 걸을 수 없는 상태가 되었는데, 길잡이들의 말에 따르면, 남아 있는 순록들 중에서 짐 실을 수 있도록 훈련시켜놓은 순록이 한 마리 있으므로, 다시 짐을 재분배하고 상태가 나쁜 순록을 잡아 식량으로 쓰기로 결정했다. 우리는 가는 도중에 먹을 식량으로 쓰기 위해 그 고기의 절반을 사들이기로 했고, 나머지는 길잡이들이 니콜라예프스크로 돌아가는 길에 쓰려고 땅속에 파묻고 늑대나 여우가 파먹지 못하도록 그 위에 무거운 통나무들을 굴려 놓았다. 그러나 이것은 그들의 통상적인 저장 방법은 아니었다. 통상 그들은 대략 2~3m 높이의 나무 기둥을 4개 세워 그 위에 단을 만들어 놓고, 그 위에 작은 통나무 헛간을 만들어 저장 공간으로 삼았다. 이런 저장 공간들은,

이 적막한 야생 오지에서 훔쳐가려면 얼마든지 쉽게 훔쳐갈 수 있는 상태인데도 불구하고, 몇 달이 지나도 아무런 피해 없이 남아 있게 되는데, 그것이야말로 이곳 사람들의 정직함과 양심을 증명해 주는 것이다. 그럼에도 불구하고 우리가 나중에 들어 알게 된 것은, 부족의 자존심을 지키려는 그들의 노력에도 불구하고 가끔 서로의 덫을 훔쳐 가는 경우가 있다고 했다.

다음 날 아침 우리는 야영지에서 1베르스따 떨어져 있는 울반 강에 도착했다. 이 지점에서 그 강의 폭은 약 30m 정도 됐다. 최근에 불어난 물 위로 얼음이 얼었다가 수위가 떨어지면서 약 3m 높이의 강둑으로부터 가파른 경사를 이루며 얼음판이 형성되어 있었다. 우리는 이 얼음 경사면을 따라 내려가 평평한 데로 가야 했는데, 순록들이 내려가다 미끄러져 아래 바닥에 헝클어지는 모습을 보는 것은 재미있는 일이었다. 얼음 위에서 자꾸 발굽이 미끄러지면서 어쩔줄 몰라 하는 순록들을 한 마리씩 뿔을 잡아당겨 건너편 둑으로 올려 보냈다. 그런데 이번에는 건너편 얼음 경사면으로 올려 보내는 것이 문제였다. 순록을 끌어올리는 것도 어려웠고, 바닥이 미끄러운 토르바싸를 신은 우리 자신도 올라가기가 어려웠다. 마침내 미하일로프가 이 난제를 해결했다. 둑 위에 있는 나무 그루터기에 밧줄을 잡아맨 다음, 밧줄을 늘어뜨려 한 사람씩 움켜잡고 올라오게 만들었고, 순록도 한 마리씩 묶어 당겨 올렸다.

강을 건너자 우리가 가는 방향과 같은 또 하나의 퉁구스족 원주민들 길을 발견하고 그 길을 따라갔다. 얼어붙은 너른 평원을 지나서 우리는 그들이 떠나가고 없는 빈 야영지에 도착했다. 그곳은 평지에서 홀로 불쑥 솟아 있는 약 150m 높이의 작은 산자락 근처에 있었다. 이 지점에서 우리는 큰 강을 피하기 위해 남서쪽으로 진로를 잡아야 했다. 왜냐하면 큰 강은 아직 완전히 얼어붙지 않아서 얼음 위로 섣불리 지나갈 수 없기 때문이었다. 며칠 더 일찍 이곳에 도착했더라면, 우리는 얼지 않은 수많은 호수들 때문에 거의 건너가기가 어려웠을 것이다. 이제 호수 위로 얼음이 두껍게 얼어 그 위로 충분히 지나다닐 만했다. 게다가 얼음 위로 두껍게 서리가 내려앉아 순록이 미끄러질 염려도 없었다. 그렇게 서리꽃이 내려앉은 호수 얼음은 마치 카펫이 깔린 듯 아름다웠다. 가장자리 부분에는 높이가 약 5cm 정도의 나뭇잎같이 생긴 투명한 수정 얼음들이 셀 수 없이 많이 형성되어 있으면서 햇빛을 받아 마치 보석바다처럼 빛나고 있었다. 순록이 지나가면서 밟을 때 충격으로 서리꽃이 부서져 얼음 위로 떨어지면서 수천 개의 작은 유리종이 울려대는 듯한 소리가 났는데, 마치 멀리서 들려오는 것처럼 나지막하게 들렸다.

약 35베르스따를 전진한 다음, 세란 강(Seran river)이라는 얼어붙은 작은 강둑에 있는, 퉁구스족 원주민들이 방금 떠난 야영지에 텐트를 쳤다. 여기서 우리는 아까 묘사했던 고기 저장소, 즉 기둥 4개 세운 저장소를 한 곳 발견했다.

다음 날인 11월 12일은 일요일이었고, 우리는 세란 강과 2개의 다른 작은 강들을 지나갔고, 계속해서 퉁구스족 원주민들이 만들어 놓은 길을 따라가고 있었다. 우리는 가이드들이 부르는 이름인 지바락 지역(Jivarack range)을 통과해 투구르 강 계곡에 도착했고, 우리의 첫 번째 목적지인 투구르 로부터 약 16km 정도 떨어진 지점에서 야영을 했다.

| 제 10 장 |

투구르 도착-투구르 역사-초기 정착촌-코사크족의 탐험-퉁구스족 야영지-예쁜 퉁구스족 여자의 무관심-옷-우아한 순록 타기-콘티네 강-투구르 기지-실망-담비 사냥 시기-홀로 사는 할머니-투구르 강-외딴 오두막집-첫 여행의 끄트머리-야쿠트족 마을-융숭한 접대-야쿠트족-야쿠츠크-토르바싸-사모바르-유일한 백인 소녀-퉁구스족 스타로스타-순록 협상-바실리와 에오프-옷과 침구 구매-신선한 소고기-연기로 가득 찬 텐트-미하일로프와 콘스탄틴의 떠나감-결혼 작전-비싼 지참금-퉁구스족의 구애와 결혼-술취한 원주민 친구들-다시 출발-알고칸 강-눈폭풍-따가운 눈-우리의 새로운 순록들-말라진 강-깊이 쌓인 눈과 힘든 여행길-설피-야코프의 호기심-재미있는 장면-깊이 쌓인 눈-완만한 경사-자연적인 원형 경기장-힘들고 위험한 산 오르기-산사태로 쌓인 눈더미-행운-멋진 전망-하산-힘든 순록 타기-저절로 나오는 욕설-야영-순록들의 이탈-가엾은 에오프!-알라 구릉지대

다음 날 아침 우리 모두는 일찍 일어났다. 투구르에 거의 다 왔다는 생각에 아침도 먹지 않고 마후드, 스와르츠, 콘스탄틴, 그리고 나는 먼저 출발했고, 남아 있는 야코프와 미하일로프가 나머지 순록과 물품들을 갖고 따라오기로 했다. 이제 그럴 듯한 집에서 식탁에 앉아 정식으로 식사를 하게 된다는 생각에 그동안 텐트에서 먹어 왔던 끓여 익힌 순록고기와 차에 대한 생각이 모두 사라져 버리고 오로지 빨리 투구르 기지에 도착해야 한다는 생각뿐이었다. 투구르 기지는 투구르 강(Tugur river) 하구 부근에 위치해 있

퉁구스족 남자

는 고래잡이 전진기지였는데, 니콜라예프스크에 남아 있는 우리의 중요한 일원 중 한 사람인 린드홈 씨의 회사가 소유하고 있었다. 이 회사는 해안가에서 여름에 보트를 타고 나가 고래를 죽여 다시 해안가로 끌고 온 후, 해체하여 기름을 뽑아 내는 사업을 하고 있었다. 그들은 또한 해안가에 물개 가죽 실로 만든 커다란 그물을 쳐 놓고 범고래를 잡아 기름을 뽑기도 했다. 이 작업에는 통상 약 60여 명의 사람들이 들러붙어 일하게 되는데, 대개 야쿠트족 사람들이었다.

우리는 이곳에서 물품을 재공급받을 수 있을 것을 염두에 두고 니콜라예프스크에서 여기까지 오는 동안 필요한 물품들만 챙겼던 것이다. 앞으로 여행을 계속하려면 특히 모피 침구와 옷, 그리고 기타 부족한 물품들을 공

퉁구스족 여자

급받아야만 했다.

 투구르 강은 동부 시베리아에서 러시아인들에게 처음 알려진 곳이었다. 그들은 이곳에 조그만 통나무 요새를 건설하고 아무르 강의 중국인들에 맞서 싸웠고, 이후 오랜 시간이 흐른 다음 아무르 강 하구 지역을 차지하게 되었다. 어떻게 그들이 이곳에 도착하게 되었는지에 대해서는 내가 말할 수 있는 처지가 아니지만, 하바로프(Khabarof)라는 아주 대담한 코사크족 지도자가 1650년 투구르에 도착한 것으로 알려져 있다. 그때 요새는 이웃한 적대적인 원주민 부족들에 의해 파괴되었다가 1653년 다시 건설되었고, 이후 이 근방에 담비를 비롯한 모피동물이 풍부하다는 놀라운 이야기를 듣고 일확천금을 노린 사람들이 몰려들었다. 이 지역에 관한 코사크족의 초기 탐험과 발견에 대한 기록은 용감한 탐험과 극심한 고통으로 가득 차 있다. 코사크족 병사들이 굶어죽거나 원주민들에 의해 살육당하는 일은 보통 있는 일이었다. 심지어 때때로 그들은 공동의 적이 바로 눈앞에 있는데도 부를 차지하기 위해 자기들끼리 서로 전쟁을 벌이기까지 했다. 라벤스타인(Ravenstein)[41]이 쓴 《아무르 강의 러시아인들(The Russians on the Amoor)》이란 책에는 초기에 행해진 이 코사크족 약탈자들의 무법적인 약탈 행위들이 자세히 묘사되어 있다. 그러나 나의 이 일지는 이 지역의 현재 상황을 기록하는 것이므로, 더 이상 그들의 역사에 대해 언급하지 않고 현재의 기록에 충실하기로 하겠다.

조그만 호수들이 여기저기 흩어져 있는 아주 황량한 지대를 지나 몇 베르스따를 더 간 다음, 작은 야산 하나를 돌아나가자 전날 아침부터 우리가 따라다녔던 퉁구스족 원주민들의 야영지가 갑자기 나타났다. 그들은 남자 2명, 여자 2명, 순록 12마리로 구성되어 있었다. 그들은 우리가 다가갔을 때 막 투구르를 향해 떠나려던 참이었는데, 우리는 그들과 동행하기로 했다. 그들은 우리 길잡이들보다 더 젊고 행색도 나아보였다. 특히 여자들은 우리의 주의를 끌만큼 매력적이었고, 또 우리가 처음 보는 퉁구스족 원주민 여자들이었으며, 그중 한 명은 아주 예뻤다. 동그란 얼굴, 깨끗한 올리브빛 안색, 장밋빛 볼, 부드럽고 검은 눈동자 등이 지난번 오렐 호수에서 만난 더러운 길랴족 여자들보다 훨씬 매력적으로 보였다. 무엇보다 매력적인 것은 그들이 세수를 했다는 점이었다. 그중 예쁜 여자는 정말 요염한 자태를 하고 있었는데, 우리가 어떻게든 친해 보려고 그녀에게 갖은 아양을 다 떨어

---

[41] Ernst Georg Ravenstein(1834~1913). 독일 태생의 영국 지리학자이자 지도 제작자로 최초로 왕립지리학회의 빅토리아 여왕 금메달을 받았다. 특히 아프리카 지도인 〈Map of Equatorial Africa〉와 세계지도인 〈World Atlas〉, 〈Systematic Atlas〉 등으로 유명해졌으며, 최초로 세계인구를 추산해 내고 인류이동설을 주장했다. 1856년 러시아 탐험기인 《The Russians on the Amur》를 출간했다.

보았지만, 그녀는 미소 한 번 짓지 않고, 또 아는 체도 하지 않았다. 그녀는 우리의 존재를 완전히 무시하고 있는 것 같았다. 그런데 콘스탄틴과는 금방 친구가 되었다.

"취향이 맞는 것이 하나도 없다"라는 것이 그녀가 우리를 퇴짜 놓은 이유였다.

그들의 옷은 깨끗하고 산뜻해 보였는데, 크고 따뜻해 보이는 순록모피 외투, 무릎까지 내려오는 같은 재질의 바지, 무릎까지 올라와 바지와 만나는 크고 헐렁한 모피장화 등으로 구성됐다. 모피장화의 상단에는 구슬장식이 되어 있었다. 머리에는 특이하게 보이는 챙 없는 모피모자를 썼는데, 그 테두리에 비버가죽을 덧대고 구슬장식을 한 다음 주홍색 천으로 띠를 둘렀다. 마지막으로 아주 작은 순록가죽 벙어리장갑과 커다란 은제 귀고리가 그들의 복장에 추가된다. 그들의 길고 검은 머리는 두 갈래로 꼬아 등 뒤로 내렸다. 그들은 순록 위에 걸터앉아 칭찬받을 만한 솜씨로 우아하고 쉽게 순록을 다루면서 간다.

우리는 곧 콘틴 강(Contine river)에 도착했는데, 폭이 약 90m 정도 되면서 얼음 두께가 약 30cm 정도로 완전히 얼어붙어 있었다. 이 강은 투구르 강 하구 위쪽으로 약 1베르스따 떨어져 있는 투구르 강으로 흘러들어 가고, 그 합류점 부근에 기지가 있다. 그 퉁구스족 원주민들 이야기로는 그 기지가 폐쇄되어 있다고 했는데, 우리는 린드홈 씨의 정반대되는 의견에 동의하고 있었다. 그러나 막상 도착해 보니 단층짜리 통나무 건물 몇 개가 전부였고, 또 살아있는 생물체라곤 전혀 보이지 않아 우리는 크게 실망했다. 관리들 막사인 가장 좋은 집은 문이 잠겨 있었고, 문 위에는 린드홈 씨에게 보내는 쪽지 한 장이 붙어 있었는데, 물품이 부족해서 늦가을에 이곳을 떠나 맘가(Mamga)로 간다는 내용이었다. 맘가는 해안 위쪽으로 약 100베르스따 떨어져 있는 또 하나의 고래잡이 기지였는데, 전에 러-미 합작회사 소유였다.

상황이 이렇게 되자, 온다 강(Onda river) 하구 부근에 있는 다음 행선지인 알가시(Algasee)까지 약 15일간의 여행을 더 해야 하는 우리는 물품이 바닥 날까 봐 걱정스러웠다. 하지만 다행스럽게도 우리는 떠날 때 물품들을 충분히 가져왔다. 투구르는 미하일로프와 콘스탄틴이 우리를 데려다주기로 약속했던 장소였고, 이제 약속을 이행한 그들은 니콜라예프스크로 돌아가 담비 사냥에 나설 계획이었으므로, 그들에게 그에 상당한 대가를 지불하지 않으면 다음 행선지까지 더 데려다 달라고 설득할 수 없는 상황이었다. 겨울철은 담비 사냥의 최적기였으므로, 만일 우리가 그들에게 알가시까지 가 달라고 강요한다면, 그들은 한 달 이후에나 이곳에 돌아오게 되고, 그렇게 되면 사냥의 최적기를 놓치게 될 수 있었다.

우리는 기지 부근에 있는 작은 오두막집에서 어느 눈이 먼 퉁구스족 할머니가 타다 남은 잿불 위에 몸을 수그리고 있는 모습을 발견했다. 우리가 다가가는 소리에 그녀는 반가운 기색이었다. 그녀는 우리와 일일이 악수를 나누면서 늘어진 목소리로 "이스드라스트비체(Isdrastvitchie)"[42] 하고 인사했다(나는 이것이 정확한 철자인지 알지 못한다). 그녀가 우리에게 알려준 바로는, 그녀는 그녀의 아들과 이곳에 남겨져 살고 있다고 했다.

우리는 그녀로부터 투구르 맞은편에 오두막이 한 채 있다는 사실을 알게 되었다. 회사 직원들이 회사 소유의 젖소 몇 마리를 돌보면서 살았던 곳으로 여기서 4~5km 떨어져 있다고 했다. 할머니와 작별인사를 나누고 먼저 콘스탄틴을 순록을 데리고 오는 미하일로프와 만나도록 돌려보낸 다음, 우리는 그 오두막집을 향해 떠났다.

우리는 콘틴 강을 다시 건너는 데 약간 어려움을 겪었다. 왜냐하면 할머니와 만나 이야기하는 동안 조류가 밀려들어와 얼음층을 들어 올리면서 양

---

42) 러시아어 인사인 "즈드라스트부이쩨(안녕하십니까)"의 잘못된 발음.

쪽에 수로가 만들어져 있었기 때문이었다. 투구르 강은 너비가 약 800m에 달하는 아주 커다란 강이었는데, 조류 때문에 얼음층이 모두 부서지면서 얼음덩이, 얼음언덕 등이 서로 뒤죽박죽이 된 상태로 다시 얼어붙어 통과하기가 힘든 상태였지만, 우리는 순록을 데리고 그곳을 간신히 통과했다.

낡아빠지고 높이가 낮은 오두막집에 도착해 보니 문이 너무 작아서 우리는 몸을 거의 반으로 접어서 들어가야 했는데, 전날 밤부터 아무것도 먹지 못한 우리에게 이곳은 한 끼 식사를 즐기기에 너무나 충분한 장소였다. 신선한 사슴고기 스테이크, 우유 등으로 식사를 하는 동안, 여기서 몇 베르스따 떨어진 곳에 야쿠트족 마을이 있다는 정보를 얻게 되었다. 그곳에서 모피옷, 고기, 침구 등을 충분히 구할 수 있다는 소식에 그동안 절망감에 싸여 있던 우리는 모두 다시 생기가 돌았다.

또한 이 지역 촌장, 즉 '스타로스타(starosta)'가 그곳에 살고 있다는 사실도 알게 되었다. 그래서 니콜라예프스크에서 가져온 연해주 주지사의 무게감 있는 소개장을 그에게 전달하면, 우리가 알가시까지 가는 데 필요한 튼튼한 순록을 구하는 데 아무런 어려움이 없을 것으로 기대했다. 우리의 순록들도 이제 여행이 끝나가고 있다는 사실을 알고 있는 듯했다. 식사를 마친 다음 순록을 타고 야쿠트족 마을을 향해 가고 있는데, 순록들이 경쾌한 발걸음으로 내내 빠른 보폭을 유지하며 마을로 향하고 있었다. 이 동물이 이렇게 빨리 내달리는 것을 본 것은 처음이었다.

마을에 도착하자 남자, 여자, 아이 등 약 50여 명의 마을 사람들이 통나무집들에서 뛰쳐나와 우리를 맞이해 주었다. 그들은 거의 모두 야쿠트족 원주민들이었는데, 옷이 퉁구스족 옷과 비슷하지만 약간 정형화되어 있으며, 얼굴에 나타난 지적인 면모 등에 있어서 쉽게 구별되었다. 그들은 모두 타타르족의 툭 튀어나온 광대뼈를 갖고 있었다.

야쿠트족은 오호츠크 마을의 서부 내륙의 너른 지역에 걸쳐 살고 있는 시베리아 원주민으로, 레나 강(Lena river)에는 야쿠츠크(Yakoutsk)라는 대도시가 있고, 그곳에는 야쿠트족이 대부분인 인구 약 1만 5,000명이 살고 있다. 이 도시는 1632년 러시아인들이 건설했는데, 그 이후로 동부 시베리아의 가장 커다란 도시 중 하나가 되었다. 커다란 건물들이 많은 이 도시는 모피 교역 중심지로 거의 모든 내수물품들이 교환되는 아주 커다란 시장이 형성되어 있다. 이 도시는 또한 동부 시베리아의 수도인 이르쿠츠크(Irkoutsk), 북극권의 콜리마(Colema), 아얀(Ajan)과 오호츠크, 캄차카 등의 여러 지역과 정부 우편도로로 연결되어 있다. 대부분의 야쿠트족 원주민들은 러시아인들과의 지속적인 교류로 말미암아 러시아어를 사용하고 러시아식 생활방식, 관습, 종교 등을 채택하고 있다.

이들의 옷은 좀 특이한 면이 있는데, 러시아인 천민계층이 입는 옷과 원주민이 입는 가죽옷이 혼합되어 있다. 그래서 겉에는 러시아식을 본뜬 회색의 커다란 외투를 두르고, 안에는 잘 무두질한 수사슴가죽 바지를 입고, 또 털 없이 잘 무두질한 두꺼운 수사슴가죽으로 만들고 취향에 따라 장식을 한 토르바싸 장화를 신는다. 토르바싸는 발에 잘 맞게 만들어지는데, 앞부분은 둥글게 원을 그리며 발가락을 둘러싼다. 발목 부분을 제외하면 다리 부분은 크고 편안하게 만들어져서 무릎까지 닿고, 거기서 윗부분이 약 5~10cm 정도 밖으로 접히며, 그 가장자리에는 검은 색이나 기타 다른 색의 천으로 넓은 띠가 둘러지면서 꿰매진다. 발목 부분에는 수사슴가죽으로 만들어진 2개의 길고 넓은 띠가 발목을 편안하게 감싸면서 무릎 높이의 절반까지 감고 올라가 지지대 역할을 하게 된다. 이런 것들이 모두 토르바싸의 장식적인 면을 보여 주고 있다. 야쿠트족 원주민들은 키가 작아서 이런 잘 만든 장화를 신는 것에 특별한 자부심을 갖고 있다.

야쿠트족 원주민들은 아주 말이 없고, 공격적이지 않으며, 근면하고, 솜씨 좋으며, 천부적으로 경제활동에 밝은 종족이다. 그들은 '시베리아의 양

키들(Yankees of Siberia)'로 불려도 무방할 것이다. 가장 외따로 떨어진 지역에서도 온갖 종류의 자질구레한 장신구들을 실은 기다란 순록 행렬을 이끌고 유목민 부락에까지 방문해 펠트를 교환해 가는 야쿠트족 장사꾼들을 만나는 일은 그리 드문 일이 아니다.

그들은 외모나 주거양식에 있어서도 동부 시베리아의 여타 종족들보다 더 산뜻해 보이며, 더 문명에 길들여져 있다. 그들은 말과 소를 친구처럼 키우는 것이 기본이다. 이 마을 사람들 중에는 이전에 아얀에 있는 러-미 모피회사의 종업원으로 일한 사람들이 있는데, 나중에 린드홈 씨 회사로 옮겨가면서 이곳으로 왔다고 했다. 그들 중에는 스와르츠가 아얀에 있을 때 알고 지낸 사람들이 있어서 우리의 환영식은 아주 화기애애했다.

러시아 관습에 따라 사모바르가 즉시 준비되고 뜨거운 차가 나왔다. 그런데 주인 측은 우리가 계속 권하는데도 불구하고 우리가 차를 다 마실 때까지 차 마시기를 거절했다. 그렇게 하는 것이 관습이라는 것이다. 우리는 방 안에 들어와 있는 많은 야쿠트족 사람들 중에 아주 눈에 띄게 아름다운 금발머리 소녀 한 명을 발견하고 놀랐다. 그녀의 하얀 피부와 긴 금발머리는 그녀의 다른 친구들의 유색 피부 및 검은 머리와 대조를 이루고 있었는데, 그녀 자신은 그 다른 점을 전혀 의식하지 않고 즐겁게 친구들과 어울리고 있었다. 우리가 그녀에 대해 주변 사람들에게 물어 보자, 그녀의 러시아인 부모가 둘 다 일찍 죽어서 야쿠트족 사람들이 그녀를 입양했다는 대답이 돌아왔다.

우리는 앞으로의 여행에 필요한 순록들을 구하기 위해 이 지역 퉁구스족 촌장, 즉 스타로스타를 만나러 갔다. 만일 주지사의 소개장과 우리가 데리고 간 코사크족 병사가 없었더라면, 아마도 모든 것이 실패로 돌아갔을 것이다. 그런 든든한 지원군 때문에 우리는 그 지독한 수전노 같은 늙은 촌장과의 오랜 이야기 끝에 타고 갈 용도로 순록 8마리를 얻어 낼 약속을 받아

낼 수 있었다. 그리고 우리가 길에서 만난 2명의 퉁구스족 사냥꾼 바실리(Vassilly)와 에오프(Eoff)가 우리의 새로운 길잡이 겸 순록 관리인이 되어 주기로 했다. 또한 우리는 이 기회에 새로운 옷을 장만하기로 하고 각자 수사슴가죽 바지 2벌씩, 야쿠트족이 만든 토르바싸, 담요 안감으로 쓸 커다란 토끼가죽 옷 등을 주문한 다음, 오두막집 부근에 쳐 놓은 우리의 텐트로 돌아갔다. 게다가 우리는 운이 좋게도 신선한 쇠고기 16kg을 확보할 수 있었는데, 그 정도면 야쿠트족 가축상인인 솔라바요프의 집까지 찾아가기에 충분한 양이었다. 그의 집은 알라 강(Arla river)에 위치해 있는데, 투구르에서 약 1주일 거리였다. 그에게서 우리는 어려움 없이 알가시까지 갈 동안 필요한 고기를 충분히 구할 수 있을 것이다. 하지만 그 대신 지금까지 누려 왔던 차, 설탕, 기타 사치품 등을 처분해야 할지도 몰랐다.

다음 날 하루 종일 우리는 야영지에서 새로운 출발을 위해 짐을 꾸리며 야쿠트족에게 주문한 물품들이 도착하기를 기다리고 있었다. 그날은 눈이 오는 데다 텐트 안에 연기가 가득해서 모두가 눈에 염증이 생길 정도로 고통을 받았다.

미하일로프와 콘스탄틴은 시기가 늦어 집에 돌아가 담비 사냥을 할 수 없을까 봐 전전긍긍하며 우리를 떠나갔다. 그러나 그들은 그에 대한 충분한 보상을 받았다는 것을 느끼고 있을 것이다. 왜냐하면 우리가 주지사에게 그들이 칼과 메달로 보상받을 만한 봉사를 했다는 사실을 증명하는 편지를 써서 그들에게 주었기 때문이었다. 나중에 그런 보상이 실제로 실현되었는지를 우리가 확인할 기회가 없었지만 말이다.

우리의 새로운 길잡이인 바실리와 에오프는 전임자들보다 더 젊고 활기찼지만, 수줍은 면이 있었다. 그리고 러시아어를 잘 하지 못해서 우리는 그들과 대화하는 데 조금 어려움이 있었다. 바실리는 우리 미국 젊은이들도 종종 따라하는 그런 동기에 따라 기꺼이 우리에게 합류했다. 그의 동기는 사실 사랑의 성취였다. 그는 아직 신부값을 치르지 못했으므로, 우리가 여행을 제안하자, 기꺼이 이 기회를 이용해 신부값을 치르고 결혼식을 올리고자 했던 것이다. 그의 약혼자는 부족장의 딸인데, 순록 80마리라는 과도한 신부값을 요구하고 있었다. 통상적으로 이곳 사람들은 순록 10~12마리 정도만 갖고 있어도 부유하다고 생각한다. 순록이 그리 많지 않아서, 사람이 탈 수 있도록 훈련시킨 순록 1마리는 이 지역에서 45~60루블에 해당하고, 짐 나르는 순록은 약 35루블, 즉 달러로 환산하면 약 26달러에 해당한다.

이렇게 신부를 사고 파는 퉁구스족 관습은 보기보다는 좋은 제도인 것 같았다. 그것은 부모가 생각하는 신부값만큼 젊은이들이 자신의 배우자를 먹여 살릴 수 있는 능력이 되기 전에는 결혼을 할 수 없게 막아 놓으려는 의도로 만들어진 제도인 것이다. 게다가 만일 구혼자가 부적격자일 경우, 결혼을 취소하는 것은 아주 간단한 일이다. 단지 평균적인 신부값 이상을 요구하기만 하면 되는 것이다.

신부의 부모는 결혼식 당일 신부에게 신랑이 지불한 것과 동등한 양의 순록을 선물하고, 또 순록가죽으로 만든 텐트 1채, 그리고 가재도구 일체를 추가로 선물함으로써 신혼의 새 출발을 축하해 주는 것이 관례이다. 그렇다면 사실 신랑으로서는 잃는 것이 없고, 도리어 이득인 셈이다. 딸들은 부모의 재산과 지위에 따라 그 가치가 정해진다. 이 지역에서 신부값은 순록 1~2마리에서부터 80마리까지라고 하는데, 나는 담뱃대 하나를 값으로 치르고 결혼한 사람도 있다는 이야기를 들었다. 통상 결혼식은 그리스 정교 신부의 집전 아래 러시아식으로 치러지고, 신혼여행으로 한 팀을 짜서 10~15km 정도 떨어진 주변 지역을 여행한다고 했다.

11월 15일 아침 온도계는 영하 23도를 가리키고 있었다.

출발 준비를 하는 동안 이곳 야쿠트족 마을 사람들이 모두 우리 텐트 주위로 몰려와서 무언가 우리가 나누어 줄 것을 기대하며 기다리고 있었다. 그런데 그들이 선호하는 것은 차와 보드카라고 부르는 알콜이었다. 차는 우리에게 필요한 것이었으므로 줄 수 없었고, 알콜을 남녀노소 모두에게 나누어 주었다. 왜냐하면 모두가 알콜을 마셨기 때문이었다. 몇 분 후 마을 사람들은 모두 기분 좋은 상태가 되었다. 마침내 모든 준비가 끝나자, 우리는 순록에 올라 술 취해 비틀거리는 우리의 친구들과 '프로스찌쯔(prost-chis)', 즉 작별 인사를 나누며 길을 떠났다.

우리는 투구르 강의 왼쪽 둑길을 따라 내려갔다. 조금 기복이 있는 길로 낙엽송, 가문비나무, 전나무 등 숲이 우거져 있었다. 야영지를 떠나 약 5베르스따 전진해 해안가에 도달했고, 해안가를 따라 서쪽으로 나아가다가 높은 절벽지대를 만났다. 그곳은 산등성이가 만을 향해 내려가다 갑자기 끝나는 지점이었다. 투구르 강 하구에서 몇 베르스따 떨어진 곳에서 우리의 길잡이 에오프가 알고칸(Algocan)이라 부르는 폭이 약 30m 정도 되는 작은 강을 건너갈 수 있는 지점을 발견했다. 이 강에는 얼음이 조류 때문에 깨져 있어서 건너는 데 어려움이 있었고, 시간도 지체되었다. 우리는 떠내려 온 나무들로 순록도 건너갈 수 있는 다리 2개를 만들어 강 한가운데 떠 있는 거대한 얼음과 양쪽 해안가에 다리를 놓아 건너갔다.

갑자기 눈보라를 동반한 강한 북풍이 불어오기 시작하더니 밤늦도록까지 쉴 새 없이 퍼부어댔다. 작은 눈 알갱이들이 우리 얼굴을 들이치면서 눈이 충혈되고 아팠는데, 한동안 거의 앞을 볼 수 없을 정도였다. 절벽지대가 다시 나타나자, 내륙 쪽으로 몇 베르스따 돌아서 갔고, 어두워질 무렵 다시 해안가가 나타났다. 우리는 투구르 만으로 들어가는 아미칸 강(Amikan river)이라 불리는 작은 강 하구 근처에서 야영을 했다.

우리는 새로운 순록 때문에 아주 들떠 있었다. 그들은 지난번 순록들보다 훨씬 활기차고 상태가 우월해 보였는데, 도대체 지난번 순록들과 같은 종인 것이 맞는가 할 정도로 차이가 났다. 내 순록은 보통보다 작은 몸집인데도, 아주 활기차서 잠시도 가만 있지 않았고, 그래서 나는 여러 번 순록 등에서 내려와야만 할 정도였다. 우리는 담요, 침낭 등 침구를 모두 재정비했으므로, 이전보다 더 안락하게 잠자리에 들 수 있었다.

다음 날 만을 떠나 북서쪽으로 방향을 잡고 알라 구릉지대(Arla Hills)로 불리는 산으로 향했다. 약 20베르스따에 걸쳐 숲이 우거진 기복 있는 길을 지나 말마진 강(Malmazine river)이라 불리는 폭이 약 30m 정도 되는 강을 만났다. 오늘밤은 말마진 강 근처에서 야영했고, 다음 날인 11월 17일 밤에는 알라 구릉지대 아래쪽 부근에서 텐트를 쳤다. 눈이 사방 천지에 약 75cm 정도 깊이 쌓여 여행이 어려웠다. 순록들은 하루 종일 눈 속에서 허우적거리며 길을 뚫었고, 시간은 많이 지체되었다. 주위에는 작은 낙엽송, 가문비나무 등이 빽빽하게 숲을 이루고 있었고, 강둑에는 버드나무와 포플러나무가 많이 있었다. 나무들은 쌓인 눈 때문에 가지가 땅까지 휘어져 우리의 앞길을 막고 있었으므로, 가지 위의 눈을 털어 주어 다시 가지가 제자리로 돌아가는 사이 우리 행렬이 지나갈 수 있었다.

말마진 강은 동쪽으로 좁은 계곡을 뚫고 흘러가다가 투구르 만으로 흘러들어갔다. 그 계곡은 알라 구릉지대 능선에서 뻗어 나온 숲이 우거진 언덕과 경계를 이루고 있었다. 우리가 가는 길인 알라 구릉지대는 평균 높이가 약 1,200m 정도 되었다. 구릉지대에 다가갈수록 눈이 더 깊이 쌓여 있어 나아가는 데 아주 심각한 장애가 되고 있었다. 이쯤에서 눈신발인 설피가 절실히 요구되었는데, 우리는 아직 그것을 준비하지 못했다. 그런데 야영지에서 에오프가 나무를 잘라 손도끼로 눈길을 헤쳐 나갈 설피를 만들고 있었다. 퉁구스족 설피는 캐나다 사람들이 사용하는 것과 아주 달랐다. 길이가 약 1.5m, 폭이 약 25cm인 퉁구스족 설피는 아주 얇고 앞부분이 위로 휘어져 있다. 설피가 완성되면 밑바닥에 털 달린 물개가죽이나 순록, 혹은 말의 다리가죽을 붙여 주어 앞으로 나갈 때는 잘 미끄러지게 만들어 주고, 올라갈 때는 뒤로 미끄러지는 것을 방지해 준다. 우리로서는 밑바닥에 붙일 가죽도, 접착제도 없었지만, 나무로 만든 설피만으로도 감지덕지였다.

이무렵 우리의 코사크족 병사인 야코프는 우리의 취향, 특히 먹는 것에 대해 깊은 관심과 신뢰를 보내고 있었는데, 때때로 우리가 가외로 맛있는 간식거리를 내오면, 그는 항상 아무런 질문도 하지 않고 함께 나누어 먹었다. 말은 하지 않았지만, 그는 매번 왕성한 호기심을 내보이고 있었던 것이다.

오늘 저녁 우리는 끓인 쇠고기에 겨자를 약간 발라먹기로 했다. 야코프는 이것을 한 번도 본 적이 없었으므로, 지대한 호기심을 보이면서 우리가 그것을 먹는 모습을 기다리고 있었다.

저녁 식사를 끝내고 편안하게 파이프 담배를 피우고 있는데, 갑자기 야코프와 퉁구스족 길잡이들에게서 울부짖는 소리와 함께 소란스런 소리가 들려 우리는 깜짝 놀랐다. 야코프는 얼굴을 눈에 파묻고 양손으로 입을 가린 상태에서 숨을 헐떡이고 있었고, 퉁구스족 친구들은 미친 사람처럼 신음소리를 내면서 펄쩍펄쩍 뛰고 있었다. 우리는 그 이유를 금방 알아챘다. 그들은 우리가 맛있게 먹는 것을 보고 그 겨자를 먼저 조금 맛보지 않고 큰 수저로 떠서 한 입에 삼켰던 것이다. 이후로 그들은 잘 모르는 먹거리에 대해서는 매우 조심하게 되었다.

11월 18일 아침 날은 맑고 아주 추웠다. 온도계는 영하 28도를 가리키고 있었다.

에오프가 먼저 선발대로 설피를 신고 눈을 뚫고 나가는 동안 남은 우리는 텐트를 철거했다. 이 지점에서 말마진 강은 작은 시냇물로 줄어들었고, 우리는 전나무들이 숲을 이룬 깊고 좁은 계곡을 구불구불 뚫고 상류 쪽으로 올라갔다. 양쪽으로 높은 봉우리들이 탑처럼 솟아 있었고, 하얀 눈을 뒤집어 쓴 정상 부분은 빛을 발하고 있었다.

눈이 너무 깊게 내려 설피조차 별 소용이 없었다. 순록을 타고 가는 것은 불가능했고, 우리는 순록이 만들어 놓은 길을 따라가는 것도 허우적거리며 가야 했다. 이것은 보기보다 훨씬 어려웠는데, 순록이 먼저 긴 보폭으로 눈을 뚫고 나가면, 뒤 행렬이 계속 그 길을 따라 나갔고, 그러면 깊은 구멍들이 일렬로 계속 생겨나게 되는데, 그 구멍의 직경은 대략 15cm를 넘지 않고, 구멍과 구멍 사이의 간격은 약 75cm 정도 되었다. 이런 길을 가장 쉽게 가는 방법은 구멍에서 구멍으로 넘어가는 것인데, 그 사이에 눈이 높이 쌓여 있고 구멍은 너무 작아서 높고 길게 발을 뻗어야만 했으므로 너무 힘이 들었다. 계곡을 타고 올라가는 경사각이 완만했으므로 고도감을 느낄 수 없었는데, 뒤돌아보니 우리가 지난 3일 동안 걸어온 길이 지도처럼 눈앞에 펼쳐졌다.

계곡이 끝나는 지점에서 산으로 둘러싸인 원형 경기장처럼 생긴 곳이 나타났다. 위를 쳐다보니 약 450m되는 지점에서 아주 작은 점 같은 물체들이 눈에 덮인 산 위를 줄지어 올라가고 있는 모습이 간신히 보였다. 그들은 우리가 알아보기에는 너무 멀리 떨어져 있었지만, 우리는 곧 그들이 에오프와 순록들이란 것을 알아챘다. 우리는 이미 지쳐 있었으므로, 앞으로 오를 일을 생각하니 눈앞이 깜깜했다.

이제 우리는 삼림지대 위에 도착했으므로, 순록이 걷기에 훨씬 좋은 환경이 나타나기를 기대하고 있었다. 산중턱에서부터 눈은 바람에 노출되어 얼어붙어 있었는데, 너무 미끄러워서 바닥이 매끄러운 토르바싸로는 발 디디기가 어려웠다. 내려갈 때는 한 번 미끄러지면 멈출 수가 없어 그냥 계곡 아래까지 떨어질 것 같았는데, 무조건 납작 바닥에 엎드려서 중간에 조금이라도 불쑥 튀어나온 부분이 있으면 양손과 양발을 사용해 매달려야만 할 것 같았다. 올라갈 때는 가끔 발밑의 얼어붙은 눈이 산산이 부서지곤 했는데, 주변을 둘러보니 눈사태로 엄청나게 쌓여 있는 눈더미를 볼 수 있었다.

때때로 여행자들을 위험에 빠뜨리면서 자연의 위력을 보여 주는 이런 실례를 보면서, 우리는 정말 이런 좋은 날씨를 허락해 준 자연에 감사했다. 바람이 조금만 불어도 이 구간을 지나쳐가기가 쉽지 않은 상황인데, 만일 이 지역에서 가끔 불어오는 무서운 눈폭풍인 푸르가(poorgas)가 우리를 덮친다면, 길을 잃고 뿔뿔이 흩어져 피로와 추위로 사상자가 발생할 수도 있는 것이다.

오늘은 하루 종일 온도가 영하를 벗어나지 않았다. 이런 추위에도 계속 힘들게 올라가다 보니 땀이 흘러내렸는데, 정지해서 잠깐 숨을 고르다 보면 금세 얼굴과 옷에 묻은 땀이 얼어붙었다.

정상에 도착하자 아주 멋진 전망이 우리 눈을 즐겁게 해주었고, 그것은 힘들게 올라온 것에 대한 보상이었다. 멀리 투구르 만이 거울처럼 빛나고 있었고, 그 뒤로는 높은 산들이 머리에 눈을 이고 있었다. 그 중간에 있는 지역은 우리가 지나온 길로 기복이 많은 코스였는데, 이제 여기 위에서 바라보니 마루처럼 평평하고 거무스름한 거대한 지역으로 보였고, 군데군데 위치한 설원지대와 삼림지대 때문에 검은색과 하얀색이 함께 섞여 있었다. 우리 위로는 사방으로 수십m 높이의 하얀 봉우리들이 솟아올라 있었는데, 그 장대함을 어디에 비교할 수가 없었다. 서쪽 능선에는 거의 정상 부근에 나무들이 있었고, 아주 부드러운 눈이 약 2m 정도 쌓여 있었다.

내려가는 길은 아주 완만해서 우리는 순록을 타고 내려가기로 했다. 그런데 문제가 있었다. 눈이 너무 부드럽고 깊게 쌓여서 발이 푹푹 빠지자 우리는 안장 위로 올라갈 수가 없었다. 결국 퉁구스족 친구들이 우리를 밀어 올려 안장에 앉혀 주었고, 그들은 이미 익숙한 상태라 자기들 스스로 순록 위에 올라탈 수 있었다. 우리는 알라 강이 발원한 계곡을 향해 내려가기 시작했다.

오늘까지도 나는 그때 내려가던 일을 생각해 보면 양심의 가책이 든다. 만일 내가 다시 그때의 고통을 견뎌야 한다면, 그때와 똑같이 부적절한 일을 범하지 않는다는 보장이 없다. 내 순록은 비록 몸집은 작았지만 아주 활기에 찬 상태에 있었는데, 짧은 다리 때문에 깊이 쌓인 눈을 헤치고 가야 하는 너무나 힘든 일을 겪어야 했고, 결국 앞에 가는 행렬을 따라갈 수 없었다. 초조해진 나의 작은 순록 친구는 앞의 행렬을 따라잡으려고 죽을힘을 다했다. 짧은 다리 때문에 눈길에 난 구멍과 구멍 사이의 간격을 높이 건너뛰지 못했으므로, 다음 순간 앞으로 넘어지면서 머리가 구멍 속에 처박히고 나도 다음 구멍에 처박혔다.

이런 상황이 계속 반복되면서 익숙해질 정도가 됐지만, 행렬은 벌써 저 멀리 앞서가고 있었으므로, 나는 다른 사람의 도움을 받지 못해 다시 안장 위로 올라갈 수가 없었다. 결국 깊은 눈 속을 걸어가다 보니 금방 지쳐 버렸다. 거의 약 1.5km 거리를 걸어간 후에 길옆에 작은 나무 한 그루가 있는 것을 발견한 나는 나무 위에 올라가 여러 번 시도한 끝에 순록 위로 올라타는 데 성공했다. 이때쯤 앞서가던 행렬은 벌써 시야에서 사라졌고, 나의 순록은 혼자 남겨진 것에 거의 미칠 듯한 상황이 되었다. 나는 나의 순록을 통제할 수가 없었다. 약 200m도 못 가서 우리는 또 다시 눈 속에 넘어졌고, 이후로 줄곧 걸어서 가야 했다.

이후로도 나무에 세 번 올라갔다 세 번 넘어지는 고생을 더 반복한 후에, 나는 간신히 행렬을 따라잡을 수 있게 됐는데, 그들은 내가 못 따라오자 기다리고 있었던 것이다. 드디어 나의 인내심은 바닥을 드러내고, 나는 나 혼자 산 아래쪽을 향해 온갖 욕설을 다 토해 내고 있었는데, 나도 내가 무슨 말을 하는지 알 수 없었다. 아무튼 그런 말들을 실컷 해보고 싶은 사람이 있다면, 나는 정말 겨울에 짧은 다리의 순록을 타고 알라 구릉지대를 통과하는 여행을 해보도록 권하고 싶다.

우리는 어두워질 때까지 계속 골짜기를 타고 내려왔는데, 깊이 쌓인 눈 때문에 순록들에게 먹일 이끼지대를 찾을 수 없었다. 찾다가 결국 지쳐 버린 우리는 그냥 야영에 들어가기로 했다. 텐트도 치기 전에 먼저 순록들에게 이끼 대용으로 쓰려고 나무를 잘라와 가지에 붙어있는 이끼를 먹였다. 이 나무 이끼는 순록이 다른 먹을 것이 없으면 먹는 것으로 보통 며칠은 견딜 만했다.

잠자리에 들려는 순간 갑자기 누군가 외치는 소리가 들려와 주위를 둘러보니 원주민 2명이 사라진 것을 알 수 있었다. 곧 바실리가 와서 보고하기를, 그들이 순록을 데리고 이끼를 찾으러 알라 구릉지대로 되돌아갔다고 했다. 에오프가 설피를 신고 그들을 추격했다. 우리는 하루 종일 힘들었는데도 쫓아간 에오프를 동정했지만, 도와줄 아무런 방법이 없었다. 그는 다음 날 오전 6시까지도 돌아오지 않았다. 아침에 일어나 보니, 수염, 머리, 모피두건 등이 우리가 내뱉은 숨 때문에 모두 하얗게 얼어붙어 있었다.

다음 이틀 동안 우리는 북쪽으로 흘러가는 알라 강을 따라 내려왔다. 앞으로 나아갈수록 쌓인 눈이 줄어들면서 약 50cm까지 낮아졌고, 계곡은 넓어졌다. 시냇물이었던 알라 강은 이제 폭이 약 90m 정도 되는 강이 되어 있었다.

| 제 11 장 |

솔라바요프의 집-알라 강 계곡-수꼴 강-퉁구스족 어부들과 어망-마을-가축 기르기-기근 사태-귀중한 봉사와 보상-야쿠트족 유르트-창문-츄알-페나테스와 사모바르-옛 친구와의 재회-더럽고 가난한 생활-예쁜 퉁구스족 처녀-시련-계속되는 시련-출발-토룸 강-퉁구스족 무덤-늑대 발자국-예방 조치-시베리아 늑대-습관-잡는 방법-함정-텔라 구릉지대-전망-엘보우 섬과 샨타르 군도-주그주르 산맥-대(大), 소(小) 텔라 강-달빛 여행-구불구불한 길-우다 강-알가시-마을 사람들의 환영-구일료프 촌장-숨겨진 물체-말머리 음식-가장 맛있는 부위-야코프와 구일료프의 만남-퉁구스족 아이의 미국 노래 부르기-스와르츠의 모험-부빙을 타고 바다 유랑-다가오는 위험-굶주림과 목마름-천우신조-여행 전 개에게 먹이를 주다

11월 20일 밤 야영하기 바로 직전에 솔라바요프의 집으로 가는 길을 발견했는데, 우리는 이미 깊이 쌓인 눈길을 경험해 봤으므로 다음 날 아침 길을 뚫기 위해 길잡이 중 1명을 먼저 보낼 필요가 없다고 판단했다. 우리는 솔라바요프가 집에 있으리라고 생각하지 않았는데, 왜냐하면 우리가 니콜라에프스크를 떠날 때 그는 반대로 도착하고 있었기 때문이다. 이제 식량이 거의 떨어져가고 있었으므로 우리는 그의 부족 사람들에게서 신선한 고기를 구해야만 했다. 우리는 북쪽으로 진로를 정하고 알라 강 계곡을 따라 강 하구 쪽으로 나아갔다. 이 지점에서 계곡은 폭이 약 16km 정도로 대부분이 불모지였고, 여기저기 낙엽송 나무들이 점점이 박혀 있었다.

물고기 덫

야영지에서 15베르스따 정도 나아가자 우리는 알라 강과 수꼴 강(Sougyol river)의 합류점과 만났다. 린드홈 씨의 동료들이 머무르고 있을 투구르 만의 고래잡이 기지 맘가(Mamga)에 도착하려면, 수꼴 강 상류를 따라 올라가 알라 구릉지대 꼭대기를 넘어가는 것이 통상적인 코스였다.

합류점 아래쪽으로 약 10베르스따 내려가자 우리는 알라 강의 얼음을 뚫고 물고기 잡이를 하고 있는 퉁구스족 사람들을 만났다. 그들은 깔대기처럼 생긴 기다란 바구니 모양의 덫을 사용하고 있었는데, 그것은 잘 휘어지는 버드나무 가지들을 엮어 만든 것이었다. 나중에 나는 이런 종류의 덫을 아무르 강과 북극 지방에 사는 거의 모든 종족들이 사용한다는 사실을 알게 되었다. 먼저 얼음층 밑의 강바닥까지 울타리를 설치하고 군데군데 좁은 통로를 만들어 놓는다. 통로 안에는 덫이 내려져 있다. 물고기가 좁은 통로를 통해 덫 안에 들어오면 다시 빠져나갈 길이 없게 된다. 아침인데도 덫이 있는 얼음 주변에는 여러 종류의 물고기들이 널려 있었다.

이 물고기 잡이 현장에서부터 잘 닦인 길을 따라 약 15분쯤 나아가니 솔라바요프 씨의 마을에 도착했다. 그 마을은 낙엽송 숲에 오두막집들이 모여 있는 곳이었다. 사방에 커다란 건초더미들이 눈을 뚫고 나와 있었는데, 그런 광경은 이 마을이 가축 기르는 데 적합한 곳이라는 사실을 말해 주고 있는 것이다. 이곳은 아무르 강의 도시들에서 그리 멀리 떨어져 있지 않아서 도시들에 소고기를 공급해 줄 수 있는 곳이었다. 우리는 솔라바요프 씨가 집에 있는 것을 알고 많이 놀랐다. 왜냐하면 아직 니콜라에프스크에 있을 줄 알았기 때문이었다.

우리는 소고기가 떨어져 그의 도착을 기다리고 있었노라고 말해 주자, 그는 난처한 표정을 지으며 지금은 너무 늦어서 자기가 당국과 한 약속을 지킬 수 없게 되었다고 대답했다. 원주민들 사이에서 솔라바요프 씨는 아주 위대한 사람으로 여겨지고 있었다. 크림 전쟁 당시 아무르 강에 있던 러시아군은 식량이 떨어져가고 있었는데, 마침 그때 그가 야쿠츠크에서부터 많은 가축 떼를 끌고 와서 아주 낮은 가격으로 정부 당국에 제공했던 것이다. 이 소식을 들은 차르가 그에 대한 보상으로 금실, 은실로 사치스럽게 장식된 커다란 외투를 선물했다. 그 옷은 분명 아주 멋있는 옷이었지만, 재봉사가 그만 그의 치수를 잘못 착각하는 바람에 그의 체격은 너무 작은 데 비해 외투가 너무 크게 만들어지고 말았다. 그래서 무용지물이 된 이 옷은 옷장에 잘 보관되어 있으면서 단지 커다란 행사가 있을 때만 바깥 공기를 쐬게 되었고, 우리도 어렵사리 그 옷을 볼 수 있었다.

창고와 가축 우리들은 보통 통나무로 지어졌고, 사람 사는 집은 밖에 진흙을 발라 놓아 집이라기보다는 마치 작은 언덕처럼 보였다. 솔라바요프는 곧 우리를 자기 집으로 안내했는데, 문 안쪽에 순록가죽을 덧댄, 기울어 있는 작은 문을 열고 들어가니 방 크기가 약 $6m^2$ 정도 되었다. 보통 야쿠트족의 집, 즉 유르트(yourt)는 사각형으로 짓는 대신 마치 미시시피 강의 철갑

선(Mississippi river iron-clad)[43]처럼 위쪽이 안으로 기울게 사다리꼴로 지어졌다. 지붕도 통나무를 쪼개어 덮었고, 보온을 위해 집 전체 외부에 진흙을 발라 덮었다. 각 벽에는 약 $60cm^2$의 조그만 창 구멍이 2개씩 있어서 빛이 들어오고 있었다. 이들 중 일부는 고래잡이 어부들에게서 얻은 유리조각으로 채워져 있었지만, 대부분은 반투명의 물고기 가죽을 꿰맨 것으로 채워져 있거나, 투명한 얼음조각으로 채워져 있었다. 이 얼음 창문은 보통 여러 달 동안 녹지 않고 그 상태를 유지하는데, 낮에도 집안 내부 온도가 얼음을 녹일 만큼 따뜻한 적은 드물다. 밤에는 잠자는 사람들의 따뜻한 내부 온기를 보존하기 위해서 얼음 창문을 밀어 내고 순록가죽으로 채운 베개로 막아 놓는다.

야쿠트족 유르트의 특징은 츄알(chual)이라 부르는 난로에 있다. 이것은 사방 벽 한쪽에 설치되어 있는데, 난로와 굴뚝이 하나로 된 일체형으로 짚을 엮어 기다란 틀을 만들고 그 위에 진흙을 발라 말린 후 딱딱해지면 다시 그 위에 진흙을 바르는 등 여러 번 반복해 만들어진다. 난로는 넓고 안이 오목하게 파여 있어서 열기가 방안에 퍼져 나가 오랫동안 온기가 유지된다.

나머지 세 벽면에는 침상이 한 줄로 놓여 있는데, 낮에는 앉는 자리로, 밤에는 침대로 사용된다. 방 한구석에 성화들을 모시고 있는 기도단과 사모바르 같은 러시아식 생활방식과 뗄 수 없는 관계에 있는 그런 것들이 우리 눈에 들어오면서 문명의 냄새를 풍기고 있었다. 게다가 하루 종일 굶다시피한 우리 눈앞에는 옛날식으로 뜨거운 번철 위에서 구워 낸 빵, 신선한 우유, 맛있는 차 등이 준비되어 있어 우리를 놀라게 하였다.

마을 주변에는 솔라바요프 씨의 유르트 말고도 여러 채의 다른 집들이

---

43) 미국 남북전쟁 당시 남군이 미시시피 강에 배치한 전투함으로 밖을 철판으로 둘렀는데, 그 모양이 사각형이 아니라 사다리꼴이었다.

야쿠트족 유르트의 내부

있었는데, 양식은 똑같고 규모는 작았다. 마을 사람들은 야쿠트족과 퉁구스족의 혼혈이었는데, 그들은 가죽옷을 직접 만들어 입고 썰매나 설피 등을 직접 만드는 등 부지런히 일하는데도 더럽고 가난한 삶에서 벗어나지 못하고 있는 것이 안타까웠다. 그들은 이전에 러-미 모피회사에서 일했지만, 그 회사가 오호츠크 해에서 고래잡이를 그만 둔 이후로 궁핍한 상태를 겪어오고 있었다. 가는 곳마다 그들은 차와 기타 먹을 것을 우리에게 구걸하곤 했는데, 우리는 그런 요청들을 거절해야만 했다. 그러나 우리의 여행 목적을 알게 된 그들은 전신선 가설공사가 시작되면 고용될 수 있다는 희망을 갖고 공사가 빨리 시작되기를 간절히 바라고 있었다.

  마을 사람들 집 중 한 곳에 들어가 보니, 어떤 퉁구스족 처녀 한 명이 눈에 띄었다. 18년 동안 보낸 겨울 때문에 커피색으로 그을은 얼굴과 사슴처럼 커다란 눈망울, 날씬하고 우아한 자태 등이 그녀가 이 마을에서 제일 예쁜 아가씨란 사실을 말해 주고 있었다. 그런데 나중에 나는 이 예쁜 아가씨 때문에 감당하지 못할 시련을 겪지 않으면 안 되었다.

그날은 솔라바요프 씨의 집에서 보내는 첫날밤이었는데, 유르트의 바닥에는 순록가죽들이 깔려 있고 잠잘 때 덮을 수 있는 가죽들이 쌓여 있었다. 다른 사람들은 이미 자기 자리에 누워 있었고, 나는 오늘 일지를 쓰기 위해 작은 나무탁자에 앉아 있었다. 방 안 여기저기에 나이, 성별을 가리지 않고 한데 섞여서 잠자고 있는 모습은 아주 흥미로운 광경이었지만, 나에게는 익숙지 않은 광경이어서 모두가 잠들 때까지 기다렸다가 잠자리에 들었다. 마침내 방 전체가 코고는 소리와 씨근거리는 소리로 가득 차자, 나는 조용히 잠자리에 누워 소리 나지 않게 옷을 벗기 시작했다. 그런데 아뿔싸! 외투가 벗겨지지 않아 애를 먹고 있었는데, 순록가죽 쌓아놓은 곳 아래쪽에서 그 부드러운 검은 눈을 가진 아름다운 아가씨가 잠도 자지 않고 나를 바라보고 있는 것을 우연히 보게 되었다.

겸연쩍어진 나는 옷 벗기를 중단하고 담배 파이프를 꺼내 담배를 채우면서 그녀가 곧 나를 쳐다보는 일에 지쳐서 잠이 들면 다시 옷을 벗을 수 있을 것이라고 기대하고 있었다. 그런데 그런 행운은 나에게 돌아오지 않았다. 몇 분이 몇 시간처럼 길게 느껴졌고, 눈에는 납덩이를 매단 것처럼 무거움이 느껴졌다. 때때로 나는 그녀를 주의 깊게 쳐다보았는데, 그녀는 여전히 지친 기색도 없이 초롱초롱한 눈으로 나를 주시하고 있었다. 나는 다시 담배를 재고 담배를 피우려 했는데, 셔츠 바람으로 앉아 있는 상태여서 곧 한기를 느끼기 시작했고, 게다가 정신적으로 긴장 상태에 있다 보니까 이가 마치 쇄광기처럼 덜덜 떨리기 시작했다. 마침내 더 이상 참을 수 없게 된 나는 굴욕감을 느끼며 담요를 끌어다 덮고 그녀의 눈길을 피해서 아직도 등에 걸려 있는 외투를 벗겨 내려고 애를 쓰고 있었다.

그런데 문제는 이것으로 끝난 것이 아니었다. 내가 잠자리에 들자마자, 가운데 누워 있던 나이든 야쿠트족 여인 하나가 딸꾹질을 해댔는데, 무려 2

시간 동안이나 계속됐고, 내 잠자리 아래쪽에 머리를 두고 있던 퉁구스족 아이 하나는 밤새도록 잠도 안 자고 노래를 부르고 있었는데, 마치 등에가 내는 소리처럼 웅웅거리는 소리를 내다가 가끔 보채는 듯이 낑낑거리는 소리를 냈다. 10여 명이 넘는 원주민들은 잠자면서 줄 가는 소리, 나무 써는 소리 등 온갖 코고는 소리들을 다 내고 있었는데, 그날 밤 풍경은 마치 정신병원을 방불케 하는 것이었다. 방은 꽉 닫혀 있었고, 자정 무렵이 되자 숨쉬기도 거북해질 정도였다.

솔라바요프 씨 집에 도착한 이후로 계속 눈이 내렸는데, 11월 22일 아침은 화창하고 맑은 날씨였으며, 차가운 서풍이 불고 있었다. 소고기를 2뿌드(pouds)[44] 구입한 후, 우리는 다시 순록을 타고 서쪽으로 향했다. 숲이 울창한 구릉지대였는데 오우드스코이 만(Oudskoi Bay)까지 이어져 있었다. 이 구릉지대는 알라 강(Arla river)과 토룸 강(Torum river) 계곡들과 텔라 강(Tela river) 계곡을 갈라지게 하는 곳이었다.

우리의 길은 너른 황무지 위로 나 있었는데, 눈이 적어서 여행하기에는 아주 좋은 상태였다. 우리는 토룸 강을 작은 얼음 언덕들이 있는 하구 쪽에서 건넜고, 오우드스코이 만 해안가를 따라 계속 가다가 거칠게 만든 십자가가 세워져 있는 퉁구스족 무덤 하나를 지나쳤으며, 날이 어두워지자 낙엽송이 우거진 작은 숲에서 야영을 했다. 사방에 늑대 발자국들이 여기저기 나 있었으므로, 순록들을 밤새 늑대들로부터 보호하기 위해서는 모닥불 가까이에 매놓는 것이 안전했다. 늑대들은 덩치가 크지만 사람들을 공격하는 일은 드물다고 했다. 동절기에 늑대들은 통상 해안가 주변을 어슬렁거리면서 가끔 떠내려오는 고래나 물개 죽은 것들을 뜯어먹고 산다고 했다. 늑대는 아주 조심성이 많아서 잘 숨고, 또 잡기가 어렵다고 했다. 원주민들

---

44) 러시아 무게 단위. 약 9kg.

은 늑대를 잡으면 외투인 쿠크랑카에 달려 있는 두건 가장자리를 장식하는 데 사용함으로써 강한 눈보라를 막는다고 했다.

늑대를 잡는 통상적인 방법은 독 묻은 미끼를 이용하는 것인데, 스트리키닌이란 신경흥분제를 쓴다. 이것은 러시아인들과의 무역 거래로 얻는다. 또 다른 방법은 이중의 원형 우리를 이용하는 것으로, 통상 높이가 약 3m 정도 되는 우리를 하나 안에 또 하나를 만들어 놓는다. 그리고 둘 사이에 좁은 통로를 하나 만들어 놓고, 안쪽 울에 순록 한 마리를 묶어 놓는다. 그러면 순록 냄새가 늑대를 불러들이고, 늑대가 좁은 통로에 들어서게 되면 앞뒷문이 차단되면서 우리 위에 있는 원주민들에 의해 사살되거나 창에 찔려 죽게 된다.

우리는 밤새도록 야영지에 모닥불을 켜 놓고 텐트 옆에 순록들을 묶어 놓아 늑대에게서 보호했다. 잠자리에 들었다가도 멀리서 들려오는 굶주린 늑대들의 음울한 울부짖는 소리 때문에 우리는 자주 잠에서 깼다. 늑대 한 마리가 울어 대면, 곧 사방에서 대여섯 마리의 다른 늑대들이 잇따라 울어 대는데, 마치 곧 우리 텐트를 공격하기라도 할 것 같은 기세였다. 다음 날 아침 우리 야영지에서 90m 이내의 거리에 수많은 늑대 발자국들이 발견됐다. 바실리가 우리에게 알려준 바에 의하면, 만일 이 늑대들을 추격해 간다고 할 때, 사람 냄새 나는 외투 같은 옷가지들을 썰매에 매달아 끌고 가면, 늑대는 절대 썰매 앞으로 추월하지 않는다고 했다.

정오 무렵 우리는 갈참나무 숲이 무성한 가파른 계곡 길을 따라 올라가 거의 눈으로 뒤덮인 텔라 구릉지대의 꼭대기에 도달했다. 꼭대기에서 바라본 광경은 훌륭했으나 극도로 황량했다. 오른쪽으로는 알라 강 계곡이 점점이 박혀 있는 하얗게 눈에 덮인 황무지들과 함께 펼쳐져 있고, 그 사이로 알라 강과 토룸 강이 굽이굽이 바다로 흘러 들어가고 있었으며, 왼쪽으로는 텔라 강 계곡이 멀리 서쪽으로 우다 강(Uda river)까지 뻗어 있었다. 멀리 바다까지 뻗어 있는 알라 강 계곡을 바라보니, 포경선들이 머무르는 엘보우 섬(Elbow Island)과 샨타르스키 군도(Shantarski group)가 보였고, 북서쪽으로는 오우드스코이 만이 스타노보이(Stanovoi) 산맥이나 주그주르(Juggur) 산맥의 높고 험한, 눈에 덮인 산봉우리들이 뻗어 내린 끝자락들과 경계를 이루고 있었다.

우리는 오호츠크 해의 서부해안을 따라 위쪽으로 이들 산맥들을 약 160km 정도 따라 올라갈 수 있을 것이다. 이 산맥들은 우리가 여행하기에는 너무나 험난한 코스였는데, 니콜라예프스크에 있는 우리 친구들이 미리 이야기해 주었듯이, 만일 한 번 이 미로같이 얽힌 깊은 산속에 들어가게 되면, 결코 빠져나올 수 없을 것이라는 그런 곳이었다. 이곳은 우리의 첫 방문을 그리 달가워하지 않는 것 같았다.

구릉지대에서 서쪽의 평지로 내려오는 데는 얼마 걸리지 않았다. 이 평지는 서쪽으로 우다 강까지 뻗어 있었는데, 전 거리에 걸쳐 아주 빽빽한 숲으로 들어차 있었다. 대부분이 낙엽송이었고, 포플러나무, 자작나무, 오리나무, 버드나무 등도 조금 있었다. 포플러나무들은 보통 키가 크고 곧게 잘 자라 있었다. 퉁구스족 사람들은 이 나무들로 속을 파낸 카누를 만들어 여름에 타고 다닌다. 하루 종일 우리는 오우드스코이 만으로 흘러들어 가는 강 2개를 건넜는데, 러시아인들은 큰 텔라 강과 작은 텔라 강이라 불렀다. 두 강 모두 너비가 약 60m 를 넘지 않았다. 표면에 얼음이 얇게 얼어 있어 우리는 순록을 한 마리씩 건너가게 할 수 밖에 없어 시간이 조금 지체되었다.

우리는 순록이 먹을 이끼를 찾아 어두워진 후에도 한동안 달빛을 맞으며 여행을 계속했는데, 마침내 절반이 러시아인인 마을 알가시에서 약 8베르스따 떨어져 있는 어느 작은 시냇가에서 야영을 했다. 알가시에 도착하면 우리의 두 번째 순록 여행은 끝나게 될 것이다.

여기서부터는 길이 좋아질 것이므로, 다음 날 아침 일찍 마후드, 스와르츠, 바실리, 그리고 나는 행렬의 앞에 섰다. 많은 곳이 커다란 장애물이 없는 길이었지만, 얼어붙은 호수와 황무지 위를 걸어가야 했고, 또 길이 너무 구불구불해서 시간이 보통 길보다 2배는 더 걸렸다. 퉁구스족 사람들은 곧고 바른 길을 기피하는 경향이 있는 것 같았다. 우리는 이미 지난 여행 동안 그들이 뚜렷한 이유 없이 멀리 돌아가는 것을 여러 차례 겪어 본 적이 있었다. 그것은 아마도 순록이 길을 찾아가도록 내버려두기 때문인지도 모르고, 아니면 삶 자체가 어떤 목적이 없는 무관심한 상태에 길들여 있어서 어둠이 찾아와도 가는 곳이 그들의 집이기 때문에 별 시간관념이 없는 듯했다.

우리는 곧 길을 잃었는데, 그것은 차라리 다행스런 일이었다. 이제부터 우리는 우리가 원하는 대로 나침반을 따라 곧은길을 선택할 수 있게 되었기 때문이다. 우리는 곧 우다 강에 도착했고, 그 지점에서 강 너비가 약 450m 정도 되었다. 강은 아주 얕아서 바닥의 커다란 바위와 떠내려온 통나무들이 수면위로 드러나 있었다. 통나무들 중 어떤 것들은 지름이 약 90cm 정도 되는 것들도 있었다.

얼음길 위를 지날 때 우리는 거의 2베르스따 정도 이어져 있는 좁은 진창길을 따라가게 됐는데, 가장자리에는 낙엽송과 갈참나무들이 울창한 숲을 이루고 있었다. 마침내 통나무 오두막집 3채가 눈에 들어왔는데, 이곳도 우리의 목적지인 알가시의 일부라는 이야기를 듣고 놀란 우리는 순록에서 내리기가 조금 망설여졌다. 약 20여 명의 주민들과 그보다 4배는 많은 개들이 몰려나와 우리를 맞아주었는데, 겨울에 이런 외진 곳에 이방인들이 찾아오는 일은 아주 드문 일이었다.

덕망 있는 코사크족 촌장인 구일료프(Guilioff)의 안내를 받아 우리는 통나무집 중 한 곳에 들어갔는데, 얼어붙은 외투를 벗는 동안 러시아인 주인장은 따뜻한 차를 준비하기 시작했다. 방 안에 들어서자 방 한가운데 있는 조그만 탁자 위에 처음 보는 물체가 올려져 있었고, 그것을 본 순간 우리는 모두 놀라지 않을 수 없었다. 그것은 바로 말 머리였다. 털가죽은 벗겨져 있고, 말 이빨이 드러나 있었으며, 핏발 선 눈이 툭 튀어나와 있었다. 그 기괴한 광경을 처음 본 우리는 모두 놀라 뒷걸음치고 있었다. 우리가 그 용도에 대해 물어 보자, 주인장이 오히려 놀란 기색으로 말했다.

"물론 먹으려고 갖다 놓은 겁니다. 말고기 중에 가장 맛있는 부위입죠."

우리는 같이 저녁 식사를 하자는 그들의 요청을 물리쳤다. 나중에 들은 바로는, 이들 원주민들 중 많은 사람들이(특히 야쿠트족 사람들) 소고기나 순록고기보다 이 말고기를 더 선호한다고 했다. 내장은 제일 좋아하는 부위이고, 그 다음이 머리 부위였다. 이 지역에서 말이 죽으면 한 마리당 40루블에 팔리고, 내장 부위는 전체 고기의 1/4에 해당하는 가격에 팔리며, 소고기나 사슴고기는 말고기의 반값에 팔린다고 했다.

알가시가 그렇게 보잘 것 없는 작은 마을이었다는 사실에 실망한 우리는 여기서 우다 강 위쪽으로 약 80베르스따 떨어진 곳에 오우드스코이 마을이 있다는 이야기를 듣고 다소 희망을 품게 되었다. 그곳은 교회, 신부, 그리고 약 200여 명의 주민이 있는 아주 큰 마을로 우리는 그곳 행정책임자에게 보내는 소개장을 갖고 있었다.

알가시에서 우리는 여행에 필요한 개와 나르따(nartas), 즉 썰매를 하루만에 얻을 수 있었다. 개썰매라는 새로운 방법을 사용해 보고자 하는 욕심과 커다란 마을에 빨리 가고자 하는 욕심 때문에 우리는 다음 날 아침 일찍 출발하기로 마음먹었다.

야코프와 늙은 촌장 구일쯔프가 만나는 장면은 아주 흥미로웠다. 그들은 오랜 친구였지만, 만난 지가 벌써 12년이나 되었다. 서로 얼싸안고 눈물을 하염없이 흘리고 있었는데, 다른 사람들은 안중에도 없는 것 같았다.

우리는 차를 마신 후 앉아서 담배를 피우고 있었는데, 갑자기 8세쯤 되어 보이는 퉁구스족 아이 하나가 〈존 브라운(John Brown)〉[45]이란 노래를 부르는 것을 듣고 놀라지 않을 수 없었다. 미국에서 약 5,000km 멀리 떨어져 있는 이 오지에서 미국 노래가 비록 가사도 엉터리이고 부르는 사람도 그 내용을 전부 이해하지 못하고 있겠지만, 원주민 아이의 입에서 불리고 있다는 사실이 놀라웠다.

이 지역 많은 사람들은 여러 영어 단어와 문장들을 이해하고 있었다. 그들은 오우드스코이와 투구르 만에 모여 살았던 미국 고래잡이 어부들에게서 영어를 배웠던 것이다. 언젠가 어느 고래잡이 선장이 나에게 말해 주기를, 한창 성어기 때 오호츠크 해에서 자기 배 주위로 70여 척의 배를 한꺼번에 본 적이 있다고 했다. 매년 여름이면 알가시 아래쪽으로 약 15베르스따 떨어져 있는 우다 강 하구에 있는 작은 여름철 마을 치미칸(Chimikan)에 이 지역 원주민들과 또 반쯤 혼혈된 러시아인들이 모여들어 모피, 신선한 고기, 생선 등을 고래잡이 어부들이 가져온 술, 옥양목, 담배 등과 맞바꾸었다고 했다.

스와르츠는 3년 전에 이곳에서 러-미 모피회사에서 일하면서 겪은 아슬아슬한 모험담을 우리에게 말해 주었다. 당시 그는 퉁구스족 사람들 몇 명과 순록떼를 데리고 이 해안지역을 따라 짧은 여행을 하고 있었다. 해안의 깊은 만곡부에 다다르자, 빠른 길을 택하기 위해 그들은 얼음 위로 걸어 만

---

[45] 존 브라운(John Brown. 1800~1859)은 미국의 노예제 폐지론자로 무장봉기만이 그 해결책이라고 주장하고 하퍼즈페리의 연방군 조병창을 공격하여 노예들을 무장시키려 했으나 실패하여 교수형을 당했다. 그의 노예해방운동은 이후 미국 전체에 확산되어 결국 미국 남북전쟁으로 이어졌다. 〈John Brown's body〉란 노래는 브라운을 영웅적인 순교자로 묘사한 노래로 당시 북군의 군가로 애창되었다. 원래 1858년 존 윌리엄 스테프(John William Steffe)가 소방대 행진곡으로 만든 곡이었으나, 1861년 남북전쟁이 발발하면서 북군의 대표적인 군가로 사용되었고, 우리나라에서는 "복남이네 어린아이 감기 걸렸네……"로 개사되어 불렸다.

곡부를 횡단하기로 했다. 얼음 길은 육지로부터 바다 쪽으로 약 3km 정도 뻗어 있었다. 거의 다 횡단해갈 무렵 그들과 건너편 해안가 사이에는 좁은 수로가 가로막고 있었다. 해안가에 상륙할 지점을 찾으려고 얼음 가장자리를 따라갔는데, 가면 갈수록 얼음이 더 넓게 깨지기 시작했다. 갑자기 그들은 두려움을 느끼기 시작했다. 발을 딛고 있던 빙원이 해안가로부터 떨어져 나와 바다 쪽으로 떠내려가기 시작했던 것이다. 게다가 육지에서 바다 쪽으로 강한 바람이 불기 시작하더니 빙원이 떠내려가는 속도도 더 빨라졌다. 이 빙원은 소금기 있는 얼음이어서 아주 얇고 부서지기 쉬웠는데, 스와르츠가 단도로 두 번 찌르면 뚫고 들어갈 정도였다. 빙원이 바다 쪽으로 다가가자 산산조각 낼 듯이 높은 파도가 치면서 일렁였다. 뒤집어질 가능성을 줄이기 위해 순록들을 얼음바닥에 앉혔다.

빙원이 바다 쪽으로 흘러가면서 그들과 해안가 사이의 거리가 점점 멀어지기 시작했다. 바람이 차갑게 불었으나, 그리 세지 않았으므로 그들은 희망을 버리지 않고 있었다. 갑자기 공포에 질린 사람들의 비명소리가 들려왔고, 다음 순간 빙원에 기다란 균열이 생겨났다. 이것은 붕괴의 시작일 뿐이었다. 비명소리가 또 한 번 이어졌고, 또 다른 균열이 생겨났다. 크고 작은 파도가 몰아치면서 서서히 빙원을 침식해 들어가고 있었다. 산산조각 나는 것이 불가피한 상황에서도 그들은 희망을 버리지 않고 있었다. 바람의 방향이 바뀌기만 하면 다시 육지 쪽으로 되돌아갈 수 있기 때문이었다.

그런데 다른 위험들이 고개를 들기 시작했다. 모두가 허기지고 목이 마른 상태였고, 또 추위가 엄습해 오는 상황이었다. 그들은 생고기를 충분히 갖고 있었지만, 얼음 위에 있기 때문에 불을 피울 나무가 없어서 불을 피울 수가 없었다. 추위가 점점 심해지면서 살을 에는 바람이 모피외투 속으로 뚫고 들어왔다. 갈증을 해소시킬 물도 구할 수 없었다. 순록은 사람보다 상황이 더 좋지 않았다. 현재의 위험한 상황을 덜어 줄 수 있는 수단이 없었으므로, 그들은 단지 작은 얼음언덕 뒤에 한데 모여 바람을 피하면서 조용히 운명을 기다리는 수밖에 없었다. 마침내 밤이 다가왔고, 이제 빙원은 해안가에서 멀어져 바다 쪽으로 계속 떠밀려가고 있었다.

그들은 2~3시간씩 쪽잠을 자면서 현재의 슬픈 현실을 잊어 보려 했지만, 마음은 더욱 괴로울 뿐이었다. 순록들은 얼음바닥에 몸을 누이면 누일수록 몸이 얼어붙었지만, 완전히 지친 상태여서 사람처럼 몸을 쭉 펴고 바닥에 엎드려 있었는데, 이런 그들을 어떻게 막아 볼 수도 없었다.

날이 밝자 순록들은 배도 고프고 목도 말라 스와르츠가 잠자고 있는 동안 그의 수염에 얼어 있는 얼음을 먹으려 했고, 실제로 그중 일부를 씹어 먹기까지 했다. 이 무렵 바람이 잦아들었지만, 육지 해안가는 너무 멀어 잘 보이지 않았다. 다행히 그들은 말린 생선을 조금 갖고 있었으므로, 그들은 물도 먹지 못하는 상황 속에서도 4일 동안을 견뎌 냈다.

5일째 되는 날 아침, 천우신조로 바람이 바뀌어 빙원은 조류를 따라 우다강 하구 아래쪽 약 100km되는 해안가에 닿게 되었고, 그들은 가까스로 추위와 굶주림으로부터 벗어날 수 있게 되었다. 이렇게 그들이 얼음을 타고 바다로 떠난 원래 지점으로 다시 돌아오는 데 4일이 걸렸고, 순록 4마리가 희생됐다고 했다.

다음 날 아침 일찍 출발하는 것이 우리 의도였으므로, 전날 밤 썰매를 끌 개들에게 충분한 양의 냉동 연어를 먹이로 주었다. 개들은 우리가 캄차카에서 본 개들과 닮았는데, 더 굶주려 있고 사납기가 늑대 같았다. 이것은 그리 놀랄 일이 아닌 것이, 이 개들에게는 하루에 한 번밖에 먹이를 주지 않기 때문이다. 밤에 한 번 주는 먹이로는 충분치 않은 것이다.

| 제 12 장 |

스와르츠의 실수-날이 밝다-처음 개썰매 타기-흥분한 개들-썰매-개 장구 씌우기-오슬-풀 죽은 개-썰매에 짐 싣기-출발-새벽 풍경-개 성격-친족의식과 경쟁의식-집단 개싸움-우다 강-차와 우칼레-여우 뒤쫓기-밤에 오우드스코이 도착-주민들의 놀람-이스프라브닉 관사-진심 어린 환대-보드카-이스프라브닉의 술친구 신부-저녁 식사-신부의 계략-오우드스코이 사회와 관습-낮에 본 마을-그리스 정교 교회와 의식-단순한 원주민들-성직자-신부 이반의 집과 가족-우리 숙소-무도회-마을 유지들-음악-춤-당황스런 춤추기-보드카와 차-무도 의상-설피 적응 훈련-폴카 장대-신부의 초능력과 성공적인 질주

에스키모 개썰매와 같은 것으로 처음 여행한다는 사실에 아주 들떠 있던 우리는 내일이면 오랫동안 기대해 왔던 바람이 실현된다는 생각 때문에 알가시에서 첫날밤을 보내면서도 오랫동안 잠을 이루지 못하고 있었다. 마침내 나는 잠이 들었고, 몇 분 지나지 않은 것 같았는데 벌써 부스럭거리며 떠드는 소리가 들려와 잠이 깼다. 눈을 떠 보니 스와르츠가 벌써 일어나 다른 사람들을 깨우며 날이 밝은 것처럼 개를 모으는 등 출발 준비를 지시하고 있었다. 그런데 불행하게도 우리 시계는 모두 고장 난 상태여서 스와르츠의 판단이 옳은 것인지 알 수가 없었다. 어쨌든 우리는 자리에서 일어나 옷을 갈아입었고, 야코프는 커피를 끓이기 위해 타다 남은 잿불을 살리느라 바람을 불어가며 바쁘게 움직이고 있었다.

우리 앞에는 약 80km의 여정이 가로놓여 있었는데, 썰매 길이 보일 정도로 날이 밝으면 즉시 출발하기로 결정했다. 짐을 다 싼 후, 뜨거운 커피를 몇 잔 마시며 정신을 차린 다음, 담배를 재우고 오두막집 밖으로 나가 오늘 날씨를 살펴보았다. 날은 아직도 어두컴컴했고, 눈이 많이 내리고 있었다. 다시 오두막집으로 돌아와 아침 식사를 준비하고 먹는 데 약 1시간이 지나갔다. 그런데도 날이 밝지 않았으므로, 옆집을 방문했다. 옆집 사람들 역시 우리와 같이 벌써 일어나 있었다. 잠깨기 선수인 스와르츠가 야밤에 잠자고 있던 그들을 침대에서 끌어냈던 것이다. 또 1시간이 지난 다음 우리는 모두 불만 가득한 표정으로 자신의 잠자리로 돌아가 날이 새기를 기다렸다.

마침내 날이 밝았고, 모두가 바쁘게 움직였다. 마을 사람들이 모두 밖으로 나와 개들을 모으려고 휘파람을 불고 소리를 질렀다. 개들을 2마리씩 기다란 물개가죽 끈으로 묶은 다음 썰매에 매달았다. 개 중에는 이 여행이 힘든 일이라는 것을 아는 몇몇 늙은 개들이 게으름을 피우고 있는 경우들을 제외하고는, 대부분의 개들이 썰매를 보고 아주 기뻐하면서 모든 지시에 잘 따라 주었다. 오히려 개들이 어찌나 빨리 출발하고 싶어 하는지, 혹시나 물개가죽 끈이 끊어져 썰매 없이 개들만 뛰쳐나가는 위험한 상황이 생길 수도 있을 정도였다.

이 나르따들, 즉 썰매들은 길이가 약 2.5~3m, 너비가 약 60cm, 높이가 약 30cm 정도 되었고, 바닥은 눈 위로 약 30cm 떨어져 있었다. 양옆에는 5~8cm 높이로 난간이 세워져 있어서 짐을 실을 수 있었다. 활주부는 너비가 약 10cm 정도로 바닥이 평평하고, 통상 하얀 자작나무로 만들어졌는데, 내 생각에 그것이 그런 목적에 맞는 가장 단단한 나무인 것 같았다. 전체가 모두 나무로 만들어졌는데, 오로지 연결 부위들만 생가죽 끈이 사용되었다. 그래서 쇠나 기타 재료로 연결할 경우, 추운 날씨에 뚝 부러질 수가 있는

데 반해, 생가죽 끈은 부러지지 않고 휘어진다. 썰매 자체가 아주 가볍고 탄력성이 있으면서 단단했으므로 이런 거친 지형이나 울퉁불퉁 튀어나온 얼음언덕 위를 질주하는 데 아주 적합했다. 썰매 앞에 튼튼한 머리 부분이 있는데, 이곳에 긴 물개가죽 끈이 부착되어 있어 개들이 쌍으로 연결되어 있다. 그린란드에서처럼 개들을 가로로 연결한 것이 아니라, 2마리씩 세로로 연결해 놓았다. 그린란드 방식은 너른 해안가나 얼음 위를 달리는 데 적합할지 몰라도 이런 거칠고 나무가 많은 지역에는 맞지 않을 수 있다.

가장 활발하고 훈련을 잘 받은 개 2마리를 뽑아서 다른 개들을 안내하는 지도견으로 삼아 선두에 배치했다. 이 지도견들에게는 소를 다루는 것과 마찬가지로 말로 모든 것을 지시한다. 오른쪽으로 가라고 하는 것은 '탁(Tak)! 탁!', 혹은 '풋(Put)! 풋!'이고, 왼쪽으로 가라고 하는 것은 '보크(Volhk)! 보크!'이다. 썰매 몰이꾼들은 각자 자기의 독특한 목소리와 휘파람으로 자기 개들을 통제하는데, 그의 개들은 이미 그 목소리에 익숙해져 있어서 낯선 이방인이 와서 어떤 지시를 내려도 듣지 않는다. 썰매의 속도를 늦추거나 세우려면 독특한 콧소리로 염소 우는 소리 비슷하게 '마-(m-a-h-h)'라고 한다.

시베리아의 개썰매 몰이꾼들은 채찍을 전혀 사용하지 않고, 대신 '오슬(ostle)'[46)]이라 부르는 장대를 사용한다. 이것은 약 1.2m 정도 되는 단단한 나무장대로 아래쪽 끝에 쇠못이 달려 있으며, 주로 경사진 곳이나 미끄러운 얼음 위를 달릴 때 썰매의 속도를 줄이고 썰매가 좌우로 흔들리는 것을 막아 주는 브레이크 역할을 한다. 썰매의 틈 사이로 그것을 집어넣어 얼음이나 눈 속에 쇠못을 박아 넣으면 아주 효과적으로 제동이 걸린다. 또한 말 안 듣고 게으른 개가 있으면, 경고용으로 그 개 있는 쪽으로 장대를 던진

---

46) 조지 케넌의 《시베리아 탐험기》에는 '외르스텔(oerstel)'이라고 부른다.

다음, 썰매가 달리는 와중에 떨어진 장대를 능숙하게 낚아채는데, 이런 일은 거의 실수가 없는 편이다.

개들은 각자 어깨를 가로지르는 넓은 혁대를 차고 있는데, 여기에 또 하나의 끈이 연결되어 개의 몸에 둘러져 있고, 넓은 혁대는 짧은 끌잇줄에 의해 전체를 통괄하는 끈과 연결되어 있다. 이런 개들의 장구를 만드는 데 때때로 많은 노력과 취향이 곁들여지는데, 특히 개들이 크고 좋은 개들일 경우 더 많은 노력을 기울여 많은 장식을 보태게 된다.

오늘 아침 출발 준비를 하는 동안, 이 개들이 보여 주는 영리한 모습에 우리는 여러 번 크게 놀라지 않을 수 없었다. 마을에서 30여 마리가 3대의 썰매를 끌기 위해 차출됐는데, 차출되지 못한 개 중에서 어느 작은 개 하나가 여행에 동참하고자 안달하는 모습을 보여 우리의 동정심을 불러일으켰다. 그 개는 다른 개들보다도 더 크게 짖어 대고 날뛰면서 장구를 달아 주기를 바라고 있었다. 다른 개들에게 장구를 달아 주는 일이 모두 끝나고 아무도 그 개에게 주의를 기울이지 않는데도, 그 개는 다른 개들과 줄을 맞춰

개썰매 팀

자리를 잡고 앉아 참을성 있게 장구를 달아 주기를 기대하고 있었다. 마침내 구일료프가 그 개의 목에 줄을 매어 옆으로 끌고 가서 기둥에 매어 놓았다. 그러자 그 불쌍한 녀석은 꼬리를 내리고 잔뜩 실망한 표정을 짓고 있었다. 그 개는 마치 인간이 하는 것과 똑같이 거부의사를 분명히 표시하고 있었던 것이다.

맨 처음에 썰매 바닥에 말리고 얼린 개 먹이를 실었고, 그 다음에 우리 짐을 싣고, 그 위에 침낭, 담요 등을 넓게 펴서 얹어 우리가 앉을 자리를 편안하게 만들었다. 그런 다음 썰매 몰이꾼이 썰매의 앞부분에 일어서서 오슬을 잡고 출발 신호를 내렸고, 우리는 바람처럼 어두운 숲속을 뚫고 내달리기 시작했다. 개들이 머리털과 꼬리털을 바람에 휘날리며 속박에서 풀려난 것처럼 흥분하여 컹컹거리며 짖어 대는 소리가 온 숲에 울려 퍼지면서, 개들은 마치 먹잇감을 향해 다가가는 굶주린 늑대처럼 앞으로 뛰쳐나가고 있었다. 황혼 무렵과 같은 이런 어스름한 새벽에 이렇게 썰매를 내달리는 것은 위험천만한 일이었다. 길은 좁고 양옆으로 수풀이 우거진 커다란 나무들을 스칠 듯이 지나갔다.

잠시 후 우리는 수풀지대를 지나 무사히 늪지대로 들어섰고, 그 가장자리를 따라가다 보니 올라갔다 내려갔다 기복이 심했다. 버드나무가 낮게 늘어진 군락지대를 뚫고 지나자, 갑자기 앞서 가던 팀이 시야에서 사라졌고, 다음 순간 경사진 강둑길이 나타나면서 약 3m 아래쪽에 눈에 덮인 미끄러운 얼음 강바닥길이 이어졌다. 이제는 속도가 아주 빨라져서 한숨 돌릴 틈이 없었다. 희미하게 날이 밝아 오고 있었지만, 속도가 하도 빨라 주변 물체가 마치 유령처럼 스쳐 지나갔고, 그렇게 몇 분이 지나갔지만, 우리는 무슨 일이 일어났는지조차 알아차릴 수 없을 정도로 정신이 없었다.

이제 우리는 가장 어려운 구간을 통과했고, 개들도 짖어 대기를 멈추고 진정된 상태에서 빠른 걸음걸이로 조용히 나아가고 있었다. 얼어붙은 미끄러운 강바닥 위로 어두운 물체 같은 썰매들이 나지막히 기다란 줄을 이뤄 소리 없이 나아가고 있는 모습은 아까 소란스레 질주하던 모습과는 아주 이상스레 대비되는 모습이었다.

하늘을 가리고 있던 눈구름이 사라지자, 밝아오는 여명 속에서도 수많은 별들이 여전히 창백한 빛을 발하며 반짝이고 있었다. 이것은 황량한 겨울 풍경에 기묘하면서도 섬뜩한 느낌을 더해 주고 있으면서도 가장 마음에 드는 아침 풍경 중 하나였다. 그런 가운데 나는 난생 처음 시베리아에서 눈썰매 여행을 하고 있다는 생각에 마음이 몹시 설레고 있었다.

여행 중에 나는 개들이 한 팀을 이룬 사이에서 어떤 동료애나 동질감 같은 것이 존재한다는 사실을 발견할 수 있었는데, 마을에서는 서로 잘 알고 지냈으면서도 일단 한 팀이 되어 썰매를 끌게 되면, 다른 팀의 개들과 서로 경쟁관계가 되는 것 같았다. 하루 종일 달리다 보면, 한 팀이 다른 팀을 앞서 가려고 경쟁하는 일이 계속 일어나는데, 앞서 가는 팀의 개들은 마치 사람처럼 의기양양해 하면서 뒤처진 개들의 성질을 돋우었고, 뒤처진 개들 중 성질을 못 참는 일부 개들은 앞서가는 개들을 악의적으로 물어뜯기도 했다. 그러면 곧 물린 개가 반격을 가하면서 집단 싸움이 벌어지는데, 사방이 시끄러울 정도로 서로 짖어 대면서 한데 뒤엉켜 싸우게 되면 결국 몰이꾼들이 썰매를 세우고 오슬로 개들을 좌우로 분리해 싸움을 말린다. 여기서 가장 흥미로운 부분은 개들이 뒤엉켜 싸우면서도 적과 친구를 구분할 줄 안다는 것이다.

10베르스따 전진할 때마다 몰이꾼들은 썰매를 멈추고 개들에게 몇 분씩 휴식을 주었다. 그러나 개들은 그동안 운동을 못했던 것인지 잠시 쉬는 것조차 견디지 못하고 참을성 없이 짖어 댔고, 다시 출발해서야 짖는 것을 멈췄다.

우다 강은 거의 정동 방향으로 똑바로 흘러갔는데, 가끔 크게 구부러지는 곳들이 있었다. 이런 곳에서 다소 거리를 줄여 볼 수도 있었을 텐데, 얼어붙은 강 위에 쌓인 눈도 꽁꽁 얼어 있어 우리는 하루 종일 그 얼음길을 떠날 수 없었다. 왜냐하면 다른 길 위의 눈은 얼지 않고 푹푹 빠지는 깊은 눈이어서 다리가 짧은 개에게는 아주 심각한 장애물이기 때문이었다.

이 지역 지형에는 별다른 변화가 없었다. 양쪽 강둑에는 주로 낙엽송, 갈참나무, 포플러나무 등이 숲을 이루고 있었고, 강의 북쪽으로는 거의 평원지대였으며, 남쪽으로는 구릉지대가 펼쳐져 있었다. 정오 무렵 목적지의 절반 정도 전진해 간 다음, 우리는 점심을 먹기 위해 썰매를 세웠다. 따뜻한 차와 말린 생선인 우칼레를 준비해 아주 맛있는 한 끼 식사를 마쳤다. 니콜라예프스크에 있었을 때, 친구 중 한 명이 우리가 여행 중 겪을 무서운 고난을 묘사하는 중에 다음과 같은 말을 한 것이 기억났다.

"흑빵과 우칼레를 맛볼 때까지는 미국에서 겪었던 고난에 대해서 이야기하지 말라. 그것들을 맛보게 되면 시베리아에 온 것을 후회하게 될 것이다."

당시에 이 놀라운 발언은 우리에게 그리 무게감이 없었다. 아마 이 글을 읽게 될지도 모를 그 친구를 위해, 나는 이 자리에서 우리가 흑빵이 없이도 그 우칼레를 아주 맛있게 먹었다는 사실을 말해 주고자 한다. 흑빵 역시 나중에 아주 좋아하게 되었다는 사실도 함께 말해 주고자 한다. 이번 겨울 여행 동안 나는 이 우칼레보다 더 나은 식품을 생각해 낼 수 없었다. 그것은 가볍고 영양이 풍부하고 맛있어서 그 밖의 다른 것을 준비할 필요도 없었고, 또 포장해 갖고 다니기도 편리했다. 우리는 이미 그 진가를 알고 있었으므로, 길을 떠나기 전에 그것을 충분히 확보해 놓지 않으면 출발할 엄두도 내지 않았다.

오후에는 짧은 시간이었지만 여우를 뒤쫓는 여흥으로 여행에 활기가 돌았다. 여우를 뒤쫓는 개들이 사냥감을 추적할 때의 속도를 알아볼 수 있는 좋은 기회였다. 얼음이 얼어 있었지만 개들이 발을 디디기에 충분한 정도였다. 처음 여우가 약 800m 앞 얼음길 위에 모습을 드러내자, 이를 알아챈 개들이 늑대같이 으르렁 대는 소리를 내며 뒤쫓기 시작했다. 여우 뒤쫓기는 대단한 경주였지만, 곧 여우가 북쪽 강둑에 있는 숲속으로 몸을 숨기며 사라지자 경주는 끝이 나고 말았다.

해는 오후 4시경 떨어졌는데, 오우드스코이까지는 아직 약 12베르스따가 남아 있었다. 그로부터 1시간 반 동안 초승달빛에 의지해 썰매를 달렸고, 강의 어느 한 만곡부를 돌아가자 우리 앞에 6~8채의 나지막한 통나무집들이 나타났다. 그 집들은 북쪽 강둑에 자리 잡고 있었는데, 얼음 창문을 통해 새어나오는 따뜻한 불빛이 추위와 썰매 여행에 지쳐 기진맥진해진 우리들에게 다시 일어설 수 있는 기운을 불어 넣어 주고 있었다. 이 마지막 1시간 반의 여행 시간이 나에게는 지금까지 우리가 여행을 시작한 이래로 가장 추위로 고통받았던 시간이었다. 비록 온도가 영하 24도밖에 안 되었지만.

이 통나무집들이 모여 있는 곳이 오우드스코이 마을이었다. 우리 개들이 기쁨에 들떠 짖어 대는 소리에 놀란 주민들이 밖으로 나와 모여 있었는데, 그들은 조용한 마을에 불쑥 찾아온 여행객들이 누구인지 궁금해 하고 있었으며, 그들이 더욱 크게 놀란 것은 우리 썰매가 마을의 지방행정관, 즉 이스프라브닉의 관사 앞에 정지해 있었기 때문이었는데, 그로 인해 그들은 우리를 이방인으로 알고 있었다.

이 조그만 러시아인 전초기지는 너무 멀리 떨어져 있어서 겨울 동안에는 아무도 접근할 생각을 하지 않는 곳이었다. 주민들이 외부 세계와 통할 수 있는 유일한 기회는 우다 강 하구에 있는 러시아 보급선인 증기선이 지방행정관과 12명의 코사크족 병사들이 1~2년 먹고 지낼 보급품을 싣고 여름에 올라왔다가 그 지역 주민들에게서 거둔 1년치 세금, 즉 야삭(yassak)인 모피들을 싣고 다시 아무르 강으로 돌아갈 때뿐이었다. 이런 상황에서 알가시에서 온 썰매들이 도착했다는 사실은 아주 커다란 사건이었고, 게다가 생전 처음 보는 이방인들이었으며, 그중에는 외국인들도 있다는 사실은 놀라운 사건이었던 것이다.

이스프라브닉의 관사 앞에 도착했을 때, 스와르츠가 마중나온 사람과 미국식으로 어깨를 두드리며 인사를 나누는 모습을 보고 우리는 모두 깜짝 놀랐다. 마중 나온 사람은 미국 포경선 선장인 허친슨(Hutchinson) 씨였는데, 우리가 투구르에서 만나 보려 했던 회사의 직원이었다. 그와 스와르츠는 러-미 모피회사에서 같이 일하면서 사귀어 온 오랜 친구 사이였다. 이 머나먼 오지에서 친구를 만난다는 생각은 전혀 할 수 없었지만, 그들은 그렇게 서로 만나 친구가 되었던 것이다.

이스프라브닉이 베푼 환영연은 아주 따뜻한 것이었다. 그는 우리의 도착을 아주 기뻐하고 있었는데, 그의 고백에 따르면, 니콜라예프스크에 부임한 새로운 주지사가 자신을 대체할 새로운 이스프라브닉을 보낸 줄 알았는데, 우리가 그들 일행이 아닌 것을 알고는 아주 기뻐하게 되었던 것이다. 그는 30세 정도의 젊은 사람이었는데, 얼굴에는 다소 방탕한 생활을 한 흔적이 남아 있었다. 이곳에서는 보드카 마시는 일이 즐거운 사교생활인 것 같았고, 그의 유일한 친구는 신부였다. 통상 사람이 홀로 있게 되면 책으로 벗을 삼는 경우가 많다. 그래서 나는 주위를 둘러보았는데, 글자로 인쇄된 것이라곤 하나도 찾아볼 수가 없었다. 처음에는 그가 이 수많은 지루한 나날들을 어떻게 보냈을까 하는 의문이 들기도 했지만, 나중에 우리는 그 해답을 눈으로 직접 볼 기회를 많이 갖게 되었다.

우리는 모피 외투를 벗을 사이도 없이 계속 보드카 잔을 받게 되었는데, 술 권하는 것을 거절하지 않는 것이 러시아식 예법이므로, 아무도 자신의 정확한 주량을 알고 있지 못했지만, 우리는 이른바 '15잔 마시기(피아트 나드사트 까르플레트(piat nadsat carplets))'에 몰두해 있었다. 그러나 곧 술잔이 너무 빨리 돌아가자 우리는 그 결과가 두려워지기 시작했다. 그럼에도 불구하고 우리의 주인장은 계속해서 혼자 마시고 있었는데, 때맞춰 신부가 나타나더니 그의 술친구가 되어 주었다. 긴 머리에 예복을 입은 신부는 놀라우리만큼 쉽고, 우아하고, 익숙한 솜씨로 술잔을 하나하나 비워 나갔는데, 만일 바쿠스 주신을 숭배하는 협회가 있다면 그에게 영광을 돌렸을지도 모를 일이다. 물론 그는 15잔을 모두 마시고 기분 좋게 취해 버렸지만 말이다. 30분 정도 지나자 기분이 아주 좋아진 그는 황홀경에 빠진 듯한 눈빛으로 3줄짜리 작은 코사크족 악기를 집어 들고 긴 머리채를 앞뒤로 휘날리며, 단조롭고 빠른 스텝으로 방안을 이리저리 춤추고 다니기 시작했다. 동시에 그는 거칠고도 특이한 분위기 속에서 익살스런 몸짓을 하면서도 아주 좋은 목소리로 노래를 불렀다. 이런 공연을 벌인 사람은 다름 아닌 성직자 이반 신부(Father Ivan)였는데, 당시에 그는 십자가가 그려진 예복을 입고 있었고, 우리들에게 이런 장면이 좀 충격적이었다는 사실은 그리 놀랄 일이 아니다.

마침내 저녁이 준비되었고, 우리는 옆방으로 안내되어 지름이 약 60cm 되는 작은 탁자 곁에 앉았다. 탁자 위에는 다진 고기와 감자, 마개 있는 유리병 속에 든 술, 포크 6개 등이 놓여 있었다. 오우드스코이 마을의 관습을 모르는 상태에서 우리는 마냥 접시가 오기를 기다리고 있었는데, 스와르츠가 우리에게 알려 주기를, 모두가 한 접시로 먹는 것이라고 하면서 포크로 감자 하나를 꿰어 그대로 자기 입에 넣는 시범을 보여 주었다. 이후로 우리는 러시아어를 모르는 대로 연회를 즐겼고, 우리의 주인장도 영어를 모르는 대로 연회를 즐겼다.

저녁 식사를 하는 동안 이반 신부는 우리들에게 이야기 하나를 들려주었는데, 스와르츠가 통역을 해주었다. 우리가 도착하기 전날 밤 오우드스코이 생활의 지루함을 덜어 주는 오락게임에서 이스프라브닉과 대결한 신부가 보여 준 농담과 계략에 관한 이야기였다. 두 사람은 평소 승패가 엇갈리는 도박을 자주 벌였는데, 통상 신부가 더 많은 승률을 올리고 있다는 이야기였고, 그날도 그들은 날이 샐 때까지 도박을 벌이다가 결국 신앙심이 깊은 신부가 승리하면서 약 100루블 정도를 땄다는 이야기였다. 양쪽 모두 미신을 믿고 있어서 행복이나 불행이 어떤 특별한 이유 때문에 갈린다고 믿고 있었다. 신부가 우리에게 이야기해 준 그 이유를 이스프라브닉은 아직까지도 모르고 있다고 했다.

게임이 시작되면 신부는 게임의 규칙이 적혀 있는 종이 아래쪽에 악마의 그림을 숨겨 놓고, 이스프라브닉의 옆에 종이의 옆면을 갖다 놓으면서 그에게 불행이 닥치기를 기대한다. 게임이 진행되면서 그의 기대와는 반대로 이스프라브닉이 계속 이기게 되자, 신부는 곧 악마의 그림의 방향을 바꾸어 놓는다. 이런 식으로 그는 결국 운세를 바꾸어 그날 밤 게임에서 이기게 되었다는 것이다. 그의 경쟁자가 못 보고 있는 사이에, 그는 그림의 위쪽에 세 번 성호를 긋고 전능하신 신의 이름으로 축복한 다음, 그 그림을 자기 쪽으로 돌려놓는다. 그러면 그 순간부터 행운이 자기에게 붙는다고 그는 주장했다. 이렇게 예복 입은 위선자가 세 번 성호를 그어 악마의 그림을 전지전능한 신의 편으로 바꾸어 도박판에서 행운을 거머쥐는 행위를 그는 최고의 계략으로 믿고 있었다. 마침내 오늘의 연회가 끝이 나자, 우리는 오늘 하루의 피로를 떨쳐 버리기 위해 즐거운 마음으로 우리의 초라한 잠자리에 들었다.

다음 날인 11월 26일 일요일, 우리는 조촐한 교회 예배에 참석했다. 그것은 신부가 의도했던 것은 아니었지만, 우리가 아직 러시아 정교 예식을 보지 못했다는 소리를 듣고 특별히 그가 준비하겠다고 한 것이었다.

날이 밝았을 때의 오우드스코이 마을의 모습은 우리가 전날 밤 보았던 그 작은 창에서 흘러나오는 정겨운 불빛 어린 모습보다 훨씬 덜 매력적이

오우드스코이 마을

었다. 마을은 17세기 중반부터 있었지만, 우리가 방문할 당시에는 교회당을 빼고 10여 채의 집이 있었는데, 마을은 크게 둘로 나뉘었다. 둘 다 우다 강 북쪽에 있는데, 서로 약 800m 떨어져 있다. 그중 지대가 낮은 곳에 이스프라브닉이 살고 있고, 강이 내려다보이는 약 15m 높이의 절벽이 있는 지대가 높은 곳에는 신부가 살고 있는 교회당이 있었다. 교회당은 평범한 통나무집 구조의 작은 집으로 낮은 탑과 돔을 머리에 이고 있었다.

그것은 사방이 터진 곳에 자리 잡고 있어서 통나무 사이의 틈과 구멍을 통해 교회당 안으로 바람이 새어 들어왔다. 모든 그리스 정교 교회당처럼 그곳에도 신도가 앉는 좌석이 없었으므로, 예배에 참석한 20여 명의 원주민들과 코사크족 사람들은 모두 서 있거나 무릎을 꿇고 있었다. 입구 반대편에 있는 제단의 뒤쪽에는 성소로 통하는 격자문 사이로 전날 밤 주연을 즐겼던 우리의 친구인 신부가 보였다. 그는 금실과 푸른 비단으로 수놓은 소용돌이 문양이 있는 길고 아름다운 예복을 입고 있는 모습으로 머리를 숙이고 찬송하면서 성호를 긋고 있었고, 제단 오른쪽 구석진 곳에 자리 잡고 있는 1명의 부제와 2명의 코사크족 젊은이들이 아주 달콤한 목소리로 그의 목소리에 화답하고 있었다. 격자문 양쪽에는 금박 입힌 샹들리에가 매달려 있었고, 거기에는 크고 작은 양초들이 있었다. 페인트 칠해진 사방 벽에는 다양한 성인들의 그림이 걸려 있었고, 그중 일부는 아름다웠다. 각 그림들 앞에는 양촛대를 세워 놓거나 걸어 놓았다. 이 성화들 중 일부는 몇 백년씩이나 오래된 것도 있었고, 유럽에서 들여온 것도 있었다.

이 조그만 교회당에 들어서서 초라한 모습의 마을 신도들의 얼굴에 나타난 신실하고 진지한 표정을 목격하게 되자, 그런 예배의식이 위선적인 것이라고 조롱해 왔던 우리도 어떤 성스러운 감정을 느끼지 않을 수 없었다. 그러면서 도박과 술에 탐닉했던 신부의 얼굴조차 성스럽고 존경스러운 모습으로 다가오고 있었다.

예배가 끝날 때가 되자, 많은 신도들이 신부에게로 다가가 그의 축복을 간구했다. 그들 중에는 마을의 제2인자인 코사크족 장교 한 사람도 눈에 띄어 우리를 놀라게 했다. 이 사람은 이스프라브닉과 같이 살고 있었으므로, 신부의 성격이나 행동거지 모두를 잘 알고 있는 사람이었다. 그런 그가 어떻게 그런 신부에게 다가가 축복받으려 하는 것인지 나로서는 풀 수 없는 의문이었다.

그러나 이런 그의 이상한 음주와 도박 등과 같은 불경스런 행위에도 불구하고 그는 좋은 성품들을 일부 갖고 있었다. 보통 러시아인에게서 보이는 손님에 대한 환대 같은 것이 그에게도 잘 발달되어 있었다. 사실 그에게는 그런 환대하는 마음이 너무 많았으므로, 비록 나에게 그를 싫어하는 감정이 있음에도 불구하고 나는 때때로 그에게 마음이 가는 것을 어쩔 수 없었다. 우리가 그와 같은 러시아인들과 친구관계를 맺어 가면 갈수록, 우리는 점점 더 우리가 캄차카에서 받은 러시아인들에 대한 첫인상에 더욱 확신을 갖게 되었다. 통상 이교도이든 아니든 간에, 누군가의 정신적 지주나 모범이 되는 역할을 떠맡기에 그들은 아주 부적합한 사람들이다.

신부의 집은 교회당 근처에 있었는데, 초청을 받은 우리는 그의 집에 가서 그의 가족을 소개받았다. 평범하지만 다정하게 보이는 아내, 밝은 모습의 두 어린 아들, 이들 셋은 그러나 보기와는 달리 가장이 있는데도 불구하고 큰 충격을 받을 만한 표현들을 아무렇지도 않게 써 대는 바람에 우리의 주의를 끌고 있었다. 나중에 알게 된 사실이지만, 이것은 그가 너무나 자주 매질을 가하기 때문에 그런 일이 생겼다는 것인데, 이 지역에서는 매질이 남성에게 부여된 하나의 권리이므로, 아이들뿐만 아니라 아내에게도 매질을 가한다는 것이다. 집은 빈 방이 남아돌 정도로 크고 안락했는데, 신부의 솔직하고 친절한 요청에 따라 우리는 빈 방중 하나를 숙소로 정하고 남은 날 동안 이곳에서 머무르기로 결정했다. 여기서 우리는 아얀(Ajan)까지 타고 갈 새 순록들을 구해야 했는데, 이스프라브닉이 아직까지 도움을 줄 수 있는 형편이 못 되었으므로, 우리는 오랫동안 지체될 것을 예상하고 있었다.

다음 글들은 우리가 4주간 지체하는 동안 써 놓았던 내 일지에서 거의 그대로 베껴 쓴 것으로, 우리가 이 오지 마을에서 보고, 듣고, 느낀 거의 모든 것에 대한 기록을 나는 독자들에게 시베리아 오지 생활에 대한 묘사로서 제출하고자 한다.

우리가 오우드스코이에 도착하고 나서 이틀째 되는 날 저녁에 이스프라브닉이 우리에게 '베추르카(vechourka)', 즉 밤 무도회에 갈 기회를 제공했다. 그곳에는 마을의 모든 미인들과 신사들이 다 모인다는 것이었다. 그러나 이곳에서 미인이라고 해봐야 아주 촌구석의 농부 아내들 4명(코사크족 일부 사람들의 아내들)이 전부였고, 신사라고 해봐야 이스프라브닉, 의사(야위어 보이고, 머리를 전사처럼 깎은), 부제, 4~5명의 코사크족 사람들, 그리고 우리들이 전부였다. 악단은 코사크족 사람들이 맡았는데, 러시아 노래를 생음악으로 연주했고, 거기에 맞추어 춤을 추었다. 무도회는 어느 코사크족 사람의 집에서 열렸다.

주인집 여자(여자들 중 가장 이뻐 보이는)에게 소개된 후, 우리는 조그만 방으로 안내되었는데, 그곳에는 손님들이 앉을 수 있도록 벽 쪽으로 긴 의자들이 배치되어 있었다. 차가 준비되는 동안 코사크족 사람들은 러시아 노래 하나를 소리 높여 불러 댔다. 이 노래가 끝나자 파티에 참석한 사람들 모두가 노래 하나를 또 불렀고, 여자들이 자리에서 일어나 방 한복판으로 나가더니 남자들에게 수건을 던지며 춤을 추자고 도발했다. 순식간에 여자 한 명이 내 팔을 잡더니 무대 위로 나를 끌고 갔다. 나는 거절할까 하다가 어떻게 될지를 몰라 잠시 그대로 지켜보기로 했는데, 스와르츠가 말해 주기를, 만일 내가 거절했다면 여자가 기분 나빠했을 것이라고 했다.

주위를 둘러보니 마후드 역시 그런 무례한 방식으로 갑자기 휙 낚아채 나가는 모습이 보였으므로, 나는 순순히 내 파트너의 의지에 전적으로 따르기로 결정했다. 그녀는 내 손을 쥐고 춤추기 시작했다. 동시에 러시아어로 무언가 아주 달콤한 노래를 나에게 불러주었는데, 그녀의 목소리와 몸짓에서 사람을 끄는 어떤 마력 같은 것이 느껴졌다. 다행인지 불행인지 알 수 없으나, 나는 그 노래를 이해할 수 없었는데, 만일 이해할 수 있었다면 나는 완전히 그녀에게 압도당했을 것이 분명했다.

이것은 내가 경험한 것 중 가장 긴 노래와 춤이었다. 우리는 쉬지 않고 30분 동안 방 안 곳곳을 춤추며 돌아다녔는데, 모두가 얼굴이 붉어질 정도로 힘껏 노래를 불러 제꼈다. 마치 누가 먼저 목소리가 터져 나가는지 내기를 걸고 있는 듯한 표정이었다. 춤추기가 끝나기를 고대하고 있다가 거의 포기할 지경에 이르렀을 때, 갑자기 노래가 그치더니 나의 파트너도 춤추기를 중단하고 얼굴을 돌려 나를 올려다보았다. 분명 그녀가 무언가를 기대하는 눈치였는데, 나는 말도 못하고 그냥 서서 기다리고 있을 뿐이었다. 그런데 사방에서 쪽쪽 입 맞추는 소리가 어지럽게 들려오자, 나는 주위를 둘러보고 내 귀가 잘못되지 않았다는 것을 확인한 후, 내 파트너와 키스했다. 춤이 끝나자, 나는 18년 전에 이와 비슷한 무도회에서 약식으로 옷을 입고 춤추었던 일이 생각났다.

몇 분 쉬고 난 후 또 다시 다른 곡조를 타고 춤이 시작됐고, 우리는 이번에는 별다른 실수 없이 잘 해나갈 수 있었다. 춤이 두 번째 끝날 때마다 희석시킨 술이 돌려졌고, 네 번째 끝날 때마다 차가 제공되었다. 차가 아주 맛있었으므로, 갈증 난 사람들에게 인기였다.

오우드스코이 마을의 엘리트들만을 위해 마련한 듯한 춤추기가 두 차례 있었는데, 내가 보기에 다른 일반적인 춤추기와 별다른 것이 없어 보였다. 다만 춤이 더 복잡해 보일 뿐이었다. 이 춤에는 남녀 2명씩, 그리고 의자 2개가 필요했다. 처음에 남자 2명이 방 한가운데 놓여 있는 의자에 앉고 서로 마주본다. 다음에 여자 2명이 손수건(보통 이곳에서 손수건은 여자들 물품에 들어가지 않지만, 이런 특별한 경우에만 준비한다)을 꺼내 들고 남자들 주위를 돌다가 남자들 머리 위에 손수건을 치켜들고 우아한 자태를 취한다. 이렇게 하는 동안 여자들은 내내 목청을 높여 노래를 부른다. 이것이 첫 번째 장면이고, 두 번째 장면은 반대로 여자들이 앉고 남자들이 춤을 춘다. 춤이 끝나면 일반 춤추기와 마찬가지로 서로 키스를 나눈다.

모든 여자들이 아주 구식의 옥양목 옷을 입고 있었는데, 아직 빳빳한 천으로 만든 옷은 이 지역에 들어오지 않은 것 같았다. 여자들 옷 스타일은 목을 드러내지 않고 오히려 목 위까지 올라와 있었는데, 마치 몸을 드러내지 않는 것이 현대식이라고 여기는 듯했다. 그리고 어깨에는 조그만 숄을 둘렀는데, 핀으로 꼼꼼하게 고정시킨 것이어서 목 주위 부분은 말할 것도 없고 심지어 귀까지도 잘 보이지 않을 정도였다. 소매는 길고 팔에 꽉 끼었으며, 스커트는 너무 작아서 허리에 주름이 잡히지 않을 정도였다. 머리에는 취향에 따라 빨간색, 노란색, 초록색, 혹은 무늬 있는 천 조각들을 둘렀는데, 마치 무언가 미국 남부의 흑인 여성 스타일을 닮은 것 같았고, 관자놀이까지 감싼 터번 같은 천 조각 아래로 삐져나온 머리털이 없었더라면, 아마도 머리를 깎고 천을 둘러 가린 여인으로 착각할 수도 있는 그런 모습이었다.

무도회는 밤 11시경 끝났고, 우리는 마치 하루 종일 여행을 한 것처럼 녹초가 되어 숙소로 돌아왔다.

우리는 설피가 앞으로의 여행에 있어서 중요한 장비가 되리라는 것을 알고 있었는데도, 여기에 머무르는 동안 설피를 사용하는 방법을 익히지도 못했고, 또 즐기지도 못했다. 설피는 하얀 자작나무로 만들어졌는데, 길이는 약 1.8m, 폭은 약 20~25cm, 두께는 약 60mm 정도이고, 한 짝의 무게는 약 3.6kg였다. 바닥에는 말사슴, 순록, 말 등의 털 달린 다리가죽을 붙였는데, 털의 방향이 발뒤꿈치 쪽으로 향해 있어서 앞으로 나아갈 때는 아주 쉽게 미끄러져 나아가고, 위로 올라갈 때는 뒤로 미끄러지지 않았다. 말사슴가죽이 최고였지만, 구하기가 어려워 말가죽이 많이 쓰이는데, 말가죽 역시 아주 좋다. 해안가에서는 물개가죽이 똑같은 용도로 사용된다. 설피를 신으면 그냥 걷는 것보다 훨씬 빨리 나아갈 수 있다.

남자들은 오락거리로 썰매 대신 이 설피를 신고 언덕을 미끄러져 내려가

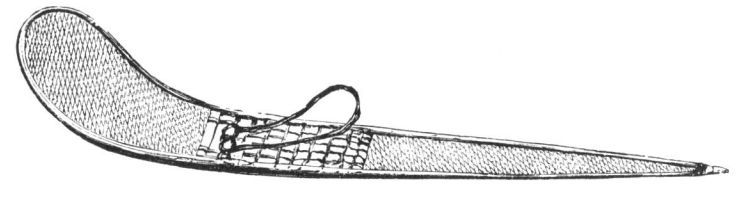

설피

는데, 아주 익숙해지면 아주 가파르고 긴 언덕길을 거의 번개 같은 속도로 내려갈 수 있고, 또 폴카(polka), 즉 지팡이 없이도 균형을 유지할 수 있다. 설피를 신고 가는 사람은 항상 지팡이 하나를 들고 가는데, 지팡이는 평지나 오르막길에서 몸의 균형을 잡아 주고, 내리막길에서는 속력을 줄여 주는 브레이크 역할을 한다.

우리는 교회 옆에 있는 가파른 강둑에서 매일 설피 타는 연습을 했는데, 곧 익숙해져서 세 번 중 한 번은 넘어지지 않고 내려올 수 있었다. 처음에 나는 지팡이 없이 시도해 보았는데, 내가 출발하자마자 신부가 나를 위해 성호를 그어 주었다고 다른 친구들이 말해 주었다. 그래서 그런지 나는 넘어지지 않고 언덕을 내려올 수 있었는데, 나는 그것이 모두 그의 초능력 덕분이라고 신부를 칭찬해 주었다. 좋은 설피를 신으면 40도 경사각에서도 뒤로 미끄러지지 않고 올라갈 수 있다고 했다.

제13장

러시아식 증기탕-효과-우리 숙소-온도-은행 금고로 쓰이는 성화-원주민들의 도둑질 성향과 미신적 관념-특이한 병-잔인한 장난-희생자-말고기 시식-내장 먹기-우리를 돕는 일에 대한 이스프라브닉의 무관심-순록 떼를 찾아 퉁구스족 친구들을 파견-야쿠트 상인들의 도착-행운-커다란 축일-세례식-마후드의 곤경-악마에게 침 뱉기-러시아식 이름-축하-대부들의 의무-시베리아의 보호 성인-성명 축일-인노센시아 성인 이야기-구교도-기적 같은 일-성 니콜라이 성명 축일-축성-종교적 어릿광대극-악당 같은 신부-돌아온 퉁구스족 친구들-구할 수 없었던 길잡이-마이미칸 경로-사기를 떨어뜨리는 말들-우리가 의도한 직선 경로-새로 충전한 장비들-냉동 우유-송별 무도회-순록을 데리고 출발

니콜라예프스크를 떠나던 날부터 오우드스코이에 도착할 때까지 꽉 찬 한 달이란 기간이 걸렸는데, 이 기간 동안 우리는 목욕이란 것을 사치스런 일로 여겨 한 번도 해본 적이 없었다. 왜냐하면 당시 온도가 영하 18~28도에 달했기 때문이었다. 그런데 우리가 도착한 후에, 신부가 친절하게도 자신의 증기탕을 우리 마음대로 쓰도록 해주었으므로, 우리는 더 이상 목욕을 관심 밖에 둘 이유가 없어졌다. 한번 맛을 들이자, 몸을 깨끗이할 뿐만 아니라, 사치스런 기분까지 느끼게 되어 자주 이용하게 되었다. 신부집 증기탕은 우리가 페트로파블로프스크 부근에 있는 아바차 마을에서 본 것과 아주 닮아 있었는데, 다만 신부집 것이 좀 더 세심하게 만들어졌고, 또 자갈

돌을 쌓아 놓고 밑에서 불 때는 아바차 마을식 대신 벽돌로 잘 만들어 놓은 페치카가 있다는 것이 달랐다. 게다가 옷을 갈아입는 옆방을 더 잘 지어 놓았다.

목욕할 때는 먼저 옷을 벗고 증기탕에 들어가는데, 항상 주의해야 할 것은 우선 머리를 찬물로 적시고 들어가야 한다는 것이다. 왜냐하면 달궈진 페치카에 물을 뿌리면 뜨거운 증기가 발생하는데, 그냥 들어가면 두통이 발생할 수도 있고 숨쉬기도 힘들어질 수 있기 때문이다. 잠깐인데도 땀이 비 오듯 흐르고, 특히 바닥보다 위쪽이 더 뜨겁다. 아래쪽 단에 누워 있으면, 동행한 사람이 작은 자작나무 가지들을 한데 묶은 다발을 들고 머리에서 발끝까지 얼얼하고 상쾌해질 때까지 채찍질을 가한다. 이 작업이 끝나면 비눗물에 아마포를 적셔 몸을 사정없이 문지른다. 그런 다음 바닥에 내려와 1차로 뜨거운 물로 몸을 씻고, 2차로 미지근한 물로 씻은 다음, 3차로 눈 섞인 물을 머리부터 발끝까지 뒤집어쓴다. 이 마지막 부분이 정말 하기 힘든 과정이지만, 하고 나면 가장 몸이 상쾌해지는 부분이다. 이것은 몸을 완전히 덥혀 놓았다가 몸을 시원하게 만들어 주는 시스템인 것이다. 그런 다음 옆방으로 가서 거친 수건으로 몸을 닦고 감기 걸리지 않도록 외투를 걸치고 숙소로 돌아간다. 숙소에는 코사크족 사람이 뜨거운 커피나 차를 준비해 놓고 있는데, 이런 증기탕 목욕을 하면 보통 5~6컵을 마시게 된다. 그러면 이내 녹초가 되어 꾸벅꾸벅 졸면서 맛있는 낮잠을 즐기게 된다.

신부의 집에 있는 우리의 숙소는 방이 넓고 깨진 유리창 사이로 차가운 바깥바람이 새어 들어왔지만, 페치카를 때서 따뜻하고 안락했다. 방안의 온도는 보통 영상 2도를 유지했다. 이것은 우리가 한 달 동안 밖에서 야영하고 지낸 것에 비하면 아주 따뜻한 온도였다. 우리는 이 방에서 먹고, 마시고, 담배 피고, 책 읽고, 글 쓰고, 또 밤이 되면 바닥에 자리를 깔고 잠을 잤다. 방 한쪽 구석에는 좀 조잡하게 그린 벽화가 있는데, 그리스도와 2명의 성인들을 그려 놓은 것으로 각각의 초상화 앞에는 촛불이 매달려 있었다. 이 성화들은 원래 인류의 평화를 위해 만들어 놓은 것이겠지만, 우리는 다른 중요한 용도로 사용했다. 우리가 자주 듣는 경고성 발언에 의하면, 코사크족 사람들과 원주민들은 도둑질하는 경향이 있다는 것이다. 그들은 어떤 것을 훔치기 전에 몸에 성호를 긋고 안전을 기원하는 것이 보통인데, 만일 어떤 초능력이 그 도둑질을 막아 주지 않는다면, 자신이 그 물건을 가질 자격이 있다고 믿는다는 것이다.[47]

그러나 그들은 이 성화들을 아주 커다란 경외와 존경의 눈으로 바라보고 있었다. 좀 더 안전한 장소를 찾고 있던 우리는 이런 사실을 알게 되면서 우리의 여행 자금을 성화 뒤에 숨겨 놓았고, 마치 쇠로 만든 금고에 넣어 놓은 것처럼 안전에 대해서 아무런 의심도 하지 않았다. 그들 중 누군가가 그곳에 돈이 숨겨져 있다는 사실을 알았다 하더라도, 그들은 그것이 성인들의 보호 아래 있다고 믿기 때문에 감히 어떻게 해보려는 생각을 하지 않을 것 같았다. 이스프라브닉 자신도 아주 미신적인 사람이었다. 그는 자기의 명예를 걸고 자신이 악마를 두 번이나 보았다고 우리에게 말해 주기도 했다.

며칠 동안 나는 이 지역의 많은 원주민들이 고통을 당하고 있는 아주 특이한 병의 증세를 관찰해 볼 기회를 가질 수 있었다. 통상 여자들이 더 많이 걸리는 이 병이 내가 이스프라브닉의 집을 방문했을 때 일어났다. 나에게 말해줄 게 있다는 핑계로 그는 나를 부엌으로 데리고 갔는데, 거기에는 8~10명의 야쿠트족과 퉁구스족 원주민들이 있었고, 그들 중 금방이라도 무덤에 들어갈 듯한 아주 늙은 여인 하나가 있었다. 이스프라브닉이 갑자기 소리를 지르더니 나를 때릴 듯이 덤벼들었다. 그러자 갑자기 그 늙은 여

---

[47] 저자 주: 이 지역 사람들의 이런 주장에도 불구하고, 술이 몇 병 없어진 것을 제외하고 우리는 다른 어떤 것도 도난당한 적이 없었다.

인이 똑같이 소리를 지르면서 마치 미치광이처럼 나에게 달려와서 이빨을 갈면서 힘없는 주먹으로 나를 때려 댔다. 나는 처음에 너무나 놀라서 이것이 장난인지 아닌지 알 수 없는 상태였지만, 웃어넘기려고 애썼다. 그런데 이스프라브닉이 계속 소리를 지르고 방방 뛰는 것을 보자, 곧 그 불쌍한 늙은 여인이 통제력을 잃어버리기 시작했다. 그녀는 극도로 흥분하여 소리를 지르고, 퉁구스어로 중얼거리더니 토하기 시작했다. 사실 그녀는 장난기가 발동한 이스프라브닉의 농간에 완전히 놀아나고 있었던 것이다. 피해자의 상태가 어떻게 되든 상관없이 잔인한 장난을 일삼는 이스프라브닉에게 사태를 파악한 내가 그만두도록 요청하자, 그는 내가 장난에 동참하지 않는 것에 아주 놀란 듯했다. 그 늙은 여인은 그 후로 격렬한 발작을 보였고, 거의 3시간 동안 회복되지 못했다.

나중에 알게 된 바로는, 이런 병은 의사가 온갖 약을 다 써보아도 치료할 수 없고, 마지막 수단으로 환자에게 무자비한 매질을 가해도 치료되지 않는다고 했다. 나는 나중에 북극권 지역에 갔을 때, 이와 유사한 경우들을 만나볼 수 있었다. 많은 경우에 있어서 이 병은 아주 위험한 상황을 만들게 되는데, 환자들이 발작이 일어나면 곁에 있는 위험한 도구들을 사용하게 되기 때문이다.[48]

우리가 도착한 이래로 이스프라브닉은 우리에게 말고기가 맛있다고 계속 말해 왔는데, 마침내 설득당한 우리는 그 말이 사실인지 진짜 그 맛을 시험해 볼 기회를 갖게 되었다. 그는 아주 싱싱하고 부드러운 고기가 언제든지 준비되어 있다고 우리한테 말해 주었다. 그래도 우리는 그의 친절한

---

[48] 이 부분은 저자가 샤먼이 겪는 무병에 대한 이해가 부족하기 때문에 하게 되는 진술인데, 그동안의 학술 성과에 따르면 무병은 다른 사람들에게 해를 끼치지 않고, 또 다른 사람을 위험에 빠뜨리지도 않는다. 다만 자신이 고통을 겪을 뿐인 것이다. 조지 캐넌의 《시베리아 탐험기》에는 이 병이 극지 히스테리아로 표현되고 있다.

요청을 선뜻 받아들이기 어려웠는데, 왜냐하면 그 말이 나올 때마다 알가시에서의 말머리 장면이 자꾸 떠올랐기 때문이었다. 하지만 다행인지는 몰라도 튼튼한 위장을 갖고 태어난 우리는 약간 호기심이 발동하는 동시에 여행 중 발생할 수 있는 온갖 비상 상황에 대비하기 위한 훈련을 한다는 심정이 들면서, 그가 저녁 식사에 우리를 초대하자, 우리는 외투를 걸쳐 입고 맛 시험을 치르기 위해 이스프라브닉의 집으로 갔다.

  집안에 들어서자마자 무슨 특이한, 마치 마굿간이나 헛간을 연상시키는 냄새가 났다. 우리는 전과 같이 접시 하나가 달랑 있는 작은 탁자에 둘러앉았고, 접시에는 고기가 들어 있고 주변에 6개의 포크가 놓여 있었다. 고기는 아주 얇게 잘라져서 동그랗게 말려 있었는데, 마치 소시지를 얇게 잘라놓은 것 같았다. 우선 보드카로 입맛을 돋운 후, 이스프라브닉이 먼저 포크로 한 조각 가져다가 아주 행복한 표정을 지으며 입에 넣었고, 우리도 망설이지 않고 그를 따라 했다. 한마디만 하자면, 고기는 인도산 고무처럼 아주 질겼다. 얼마나 오랫동안 씹고 있었는지 모르겠지만, 별 효과를 보지 못하자 나는 그대로 삼켜 버릴 수밖에 없었다. 인내심이 필요한 시점이었고, 30분이 지나자 접시가 다 비워졌다. 주인장이 고기의 거의 3/4을 다 먹어치웠다. 우리는 식사가 끝날 때까지 감히 한마디 질문도 못하고 있었는데, 나중에 알게 된 바에 따르면, 우리가 내장까지 먹었다는 것이었다. 이후로 우리는 말고기를 먹을 엄두도 내지 못했지만, 나는 당시 그 어떤 부위에서도 맛있는 부분을 결코 발견할 수 없었다. 그것은 아주 질기고, 메마르고, 거칠어서 소고기나 사슴고기와 맛에서 비교될 수 없었다. 내가 말고기를 추천하는 유일한 때는 아주 굶어죽게 될 때뿐일 것이다.

  우리는 이곳에 도착하고서 곧 이스프라브닉에게 가능한 한 빨리 우리 여행을 계속할 수 있게 해달라고 요청했는데, 우리는 우리가 가는 여정에 있는 모든 러시아 장교들과 신민들에게서 우리가 필요로 하는 정보와 지원을 받을 수 있도록 하는 요청서를 니콜라예프스크에서 받아가지고 왔으므로, 아주 짧은 시간 안에 다시 출발할 수 있으리라는 희망을 갖고 있었다. 그런데 좀 더 오랫동안 우리들과 어울리고 싶어서인지, 아니면 완전 무관심으로 대하고 있는 것인지 알 수 없었지만, 우리가 받아 낸 것은 단지 여기서 2개월간 지체될 수 있다는 사실뿐이어서, 우리가 애쓴 결과가 아무것도 없다는 것이 분명해졌다. 그런데 어느 날 우리는 우연히 오우드스코이에서 약 100베르스따 떨어져 있는 곳에 순록을 데리고 있는 여러 퉁구스족 사냥꾼들이 있다는 정보를 들었고, 다른 운송 장비가 없는 우리는 즉시 퉁구스족 원주민 한 명에게 설피를 신고 그들에게 다녀오도록 보냈다. 이 사냥꾼들에게서 우리는 그럭저럭 다음 여행에 필요한 순록들을 제공받기로 약속받았지만, 이들은 12월 13일까지는 이곳에 도착할 수 없다고 했다.

푸루헴 주지사의 요청서에 따라, 이스프라브닉은 우리와 함께 오호츠크까지 동행할 새로운 코사크족 병사 이반(Ivan)을 우리에게 제공해 주었다. 야코프는 우리와 함께 계속 여행을 하고자 하는 마음이 강했으나, 여기에 남아야 했다.

원주민 한 명에게 설피를 신겨 사냥꾼들에게 떠나 보낸 후, 여러 명의 야쿠트족 상인들이 야쿠츠크로부터 차, 담배, 기타 잡동사니 등을 순록들에게 싣고 퉁구스족과 모피를 교환하기 위해 여기에 도착했다. 이들 야쿠트족 카라반은 이미 2,000베르스따를 지나왔지만, 아직도 여행길의 절반도 못 왔다고 했다. 그들은 통행증을 얻기 위해 매년 겨울 이렇게 오우드스코이에 들른다고 했다.

우리는 지금까지 아주 운이 좋았다고 할 수 있다. 왜냐하면 우리가 목적지에 도착한 이후로 우연히 커다란 행사들이 때맞춰서 계속 벌어졌기 때문이다. 니콜라예프스크에 머무는 동안에도 이전보다 더 크고 많은 축제와 볼거리들이 벌어졌었다. 주지사의 이취임식, 계속되는 무도회와 연회들, 그리고 그 밖에 일지나 연보에 기록되지 않은 일들이 많이 있었다. 오우드스코이에서도 마찬가지였는데, 우리가 이곳에 도착한 지 일주일도 되지 않아 이스프라브닉이 아버지가 되는 경사가 발생했다.

아이가 태어난 지 3일째 되는 날이 세례받는 날이었다. 보통 대부와 대모는 각 1명씩 정해지는 것이 관례였지만, 이스프라브닉은 우리 모두를 포함해 5명을 원했는데, 결국 그는 절충해서 신부, 마후드, 스와르츠 3명으로 줄이기로 했다.

세례식은 이스프라브닉의 집에서 거행됐는데, 사전에 교회 집기들을 모두 옮겨 왔고 허친슨 선장과 나는 방청객으로 지정되었다.

방 한가운데 하얀 천으로 덮인 의자 하나가 놓여 있었고, 그 위에 따뜻한 물이 담긴 커다란 대야가 하나 놓여졌다. 신부는 그 곁에 서서 방 한구석에 있는 성화를 향해 절을 하고, 찬송을 하고, 성호를 그었으며, 그에 대해 부제들이 때때로 화답하면서 찬송했다. 신부의 뒤쪽 줄에는 대부, 대모들이 각자 금박종이가 나선 모양으로 감겨 있는 커다란 촛불을 하나씩 들고 서 있었고, 이들의 왼쪽에는 산파가 아이를 팔에 안고 서 있었다. 내가 들은 바에 따르면, 산파들은 정부로부터 정기적인 급여를 받는다고 했다. 금박으로 장식된 어두운 초록색 예복을 입고 있는 신부 역시 촛불 하나를 들고 있었다. 식은 러시아어로 진행됐으므로, 나는 아무것도 알아들을 수 없었으나, 몇 마디는 나에게 통역되었다.

신부가 쇠사슬에 묶여 있는 향로를 흔들자 모두가 절을 하고 찬송을 했다. 신부가 그에게 등을 돌리고 있는 대부, 대모들을 바라보며 몇 가지 질문을 하기 시작했고, 대부 대모들은 그에 대한 대답으로 바닥에 침을 뱉는다. 이것은 아이의 이름에 붙어 있는 악마에게 침을 뱉는다는 의미이다. 그리고 신부는 물속에 손가락을 넣어 십자를 긋고 축성한 다음, 아이에게 다가가 인노센시아 페트로비치(Innocentia Petrovitch)라는 이름으로 불러 준다. 인노센시아는 위대한 성인의 이름에서 따온 것이고, 페트로비치는 아버지의 이름인 피터(Peter)에서 따온 것으로 피터의 아들이란 뜻이다. 이것은 러시아의 관습으로 첫째 이름(first name), 즉 세례명은 성인의 이름을 따온 것이고, 둘째 이름(second name), 즉 중간 이름(middle name)은 아버지의 이름을 따온 것이며, 어미에 '비치(vitch)'나 '이치(itch)'가 붙는다. 가족 이름(family name), 즉 성은 잘 사용되지 않고 있는데, 현재의 차르조차도 통상 알렉산더 니콜라요비치(Alexander Nikolaiovitch)로 알려져 있다.

신부가 벌거벗은 아이를 양손으로 잡고 무언가 중얼거리면서 세 번 물속에 담갔다. 그동안 대모들은 마후드를 주시하고 있었는데, 그는 양팔을 뻗어 아이의 물기를 닦을 천을 대모들에게 전해 주려 하고 있었다. 그런데 갑자기 신부가 한 바퀴 돌면서 아이를 팔에 안았고, 이에 놀란 아이가 자지러지게 큰소리로 울어 제꼈다. 그 움직임이 너무 갑작스러워서 마후드는 아이가 떨어지지나 않을까 걱정되어 신부 곁으로 다가갔다. 세례식은 아주 엄숙하고 감동적이었다. 하지만 신부의 예기치 않은 이런 위험한 행동 때문에 마후드는 깜짝 놀랐고, 그런 모습을 본 나 역시 깜짝 놀라서 지금까지의 엄숙했던 감정들이 모두 사라져 버렸다. 나중에 마후드는 나에게 "엄숙한 분위기를 깰까 두려워 감히 움직이지 못했다"고 말해 주었다.

신부가 무언가를 중얼거린 다음, 아이는 스와르츠에게 넘겨졌고, 또 그의 뒤에 있는 산파에게로 넘겨졌다. 대부가 아이에게 십자고상과 가운 한 벌을 선사했다. 신부가 그 물건들을 축성한 다음 아이 머리 위에 놓고, 아이의 온몸에 성호를 그으면서 아이를 축성해 주었다. 그런 다음 가위로 십자고상과 닿아 있는 아이의 머리털을 잘랐다.

이제 세례식은 마지막을 향해 진행되고 있었는데, 신부는 아이를 안고 물이 담긴 대야 주위를 돌기 시작했고, 나머지 사람들이 긴 줄을 이뤄 그의 뒤를 따라가며 찬송했다. 이어서 대부들이 아이를 신부에게서 인계받아 안고 신부와 똑같은 행동을 따라하면서 아이가 품고 있는 십자고상에 키스했다. 곧 세례식은 끝이 났고, 거의 1시간이 걸렸다. 모두가 서로 악수를 나누고 축하했는데, 내가 보기에 그것은 아이가 물에 빠져 죽지 않은 것을 서로 축하해 주는 것 같았다. 왜냐하면 그 어린 아이가 어떻게 그런 물속에 세 번이나 빠지는 긴 의식을 견딜 수 있었을까 하는 놀라움 때문이었다.

마후드와 스와르츠가 세례식에 대한 대가로 신부에게 몇 루블을 지불했는데, 이스프라브닉이 그들에게 신부가 그 대가를 기대하고 있다고 암시해 주었기 때문이었다. 이스프라브닉은 또한 산파도 양초를 준비한 대가를 기대하고 있다고 알려 주었고, 그 밖에 또 지불해야 할 것이 있느냐는 그들의 질문에, 대부들이 매년 아이에게 몇 루블씩 주기로 되어 있고, 또 대모들에게는 새 옷을 해주는 것이 관례로 되어 있다는 이야기가 돌아왔다. 그런 다음 이스프라브닉은 손님들에게 차, 술, 점심 등을 제공했고, 드디어 세례식은 모두 끝났다.

다음 날인 11월 26일(러시아식으로 옛날 셈법에 따른 것인데, 미국식으로는 12월 8일)은 성인 인노센시아의 성명 축일이었다. 이것은 시베리아에서 가장 커다란 휴일이었는데, 왜냐하면 성인 인노센시아는 주로 시베리아에서 활동했기 때문이다. 이스프라브닉의 아들 이름은 이 성인 이름을 딴 것이다. 신부의 이야기에 따르면, 성인 인노센시아는 이르쿠츠크의 대주교였는데, 18세기 초에 죽었다고 했다. 그가 죽은 지 70년 후에도 시신은 부패하지 않고 온전한 상태로 보존되어 있었으므로 시성되었고, 오늘날에도 시베리아를 보호하는 성인으로 간주되고 있다고 했다.

축일 미사는 축일 전날 아침 교회에서 거행되는데, 성화가 교회 중앙 탁자 위에 놓이면, 신부와 신도들이 모두 바닥에 머리를 조아리며 성화에 절을 한다. 또한 이미 세례를 받은 이스프라브닉의 아들 인노센시아 페트로비치를 위한 성명 축일 미사도 오전 중에 치러졌는데, 그 아이는 술에 대한 아버지의 사랑을 유전받지 못했는지, 포도주 마시는 순서에서 큰 소동이 벌어졌다. 신부의 막내아들 이름도 이 성인의 이름을 딴 것이므로, 자기 아들의 성명 축일을 맞아 신부는 우리들을 저녁 식사에 초대했다. 여기에서는 성명 축일이 생일 대신 축하되고 있었다.

저녁 식사를 마친 다음 신부는 성인 인노센시아에 관한 이야기를 다음과 같이 우리에게 들려주었다.

러시아에는 '구교도, 즉 스타로브라데츠(Starobradets)'⁴⁹⁾라 불리는 종교 분파가 있는데, 이들은 오늘날 그리스 정교의 주류파에서 분리되어 나왔다. 이들은 1666년 이후로 어떤 진정한 새로운 성인도 나오지 않고 있다는 믿음을 갖고 있으면서, 주류파와 다른 성호 긋는 방식을 채택하고 있다. 주류파는 셋째와 넷째 손가락은 오므리고 엄지, 첫째, 둘째 손가락을 펴서 끝을 한데 모아 성호를 긋는 데 반해, 구교도는 그 모습이 마치 담배나 어떤 먹을 것을 집는 모습이어서 불결하다고 반대하면서 엄지와 셋째 손가락을 구부리고 첫째, 둘째, 넷째 손가락을 펴서 성호를 긋는다.

인노센시아가 시성되자, 아름답고 화려하게 꾸민 그의 성화가 이르쿠츠크의 주요 교회에 숭배 대상으로 설치되었고, 그 앞에 커다란 촛대가 세워지면서 촛불이 오랫동안 꺼지지 않고 계속됐다. 당시에 구교도 중 어느 한 사람이 그 성화 앞에 촛불을 켜게 해달라고 청원했는데, 그것은 1666년 이후로 성인이 나오지 않고 있다고 주장하는 구교도가 인노센시아를 위대한

---

49) 구교도들은 교회의 전통과 예식이 예수 재림 때까지 결코 수정될 수 없다고 믿는 자들로 니꼰 모스크바 총대주교의 주도하에 시작된 종교개혁에 저항하면서 아바꿈 대주교의 길을 따라 순교하거나 시베리아로 이주하는 길을 선택했다. 분쟁의 불씨가 된 것은 아주 사소한 것들이었다. 즉 성호를 그을 때 두 손가락 대신 세 손가락을 사용할 것, 또 알렐루야를 두 번 부르던 것을 세 번 불러야 한다는 것 등이었다. 이런 사소한 것들에 극단적으로 저항하면서 결국 아바꿈 대주교를 포함해 약 2만 명의 구교도들이 순교당하게 되었다. 이후 구교도들은 우랄산맥을 넘어 알타이, 부랴티야, 연해주 등 시베리아로 이주하여 오늘날까지 살고 있다.

성인으로 인정하는 행위였으므로 커다란 파장이 예상됐다. 그런데 별 어려움 없이 주류파의 허락이 떨어지자, 그는 곧 아름답게 장식된 커다란 촛대를 준비해 성화 앞에 놓고 성대한 예식을 치렀다. 그러자 예식에 참가했던 모든 사람들이 같이 축하해 주었고, 마침내 그는 자신의 잘못을 뉘우치고 다시 진정한 교회 품으로 돌아갔다고 했다.

그 교회에 있는 신부들 중 한 명이 한밤중 잠자다가 갑자기 촛불을 끄라는 소리가 들려 잠에서 깨었다. 그는 눈을 비비며 누군가가 방 안에 있다고 생각하며 비어 있는 작은 방 안을 둘러보았다. 달빛이 훤해서 충분히 사물을 구별할 수 있을 정도였는데, 아무도 보이지 않았다. 몇 분 동안 기다렸다 쳐다보고 들어보아도 아무것도 보이지도 들리지도 않았다. 그는 꿈을 꾸었다고 생각하고 곧 다시 깊은 잠에 빠져들었다.

갑자기 또 누군가 자기를 깨우려는 듯 똑같은 소리가 들려오고, 이번에는 몸을 흔들어 대는 듯한 느낌마저 들어 두 번째로 그는 잠에서 깨었다. 이번에는 재빨리 눈을 뜨고 침대에 앉았는데, 식은땀이 흘러내렸다. 사방이 쥐 죽은 듯이 고요했다. 아무것도 보이지 않았고, 오로지 가구들만이 예전처럼 그대로 서 있었다. 하지만 그의 마음은 심란했다. 그는 두 번이나 깊은 잠에 빠져 있는 자신을 일깨워 놓은 이상한 소리와 거칠게 흔들어 대던 움직임에 대해서 어떻게 설명할 길이 없었다. 깨어 있는 동안에는 아무것도 보이지도 들리지도 않았으므로, 단지 꿈을 꾸었을 것으로 생각한 그는 촛불을 끄러 갈 생각을 하지 않았다. 그러면서도 두려운 생각에 침대 위에서 덜덜 떨고 있던 그는 잠을 잘 수 없는 상태였지만, 아무것도 들리지 않았으므로 꾸벅꾸벅 졸다가 다시 곧 깊은 잠에 빠져들었다.

똑같은 소리가 들려와 다시 잠에서 깬 그는 이번에는 침대에서 바닥으로 굴러 떨어졌다. 놀라고 혼란스런 마음으로 그는 방을 빠져나와 교회 관리인들을 모두 깨워 놓고 그들에게 자기가 겪은 그날 밤 사건을 이야기해 주었다. 즉시 회의가 소집되어 그 문제에 대해 논의한 결과, 촛불을 끄기로 결정이 났다. 촛불을 끄러 다가가 보니, 촛불에는 성화를 파괴하기 위한 폭약이 장전되어 있는 것이 발견되었고, 마침 때맞춰 폭발이 일어나는 것을 막을 수 있었다고 했다.

12월 18일(미국식) 월요일은 니콜라이 성인의 축일로 커다란 휴일이었다. 그날은 모두가 처벌받지 않고 맘 놓고 술 마실 수 있는 권리가 부여된 날이었다. 오우드스코이 마을 전체 주민이 모두 교회 미사에 참석했다. 미사가 끝나갈 무렵 신도들이 니콜라이 성인의 성화에 입맞추려 몰려들었고, 눈 쌓인 언덕배기에 설치된 3대의 작은 대포에서 6발의 축포가 발사됐다. 우리의 오랜 코사크족 친구 야코프가 포병들을 지휘하고 있는 것 같았다. 그는 아주 용감하게 대포에 장약을 장전했지만, 발사할 때는 멀리 도망갔다.

오후에 신부와 부제는 코사크족 젊은이들로 이루어진 합창대와 함께 커다란 십자고상과 성수가 담긴 접시를 들고 집집마다 갖고 있는 성화들을 축성해주기 위해 돌아다니고 있었다. 그들은 그런 축성 예식을 해주고 대신 집집마다 얼마씩 비용을 받았다. 내가 듣기로, 이 비용은 죽은 사람들이 천국의 문을 열고 들어갈 수 있는 여권과 같은 것에 대한 비용 등 기타 다른 예식들을 베풀어 주고 그 대가로 받는 비용들과 함께 신부의 부수입으로 간주된다고 했다.

교회와 교회가 베푸는 온갖 예식은 이 지역의 신부 같은 사람들이 연출하는 하나의 거대한 어릿광대 연극처럼 보였다. 도박이 그의 주된 오락이었으므로, 예식을 진행하려면 도박에 빠져 있는 그를 호출하기 위해 두세 번 교회의 종을 울릴 필요가 있었다. 이 지역에서는 "그는 아주 악질이어서 사람들이 그를 신부로 생각하지 않는다"라는 말이 돌아다니고 있었다.

오우드스코이는 접근하기 어려운 아주 외진 곳이어서 당국이 문제를 접수해 조사에 들어가기란 쉽지 않다. 따라서 신부와 이스프라브닉은 자기들 상관의 비호 아래 할 수 있는 모든 일들을 견책받지 않고 마음대로 할 수 있는 것이다.

12월 13일 우리가 순록을 구하러 보냈던 퉁구스족 친구가 다른 원주민들을 많이 데리고 돌아왔는데, 그들과의 협상을 잘 끝내어 우리는 그들로부터 아얀까지의 여행에 데리고 갈 순록 16마리를 얻어내는 데 성공했다. 그러나 그들 중 우리가 탐험하려고 하는 주그주르 산맥의 동쪽 지역에 대해서 아는 사람이 한 명도 없었으므로, 우리는 길잡이꾼을 구할 수 없었다.

여기서 아얀까지 가는데 원주민들이 알고 있는 유일한 길은 야쿠츠크나 마이미칸 강(the Maimikan river)을 경유해 멀리 내륙 쪽으로 돌아가는 아주 먼 길이 있다. 이 길을 따라 전신선을 깔려면 자재와 물자를 아주 많이, 오랜 기간 어렵게 공급해야 하므로, 우리는 가능하면 주그주르 산맥과 바다 사이의 좀 더 직선 경로를 찾아내야만 했다. 그런 직선 경로라면 오호츠크 해로 흘러 들어가는 수많은 작은 강들을 통해 카누나 고래잡이 보트를 타고 올라갈 수 있는 곳에 보급품 저장소를 설치할 수 있을 것이다.

우리와 동행하게 될 원주민 2명은 그런 미지의 지역으로 들어가는 긴 여행을 별로 달가워하지 않는 눈치였다. 그러나 우리는 그들에게 나침반을 보여 주면서 만일 우리가 길을 잃었을 경우 이 작은 기기가 어떻게 우리를 길 안내해 주는지를 설명해 주었다. 계속 설득하고 충분한 보상을 약속한 후에 그들은 동행하기로 결정했다. 우리 자신도 우리가 원하는 경로의 실현 가능성에 대해 강한 의구심을 갖고 있었지만, 만일 실패하더라도 다른 방법을 통해서 주 산맥을 넘어가는 길을 찾아낼 수 있을 것이라는 자신감은 갖고 있었다. 그렇게 산을 넘어가면 우리는 마이미칸 강의 지류와 만나게 될 것이고, 또 그 지류를 따라가면 레나 강과 만나게 되거나, 아니면 아얀과 야쿠츠크 사이의 우편도로와 만나게 될 것이다. 만일 실패하여 야쿠츠크로 우회하는 경로를 택할 경우, 우리는 2개월이라는 여행 기간을 소비하게 될 것이고, 결국 직선 경로 설치는 수포로 돌아가게 될 것이다.

오우드스코이 마을 사람들은 니콜라예프스크의 친구들이 그랬던 것처럼 안전에 대해 많은 걱정을 하고 있었으므로, 이번 여행에 참가하지 않겠노라고 선언했다. 동시에 산꼭대기에서 불어 대는 무서운 눈폭풍 푸르가를 만나면 사람과 순록이 다시는 돌아오지 못한다는 무서운 이야기로 우리를 겁주었다.

우리는 또 한 번 보급품을 완전히 챙겼다. 차, 소고기, 설탕, '수카리(sukarie)', 즉 작은 케이크 형태로 말린 검은 빵, 소금을 안 넣고 만든 약간의 야쿠트식 버터, 그리고 사치품인 몇 kg의 우유 등이었다. 독자들은 내가 우유를 kg으로 계산하는 것에 놀랐을 것이다. 왜냐하면 여기서 동절기에 우유는 얼어서 고체 상태가 되기 때문이다. 한번 얼어붙으면 겨우내 가방 속에 넣어 가지고 다닐 수 있고, 원하는 대로 손도끼로 잘라 작은 조각을 내어 사용할 수 있다. 또한 우리는 가는 도중에 먹기 편하게 육류를 작은 크기로 잘라 준비해 놓았다. 이런 사전 준비는 야영 시 음식을 준비하는 데 많은 시간을 단축시켜 줄 것이다. 우리는 이미 알가시에서 늙은 구일료프에게서 충분한 우칼레를 공급받았다. 모피 양말, 장화, 설피 등 도보로 걸어갈 때 필요한 모든 물품들을 새로 구입하는 등, 우리는 다시 한 번 여행 떠날 준비를 마쳤다.

다음 날 우리는 새로운 코사크족 친구 이반, 퉁구스족 친구들, 그리고 순록과 함께 알가시를 향해 출발했다. 왜냐하면 알가시에서 오기로 되어 있는 개썰매들이 도착하면 바로 그 개썰매들을 타고 알가시로 떠나기로 했기 때문이었다.

우리가 떠나기 전날 이스프라브닉은 우리에게 송별 무도회를 마련해 주었다. 그것은 첫 무도회와 별반 다르지 않았지만, 우리를 위해 특별히 4명의 퉁구스족 아가씨들이 추는 춤이 달랐다. 팔을 교차해 서로 손을 잡고 있던 그녀들은 천천히 원을 그리며 돌았다. 그러면서 무슨 불평하는 듯한 소리를 냈는데, 몸 안 가장 깊숙한 곳에서부터 나오는 소리 같았다. 이 소리가 음악을 만들어 냈다. 그러면서 또한 몸을 웅크렸다 폈다 했는데, 춤이 진행될수록 점점 움직임이 빨라졌다. 그러다가 아주 우스꽝스럽고 뭐라 표현할 수 없는 일종의 미용 체조 같은 동작들을 선보였는데, 몸을 비틀고, 발뒤꿈치를 빙빙 돌리고, 팔과 손을 마구 휘둘러댔다. 이런 동작들이 계속되다가 그녀들의 목젖이 쉬어 더 이상 소리를 내지 못하게 될 정도가 되자, 그제야 멈추고 춤도 끝났다.

| 제 14 장 |

러시아식 이별-코사크족 예포와 송별식-밤 여행-퉁구스족 사냥꾼-늑대에게 잡아먹힌 순록-아얀을 향해 출발-해안가를 따라서-절벽들-빙상 구간-험한 길-안티칸 강-크리스마스 이브-겨울 야영 풍경-힘든 일지 쓰기-고람 강-불안한 전망-크리스마스-춥고 힘든 여행-결실 없는 노력-우리의 의도-장대한 풍경-땅속의 임시 저장고와 여우 함정-괴혈병-긴급 회의-계속된 여행-산불에 탄 지역-불확실성-동상에 걸린 텔레폰트-모닥불로 몸을 녹이다-"차가 다 됐습니다"-고람 강 상류-주그주르 산 정상에서-장대한 풍경-힘든 하산길-위험한 야생순록 길-또 한 번의 힘든 산 오르기-부어오른 발목

12월 19일 화요일 - 맑고 추움. 오늘 아침 온도계는 영하 28도를 가리키고 있었다. 우리는 일찍 일어나 어제 도착한 썰매에 짐을 실으며 알가시로 떠날 준비를 하고 있었다. 이스프라브닉의 요청에 따라 그의 집에서 아침 식사를 한 후, 우리는 여러 차례 떠나려고 시도했으나, 한 번 더 이별주를 나누자고 붙잡는 바람에 출발이 지연되고 있었다.

우리가 모피 외투를 입은 채 잠시 앉아 있다가 일어나 나가려고 할 때, 러시아식 송별식이 시작됐다. 그 자리에 있던 남자와 여자, 늙은이와 젊은이, 멋지게 차려입은 사람과 초라한 사람 등등의 모든 사람들과 일일이 세 번씩 입맞춤을 나누어야만 했다. 우리는 이 같은 송별식을 빼놓고 싶은 마음이 굴뚝같았지만, 마을 사람들 모두가 원했으므로 그 관습을 따라야만

했다. 우리가 문 밖을 나서자, 우리의 출발을 축하해 주기 위해 길 한쪽으로 코사크족 사람들이 머스킷 소총들을 들고 한 줄로 서 있었고, 그 맞은편에는 다른 마을 사람들이 줄을 이루어 서 있었다. 코사크족 사람들은 받들어 총을 한 후에, 우리를 위해 성경 기도서의 한 줄을 암송해 주었다. 우리의 개썰매가 출발하자, 세 발의 예식 총포가 연달아 발사되었다. 이스프라브닉은 우리를 따라 2~3베르스따까지 동행해 주었고, 또 송별식이 되풀이되었다. 그런 다음 우리는 영원히 오우드스코이 마을을 등지고 떠났는데, 당시에는 그것이 마지막이란 생각이 들지 않았다. 최근에 불어 닥친 눈 폭풍으로 길은 거의 보이지 않았는데, 그 때문에 우리의 갈 길이 늦어져서 알가시의 오두막집들에 도착한 것은 다음 날 새벽 2시경이었다. 밤새 온도계는 영하 25도를 가리켰으나, 대부분의 시간을 썰매 옆에 서서 걸었으므로 체온이 유지되었다.

알가시에서 우리는 어느 퉁구스족 사냥꾼 1명을 만났는데, 만일 주그주르 산맥을 넘어가고자 한다면 자기가 가는 길을 따라 약 150베르스따 떨어져 있는 고람 강(Goram river) 상류로 올라갈 수 있고, 그런 다음 자기 가족이 야영하고 있는 마이미칸 강의 지류를 건너갈 수 있다는 말을 그에게서 들었다. 그는 곧 자기 집으로 되돌아와야 했으므로 우리와 함께 가다가 중간에 되돌아올 작정이었다.

우리 순록들은 이곳에서 약 3베르스따 떨어져 있는 이끼지대에서 머물며 사람들이 교대로 지키고 있는 가운데 먹이를 먹고 있었다. 12월 21일 아침 순록 지키는 사람들 중 1명이 사기를 떨어뜨리는 소식을 갖고 왔다. 늑대들이 간밤에 제일 좋은 순록 2마리를 잡아먹고 다른 8마리는 어딘가로 사라졌다는 이야기였다. 우리는 곧 나머지 잃어버린 순록들을 찾으러 여러 사람들을 보냈고, 나중에 잃어버린 순록들을 찾아 알가시로 데려왔다. 하지만 죽어버린 2마리를 보충하기에는 시기적으로 너무 늦었으므로, 우리는 그대로 밀고 나가기로 결정했다. 그 대신 우리들 중 2명이 설피를 신고 2마리 분량의 짐이 줄어들 때까지 걸어가야만 했다. 우리는 오후 2시에 알가시에서 북서쪽 방향으로 숲을 통과해 출발했고, 약 10베르스따 정도 나아간 다음 야영을 했다. 순록들에게 먹이를 먹인 후, 예전처럼 늑대로부터 보호하기 위해 순록들을 모닥불 옆에 매어 놓았다. 오후 6시 온도계는 영하 19도를 가리키고 있었다.

다음 날 아침 우리는 강한 남서풍 때문에 쏟아지는 눈보라를 등에 맞으며 야영장을 떠났다. 스와르츠와 나는 설피를 신고 약 3베르스따를 앞서 나갔고, 우리는 해안가에 도착했다. 높이 솟은 절벽이 해안가까지 내려와 있었고, 만 전체가 얼어붙어 있었는데, 해안가 쪽은 얼음이 작은 언덕을 이루거나 험한 상태로 얼어 있었다. 이것은 아마도 거센 바람과 강한 조류 때문에 생긴 것으로 보였는데, 처음 얼어 있던 곳이 나중에 계속 얼어붙고 쌓여서 그런 형상이 만들어진 것으로 보였다. 해안가를 따라 절벽 옆으로는 수면 위로 약 4.5m 정도의 얼음이 얼어붙어 두꺼운 빙상을 형성하고 있었다. 바다 쪽 얼음은 밑 부분이 취약해 순록이 위험에 빠질 수 있었고, 절벽 쪽은 올라갈 수가 없었으므로, 우리에게 남은 선택은 빙상을 따라가는 길뿐이었다. 그러나 이 길도 폭이 아주 좁고 미끄러워서 어렵고 위험하기는 마찬가지였다. 심심치 않게 얼음이 통째로 무너져 내린 커다란 구덩이들이 나타났는데, 그런 곳에서는 짐을 더 낮은 위치에 물개가죽 끈으로 묶어 무게중심을 낮추고 통과해야 했고, 통과한 후에는 힘들게 다시 끌어올려 주어야 했다. 이런 어려운 길이 약 2km 정도 계속되었고, 이 길을 통과한 후로는 더 이상 어려운 구간이 없었다.

이 빙상 구간을 통과하는 동안 여러 개의 설피가 심하게 부서졌는데, 다행히 그럭저럭 수선하여 계속 쓸 수 있게 되었다. 15베르스따를 더 나아가서 우리는 오호츠크 해로 빠져나가는 작은 강인 안티칸 강(Antikan river) 하구에 도착했다. 여기서 우리는 경사 급한 절벽 길을 타고 올라가서 그 퉁구스족 사냥꾼이 알려준 길을 따라가니, 내륙 안쪽으로 너른 황무지가 나타났다. 절벽 너머 약 7베르스따 정도의 거리에 순록 먹이인 좋은 이끼지대가 있었고, 그 부근에 퉁구스족 사람들이 남겨 놓고 간 텐트 뼈대들이 남아 있었으므로, 우리는 그중 하나를 사용해 하룻밤을 지낼 텐트를 쳤다.

다음 날 여행길은 주그주르 산맥과 바다 사이에 있는 굴곡이 많은 지형으로 숲과 황무지가 점점이 산재해 있는 곳이었다. 앞으로 나아갈수록 작은 산들이 점점 큰 산으로 변해 갔고, 밤 무렵에는 높은 산봉우리를 떠받치고 있는 거대한 산들로 변했다. 정오에 우리는 아주 큰 강을 건넜는데, 고람강(Goram river)으로 알고 있었으나, 나중에 알고 보니 잘못된 정보였다.

12월 24일 일요일 – 오늘은 전 세계가 즐거워하는 크리스마스 이브 날이다. 바깥세상에서는 오늘밤 산타 할아버지가 가져다주는 봉봉 사탕과자와 선물들을 기대하며 얼마나 많은 아이들이 가슴을 설렐 것인가! 그러나 반대로 산타 할아버지가 선물을 가져다줄 수 없는 곳에서는 아이들이 얼마나 마음 아파할 것인가! 그렇다. 오늘밤에도 세상에는 빵부스러기라도 얻으려고 환하게 불을 밝힌 거리를 헤매고 다니는 가난한 아이들이 많이 있는 것이다. 이들은 멋지게 차려입고 연말 파티에 갈 수도 없고, 즐거운 노래를 부르고 웃음을 터뜨리며 썰매를 탈 수도 없는데, 다만 과부일지도 모르는 이들의 가난한 엄마들은 이 아이들을 먹이고 입히기 위해 침침한 불빛 아래 바느질에 열심일 것이다. 이들에게 크리스마스는 없는 것이다. 오늘밤 세상의 절반이 즐거움에 빠져 있는 와중에도 슬픔과 고통의 눈물이 마르지 않는 가난한 사람들이 많이 있는 것이다.

그런데 이 춥고 황량한 오지에 갇혀 있는 나는 바깥세상과 단절된 채 이같은 성탄절 분위기를 거의 잊어버리고 있었다. 당시 우리는 야영을 하고 있었는데, 장대로 반원형 틀을 만들고 그 위에 순록가죽을 뒤집어씌운 텐트가 찬바람을 막아 주었고, 앞에는 커다란 모닥불이 탁탁 소리를 내며 타오르고 있었으며, 우리는 커다란 전나무 가지 아래 누워 있었다.

마후드와 스와르츠는 모피 침구 위에 안락하게 누워서 담배를 피우며 이야기를 나누고 있었고, 이반은 크리스마스 이브 특별식인 소고기 스테이크와 야생 양파를 준비하는 데 여념이 없었다. 우리의 퉁구스족 친구들은 모자도 쓰지 않고 이리저리 돌아다니고 있었는데, 그들의 검고 추레한 머리들은 입김 때문에 얼어붙어 완전히 하얗게 변해 있었다. 그들 중 1명은 땔감나무를 한팔 가득 져다가 모닥불에 보충하고 있었고, 남은 1명은 근처에 있는 고람 강에서 방금 가져온 얼음덩이를 잘게 자르고 녹여 바쁘게 차를 준비하고 있었다. 우리의 안장과 짐은 눈 위에 그대로 놓아두었고, 그 너머에 서 있는 나무줄기들이 모닥불 빛을 받아 마치 어둠속에서 유령들이 모습을 드러내는 것 같았다. 순록들도 어떤 것들은 모닥불 빛에 놀라 잠시 우리 모습을 주시하기도 했다.

여기에 한 장면이 더해진다면, 그것은 글 쓰는 나 자신의 모습일 것이다. 나는 머리부터 발끝까지 모피를 뒤집어쓰고 모닥불 곁에 다리를 포개고 앉아 있었다. 나의 앞에는 가죽으로 싼 서류 상자가 하나 있는데, 그 위에는 촛불이 하나 켜져 있고, 잉크병 하나가 얼지 않도록 뜨거운 재로 둘러싸여 있었다. 펜에 잉크를 찍어 오늘 일어난 일들이나 어떤 특별한 생각들을 일지에 기록하게 되는데, 글을 쓰는 도중에 잉크가 얼어 버려 잘 써지지 않을 때면, 펜을 촛불에 갖다 대고 잠시 녹인 다음 글을 이어갔다. 이것이 시베리아의 야생에서 글 쓰는 장면인 것이다. 내가 쓴 일지를 보면, 잉크가 점점 얼어붙으면서 글씨가 점점 가늘어지고, 또 다시 잉크가 녹으면서 정상적인 형태를 보이기도 하는 것이다. 내가 처음에 일지를 쓸 때는 연필을 사용했는데, 글자가 곧 뭉그러져서 알아볼 수가 없게 되었다. 그래서 좀 어려움이 있더라도 잉크를 사용하기로 마음먹었던 것이다.

어제 우리는 북쪽으로 길을 잡았는데, 그 길은 엊그제 길과 유사했다. 때때로 해안에 접한 숲이 울창한 산들을 지나쳐가야 했고, 또 강한 바람 때문에 눈이 다 날아가 버린 너른 황무지를 지나치기도 했다. 밤이 가까워지자 우리 왼쪽으로 커다란 협곡이 내려다 보였는데, 밑으로 거의 바닥이 말라 있는 커다란 강이 내려다 보였다. 그 강은 너비가 약 400m 정도로 그 협곡에서부터 흘러나와 오른쪽으로 구불구불 흐르다가 바다로 빠져나가는데, 그 길이가 약 5km에 달했다. 우리는 이 강이 고람 강임이 틀림없다는 사실을 알게 됐는데 물이 너무 없었다. 아마도 수원이 얼어붙어서 그런 것 같았다. 우리는 순록에게서 짐을 내리고 짐을 협곡 아래로 하나씩 굴러 내렸다. 하상까지의 거리는 약 60m 정도 되었고, 하상에는 물이 말라 커다란 자갈 돌과 나무뿌리 등이 흩어져 있었다.

우리 앞에는 북쪽으로 몇 베르스따 떨어진 곳에 산맥이 바다로 내려가다 높은 절벽으로 끝나는 광경이 펼쳐져 있었다. 그 너머에는 다른 높은 산들이 자리하고 있었으므로, 해안가를 따라 올라가 아얀에 도달하려는 우리의 의도는 커다란 장애물에 부딪치게 되었다. 게다가 우리는 밤늦도록 순록 먹이를 찾지 못해 텐트도 치지 못했다. 다음 날인 크리스마스 날 우리는 북쪽으로 향하는 길을 찾고자 고람 강 상류 쪽을 향해 나아갔다.

크리스마스 날 - 아침에 우리는 고람 강을 타고 오르기 시작했다. 찬바람이 골짜기를 쏟아내리고 있었다. 강이 미끄러운 얼음으로 덮여 있어서 순록 때문에 우리는 숲속 길을 선택해야만 했다. 북쪽으로 향하는 길이라 생각하고 산 쪽 길을 선택했으나, 수십 m를 올라가 보니 커다란 계곡이 또 나타나고, 또 그 너머로 다른 높은 산들이 나타나서 더 이상 이 방향으로 나아가는 것이 어려울 것 같았다.

우리는 계곡 아래로 내려갔고, 다시 예전 길로 되돌아가 북쪽으로 향하는 길을 찾으려고 고람 강 쪽으로 향했다. 그러나 이번에도 길 찾기에 실패한 우리는 이제 할 수 있는 일이라곤 주 산맥을 횡단해 마이미칸 강을 따라 내려가는 방법뿐이었다. 이곳 풍경은 아주 장대했다. 고람 강은 거대한 계곡 사이로 구불대고 있었고, 양쪽으로는 높고 험한 산들이 수백m 높이로 솟아 있었다. 산 밑으로는 낙엽송 숲이 빽빽하게 우거져 있었고, 산 정상은 눈으로 덮여 있었다. 하상 양쪽으로는 그림같이 높은 절벽들과 험한 경사면이 경계를 이루고 있어서 우리는 미끄러운 얼음 경사면 위로 순록을 질질 끌고 가야만 했다.

다음 날 순록 몇 마리가 얼음 위로 넘어져 심하게 다쳤다. 우리는 계속해서 고람 강을 타고 올라갔는데, 산이 점점 더 높아져 갔다. 순록을 타고 가는 것은 무리였으므로, 우리는 모두 순록을 질질 끌고 가야만 했다. 밤이 되어서야 우리는 북쪽에서 흘러 내려오는 지류의 하구에 도착했고, 다음 날 그 지류를 따라가기로 했다. 강 하구에는 육류를 묻어 놓은 곳이 있었는데, 장대를 꽂고 통나무들을 쌓아 표시해 놓은 곳이었다. 그 아래쪽은 여우와

여우 덫

늑대들이 이빨로 물어뜯은 흔적이 있었다. 그 옆에는 여우를 잡는 함정이 있었는데, 여우가 함정 안으로 들어가면 통나무가 떨어져내려 입구가 막히는 구조였다. 밤에 우리의 퉁구스족 친구들이 발과 다리가 부어올랐다고 불평을 했는데, 그것은 괴혈병의 증상으로 보였다. 하지만 우리는 치료약을 갖고 있지 않아서 어떻게 할 방법이 없었다. 우리는 강 하구 근처 너른 지역에서 야영을 했다.

12월 27일 - 온도계가 영하 30도를 가리키고 있었다. 아침에 일어나자, 수염과 모피 두건이 밤사이에 하얗게 얼어 있었다. 스와르츠와 나는 순록이 강을 타고 갈 수 있는지 확인하기 위해 먼저 강 위로 올라갔다. 약 1.5km 정도는 미끄러운 얼음이 얼어 있었는데, 이상하게도 여기저기 물이 고여 있었다. 이런 추운 날씨에 얼지 않은 물이 있다니 무어라 설명할 수 없는 일이었다.

강 양쪽 옆으로 절벽들이 솟아나 있어서 얼음 위로 가는 것 외에 다른 방법이 없었다. 우리는 야영지로 되돌아와 상황을 설명했고, 어떻게 해야 할지에 대해서 논의가 벌어졌다. 다른 사람들은 미지의 계곡을 타고 올라가는 방법에 대해서 두려움을 느끼고 있었다. 혹시 사나운 눈 폭풍인 푸르가를 만나 산속에서 길을 잃고 순록을 잃어버릴까 봐 두려워하고 있었다. 우리는 그 길이 어디로 향해 있는지 모르고 있었고, 또 이미 순록이 부족한 상태에 있고, 퉁구스족 친구들이 괴혈병으로 고통받고 있다는 사실들을 고려한다면, 비록 순록들을 끌고 갈 수 있다 하더라도 그런 위험들을 감수하면서 무리하게 나아갈 상황은 아니었다. 그러나 한 번 더 우리는 고람 강을 따라 올라가기로 했다. 혹시 퉁구스족 사냥꾼들을 만날 수 있을까 하는 생각이었고, 만나지 못하면 너무 늦지 않게 다시 내려오기로 했다.

마이미칸 강에서 우리가 운 좋게 원주민들을 만난다면, 다른 순록들과 보급품들을 얻어 낼 수 있을 테지만, 만일 그렇지 못하면, 지리를 모르는 이 산속에서 몇 달간 헤맬 수도 있는 것이다. 갈수록 점점 산이 높아져갔고, 그에 따라 힘도 더 들었다. 양손, 양발 등 온몸을 다 사용해 순록을 질질 끌고 갔다. 무거운 짐을 진 순록에게도 이런 여행은 무척 피곤한 여행이었다. 날이 어두워지자 우리는 산불로 탄 지역에 도달했고, 모두 지쳐서 여기에 야영하고픈 생각이었다. 그런데 순록 먹이터도 다 타 버려서 우리는 달빛에 의지해 계속 나아갔고, 결국 자정 무렵 순록 먹이터를 찾지도 못한 채 야영할 수밖에 없었다. 오후 8시 현재 온도계는 영하 30도를 가리키고 있었다.

다음 날인 28일 아침에도 온도계는 여전히 영하 30도를 가리키고 있었다. 어제 순록들은 너무 혹사당하고 먹이도 못 먹은 상태여서 그 여파가 나타나고 있었다. 우리는 아침 식사도 하지 않은 채 순록 먹이를 찾아 다시 길을 나섰다. 주변에는 온통 야생 순록과 늑대들 발자국으로 가득 차 있었다. 약 5베르스따 정도 나아가자, 산불이 닿지 않은 강 건너편 둑에서 순록 먹이터를 발견했다. 거기서 2시간 동안 순록들이 먹이를 먹게 한 다음, 우리는 다시 계곡 위로 올라가기 시작했다. 15분도 지나지 않아 수염과 모피 두건이 하얗게 얼어붙기 시작했다. 왜냐하면 설피를 신고 온갖 힘을 다해 순록을 끌어당겨야 했기 때문이었다.

한 번 땀이 나면 속옷이 젖게 되는데, 그렇게 되면 얼지 않도록 야영할 때까지 계속 움직여줘야 했다. 만일 얼어붙으면 죽을 정도로 위험해지기 때문이었다. 계속 움직여 줘야 한다는 것은 정말 고통스런 일이었다. 설상가상으로 나는 아침 일찍부터 발목이 삐어 있었다. 그런데도 몸이 얼어붙을까 봐 순록을 탈 수도 없었다.

최근에 눈이 와서 길이 지워져 있었고, 우리는 수많은 강과 계곡을 지나갔다. 도중에 어디로 가야할 지를 모를 때, 일단 우리는 커다란 강이나 계곡을 선택해 따라 올라갔고, 산꼭대기에 올라선 다음에 선택한 방향이 올바른 것인지는 순전히 운에 달린 것이었다.

다음 날 발목이 너무 부어올라서 나는 계속 순록을 타고 이동해야 했는데, 추위는 더욱 심해지고 있었다. 스와르츠는 코가 얼었는데도 본인은 모르고 있다가 나중에 이반이 알려 주고 나서야 알게 되었다. 곧 눈으로 빠르게 비벼 주니 회복되었다. 자연은 병도 주고 약도 주는 법이다.

오후 3시 15분인데도 서로를 알아보지 못할 정도로 날이 어두워져서 야영을 했다. 수염과 머리 두건이 하얗게 얼어붙었고, 눈썹에도 하얀 서리가 얼어붙어 있었다. 그 모습은 탐험에 나선 젊은이들이라기보다는 성지 순례에 나선 늙은이들처럼 보였다. 우리의 퉁구스족 친구 텔레폰트(Telefont)는 뺨과 발가락이 얼어 있었다. 우리는 그렇게 춥다는 생각이 안 들었지만, 온도계를 보니 영하 37도를 가리키고 있어서 지금까지 내가 겪은 가장 추운 날씨를 보여 주고 있었다.

불쌍한 텔레폰트는 부어오른 발과 다리에 상당한 통증을 느끼고 있었다. 하지만 우리는 마을에서 너무 멀리 떨어져 있었고, 가장 가까운 곳이라야 알가시였다. 만일 도중에 퉁구스족 사냥꾼들을 만나 새로운 순록을 구하지 못한다면, 그의 고통은 더 심해질 것이다. 질병이란 편안한 집에서도 아픈 법인데, 심지어 한겨울에 이런 오지에서 아프다는 것은 정말 두려운 일인 것이다.

순록에서 짐을 내리자마자, 설피를 신고 재빨리 눈을 치우고 텐트를 쳤다. 그러는 동안 나머지 사람들은 잔가지를 베어 바닥에 깔고 잠자리를 만들었다. 코사크족 이반은 정말 없어서는 안 되는 중요한 존재였다. 텐트 자리가 다 마련되기도 전에, 그는 가운데 자리에 무릎을 꿇고 앉아 부싯돌과 쇠를 이용해 불을 피워 놓았고, 텐트가 완전히 쳐지기 전에 벌써 그는 피워 놓은 불 위에 찻주전자를 올려놓고 눈과 얼음을 녹여 차를 준비하고 있었다. 그런 다음 그는 순록에게서 장구를 벗겨 내거나, 우리의 무거운 외투를 벗겨 주었다. 우리는 얼굴이나 손 같은 얼어 있는 부분을 처음에는 눈으로 비벼가며 녹여 주다가, 점점 불가로 다가가 몸을 구부리고 얼굴을 가까이 대면서 얼어붙은 수염이 녹기를 기다렸다. 몸을 다 녹이는 데는 보통 15~20분 정도 걸렸는데, 다 녹일 즈음이면 그렇게 기다리던 이반의 목소리가 들려왔다.

"치 고토바(Chi gotova: 차가 준비됐습니다)."

우리는 김이 나는 뜨거운 차를 4~6잔씩 비워 냈다. 담배도 파이프에 채워 무니 향기로운 냄새가 퍼지면서 오늘 하루 동안의 피로와 근심 걱정이 모두 사라지는 것 같았다. 그런 다음 저녁 식사로 끓여 익힌 순록고기나 소고기, 그리고 수카리를 먹은 다음 모두가 자리에 누웠고, 나는 일지를 썼다.

우리는 아직도 잠잘 때 온도에 상관없이 옷 벗고 자는 습관을 버리지 못하고 있었다. 그러면 오히려 옷 입고 자는 것보다 더 잘 추위를 견디고 편안하게 자는 것 같았다. 다음 날도 옷을 입으려면 매일밤 우리는 모피 외투, 양말 등 입고 있던 것 모두를 뒤집어서 불에 완전히 말려야 했다. 그렇게 하지 않으면, 다음 날 추운 날씨에 예를 들어 손과 발 같은 부분들이 거의 얼어붙게 된다. 매일 아침 우리는 눈 녹인 물로 얼굴과 손을 씻은 다음, 차와 물에 끓인 소고기를 먹고 출발했으며, 점심은 도중에 우칼레를 먹었다.

다음 날 아침도 여전히 매우 추웠는데, 온도계는 영하 35도를 가리키고 있었다. 우리는 계곡을 따라 올라가고 있었는데, 눈이 깊이 쌓여 있고, 강폭은 줄어들어 순록이 건너뛸 수 있을 정도였다. 우리가 처음 고람 강을 만났던 크리스마스 이브 날부터 우리는 계속 위로 올라가고 있어서, 12월 30일인 오늘쯤이면 아마도 어느 정도 높이 올라와 있을 것으로 생각되었다.

12시 30분경 강이 줄어들어 깊은 눈이 쌓인 계곡에서 사라져 버렸다. 식물의 흔적도 보이지 않았고, 오로지 황량한 산만이 높이 솟아 있었는데, 아마도 이 산의 정상인 것 같았다. 정상에서 바라본 경치는 장대했지만, 능선이 서쪽으로 급히 꺼지면서 깊은 협곡이 드러나고, 그 너머에는 또 다른 산이 가로막고 있어서 다른 길을 찾아내지 않는 한, 우리의 절망스런 마음은 나아질 것 같지 않았다. 우리는 동부 시베리아의 산 중에서 가장 높은 산 정상에 서 있으면서 깊은 협곡과 마주하고 있었는데, 협곡에 있는 커다란 나무들이 마치 밀짚처럼 작게 보였다. 우리 뒤로는 우리가 6일 동안 걸어온 계곡이 수 km에 걸쳐 높이 솟은 산봉우리 주위로 구불구불 돌아가고 있었고, 수백m 아래 검은 숲들은 거리가 멀어질수록 희미하게 보였다. 사방으로 다른 산봉우리들이 장엄하게 솟아 있었고, 죽음과도 같은 정적만이 주변에 가득했다. 날씨는 추웠지만 맑은 것이 다행이었다.

능선에는 밟은 지 얼마 안 된 순록 발자국이 있는 것으로 보아 사냥꾼들이 다니는 길인 것으로 보였다. 우리는 좁은 능선 길에 나 있는 발자국을 따라갔는데, 곧 높은 산봉우리가 나오고 얼어붙어 있는 가파른 옆길은 도저히 지나갈 수 없는 길이었다. 협곡으로 내려가는 것 외에 다른 방법이 없었으므로, 덜 가파른 곳을 선택해 아래로 내려갔다. 눈이 딱딱하게 얼어붙어 있었으므로, 미끄러지지 않으려고 온갖 힘을 다했다. 만일 한 번 미끄러지면 그대로 아래 바닥까지 굴러 떨어져 나무둥치 같은 것에 부딪칠 참이었다.

짐을 지고 있는 순록들에게 내려가는 길은 특히 어려운 길이었다. 짐이 계속 머리와 목 쪽으로 몰리면, 매번 걸음을 멈추고 다시 짐을 정리한 다음 나아가야 했다. 반대편 능선도 가파르기는 마찬가지였지만, 눈이 부드럽게 쌓여 있었다. 순록이 갈 수 있도록 우리는 손과 발을 써서 길을 만들어 주었는데, 한 번 발 디딜 때마다 허리까지 푹 빠졌다. 순록 한 마리 한 마리 갈 때마다 그런 수고를 해야 했으므로 꼭대기까지 오르는 데는 많은 시간이 소요됐다. 능선에 올라서 보니 이곳이 분수령이었다. 이곳으로부터 동쪽으로 흐르는 물줄기는 오호츠크 해로 흘러 들어가고, 서쪽으로 흐르는 물줄기는 레나 강으로 흘러 들어가서 멀리 북쪽으로 약 3,200km를 흘러 북극

해로 빠져나간다.

　우리는 능선에서 다시 약 3베르스따 정도를 내려와서 숲이 많은 너른 분지에 닿았다. 우리와 순록 모두가 완전히 지쳐 있어서 바로 야영에 들어갔다. 나는 하루 종일 발목이 아팠는데, 밤이 되자 통증이 더 심해졌다. 밤사이 추위가 덜해진 것 같았는데, 온도계는 영하 25도를 가리키고 있었다.

| 제 15 장 |

푸르가의 징조−버려진 야영지−길을 잃다−퉁구스족 사냥꾼들의 야영지−퉁구스족 미인−새로운 길잡이로 알렉세이 고용−새해 첫날 축하−이웃 원주민 텐트 방문−아름다운 환일 현상−새해 첫 저녁 식사−추운 날씨−되돌아가기−로블라 강−퉁구스족의 놀랄 만한 식욕−대식가인 야쿠트족−잔인한 말 죽이는 방법−여우 함정−다시 고람 강에−에콘다 강−순록의 예민한 후각−케드로브닉−켈라 산맥 횡단−살을 에는 바람과 동상−설피 신고 걷기−잠자리 붕괴 사건−네아무르 강 계곡−곰 사냥꾼 에프라임 카람신

아침 날씨는 그리 춥지 않았다. 온도계는 영하 22도를 가리키고 있었고, 가벼운 눈이 내리고 있었다. 이반과 텔레폰트는 모두 상태가 좋지 않았지만, 푸르가가 다가올 것 같았으므로, 우리는 더 나은 피난처를 찾아 앞으로 나아갔다. 우리는 북서쪽 방향을 택해 분지 출구 쪽을 따라갔는데, 눈이 깊었지만 설피를 신고 나아갈 수 있었다. 약 4베르스따 나아간 후, 들이치는 눈 때문에 거의 보이지 않는 옛날 길을 어렵사리 찾아냈다. 우리는 이 길을 따라가서 또 하나의 길을 발견했는데, 비교적 최근에 설피를 신고 간 발자국들이 있었다. 주변에 인가가 있을 것이라는 생각에 이 길을 따라가면 현재 우리가 어디쯤 있다는 것을 알게 되리라는, 또 여분의 순록을 얻을 수 있으리라는 기대를 하고 있었다.

정오 무렵 우리는 최근 찍힌 순록 발자국들을 많이 발견하게 되었는데, 그것은 순록들이 부근 어디에선가 먹이를 먹고 있다는 사실을 보여 주는

것이었고, 거기에서 얼마 가지 않아 누군가가 버리고 간 야영지를 발견했다. 텐트 뼈대들이 모두 새로 베어 낸 나뭇가지들이었고, 텐트 친 자리는 눈이 쌓여 있지 않았다. 이것은 그들이 금방 자리를 떴다는 증거였다. 높이 세운 장대에는 자작나무 껍질을 말아 놓은 것, 순록 장구, 기타 주방 도구 등이 매달려 있었는데, 이것은 그들이 잠시 여기를 떠났다가 돌아올 것이란 사실을 보여 주는 증거였다. 눈 속에 파묻혀 있는 장대 3개가 기울어져 있는 방향이 그들이 떠난 방향을 가리켜 주고 있었다. 이런 모든 표시들로부터 우리는 그들이 누군가를 기다리고 있었던 것이 아닐까, 그리고 그 기다리는 사람은 우리가 알가시에서 보았던 사냥꾼들이 아닐까 하는 생각이 들었다.

기울어진 장대가 가리키는 방향을 따라 약 3베르스따 정도 나아가다가 우리는 길을 잃어버렸는데, 나중에 다시 낮은 능선 서쪽에서 길을 찾아내어 약 30분쯤 나아가다가 퉁구스족 텐트 하나를 발견했다. 그 주위에서 20~30마리의 순록들이 먹이를 먹고 있었다. 우리가 다가가자 이 순록들은 우리 순록들을 갑자기 공격했고, 잠시 싸움이 일어났다. 그러나 얼마 지나지 않아 싸움은 그치고 서로 평화롭게 먹이를 먹었다. 그러나 잠시 후 또다시 서로 뿔을 부딪치며 싸웠지만, 피해는 없었다. 나는 이 순록들이 싸우는 장면을 이 책의 권두 그림에서 소개한 바 있다.

사냥꾼들의 야영지인 이곳에 사냥꾼들이 아직 돌아오지 않고 있었다. 텐트는 하나밖에 없었는데, 원주민 8명이 돌아와 우리를 맞이해 주었다. 남자 2명, 여자 2명, 그리고 아이들 4명이었다. 여자들 중 1명은 우리가 보았던 퉁구스족 미인으로 한 사냥꾼의 아내였다. 그녀는 아주 예쁘게 보였는데, 이제 우리도 이들 원주민들 얼굴에 익숙해진 덕분이었다.

우리는 마이미칸 강 상류에 있다는 사실을 알게 됐는데, 원주민들은 우리가 지나왔던 길에 대해서는 아는 바가 없었다. 우리가 길을 잃었던 것이 오히려 행운이었다. 왜냐하면 이렇게 사냥꾼들의 야영지를 만날 수 있었으니까 말이다.

그들 중 알렉세이(Alexai)라는 친구는 아얀으로 가는 도중 어딘가에 살고 있다고 했는데, 그가 말하기를, 지난 수요일 스와르츠와 내가 따라 올라가다 말았던 그 강을 계속 따라 올라가면 몇 베르스따 지나지 않아 더 좋은 길을 만났을 것이라고 했다. 그가 또 알려준 것은, 만일 우리가 다시 되돌아간다면, 지금 이렇게 마이미칸 강을 경유해 가는 것보다 훨씬 더 빨리 아얀에 도달하게 될 것이라고 하면서, 만일 자기에게 대가를 지불해 주면 자기가 기꺼이 안내해 주겠다고 말했다. 우리는 기꺼이 그의 제안을 받아들였고, 협상이 잘 진행되어 그는 자기 순록 2마리와 기타 보급품을 가져왔고, 이에 힘입어 우리는 크게 자신감을 갖고 다시 한 번 길을 떠날 준비를 했다. 그런데 그가 자기가 신을 설피를 만드는 데 이틀이 걸린다고 하여 기다릴 수밖에 없었다. 이틀 동안 순록들도 잠시 쉬고, 또 이반과 텔레폰트도 쉬면서 상태가 호전되기를 기다렸다. 그날 밤 그들이 기다리던 사냥꾼이 돌아왔는데, 그는 우리가 왔던 길과는 다른 길을 통해서 왔다고 말했다.

1월 1일 오전 8시 온도계는 영하 35도를 가리키고 있었다. 새해가 시작되었다. 우리는 어떤 식으로든 오늘을 축하해야겠다는 생각에 오우드스코이를 떠난 이후로 계속 입어 왔던 옷을 다른 옷으로 바꿔 입기로 했다. 독자들이 생각하기에 이것이 아주 사소한 일인 것처럼 생각되겠지만, 사실상 32파운드 포로 축포를 쏘는 것보다 훨씬 더 많은 용기를 필요로 하는 일인 것이다. 텐트라고 하지만, 텐트 천 사이로 바깥에 있는 순록들이 다 보일 정도이고, 오늘 기온도 영하 35도여서 그런 작업이 결코 쉬운 일이 아니었다.

아침 식사를 한 후, 우리는 새해 처음으로 이웃집인 원주민들 텐트 방문에 나서기로 했다. 비록 서로 말은 통하지 않았지만, 통상적인 새해 방문처럼 아주 즐거운 시간을 보냈다. 그들의 텐트는 가벼운 장대로 원뿔형 틀을 세운 후, 그 위에 가죽을 덮는 통상적인 방식이었다. 거기에 자작나무 껍질을 이어 붙인 것을 한 층 더 붙였는데, 그것은 튀는 불꽃이 천막에 닿는 것을 막기 위한 것이다. 텐트 중앙에는 조그만 모닥불이 타오르고 있었고, 내부에는 연기가 자욱하게 들어찼다. 이 연기 때문에 우리는 머리 위에 걸어 놓고 앞뒤로 돌려가며 말리고 있는 다람쥐가죽, 여우가죽 등을 알아볼 수 없었다. 바닥에는 나뭇가지들을 쌓아 층을 이룬 위에 푹신한 순록가죽을 깔아 놓고 원주민들이 앉아 있었는데, 여자들은 가죽옷을 만드느라 바느질 중이었고, 남자들은 썰매나 순록 장구들 고장 난 곳을 손보고 있었다. 우리는 서로 담배를 피우며 눈길을 주고받다가 연기 때문에 눈이 아릴 정도가 되자, 이제 일어날 때가 됐다고 생각하고 우리 텐트로 되돌아왔다.

머리 위 하늘은 아주 맑았으나, 대기 중에는 안개처럼 얼어붙은 미세 알갱이들이 가득 차 있었다. 이때 우리는 극지 탐험가들이 종종 이야기하는 아름다운 현상들 중 하나를 목격하게 되었다. 밝은 햇빛이 미세 결정입자들에 굴절되면서 옅은 무지갯빛을 띠며 눈부시게 빛나는 커다란 해 4개가 중천에 떠 있는 것을 보게 되었다. 그것은 바로 환일 현상(幻日 現像)이었는데, 진짜 태양은 가운데에 있고, 가짜 태양 3개 중 하나는 진짜 태양 바로 위에, 나머지 2개는 진짜 태양 양옆에 1개씩 수평선 위로 똑같은 거리를 유지한 채 하늘에서 눈부시게 빛나고 있었다. 가짜 태양들은 진짜 태양과 반대 방향으로 밝은 빛을 내고 있었고, 그 고리들이 진짜와 유사하게 뚜렷이 보였다. 이런 현상은 아주 아름다웠고, 약 2시간 동안 지속됐다. 저녁에 우리는 달에서도 이와 유사한 현상이 일어난 것을 목격했는데, 해보다는 훨씬 덜 밝았다.

평상시처럼 끓인 소고기로 저녁 식사를 먹기 위해 땅바닥에 다리를 포개고 앉아 있는데, 우리는 갑자기 칠면조 고기 생각이 나서 이반에게 식료품이 실려 있는 짐 속에서 칠면조 고기 통조림을 찾아와 요리해 달라고 요청했다.

식료품 상자에 '칠면조 고기'라는 표시가 적혀 있지 않았으므로, 그것이 어디에 있는지는 아무도 알 수 없었다. 그러나 다행스럽게도 이반은 그 고기를 찾아와 우리를 기쁘게 해주었다. 그런데 접시를 거의 다 비워갈 무렵, 스와르츠가 얼굴에 아주 소스라치게 놀란 표정을 지으며 조그만 뼈 하나를 집어 들고 쳐다 보고 있었다.

"왜, 무슨 일이야?" 하고 내가 물었다.

"고양이 고기야! 젠장, 정말 고양이 고기라고! 고양이 꼬리를 먹고 있었던 거야."

이 말 한 마디에 우리는 놀라서 입 안 가득 고기를 문 채 삼켜야 할지 아니면 뱉어야 할지 망설이고 있었는데, 결국 우리는 삼키기로 결정했다. 모두의 얼굴에 불쾌한 표정이 역력하게 나타나자, 이반이 그것은 이름 모르는 어떤 새의 고기라고 말해 주면서 우리 기분을 달래 주었고, 그 말이 끝나자마자 칠면조인지 고양이인지 모를 남은 고기들은 삽시간에 다 우리 입 속으로 들어갔다.

내일 아침에 일찍 출발하기로 했으므로, 우리는 곧 잠자리에 들었고, 오후 7시 현재 온도계는 영하 36도를 가리키고 있었다.

하룻밤의 휴식은 우리 모두에게 커다란 효과를 나타냈고, 1월 2일 아침 우리는 오렐 호수를 떠난 이후로 탐험 성공에 대한 가장 많은 자신감을 갖고 다시 한 번 힘차게 출발했다.

우리는 이전에 주그주르 산맥을 횡단한 후 옛날 길을 따라가다 만난, 버려진 야영지 너머 지점까지 되돌아갔는데, 거기에서 우리의 길잡이인 알렉세이는 이전에 우리가 따라갔던 길에서 더 남쪽 길을 선택했다. 등 뒤로 세차고 차가운 바람을 맞아가며 약 2시간을 전진한 후에, 우리는 다시 한 번 산꼭대기에 올랐는데, 거기에서 동쪽으로 고람 강의 지류인 로블라 강

(Lobla river)의 수원이 시작되고 있었다.

강한 바람과 함께 날카로운 눈 결정 입자들이 구름처럼 계곡 아래를 휩쓸고 지나갔고, 우리는 그 뒤를 따라 계곡을 내려갔으므로 별 어려움이 없었지만, 계곡 아래에 텐트를 치고 야영을 하는데 계속 강한 바람이 불어와 밤 사이 텐트가 머리를 덮치지나 않을까 걱정이 됐다. 하루 종일 온도계는 영하 27~30도를 가리키고 있었다.

나는 종종 이들 북부 지역 원주민들의 엄청난 먹성에 관한 이야기들을 들어왔지만, 지금까지는 그런 이야기들에 대해 회의적인 입장이었다. 그런데 오늘밤 우리는 그들이 평상시 먹는 식사 중 하나를 목격하게 됐는데, 이전의 나의 회의적인 입장을 완전히 불식시키기에 충분한 것이었다.

아침에 출발할 때 퉁구스족 친구들 텐트 자리에 무언가를 놓고 왔으므로, 우리는 그것을 가지러 퉁구스족 친구 한 사람을 보냈다. 그는 2시간이 넘었는데도 우리를 따라오지 못하고 있었다. 우리는 야영지를 잡고 텐트를 쳤다. 나머지 두 퉁구스족 친구들인 텔레폰트와 알렉세이는 커다란 주전자에 뜨거운 차를 끓이고 있었는데, 계속 주전자 옆에 앉아 차가 떨어질 때까지 마셔 댔다. 그런 다음 그들은 4리터짜리 들통에 생선국을 끓여서 모두 먹어 치웠다.

이 무렵 놓고 온 물건을 가지러 간 퉁구스족 친구 자카르(Zakhar)가 추위와 배고픔에 지쳐 돌아왔다. 똑같은 들통에 다시 소고기국을 두 번이나 끓여서 셋이서 모두 먹어 치워 버렸다. 심지어 뼈까지 부수어 골수를 모두 빼 먹었다. 그런 다음 들통을 깨끗이 씻은 후, 크루파(crupa)50)를 가득 넣어 일종의 옥수수죽 같은 죽을 만들어 먹었다. 그런 다음에도 배가 덜 찼는지, 아니면 너무 빨리 끝내기가 아쉬워서인지, 그들은 말린 우칼레를 불에 구워

---

50) 껍질 벗긴 곡물.

껍데기까지 다 먹어 치웠다. 이 모든 것이 우리가 보는 앞에서 벌어진 일들이다. 우리가 잠자리에 든 이후에도 소뼈를 부숴 골수를 빼 먹는 소리가 들렸다.

이들 원주민들의 이런 분별없는 식욕은 너무나 놀라운 것이었다. 그들은 거의 일주일치 식량을 하룻밤 사이에 먹어 치우고, 나머지 6일은 그냥 굶을 작정인 것으로 보였다.

스와르츠가 나에게 말해 주기를, 2년 전에 러-미 회사가 6명의 야쿠트족 사람들을 야쿠츠크에 보내 말들을 데려오도록 했다는 것이다. 그런데 오는 도중에 사고로 말 한 마리가 발목이 부러져서 여행을 할 수 없게 되자, 말을 죽일 수밖에 없게 되었다. 6명의 야쿠트족 사람들은 죽인 말곁에 앉아 밤을 새워 먹어 대더니, 다음 날 아침에는 머리와 내장도 모두 먹어 치우고 가죽과 뼈만 남아 있더라는 것이었다.[51]

야쿠트족은 온순하고 평온해 보이는 성격에도 불구하고 통상 동물에 대해서는 아주 잔인한 면모를 보이고 있었다. 그들이 말을 죽이는 방법을 보면, 일단 움직이지 못하게 줄로 말을 단단히 묶은 다음, 가슴을 절개해 그 틈으로 손을 집어넣어 말의 심장을 압박해 죽인다. 그들은 그렇게 하면 고기 맛이 더 좋아진다고 말한다.[52]

로블라 강의 길은 남동쪽 길인데, 고람 강과 연결되어 있었다. 길은 오르막길로 사방에 높은 산봉우리들이 눈에 뒤덮인 채 솟아 있었고, 산 밑자락에는 낙엽송 숲이 우거져 있었다. 가는 도중에 우리는 전에 고람 강을 지나칠 때 보았던 것과 유사한 여우 함정들을 많이 지나쳐갔는데, 그 모든 것이

---

51) 저자 주: 나중에 나는 이런 종류의 이야기들을 여러 번 들었다.
52) 이것은 저자의 원주민 풍습에 대한 몰이해로 보인다. 이렇게 말을 죽이는 방법은 초원지대 유목민들의 대표적인 관습으로, 말이나 양 등의 짐승들의 고통을 최대한 줄이고 피를 흘리지 않기 위한 방법으로 알려져 있다.

우리가 마이미칸 강에서 헤어졌던 사냥꾼들이 설치한 것들이었다.

 1월 4일 오후 3시 우리는 아직 고람 강에 도착하지 못한 채 옛길을 따라 가다가 어두워지자, 에콘다 강(Econda river) 하구 위쪽으로 약 2시간 거리에 있는 지점에서 야영을 했다. 에콘다 강은 우리가 북쪽으로 가기 위해 택할 길이었다. 로블라 강 하구는 절벽 사이에 끼어 있어 아주 좁았는데, 우리는 한쪽 절벽 길을 따라 올라가야만 했다. 여기서 우리는 나중에 길을 잃지 않도록 하기 위해 좁은 협곡 입구에 있는 커다란 나무 하나에 길 표시를 해놓았다. 지난 3일간의 온도는 영하 20~32도 사이에 있었다.

 1월 5일 아침 온도계가 영하 23도를 가리키고 있는 상태에서 우리는 출발했고, 2시간 후 에콘다 강 하구에 있는 우리의 옛 야영지에 도착했다. 그곳은 우리가 고람 강을 따라가기로 결정하기 전에 마지막 회의를 열었던 곳이었다. 미끄러운 얼음이 얼어있는 에콘다 강을 따라 올라가다 오후 2시경 우리는 갈림길에 도달했다. 한쪽은 북쪽에서 흘러 내려오고, 다른 한쪽은 북동쪽에서 흘러 내려오는 것이었다. 우리의 길잡이는 북동쪽 지류를 택했고, 계속 올라가다 동쪽에서 내려오는 또 하나의 지류를 지나쳐 가다가 어두워지자 동쪽 둑 위 높은 지대에서 야영을 했다. 그곳에는 눈이 아주 깊이 쌓여 있었지만, 순록 먹이가 많이 있었다.

 순록은 아주 예민한 후각을 갖고 있었다. 눈이 약 2m 정도 깊이 쌓여 있는데도 눈에 코를 갖다 대기만 해도 그 밑에 먹이가 있는지 없는지를 구별해 낼 수 있었다. 깊이 쌓인 눈 속에서 먹이를 찾기란 쉽지 않은 일인데도, 순록은 본능적으로 그런 날카로운 후각을 이용해 이끼가 자라고 있는 정확한 지점을 찾아냈다. 이 지역에는 난쟁이 소나무 종류가 잘 자라고 있었는데, 러시아어로는 '케드로브닉(kedrovnik)'이라 불렀다. 높이는 90cm를 넘지 못했지만, 옆으로 무성하게 자랐는데, 겨울에는 통상 깊이 쌓인 눈 속에 파묻혀 있었다. 우리가 새로 알게 된 사실은 이 덤불숲이 부근에 순록 먹이가 있다는 것을 알려 주는 표시라는 것이다. 나중에 어리석게도 혹시 이 지역을 하이킹이라도 하듯이 여행하게 되는 사람들이 있다면, 이런 사실을 아는 것이 조금이라도 도움이 되리라 생각된다.

다음 날인 1월 6일 아침 온도계는 영하 29도를 가리키고 있었다. 앞으로 나아갈수록 계곡은 점점 더 넓어졌고, 한쪽 산은 그 험하기가 점점 덜해지고 있었다. 산 밑자락과 중턱에는 낙엽송, 가문비나무, 자작나무, 포플러나무 등이 자라고 있었다. 우리는 하루 종일 수많은 갈래 길들을 지나쳐 갔는데, 그중 하나가 사냥꾼들이 만들어 놓은 옛날 길이었다. 만일 길잡이가 없었다면 우리는 분명 이 길을 찾아내지 못했을 것이다. 그런 의미에서 우리는 길잡이에게 수차 감사의 말을 전했다. 사실 사고만 일어나지 않는다면, 길을 되돌아가는 것은 가능할 수도 있는 일이다. 그러나 길을 찾아 헤매는 동안 몇 달이 그냥 지나가 버릴 수도 있는 것이므로, 그렇게 되면 결과적으로 우리의 주 목적을 하나도 성취할 수 없는 상황이 될 수 있는 것이다. 우리는 이 산속에서 하루 동안 순록을 타고 나아갈 수 있는 평균 거리를 약 30베르스따로 계산하고 있었다.

밤이 되자 우리의 길잡이인 알렉세이가 식량을 달라고 우리에게 왔다. 그를 포함해 3명의 퉁구스족 친구들이 하룻밤 만에 그의 식량 거의 전부를 먹어 치웠던 것이다. 계약에 그런 조항은 없었지만, 우리는 지금부터 그를 우리의 부족한 식량으로 먹여 살려야 했으므로, 그에게 징벌적 차원에서 식사량을 제한하기로 했다.

1월 7일 아침 온도계는 영하 30도를 가리키고 있었다. 순록 위에 짐을 다 실은 후, 우리는 출발했다. 눈이 깊게 쌓여 우리는 대부분 설피를 신고 있었다. 4시간 후 에콘다 강 수원지에 도달했는데, 그곳은 식물이 자라지 않는 곳으로 눈이 딱딱하게 굳어 있어 순록이 충분히 지나갈 수 있는 곳이었다. 그러나 능선 위쪽에서 강한 북풍이 정면으로 우리 얼굴을 때리고 있었다. 눈이 구름처럼 휘몰아쳐 사물을 분간할 수 없을 정도여서 서로 흩어지지 않고 길을 잃어버리지 않도록 하기 위해 서로 가시거리 안에서만 움직였다. 눈보라 때문에 순록 발자국도 남지 않았다. 바람을 맞아가며 어렵사리 긴 시간 동안 올라간 끝에 우리는 '켈라 산맥, 즉 켈라 흐레벳(Kela Khrebet)'으로 알려진 산 정상에 도달했는데, 그 산 이름은 강 이름에서 따온 것이었다.

산 정상에 올라서자, 코와 얼굴이 다소 얼어 있었는데, 눈으로 비벼 주자 곧 회복됐다. 북쪽 능선은 가팔랐는데, 거의 약 5km에 걸쳐 눈이 딱딱하게 얼어붙어 있어서 설피를 신고 미끄러지지 않는 연습을 할 수 있는 좋은 장소를 제공해 주고 있었다. 그래서 우리는 다시 한 번 설피를 신고 빠른 속도로 달려 나갔는데, 처음 얼마 동안은 잘 미끄러져 나갔으나, 대부분은 나동그라져 허우적거리며 기어 다니기 일쑤였다. 몇 분 만에 우리는 밑에 있는 삼림지대에 도달했는데, 그곳에는 눈이 부드럽고 깊게 쌓여 있어서 설피를 신고 걸어가는 것도 힘들 지경이어서 앞으로 나아가는 것이 더뎠다.

날이 어두워졌는데도 순록 먹이를 찾기 위해 계속 나아갔고, 결국 너무 늦어 야영을 하기로 했다. 눈 위에 그대로 나뭇가지들을 깔고 발 가까이에 모닥불을 피웠다. 조금 춥다는 생각이 들었는데, 온도계는 영하 32도를 가리키고 있었다.

아침에 깨어 보니 우리 잠자리가 절반 정도 밑으로 쑥 빠져 있었고, 우리의 발과 다리는 약 1.5m 정도 깊이의 구덩이 위로 툭 튀어나와 있었다. 그것은 가까이 있던 모닥불 때문에 우리의 잠자리 밑에 있던 눈이 녹아 내렸기 때문이었다. 오늘 하루도 우리는 설피를 신고 걸었다. 한두 번 일부 순록들이 켈라 강의 얇은 얼음이 깨지면서 물에 빠졌는데, 많은 짐들이 물에 젖었지만, 금방 표면이 얼어붙으면서 일종의 얼음 막을 형성해 더 이상의 피해는 발생하지 않았다.

밤이 되자 우리의 퉁구스족 친구들은 식량을 보충하기 위해 자기들 순록 한 마리를 죽여야 했다. 우리는 순록 고기의 1/4을 사들였고, 그들은 나머지 3/4을 다음 날 아침까지 거의 모두 먹어 치웠다.

다음 날 아침 우리는 다시 설피를 신고 앞으로 나아갔다. 오늘은 켈라 강(Kela river)을 지류로 하는 네아무르 강(Neamur river)에 도달할 수 있기를 기대했다. 그 지역은 에콘다 강 지역보다 덜 험했지만, 여전히 낮은 산이 많고 계곡도 더 넓었다.

오후 2시경 네아무르 강에 가까워지자, 나의 발은 설피 때문에 물집이 생겨 너무 아팠으므로 순록을 타고 가야만 했다. 켈라 강의 얼음은 거칠어서 순록이 미끄러지지 않았으므로 앞으로 나아가기가 순조로웠다. 네아무르 강이 나타나기를 기대하면서 순록을 타고 가던 나는 갑자기 무언가 커다란 건물이 무너지는 듯한 소리를 듣고 깜짝 놀랐는데, 그 순간 순록이 나를 바닥에 떨어뜨렸고, 나는 급히 순록을 잡으려했다. 나는 곧 얼음이 밑으로 꺼져서 약 1.5m 아래로 떨어졌다는 것을 알게 되었다. 그런데 바닥에 물이 없고 맨 땅바닥이었다. 겨울이 시작되면서 강의 수면이 얼어붙었는데, 물이 서서히 밑으로 빠지면서 약 1.8m 높이에 얼음 지붕이 형성되었던 것이다.

켈라 강 하구와 연결되는 네아무르 강은 폭이 약 370m로 중간에 많은 섬들이 있었다. 그 강은 서쪽으로 흘러가는 것 같았고, 양쪽 강둑은 거의 평평한 상태인 것 같았다.

우리의 길잡이가 우리에게 말해 주기를, 에프라임 카람신(Ephraim Caramsin)이라는 퉁구스족 늙은 사냥꾼이 이 강에 살고 있다고 했다. 그래서 우리는 그에게서 새로운 식량을 공급받기를 간절히 원하고 있었다. 그런데 그의 거처를 알아내기가 어려웠는데, 왜냐하면 그는 한 곳에서 3일 이상 머무르지 않는다는 것이었다.

옛날 길을 찾아내겠다는 기대감을 가지고 우리는 계곡을 가로질러 갔고,

밤이 되자 강 북쪽으로 약 5km되는 지점에서 야영을 했다. 그곳은 낙엽송이 숲을 이루고 있었고, 눈은 채 30cm도 쌓여 있지 않았다. 우리의 길잡이가 알려 주기를, 이 계곡에는 곰들이 많이 살고 있으며, 그 늙은 사냥꾼은 곰을 잡으려고 이곳에 살고 있다고 했다. 곰 사냥꾼인 그는 아주 유명한데, 매년 약 20마리의 곰을 총과 덫으로 잡는다고 했다.

| 제 16 장 |

원주민들의 놀라운 인내력-땅 밑 육류 임시 저장고-에프라임 야영지-딸 사포-퉁구스족 장난감-예술적 재능-에프라임의 귀환-시베리아 다람쥐-퉁구스족의 총과 탄환 아끼기-곰고기 시식-선물-고마워하지 않는 사포-순록의 혀-산양뿔 수저-처음 동상에 걸린 나의 코-어리석은 대처-묵타 강-오로와 강-단조로운 여행-매일 같은 일정-다이아나와 그녀의 요정들-퉁구스족 무리들-순록 등 위에 실린 아이들-아이들 옷-나욱타라 강-간간이 몰아치는 눈보라-야영-따뜻한 날-마이마이 강-굶주린 순록-달아난 요정-오우에이 산-길고도 힘든 여정-버려진 우편도로-걱정-역 사무소-탈진

원주민들에게는 추위가 그렇게 효력을 발휘하지 못하는 것 같았다. 우리는 단 2분 동안이라도 귀를 외부에 노출시키면 귀가 얼어붙을 정도인데, 그들은 밖에서 머리에 두건도 쓰지 않고 거의 1시간 동안을 나돌아 다닌다. 그리고 우리는 코가 얼까 봐 계속 신경을 써야 하는데, 그들은 전혀 신경쓰지 않는다. 1월 10일 아침 나는 추위에 아랑곳하지 않고 돌아다니는 그들을 보고 놀란 채 서 있었다. 그들은 최소한 30분 동안 맨손으로 밖에서 일하고 있었는데, 텐트를 거두고 집기 등을 싸서 순록 등에 올리고 얼어붙은 물개가죽 끈으로 단단히 묶는 등 일하는 데 아무런 불편도 느끼지 않는 것 같았다. 반면에 나는 3분도 견디지 못하고 반쯤 얼어붙은 손으로 부싯돌과 쇠막대를 꺼내 파이프 담배에 불을 붙이고 있었다.

전날 밤 모두가 잠자리에 든 후, 나는 잠자리를 빠져나와 옆에 있는 원주

민들의 잠자리로 가 보았다. 모닥불이 다 타고난 잔불이 남아 있어서 잠자고 있는 원주민들을 희미하게 비쳐주고 있었다. 그들은 순록가죽 위에서 웅크리고 누워 있었는데, 등을 모닥불 쪽으로 향한 채 모피 외투를 느슨하게 몸에 덮고 있었다. 텔레폰트의 외투는 거의 그의 몸에서 흘러내려 있어서 그의 등과 어깨가 영하 28도의 외부 기온에 노출되어 있었고, 그의 머리는 하얗게 서리가 쌓여 있었지만, 그는 마치 안락한 방안에 있는 것처럼 커다랗게 코를 골면서 단잠을 자고 있었다.

지난 며칠 동안 계속 설피를 신고 다녀서 발목에 무리가 온 나는 다시 한 번 순록 신세를 져야만 했다. 그런데 다행스럽게도 눈이 그리 깊이 쌓이지 않아 순록이 다니기에 큰 불편은 없었다.

야영지를 떠나 약 3베르스따 정도 나아가자, 고기를 저장해 놓은 장소가 나타났다. 다른 곳처럼 장대가 몇 개 세워져 있었고, 그 주변에 방금 찍힌 발자국들이 있었다. 장대 너머 숲속에서 개 짖는 소리가 들려왔고, 작은 시냇물 옆에 연기에 검게 그을린 더러운 가죽 텐트 하나가 서 있는 것이 눈에 띄었다. 텐트 안은 비어 있었는데, 주인이 곧 돌아올 것 같았다. 개 짖는 소리에 곧 사람 2명이 숲속에서 나타났다. 1명은 약 17세 정도로 보이는 통통한 아가씨였는데, 귀에 커다란 은제 귀고리를 하고 손에는 반지를 꼈으며, 옷은 더러운 가죽옷을 입고 있었지만, 얼굴은 아주 건강해 보이는 모습이었다. 다른 1명은 그녀의 남동생으로 약 10세 정도 되어 보였다. 우리는 이 젊은 아가씨에게 사포(Sappho)라는 기독교식 이름을 지어 주었는데, 그녀가 우리에게 말해 주길, 그들은 에프라임 노인의 자식들인데, 아버지는 다람쥐를 잡으러, 그리고 덫을 살펴보러 나갔노라고 했다. 그래서 우리는 그가 돌아올 때까지 기다리기로 했다.

담배를 피우고 차를 마시면서 우리는 오후 2시까지 한가롭게 시간을 보내고 있었다. 그때까지 에프라임 노인이 돌아오지 않았으므로, 우리는 여기서 텐트를 치고 하룻밤을 보내기로 했다. 사포는 낯선 이방인들의 등장에도 그리 불안해하는 눈치가 아니었다. 그녀는 동생과 같이 앉아서 순록, 곰, 산양 등 가위로 자작나무 껍질을 잘라 만든 장난감들을 갖고 노는 데 열중해 있었다. 나는 장난감 하나를 집어 들어 살펴보았는데, 그 모습이 너무나 정확한 데 놀라고 말았다. 장난감은 정말 세세한 데까지 정확하게 표현되어 있었는데, 순록의 갈라진 뿔, 발굽 등등이 아주 정확했다. 이런 정확성은 내가 이전에 보았던 전문적인 예술가들의 많은 작품들보다도 훨씬 더 나았다. 이런 오지에서 그런 작품을 만드는 사람이 있다는 사실을 우리는 전혀 상상할 수 없었고, 또 누구의 도움도 받지 않고 그들만의 능력으로 만들었다는 사실에 우리는 더 놀랄 수밖에 없었다. 다시 한 번 확인하기 위해 나는 그녀에게 2~3개의 장난감을 만들어 주기를 요청했는데, 그녀는 먼저 본을 뜨는 일도 없이 직접 자작나무껍질 조각 하나를 잡고 자르기 시작하더니, 잠시 후 정확한 모습의 장난감 하나를 만들어 냈다. 나는 이보다 더 나은 재능을 가진 사람을 본 적이 없었다. 그런데 중국인들은 이런 모방 능력이 뛰어나다고 알려져 있다. 그래서 나는 이 원주민들이 아마도 그런 중국인들의 피를 이어받은 것이 아닌가 하는 추측을 해보았다.

　에프라임은 어두워지기 전에 돌아왔는데, 그날 사냥의 결과물인 시베리아산 다람쥐 3마리를 잡아 가지고 왔다. 다람쥐 가죽은 거의 모든 여성들이 애용하는 것으로 알려져 있는데, 등은 짙은 회색이고, 배는 하얗고, 머리는 검었으며, 귀에는 기다랗게 타래진 털이 있었고, 꼬리는 커다란 수풀처럼 털이 무성하고 검었다. 다람쥐 사냥에는 완두콩만한 총알을 날리는 조그만 라이플총을 사용했다. 모든 퉁구스족 사람들은 이런 총을 한 자루씩 갖고 있었다. 총을 구하면, 우선 개머리판을 1/3로 잘라 줄인 다음, 개폐식으로 2개의 가벼운 지지대를 만들어 붙여서 사용할 때에는 지지대가 펴지고 사용하지 않을 때에는 개머리판에 접힐 수 있도록 해서 가죽주머니에 넣은 다음 간편하게 들고 다닌다. 대부분 구식의 부싯돌식 발화장치가 장착되어 있는 총을 선호한다. 화약과 납이 귀하기 때문에 사냥꾼들은 아주 아껴서 총을 사용한다. 함부로 총을 쏘지 않고 사냥감에 아주 가까이 다가간 다음 총을 쏜다. 가능하면 총알이 날아간 지점을 지켜보고 있다가 눈을 파내고 꺼낸 다음에 다시 쓰기도 한다.

에프라임의 텐트에는 말린 곰고기가 많이 매달려 있었으므로, 우리는 호기심에 곰고기를 조금 시식해 봤으면 하는 의향을 전달했더니, 곧 사포가 적어도 약 4.5kg 정도 되는 많은 곰고기를 가지고 우리 텐트로 왔다. 맛을 보니 아주 맛이 없어서 한 번으로 족했다. 눈을 가리고 맛을 본다면, 아마도 우리는 주저함 없이 훈제 청어라고 말할 것이다. 그럴 정도로 생선 맛이 아주 강했다. 우리는 사포에게 자리를 권했고, 그녀는 자리에 앉자마자 자연스럽게 그녀의 파이프 담배에 불을 붙여 피워 물고 담배 사교에 나섰다.

우리는 물물거래를 위해 구슬 목걸이 등 많은 잡동사니들을 갖고 왔는데, 지금까지 거래를 할 수 있는 기회가 별로 없었다. 그런데 이제 기회가 온 것이다. 고객의 마음을 사로잡기 위해 마후드는 그녀의 뚱뚱한 목에 목걸이를 걸어 주었는데, 그녀는 기뻐하거나 감사하는 표정이 전혀 없었고, 오히려 갑자기 찌푸린 표정을 짓더니 목걸이를 잡고 먹어 삼키려는 자세를 취했다. 목걸이가 부서지거나 그녀의 목에 걸려 질식사할 것이 두려워 급하게 그녀를 제지하고 목걸이를 빼앗아 그녀의 손목에 걸어 주었는데, 그 이후로 그녀가 목걸이를 어떻게 다루었는지는 알 길이 없었다.

이들 원주민들에게 감사한 마음이란 오로지 러시아인들과 접촉할 때를 제외하고는 전혀 필요 없는 것 같았다. 그들은 감사한 마음을 표시하는 단어도 없었고, 마치 원래 자기 것인양 선물을 받으며, 또 아무런 주저함 없이 더 달라고 요구했다. 그래서 멋있게 선물을 제공하려는 우리의 의도는 완전히 좌절됐다.

잠시 후 사포가 되돌아왔는데, 많은 양의 순록 혓바닥을 들고 왔다. 그것은 이 지역에서 최고로 맛있는 음식이었다. 그리고 또한 소시지 비슷하게 생긴 것들도 많이 가져왔다. 나중에 알게 된 것이지만, 그것은 곰의 기름덩어리였는데, 고기를 요리할 때 버터나 돼지기름 대신 쓸 수 있는 아주 좋은 물건이었다. 우리는 몇 병의 술을 에프라임에게 건네주고 여행 도중 먹을 식량으로 쓸 순록고기를 구매했으며, 우리의 퉁구스족 친구들도 에프라임에게서 기력이 다한 순록들을 새 순록들로 교체하는 데 성공함으로써, 우리는 여행 지체에 따른 손해를 전혀 입지 않았다.

술을 건네받은 에프라임은 기분이 좋아져서 우리가 떠나기 전에 산양뿔로 만든 수저를 하나씩 우리에게 선사하겠노라고 말했다. 수저라면 우리로서는 아주 고마운 선물이었다. 왜냐하면 우리가 니콜라예프스크를 떠난 이후로 사용해 온 나무 수저들이 이제 다 못쓸 정도로 부서져서 소고기 국물이라도 떠먹을라치면 칼집을 사용할 정도였기 때문이었다.

다음 날 밤 우리는 네아무르 강의 작은 지류인 오울린칸 강(Oulinkan river) 상류에 있는 어느 언덕 위에서 야영 준비를 하고 있었는데, 이반이 내게 다가와 다짜고짜 나의 코를 잡더니 말했다.

"후다(hooda)! 후다!"[53]

나는 그가 이상한 행동으로 장난친다고 생각하고 똑같이 앙갚음을 해주려고 했는데, 그가 몸을 피하면서 눈(snow)을 가리켰다. 뭔가 이상하다는 생각에 나는 손으로 나의 얼굴을 만져 보니, 코가 딱딱하게 얼어붙어 있었다. 반시간 전만 해도 코가 얼얼하게 쑤시는 느낌이 있다가 그쳤던 기억이 되살아났지만, 나는 코에 아무 감각이 없어서 전혀 의식을 못하고 있었던 것이다. 그 순간 코에 동상이 걸려 괴사가 일어나서 코가 없어진 상태로 귀

---

[53] 러시아어로 상태가 나쁘다는 뜻.

국하는 나 자신의 모습이 연상되면서 기분이 몹시 불쾌해졌다.

나는 이반의 충고대로 위험에 처한 나의 코를 두 손으로 잡고 열심히 비벼 댄 다음 손톱으로 긁어 감각이 되살아났는지 확인했다. 그런 작업을 몇 차례 해주고 나니 나의 코는 서서히 되살아나 감각이 회복됐으므로 이젠 불 곁으로 다가가기로 했다. 그런데 텐트 안으로 들어서자마자, 친구들이 모두 놀라서 외쳐 댔다.

"어떻게 된 거야? 무슨 일이 있었던 거야?"

나는 대답했다.

"아무 일도 없었어."

"뭐라고? 네 얼굴을 보라고."

그 순간 나는 내 얼굴이 피투성이란 사실을 알게 됐고, 친구들이 농담하는 것이 아니라는 사실도 알게 됐다. 얼어붙어 감각이 없어진 코를 열심히 문지르고 긁어 대서 커다란 딱지가 생기더니 그 후로 약 20여 일간 없어지지 않았다. 그러나 그렇게 없어지지 않던 딱지도 다시 동상에 걸리면 바로 다음 날 저절로 떨어져 나갔다. 그래서 친구들 말에 의하면, 당시 내 얼굴은 어디 다른 사람들 앞에 내밀 수 없을 정도로 보기 흉했다고 했다.

추운 날씨가 계속되자, 우리는 손톱으로 긁어서 매일 얼굴 상태를 점검하곤 했는데, 이번에는 나도 모르는 사이에 이런 일을 당하게 됐던 것이다. 신체 일부분이 한 번 동상에 걸리면, 그 부위는 다시 동상에 걸리기가 전보다 훨씬 더 쉬웠으므로, 매일 얼었다 회복됐다를 하루에 세 차례씩 반복하기도 했다.

다음 날인 1월 12일 온도계는 영하 35도를 가리키고 있었다. 길이 얇게 얼어 있어 순록이 나아가기가 아주 어려운 상태였다. 정오 무렵 우리는 오호츠크 해로 빠져나가는 작은 강인 묵타 강(Mukta river) 상류에 도달했다. 우리는 이 강을 따라 남동쪽으로 약 10베르스따 내려가서 오로와 강(Orowa river) 하구에 도달했는데, 이 지류는 북동쪽으로부터 흘러 내려온 것이었다. 우리는 이 지류를 타고 오후 4시까지 계속 올라갔는데, 벌써 날은 어두워졌다.

1월 13일 여전히 매우 추운 날씨였고, 온도계는 영하 35도를 가리키고 있었지만, 우리는 아침 식사로 차와 사슴고기 수프를 먹은 후, 곧장 출발했다. 이 지역은 낙엽송 숲이 끝없이 이어진 산들이 계속 나타나는 아주 단조로운 지역이었는데, 그런 풍경은 우리가 고람 강(Goram river)을 떠난 이후로 계속 보아 왔던 풍경이었다. 그리고 오늘 하루 종일 겪는 일이 내일도, 모레도 계속 똑같이 이어지는 단조로운 일상이었으므로, 우리는 그저 하루하루를 계획된 여정 속에서 앞으로 나아가고 있을 뿐, 여행의 재미를 잃어버린 지 벌써 오래였다.

야영지를 떠난 지 15분이 지나자 수염과 모피 외투에 하얀 얼음이 시멘트처럼 얼어붙었다. 오전 11시경 코가 얼고 때때로 손가락도 얼었지만, 순록 등에 앉은 채로 수염에 얼어붙은 얼음을 깨면서 앞으로 나아갔다. 정오 무렵 말린 생선으로 점심 식사를 마친 다음 담배를 피워 물었다. 오후에는 얼어 있는 코를 문질러 얼어붙지 않도록 하면서 나아가다가 날이 어두워지자 야영 준비를 했다. 수염을 녹인 다음 차와 사슴고기 수프로 저녁 식사를 하고 우리의 유일한 즐거움인 파이프 담배를 즐겼다. 그런 다음 일과 중 가장 하기 힘든 일지 작성에 들어가고, 그 작업이 끝나면 잠자리에 들었고, 다음 날 아침 일어나 다시 하루 일과를 시작한다. 일과 중 유일한 변화가 있다면, 그것은 우리가 순록 등에 타고 가다가 내려서 설피를 신고 걸어가는 것 정도일 것이다. 하루 중 유일하게 만족감을 느끼게 될 때는 목적지에 가까워지면서 하루 여행이 끝나가고 있다는 것을 느낄 때였다.

오후에 우리는 야영 준비를 하고 있는 일단의 퉁구스족 사람들을 갑자기 만나게 됐다. 그들은 다이아나(Diana)의 처남 식구들인 것으로 판명됐는데,

다이아나라는 이름은 우리가 알렉세이에게 붙여 준 별명이었다. 그것은 남녀 성별과는 아무 상관없이 그저 그가 설피를 신고 2마리의 비쩍 마른 순록들을 데리고 당당하게 눈 위를 미끄러져 가는 모습을 보고 마치 달의 여신인 다이아나가 자기 요정들을 데리고 다니는 것 같다고 해서 우리가 붙여 준 것이었다. 우리가 다가가자 퉁구스족 사람들은 순록 한 마리에게서 2명의 아이들을 내려놓고 있었다. 그 아이들은 여행하는 동안에는 짐 실은 안장 양쪽에 끈으로 묶여 있었는데, 마치 2개의 짐처럼 양쪽에서 무게 균형을 이루고 있었다. 또 한 마리의 순록 등 위에는 한쪽에 아이가 묶여 있고, 다른 한쪽에 커다란 솥이 묶여 있어 서로 균형을 이루고 있었다.

아이들은 각자 윗도리, 아랫도리, 장화, 벙어리장갑, 모자 등 모든 것이 하나로 꿰매어 만들어진 옷을 하나씩 입고 있었는데, 무거운 순록모피 가죽으로 만들어져 있었다. 그 옷을 뒤집어쓰고 있으면, 아무것도 안 보이고 다만 그들의 작고 검은 눈만이 빛나고 있었고, 빨개진 작은 코가 모피 사이로 살짝 보일 뿐이었다. 어린이들도 추위에 그리 신경 쓰이는 눈치가 아니었고, 눈 위에 내려놓고 야영 준비가 끝날 때까지 기다리는 동안에도 아이들은 아주 편안해 보였다. 여기서 우리는 숲이 우거진 언덕들을 가로질러 나욱타라 강(Naugtara river)의 상류로 가서 그 강을 타고 북동쪽으로 약 10베르스따 내려온 다음 야영을 했다.

다음 날 아침 우리는 텐트 펄럭이는 시끄러운 소리 때문에 잠이 깼는데, 바람이 하도 심해서 밖으로 나가기가 어려울 정도였다. 이런 돌풍이 순간순간 짧게 불어 대다가 곧 사라지곤 했다. 돌풍과 돌풍 사이의 짧은 시간 동안 우리는 영하 25도의 날씨에 반나체 상태로 서서 재빨리 옷을 입어야 했다. 아침 식사를 하는 동안 텐트가 돌풍에 자빠졌지만, 우리는 별 불편 없이 다시 길 떠날 채비를 갖추었다.

스와르츠와 내가 설피를 신고 앞장섰고, 나머지 사람들이 순록을 데리고 따라왔는데, 밤이 될 때까지 나머지 사람들이 우리를 따라오지 못했다. 하루 종일 돌풍이 나욱타라 강 계곡에 계속 불어 댔는데, 바람이 너무 강해서 때때로 거의 몸을 못 가눌 정도였다. 이 지점에서 그 강의 폭은 약 5km에 달했다. 눈보라가 구름처럼 들이쳤는데, 다행스럽게도 우리가 가고 있는 길을 비껴갔다. 만일 눈보라가 정면으로 들이쳤다면, 우리는 앞으로 전진하기가 어려웠을 것이다.

1월 15일 아침은 우리가 오우드스코이를 떠난 이래 지금까지 가장 따뜻한 날씨였는데, 영하 20도였다. 하루 종일 나욱타라 강 계곡을 따라 계속 내려갔는데, 계곡 폭이 약 10베르스따 정도로 넓어지면서 군데군데 툰드라 동토지대가 눈에 띄었다. 밤이 됐고, 북쪽에서 흘러내려오는 지류, 즉 마이마이 강(Maimai river) 하구에서 야영을 했다.

1월 16일 우리는 나욱타라 강을 떠나 북동쪽 방향으로 거의 평평하고 너른 지역을 가로질러 갔는데, 나욱타라 강의 지류들인 마이마이 강과 티에마이 강(Tiemai river)을 건너갔다. 그러나 눈이 아주 깊게 쌓여 있어서 순록 먹이를 찾지 못한 우리는 어두워진 후로 2시간이 지났는데도 아직 야영터를 잡지 못하고 있었다. 이 무렵 기온은 영하 32도로 무척 추웠고, 우리도 순록도 모두 지쳐 있었으므로, 우리는 순록이 가고 싶은 대로 내버려둘 수밖에 없었다. 드디어 우리는 야영터를 잡았다. 하지만 순록들은 깊이 쌓인 눈 때문에 먹이를 찾을 수 없어 저녁을 굶은 채로 밤을 지낼 수밖에 없었다.

1월 17일 온도계는 영하 37도를 가리키고 있었다. 오전 8시 야영지를 떠났는데, 오우에이 산(Ouey Khrebet)을 가로질러 밤 무렵 아얀 근처에 있는 우편도로의 역사에 도착할 예정이었다. 그런데 순록들은 아직도 먹이를 찾지 못하고 있었다. 먼저 다이아나와 그의 요정들을 앞서 보내 길을 뚫게 했으나, 요정들 중 한 마리가 짐을 숲속에 내팽개치고 달아나 버려서 우리가 곧 다이아나를 뒤따라 잡았다. 달아난 순록을 잡으려고 텔레폰트를 보내 놓고 우리는 계속 앞으로 나아갔다. 우리가 나아갈 길은 티에마이 강을 타고 올라가는 길이었다.

우리 길이 있는 오우에이 산은 주그주르 산맥에서 높은 산이었는데, 하루 종일 가도 우리 앞에 그 모습이 웅장하게 드러나 있었다. 오전 11시 30분 작은 툰드라지대에서 그 모습이 제일 잘 보였다. 그 지점에서 나는 산을 스케치하려 했는데, 곧 손가락이 얼어붙어 그림을 완성할 수 없었다. 올라가는 길은 완만했고, 오후 2시경 우리는 정상에 도착했다. 그날은 아주 추웠지만, 맑고 아름다운 날씨였다. 바람 한 점 불지 않았으므로, 우리는 정말 그런 좋은 날씨에 감사했다. 왜냐하면 우리는 전에 켈라 능선(Kela ridge)에서 무시무시한 겨울바람을 경험해 본 적이 있기 때문이었다.

내려가는 길은 설피를 신고 좁은 계곡을 타고 내려가는 길이었는데, 그 계곡에서 오우에이 강(Ouey river)이 발원하고 있었다. 밤이 되기 전에 우편도로에 도착하리라는 기대를 갖고 그 강을 타고 내려와 북쪽 방향으로 계속 나아갔다. 그러나 곧 어둠이 닥쳐왔고, 아직도 목적지까지는 먼 거리가 남아 있었다. 이때쯤 텔레폰트가 도망간 순록을 잡아 돌아왔는데, 아직도 근처에서 순록 먹이를 발견하지 못하고 있었다. 우리는 계속 길을 나아갔다.

얼마 지나지 않아 순록 한 마리가 지쳐 떨어졌고, 어쩔 수 없이 늑대의 밥이 되도록 그냥 내버려둘 수밖에 없었다. 그렇게 춥고, 어두운 길을 별빛에 의지해 깊은 눈 속에서 허우적거리기도 하고, 강 얼음 위에서 미끄러지기도 하면서 4시간이나 더 나아간 후에, 우편도로를 찾았다고 외치는 길잡이의 소리가 들려왔다. 그러나 기쁨은 곧 실망으로 이어졌다. 낙엽송 숲을 뚫고 지나가는 길고 좁은 길 위에는 부드러운 눈이 쌓여 있었는데, 어디 한 군데도 훼손된 흔적이 없었다. 첫눈이 내린 이래로 한 번도 썰매나 다른 운송 수단이 그 길 위로 지나가 본 적이 없는 것 같았다. 우리는 혹시 러–미 모피회사가 닦아 놓은 아얀으로 가는 길과 여기서 야쿠츠크로 가는 우편도로 모두 폐쇄된 것이 아닌가 하는 추측을 했다. 그런 가능성 때문에 우리는 전혀 기뻐할 수 없는 처지였다. 우리의 공급 물자는 바닥이 났으므로, 길잡이들도 더 이상 순록을 데리고 앞으로 나아가려 하지 않을 것이다. 길이 폐쇄됐으면, 야쿠츠크로 갈 방법이 없을 것이며, 또한 다른 순록을 얻을 수도 없을 것이다.

다이아나가 우리에게 알려 주기를, 전에 이 근처 어딘가에 우편 역사가 있었다고 했다. 우리는 역사를 찾아 나섰고, 1시간 만에 우리는 거의 눈 속에 파묻힌 유르트 하나를 발견했다. 개가 짖는 것으로 보아 사람이 살고 있는 것 같았다. 개 짖는 소리에 집 안에 있던 사람들이 밖으로 뛰쳐나왔다. 그들은 오늘밤 우편물을 기다리고 있었는데, 우리가 아얀에서 우편물을 가지고 온 사람들로 생각했다고 말했다. 이제야 잘 닦여진 우편도로가 눈앞에 들어왔다. 우리는 아까 옛날 길을 만났던 것인데, 이제는 우편배달부들이 그 옛날 길을 버리고 빙 돌아서 이 역사로 온다는 것이었다.

남자들, 여자들, 아이들 모두 반나체 상태로 우리를 오두막 안으로 안내했다. 방 안에는 원주민들의 난로인 츄알에 커다란 불이 피워져 있었다. 이반은 곧 춥고 지친 몸을 녹이기 위해 불 위에 차를 준비했다. 방의 세 군데 벽 쪽에 만들어진 나무 침상과 선반 위에 우리는 아무렇게나 시체처럼 쓰러져 누워 버렸다. 마치 격렬한 전투를 치른 것처럼, 어느 다리가 내 것이고 어느 팔이 내 것인지 알 수 없을 정도로 서로 포개져서 쓰러져 버렸다.

역사 관리인에게 물어 보니, 아얀으로 가는 길이 폐쇄됐을지 모른다는 우리의 추측이 들어맞았다. 그 길은 폐쇄됐다. 우리는 너무나 지쳐 있어서 더 이상 생각하기가 어려웠으므로, 차를 마시고 그대로 잠자리에 들었다.

| 제 17 장 |

행운-탐험가의 특권-온갖 불경한 소리들-지친 순록들-우편도로-우편물-순록과 썰매-여름 여행-바다-아얀 만-아얀의 첫인상-아름답고 화려한 건물들-경찰서장 포포프 씨-시베리아의 감로수-환대-사기를 꺾는 말들-과거에 흥청대던 아얀-물자 부족-의약품 부족-길잡이들과의 계약 종료-숙소 구하기-퇴색된 화려한 건물-아얀에서의 오락거리-코사크족 과부 니콜라요브나-신사답지 못한 계략-무도회-음악-놀라운 체력-최악의 상태-지칠 줄 모르는 니콜라요브나-반도의 아름다운 풍경-미약 산-힘들고 위험한 산행-부주의-장대한 풍경-동상에 걸린 손-하산

그동안 길고도 춥고 단조로운 여행을 해왔으므로, 우리는 아직까지도 맑은 날씨에 대한 고마운 심정을 갖고 있었다. 오우드스코이를 떠난 이래로 매서운 추위를 겪어 왔지만, 우리는 그것을 커다란 장애라고 생각하지는 않았다. 왜냐하면 이미 그런 추위를 예상해 왔고, 또 풍성하게 모피 외투를 몸에 걸치고 깊이 쌓인 눈 속을 조금만 허우적거려도, 혹은 설피를 신고 앞장서서 순록이 나아갈 길을 만드노라면, 몸에서 땀이 날 정도로 추위를 견뎌 낼 수 있기 때문이었다. 그러나 우리는 아주 필요할 때를 제외하고는 그런 매서운 추위 속에서 운동하면서 땀을 내는 것을 가급적 피해 왔다. 왜냐하면 예외 없이 밤이 되면 땀으로 젖은 옷이 얼어붙어 체온이 내려가면서 손과 발에 동상이 걸리지 않으면서도 아무런 고통 없이 동사할 가능성이 있기 때문이었다.

세상 대부분의 사람들이 거부하는 이 격리된 지역을 여행하는 사람들에게는 한 가지 이점이 있는데, 그것은 모든 구속을 풀어 버리는 완전한 해방감을 즐길 수 있다는 것이다. 처음부터 관습과 예의 같은 차가운 형식이라는 굴레에서 벗어나 본래 자기의 자유로운 감정을 마음껏 발산할 수 있는 것이다. 우리는 이런 특권을 부여받은 것에 대해 아주 감사한 마음이었다. 수염이 덥수룩한 일단의 사람들이 아무런 눈치도 보지 않고 깊은 눈 속에서 몸을 뒹굴고 놀거나, 아니면 숲이 쩌렁쩌렁 울리도록 울부짖거나 온갖 불경한 소리를 다 질러 댄다. 긴 하루 동안의 여행이 끝나고 밤이 되면, 낙엽송 숲이 우거진 어느 계곡에 텐트 하나가 외로이 세워지고, 소소한 달빛 아래 눈 덮인 산봉우리들이 텐트 위로 높이 그 자태를 드러낸다. 텐트 밖으로 나가 맑은 대기와 마주하면, 마음속 깊은 속박을 뚫고 나온 자유로운 감정이 넘쳐흐르면서 자연스레 "야아!" 하고 소리를 지르게 되고, 잠시 후 그 소리는 산에서 산으로 메아리치다가 결국 높은 산봉우리들 사이로 사라지게 된다.

그날 밤 아얀에서 우편물을 가지고 오기로 한 우편배달부는 오지 않았고, 다음 날 아침 식사를 서둘러 마친 후, 마후드, 스와르츠, 그리고 나는 순록을 타고 오우에이 강(Ouey river)의 북쪽 둑 아래로 잘 나 있는 우편도로를 따라 나아갔다. 순록들은 아직도 많이 지쳐 있었다. 전날 밤 유르트에 도착했을 때, 다이아나는 너무 지쳐서 순록들을 데리고 먹이터에 가지 못했다. 그래서 사실 순록들은 지금 우리를 태울 수 있는 상태가 아니었다. 그럼에도 불구하고 우리 모두 역시 몹시 지쳐 있는 상태여서 어쩔 도리가 없었다.

내가 이미 말했듯이, 이 길은 숲을 뚫고 낸 좁은 길이었는데, 아얀으로부터 주그주르 산맥을 가로질러 야쿠츠크까지 내륙으로 약 1,300베르스따 떨어져 있는 길이었다. 이 길은 1848년 아얀이 건설될 무렵 러-미 회사가 닦아 놓은 길이었고, 이후 크림전쟁 기간 동안 정부가 해안으로 무기와 탄약을 운반하기 위해 사용했다. 길을 따라 약 30~40베르스따 간격으로 우편역사가 세워져 있어서 순록을 바꾸어 타거나, 일반 여행자의 편익을 도와주기도 했는데, 사실상 러-미 회사 직원들을 제외하고는 다른 일반 여행자들이 도움을 받았다는 소리는 거의 들리지 않았다. 아얀에서 한 달에 한 번 우편물이 오는데, 그 내용물은 보통 8~10통의 편지가 전부였고, 우편배달부가 밤낮으로 달리면 야쿠츠크까지 약 10일 정도 걸린다고 했다.

겨울에는 통상 순록을 이용하는데, 우리가 알가시에서 오우드스코이까지 가는 도중 사용했던 개썰매와 비슷한 썰매에 순록 2마리를 묶어 끌게 했다. 순록 장구는 목 주위에 혁대와 줄을 묶은 다음, 다리 사이로 지나 썰매 앞부분과 연결됐다. 그런데 줄이 느슨하게 연결되어 있으므로, 순록 2마리가 똑같은 속도로 나아가지 않는 한, 1마리가 앞에서 끌고 나머지 1마리가 뒤따라가는 모양이 될 수밖에 없다. 여름에는 길이 더 멀고 돌아가야 하므로, 보통 레나 강 지류들을 통해 수상 운송을 하고, 또 말을 이용하기도 한다.

우리는 아얀으로 가는 길이 폐쇄됐고, 또 아얀에는 물자도 부족하다는

순록 썰매

소식을 우편역사에서 듣고도 걱정이 앞서는 대신 오히려 아침에 출발할 때는 기분이 아주 좋았다. 지금까지 헤쳐 나온 것에 대해 스스로 대견하다는 만족감이 들었고, 또 다시 문명 세계와 만난다는 기대감 때문에 그런 소식이 우리의 사기를 꺾지는 못했다.

오전 11시 우리는 오우에이 강 하구에 도착했다. 그곳은 아얀에서 아래쪽으로 7베르스따 떨어진 지점으로, 거기에서부터 길이 북동쪽으로 2개의 낮은 산등성이를 넘어 해안까지 뻗어 있었다. 마을에 가까워지자, 크리스마스 이브 이래로 처음 보는 바다 풍경이 우리를 맞이하고 있었고, 오래지 않아 우리는 아얀 만에 도착했다. 그곳은 해안에서 조금 움푹 들어간 곳이었는데, 남풍이나 남동풍을 제외한 모든 곳으로부터 바람을 막아 주는 피난처였다. 비록 완전한 조건을 갖춘 항구도 아니고, 또 오호츠크 해의 이쪽 해안가에 있는 다른 항구들보다 더 나은 것은 아니었지만, 적어도 동등한 정도는 됐다. 그래서 이곳은 러-미 회사가 고래잡이 기지로 선택한 곳이었다.

그저 통나무집들이 여기저기 몰려 있을 것이라 생각했던 우리는 깜짝 놀랄 수밖에 없었는데, 암벽 귀퉁이를 돌아서자마자 아주 커다란 통나무 상점들이 나무 기둥들이 길게 열을 지어 있는 회랑과 마주 보고 있었다. 건물 주변에 닻, 쇠사슬, 삭구 등 항해 장비들이 널려 있는 것이 항구다워 보였다. 근처에는 만을 내려다보고 있는 작은 토루가 있었는데, 거기에는 약 10여 대의 작은 철포가 설치되어 있었고, 포 구멍은 더러운 쓰레기와 자갈돌로 막혀 있었다. 해변가에는 5~6척의 고래잡이 보트가 위로 올려져 있었고, 그 너머에는 동절기 후반기에 조류를 따라 올라오는 거대한 부빙을 피해 위로 올려져 있는 작은 범선 1척이 있었다. 마을 자체는 아름다운 작은 숲들로 싸여 있고, 또 작지만 산이 많은 반도의 목 부분까지 뻗어 있는 계곡 안쪽에 있었으므로, 만에서 보면 잘 보이지 않았다. 우리는 작은 숲 사이로 난 길을 따라 약 400m 정도 나아가니 아얀 마을 전체가 드러났다. 마을에는 약 10여 채의 통나무집들이 있었는데, 그것들은 지금까지 우리가 보아 왔던 것들 중 가장 화려한 건물들이었다. 심지어 니콜라예프스크에 있는 집들보다도 나았다. 게다가 회사 직원들을 위한 널찍하고 안락한 방들과 식당, 목욕탕, 심지어 작은 예배당까지 있었는데, 이곳에서 사는 사람들에게 필요한 모든 것을 갖추고 있었다.

　우리가 도착했을 당시에 이곳은 여전히 아주 아름다운 곳이었지만, 러-미 회사가 이곳을 폐쇄하기 전에는 정말 매력적인 곳이었을 것이다. 이제 모든 것이 무관심 속에 버려져 있고, 한때 회사에서 일했던 원주민들은 다시 주변 숲속으로 돌아갔다. 스와르츠가 나에게 말해 주기를, 그때 당시에 그들은 소풍을 가서 나무 아래에서 다과회를 열곤 했는데, 지금은 아무것도 보이지 않고 단지 썩은 나무 밑동만이 눈 위로 튀어나와 있다고 했다. 항구에는 해안가 위아래로 수 km에 걸친 장대한 바다 풍경이 펼쳐져 있으면서, 사방으로 높은 산봉우리와 능선이 둘러싸고 있어서 휘몰아치는 폭풍을 거의 완전하게 막아 주고 있었다.

　우리가 마을 안으로 들어서자 주민 모두가 모여서 우리를 지켜보고 있었다. 스와르츠는 그중에서 2~3명의 사람들을 알아봤는데, 한 사람은 포포프 씨(Mr. Popoff)로 이 마을 행정책임자이며 경찰서장이었고, 다른 한 사람은 슬라이거스트로프 씨(Mr. Sleigerstroff)로 현재 마을에 남아 있는 유일한 회사 직원이었는데, 그는 회사가 정리될 때까지 회사 재산 모두를 관리하고 있었다. 그는 친절하게도 우리가 마음대로 자기 집과 회사 건물에 머물 수 있도록 해주었다. 잠시 후 우리는 인간 세계의 옷차림을 하고 방에 나타났고, 주인장의 친절한 환대를 받았다. 방에는 좋은 카펫이 깔려 있었고, 벽지가 발라져 있었으며, 가구가 들어차 있었고, 벽에는 커다란 거울과 그림들이 많이 붙어 있었다. 시베리아 여행객들에게는 감로수와도 같은 차가 먼저 제공됐고, 그 맛은 기가 막히게 맛있었다. 점심 식사 후에 피워 문 진짜 아바나산 시가 담배의 맛은 어떻게 표현할 수 없이 맛있었다.

우리가 우편역사에서 원주민들로부터 들은 이야기, 즉 아얀에도 물자가 부족하다는 이야기는 전혀 과장이 아니었다는 사실을 알게 됐지만, 우리의 임무에 커다란 관심을 갖고 있는 포포프 씨는 너무 친절하게도 자기 마을의 부족한 물자에도 불구하고 우선 우리에게 필요한 물자를 공급해 주기로 하고 나중에 야쿠츠크에서 부족한 물자를 채우기로 했다.

나는 여행 도중에 곳곳의 러시아인들로부터 받은 진정한 환대와 마음속에서 우러나온 협조에 대해 뭐라고 감사의 말을 해야 할지 모르겠다. 러시아인들의 환대는 이미 널리 알려져 있는 사실이었지만, 우리가 직접 현지에서 이렇게 체험을 하고 난 뒤에 나는 이전에 선배 여행가들이 말했던 이야기들에 완전히 동감하게 됐다.

우리는 아주 적절한 시기에 도착했다. 왜냐하면 우편배달부가 우편물을 갖고 막 떠나려던 참이었기 때문이다. 우리가 편지를 보내고 싶어 했으므로, 그는 친절하게도 우리가 편지를 쓸 시간을 주면서 다음 날 아침까지 기다려 주었다. 우리는 오호츠크까지 함께 갈 순록들을 아얀 근처에서 구할 수 없다는 사실을 포포프 씨로부터 들어 알고 있었으므로, 우리가 여기서 잠시 지체하는 사이에 포포프 씨는 내륙 쪽으로 약 200베르스따 떨어져 있는 넬칸(Nelkan) 근처에 사는 퉁구스족 족장에게 약 15마리의 순록을 가능한 한 빨리 보내달라고 요청하는 편지를 보냈다.

아얀에서 우리는 손쉽게 우편배달용 순록들을 빌려서 야쿠츠크로 갔다가, 다시 우편도로를 통해 오호츠크로 갈 수도 있었다. 그렇게 하면 삼각형의 두 변 모양을 형성하면서 약 2,700km의 거리를 가야만 한다. 그러나 우리의 목적은 가능하면 야쿠츠크와 바다 사이에 놓여 있는 황무지를 가로질러 가는 더 빠른 길을 찾아내는 것이었으므로, 그렇게 돌아가는 길은 우리의 고려 대상이 아니었다.

포포프 씨조차 우리의 사기를 떨어뜨리는 말을 해주었는데, 두려움을 모르는 퉁구스족 사냥꾼들도 그 황무지에 대해서는 단지 부분적으로 밖에 알지 못하며, 또한 자기 자신도 과거에 한 번 그곳을 뚫고 지나가려고 했던 적이 있었는데, 바로 그 다음 날 눈폭풍과 험한 산세 때문에 되돌아와야 했다는 것이었다. 니콜라예프스크에 있었을 때도, 우리는 시스카비치 박사(Dr. Siskavitch)라는 한 러시아 신사로부터 우려 섞인 이야기를 들었는데, 그는 몇 년 전 똑같은 코스를 가려고 시도했는데, 약 150베르스따 정도 전진하고 나서 결국 되돌아와야만 했다는 것이었다.

만일 지금까지 우리가 여행을 성공적으로 완수해 내지 못했더라면, 이런 이야기들이 우리의 사기를 아주 많이 떨어뜨렸을 것이다. 그러나 우리는 최근 여행을 성공적으로 완수했으므로 자부심이 가득했고, 또 이미 겪은 바가 있어 그보다 더 나쁘랴 하는 생각도 하고 있었으므로, 이제 우리의 유일한 걱정은 어떻게 하면 가능한 한 빨리 새로운 순록을 얻어 타고 우리의 목적을 달성하느냐 하는 것이었다.

아얀은 이제 단지 옛날의 영광을 그리워하는 그림자일 뿐이었다. 전에는 러-미 회사의 사장및 그의 휘하에 있는 제복 입은 장교들이 가족과 함께 여기에 살았으므로, 마을은 사람들로 북적거렸다. 그러나 그것은 러-미 회사가 번창하고 있을 동안만 그러했다. 매년 배들이 시트카(Sitka)[54]와 같은 러-미 회사 소유의 모피 교역기지들로부터 이곳에 도착했고, 이곳을 고래잡이 항구로 만들기 위해 귀중한 모피들과 수백, 수천 루블 등의 돈이 이곳

---

[54] 알래스카에 있는 항구 마을. 1741년 러시아가 최초로 이곳에 상륙했고, 1804년 원주민인 틀링기트 인디언들을 공격하여 점령한 다음, '노보 아르항겔스크'라는 이름의 정착촌을 건설했고, 이후 1867년 미국에 알래스카가 매각되면서 '시트카'라는 이름으로 바뀌었다. '시트카'란 이름은 틀링기트 인디언 언어로 '섬 바깥의 바다에 사는 사람들'이란 뜻이다. 원래 시트카가 알래스카의 주도였는데, 주노에서 금광이 발견되면서 주노로 주도가 바뀌었다.

에 뿌려졌다. 그 일을 하기 위해 필요한 배와 기타 모든 것들이 구입됐고, 원주민들과 말들이 내륙으로부터 이곳으로 몰려왔다. 그러나 사업은 그리 오래가지 못했다. 100여 척의 미국 포경선들이 매년 오호츠크 해로 몰려들자, 고래가 이 수역에서 거의 다 사라졌고, 사업은 결국 실패로 끝났다. 내가 어느 포경선 선장으로부터 들은 바로는, 그 당시 갑판에서 바라보니 72척의 배가 조업을 하고 있었고, 그중 절반 이상이 고래 기름을 뽑고 있었다고 했다. 이것으로만 미루어 보더라도, 전성기 때 얼마나 많은 고래들이 도살됐는지 상상이 갈 것 같았다. 당시에 수많은 미국 선원들이 아얀을 방문했다. 그러나 전성기가 지나자, 이 작은 마을은 버려진 집들로 가득 차기 시작했던 것이다.

놀랍게도 주인장은 아주 능숙한 영어로 우리에게 설명해 주기를, 아얀은 어업 경기가 아주 폭삭 주저앉아 현재의 상태를 보여 주고 있다고 했다. 마을이 버려지던 처음에는, 거의 모든 물품들이 사라지면서 불필요한 물품들만 남게 됐고, 1월 18일 현재 많은 사람들이 거의 빈곤 상태에 놓여 있었다.

지금은 혹시나 괴혈병이 돌지나 않을까 하는 우려가 점차 커지고 있었는데, 왜냐하면 이곳에는 의사가 없어서 약 1,300베르스따 떨어져 있는 야쿠츠크까지 가야만 하고, 병이 발생하면 정말 커다란 재앙이 될 수 있기 때문이었다. 이미 2명의 환자가 발생했고, 우리가 도착하기 전날 아픈 여인네 1명이 치료를 받기 위해 썰매에 실려서 야쿠츠크로 보내졌다.

밤이 되자 우리의 코사크족 친구 이반이 순록에 짐을 싣고 도착했고, 우리는 우리의 길잡이였던 퉁구스족 친구들에게 돈을 지불하고 계약을 해지했다. 이반은 오우드스코이에 젊은 부인을 남겨 두고 왔으므로, 집에 돌아가고 싶어 했지만, 우리는 그에게 계속 우리와 남아 오호츠크까지 동행해 달라고 요청했다. 그는 우리에게 통역자로서, 그리고 기타 여러 방면에서 정말 필요한 존재였으므로, 우리는 그와 헤어질 수가 없었다.

다음 날 우리는 머무를 방을 찾고 있었는데, 주인장의 친절한 호의 덕택에 이 마을 행정책임자가 전에 살던 집을 제공받았다. 그 집은 크고 잘 지어진 통나무집이었는데, 방이 약 10개 정도로 모두 카펫이 잘 깔려 있고, 벽지가 발라져 있었으며, 온갖 가구가 갖추어져 있었고, 게다가 피아노와 당구대도 하나씩 있었다. 그런데 피아노와 당구대는 다소 낡아 있었다. 시베리아에서 생활해 온 우리는 생활이 아주 단순해져서 생활에 필요한 물품들이 그리 많지 않았다. 그래서 우리는 이렇게 커다란 방과 퇴색해 가는 화려한 집기들에 거북한 느낌을 받고 있었으므로, 아무도 쓰지 않는 2층을 선택했다. 그곳은 우리 침대와 의자 몇 개, 탁자 2개가 전부인 아담한 장소였다. 주인장은 1층을 쓰도록 계속 권했으나, 우리로서는 현재 물자가 부족해서 그에 상당한 보상을 할 수 없는 상태였으므로 그의 말을 따를 수 없었다.

아얀에 머무는 동안 이곳의 새로운 친구들이 우리를 위해 즐거운 놀거리들을 마련해 주어 아무런 걱정거리들이 없었다. 낮에는 마을 주변 여기저기로 소풍이나 산책을 나갔고, 저녁에는 카드놀이 파티와 춤 파티가 벌어졌다.

여기서 우리가 추는 춤은 상당히 재미있고 운동도 되는 것이지만, 미국에서라면 춤이라고 말하기가 어려울 것이다. 여기에서는 여성이라고 해봤자 주인장의 아내와 튼튼하게 생긴 코사크족 과부 1명, 이들 2명이 전부였다. 그 과부는 자신을 니콜라요브나(Nikolaiovna)로 불러달라고 했는데, 이름 앞에 마담이나 그에 상당한 무슨 러시아어를 갖다 붙여 발음하게 되면, 아주 긴 문장이 되어 버렸다. 그녀는 46세이며 약 82kg 나간다고 했는데, 말하는 것이 보통 여자들과는 정반대로 자부심과 즐거움이 느껴질 정도로 아무렇지도 않게 말했다. 나이나 몸무게 같은 것들이 그녀에게 아무런 영향을 미치지 못할 정도로 내가 아는 한, 그녀는 정말 놀라운 체력을 갖고 있었던 것이다. 춤은 그녀가 가장 좋아하는 즐거움 중 하나였는데, 아무리 춤을 추어도 만족을 모르는 것 같았다. 그녀는 몸과 마음이 하나가 되어 몰입했는데, 우리의 호기심을 불러일으킬 정도로 젊은이 같은 힘차고 빠른 동작을 선보였다. 그래서 우리는 그녀의 체력을 시험해 보기로 했다. 남자가 4명이고 여자가 2명이므로, 여자들은 계속해서 춤춰야 했고, 남자들은 교대로 쉴 수가 있어서 그녀가 쉽게 지쳐 떨어질 것이라 생각했다. 음악은 최선은 아니었지만, 바이올린(우리의 코사크족 친구 이반이 좀 다룰 줄 알고 있었다)과 손으로 돌리는 낡은 풍금이 교대로 연주됐다. 풍금은 아주 낡아서 종종 손잡이가 삐걱거리는 소리를 냈는데, 그럴 때마다 우리는 춤추기가 아주 불편해졌다.

저녁 일찍 춤 파티가 시작됐다. 주인장과 마후드가 4인조 춤인 콰드릴(quadrille)을 추기 시작하자, 2명의 코사크족 사람들이 풍금의 손잡이를 잡고 돌리기 시작했다. 이 춤이 끝나자, 스와르츠와 내가 나서서 춤추기 시작했고, 이런 식으로 계속 이어져서 콰드릴 춤이 네 번, 폴카(polkas) 춤이 두 번 계속됐다. 이때쯤 이반이 바이올린을 들고 와서 풍금 치던 코사크족 사람과 교대하더니, 단조롭고 빠른 코사크족 춤곡을 연주하기 시작했다. 이 곡은 니콜라요브나가 좋아하는 곡인 것 같았는데, 왜냐하면 그녀가 무대로 뛰어 들어와서는 손수건을 슬라이거스트로프 씨에게 던지면서 도발적으로 춤추기를 청했기 때문이었다. 그녀의 행동은 거절해도 좋을 만큼 불손한 행동으로 생각됐지만, 슬라이거스트로프 씨는 곧 일어나서 5분간 그녀와 춤을 추었는데, 아주 우아하고 민첩한 춤솜씨를 보여 주고 있었다. 그녀의 육중한 몸집에도 불구하고 둘은 춤을 잘 추었는데, 음악은 거칠고 혼란스러웠다. 손수건은 춤추는 동안 자유롭게 사용됐는데, 자세 잡는 데뿐만 아니라 땀 닦는 데도 사용됐다.

주인장이 정중히 사양하자마자 그녀는 다음 순번인 스와르츠에게 춤추기를 요청했고, 또 그 다음 순번은 마후드였다. 그들은 그렇게 그녀와 5~6

분씩 춤을 추었다. 이제 피할 수 없는 내 차례가 돌아왔고, 춤에 대해서는 아무것도 몰랐지만, 나는 그녀와 춤을 추어야만 했다. 얼마만큼의 시간이 흘렀는지도 모른 채, 나는 필사적으로 그녀의 발걸음을 따라잡으려고 애썼지만, 내가 할 수 있는 것이라곤 한 발로 폴짝폴짝 뛰는 것뿐이었다. 이에 실망한 그녀는 다시 오겠노라는 말을 남기고 떠났다. 우리 춤이 끝나자마자 콰드릴 춤이 다시 시작됐고, 뒤이어 폴카 춤이 계속됐다. 그런 다음 그녀는 나에게로 다시 와서 춤추기를 요청했고, 나는 정말 최선을 다해 10분간 춤을 추었지만, 그녀를 만족시키기에는 역부족이어서 그녀에게 나의 어설픈 춤 솜씨를 사과해야만 했다.

지칠 줄 모르는 니콜라요브나는 아직도 만족을 모르고 있었다. 다른 친구들이 나의 사정을 알아채고는 그녀가 다시 나에게 다가오기 전에 그녀를 녹초로 만들기 위해 15분간 폴카 춤과 다른 춤으로 그녀를 공략했고, 마침내 그녀는 얼굴이 벌건 상태로 가쁜 숨을 몰아쉬면서 자리에 앉았고, 그로 보아 그녀는 분명 녹초가 된 것으로 보였다. 나는 그녀의 이런 조짐을 두 손 들어 환영하고 있었다. 그런데 그녀가 곧 체력을 회복한 것을 알아챈 순간, 그녀를 녹초로 만드는 유일한 방법은 그저 계속 춤을 추는 것뿐이란 사실을 알게 됐다. 그래서 내 차례가 오자, 오히려 내가 먼저 그녀에게 춤추자고 요청했고, 그녀는 여전히 팔팔하게 무대를 뛰어다녔다.

이제 8시가 됐고, 이반이 피곤하다는 몸짓을 보내왔지만, 우리 모두는 그녀가 곧 녹초가 될 것이라는 자신감을 갖고 있었다. 이때쯤 방의 문과 창문 틈에는 코사크족, 야쿠트족, 퉁구스족 사람들로 꽉 차 있었고, 열심히 춤추는 우리를 바라보고 있었다. 나는 미국을 대표한다는 자부심을 갖고 지금 이 시험대에 올라와 있으므로, 물론 쉽게 승리하리라는 자신감을 갖고 있었지만, 그녀가 견딜 때까지 계속 춤을 추기로 생각하고 있었다. 10분이 또 지나갔고, 그 사이 나는 그녀가 지쳐서 얼굴이 벌개졌는지 확인하려고 계속 그녀의 얼굴을 쳐다보고 있었다. 그녀의 체력은 놀라운 것이었고, 그녀의 발걸음은 점점 더 높아지고 빨라졌다. 20분이 또 지나갔고, 열기가 거의 견딜 수 없을 정도가 됐고, 옷은 땀으로 흠뻑 젖어 있었다. 그녀 역시 나처럼 열이 나고 있었으나, 여전히 포기할 기미가 보이지 않았다. 또 30분이 지나갔고, 이제는 문과 창문 틈에 모여 있던 청중들이 발을 구르고 손뼉을 치면서 연주되는 곡을 따라 부르기 시작했다.

이런 분위기가 그녀를 더 자극하여 더 높이 뛰어오르게 만들었고, 만일 친구들이 나를 격려해 주지 않았더라면, 나는 그 순간 춤추기를 포기했을 것이다. 46세의 나이에다가 82kg 무게의 과부에게 굴복한다는 것은 정말 재미없는 일인 것이다. 그녀의 얼굴에서 피곤한 기색을 알아차렸다고 생각한 나는 새로운 희망을 품고 다시 춤추기에 나섰다. 40분이 또 지나갔고, 이제 나는 폴짝폴짝 뛴다는 느낌만 있을 뿐, 다른 어떤 느낌도 없는 상태였고, 땀이 너무 흘러 눈이 보이지 않을 지경이었다. 또 얼마간의 시간 - 나로서는 얼마나 오래됐는지 알 수 없었다 - 이 흐른 다음, 정신을 차린 나는 몸이 각각 따로따로 놀면서 무의식적으로 음악에 맞춰 폴짝폴짝 뛰고 있는 자신을 발견했다. 니콜라요브나는 처음보다 더 기운이 팔팔한 것 같았고, 결국 나는 기가 꺾이고 말았다.

나는 벌써 오래전에 그녀의 능력을 시험해 보려던 우리의 경솔한 판단을 후회하고 있었다. 갑자기 나보다 한참 나이가 많은 이 숙녀에게 우리가 너무 비신사적인 도전을 했다는 생각이 들면서, 물론 나 자신이 그녀보다 훨씬 체력이 좋다는 것은 알고 있지만, 그녀가 계속 춤추는 것을 막기 위해서는 신사적으로 내가 졌다고 그녀에게 양보하는 것이 낫다는 생각이 들었다. 나는 거의 포기한 상태였지만, 혹시 하는 생각으로 그녀의 얼굴을 한 번 더 살펴보았다. 그녀는 여전히 처음처럼 팔팔한 상태였다. 나는 후회막급한 심정으로 그녀를 존경스럽게 바라보면서 신사도를 발휘하여 패배를 시인

했다.

그녀는 마후드에게 계속 춤추자고 도발했지만, 그는 아주 영리하게 거절했다. 이번 도전은 우리의 섣부른 자신감에서 비롯된 것인데, 결국 우리는 그녀가 므드셀라(Methuselah: 창세기에 나오는 에녹의 아들로 969살까지 살았다)처럼 나이가 많고, 몸무게가 10톤이 나가더라도, 절대 그녀 같은 코사크족 과부하고는 다시는 춤을 추지 않겠노라고 다짐했다. 우리가 춤추기를 중단한 것은 밤 10시가 넘어서였다. 불쌍한 이반은 거의 녹초가 되어 더 이상 음악을 연주할 수 없는 상태였다. 그러나 그녀는 이후로도 풍금 반주에 맞추어 콰드릴 춤을 두 번, 폴카 춤을 한 번 더 추었다.

마을 주변 풍경은 매우 아름다웠는데, 특히 한 곳은 너무 아름다워서 우리가 거의 매일 들르다시피 했다. 그곳은 반도의 북쪽에 있는 아얀 계곡 위쪽 끝에 있었는데, 높이 약 120m 정도의 절벽들이 바다로 이어져 있는 곳이었다. 바다 쪽으로는 얼음이 얼어붙어 울퉁불퉁 쌓여 있었고, 해안가에 우뚝 서 있는 높은 바위 절벽은 뒤로 눈에 쌓인 높은 주그주르 산맥을 등지고 있으면서 말없이 장대한 풍경을 연출하고 있었다.

반도는 폭이 약 1.6km, 길이가 약 5km 정도밖에 안 되지만, 평평한 곳을 찾아보기가 어려울 정도로 매우 산세가 험해서 이 같은 마을을 건설하는 데 많은 어려움이 있었을 것으로 생각됐다. 몇몇 산봉우리들은 아주 높았는데, 그중에 특히 미약(Miak)이란 산은 '등대 산'으로 불렸다. 반도 맨 끝에 있는 그 산은 약 900m 높이로 등대처럼 근처 바다를 지나가는 배들의 길잡이 역할을 했다. 이 산봉우리는 겨울에 올라가 본 적이 없다고 했는데, 겨울 풍경이 장대해서 그 정상에 가고픈 생각을 하게 만드는 봉우리였다.

나는 언젠가 한 번 올라가야겠다는 생각을 품고 있다가 마침내 날씨가 따뜻하고 쾌적한 어느 날 장갑이나 외투도 입지 않고 평상시 옷차림으로 모피 장화와 모자만 쓴 채로 설피를 신고 지팡이에 의지한 채 출발했다. 천천히 걸어가도 따뜻한 날씨였으므로 장갑을 놓고 나온 것도 후회되지 않았다. 30분쯤 걷자 산봉우리 밑자락에 도착했고, 여기서부터 경사가 심하고 바람 때문에 눈이 얼어 있어서 설피가 아무 도움이 안 되어 설피를 벗고 한동안 나아가야만 했다. 바닥이 미끄러운 토르바싸는 딱딱한 얼음바닥 위에서 자꾸 미끄러졌으므로, 앞으로 나아가려면 지팡이로 바닥을 찍어야만 했다. 때때로 커다란 바위들이 눈길 위로 튀어나와 있었으므로, 돌아가는 데 시간이 더 걸려서 1시간 후 나는 산 옆구리에 도달했다. 여기서부터는 거의 경사가 수직에 가까워서 지팡이도 소용이 없었고, 오로지 맨손으로 우툴두툴 튀어나온 바위에 매달려 올라가야만 했는데, 이제 손이 추위로 아파오기 시작했다.

이 지점에서 도로 내려갈 수도 있었지만, 위쪽으로 커다란 바위를 넘어가면 수월한 길이 나올 것 같아 계속 나아갔다. 이 정도 높이에서는 온도 변화가 심하기 때문에 손가락이 하얗게 되면서 마비되기 시작했다. 이제야 나는 장갑을 놓고 온 것이 후회됐다. 100여m 정도 올라가자 거무스름한 커다란 바위가 앞을 가렸고, 여기서는 앞으로 나아가기도 뒤로 돌아가기도 어려워 보였다. 일단 주머니칼로 미끄러운 바닥에 칼집을 내어 잠시 쉬면서 얼어붙은 손가락에 입김을 불어 녹였다. 그런 다음 다시 나아가기를 시도하여 마침내 바위 위에 올라서니 곧 능선이 드러나면서 산봉우리까지 이어져 있었다. 그러나 양손은 심하게 얼어 있었고, 땀에 젖은 옷 속으로 매서운 바람이 파고들었다.

이제 길은 위험한 곳이 없었으므로, 잠시 후 나는 정상에 도달했다. 바람이 너무 강해서 바위 뒤로 몸을 숨겨야 할 정도였지만, 정상에서 바라본 풍경은 올라오기를 잘했다고 느낄 만큼 그야말로 정말 장대했다.

오호츠크 해가 발아래에 펼쳐져 있었는데, 한쪽에는 수평선이 펼쳐져 있고, 다른 한쪽에는 울퉁불퉁 험한 해안가가 펼쳐져 있었다. 넓은 얼음 띠가 해안가 절벽을 따라 약 8~10km 이어져 있었고, 속살이 다 보이는 바닷물이 해안가 절벽으로 들어갔다 나왔다 하면서 부딪치고 있었다. 남쪽으로 약 130km 떨어져 있는 대(大) 샨타르(Great Shantarr) 섬과 페클리스토프(Feklistoff) 섬이 보였고, 서쪽으로는 주그주르 산맥의 높은 산들이 하늘을 찌르고 있었다.

나는 추위 때문에 정상에 오래 머물 수 없었다. 내려갈 때 나는 좀 더 위험하지 않은 다른 길을 택해서 내려왔지만, 미끄러지지 않기 위해 계속해서 손을 써야만 했으므로, 설피를 벗어 놓은 지점에 도달했을 무렵에는 손이 다시 심하게 얼어 있었다. 눈으로 손을 마찰시켜 주자 곧 다시 회복됐지만, 다음 날이 되자 손이 심하게 부풀어 올랐고, 이후 여러 날 동안 손을 쓰지 못하는 등 불편을 겪었다.

제 18 장

출발 걱정–계획 포기–퉁구스족의 도착–순록 마련 계획–순록 썰매 타고 나들이–해안가 동굴–주민들에게서 받은 고마운 손길–출발–밤 여행–경사길 질주–전복 사고–날아갈 듯 달리는 썰매 몰이꾼–우편 역사무소 도착–로만 카람신–퉁구스족 정착민–특징과 종교–행정체제–귀족정치–한결 나아진 접대–끝없는 차 마시기–새로운 길잡이–메두사–더 빠른 길 선택–알데미르 강–퉁구스족의 깊은 신앙심–미카체 강–눈길을 뚫는 순록–예전의 개썰매 길–일팡기 강–투차 강–오울린칸 강–산불–카치 강–산신령에게 바치는 퉁구스족의 제물–마후드의 제물–의미 없는 날짜–힘든 여행–주그주르 산맥 오르기–분수령–판이한 양쪽 풍경–물탄 강–너른 평원지대–벌클리 산–울칸 강–순록의 빠른 걸음–말 안 듣는 순록–메두사의 패배

아얀에 도착한 이후로 일주일 이상이 지나갔는데도 아직 넬칸이나 퉁구스족 친구들에게서 아무런 소식이 없었다. 오호츠크에서 우리와 만나기로 되어 있는 아바자 소령 팀이 만일 오래 전에 이미 그곳에 도착해서 아직도 우리가 도착하지 않은 것을 알게 된다면, 분명 우리 팀에 대해 걱정하게 될 것이므로, 하루하루 출발이 연기되는 것이 우리에게 걱정거리를 늘려 주고 있는 셈이었다.

순록을 구하러 간 쪽에서 아무런 소식이 없었으므로, 며칠이 더 지난 다음에 나는 미약 산에서 보았던 해안가 얼음띠 길을 따라 개썰매를 타고 오호츠크까지 가는 것이 어떨까 하는 생각이 들었다. 개썰매로 가면 아마

7~8일 이상은 안 걸릴 텐데, 문제는 개와 개먹이를 구할 수 없다는 것이어서 결국 나는 이 계획을 포기해야만 했다. 게다가 해안가에 얼어붙어 있는 얼음띠란 것이 단단하지 않고 아주 믿을 수 없는 것이어서, 열에 아홉은 목적지에 도달하기 전에 이미 부빙에 갇혀 바다를 떠돌게 될 것이다. 나는 이미 전에 이런 경우에 대해 스와르츠가 우다 강 하구에서 겪었던 사고를 예로 들면서 기술해 놓은 적이 있다.

마침내 1월 28일 섭외해 놓은 퉁구스족 사람들이 도착했다. 그들과 잘 협상한 결과, 먼저 그들이 우리를 오호츠크 절반 거리까지 데려다 주고, 그 근처에 많은 순록을 갖고 있는 부유한 퉁구스족 노인네를 찾아 순록을 바꾼 다음, 다시 우리를 오호츠크까지 데려다 주기로 했다. 그런데 그 부유한 퉁구스족 노인네가 내륙 안쪽으로 멀리 있었으므로, 아마도 일정이 며칠 더 추가되겠지만, 그것만으로도 우리는 만족해야 했다.

아얀에 머무는 동안 우리는 마을에서 즐길 만한 것은 모두 즐겼다. 한 번은 순록이 끄는 썰매를 타고 아얀 만을 가로질러 맞은편 절벽까지 달려갔는데, 그 절벽 아래에는 약 60m 깊이의 굴이 하나 있었다. 화산작용으로 인해 절벽에 커다란 균열이 생기면서 굴이 형성됐고, 파도의 침식작용으로 인해 그 안에 깊은 방들이 생겨난 것 같았는데, 외형은 그리 아름답지도, 장대하지도 않았다.

마침내 19일이 지체된 2월 5일, 로만 카람신(Roman Caramsin)이란 퉁구스족 족장이 도착해서 아주 반가운 소식을 전해주었다. 약 25베르스따 떨어진 우편 역사무소에 우리가 쓸 순록들을 데려다 놓았다는 것인데, 다음 날 그는 친절하게도 그곳까지 자기 썰매로 우리를 데려다 주었다.

이제 우리의 모든 준비는 끝났다. 여행 중 먹을 식량인 수카리, 즉 말린 빵은 우리의 관대한 친구인 포포프 씨가 우리를 위해 준비해 주었다. 그 외에 10일치의 순록고기, 차, 설탕 등이 준비됐고, 육류는 가는 도중에 필요할 때마다 새로 보충하기로 했다. 낡은 외투는 새 외투로 바꾸었고, 설피도 새 것으로 바꾸는 등 만반의 준비를 했다.

아얀에서의 체류는 포포프 씨, 슬라이거스트로프 씨, 그리고 기타 새로운 친구들의 호의에 힘입어 아주 안락한 생활이었다. 그들의 도움이 없었더라면, 우리는 더 이상 여행을 이어나갈 수 없었을 것이다. 그리고 아름다운 여주인장과 니콜라요브나를 나는 결코 잊지 못할 것이다. 여주인장은 수많은 친절과 세심한 주의를 베풀어 주었고, 니콜라요브나는 우리 모두에게 완벽한 패배를 안겨 준 장본인이었기 때문이었다.

우리는 다음 날 아얀의 친구들과 저녁 식사를 했다. 작별 만찬이었으므로 3시간이나 걸렸고, 해는 지평선 아래로 진 지 오래였는데도, 이별을 아쉬워하며 술잔 부딪치는 소리가 계속 들려왔다.

서쪽 하늘의 멋진 황혼 빛이 눈 덮인 미약 산봉우리에 반사되면서 어슴푸레 다가오는 밤 분위기와 대비됐다. 별이 하나씩 수줍게 얼굴을 내밀더니, 오래지 않아 수많은 별들이 하늘을 반짝이고 있었다. 맑고 추운 밤이었고, 여전히 주위 사방이 마법에 걸려 있는 것 같았다. 우리가 출발한 지 30분이 넘었는데, 들리는 소리라곤 오로지 순록들이 딱딱하게 얼어붙은 눈길을 밟고 가는 발굽소리뿐이었다. 별빛이 눈 위에 반사되어 우편도로가 훤하게 다 보였다. 다만 휘청 늘어진 낙엽송 가지들 때문에 앞이 가리곤 했는데, 그런 때는 순록몰이꾼들이 가지에 부딪히지 않도록 날카로운 눈으로 잘 살피고 기술을 발휘해야 했다. 길이 종종 미끄러운 경사 길로 변했으므로, 몰이꾼들은 썰매가 흔들리고 뒤집어지지 않도록 극히 조심해야만 했다.

미끄러운 경사 길을 몇 번 잘 헤쳐 나가자, 나는 몰이꾼의 실력을 전적으로 맹신하게 됐다. 나는 썰매 뒤로 몸을 누이고 편안한 자세에서 질주의 즐거움을 만끽하고 있었다. 순록은 몸 상태가 좋아 차가운 공기에도 기운을 얻는 것 같았고, 처음부터 아무런 제약 없이 맘껏 뛰고 있었다. 그런데 갑자기 썰매가 흔들리더니 썰매 난간을 잡을 틈도 없이 경사 길을 쏜살같이 달려 내려갔고, 순간적으로 무슨 검은 물체를 피해 가다가 썰매가 뒤집어지면서 하늘의 별도 거꾸러졌다. 뒤집힌 썰매가 내 가슴을 짓누르면서 나는 숨을 쉴 수가 없는 상태가 됐다. 퉁구스족 몰이꾼은 약 5m 높이의 언덕을 피해가려다 눈더미 속에 처박혔다.

순록은 아주 빠른 속도로 달리고 있었는데, 이곳에 이르자 몰이꾼은 앞난간을 잡고 흔들리는 썰매의 중심을 잡으려 노력했지만, 속도가 너무 빨라 무언가 장애물에 부딪히면서 갑자기 썰매가 뒤집혔고, 다행히 순록들이 곧 멈춰 섰던 것이다.

아무도 다치지 않았다는 것을 확인하고, 몰이꾼과 나는 한바탕 크게 웃어 제꼈다. 이것이 말이 잘 통하지 않는 몰이꾼과의 유일한 의사소통 수단이었고, 우리는 또다시 길을 이어갔다.

지금까지는 우편도로가 울퉁불퉁하고 구불구불했기 때문에, 썰매가 전속력을 내기 힘들었지만, 오우에이 강(Ouey river) 하구에 다시 한 번 도달한 이후로 우리 앞에는 평탄한 길이 약 12km 정도 길게 뻗어 있었다. 여기서 몰이꾼은 아까의 실수를 보상이라도 하는 듯이, 마구 소리를 지르며 순록들을 몰아 대자, 썰매는 아무런 장애물 없이 전속력으로 달리기 시작했다.

이번이 지금까지 타 본 것 중 가장 즐거운 썰매타기였는데, 심지어 전에 우다 강에서 여우를 뒤쫓아 개들이 전속력으로 달리던 때보다 더 재미있었다. 한 번 상상해 보라. 별이 총총한 밤에 우아하고 튼튼한 2마리의 순록이 끄는 썰매 뒷좌석에 느긋하게 뒤로 누워 썰매타기를 즐기는 자신을. 길은 평평하고 단단해서 썰매가 잘 미끄러져 나갔는데, 바람처럼 빨리 달려도 조그만 흔들림조차 없을 정도였다. 오로지 순록의 빠른 발굽소리만이 들려왔고, 휙휙 스쳐 지나가는 거무스레한 나무줄기와 가지만이 우리가 앞으로 거꾸러질 듯 빠른 속도로 달리고 있다는 사실을 알려 주고 있을 뿐이었다.

마침내 우리가 전에 하루 묵었던 우편 역사무소에 도착했고, 순록의 발굽소리를 듣고 유르트 안에 있던 사람들이 모두 횃불을 들고 밖으로 나와 우리를 맞아 주었다. 이 무렵 나의 민감한 코는 서리 대왕인 잭 프로스트(Jack Frost)[55]의 장난으로 또다시 얼어 있었고, 계속 자리에 붙박이로 앉아 있던 나는 마지막 30분 동안이 제일 참기 어려울 정도로 지루한 시간이었다.

우리가 신세를 지고 있는 이 우편역사의 주인장은 퉁구스족 족장인 로만 카람신이었는데, 그는 이외에도 우편도로를 따라 있는 다른 여러 우편역사들을 소유하고 있었고, 또한 그에 딸린 많은 순록들도 소유하고 있었다. 그는 다른 여러 가족들을 고용해 우편역사들을 지키게 하고 순록들을 돌보게 했는데, 그 대가로 얼마 안 되는 비용을 지불해 주었다. 사실 그 비용은 얼마 안 되는 것이지만, 그 시설을 이용하는 사람들에게는 아주 값진 서비스 제공인 것이다.

지금까지 우리가 만났던 퉁구스족 정착민들은 퉁구스족 유목민들보다 훨씬 열등한 것 같았다. 정신적으로도 그렇고 제도도 그렇고, 강인한 독립심이 없고, 또 유목민들보다 깨끗하지도 않았다. 나는 유목민들이 아주 깨끗하다는 이야기를 하고자 하는 것이 아니라, 유목민들이 상대적으로 정착민들보다 훨씬 우월하다는 소리를 들을 만한 자격이 있다는 사실을 말하고자 하는 것이다. 퉁구스족은 아주 친절하고, 단순하며, 평화로운 사람들이다. 아주 용맹스럽지는 않고, 아주 미신적이다. 그들은 거의 그리스 정교로 세례받았고, 교회 형식을 아주 엄격히 지킨다. 그러나 형식은 형식일 뿐, 그 이상 더 생각하는 것은 없다. 그들은 공공연한 기독교인이지만, 여전히 옛

---

[55] 서리 대왕(The Frost King. 혹은 Jack Frost). 1892년 헬렌 켈러가 11세 때 설리번 선생님의 겨울 이야기를 듣고 쓴 짧은 이야기. 원래 영국 아일랜드의 민담인 〈Jack Frost Folklore〉에서 유래한 이야기이다.

전통신앙을 고수하고 있다. 나는 그들이 모든 산과 강에 살고 있다고 믿고 있는 정령들에게 자그마한 제물을 올리는 것을 수차 목격했다. 이런 제물은 종종 담배 몇 가치 정도의 단순한 경우가 대부분이다. 하지만 정령을 위로하는 제물은 양의 문제가 아니라 신앙의 형식과 관습을 잘 지키는 것으로 충분하다고 그들은 생각한다. 그들 대다수 사람들은 여전히 샤먼의 능력을 믿고 있으며, 그들의 샤먼은 아메리카 인디언의 주술사와 비슷하다. 그들은 병이 들었을 때, 러시아인 의사에게로 가기보다는 샤먼에게 더 의지한다. 그들은 러시아식 행정체제를 받아들였는데, 우두머리인 족장은 '골로바(golova)'56)로 불린다. 그들의 영역은 지구(districts)로 나뉘고, 각 지구에는 스타로스타, 즉 촌장이 주재하며, 스타로스타 밑에는 '스타르쉬나(starshna)'57)라고 불리는 하위 직급이 있다. 그런 직급을 가진 자들은 다수 표결에 의해 선출되며, 통상 부족민들이 싫어할 때까지 사무실을 갖고 근무를 하게 된다.

그들은 예전에 카람신이라는 왕공에 의해 귀족정치체제로 다스려졌는데, 이 근처 모든 원주민들이 거의 그의 휘하에 있었다. 그런데 지금은 원주민들이 카람신 가문에 대해 자격도 없으면서 그 이름을 갖고 있다고 아주 모욕적인 이야기들을 하는 것을 듣게 되니, 우리로서는 아주 흥미로우면서도 뜻밖의 일이 아닐 수 없었다.

로만 카람신이 있기 때문에, 우리는 전에 방문했을 때보다 유르트가 훨씬 더 환대하는 분위기로 바뀌었다는 것을 알게 됐다. 예전에는 유르트가 아주 지저분했었는데, 지금은 모든 곳이 깨끗이 치워졌다. 바닥도 아주 깨끗하게 청소됐고, 침상에도 새 나뭇가지들로 두툼하게 교체돼 있었다. 화로

---

56) 저자는 골리바(golivar)로 표기했으나, 현재 러시아어 발음인 골로바로 표기했다.
57) 저자는 스타르샤나(starshana)로 표기했으나, 현재 러시아어 발음인 스타르쉬나로 표기했다.

에는 커다란 장작들이 타다닥 소리를 내며 타들어 가고 있었고, 불 위에는 이미 차를 담은 커다란 구리 주전자들이 여러 개 올려져 있으면서 쉭쉭 소리를 내며 끓고 있었다. 음악이란 분명 매력적인 것이어서 사람이나 동물에게 마법과도 같은 영향을 미치게 마련이다. 그런데 모차르트나 베토벤 같은 위대한 음악가의 음악이라 할지라도, 추위와 노독에 지친 여행객에게는 이처럼 단조롭지만 쉭쉭 거리며 끓어오르는 찻주전자의 소리가 보다 더 정겹게 느껴지게 되는 것이다.

저녁 식사가 준비되는 동안 차 마시는 것은 우리의 습관이었는데, 거기에 로만 카람신이 같이 참여했다. 원주민들이 차를 좋아하는 것을 알고 있었으므로, 우리는 많은 양의 차를 준비했고, 거친 식탁을 둘러싸고 주인장과 손님들이 둘러앉았다.

로만과 친해지기 위해 될 수 있으면 많이 마시자는 것이 우리의 의도였는데, 경험이 일천한 나는 찻잔으로 7잔을 넘기지 못했고, 마후드는 8잔을 넘기지 못했다. 로만에게 그 이상 마시도록 권했는데, 그는 17잔을 마시고도 끄떡없었다. 그것도 적수가 없어 마지못해 그만 마시는 것 같았다.

우리의 새로운 순록들과 길잡이들이 이미 도착해 있었다. 길잡이들은 로만 카람신 가문이면서 지적으로 보이는 젊은이들 2명이었다. 우리의 여행은 아주 어려운 여행이었으므로, 깊은 눈 속을 뚫고 나가려면 설피가 많이 필요했고, 또 길을 뚫고 나가는 데 필요한 순록 2마리와 순록을 다룰 통구스족 사람 한 명을 특별히 더 고용했다. 그는 호기심이 가는 친구였는데, 아주 말이 없으면서 자신의 고용주인 젊은이들 2명에게 복종했다. 고용주들은 때때로 빗질도 하지 않은 비천한 자에게 필요 이상의 남아도는 권위를 행사하곤 했다. 그의 머리는 여러 달 동안 빗질을 하지 않은 것 같았다. 그의 머리는 아주 길었는데, 미로처럼 말려 들어갔다가 끝에서 타래가 지는 형태여서 마치 뱀들이 사방으로 뻗쳐 있는 것 같았다. 이 때문에 우리는 처음부터 그를 성별에 상관없이 메두사(Medusa)라고 불렀다.

우리의 의도는 우편도로를 따라가지 않고 알데미르 강(Aldemir river) 하구로 향하는 더 빠른 길을 개척하는 것이었는데, 그 길을 일부 다녀온 적이 있는 어느 퉁구스족 사람 하나가 그 부근에는 순록 먹이가 없다고 알려 주어서, 우리로서는 너무나 어려운 길을 가야만 하는 처지가 됐다.

출발하는 날인 2월 7일 아침 강한 북풍이 불고 있었다. 그러나 이것이 우리의 갈 길을 막지는 못했다. 순록 몇 마리가 끈이 풀려 약 3km 떨어져 있는 먹이터로 되돌아가는 바람에 출발은 10시 반으로 늦어졌다.

북쪽 길을 택하다 보니 북풍을 정면으로 맞으며 가야만 했는데, 나지막한 오르막길이 약 4베르스따 정도 이어지다가 벌거숭이의 가파른 산등성이가 나타났다. 우리가 신고 있는 토르바싸 바닥이 미끄러웠고, 또 강풍 때문에 올라가기가 아주 어려웠는데, 일단 정상에 올라서니 길이 훨씬 좋아졌고, 눈도 바람에 날려 쌓여 있지 않았다. 여기서부터 우리는 알데미르 강의 아주 큰 지류, 즉 길잡이들이 에프쉐(Ephshe)라고 부르는 강을 따라 내려가다가 만난 우편도로 아래쪽으로 약 10베르스따 떨어진 지점에서 강을 건너갔다. 다시 강을 따라 몇 베르스따 가다가 또 다른 지류를 만나 북동쪽으로 타고 올라가서 오후 4시경 수원 부근에 도착했는데, 좋은 순록 먹이터를 발견하여 그곳에서 그날 밤 커다란 모닥불을 피우고 눈 위에 나뭇가지를 깔아 놓고 야영을 했다. 대부분 부드러운 눈이 깊이 쌓여 있었고, 날씨는 아주 좋은 편이어서 하루 종일 온도계가 영하 20도를 가리키고 있었다.

우리와 동행하는 원주민들은 이번 여행을 그리 쉽지 않은 여행으로 생각하는 것 같았는데, 그들은 출발하기 전 아침에 각자 안전을 기원하는 의식을 치렀다. 유르트의 한쪽 구석에 놓여 있는 성상들 앞으로 나아간 그들은 모두 엎드려서 절을 하고 기도문을 중얼거리면서 앞으로의 길고도 위험스런 여행 기간 동안 성인들의 보호가 있기를 기원한 다음, 각자 구석에 있는 작은 십자가들을 하나씩 집어 자기 목에 걸었다. 밤에도 그들은 모닥불 근처 커다란 가문비나무 가지 위에 십자가를 걸어 놓고 그런 의식을 되풀이했다.

첫날밤은 우리의 우려와는 달리 모두가 잠을 잘 잤고, 다음 날 모두가 상쾌한 기분으로 아침잠에서 깨었다.

아침 8시 반에 야영지를 출발했는데, 모두가 설피를 신은 채로 북동쪽으로 계속 내려갔고, 밤이 되기 전에 미카체 강(Micache river)의 수원 부근에 도착해 야영을 했다. 오늘도 부드러운 눈이 깊이 쌓여 있었지만, 앞에서 메두사가 순록을 잘 몰고 가서 아주 편하게 뒤따라 길을 갈 수 있었다.

앞에서 길을 닦는 작업은 이전에 다이아나가 했던 것처럼 메두사에게도 그리 어려운 일이 아니었다. 그의 순록 하나는 그런 일에 숙달돼 있었으므로, 그 순록에 기다란 물개가죽 끈을 달아 놓으면 그만이었다. 그러면 그 순록은 자기 임무를 잘 알고 있어서 깊은 눈 속으로 들어가 허우적거리며 길을 만들어 놓았고, 그런 다음 짐 실은 순록들이 그 뒤를 따라갔다. 이런 길 닦기는 사람을 태운 채로도 가능했지만, 우리 모두는 그 불쌍한 짐승에 대한 동정심 때문에 내려서 설피를 신고 앞장서 걸어갔다.

오전 11시경 옛날 개썰매 다니던 길을 만났는데, 그 길은 아마도 겨울에 개들의 유일한 양식일 물개고기를 찾아 알데미르 강 하구로 향하는 길일 것이다. 우리는 이 길을 따라 미카체 강을 내려가 알데미르 강에 도달했고 (두 강이 만나는 지점에서 알데미르 강의 폭은 약 60m 정도였다), 알데미르 강을 따라 북쪽으로 오후 4시까지 나아가다가 서쪽으로 방향을 틀어 기복이 있는 긴 언덕길을 따라 올라갔고, 거기에서 순록 먹이를 찾아보았다. 그러나 그쪽은 산불이 휩쓸고 지나간 자리여서 순록 먹이인 이끼가 다 죽어 버리고 없었다.

순록 먹이가 없는 곳에서 야영을 할 수가 없었으므로, 7시까지 계속 앞으로 나아가 일팡기 강(Ilpangee river)의 서쪽 둑까지 가로질러 갔다. 이미 어둠이 찾아왔는데도 우리는 더듬더듬 주변을 살피며 나아가다가 새카맣게 타 버린 통나무와 그루터기들에 발이 걸려 넘어지면서도 순록 먹이를 찾아내지 못했다. 길잡이들의 말에 따르면 일팡기 강은 투차(Toucha)라 불리는 또 다른 강의 지류로 알데미르 강으로 유입된다고 했다. 밤이 되자 바람이 불기 시작했다. 그러나 날씨는 춥지가 않았고, 온도계는 영하 13도를 가리키고 있었다.

2월 9일은 여전히 따뜻했는데, 구름 낀 하늘이 눈폭풍을 몰고 올지 몰라 걱정됐다. 그러나 밤이 되자 다시 날이 맑아졌다. 우리는 오전 10시가 넘어서야 야영지를 출발할 수 있었고, 길잡이 중 한 명인 바실리(Vassilly)가 다음 야영지까지 순록 먹이가 없을 것으로 예상되기 때문에 오늘 하루는 25베르스따 이상 갈 수 없다고 말해 주었다.

낮은 산 하나를 넘어가자 우리는 일팡기 강 하구 위쪽에 있는 투차 강에 도달했다. 이 지점에서 이 강의 폭은 약 60m였고, 남남동 쪽으로 똑바로 멀리 흘러갔다. 눈은 30cm 정도밖에 쌓여 있지 않았는데, 아마도 부근에 형성돼 있는 산등성이들이 계곡에 눈 쌓이는 것을 막아 주었기 때문이 아닌가 생각됐다. 이렇게 눈이 많이 쌓여 있지 않은 지역들이 많이 눈에 띄었다. 우리는 오후 3시 반까지 계속 투차 강을 타고 올라가서 오울린칸(Oulinkan)이라 불리는 지류의 하구에 도달했는데, 이 지류는 북동쪽에서 흘러 내려오고 있었다. 순록 먹이를 찾아 오울린칸 강을 따라 4~5베르스따 올라가 봤으나, 이곳 역시 산불이 휩쓸고 가서 먹이를 찾을 수 없었고, 다만 우리가 야영하기에 적당한 곳을 찾을 수 있을 뿐이었다.

이곳에 있는 계곡들은 거의 전부가 언젠가 커다란 산불에 휩싸였던 것 같았는데, 원주민들도 그 이유를 모르고 있었다. 산불이 난 곳에는 그후로 오랫동안 순록 먹이가 자라지 않는다고 했다.

아얀에서 내가 들은 바로는, 투차 강에서 금이 발견됐는데, 그 양이 그리 많지 않아 채굴하는 비용도 충당하지 못할 정도였다고 했다. 이곳의 강들은 여름이면 바다에서 고래잡이 보트나 카누 등으로 접근하기가 쉽다고 했다.

다음 날인 2월 10일 아침 8시 우리는 오울린칸 강의 수원까지 계속 따라 올라간 다음, 높은 산 하나를 가로질러 카치 강(Cachee river)의 한 지류의 상류에 도달했다. 카치 강은 북쪽으로 흘러가다가 올단 강(Oldan river)으로 합류되고, 올단 강은 동쪽으로 흘러가서 오호츠크 해로 빠져나간다.

언덕 올라가는 길은 아주 완만했으며, 눈도 아주 딱딱하게 얼어붙어 있어 정상까지 올라가는 데 커다란 어려움은 없었다. 내려가는 길은 가팔랐는데, 우리는 설피를 신고 앞장서서 미끄러지듯 질주해 내려갔으며, 도중에 아무런 장애물도 없이 힘도 안 들었고, 다만 균형을 잘 잡아야만 했다. 약 8km 쯤 내려오니 숲이 보였고, 오후 4시경 우리는 폐허 같은 낡은 오두막집 하나를 발견했다. 이 근처에는 두 나무 사이에 7개의 작은 천조각과 수사슴가죽들이 줄 하나로 매여져 있었는데, 일부는 그 상태로 보아 아주 오래 매달려 있었던 것으로 보였다.

우리는 나중에 뒤따라온 길잡이들에게서 그것들의 의미를 듣고 이해할 수 있었는데, 그것들은 사냥꾼들이 이 산의 정령들에게 바치는 제물이라고 했다. 통상 이 산은 오르기가 아주 어렵기 때문에, 사냥꾼들은 산신령에게 제물을 바치면서 안전한 통과를 기원한다는 것이었다. 길잡이들이 도착했을 무렵 우리는 이미 나무에서 그것들을 풀어내어 길잡이들에게 그것들의 의미를 물어 보고 있었던 것인데, 그들은 우리의 이런 행위를 아주 커다란 신성모독 행위로 생각하고 상당히 불안해하고 있었으므로, 우리는 그것을 제자리에 갖다 놓았다. 그런 다음 그들의 불안을 덜어 주기 위해 마후드가 자신의 소지품 중에서 무엇인지 알 수 없을 정도로 낡은 2장의 빨간색 천

조각들을 줄에 매달아 놓았고, 아마도 그것들은 앞으로 거기서 오랜 세월 동안 나부끼게 될 것이다. 아침에 온도계는 영하 18도를 넘지 않았으나, 밤이 되자 영하 28도로 뚝 떨어졌다.

2월 11일 어떤 사람들은 북위 50도 이상의 지역에서는 토요일, 일요일 같은 날짜가 별 의미가 없다고 말하는데, 정말 그런 것 같았다. 우리의 일상은 어제도, 오늘도, 그리고 내일도 별 차이가 없이 거의 똑같았으므로, 만일 우리에게 매일 기록하는 일지가 없다면, 우리가 하루 종일 나누었던 말과 행동들은 곧 사라지고 없을 것이다. 우리는 이 지류를 따라 계속 내려가서 카치 강에 도달했고, 그런 다음 카치 강을 따라 북동쪽으로 12시 반까지 나아가다가 북서쪽에서 흘러 내려오는 한 지류를 타고 올라갔다.

이 지류에는 특히 부드러운 눈이 아주 깊게 쌓여 있어서 앞으로 나아가기가 아주 힘들었는데, 순록이 지쳐서 짐을 지탱하기가 어려울 정도였다. 우리 역시 그보다 나을 것이 없는 상태였는데, 하루 종일 설피를 신고 걸어야 했기 때문이었다. 결국 전에 고람 강을 따라 올라갈 때 다쳤던 나의 발목이 다시 아파서 휴식이 필요한 상황이었으므로, 오후 4시경 우리는 일찌감치 텐트를 치고 휴식을 취했다. 하루 종일 온도계는 영하 20~28도를 오르내렸다.

이 근처에서 주그주르 산맥은 해안가에 가까워지고 있었는데, 높이가 아주 높아지고 산세가 험해지고 있어서 여기서 산을 횡단해 가지 않으면, 레나 강의 지류들의 상류까지 나아가기가 어려울 수 있었다.

이 임무를 완수하기 위해서는 커다란 어려움이 예상됐고, 또한 눈폭풍이 올 조짐이 있을까 두려워 온도와 기후 변화를 계속 지켜봐야만 했다. 그러나 2월 12일 아침 날씨는 맑고 따뜻했는데, 온도계는 기껏해야 영하 22도를 가리키고 있었다. 오전 8시 우리는 활기찬 기분으로 출발했다. 다시 한 번 설피를 신고 전날처럼 강 길을 따라 깊고 부드러운 눈 속을 헤치며 나아갔다. 강 길은 좁으면서 구불구불하여 최악의 상태였는데, 눈이 얇게 쌓인 곳에서는 밑바닥에 얼어붙은 강바닥 사이로 커다랗고 둥근 돌들이 미끄러운 상태로 듬성듬성 숨어 있어 발길을 막고 있었다. 우리와 순록들은 계속 미끄러져 넘어졌는데, 인내심의 한계까지 다다랐을 뿐만 아니라, 잘못하면 뼈까지 다칠 수도 있는 상황이었다. 마침내 우리는 이 길을 포기하고 옆의 강둑길을 따라가기로 했다. 그 길은 가파른 능선 길과 깊은 계곡 길이 교대로 계속 이어지는 아주 기복이 심한 길이었다. 게다가 눈 밑으로는 마디진 나무 그루터기나 난쟁이소나무 가지들이 엉켜 있어서, 강 길의 미끄러운 돌들보다 더 나아가기가 어려울 수도 있었다. 그러나 다행스럽게도 몇 베르스따 나아가자, 능선길이 나오면서 눈이 우리 몸무게를 지탱할 만큼 충분히 딱딱하게 얼어 있었다.

  전날 카치 강을 떠난 이후로 우리는 계속 올라가기만 했는데, 이제 어느 정도 높이 올라와있는 상태였다. 계곡을 따라 계속 올라와 강의 수원에 도달했는데, 올라오는 길은 아주 완만했고, 눈이 계곡 곳곳에 얼어붙어 미끄럽고 단단한 길을 형성하고 있었다. 다만 눈사태가 산허리를 휩쓸고 가면서 거대한 눈더미를 만들어 놓은 몇몇 곳들에서는 길이 막혀 있었다. 강한 바람이 계곡 아래쪽으로 내리 불면서 가벼운 눈보라가 우리 얼굴을 정면으로 때리고 있었지만, 전에 우리가 겪은 힘든 시절을 떠올리게 할 뿐, 그 이상으로 우리의 나아갈 길을 막을 정도는 아니었다. 마침내 우리는 주그주르 산맥 정상에 올랐는데, 정상에서 오호츠크 해와 북극해로 가는 길이 갈라졌다. 정상에서 약 20걸음 차이인데, 한 곳으로 가면 급류와 폭포가 있는 길을 따라 오호츠크 해로 가게 되고, 다른 한 곳으로 가면 구불구불 길고도 느리게 흘러가는 강을 따라 수천km에 걸쳐 있는 거대한 시베리아 평원을 가로질러 마침내 레나 강 하구를 통해 영원히 얼어 있는 북극에 도달하게 되는 것이다. 정상에 선 우리 주위에는 사방으로 높은 산들이 솟아 있었는데, 전체적으로 산세가 아얀 부근의 산세보다 덜 험했다.

　우리는 서쪽 산허리를 타고 아주 빨리 내려왔는데, 하산 길은 부드러운 눈이 깊이 쌓여 있었지만 경사는 완만했다. 서쪽 지역은 능선의 동쪽 지역과 완전히 풍경이 달랐다. 깊고 좁은 계곡 대신 넓고 낮은 분지가 사방으로 펼쳐져 있었고, 그 위로 낙엽송이 숲을 이루고 있었다.

　우리는 북서쪽으로 약 12베르스따 나아간 다음 얼어붙은 작은 호수와 습지를 건너갔다. 여기서부터 북동쪽으로 방향을 바꿔 약 6베르스따 나아가니 약 3km 정도의 폭을 지닌 또 하나의 호수를 만났다. 이곳을 떠나 우리는 북동쪽으로 오후 4시 반까지 계속 나아간 다음, 물탄(Multan)이라 불리는 강의 둑변에서 야영을 했다. 그 강은 너른 황무지 평원을 뚫고 휘돌아 나가고 있었는데, 평원에는 모든 나무가 산불로 다 타죽어 있었다. 사방으로 30cm도 안 되게 쌓여 있는 눈 위로 검게 탄 나무 그루터기들이 얼굴을 삐죽 내밀고 있었다. 이제 우리는 알가시를 떠난 이후 처음으로 산으로 시야가 가리지 않는 지평선을 바라볼 수 있게 됐다. 어둑해지는 황혼녘에 끝없는 평원이 북쪽과 서쪽으로 펼쳐져 있었다.

　밤이 되자 지평선에 안개가 조금씩 피어올랐으므로, 우리는 주변에 산이 없는 것으로 생각했으나, 다음 날인 2월 13일 아침 야영지를 출발할 때 안개 사이로 멀리 흐릿한 산 능선이 눈에 들어왔다. 산은 야영지에서 북동쪽 방향으로 약 25베르스따 떨어져 있는 것 같았다. 길잡이들이 그 산의 이름을 모르고 있었으므로, 우리는 그 산을 우리 탐험대 대장의 이름을 따서 '벌클리(Bulkley)' 산이라고 불렀다. 오랫동안 그 산은 알려져 있지 않았던 것 같았는데, 안개가 걷히면서 우리는 그 산이 서쪽으로 뻗어나간 높은 산맥의 동쪽 경계이면서 우리가 횡단해 온 너른 분지의 북쪽 경계를 이루고 있다는 사실을 알게 됐다. 물탄 강이 이 분지의 커다란 부분을 관통해 흐르고 있었는데, 어떤 때는 남쪽으로 똑바로 흘러가다가도, 통상 벌클리 산의 동쪽으로 약 4베르스따 떨어져 있는 낮은 언덕들 사이로 뱀처럼 구불구불 북쪽으로 흘러갔다. 그렇게 오랫동안 흘러가다가 오우에이 강(Ouey river)으로 흘러들어가고, 그 다음엔 마이 강(Mai river), 알단 강(Aldan river)을 거쳐 레나 강으로 유입된다고 길잡이들이 말해 주었다. 길잡이들이 또 말해 주기를, 울칸(Ulkan)이라 불리는 또 하나의 강이 이 분지에서 발원해 동쪽으로 주그주르 산맥을 통과하여 오호츠크 해로 유입된다고 했다.

길잡이 중 한 명인 바실리(Vassilly)가 말해 주길, 어제 야영지에서 약 60베르스따 떨어진 지점에 나이든 퉁구스족 사람 한 명이 살고 있는데, 우리가 가는 도중에 그곳에서 신선한 고기를 구할 수 있을 것이라고 했다. 밤이 되기 전에 그곳에 도착하길 바랐으므로, 우리는 아침 일찍 출발해 하루 종일 얼어붙은 강을 따라 나아갔다. 강 길이 너무 좋아서 어떤 데서는 순록이 빠른 걸음으로 나아갈 수 있을 정도여서 통상적인 단조로운 여행 분위기와는 달랐다. 북쪽으로 나아갈수록 순록들은 더 기운이 나는지, 어떤 때는 아주 말을 안 들었다. 이것은 아마도 순록 숫자가 많았기 때문에 결과적으로 과업을 분산시키는 효과를 내었던 것 같았다. 오우드스코이에서의 여행에서는 적은 수의 순록들이 계속 과중한 일을 떠맡음으로써 무리가 왔던 것이었다.

오전에 우리는 순록 한 마리가 아주 말을 안 듣는 재미있는 광경을 보게 됐다. 그것은 메두사가 몰고 있는 하얀색의 커다란 순록이었다. 메두사가 빨리 가라고 장대로 계속 두들기는 것에 화가 난 순록은 완강하게 움직이기를 거부하고 있었다. 메두사는 화가 나서 장대로 뿔을 계속 두드렸는데, 다음 순간 그는 눈 속으로 내동댕이쳐졌다. 그가 다시 순록 등에 올라타려 하자, 순록이 뒷발질을 하면서 그를 또 내동댕이쳤으나, 다행히 그는 아직도 손잡이를 잡고 있었다. 세 번째로 그가 순록 등에 올라타려 했으나, 이번에도 역시 내동댕이쳐졌다. 화가 난 메두사는 심하게 순록을 몇 번 때린 후,

자신이 앞장서서 순록을 끌고 갔다. 처음에 순록은 순순히 그의 뒤를 따라가다가 갑자기 머리를 숙이면서 달려들어 메두사를 받아 넘겼고, 메두사는 눈 속에 반쯤 파묻혀 버렸다. 눈 속에서 일어난 그는 놀란 표정을 짓고 있었고, 우리는 이 불쌍한 친구의 아픔에도 불구하고 웃음이 터져 나오는 것을 막을 수가 없었다.

우리는 하루 종일 구불구불한 강 길을 따라 약 60베르스따 전진했지만, 마침내 밤이 찾아왔고, 아직도 그 퉁구스족 노인의 유르트를 찾지 못하고 있었다. 순록 2마리가 완전히 녹초가 되어 더 이상 앞으로 나아갈 수가 없었다.

| 제 19 장 |

비상시 대책-건강 유지-병날 조짐-수컷 검은 뇌조-순록 초지-퉁구스족 유르트 도착-하룻밤 유숙-사치스런 저녁 식사-부유한 원주민-술-곰 사냥 창과 덫-추운 날씨와 감기 증상-얄반디야 강-토타 강-어렵 야영지-아름다운 일몰 광경-순록의 특이한 경향-멘모이운 산-네오틀 강-여정의 절반쯤에서 만난 유르트-코사크족 전령을 보냈다는 아바자 소령의 소식-텐트의 특이한 양식-커다란 솥-진심 어린 환대-살찐 순록을 잡다-원주민들의 먹는 방식-못생긴 퉁구스족 여인-잘생긴 퉁구스족 여인-매력이 깨지는 순간-영하 38도-원주민들과의 하룻밤-미아칸 강-엘리칸 강-계략-퉁구스족 야영지-노인 촌장 이반-차-어려운 대화-야만적인 프랑스인-순록 죽이는 방식-에스키모식 공놀이-샤머니즘-전통 신앙-선령과 악령-무능한 신부들-샤먼의 주문-기적적인 치료-대가-코사크족 전령의 도착-성공적인 탐험이었다는 옛친구의 소식

거의 사람이 살지 않는 이 황무지와 같은 지역에서 겨울에 여행을 시작한 이래로 우리는 종종 팀원들 중 어느 누가 앓아 눕는다거나, 아니면 무슨 커다란 사고를 당하는 등 정말 심각한 재난이 일어날 수 있다는 생각을 해 왔다. 건장한 남자에게도 이런 여행은 정말 힘든 고행길인데, 그 와중에 팔다리 하나가 부러진다든가, 아니면 아파서 절망적인 상황에 처할 수 있는 순간들이 얼마든지 닥칠 수 있는 것이다. 길도 없고, 약도 없고, 혹독한 추위 속에서 거의 넘을 수 없는 산들을 넘어야만 하는 상황 속에서 만일 그런 재난이 닥친다면, 생각만 해도 몸이 다 떨릴 지경인 것이다.

이런 주제에 대해서 대화를 나누다 보니, 우리는 자연스레 비상시에 취해야 할 행동 요령에 대한 합의에 도달했다. 처음부터 물품 공급에는 한계가 있었으므로, 도중에 머뭇거릴 시간적 여유가 없는 것이다. 그래서 우리는 오로지 들것을 만들어서 환자를 싣고 앞뒤로 순록 2마리가 나르게 하는 수밖에 없는 것이다. 그런데 얼어붙은 산 능선을 올라갈 때는 사람이나 순록이나 미끄러지기는 마찬가지일 것이고, 눈 속에 파묻힌 난쟁이소나무 등걸에 걸려 넘어지거나, 얼어붙은 강바닥에 튀어나온 자갈돌에 걸려 넘어질 경우, 그것은 아마도 환자에게는 위험한 상황이 될지도 모른다. 우리는 약을 가져오지 않았는데, 왜냐하면 짐이 많아서이기도 하고, 또 사용법을 몰라서이기도 하지만, 대체로 추운 지역에서 많이 움직이게 되면 건강 유지에는 별 이상이 없을 것이라는 근거 없는 자신감 때문이었다.

우리는 아직도 밖에 온도가 어떻게 되든지 간에, 밤에 자기 전에 옷을 벗고 잠자리에 들고, 또 아침에 일어나서 눈으로 얼굴과 손을 씻는 습관을 유지하고 있었다. 이것은 아마도 우리가 어느 정도 추운 날씨에 적응해 가고 있기 때문일 것이다. 텐트 안에서 잘 때나 밖에서 불을 피워 놓고 잘 때나 토끼털 이불 한 장이면 충분했는데, 일어나서 코가 얼어 있는 것을 발견했던 두 번의 경우를 제외하고는 어떤 경우에도 추위 때문에 고생했던 적은 없었던 것으로 기억한다.

지난 이틀 동안은 아주 추워서 약간 불편함을 느낄 정도였는데, 2월 14일 아침 일어나 보니 머리가 조금 아팠다. 나는 그것을 지난 밤 식사를 준비할 때 가득 찬 연기 때문이라고 생각했고, 눈으로 얼굴과 손을 비벼 닦고 나니 한결 나아진 것 같았다. 오전 8시 신선하고 차가운 공기를 가득 마시며 우리는 다시 길을 나섰다. 온도계는 영하 29도를 가리키고 있었다.

아얀을 떠난 이후로 처음 우리는 극지 뇌조, 즉 프타르미간(the ptarmigan)을 만나 볼 수 있었는데, 지난 가을 투구르스크 부근에서 보았던 것처럼 마치 오랜 친구들을 만난 것 같은 기분이었다. 강의 만곡부를 건너가고 있는데, 여러 마리의 커다랗고 검은 수컷 뇌조들이 나타나 우리를 놀라게 했다. 그것들은 추위를 피하기 위해 눈 속에 깊은 구멍을 파놓고 들어가 있다가 우리 때문에 놀라 커다란 소리를 내며 인근 숲으로 날아갔는데, 아쉽게도 우리는 미처 총을 들고 쏠 시간적 여유가 없었다.

1시간 반이 지나서 우리는 순록 초지가 있는 동쪽 강둑에 도달했다. 사방으로 넓게 나무 아래로 눈이 여기저기 파헤쳐 있었는데, 순록들이 발굽으로 파헤쳐 이끼를 찾아낸 흔적들이었다.

30분쯤 더 나아가자 어느 퉁구스족 노인의 유르트에 당도했고, 그 노인은 우리가 나욱타라 강변에서 보았던 곰 사냥꾼 에프라임 노인의 형제였다. 유르트는 벌클리 산 북쪽으로 약 20베르스따 떨어져 있었고, 물탄 강과 오우에이 강의 합류점 위쪽으로는 약 80km, 즉 2일간의 거리에 있었다. 유르트 안에는 또 1명의 퉁구스족 노인이 있었는데, 그는 아주 부자로 유명했다. 그 밖에 할머니 1명과 소년 2명이 더 있었는데, 우리는 이들 모두로부터 아주 진심 어린 환영을 받았고, 하룻밤 머물러 달라는 부탁을 받았다. 어제 여행으로 우리 순록들이 많이 지쳐 있었으므로, 우리는 수월하게 그들의 요청을 받아들였다.

곧 우리는 근래 들어 가장 맛있는 고기를 먹을 수 있는 사치스런 기회를 맞이하게 됐다. 그것은 어린 순록고기로 부드러우면서 육즙이 많았다. 우리는 추운 날씨 속에서 이런 부드러운 고기를 맛보기가 어려웠던 것이다. 하지만 지금 여기 순록 혀를 포함한 최상의 고기가 좋은 차와 함께 제공되어, 마치 우리는 까다로운 사람마저 즐겁게 만드는 그런 축제에 초대된 기분이었다.

순록이 얼마나 많으냐는 우리의 질문에 노인장은 이렇게 대답했다.

"모른다. 너무 많아 셀 수 없을 정도이다."

지난 가을 이후로 그는 약 100마리 이상을 잃어버렸는데, 늑대에게 잡아먹히거나 야생 순록들에게로 달아나거나 했다는 것이다. 그러나 이번 겨울 동안 야생 순록들을 25마리 잡아 조금 보충했다고 했다. 그는 다른 부자들에 비하면 자신은 가난한 편이라고 했다. 그들은 야생 순록들을 쫓아가지도 않는다고 했다. 오우드스코이에서 순록 한 마리가 30루블 정도 하는데, 여기서는 작은 술병 하나면 살 수 있었다.

어디를 가나 현지 사람들이 술을 좋아하는 것을 보면 신기해 보였다. 악마에 홀려 그렇게 된 것 같기도 한데, 정말 세상의 어떤 강력한 힘도 그렇게 만들기는 쉽지 않아 보였다. 술은 많은 사람들이 자기가 갖고 있는 모든 것을 서로 나누어 갖게 만들었는데, 나는 감히 말하건대, 이 몽혼약은 종종 사람들을 죽음에 이르게까지 하고 있었다.

주변에 곰가죽과 곰 사냥 창들이 널려 있는 것으로 보아, 이들 에프라임 형제들에게 곰 사냥은 특별한 것으로 보였다. 창은 야쿠트족 사람들이 만

곰 덫

든 것인데, 상당한 기술 수준과 취향을 보여 주고 있었다. 날은 약 25cm 정도의 길이로 좌우 대칭이었고, 구리와 황동 부분에 소용돌이 문양 등 여러 문양들이 새겨져 있었다. 그러나 창은 덫에 걸렸거나, 부상당한 곰을 죽일 때만 사용되고, 그 외에는 잘 사용하지 않는다고 했다.

그들은 곰 사냥에 2가지 덫을 사용한다고 했다. 하나는 삼각형 우리인데, 무거운 통나무로 만든 것이다. 한쪽이 열려 있는데, 곰이 그 안으로 들어가기만 하면 문이 닫히면서 완전히 갇혀 버리게 되고, 오로지 사냥꾼의 처분에 따를 수밖에 없게 되는 것이다. 또 하나는 곰이 자주 다니는 길 옆에 있는 나무에 활을 매어 놓거나, 기둥을 세워 활을 설치해 놓는 방법이다. 길 위에 깔아 놓은 줄을 곰이 밟는 순간, 화살이 곰의 옆구리를 꿰뚫게 되는 것이다. 화살을 맞은 곰은 수km를 도망가다가 죽어 자빠지게 된다. 이 덫은 산양이나 야생 순록을 잡는 데도 사용되는데, 야생 순록의 경우 올가미로 잡는 것이 더 수월하다. 왜냐하면 순록 뿔은 올가미에 잘 걸리기 때문이다.

2월 15일 아침 영하 32도로 날씨가 아주 추웠다. 출발할 때 나는 열이 나면서 두통이 심한 상태여서 순록 등에 오르는 것도 힘들 정도였다. 순록 등에 타고도 순록이 움직일 때마다 그 조그만 흔들림에도 고문당하는 것처럼 견딜 수 없이 괴로웠다. 할 수 없이 순록 등에서 내려 걸어가기로 했다. 눈이 깊이 쌓여 있어서 앞으로 나아가기가 힘들었다. 그런데 몇 베르스따 나아가자 옛길이 나타나서 앞으로 나아가기가 한결 수월했다. 우리는 북쪽으로 방향을 잡고 오우에이 강의 한 작은 지류를 따라 오후 2시까지 나아가서 상류에 도달한 다음, 낮은 산등성이를 가로질러 바실리가 얄반디야(Yalbandya)라고 부르는 또 하나의 지류의 상류와 만났다.

아까 산등성이에서는 그 지역 전경이 조망됐는데, 남쪽 멀리에는 우리가 떠나온 벌클리 산이 우뚝 서 있었고, 그 아래로 우리가 통과해 온 지역들이 바라다 보였다. 벌클리 산은 이 지역의 대표적인 길잡이 지표였고, 극지 뇌조는 이 지역 전체에 걸쳐 살고 있었다. 오후 4시 반경 오늘 하루 동안 약 40km를 주파한 후, 우리는 얄반디야 강변에서 야영을 했다. 우리가 따라온 길은 부자인 퉁구스족 노인이 자신의 순록들을 찾으려고 만들어 놓은 길이었다.

밤이 돼서도 나의 감기 증상은 나아지지 않았지만, 스스로 환자임을 자인하기 싫었으므로, 하룻밤 자면 나아지리라는 기대를 하고 있었다. 다음 날 아침 우리는 또 다시 평상시처럼 출발했다. 나로서는 아주 힘든 여정이었지만, 밤이 가까워지자 증상이 좀 나아지는 것을 느꼈다. 우리는 그 노인이 닦아 놓은 얄반디야 강 길을 따라 계속 북쪽으로 내려가다가 얼마 지나지 않아 그 길이 끝나면서 다시 길을 만들어 나가야했다.

몇 베르스따 더 나아가자 우리는 얼어붙은 너른 습지를 만났는데, 서쪽에서 살을 에는 듯한 바람이 불어오면서 미세 알갱이 같은 눈이 휘날려 구름처럼 보였다. 습지를 건너는 동안 두 번이나 코가 얼어붙었는데, 매번 눈으로 문질러 주어 금방 회복됐다. 이쯤에서 얄반디야 강은 서쪽으로 방향을 틀어 낮은 언덕들 사이로 약 10베르스따 흘러간 다음, 토타 강(Tota river)이라 불리는 지류로 흘러들어간다.

오후 1시경 우리는 토타 강둑에 도달했는데, 그곳에는 퉁구스족 텐트 하나가 세워져 있었다. 뼈대가 그대로 서 있고, 근처에 긴 장대들, 순록 고기 조각들, 요리 도구 등이 널려 있는 것으로 보아, 주인이 잠시 자리를 비운 것 같았다. 버드나무로 만든 담장이 두 줄로 강바닥까지 이어져 있는 것으로 보아 이곳은 주인장이 붙박이로 살고 있는 집으로 보였다. 강바닥에는 우리가 전에 솔라바요프 집 근처의 알라 강에서 보았던 것처럼 여러 얼음 구멍이 보이고, 그곳에는 그물이 설치돼 있었다.

토타 강을 건넌 후, 우리는 길고 낮은 산등성이를 넘어가야 했는데, 올라갈 때는 깊이 쌓인 눈 때문에 더디게 나아가다가, 내려갈 때는 길이 좋아서 빨리 내려갔다. 강바닥에서 보았을 때, 이 산등성이는 완전히 헐벗은 것처럼 보였는데, 가까이 다가가 보니 작은 갈참나무들이 빽빽한 밀림을 이루고 있었다. 밀림 위로 눈이 약간 쌓여 있어 멀리서 보면 식별하기가 어려웠던 것이다. 산등성이를 넘어가자 바로 해가 남서쪽 바다로 떨어지면서 하늘을 황갈색으로 물들여 놓아, 내가 처음 보는 아주 매력적인 광경을 만들어 주고 있었다. 우리가 지나온 산등성이 정상은 숲 위로 눈을 뒤집어쓰고 있으면서 저녁노을에 빛나고 있었는데, 마치 황금 양털을 뒤집어쓰고 있는 산처럼 동쪽 하늘에 우뚝 서 있었다. 이와는 대조적으로 산등성이 아래쪽은 어둠이 다가오면서 어두운 잿빛 속에 파묻혀 있었다. 온도계는 영하 29도를 가리키고 있었고, 대기는 안개처럼 눈의 미세 결정체들로 가득차서 황혼 빛을 반사하고 있으면서 마치 황금 안개가 낀 것처럼 멋진 석양 풍경을 빚어 내고 있었다.

산등성이를 따라 내려오다가 우리는 움통기 강(Umtongee river) 계곡을 따라 내려와서 오후 4시 15분경 야영을 했다. 오늘 하루 동안 나의 코는 세 번이나 얼어붙었다. 바실리는 다람쥐 3마리를 총으로 잡는 데 성공했는데, 그것들은 우리가 전에 본 것과 같은 종류로 가죽은 잘 보관했다가 장사꾼들에게 판다고 했다.

순록의 가장 이상한 특성 중 하나는 사람 오줌을 아주 좋아한다는 것이다. 오줌 냄새만 맡으면 아주 사족을 못 쓰면서 먹던 것도 팽개치고, 또 쉬다가도 재빨리 달려오는데, 때로는 심심치 않게 뿔을 부딪치며 서로 싸움을 하기도 한다. 그래서 급기야 오줌 누는 사람은 안전을 위해 종종 몽둥이로 무장을 해야 할 필요도 있는 것이다. 퉁구스족 사람들은 순록의 이런 성질을 이용해 순록을 유인한 다음 잡아들이기도 한다.[58]

---

[58] 오늘날 이것은 순록이 부족한 염분을 보충하기 위한 것으로 알려져 있다.

다음 날 아침 오전 8시 온도계는 영하 35도를 가리키고 있었다. 지금까지의 경험으로 미루어 통상 해가 뜰 때와 질 때가 하루 중 가장 추운 것 같았다.

야영지에서 북동쪽으로는 길잡이들이 멘모이운(Menmoioon)이라 부르는 산이 높이 솟아 있으면서 북쪽으로 점점 낮게 뻗어 있었고, 그 북쪽 능선에서 움퉁기 강의 한 작은 지류가 시작되고 있었다. 우리는 이 지류의 상류를 따라 내려가서 어제 탔던 길을 만나 계속 나아갔다. 가다가 어느 지점에서 남쪽에서 오는 새 길과 만나게 됐는데, 우리는 잠시 그 길이 혹시 오호츠크에서 우리를 찾으러 오는 팀이 만들어 놓은 길이 아닌가 하는 생각이 들었다. 곧 우리는 사람들이 떠나간 야영터에 도착했고, 그곳의 상태로 미루어 보아 야영터를 떠난 사람들이 원주민이라는 사실을 알게 됐고, 게다가 주변에 순록들을 풀어 놓은 것으로 보아, 그 원주민들은 멀리 떠나 있지 않다는 사실도 알게 됐다.

멘모이운 산의 북쪽 능선을 약 2베르스따 가로질러 간 후, 우리는 네오틀 강(Neotl river)의 한 작은 지류 계곡을 따라 내려가다가 하구 쪽인 북쪽을 따라갔고, 그런 다음 북동쪽으로 네오틀 강을 따라 올라가다가 옛 마을 터를 지나갔다.

오후 4시경 바실리가 우리에게 알려 주기를, 처음 그가 우리를 데려다 주기로 약속했던 절반 지점에 있는 퉁구스족 노인의 집에 밤이 되기 전에 도착하게 될 것이라고 했다. 전날까지도 우리는 거기까지 기대를 하고 있지 않았으므로 그의 이야기에 다소 놀랐는데, 우리가 옛날 길을 따라왔으므로 상당히 시간이 단축됐던 것이다. 이제 우리는 잘 닦여진 큰 길을 따라 약 10베르스따 나아갔는데, 순록들은 마치 여행이 다 끝나가고 있다는 것을 잘 알고 있다는 듯이 걸음이 아주 경쾌했다. 수km에 걸쳐 길 양쪽에 순록의 발굽으로 눈이 파헤쳐져 있었는데, 그것으로 미루어 보아 근처에 순록들이 아주 많이 있는 것 같았다. 날이 어두워지자 우리는 3일 전 우리가 머물렀던 곳과 비슷한 어느 유르트에 도착했는데, 그곳은 버려진 유르트였고, 우리는 그곳에서 하룻밤을 보냈다. 오늘 오후는 아침보다 다소 따뜻한 영하 30도였다.

2월 18일 아침은 전날보다 더 추운 영하 36도였다. 최근 많이 다니는 길을 선택해 네오틀 강을 따라 계속 올라갔는데, 7베르스따 못 가서 낮은 언덕 위 한편에 세워진 2채의 가죽 텐트를 만나게 됐다. 개들이 짖는 소리에 안에 있는 사람들이 순식간에 뛰어나와 우리를 둘러쌌는데, 남자, 여자, 아이, 개, 순록 등이 서로 뒤섞여서 호기심 어린 눈초리로 우리가 어떤 사람들인지 알아보려 바라보고 있었다. 6일 전에 원주민 한 명이 코사크족 사람 한 명을 데리고 이곳을 통과해 넬칸을 향해 갔는데, 그들은 얼마 전에 오호츠크에 도착한 아바자 소령이 우리를 찾으려고 보낸 사람들이었다는 사실을 이들 원주민들은 알고 있었으므로, 이들은 우리가 도착할 것이라는 것을 어느 정도 기대하고 있었다. 이 이상으로 우리가 알아낼 수 있는 것은 더 이상 없었다. 불행히도 우리는 그들을 만나지 못했고, 그들은 우리가 왔던 길과는 다른 길을 택해서 간 것이었다.

이들 원주민들은 아주 우리를 환대했으나, 우리는 3베르스따 떨어져 있는 옛 촌장의 텐트를 찾아야 했으므로, 이들에게 양해를 구하고 약 30분을 더 나아가서 옛 촌장 집에 도착했다. 거기에는 텐트가 4채 있었고, 원주민들, 개, 순록 등이 있었지만, 촌장 노인은 4일간 멀리 출타 중이라고 했다. 촌장 아들 2명이 우리를 접대했고, 아버지 있는 곳까지 우리가 순록을 타고 갈 수 있도록 해주겠노라고 약속했다. 다음 날까지는 기다릴 필요가 있었으므로, 우리는 오늘밤 이곳에서 하루 묵기로 했다.

이 퉁구스족 사람들은 아얀에서 보았던 것들과는 조금 다른 텐트를 사용하고 있었다. 그것은 원뿔형으로 다른 것들처럼 가죽으로 만들어졌지만, 땅

위로 약 1.2m 높이의 가벼운 장대들을 세우고 그 주위에 다른 가죽들을 둘러쳐서 일종의 벽 모양을 만든다. 그렇게 되면 공간이 훨씬 더 넓어지고 안락해지지만, 텐트 치는 것이 그리 쉽지도 않고 빠르지도 않다. 우리가 차지하고 있는 텐트 중앙에는 커다란 구리 솥이 올려져 있는데, 한 번에 순록 한 마리를 끓일 수 있을 정도로 크다. 그 크기로 미루어 보아 정말 커다란 환대가 아닐 수 없다. 분명 텐트 안에 있는 사람들만으로는 그 정도 크기의 솥이 필요치 않으므로, 통상 손님들이 많이 찾아올 것으로 생각됐다.

이 퉁구스족 사람들은 비록 그들의 풍습이나 옷 입는 습관이 그리 좋지 않고, 또 성격이 거칠지만, 손님을 환대하는 것은 본보기가 될 만한 것이다. 어떤 사람도 굶주린 채 텐트를 떠나는 사람이 없고, 또 어떤 사람도 빈손으로 오는 사람이 없다. 우리가 순록에게서 짐을 내리자, 주인장인 이고리(Egory)는 가장 살찐 순록 한 마리를 잡았다. 잠시 후 커다란 솥에 산더미처럼 쌓인 고기에서 나는 맛있는 냄새가 텐트 안에 가득 찼다.

우리는 주인과 함께 고기를 먹었는데, 정말 마음에서 우러나온 접대여서 우리 모두는 아주 즐거운 시간을 보냈다. 그런데 우리가 먹은 것은 다른 사람들이 먹은 것에 비하면 아무것도 아니었다. 길잡이들과 8~10명의 다른 퉁구스족 사람들은 커다란 나무 접시들에 고기를 엄청 쌓아 놓고 먹어 치웠다. 칼집 달린 칼이 이들이 사용하는 유일한 식사 도구인데, 각자 커다란 고기 한 조각을 입에 물고 능숙한 솜씨로 칼을 사용하여 최대한 입술 가까이에서 고기를 끊어 내는데, 칼날이 코끝을 가까스로 스쳐 지나간다. 어린이들도 어른과 마찬가지로 칼 사용하는 것은 아주 능숙하다. 나는 그들이 혹시 코라도 베이지 않을까 걱정이 되어 계속 주시했지만, 단 한 번의 사고도 나지 않고 솥 안의 고기는 모두 동이 났다.

퉁구스족 여자들은 그 외모에서 그리 호감이 가는 것이 아니다. 사실 나는 보통 인간들이 갖고 있는 생김새 이외의 더 숨겨져 있는 무언가가 있다는 생각을 해본 적이 없다. 얼굴의 대부분은 광대뼈가 차지하고, 가늘고 긴 눈 사이로 조그맣고 검은 눈동자가 말없이 차갑게 응시하고 있다. 낮고 좁은 이마가 보여 주듯이, 남자들과 마찬가지로 여자들도 예외 없이 어떤 지적 능력을 갖고 있는 것 같지는 않다. 하지만 감정은 아주 풍부해서 그들의 부족한 지적 능력을 상쇄하고도 남는 것 같았다.[59]

잘 생긴 퉁구스족 소녀나 여인을 보는 것은 우리가 여행하는 동안 커다란 이야깃거리가 되어 주었다. 그래서 우리는 그것을 소홀히 하지 않고 일지에 기록해 두었던 것이다. 주인장 텐트에 들어가자, 우리는 2명의 잘 생긴 아가씨들과 마주쳤는데, 그것은 못생긴 사람들 천지인 우리 주위에서 정말 사막의 오아시스와도 같은 놀라운 광경이었다. 반투명할 정도로 맑은 피부, 검은 눈과 머리, 커다란 눈과 가지런한 이, 이 모든 것이 아가씨들의 우아함을 말해 주고 있었다. 아마도 주인장의 이 아름다운 딸들 때문에 이렇게 많은 손님들이 왔는지도 모른다. 이 아가씨들의 특징은 그들에게 몽골리안의 특징이 없어서가 아니라, 원래의 아름다움에다 야생적인 매력을 더하고 있다는 데 있었다.

이들의 옷은 그 지위에 걸맞은 것이었는데, 왜냐하면 이들은 부유한 가문의 여자 상속인들이기 때문이다. 점박이 어린 사슴가죽으로 새로 만든 산뜻한 정장은 통상적인 유형을 따라 만들어졌고, 아주 멋진 작은 모피 장화 윗부분에는 작은 앞치마와 옷의 다른 부분에 장식돼 있는 것처럼 예쁜 구슬 장식이 박혀 있었다. 게다가 우리가 본 적이 없는 커다란 은 귀걸이, 손가락 반지, 널찍한 은 목걸이 등이 몸에 장식돼 있었다. 그러나 어쩔 것인가! 세상 모든 것에는 끝이 있는 법이어서, 이 아름다운 아가씨들에게서 우리의 눈길을 떼게 하는 계기가 발생하고 말았으니. 저녁 식사가 시작되자,

---

[59] 이 역시 당시 저자의 인종차별적 시각이 잘 나타나 있다.

이 아가씨들은 접시 맨 앞에 앉아 능숙하게 칼을 놀리면서, 이제까지 내가 보지 못했던 놀라운 속도로 접시를 비워 내고 있었던 것이다.

이 지점에서 우리는 우리의 길잡이들과 헤어져야만 했다. 그들이 우리를 목적지의 중간 지점까지 약속했던 대로 데려다 주었다고 주장했기 때문인데, 그러나 주인장인 이고리는 오호츠크까지 가려면 아직 20일을 더 가야 한다고 우리에게 말해 주었다. 만일 그의 말이 사실이라면, 길잡이인 바실리는 우리를 크게 속인 것이 된다. 하지만 그는 여행 중 모든 면에서 성실한 사람이었으므로, 우리는 그것이 그의 머리가 잘못된 것이지, 마음이 잘못된 것이 아니라고 자위했다.

다음 날인 2월 19일 아침 온도계는 영하 38도를 가리키고 있었고, 우리는 새로운 순록들로 갈아타고 잘 닦여진 길을 따라 출발했다. 새로운 길잡이로 이고리 노인과 또 한 명의 퉁구스족 노인이 우리와 동행했는데, 그 퉁구스족 노인은 계속 위경련에 시달리며 신음소리를 냈다. 네오틀 강을 따라 몇 베르스따 올라가다가 강을 건너 북쪽으로 어두워질 때까지 계속 가다가 2가구가 야영하고 있는 곳에 도달했다. 우리는 이 중 한 텐트에서 눈을 못 뜰 정도의 연기와 안 좋은 냄새, 그리고 그 퉁구스족 노인의 끊이지 않는 신음소리에도 불구하고, 아주 편안하게 하룻밤을 보냈다.

다음 날 아침은 훨씬 따뜻했는데, 영하 29도였다. 우리는 숲이 우거진 낮은 산등성이를 가로질러 네오틀 강의 지류인 미아칸 강(Miakan river) 계곡을 따라 내려갔다. 미아칸 강이 넘쳐흘러 만들어진 얼어붙은 호수를 가로질러 가고, 또 산불로 다 타 버린 지대를 몇 베르스따 가로질러 간 다음, 또 하나의 능선을 타고 가다가 미아 강(Mia river)의 지류인 엘리칸 강(Elikan river)을 따라 내려왔다.

엘리칸 강을 가로지른 다음 우리는 또 다른 능선을 타고 올라가다가 오후 3시경 정상에 도달했다. 여기에는 좋은 순록 먹이터가 있었으므로, 우리의 길잡이들이 여기서 야영하기를 원했다. 왜냐하면 여기서부터 15베르스 따까지는 산불로 다 타 버린 지역이어서 순록 먹이를 찾을 수 없기 때문이었다. 다음 날 아침 일찍 출발하면 그날 안으로 그 노인 촌장의 텐트에 도달할 수 있다고 길잡이들이 우리에게 확실히 말해 주었다. 우리는 오호츠크에서 급파된 코사크족 전령이 우리를 따라잡을 수 있도록 여기에서 야영하기로 결정했다. 코사크족 전령이 넬칸에서 우리가 출발했다는 이야기를 듣자마자 다시 서둘러 되돌아올 것이란 것은 의심할 여지가 없는 일인 것이다.

다음 날 아침 산불로 다 타버린 길과 낮은 산 2개를 가로질러 간 다음, 놀랍게도 우리는 오전 11시경 그 노인 촌장이 머무르고 있는 집단 텐트 촌에 도착했다. 바실리가 우리를 속인 것이 아니라, 이 원주민들이 순록을 빌려주는 협상을 유리하게 끌고 가기 위해서 그렇게 멀리 이동해 간 것이라는 사실이 이제 명백해졌다. 그들은 사실상 우리가 이틀 반나절 이상을 더 소비하도록 만들었던 것이다.

가문비 나무들이 점점이 박혀 있는 낙엽송 숲 한가운데에 텐트 4개가 집단으로 세워져 있었고, 우리가 텐트 쪽으로 다가가자 약 40여 마리의 순록 떼가 우리 순록들에게 다가왔다. 순록들이 우르르 몰려드는 소리에 텐트 안에 있던 약 20여 명의 원주민들이 밖으로 나왔는데, 그중에 노인 촌장인 이반(Ivan)이 우리를 반갑게 맞이해 주었다. 우리는 촌장의 텐트가 아니라 다른 사람의 텐트로 안내됐는데, 노인 촌장은 전날 밤 손주가 태어나서 그렇다고 변명했다. 우리가 코사크족 전령이 우리를 쫓아올 때까지 여기에 머물기로 결정하자, 이반과 길잡이들은 즉시 옆에 우리의 텐트를 쳐 놓았다. 그러는 동안 우리는 텐트 안에서 잔 나뭇가지 쌓아 놓은 위에 가부좌를 틀고 앉아 주인장과 커다란 찻주전자에 들어 있는 내용물에 대해 이야기를 나누고 있었다. 그런데 처음 3잔을 마시고 나서 다음 잔을 사양하자, 그는 크게 놀라면서 반쯤 상처받은 목소리로 차가 맛이 없냐고 우리에게 물었다. 그의 이해를 구하기 위해 우리는 차가 훌륭하지만 미국인들은 차 마시는 것에 익숙지 않아 그렇게 많이 못 마신다고 말해 주었다. 이것이 그를 위로해 주었고, 그는 수시로 혼자 앉은 자리에서 약 6리터에 해당하는 2주전자를 마신다고 우리에게 말해 주었다. 이것을 우리가 의심할 이유가 하나도 없었지만, 우리는 주인장을 기쁘게 해주기 위해 크게 놀란 표시를 하면서 굉장한 능력을 가졌다고 그를 칭찬해 주었다. 그는 우리의 이름, 주거지 등 미국과 미국인에 대해 셀 수 없이 많은 질문을 해대면서 우리에 대한 모든 것을 알고 싶어 했다.

우리는 가능한 모든 것을, 사소한 것들도 모두 대답해 주었는데, 질문과 대답은 4가지의 다른 언어들로 통역되어 전달됐다. 스와르츠가 영어를 러시아어로, 이반이 러시아어를 야쿠트어로, 이고리가 야쿠트어를 퉁구스어로 통역해 주었다. 대화를 나누는 동안 그가 의도한 것은 아니지만, 다소 우리를 억누르는 듯한 태도를 보여, 우리는 잠시 불편한 분위기 속에서 어떻게 대답해 줄까 고민하기도 했다. 그는 종교적 관습에 따라 식사를 하기 전에 텐트 한쪽에 걸려 있는 작은 성화 앞에서 짧은 기도를 읊조리며 경건하게 머리 숙여 절한다고 말해 주었다. 우리는 그렇게 하지 않는다는 이야기를 듣고 그는 잠시 아무 말을 하지 않다가 마침내 침묵을 깨고 물었다.

"미국인들은 신을 믿는가?"

우리는 그 질문이 암시하는 바를 곧 알아챘지만, "그렇다."고 대답해야만 했다.

이 대답에 그는 알 수 없다는 표정을 지으며 다시 잠시 침묵하며 생각에 잠겼다. 마침내 그는 다시 머리를 들고 물었다.

"프랑스인들도 신을 믿는가?"

우리의 대답은 "그렇다."였다.

이 대답에 그는 더 알 수 없다는 표정을 지었는데, 잠시 후 우리는 왜 그가 프랑스인들에 대해 똑같은 질문을 했는지 이해할 수 있게 됐다. 나중에 들은 바로는, 이들 원주민들 거의 모두가 지난 전쟁에서 과장된 프랑스인들의 야만성에 대해 전해 듣고는 아주 나쁜 선입견을 갖게 됐다는 것이다. 이런 과장된 이야기가 어떻게 이런 오지에 있는 원주민들에게까지 전달됐는지 알 수 없지만, 이들이 프랑스인들에 대해 나쁜 생각을 갖고 있다는 것은 확실했다. 아마도 이 노인장은 별 종교적 성향을 보이지 않는 미국인들이 신을 믿는다면, 야만적인 프랑스인들도 신을 믿을 수 있겠다는 생각을 했을지도 모른다.

여기서 얼마나 오랫동안 머무를지 모르고 있었고, 또 고기가 다 떨어져 가고 있었으므로, 우리는 순록 한 마리를 구입했고, 퉁구스족 친구들이 우리 대신 순록을 잡아 주기로 했다. 순록이 아주 날뛰는 바람에 결국 올가미 줄로 잡아야만 했다. 퉁구스족 사람들은 동물을 죽일 때 피를 흘리는 것을 기피하는 미신을 믿고 있어서, 한쪽 나무에 물개가죽 끈을 묶고 순록 목에 건 다음 다른 쪽 나무에 연결하여 팽팽하게 잡아당기면 순록은 목이 졸려 죽게 된다. 처음에 우리는 그들의 행동을 이해하지 못했었는데, 그들이 순록을 죽이려 한다는 사실을 알게 되자, 곧 우리의 코사크족 친구 이반이 칼로 순록을 죽여 버렸다. 이 행동은 원주민들 모두를 경악과 분노로 몰아넣었다. 그런데 그들이 이 일에 책임이 없다고 생각했는지, 곧 조용해졌다.

우리는 마치 케인 박사(Dr. Kane)[60]가 그린란드 에스키모들에게서 유행하던 경기를 묘사했듯이, 여기서도 원주민들이 필드하키 같은 공놀이를 즐기는 모습을 발견하고 놀랐다. 또한 그것은 미국에서도 어린이들이 즐겨하는 '쉬니(shinny)'라고 부르는 놀이와 유사했다. 원주민들은 텐트 앞 공터에

---

[60] 탐험가이자 해군 의무장교였던 Elisha Kane.

서 아침마다 많은 사람들이 모여 모피옷도 벗어 버리고 이 놀이를 즐기고 있었다.

통구스족 사람들과 함께 여행을 다닌 이후로 지금까지 우리는 통구스족 샤먼들의 주술을 한번 볼 기회가 오기를 기다려왔다. 그러나 새로 받아들인 종교 때문에 그들은 잘 드러나지 않는 장소에서만 주술을 행할 뿐, 드러난 곳에서는 행하지 않았다. 여전히 그들은 음성적으로 샤먼을 믿고 있었으므로, 병이 들거나 불행이 닥쳤을 때, 거의 대부분 샤먼들에게 의지하고 부탁하여 악령을 쫓아내고 원래대로 회복시켜 주기를 바란다. 통구스족 사람들 대부분이 여전히 굳게 믿고 있는 전통 신앙에서 볼 때, 자연에는 수많은 정령들이 있는데, 이 중 악한 정령들이 각종 질병 및 불행에 관련돼 있는 것이다. 그래서 그들은 항상 호의를 갖고 있는 최고신을 믿기는 하지만, 최고신에게 직접 제물을 바치기보다는 직접적인 영향을 미치는 악령들에게 제물을 바친다.

그들이 숭배하는 주요 목적은 정령들을 위로하기 위한 것인데, 이들 정령들에게 커다란 영향을 미칠 수 있는 사람이 바로 샤먼이라고 믿고 있다. 그러나 그들에게 그리스 정교가 도입된 이래, 많은 원주민들이 어떤 것을 믿어야 할지 혼동스러워 하고 있다고 한다. 유년기부터 그리스 정교 신부들로부터 기독교 신앙을 주입받고 원주민들의 전통 신앙을 미신적이고 이단시하는 교육을 받게 되는 그들은 자신들의 전통 신앙과 기독교 신앙 사이에서 혼란스러워하고 있다는 것이다. 또 한 가지 불행한 사실은 그들 원주민들을 가르칠 많은 신부들이 그 막중한 위치에도 불구하고 기독교 신앙의 좋은 덕목들을 갖추고 있지 못하거나, 제대로 알고 있지 못함으로 인해 무능력한 상태에 놓이거나, 심지어 불신 상태에 놓이는 경우도 있다는 것이다. 결과적으로 어떻게든 전도를 해야 하는 의무감에서 신부들은 원주민들에게 담배나 기타 사소한 물품 등을 제공하면서 형식적으로 세례를 받도록 하는 데 성공해 왔던 것이다.

다음 날 아침 노인 촌장 이반이 우리 텐트로 와서 오늘 마을에 있는 환자가 샤먼 의식을 행하고 싶어 하는데, 우리의 허락을 받기를 원한다고 말했다. 왜 우리의 동의를 얻어야 하는지 알 수 없었지만, 우리는 샤먼 의식을 보고 싶어 했기 때문에 기꺼이 허락해 주었고, 대신 우리가 샤먼 의식을 참관할 수 있는지 물어 보았다. 곧 이반이 돌아와서 대답하기를, 주술에 영향을 미칠 수 있기 때문에 샤먼이 참관을 원치 않는다고 했다. 그래서 우리는 샤먼 의식이 행해지는 텐트 안으로 들어가지 못하고 밖에서만 들려오는 소리를 듣는 데 만족해야 했다.

텐트 밖으로 북소리와 함께 환자의 신음소리, 누군가의 고함소리 등이 들려왔는데, 처음에는 소리가 낮고 절제돼 있다가 나중에는 갑자기 아주 빠르고 큰 소리로 변하면서 주변 모두에게 다 들릴 정도로 커졌다. 그러다가 다시 북소리가 낮아지면서 신음소리와 고함소리도 낮아지다가, 빠르게 중얼대는 소리로 변했다가 갑자기 다시 북소리가 커지면서 다른 소리들을 압도했다. 이런 과정이 3시간 동안 계속되고, 우리 모두 샤머니즘에 빠져 들어갈 마지막 즈음에 환자가 훨씬 나아졌다고 선언했다.

환자는 남자였는데, 그는 아주 가난해서 순록이 2마리밖에 없었다. 그는 봉사해 준 대가로 샤먼에게 순록 한 마리를 바쳐야 했다. 많은 샤먼들이 사실상 아주 악당 짓을 많이 했는데, 때때로 환자들의 신심을 이용해 환자의 거의 전 재산을 강탈하는 경우도 있다고 했다. 일부 샤먼들은 그런 나쁜 짓들로 인해 정부의 처벌을 심하게 받기도 하여, 샤먼들은 정부를 기피하는 경향이 있다고 했다.

우리가 여기에 머무른 지 3일째 되는 2월 23일 금요일, 그제서야 그 코사크족 전령이 도착했다. 그로부터 우리는 아바자 소령 팀의 소식을 들어 알게 됐다. 아바자 소령은 혼자 오호츠크에 머물고 있었고, 케넌과 도드는 오호츠크 해의 북동쪽 끄트머리에 있는 기지가(Ghijigha) 마을에 아바자 소령을 남겨 놓고 아나디르 강(Anadyr river) 하구 부근에 상륙했을지도 모르는 매크리 팀(Mr. Macrae's party)을 찾아 북쪽으로 베링 해를 향해 떠나갔다고 했다. 소령은 오호츠크에서 수 주일을 머물러 있으면서 우리에 관한 소식을 전혀 듣지 못하자 마침내 우리를 찾기 위해 원주민 통역을 딸려 코사크 족 전령을 보냈던 것이다. 모두가 건강하다고 했고, 그들의 탐험은 크게 성공했다고 했다.

이곳에 머무는 3일 동안, 온도계는 영하 29~34도를 오르내렸다.

| 제 20 장 |

순록 떼-불침번-순록 분리-출발-아르테란 강-아순고룬 강-콜로윈가 능선-말썽 부리는 순록-순록 몰이꾼의 놀라운 기술-쉬고 싶어 하는 길잡이들-혹한 속의 아침 풍경-욕이 나올 만큼 힘든 불 피우기-보석 뿌려진 것 같은 풍경-영하 43도-이른 출발-산불로 탄 지역-누에드니세 강-환일 현상-오우네네 강-메르티 강-상충되는 지리 정보-알렉세이의 형제-알렉세이를 찾아서-버려진 유르트-알렉세이 다른 형제들의 만남-혹한 지역-마후드의 앞선 출발-처음 있는 퉁구스족의 도움 거절-다시 출발-말편자 궤적-점점 높아지는 길-주그주르 산맥을 가로질러-마후드가 금방 떠난 야영지-하산-우르타 강-야영-탈라 강-움카 강-비상 식량 징발-코울롬칸 마을-마지막 긴 순록 여행-다시 개썰매로-오울리아 강 하류를 따라-오우락 마을에서 온 썰매-오우락 마을 도착-커다란 유르트-야쿠트족-특징-용모-초기 역사-끝나가는 여행-오호츠크-실망-황량한 풍경-오호타 강-역사-여름 사냥철-풍부한 물고기

촌장 노인 이반이 소유하고 있는 많은 순록 떼 중 대부분이 반(半)야생 상태인데, 이들 순록들은 사람이 다가가도 도망가지는 않지만, 막상 잡으려면 아주 힘이 들었다. 순록들은 양처럼 항상 떼 지어 다니면서 우두머리 순록을 따라다니는데, 완전히 길들여지기 전까지는 우두머리 순록을 앞서 나가지 않는다. 퉁구스족은 항상 이 우두머리 순록을 먼저 길들여서 사람과 함께 있는 것이 익숙하게 되도록 만든 다음, 나머지 순록들이 낙오되지 않도록 우두머리 역할을 할 수 있게 길들인다. 이렇게 되면 끊임없이 쫓아오

는 늑대들로부터 순록 떼를 보호해야 하는 입장에 있는 순록 몰이꾼들의 수고는 훨씬 줄어들게 되는 것이다. 순록 몰이꾼들은 눈폭풍이 몰아치는 극한의 추위 속에서 순록 떼를 지키기 위해 밤에 한두 사람씩 불침번을 서기도 한다.

우리 여행에 동참하게 될 순록들을 300마리가 넘는 순록 떼에서 분리시켜야 했으므로, 마을에 있는 모든 남자, 여자, 아이들이 동원됐다. 수많은 순록들이 한데 모이자, 서로 뿔 부딪치는 소리가 마치 사람들이 각목을 가지고 싸우는 것처럼 났다. 여기저기서 원주민들이 큰소리로 외쳐 댔고, 남자들은 물개가죽 끈으로 만든 기다란 올가미를 들고 서서 순록 잡을 준비를 하고 있었다. 마침내 순록잡는 일이 끝나고, 짐을 싸서 순록 등에 얹는 일도 완료됐으므로, 우리는 다시 여행을 떠났다.

약 300m를 채 못 가서, 뒤쪽에서 순록 발굽소리가 요란하게 들려왔다. 돌아보니 원주민들의 통제를 벗어난 순록 떼 전체가 우리를 따라오고 있었다. 가던 길을 멈추고 순록 떼를 마을로 돌려보내야만 했다. 30분 동안 소리를 지르고 몰아 대면서 순록 떼를 마을 쪽으로 돌려보낸 다음에야 우리는 다시 앞으로 나아갈 수 있었다. 퉁구스족 사람 4명이 길잡이로 우리와 동행하게 됐고, 코사크족 하사관 한 명과 통역 한 명이 추가되어 훌륭한 팀이 만들어졌다. 길도 좋아서 영하 32도의 추위에도 발걸음은 가벼웠다. 그러나 3일 동안 텐트 안에서 지낸 다음이어서 그런지 추위가 제법 느껴졌.

마을을 떠나 북쪽으로 2베르스따 나아가자, 우리는 아르테란(Arteran)이라 불리는 작은 강을 만났는데, 그 강은 서쪽으로 흘러가서 누김라 강(Nugimla river)으로 유입되고, 누김라 강은 다시 레나 강의 큰 지류인 미아 강(Mia river)으로 유입됐다.

우리는 동쪽으로 아르테란 강을 따라 약 10베르스따 거슬러 올라가다가 북동쪽에서 흘러오는 작은 지류를 따라 약 3베르스따 따라갔다. 여기서 우리는 살을 에는 듯한 강한 바람을 등쪽에서 받으며 낮고 황량한 산등성이를 가로질러 아순고룬 강(Asungorun river)의 한 지류 쪽으로 내려갔다. 원주민들은 이 산등성이를 콜로윈가(Colowinga)라고 불렀다. 우리는 북동쪽으로 이 강을 따라 약 15베르스따 계속 내려가다가 코사크족 하사관이 멈춘 곳에서 하룻밤 야영하기로 했다. 지금까지 우리는 코사크족 하사관이 택한 길을 따라왔는데, 그가 택한 길은 아주 빙 돌아가는 길이어서, 다음 날 우리는 그 길을 버리고 좀 더 직선 코스를 택해 알렉세이(Alexai)라 불리는 한 퉁구스족 사람의 집을 향해 가기로 했고, 그 집에서 우리는 새 순록으로 갈아탈 예정이었다.

다음 날인 2월 25일 일요일도 영하 32도로 여전히 아주 추웠다. 우리는 계곡을 따라 북동쪽으로 계속 내려갔다. 짐 싣는 순록 한 마리가 말을 안 듣는 바람에 진행 속도가 아주 느려졌다. 이 순록은 짐을 한 번도 실어 본 적이 없어서 조금 가다 눈 위에 주저앉거나 완강하게 앞으로 나아가기를 거부했으므로, 줄로 연결된 앞쪽 순록의 짐이 등짝에서 엉덩이 뒤쪽으로 끌려 내려왔다. 그러면 균형을 맞춰 주기 위해 다시 짐을 재정리해야 했으므로 시간이 많이 지체됐다.

이번에는 길잡이들 중 한 명이 몰고 가는 순록이 말을 잘 안 들어서 마찬가지로 진행 속도가 느려졌는데, 우리는 순록 몰이꾼의 순록 다루는 놀라운 기술을 볼 수 있는 기회를 갖게 됐다. 그 순록은 크고 튼튼했는데, 모든 수단을 다 동원해서 앞으로 나아가기를 거부하고 있었다. 뒷발로 차고, 갑자기 위로 뛰어오르고, 넘어질 듯 비틀거리는 등 자기 등 위에 탄 사람을 떨어뜨리려고 무진 애를 썼지만, 몰이꾼을 떨어뜨릴 수 없었다. 우리가 보기에 그것은 정말 믿을 수 없을 정도로 신기한 광경이었는데, 몰이꾼은 순록의 온갖 방해공작에도 떨어지지 않고 안장에 착 붙어 있었다. 우리도 지금까지 계속 순록을 타고 여행해 와서 어느 정도 경험이 있는 상태였지만,

하루에도 한두 번은 순록 등에서 떨어지는 것이 우리의 일상이었기 때문에 이런 광경은 정말 놀라운 것이었다.

오후 2시 30분경 길잡이들이 야영하기를 원하고 있었다. 그들은 변명하기를, 앞으로 한참 동안은 산불로 다 타 버린 지역이어서 순록 먹이가 없다고 했다. 우리는 과거에 수차례 퉁구스족 길잡이들의 이런 거짓말들에 속아 넘어간 적이 있어서, 그들은 자기들이 쉬고 싶으면 그런 변명을 즐겨 한다는 사실을 이미 오래전부터 알고 있었으므로, 이번에도 불에 탄 지역이 그들이 말하는 것처럼 그리 넓지 않을 것 같았다. 그래서 우리는 시간을 지체하지 않고 계속 나아가자고 했는데, 길잡이 중 한 명인 촌장 노인 이반의 손자가 제안하기를, 만일 자기들이 말한 대로 되지 않으면, 즉 순록 먹이가 발견되면 자기들이 매를 맞겠노라고 했다. 이 말에 우리는 우리를 속이는 것이 아니라는 생각이 들어 그의 제안에 동의했다.

다음 날 아침 눈을 뜨고 토끼가죽 담요 사이로 머리를 내놓고 보니 날씨가 심상치 않게 춥다는 것을 느낄 수 있었다. 텐트는 얼어 있었고, 사방이 죽은 듯이 고요했다. 텐트 가운데 모닥불 피워 놓은 자리에는 재만이 쌓여 있고 실오라기 같은 연기 하나 피어오르지 않고 있었고, 머리 위로 연기가 빠져나가는 텐트 구멍 주위로는 수정 같은 얼음이 얼어 있었다. 내 주위로 모피 외투와 담요들이 세 무더기 쌓여 있었는데, 그것이 바로 내 친구들이었고, 모피외투 사이로 새어 나온 따뜻한 입김이 차가운 공기와 만나 수많은 작은 눈 더미들을 만들어 놓고 있었다. 이미 이반이 잠에서 깨어 일어나 있었으므로, 나는 다시 담요 속으로 머리를 집어넣고 이반이 불을 지펴서 차와 순록고기를 준비할 때까지 기다리고 있었다.

아침이면 매번 이반이 차와 식사를 준비하는 것을 보고 우리는 안쓰러운 마음이 들었으나, 정작 그는 그런 것에 개의치 않는 것 같았다. 그는 잠잘 때도 절대 옷을 벗지 않았으므로, 아침에 일어나 준비하는 것이 아주 간단했다. 그런데 오늘은 불 지피는 일이 수월치 않아 보였다. 단 한 번에 불이 붙는 성냥이 없었으므로, 때때로 불 지피는 데 시간이 걸렸다. 그가 부싯돌과 쇠를 부딪치는 소리가 들려왔고, 불이 잘 안 붙을 때면 가끔 러시아어 욕설도 들려왔다. 그런 다음 불이 잘 붙는 부싯깃에 불을 붙이려고 후후 바람을 불어 대는 소리가 들려오다가 갑자기 아무 소리도 들리지 않고 잠시 정적에 쌓인 후, 이번에는 좀 더 강한 러시아어 욕설이 들려오면서 다시 부싯돌과 쇠가 부딪치는 소리가 들려왔다. 그럼에도 우리는 제대로 나무에 불붙는 소리가 들릴 때까지 자리에서 일어나는 법이 없었다. 나무에 불이 붙을 즈음이면 이반의 수염과 머리에 붙어 있던 얼음덩어리들은 다 녹아 없어지고, 모닥불 위에 찻주전자가 노래를 부르며 끓고 있다가,

"포라 스타바치(pora stavatch)"[61]

하고 이반이 부르는 소리가 들려오면, 그때 우리는 잠자리를 박차고 일어나게 된다. 그러면 이가 딜딜 떨리고 사지가 부들부들 떨리는 상태에서 재빨리 옷을 걸쳐 입는 데 3분이 채 걸리지 않는다. 그런 다음 준비된 뜨거운 차를 마시면 곧 온몸이 따뜻해지게 되는 것이다.

텐트 밖으로 걸어 나가 보니 모든 것이 수정 같은 얼음으로 뒤덮여 있었다. 전날 밤 거무스름하게만 보였던 주위의 나무들은 이제 쌓인 눈 때문에 거의 구별을 할 수 없는 상태로 서 있었다. 혹한의 위력은 대단해서 나 자신도 모르게 온몸이 사시나무 떨듯이 덜덜 떨려 왔다.

그러나 마침내 해가 언덕 위로 떠오르면서 햇빛이 사방에 퍼져 나가기 시작하자, 마치 마법에라도 걸린 듯 주변은 아름다운 풍경으로 바뀌어 버렸다. 커다란 가지들은 진주와 사파이어를 흩뿌려 놓은 것 같이 은색과 청색으로 반짝이고 있었고, 작은 가지들은 작은 다이아몬드들을 매달아 놓은

---

[61] 때가 됐다, 즉 차가 다됐다 정도의 뜻.

것처럼 반짝이고 있었다.

　내가 한 첫 번째 행동은 텐트 밖에 걸어 놓은 온도계를 살펴보는 것이었다. 영하 43도! 이 기록적인 온도가 모든 것을 설명해 주고 있었다. 이것은 우리가 지금까지 경험해 본 것 중 가장 추운 날씨였다.

　우리는 오전 7시 반에 야영지를 떠났다. 우리가 거의 이틀에 걸쳐 내려왔던 강 계곡을 가로질러 산불로 죽은 나무들이 빽빽이 들어찬 어느 낮은 산 등성이를 따라 약 5베르스따 올라가니 아순고룬 강(Asungorun river)에 도달했다. 이 강은 이 지점에서 강폭이 약 60m 정도 됐고, 작은 황무지들이 간간이 섞여 있는 아주 너른 삼림 계곡을 통과하여 서쪽으로 흘러가고 있었다. 이 근처에는 어디에도 식물이 살아 있다는 증거가 보이지 않았다. 사방으로 불에 타 죽은 나무들과 시커멓게 숯이 된 통나무들이 대재앙과도 같았던 당시의 큰 산불을 말해 주고 있었다. 우리 행렬이 멈출 때마다 순록들은 본능적으로 코를 눈 속에 들이밀고 이끼를 찾았으나, 곧 실망스런 표정으로 고개를 돌렸다.

　우리는 이 계곡을 대각선 방향으로 가로질러 북동쪽으로 나아가다가 오후 2시 반경 미아 강(Mia river)의 지류인 누에드니세 강(Nuednice river)의 분기점을 지나쳐 가서 북동쪽에서 흘러내려오는 어느 작은 지류를 따라 올라가다가 오후 5시 반경 드디어 산불로 타 버린 지역을 벗어나서 순록 먹이가 있는 곳을 발견해 냈다. 우리는 눈이 깊게 쌓여 있어 앞을 헤치고 나아가야 하는 어려움에도 불구하고 하루에 10시간 정도 약 45베르스따의 거리를 주파했다. 이로써 길잡이들이 우리를 속일지도 모른다는 우리의 의심은 잘못된 것으로 판명됐고, 길잡이들이 매를 맞지 않은 것은 말할 필요도 없다. 밤이 되자 날씨가 많이 풀리면서 온도계는 영하 37도를 가리키고 있었다.

　다음 날인 2월 27일 아침 날씨가 다시 영하 40도로 추워졌고, 우리가 지난 새해 아침에 마이미칸 강 수원 지대에서 보았던 환상적인 환일 현상을 여기서 다시 목격하게 됐다. 가짜 태양은 진짜 태양과 그 밝기를 경쟁하고 있었는데(진짜 태양은 지상에 걸려 있는 안개 때문에 흐려져 있었다), 가짜 태양의 둘레에는 아주 밝은 무지개 빛깔이 빛나고 있었다.

오전 8시 반 야영지를 떠난 우리는 어제의 작은 지류를 따라 몇 베르스따 올라가서 어느 낮은 산등성이를 가로질러 가니, 퉁구스족 사람들이 오우네네(Ou-ne-ne)라 부르는 강에 도달했다. 이 강은 레나 강으로 흘러 들어가는 메르티 강(Mertee river)의 지류였다. 우리로서는 이 너른 내륙지대에 얼마나 많은 지류들이 구불구불 흘러가고 있는지 도무지 알 수 없었다. 퉁구스족 사람들에게서 얻은 정보들도 서로 상충되는 것들이 많아서 우리는 그 지류들의 정체를 알아내려는 시도를 포기해야만 했다. 또한 같은 지류에 대해서 다른 종족들은 또 다른 이름을 갖고 있기도 했다. 다만 그 지류들 모두가 결국 레나 강으로 흘러 들어간다는 것이 우리가 유일하게 믿을 수 있는 정보였다.

우리는 오우네네 강을 따라 하루 종일 북동쪽으로 내려가다가 오후 4시경 어느 퉁구스족 사냥꾼을 우연히 만나게 됐는데, 그는 우리가 찾고 있는 알렉세이의 형제인 것으로 드러났다. 그는 지난 여름 이후로 알렉세이를 보지 못했다고 하면서, 알렉세이가 우리에게 제공할 수 있을 정도로 충분한 순록들을 소유하고 있는지에 대해 의문을 표시하고 있었다. 불필요한 시간 지체를 피하기 위해, 우리는 즉시 그가 알렉세이를 찾아내서 우리 이야기를 하고 다른 원주민들에게서 우리가 필요로 하는 만큼의 순록들을 구해 줄 수 있는지 알아보도록 그를 보냈다. 우리는 여기서 오늘밤을 보내기로 결정하고 야영을 했다. 밤이 되자 온도계는 영하 34도를 가리키고 있었다.

2월 28일 오전 7시 온도계는 영하 35도를 가리키고 있었다. 아침 식사를 마치자마자 우리는 앞길을 닦기 위해 두 사람을 먼저 보내고, 나머지 우리들이 30분 후에 뒤따라가는 방식으로 길을 떠났다. 우리는 오우네네 강을 따라 동쪽으로 내려가다가 가끔 작은 황무지들을 가로지르면서 약 8베르스따 나아가서 북쪽으로 직접 흘러가는 메르티 강에 도달했다. 낮은 산자락을 따라 이어져 있는 강둑을 따라 동쪽으로 가다가 순록이 만들어 놓은 잘 다져진 큰 길을 만났다.

부근에 유르트가 한 채 있었는데, 길잡이들이 말하길, 알렉세이가 평상시 사는 집이라고 했다. 우리는 먼저 사람 한 명을 보내 집에 사람이 살고 있는지 살펴보도록 하면서 발길을 그 집으로 향했다. 그 사람은 곧 되돌아와 아무도 살고 있지 않다고 보고했고, 우리는 오늘밤을 그 집에서 보내기로 결정하면서 길을 살펴보기 위해 길잡이들을 외부로 보냈다. 한 명은 길 위쪽으로, 한 명은 강 아래쪽으로, 또 한 명은 전날 우리와 만났던 알렉세이의 형제 사냥꾼을 찾으러 보냈다. 만일 그가 알렉세이를 찾아 떠났다면, 제일 먼저 이 집에 들렀어야 했는데, 여기에는 그의 흔적이 보이지 않았으므로, 그가 아직 알렉세이를 찾아 떠나지 않았다는 것이 확실했다.

오후 2시경 알렉세이의 형제 사냥꾼을 찾아 떠난 길잡이가 이 집으로 오는 도중에 있던 그 형제 사냥꾼 가족을 만나 돌아왔다. 오후 6시경 강 위쪽으로 보낸 길잡이가 알렉세이의 또 다른 형제인 표도르(Feador)를 데리고 돌아왔다. 나머지 한 명의 길잡이는 오후 8시경 3명의 원주민들을 데리고 돌아왔다. 그래서 이 집에는 아침에 사람이라고는 한 명도 보이지 않다가 밤이 되자 17명이라는 인원들이 모여들게 됐다. 나는 알렉세이의 다른 두 형제가 만나는 장면을 보고 많이 놀랐다. 그들은 서로 만난 지 몇 달째였는데도 별로 반가운 내색을 보이지 않았다. 이 지방 관습에 따라 서로 간단하게 세 번 입맞춤을 나누면서 인사를 한 뒤로도, 별로 말도 하지 않고, 또 무언가를 묻지도 않으면서 그대로 자리에 앉아 담뱃대에 담배를 채우기 시작했다. 이렇게 말이 없는 것이 우리에 대한 존중의 표시인지, 아니면 그들 종족의 특성인지, 나로서는 아는 것이 없어 뭐라고 말할 수 없었다.

　길잡이들이 말하기를, 여기서부터 메르티 강을 따라 올라가 그 수원까지 간 다음, 주그주르 산맥을 다시 가로질러 오울리아 강(Oulia river)으로 가는 것이 더 낫다고 했다. 오울리아 강은 오호츠크 마을 아래쪽으로 약 140베르스따 떨어져 있는 오호츠크 해로 빠져나간다. 오울리아 강 하구에서부터는 개썰매를 타고 갈 수 있는데, 그 지역에는 개들이 그리 많지 않았으므로 필요한 숫자의 개들을 구하기 위해서 마후드는 다음 날 아침 통역자인 코사크족 하사관과 원주민 3명을 데리고 먼저 떠나기로 결정했다.

　알렉세이는 표도르보다 강 위쪽으로 더 멀리 떨어져 살고 있었는데, 그의 도움 없이는 충분한 숫자의 순록을 구할 수 없었으므로, 우리는 휴식도 할 겸 그를 찾을 때까지 좀 더 기다려야만 했다.

　달이 밝은 밤을 틈타, 우리는 지체 없이 알렉세이를 찾아보라고 길잡이 2명을 떠나보냈다. 밤에 온도계는 영하 34도를 가리키고 있었다. 이제 우리는 지구상에서 가장 추운 지대인 북극권에 도달해 있었다. 북극권의 온도는 때때로 영하 60도를 기록하기도 하는데, 케인 박사(Dr. Kane)가 당시 겪었던 온도는 영하 56도였다.

　3월 1일 아침 온도계는 영하 37도를 가리키고 있었고, 마후드는 순록 5마리와 함께 먼저 출발했다. 지난밤 보낸 길잡이 2명이 낮 12시경 알렉세이와 다른 한 명의 퉁구스족 사람을 데리고 돌아왔다. 그 퉁구스족 사람은 우리와 동행하기로 했다. 그런데 알렉세이의 가족과 나머지 순록들이 늦도록 도착하지 않아서 할 수 없이 우리는 다음 날 아침까지 출발을 늦추어야만 했다. 길잡이 2명은 밤새 어려운 걸음을 하여 알렉세이를 찾은 다음, 셋이서 함께 다시 밤새도록 순록을 충분히 갖고 있는 다른 퉁구스족 사람들을 찾아냈는데, 불행히도 그들은 도움 주기를 거부했다고 했다. 이것은 우리가 지금까지 어느 종족에게서도 받지 못한 최초이자 유일한 도움 거부였다.

다음 날 아침 8시경 순록이 준비되자 우리는 메르티 강 상류를 따라 남동쪽으로 출발했다. 10시 반경 우리는 표도르의 텐트에 도착했고, 거기에서 잠시 머물러 담배를 피운 다음, 얼어붙은 강을 따라 약 8베르스따 정도 나아가서 메르티 강을 벗어나 숲길을 뚫고 북동쪽으로 나아간 다음 메르티 강의 지류 중 하나인 헤레린 강(He-re-rin river)에 당도했다. 이 강을 타고 거의 북쪽으로 올라가다가 오후 5시경 전날 밤 마후드가 야영했던 자리를 지나쳐서 마후드가 닦아 놓은 길을 따라 약 40베르스따 정도 나아갔다. 그날 하루 종일 우리가 지나온 길의 궤적은 마치 굽은 말편자 모양이었는데, 길잡이들은 만일 우리가 좀 더 직선 길을 선택했더라면 높고 험한 산을 넘어가야만 했을 것이라고 말해 주었다.

다음 날 아침 온도계는 영하 39도로 아주 추운 날씨였다. 오늘은 하루 종일 주그주르 산맥을 가로질러 나아갈 예정이었으므로, 우리는 보통 때보다 일찍 길을 나섰다. 야영지를 떠나 몇 베르스따 나아가자 너른 툰드라 불모지대가 나타났는데, 그 사이로 헤레린 강이 굽이굽이 흘러가고 있었다. 이 불모지대에서부터 길이 산맥을 통과해 나 있는 것이 약 20베르스따 멀리 분명하게 보였다. 그러나 우리들 중 어느 누구도 우리 앞에 있는 낮은 산등성이가 주그주르 산맥의 연장선상에 있다는 사실을 알아차리지 못했다. 주그주르 산맥은 전에도 그러했듯이 이번에도 우리 앞에 장애물로 나타났던 것이다.

사실 우리가 횡단해 왔던 주그주르 산맥의 서쪽 지역은 전체가 아주 높은 지역이었지만, 레나 강 계곡으로는 경사가 완만하여 많은 강들은 흐름이 아주 느리면서 지나쳐온 강 뒤쪽과 거의 닿을 듯이 굽이굽이 휘돌아 나갔다. 산등성이를 오르다가 오후 1시경 우리는 그 강의 분기점에 도달했는데, 그 너머에서부터 전체 풍경이 바뀌었다. 우리가 지난 2주간 지나쳐 온 넓고 굴곡진 분지는 끝이 나고 이제는 가파르고 험한 산과 깊은 계곡들이 이어지고 있었다.

여기에서 우리는 다시 한 번 설피를 신고 놀이를 즐겼는데, 나무가 빽빽이 들어선 숲 사이를 아주 빠른 속도로 헤치고 내려갔다. 종종 나무에 부딪치는 것을 피하려다 눈 속에 처박히기도 했다. 지형이 바뀌면서 주변 환경도 바뀌고, 또 우리의 목적지도 거의 가까워지자, 우리는 오늘 하루를 즐기면서 보낼 수 있었다.

오후 3시경 우리는 마후드가 두 번째 묵었던 전날 밤 야영터를 지나갔다. 모닥불에 남아 있는 깜부기불에서 아직도 연기가 피어오르고 있었다.

우리는 분기점에서 만난 우르타 강(Urta river)을 따라 계속 내려오다가 오후 5시경 강둑에서 야영을 했다. 이 강은 탈라 강(Tala river)의 지류로 오울리아 강으로 흘러 들어간다. 산의 동쪽으로 눈이 더 많이 쌓여 있었고, 밤에 온도계는 영하 34도를 가리키고 있었다.

다음 날 아침 날씨는 더 추워져서 온도계는 영하 39도를 가리키고 있었다. 우리는 우르타 강을 계속 따라 내려가 10시경 탈라 강과 합쳐지는 지점에 도달했고, 그런 다음 탈라 강을 따라 동쪽으로 나아가서 오후 1시경 어느 퉁구스족 텐트에 도착했다. 여기서 잠시 머물렀는데, 퉁구스족 사람들에게서 들은 이야기로는, 마후드가 전날 밤 여기서 야영을 했고, 여기서 약 40베르스따 떨어진 강 하구 위쪽에 있는 코울롬칸(Coulomkan)이란 마을에 개썰매에 쓸 개들을 구하기 위해 원주민 한 명을 보냈다고 했다. 여기서 우리는 탈라 강을 버리고 어느 작은 지류를 타고 약 5베르스따 올라가서 분기점 하나를 가로질러 간 다음, 움카 강(Umka river)의 한 지류를 타고 내려갔다. 움카 강은 오울리아 강으로 흘러 들어갔다.

오후 6시경 우리는 어느 버려진 유르트에 도달했는데, 여기서 오후 10시까지 머물면서 순록들에게 휴식을 취하도록 한 다음, 달빛이 밝으면 계속해서 코울롬칸까지 나아가기로 했다. 여기에서 우리는 전에 살던 사람들이 앞으로 쓸 요량으로 저장해 둔 냉동 송어 약간을 발견했는데, 우리는 그중에서 몇 마리를 '비상 식량'으로 징발했다.

여기서 잠시 눈을 붙인 뒤, 우리는 밤 10시경 다시 길을 나섰고, 밝은 달빛에 의지해 나아가다가 새벽 2시경 포플러나무 군락이 있는 곳에 자리 잡은 2채의 유르트에 도달했다. 이곳이 코울롬칸 마을이었다. 사방이 고요했으므로 우리는 이곳이 버려진 마을이 아닌가 걱정했으나, 마침내 우리의 부산한 소리에 놀라 유르트에서 기어 나온 늙어빠진 개 한 마리가 연약한 소리로 짖어 대기 시작했다. 이 때문에 안에 있던 원주민들이 잠에서 깨어 밖으로 나와 우리를 맞아 주었다. 그들은 우리가 내일 밤 이곳에 도착하리라고 생각했다고 했다. 왜냐하면 마후드가 전날 저녁 일찍 이곳에 도착해서 필요한 개들을 확보한 다음, 지체하지 않고 강 하구 쪽으로 나아갔기 때문이었다.

우리는 순록을 데리고 오늘 하루 동안 약 70베르스따를 주파하는 긴 여행을 했으므로 완전히 지쳐 있었다. 오늘 여행이 순록을 데리고 한 여행 중 가장 긴 여행이었고, 또 순록과 함께하는 마지막 여행이 됐다. 이제 개썰매를 타고 가는 여행으로 바뀌는 것에 무슨 후회가 있는 것은 아니었지만, 나로서는 이렇게 오랫동안 순록과 함께 여행하다 보니 이 동물에게 애착이 가면서 그동안 나의 일부였다는 생각이 들었고, 마치 오래된 친구와 헤어지는 것 같은 느낌을 받았다.

여기에서 개썰매 4개팀이 우리를 기다리고 있었는데, 썰매도 작고 개들도 부실해서 우리를 강 하구까지 제대로 운반할 수 있을지 의문이 들었다. 그래서 4개팀을 분리하고 마릿수를 더해 2개팀으로 만들었다. 아침에 스와르츠와 내가 2대의 개썰매에 타고 짐의 절반을 실은 다음 먼저 떠났고, 뒤에 남은 이반은 나머지 짐을 순록에 싣고 따라왔다. 오울리아 강은 크기와 지형 특성상 고람 강과 비슷했다. 눈이 별로 쌓여 있지 않아서 어떤 곳에서는 개들이 나아가기가 무척 어려웠다. 오후 4시경 우리는 바다 근처에 있는 어느 유르트에 도착했다. 저녁 무렵 한 야쿠트족 사람이 북쪽으로 약 100베르스따 떨어져 있는 오우락(Ourak)이란 마을에서 썰매를 타고 도착했다. 그는 오는 도중에 마후드를 만났는데, 마후드의 요청에 따라 우리에게 썰매를 제공하기 위해 온 것이었다. 우리는 여기서 2~3일 더 머물면서 필요한 썰매를 더 구입하려던 참이었던 것이다. 그래서 이제 우리는 썰매 3대를 확보했으므로, 나와 스와르츠, 이반이 각각 1대씩 타고 가기로 하고, 이반이 도착하는 대로 출발하기로 했다. 이반은 다음 날 새벽 1시경 유르트에 도착했다.

우리는 아침 일찍 썰매를 타고 북쪽으로 출발했다. 앞으로는 넓은 툰드라지대가 펼쳐져 있었는데, 동쪽으로는 바다를 끼고 있었고, 서쪽으로는 아주 낮은 주그주르 산맥과 접해 있었다. 우리는 바다를 향해가는 작은 강들을 몇 개 가로질러 갔는데, 멀리 있는 산을 제외하고는 주변에 나무가 보이지 않았다. 이 툰드라지대에는 하루 종일 강풍이 불어 대면서 가벼운 눈보라가 몰아쳐 여행하기가 아주 불편했다. 내 썰매 몰이꾼이 말해 주기를, 이런 여행을 하다가 푸르가와 같은 심한 눈폭풍을 만나면 길을 잃어버리기가 다반사라고 했다. 그리고 이런 평평한 툰드라지대에서 길을 표시해 주고 있는 것은 길을 따라 간간히 서 있는 나무로 된 삼각대뿐이라고 했다.

오후 8시경 우리는 약 100베르스따를 주파하여 오우락이란 야쿠트족 마을에 도착했다. 이 마을에는 8~10채의 유르트가 있었고, 발육부전의 가문비나무들이 작은 숲을 이룬 곳에 위치해 있었다. 나는 즉시 마을 촌장 집으로 안내됐는데, 모든 것이 퉁구스족 집과 대비될 정도로 아주 청결한 상태였다. 산뜻하게 차려입은 2~3명의 여인네들이 즉시 차와 저녁 식사를 준비하는 데 바빴고, 우리를 위해 깨끗한 식탁을 펼쳐 놓았다. 무엇보다 만족스러웠던 것은 커다란 그릇에 신선한 진짜 젖소 우유와 진한 생크림이 제공

야쿠트족 유르트[62]

됐다는 것이었다.

이 야쿠트족의 유르트들은 이제까지 내가 보아 왔던 다른 원주민들의 유르트보다 훨씬 크기가 컸으며, 세심한 주의를 기울여 안락하게 만들어졌다. 방 주위로 침상들이 배치돼 있고, 의자, 탁자 등과 같은 손수 만든 다양한 가구들이 내부를 채워 주고 있었다. 잘 만들어진 벽난로에서는 타닥거리며 불붙은 장작이 방 안에 따뜻한 온기를 채워 주고 있었고, 집 안의 모든 물건들이 주인장의 부지런하고 검약한 모습을 대변해 주고 있었다. 단 한 가지 흠이 있다면, 그것은 방 안으로 스며들어 오는 심한 가축 냄새였다. 내가 앉아 있는 방과 바로 옆방 사이에는 개방된 통나무 칸막이뿐이어서 소들이

---

62) X자형 유르트는 전형적인 코략족 유르트로 알려져 있고, 또 야쿠트족 유르트는 사다리꼴 모양으로 알려져 있으므로, 그림에 나오는 X자형 유르트가 저자의 말대로 야쿠트족 유르트라면 아마도 인근에 사는 코략족 유르트를 흉내 내어 지은 야쿠트족 유르트인 것으로 추측된다.

울어 대는 소리가 다 들려왔고, 그것으로 가축 냄새 나는 것 등 모든 것이 설명됐다.

야쿠트족은 지금까지 동부 시베리아에서 가장 숫자가 많고 우세한 종족으로 알려져 있다. 그들은 영구 주거지에 살며 아주 교화된 종족이다. 말과 소는 그들에게 있어 영원한 친구여서 심지어 집 안에서 같이 살기도 한다. 말과 소는 그들에게 주요 식량 공급원이며, 특히 말젖과 우유는 그들의 식단에서 커다란 비중을 차지하고 있다. 그들은 우유를 끓여서 버터를 만들어 내는데, 그것은 러시아인들에게 커다란 인기가 있어 돼지기름 대신 식탁에 오르는 등 각지로 팔려나간다. 그들은 상당히 머리가 좋고 장사 수완도 좋은데, 특히 보석 종류나 치장품, 모든 종류의 금속 공예품 등을 만드는 데 솜씨가 좋으며, 또한 중국인이나 일본인의 수법을 따라 상아를 조각하는 솜씨도 좋다. 일부 디자인 제품들은 아주 아름답다. 여기서 약 1,000베르스따 떨어져 있는 야쿠츠크 도시는 약 300년 전 건설됐는데, 약 6,000명의 주민이 살고 있으며, 대부분 야쿠트족이다.

러시아인들이 오래전에 야쿠트족을 정복했으므로, 그 이후로 야쿠트족은 러시아어, 풍습, 종교 등을 채택해 살아 왔지만, 아직도 많은 사람들이 전통적인 샤머니즘을 믿고 있다.

야쿠트족은 키가 적당하고, 얼굴색이 다른 원주민들보다 더 밝은데, 많은 여성들이 잿빛

야쿠트족 여자

얼굴색을 갖고 있다. 그 이유는 건강이 나빠서가 아니라, 오히려 강건해서 그런 것이다.[63] '야쿠트'란 이름은 러시아인들이 부르는 이름인데, 왜 그렇

---

[63] 저자 주: 러시아인들과의 교류가 야쿠트족의 생활 환경을 크게 개선시켜 주었는데, 이것은 뮐러(S. Müller)가 1761년 런던에서 발행한 《Voyages from Asia to America for

|제20장| 363

야쿠트족 남자

게 부르는지는 모르겠다. 야쿠트족은 이전에 자신들을 자신들의 군주들 중 한 명의 이름을 따서 '진자차(Zinzacha), 혹은 진조고톡(Zinzogotock)'이라 불렀다고 한다.[64] 야쿠트족은 10개의 다른 하위 종족들로 구성되는데, 모두 합쳐 약 3만 명이 넘는다고 한다. 그들은 본래 바이칼 호 주위에 살고 있던 커다란 종족인 부랴트족(Buryats)[65]과 함께 살고 있었는데, 나중에 이들로부터 분리해 나와 레나 강둑에 정착해 살게 됐다. 그들의 종교는 다른 시베리아 종족들의 것과 아주 유사하지만, 퉁구스족처럼 나무를 깎아 만든 우상들을 숭배하지는 않는다. 그들은 보이지 않는 하나

    completing the discoveries of the Northwest Coast of America(아시아에서 북미대륙 북서해안까지의 항해)》를 토마스 제프리스(Thomas Jeffries)가 번역한 것을 참고로 한 것이다.

64) 오늘날 야쿠트족은 자신들을 사하(Saha), 혹은 사카(Sakha)라고 부른다. 오늘날 인류학자들은 오랜 옛날 야쿠트족이 바이칼 호 부근에서 현재 레나 강 지역으로 이주해 온 투르크족으로 추정하고 있다. 시베리아 소수민족 중 부리야트족에 이어 두 번째로 큰 종족으로 2002년 인구가 약 44만 명인 것으로 보고되고 있다. 러시아의 침략으로 한때 인구가 많이 줄었으나, 특유의 강인한 생활력으로 토착어인 투르크어 계열의 야쿠트어를 야쿠티야 공화국 내에서 러시아어와 함께 제1공용어로 사용하고, 주변 종족들의 공용어로도 사용되고 있다. 야쿠티야 공화국은 석유, 다이아몬드 등 무진장한 자원의 보고로 앞으로 미래가 기대되는 나라이다.

65) 저자는 브라티족(Bratti)으로 표기했으나, 오늘날 러시아어인 부랴트족으로 표기했다. 바이칼 호수 주변에 사는 종족으로 시베리아 원주민 중 가장 큰 종족이며, 20세기 말 인구는 약 50만 명으로 보고되고 있고, 부랴티야 공화국을 이루어 살고 있으나, 공화국 내에서도 러시아인이 다수를 차지하여 토착어인 부랴트어보다 러시아어 사용이 주류를 이루고 있다. 부랴트족의 일원인 코리 부족은 우리 부여, 고구려의 전신인 고리국을 형성한 장본인들로 추정되고 있다. 부랴트족은 대궁(大弓)을 사용하고 나무꾼과 선녀 설화 등 우리와 유사한 문화 전통을 많이 갖고 있는 것으로 확인되고 있다.

의 커다란 신에게 희생 제의를 드리는데, 각각의 하위 종족들은 그 신에 대한 하나의 상을 갖고 있다. 그것은 속을 채운 자루가 몸이 되고, 그 위에 섬뜩하게 생긴 커다란 머리가 얹혀 있는 것이다. 그들은 모든 나무들을 신성한 것으로 간주하는데, 그중에서 특별히 좋아 보이는 나무들에게 여러 가지 소소한 물건들로 장식을 해놓곤 한다. 뮐러가 말하기를, 군주가 죽으면 가장 나이 많은 하인이나 좋아했던 사람들을 산 채로 묻거나 희생시키는 관습이 있고, 또한 때때로 다른 죽은 사람들을 야쿠츠크의 길거리에 놓아두어 개들이 먹어 치우게 하는 관습도 있다고 했다. 그들이 아직도 갖고 있는 본래 특성 중 하나는 탐욕스런 식욕이다. 축제가 벌어지면 그들은 본성을 드러내는데, 최대한 많이 먹다가 죽는 사람들도 종종 있다고 했다.

이제 목적지까지는 약 25베르스따밖에 남아 있지 않았다. 나는 메카를 향해 순례 중인 신앙심 깊은 무슬림은 결코 아니었지만, 마치 성지 순례를 마치는 순간에 일생의 꿈을 달성하는 것 같은 아주 고양된 기분이었다. 니콜라예프스크를 떠난 지 거의 5개월이 지나갔고, 전에 이곳 아무르 강 지역의 현지인 친구들이 우려했듯이, 분명 죽음의 땅 하데스(Hades)에서 이미 죽은 목숨이 됐을 것이라는 걱정에도 불구하고, 마침내 우리는 목적지를 눈앞에 두고 있는 것이다. 우리가 여행한 거리는 실제로 약 2,000km를 넘지 않지만, 온갖 장애를 극복하기 위해 우리가 소비한 시간과 노력으로 따져 본다면 그보다 3배 되는 거리를 여행한 셈이 될 거라고 생각한다.

목적지에 빨리 다다르고 싶은 마음이 간절해지자, 마시고 있던 차도 맛없어지면서 나는 곧 다시 썰매를 타고 해안가의 툰드라지대를 질주해 갔다. 1시간 반이 지나자 오호츠크 마을이 보일 때가 됐다는 생각이 들었다. 앞에는 아직도 넓은 툰드라지대가 약 20베르스따 펼쳐져 있었고, 옆으로는 하얗게 눈을 뒤집어쓴 낮은 산들이 이어져 있었다. 어디에도 마을의 흔적은 보이지 않았고, 흰 눈으로 덮인 넓은 평원뿐이었는데, 멀리 희미하게 검은 점 하나가 마치 눈 위에 튀어나와 있는 타다 남은 통나무처럼 설원 위로 올라와 있는 것이 눈에 띄었다. 나는 혹시 잘못 본 것이 아닐까 생각했지만, 나의 썰매 몰이꾼이 곧 미소를 지으며 그 지점을 가리키면서 외쳤다.

"오호츠크다!"

가까이 다가갈수록 나의 순례 성지는 서서히 그 모습을 드러내고 있었다. 마침내 나지막한 통나무집들이 눈에 들어오고, 그 중간에 통나무로 만든 조그만 교회가 돔과 탑을 머리에 얹고 서 있었다. 주변에는 사방에서 불어오는 사나운 바람을 막아 주는 나무나 숲이 하나도 없었다. 나는 이보다 더 황량해 보이는 마을을 본 적이 없었다. 우리는 처음에 남서쪽에서 마을로 들어갔는데, 오호타 강(Okhota river)에 얼어 있는 얼음이 상태가 안 좋아서 북쪽으로 빙 돌아 들어가야 했다. 잠시 후 우리는 어느 평범한 통나무집에 도착했는데, 집 앞에는 썰매가 2~3대 놓여 있었고, 썰매 끄는 개들도 20~30마리 모여 있었다. 나는 썰매에서 내렸고, 이제 나의 여행은 끝이 났다. 다음 날이 되자 아바자 소령과 마후드가 나타났다.

오호츠크 마을은 예전에 아주 중요한 항구였으나, 니콜라예프스크 마을이 건설되자 오호츠크 마을은 쇠락하기 시작했다. 이곳은 베링이 배를 만들어 진수하는 등 탐험 항해를 시작했던 곳으로, 현재 약 30여 채의 집이 불규칙적으로 산재해 있으며, 그 가운데의 개활지에 별다른 특징 없이 통나무로 지은 교회가 서 있다. 전에 있던 통나무집들은 대부분 땔감으로 쓰기 위해 다 뜯겨지고 불타 없어졌다. 현재 주민은 약 300명 정도로 러시아인, 코사크족, 야쿠트족 등으로 구성되어 있다. 지방행정 책임자인 이스프라브닉은 여기에 거주하면서 2~3명의 모피 무역상들과 함께 귀족정치를 행하고 있다.

거리는 말 그대로 까마귀와 까치들의 세상이었다. 이 새들이 부근 수km 이내를 점령하고 있었다.

나중에 이스프라브닉이 알려준 바에 따르면, 이곳은 여름이 되면 사람 살기에 훨씬 더 좋은 환경이 된다고 했다. 사방에 곰, 뇌조 등 온갖 종류의 사냥감들이 널려 있고, 8월이 되면 오호타 강은 물고기로 가득 찬다고 했다. 물고기가 너무 많고 썩은 사체 때문에 물을 사용할 수 없을 정도라는 것이다. 물고기는 원주민들에게나 농사짓는 러시아인들에게나 주요한 식량 자원이 되는데, 매년 수천 마리가 겨울 양식으로 말려지고 저장됐다가 사람과 개들에게 나누어진다. 작은 감자와 몇몇 야채들도 조금 경작되지만, 주민들은 통상 농사를 지으려 하지 않는다. 이 지역에서 개는 아주 중요한 동물로 크게 키운다. 여름에 이 개들은 강을 건너서 스스로 물고기를 잡는데, 실패하는 일이 없다.

이스프라브닉의 친절한 도움으로 우리는 곧 방을 배정받았다. 우리는 이곳에서 봄에 도착할 배를 기다리며 게으르고 편한 생활을 영위할 예정이다. 그런데 전망이 그리 썩 좋은 것이 아니었는데, 왜냐하면 이곳에는 여가

개들의 물고기 잡이

를 즐길 만한 시설들이 갖추어지지 않았기 때문이었다. 그래서 나는 오히려 너무 일찍 여행을 끝낸 것을 후회할 정도였다. 아바자 소령의 계획은 곧 기지가로 돌아가 케넌을 만난 다음, 사람과 자재를 실은 배가 도착하면 전신선 가설공사를 시작할 수 있는 준비를 해놓는 것이었다.

우리는 우리의 코사크족 친구 이반과 헤어지는 것이 아쉬웠다. 우리는 그의 헌신적인 봉사에 대해 돈과 여러 가지 선물 등으로 후하게 대가를 지불해주었고, 그는 다시 한 번 오우드스코이에 있는 자기 가족을 만나러 남쪽으로 발길을 돌렸다. 우리는 그가 다시 멀고 험한 길을 떠나는 것을 보고 안타까운 마음이 들었다.

| 제 21 장 |

또 다른 여행-비교적 편안한 여행이 될 것으로 예상-여행 준비-출발-오호츠크 마을의 마지막 모습-파보쉬카-고급 여행-원기 왕성한 개들-다가오는 봄-툰드라지대의 장애물인 작은 언덕들-바다-소금기 있는 얼음-봄을 따라 온 오리-우편 역사무소-에나 마을-빠른 여행-환대-새로운 개들로 교체-원주민들의 호기심-공손함-푸르가 조짐-출발-투모프 강-거세어지는 푸르가-썰매 몰이꾼들의 반대-협박하다시피 설득-산 오르기-앞이 안 보이는 눈폭풍-안락한 파보쉬카 여행-길을 잃다-당황한 썰매 몰이꾼들-정상-급경사의 하산길-부서진 썰매-수직 절벽-눈사태-위험한 여행-말린 생선 임시 저장소-소중한 썰매개들-코웨이 강-계속되는 눈폭풍-점심 식사-황제 소유의 담비-굶어 죽은 개들-밤늦은 여행-타우스크 만-얼음 언덕-험난한 길-썰매 수리-타우스크 도착

나는 아직도 겨울 여행이 끝났다는 사실이 실감이 나지 않았고, 또한 이 지루하고 재미없는 작은 마을인 오호츠크에서 앞으로 4개월을 보내야 한다는 것을 사실로 받아들이기 어려웠다. 그런데 마침 그때 어느 날 아침 아바자 소령이 보낸 코사크족 친구 부쉰(Vushin)이 내가 묵고 있는 집에 와서 소령이 보낸 쪽지를 전해주었다. 거기에는 다음 날 기지가로 출발하니 동행할 것이냐는 제안이 적혀 있었다.

나는 기꺼이 그 제안을 받아들였는데, 왜냐하면 나는 멀리 북동쪽 지방과 거기에 사는 원주민들을 보고 싶은 호기심이 발동했을 뿐만 아니라, 이

미 7일 동안 오호츠크에서의 생활에 따분해 하고 있었기 때문이었다. 그래서 고생이 되더라도 여행하는 것이 이 지루한 마을에서 건들거리고 있는 것보다 더 나아 보였다. 게다가 기지가로 가는 여행은 지금까지 해온 여행보다 더 재미있을 것 같았는데, 왜냐하면 여기서부터는 순록을 버리고 우편도로를 따라 야쿠트족과 코사크족이 몰고 가는 개썰매를 타고 가기 때문에 더 빠르고 편안한 여행이 될 것 같았기 때문이다.

지역에 따라 다르지만, 어떤 지역에서는 2,000km 여행 준비하는 데 하루면 충분한 곳도 있을 것이다. 그러나 이곳 시베리아에서는 옷 준비하는 데만 여러 날이 걸린다. 우리가 여행 시작할 때 준비했던 옷들은 이제 거의 다 닳아 있었다. 양말은 3~4켤레가 남았는데 다 낡았고 일부는 구멍이 났다. 내복은 2벌 남았는데, 무릎과 팔꿈치에 구멍이 났다. 순록을 타고 여행하게 되면 옷이 아주 빨리 닳게 된다.

양말, 벙어리장갑, 내복 등 필요한 모든 것들을 구입해 모든 준비를 끝냈다. 3월 15일 아침 9시경 출발 명령이 떨어지자 개들이 시끄럽게 짖어 대며 썰매를 끌었다.

"굿바이!", "쁘로샤이쩨!"

주민들이 영어와 러시아어로 마지막 인사를 보내는 것을 뒤로 한 채, 우리는 마을을 떠나갔다.

오호타 강의 얼어붙은 바닥을 달려 나갔는데, 길은 잠시 평탄했다. 뒤를 돌아보니 멀리 오호츠크 마을의 통나무집들이 거무스름하게 보이면서 마을로 보이기보다는 마치 쓰레기더미처럼 보였다. 점점 거리가 더 멀어졌고, 거무스름한 더미가 더 작아지면서 눈 덮인 낮은 언덕처럼 보이다가 시야에서 사라져 버렸다.

우리는 처음 우다 강에서 개썰매를 타고 여행했을 때 그것이 겨울 여행의 모든 것이라고 생각했었는데, 여기서 본 개썰매에는 '파보쉬카(pavoshkas)'라는 안락한 자리가 모든 썰매에 장착돼 있었고, 그것은 처음 본 장치였다. 파보쉬카는 보통 썰매처럼 낮고 길고 좁은 모양새였지만, 얇은 나무판을 덧붙이고 그 위에 물개가죽을 씌워 박음질을 해서 습기나 한기가 거의 새어들지 않게 만들어 놓았다. 게다가 내부에는 부드러운 곰가죽이나 늑대가죽을 충분히 길게 깔아 놓아 탑승자가 모피 과잉으로 거의 숨이 막힐 지경이었다. 길이는 거의 썰매 전체의 길이와 같았고, 탑승자가 들어가는 뒤쪽 끝부분을 제외하면 모든 면이 막혀 있었다. 탑승자는 뒤쪽 끝부분에 앉거나 누워서 발과 다리를 쭉 뻗을 수 있고, 그 발끝 윗부분에 썰매 몰이꾼이 앉게 된다. 이 썰매 뒷부분은 마치 2륜마차의 덮개처럼 탑승자가 마음대로 덮개를 올렸다 내렸다 할 수 있게 되어 있다. 만일 날씨가 나빠 눈폭풍이 다가온다면, 안쪽에 두껍게 모피를 댄 가죽덮개가 뒷부분에 씌워지면서 안에 있는 사람을 눈폭풍으로부터 완전히 가려 주게 된다. 그러나 앞에 앉아 있는 썰매 몰이꾼은 아무런 보호막이 없다.

파보쉬카는 그렇게 안락한 장치이지만, 뒤에 누워서 개를 다루는 것은 불가능하기 때문에 썰매 몰이꾼을 고용할 수 있을 정도로 부유한 사람만이 이용할 수 있는 것이다. 주민들 거의 모두는 자기 소유의 평범한 썰매를 몰고 다니는데, 통상 몸을 적당히 움직여 줘야 하기 때문에 혈액순환이 잘 되어 추운 날씨에도 잘 견딜 수 있다. 보통 썰매는 산악 지방이나 험한 지역을 다니기 쉽도록 가볍게 만들어져 있어서 주민들이 항상 애용한다. 썰매는 또한 짐 싣는 것도 용이하도록 만들어졌다.

우리 썰매에는 각각 크고 좋은 개들이 약 15~20마리씩 딸려 있었는데, 아침이 되자 원기 왕성한 개들이 기운을 주체하지 못하고 있다가 썰매 몰이꾼의 몰이가 시작되자 마구 앞으로 내달리면서 해안가 평평한 길을 따라 나아갔다. 마른 잎 하나가 조금만 움직여도, 또한 눈 위에 무슨 물체가 조금 움직이기만 해도 개들은 바로 알아차리고 맹렬한 속도로 쫓아가는데, 결국 썰매 끌잇줄과 몸에 묶어 놓은 가죽끈들이 서로 엉켜 버릴 정도로 혼란스런 광경이 연출되기도 한다. 이것은 여행 중에 개들을 반쯤 굶겨 놓기 때문에 조금이라도 움직이는 물체가 발견되면 잡아먹으려고 미친 듯이 쫓아가게 되는 것이다.

이미 봄이 다가오고 있었고, 또 바다에서 불어오는 소금끼 섞인 해풍 때문에 눈이 녹기 시작하고 있었으므로, 많은 곳에서 울퉁불퉁 언덕배기들이 눈 덮인 툰드라지대에서 그 모습을 드러내기 시작하고 있었고, 썰매를 타고 가는 우리들에게 그것들은 아주 심각한 장애물이 되고 있었다. 그래서 이런 곳을 지나갈 때는 모두가 함께 무거운 썰매를 끌고 가는 개들을 도와주어야만 했다. 개들은 온 힘을 다해 썰매를 끌어야 했는데, 입 밖으로 혀를 내밀고 가끔 캥캥거리면서 마치 옆의 동료 개들에게 용기를 불어넣어 주는 것 같았다. 다행스럽게도 우리는 이런 장애물 코스를 그리 많이 만나지 않았고, 대체적으로 여행은 아주 좋았다.

오늘 하루의 전반기는 해안가를 따라 가는 길이었다. 바닷가에는 얼음이 얼어 있었는데, 파도 때문에 부서진 커다란 얼음 파편들이 무질서하게 쌓여 있었다. 바다 위에도 얼음이 여기저기 조각을 이룬 채 떠 있었고, 그 가운데 오리 한 마리가 외로이 떠 있는 모습도 눈에 띄었다. 그 오리는 북극의 오랜 겨울이 지나자 다시 옛집을 찾아온 최초의 오리 같았는데, 그것은 우리가 온 세상이 눈과 얼음으로 가득 찬 이곳에 지쳐갈 무렵 봄이 다가오고 있다는 환영할 만한 징조였다. 해변에는 거대한 기암괴석들이 얼음덩어리들과 뒤섞여 있었는데, 어떤 얼음덩어리들은 높이와 두께가 12m쯤 되는 거대한 것들도 있었다. 놀랄 수밖에 없는 이 거대한 크기의 얼음덩어리들을 가까이 다가가 들여다보니, 그것들은 얼음이 여러 겹 켜켜이 쌓여 있는 거대한 얼음층이었다. 파도가 치면서 계속 얼어붙어 그렇게 된 것이었다. 거기에는 모래와 자갈도 함께 얼어붙어 있었다.

정오 무렵 우리는 우편 역사무소인 작은 유르트에 도착했고, 여기서 차를 마시며 기운을 차린 다음 무거운 짐을 싣고 뒤따라오는 썰매들을 기다리기로 했다. 이 같은 유르트들은 작지만 안락하고 잘 지어진 통나무집들인데, 동절기에 심한 눈폭풍이 몰아칠 때 여행객들을 보호하기 위해 정부가 돈을 내어 길 중간중간에 만들어 놓은 것이었다. 유르트에는 방이 하나 있고, 벽 한쪽으로 낮은 단을 만들어 놓아 여행객들이 그곳에 침구를 깔고 잘 수 있게 했으며, 우리가 알라 강에 있는 솔라바요프의 유르트에서 보았던 것과 같이 한쪽 귀퉁이에는 벽화로인 츄알이 설치돼 있었다. 이 유르트들은 여행객들만이 사용할 수 있으며, 보통 잘 관리돼 있다.

유르트에서 내륙 쪽으로 더 들어가니 주그주르 산맥의 산자락이 나왔고, 여기서 해안선과 평행하여 동쪽으로 계속 나아가 밤 10시쯤 우리는 반은 러시아인, 반은 야쿠트족이 살고 있는 에나(Ena) 마을에 도착했다. 하루 종일 한 자세로 지루하게 누워 있어야만 했고, 또 마지막 2시간 동안 손과 발이 거의 얼어 있었기 때문에, 마을에 다가갔을 때 개 짖는 소리가 들려오자 그 소리가 아주 반갑게 들렸다.

순록을 타고 느릿느릿 여행하던 것에 익숙해 있다가, 이제는 아주 빠른 여행을 하게 됐는데, 우리는 오늘 12시간 동안 약 114베르스따를 주파했던 것이다.

우리는 어느 러시아인 의사의 집으로 초대되어 많은 환대를 받았는데, 그 집은 아바자 소령이 오호츠크 마을로 가는 도중에 들렀던 집이었다. 러시아인 의사는 우리가 편안하게 지낼 수 있도록 모든 편의를 다 봐주었다. 다음 날 아침 일찍 깬 우리는 여행 준비를 서둘렀다. 여기서 다음 목적지인 타우스크(Tausk)까지 가기 위해 지쳐 있는 개들을 새 개들로 교체했는데, 이 개들은 아주 훌륭해 보였고, 썰매 1대당 약 10~20마리가 할당됐다.

미국인이 나타났다는 소식이 온 마을에 퍼진 것은 금방이었고, 집 앞에서 시끄러운 소리가 들려 나가 보니 약 200명 정도의 마을 사람들이 나를 보기 위해 문 앞에 모여 있었다. 그들은 나를 머리에서 발끝까지 천천히 훑어보면서 나의 일거수일투족을 지켜보고 있었는데, 마치 무슨 듣도 보도 못한 기묘한 일이 벌어지기를 기대하고 있는 듯했다. 그런데 한편으로 그들은 아주 공손했는데, 어른부터 아주 작은 아이까지 모두가 모피 두건을 걷어 올리고 나를 향해 러시아어로 아침 인사를 건네는 것이었다. 작은 마을인 에나에는 다른 작은 러시아 마을들과 마찬가지로 어디 하나 여행객의 주의를 끌 만한 것들이 없었는데, 지금까지 내가 봐왔던 다른 마을들과 별다른 점이 없어 보였다.

아침 날씨는 어두웠지만 평상시보다 더 따뜻했다. 하늘은 거무스름한 구름으로 뒤덮여 있었는데, 우리 길잡이들은 그것이 푸르가를 예고하고 있다고 두려워하고 있었다. 그러나 우리는 푸르가 같은 눈폭풍이 오더라도 도중에 있는 피난처인 유르트로 피할 수 있다고 보았으므로, 출발하는 데 별 주저함이 없었다.

9시경 출발 준비가 다 끝났고, 출발 신호가 떨어지자 우리는 가파른 언덕길을 타고 달려 내려갔다. 썰매 주위에는 뒤집어지지 말라고 대여섯 명의 원주민들이 달라붙어 있었는데, 우리는 그들에게

"쁘로스지쯔(안녕)!"

하고 마지막 인사를 나누었고, 곧 마을이 시야에서 멀어져 갔다. 우리는 동쪽으로 계속 나아갔고, 이제 일부 녹아내린 강 바닥을 구불구불 타고 가다가 낙엽송 숲이 우거진 곳을 통과하여 오후 3시경 투모프 강(Tumoff river)가에 자리 잡고 있는 어느 유르트에 도달했다. 그곳에는 타우스크에서 우리를 위해 개먹이, 즉 말린 연어를 싣고 온 여러 대의 썰매들이 우리를 기다리고 있었다.

이 지점에서 우리는 강을 버리고 높은 산등성이를 가로질러 코웨이 강

(Cowey river) 상류 쪽으로 올라갈 예정이었다. 이제 푸르가는 아주 강해져 있었는데, 유르트가 나무들 사이에 자리 잡고 있어서 안에 있는 우리는 조금도 푸르가를 느낄 수 없었다. 여기서 우리는 차를 마시고 잠시 휴식을 취한 다음, 산을 넘어 약 20베르스따 거리에 있는 반대편 유르트에 밤이 되기 전에 도착할 예정이었다. 길잡이들이 우리의 계획을 듣자마자, 서로 모여서 의논을 벌인 후, 아바자 소령에게 다가와 이런 눈폭풍을 맞으며 산을 넘어 가다가는 길을 잃고 얼어 죽거나 눈폭풍에 휩쓸려 깊은 계곡에 떨어질 수 있으므로 가지 말라고 요청했다. 게다가 전에 그런 시도를 하다 죽음에 이른 팀이 있었노라는 이야기를 덧붙이자, 소령은 전진하지 않는 것으로 거의 설득당하는 것 같았다.

그러나 이런 푸르가는 종종 며칠 동안 계속되기 때문에, 그로 인한 지연으로 필요한 식량과 개 먹이가 부족해지는 사태를 어떻게 해결할 방법이 없었으므로, 최선의 방법은 가능한 한 빨리 이 구간을 통과하는 방법밖에 없다는 결론에 이르렀다. 그러자 일부 길잡이들이 반발하며 유르트에서 한 발짝도 움직이지 않겠다고 선언하기까지 했다. 그러나 소령은 2~3명의 코사크족 병사들과 함께 러시아어로 겁쟁이들이라는 모욕적인 말들과 처벌하겠다는 위협적인 말들을 마구 구사하면서 그들의 완강한 반대를 물리쳤다. 그리고 머지않아 우리는 결국 산에 오르게 됐다.

바람은 허리케인 수준으로 불어 대고 있었는데, 비록 낙엽송 숲이 어느 정도 방패막이를 해주고 있었지만, 눈이 너무 빠른 속도로 휘몰아치고 있어서 앞에 가는 썰매와 개들을 알아볼 수가 없을 정도였다. 길은 이미 눈에 파묻혀 버려서 보이지 않았고, 앞이 보이지 않는 눈폭풍 속에서 우리는 더듬더듬 길을 찾아가야 했다.

2~3대의 썰매가 이미 길을 잃어버렸고, 우리 썰매도 눈에 거의 파묻힐 정도였는데, 30분 동안 헤매다가 겨우 서로 만나는 데 성공했다. 서로 고함

을 질러 대며 서로의 위치를 확인하면서 겨우 상대방을 찾을 수 있었던 것이다.

눈이 파보쉬카 안으로 파고들어 왔으므로, 처음부터 우리는 가죽 커튼을 들어 올렸고, 따라서 우리는 길잡이들이 길을 찾는 데 아무런 도움이 되지 못했다. 밖에서 길잡이들이 눈폭풍과 싸우고 있는 와중이었지만, 우리는 눈폭풍으로부터 완전히 차단돼 있었으므로, 만일 으르렁대는 바람소리와 때때로 개들에게 던지는 길잡이들의 고함소리마저 없었더라면, 우리는 밖에서 무슨 일이 벌어지고 있는지 전혀 모르는 상태에 있었을지 모른다. 때때로 썰매가 나무에 심하게 부딪히거나, 안 보이는 통나무 뿌리에 걸려 뒤집히거나 할 수도 있었겠지만, 다행히 아무런 피해도 일어나지 않았다.

약 2시간을 눈폭풍과 싸우면서 나아간 후, 우리 썰매가 멈춰 섰다. 하얗게 질린 얼굴로 길잡이들이 우리 파보쉬카 주위로 몰려와서 길을 잃었노라고 말했다. 길의 흔적은 어디에도 보이지 않았고, 방향을 정할 만한 무슨 뚜렷한 표지물도 보이지 않았다. 우리가 내릴 수 있는 결정은 오로지 눈폭풍이 잦아들 때까지 여기서 야영하는 것뿐이었다. 그런데 잠시 후 바람이 조금 잦아들었고, 그 틈을 타서 우리는 현재 우리가 있는 위치를 알아내기 위해 설피를 신은 길잡이들을 사방으로 보냈다. 잠시 후 한쪽에서 기쁨에 찬 고함소리가 멀리 들려왔고, 오래지 않아 우리 모두는 썰매를 끄는 개들을 도우면서 가파른 산등성이를 올라가고 있었다. 정상에 오르자, 우리는 정말 하늘에 감사한 마음이 들었다. 왜냐하면 여기서부터 언덕을 쭉 따라 내려가면 다음 유르트에 도달할 수 있었기 때문이었다. 산의 반대쪽, 즉 동쪽 산등성이는 눈폭풍으로부터 완전히 격리돼 있었다.

정상을 넘어 산의 반대쪽에는 나무 같은 식물들이 전혀 보이지 않았다. 눈앞에 보이는 것이라곤 온통 하얀 눈뿐이었는데, 잠시 휴식을 취한 개들이 컹컹 짖어 대며 눈 속에 뛰어들어 장난을 쳐댔다. 내려가는 길은 아주 경사가 심했는데, 마치 열기구를 타고 가다 떨어지는 것처럼 거꾸로 처박힐 것 같은 기분이 들 정도로 급경사였다. 앞에 무엇이 있는지 알 수 없기 때문에, 썰매 몰이꾼들은 개들의 속도를 줄이기 위해 앉은 자리에서 일어나서 끝에 못이 달린 장대인 오슬(ostles)을 썰매 활대 사이 눈 바닥에 내리꽂았다. 그러자 눈이 구름처럼 일어나서 썰매 전체를 거의 뒤덮을 것처럼 보였다.

이렇게 미리 썰매의 속도를 줄여 주는 예방책을 더 빨리 취했어야 했다. 다음 순간 우리는 약 15m 높이의 눈 절벽 언저리에 다가가고 있었고, 이제 다른 쪽으로 개들의 방향을 돌릴 시간적인 여유가 별로 없었다. 그런데 가까스로 오른쪽으로 방향을 돌려 대형 사고는 막을 수 있었다. 하지만 오른쪽 방향으로 약 3.5m 높이의 절벽 아래로 떨어질 수밖에 없었고, 다행히 썰매가 약간 부서지고 개 한 마리가 약간 다치는 정도로 위기를 모면할 수 있었다. 썰매는 곧 수리됐고, 여행은 다시 계속됐다. 그러나 이제 썰매의 속도는 한결 느려졌다.

길은 좁은 계곡 길로 이어졌고, 거기에는 눈이 30m 이상 쌓여 있었는데, 정상 부근에 있는 눈이 바람에 날려 이곳에 쌓인 듯했다. 여행은 방금 겪었던 그런 눈 절벽들을 만나는 경우를 제외하면 괜찮은 편이었다. 이들 눈 절벽들은 바람의 작용에 의해 거대하게 쌓인 눈에 커다란 틈새가 생기면서 만들어진 것들이었는데, 때때로 높이가 약 20m에 달하는 수직 절벽을 만들어 내기도 했다. 이런 눈 절벽 위에서는 눈덩이들이 종종 밑으로 떨어지기도 해서 여행길을 아주 위험하게 만들기도 하는데, 규모가 큰 눈사태는 위험하기가 더 말할 나위도 없다. 방금 전에 썰매 몰이꾼이 나에게 말해 주기를, 얼마 전에 이런 눈덩이가 떨어져 사람 한 명과 개들이 모두 죽었다고 했다. 오후 8시경 우리는 쉴캅 강(Sheelcap river) 근처에 있는 어느 유르트에 도착했다. 우리는 사방이 눈으로 뒤덮인 이런 황량한 곳에서 다행히 유르트에서 하룻밤을 보내게 된 것을 감사하게 생각했다.

다음 날 아침 출발하기 전에, 썰매 몰이꾼들은 관습에 따라 돌아오는 길에 쓸 요량으로 땅을 파고 개들에게 줄 하루치의 말린 생선들을 묻어 놓았다. 이것은 아주 현명한 예방책이었는데, 길을 가는 도중에 어떤 재난을 당해서 공급품들을 잃어버리는 일들이 종종 벌어지기 때문에, 만일 이렇게 식량이나 개 먹이를 확보해 놓지 않으면, 그들이 아주 소중하게 여기는 개들을 희생시키는 대가를 치르거나, 아니면 다시 집에 돌아가지 못하는 불상사가 생길 수 있는 것이다.

마을마다 개들이 많이 있지만, 대부분의 개들은 다른 일은 안 하고 오직 이런 썰매 끄는 일만 한다. 그래서 영리하고 좋은 개들은 아주 소중하게 다뤄진다. 사람 말을 알아듣고 오른쪽 왼쪽으로 가도록 훈련받은 좋은 선도견들은 약 80루블, 미국 돈으로 약 60달러 정도로 비싸게 취급된다. 가난한 이곳 사람들에게 이정도 비용은 아주 커다란 것이다. 보통 개들의 가격은 그 희소성에 따라 매겨지는데, 통상 5~15루블에 불과하다. 이 지역에서는 보통 2~3년마다 개 전염병이 도는데, 그럴 때는 예외 없이 거의 모든 개들이 죽는다고 한다. 단 일주일 만에 수백 마리의 개들이 죽어나가기도 한다고 했다. 그럴 때는 돈으로도 살아남은 개들을 살 수 없다고 한다.

길은 드문드문 숲이 우거진 기복 있는 길이었는데, 동쪽으로 코웨이 강을 향해 가고 있었다. 코웨이 강은 동쪽으로 약 250베르스따 떨어져 있는 타우스크 만(Tausk bay)으로 흘러 들어간다. 오늘은 온도계가 영하 18도를 가리킬 정도로 따뜻한 날씨여서 여행이 즐거웠다. 보통 썰매는 옛길 위에 눈이 내려 쌓인 길을 가게 되는데, 이제 겨울이 절반 이상 지나간 하반기에는 때때로 60~90cm 정도 딱딱하게 얼어 있는 하상 길을 가게 되거나, 아니면 부드러운 눈이 허리에 찰 정도로 쌓여 있는 좁은 둑길을 가게 되는 것이다.

우리는 이런 길들을 가는 데 커다란 불편을 겪게 됐는데, 왜냐하면 최근에 눈폭풍이 불어와 옛길의 흔적이 모두 사라져 버렸기 때문에 썰매가 계속 깊은 눈 속으로 이탈할 수밖에 없었다. 그러면 2~3명이 썰매를 끌어 다시 제자리로 돌려놓아야만 했다. 이렇게 시간이 지체되는 일을 피하기 위해서는 설피를 신은 사람 2명이 계속 앞서 걸어가며 장대로 길의 상태를 점검하는 일이 필요했다. 오후에 다시 강한 바람과 함께 눈이 내리기 시작했다. 어두워질 무렵 우리는 코웨이 강둑에 있는 어느 유르트에 도착했다. 이 지점에서 코웨이 강은 폭이 약 30m였고, 강둑에는 나무 지름이 약 25cm를 넘지 않는 낙엽송 숲이 잘 조성돼 있었다.

다음 날 아침에도 여전히 강풍과 눈이 몰아치고 있었는데, 썰매 몰이꾼들은 그런 눈폭풍을 그대로 맞아야 했지만, 여행 자체는 그리 나쁘지 않았다. 우리는 넓고 숲이 잘 조성돼 있는 코웨이 강 계곡을 따라 동쪽으로 계속 내려갔는데, 때때로 강을 직접 타고 가기도 했지만, 대부분의 경우 길고 구불대는 강 길을 피해서 직선 길인 숲속 길을 뚫고 지나갔다. 정오 무렵 우리는 어느 유르트에 도달해서 차를 마시고 점심 식사를 했다. 통상 우리들은 점심 식사를 아무런 격식도 차리지 않고 아주 빨리 해치우는 것이 습관이 됐다.

차가 준비되는 동안, 코사크족 우두머리인 부쉰(Vushin)은 얼어붙은 날 것 연어 한 마리를 가져와 자기의 칼집에서 칼을 꺼내 얇게 살을 깎아 낸 다음 소금을 쳐놓는다. 그리고 얼어붙은 흑빵을 도끼로 쳐서 1인분씩 나눈 다음, 소금 친 연어 살조각과 함께 먹는 것이 우리의 점심 식사였다. 그런데 얼어붙은 흑빵은 너무나 단단해서 그대로 씹어 먹기가 어려웠으므로, 처음에는 흑빵을 뜨거운 홍차에 녹여 먹다가 나중에는 모닥불 곁에 두고 녹여서 먼저 녹는 대로 알맞은 크기로 잘라 먹는 방식을 채택했다. 날 것 연어를 먹다가 질리면 때때로 우리는 개들이 먹는 말린 연어를 먹기도 했는데,

잘 조리하면 아주 맛이 좋았다.

유르트 안에서 다리를 포개고 양반 자세로 앉아 점심 식사를 하고 있는 동안, 분명 족제비과 동물로 보이는 작고 하얀 짐승 한 마리가 한쪽 구석에 쌓여 있는 장작더미 밑에서 재빠르게 왔다 갔다 하는 모습이 나의 눈에 포착됐다. 그 모습이 하도 빨라서 제대로 볼 수가 없을 정도였다. 처음에는 대수롭지 않게 생각했으나, 여러 번 모습이 포착되자, 나는 부쉰에게 그 짐승이 무엇인지 물어 보았다. 그가 나에게 알려 주기를, 이 버려진 낡은 헛간에 몸을 사리고 있는 보잘 것 없이 생긴 이 작은 짐승은 놀랍게도 러시아 황제 소유의 담비라고 했다. 그러자 나는 이전에 알고 있던 러시아 황족들의 화려함이 생각났다. 정말 모든 것이 허망한 것 같았다. 그런 황실의 찬란함이 이런 보잘 것 없는 작은 짐승에 기인한다는 사실이 황제의 영광에 먹칠을 하는 듯한 느낌이 들었다.

길을 따라 몇 베르스따 가다 보니 이번 겨울에 다른 여행팀들이 사고를 당해 도중에 굶어죽거나 기진해서 버린 개들이 눈에 띄었다. 만일 썰매에 무거운 짐이 실려 있지 않았다면, 썰매 몰이꾼들은 기진해 버려진 개들을 썰매에 싣고 가서 건강을 회복시켜 주었을 것이다.

오후 6시경 우리는 코웨이 강둑에 있는 또다른 유르트에 도착했는데, 아직 어두워지기 전이었으므로, 타우스크에 가려는 마음이 급한 우리는 계속

담비

길을 나아갔고, 밤 10시 반경 우리는 다음 지점에 있는 유르트에 도착했다. 무거운 짐을 싣고 뒤따라온 다른 썰매들은 자정 무렵이 돼서야 도착했다.

타우스크에 도달하려면 아직 약 125km 정도를 더 가야 했는데, 다음 날 그 거리를 다 주파하기 위해 우리는 새벽 5시에 출발했다. 오늘 여행은 특별한 일이 없었지만, 여행은 힘들지 않았다. 하지만 개들이 너무 지쳐 있어서 속도를 내기가 어려웠다. 하루의 대부분을 얼어붙어 있는 강 길을 따라 갔는데, 어두워지기 전에 강 하구에 도착했다. 여기서 우리는 다시 한 번 바닷물이 얼어 있는 광경을 볼 수 있었는데, 강 하구는 파도에 떠밀려 부서진 얼음덩이들이 얼음 언덕들을 이루면서 꽉 막혀 있었다. 강의 동쪽 둑에 있는 만으로 돌출해 있는 바위 절벽을 돌아가기 위해서는 이 얼음덩이들로 막혀 있는 하구 쪽을 가로질러 가는 수밖에 없었다.

그 길은 정말 험해서 4~5명이 썰매를 하나하나씩 들어 올리고 끌어당겨서 얼음언덕 위를 통과했다가 벌어져 있는 얼음 구멍들을 수없이 피해 나가야만 했다. 그러다가 썰매가 뒤집어지거나 부서지기도 했고, 또 개들 사이로 곤두박질해 불쌍한 개들이 비명을 지르기도 했다. 가는 길 앞쪽에 툭 튀어나와 있는 얼음덩어리들을 제거하기 위해 자주 도끼가 사용됐고, 여기저기서 사람들의 고함소리와 150여 마리나 되는 우리 개들의 컹컹 짖는 소리들이 뒤섞여 아수라장이 연출되고 있었다. 날이 어두워지고 나서야 겨우 그곳을 통과한 우리는 여러 대의 썰매가 부서지고, 또 여러 마리의 개들이 다치는 대가를 치러야 했다. 그러나 이제 목적지까지는 단지 15베르스따밖에 남지 않았고, 길도 좋았다. 우리는 썰매를 그럭저럭 수리해 앞으로 나아갔고, 밤 9시 반경 드디어 타우스크에 도착했다.

| 제 22 장 |

타우스크 마을-인구-타우스크 만-구경꾼들-미국 잡지들 그림-우체부-조지 케넌의 편지-담비의 가치-담비 덫-도브라 마을로 출발-게으른 개들과 더 게으른 썰매 몰이꾼-영어 구사하는 썰매 몰이꾼-아르만 마을-라무트족 사람들-생계-좋은 옷으로 치장-생각 없는 소비-전신선 가설공사 설명회-약 처방-원주민들의 질병-유빙에 떠내려간 원주민들-아르마니 강-썰매 개들에 물려 죽은 순록-폴로그 방-물개 기름 등잔-얌스크까지의 여행-강행군-장화 신은 개들-고래 갈비뼈로 만든 활주부-마노석-부싯깃-불피우는 방법-개들의 습성-우두머리 개의 영리함-밤 여행-폭설에 파묻히다-눈 뚫고 나오기-아직 모자라는 현장 적응력-얌스크-정착 코랴족의 부지런함-푸르가-해안가를 따라-토우마네 마을-뻔뻔한 썰매 몰이꾼-시챠스(지금)-굶주린 개들-고립된 우편배달부-굶주리는 마을-생각 없는 원주민들-매년 벌어지는 기근 사태-풍부한 물고기들-정부가 제공하는 그물-게으름-라무트족에게 구걸하다

타우스크 마을은 타우스크 만 근처에 위치해 있는데, 진짜 헛간 같은 오두막부터 아주 훌륭한 통나무집까지 약 20여 채의 집들로 이루어져 있다. 주민들은 러시아인, 야쿠트족, 코사크족, 그리고 라무트족이 섞여 있으며, 이들을 하나하나 다 구별해 낸다는 것은 어려운 일이다. 그들은 모두 러시아어를 구사하며, 러시아 종교와 관습을 채택하고 있다. 타우스크 만에는 예전에 미국 포경선들이 자주 방문해 모피와 다른 생활용품들을 물물교환

식으로 바꾸어 갔으므로, 주민들이 영어 단어들과 구절들을 많이 알아듣고, 또 미국식 생활 방식에 대해 잘 알고 있었다. 그럼에도 불구하고 그들은 마을에 미국인이 도착했다는 소식을 듣고 커다란 호기심을 드러내면서, 우리가 머무르는 집의 벽틈 사이로 긴 줄을 지어 검은 눈동자로 계속 우리의 거동을 지켜보고 있었다. 그들은 또한 그림이나 장식 같은 것들을 아주 좋아하는 경향이 있었는데, 많은 집들의 벽면에 미국 잡지 《하퍼스(Harper's magazine)》[66]나 《프랭크 레슬리(Frank Leslie's Illustrated Newpaper)》[67]의 화보집에서 뜯어 낸 그림들이 붙어 있는 것을 보고 놀라지 않을 수 없었다.

우리가 타우스크에 도착하던 날 캄차카 기지가에서 온 우체부도 같이 도착했는데, 그는 조지 케넌이 멀리 북동쪽의 아나디르 강(Anadyr river) 상류에 있는 아나디르스크(Anadyrsk)라는 작은 마을에서 보낸 편지를 갖고 왔다. 그는 아나디르 강 하구에 상륙했을 것으로 추정되는 매크리(Macrae) 팀을 찾기 위해 방금 그곳에 도착했노라고 편지에 썼다.

마을 촌장과 논의 끝에 우리는 그의 집에 머물기로 했다. 이곳에서는 사람들이 담비의 가치를 그리 높게 치지 않는 것을 보고 나는 놀라지 않을 수 없었다. 이곳에서는 담비가 무역상들에게서 1마리당 미국 돈으로 6센트 정도밖에 받지 못하기 때문에 담비를 잡으려는 사람들이 많지 않다고 한다. 그래서 이곳 사람들은 단지 교회에 내는 가벼운 세금을 내기 위해 필요한 만큼의 담비만을 잡는다고 했다. 이런 식으로 교회 신부가 거둬들인 세금은 담비 모피 약 50장 정도가 되는데, 그는 이것을 나에게 단돈 5루블에 처분하고 싶어 했다.

그는 또한 나에게 담비 잡는 덫을 보여 주었는데, 그것은 아주 호기심을

---

66) 1850년부터 뉴욕에서 발행된 미국의 월간 잡지.
67) 1852년부터 뉴욕에서 발행된 미국의 주간 잡지.

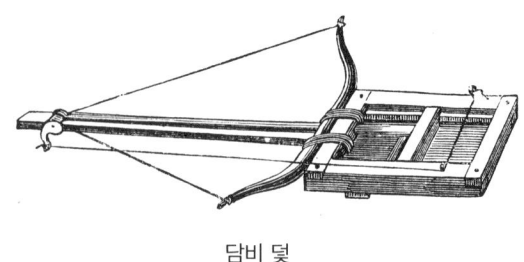

담비 덫

끌고, 상당한 기술이 장치된 물건이었다. 그것은 그림에서 보는 바와 같이 조그만 사각 나무틀로 구성돼 있는데, 그 틀 안에는 가로대가 양쪽에 파여 있는 홈을 따라 위아래로 미끄러져 움직이면서 그 안에 무언가가 들어오면 마치 사형수의 목을 자르는 기요틴의 날처럼 죄어들게 되어 있다. 나무틀의 위쪽에는 작은 활이 하나 매여져 있는데, 화살 대신 가로대와 연결돼 있는 나무축이 시위에 당겨져 있다. 담비가 나무틀 안에 있는 줄을 건드리면, 시위가 풀리면서 가로대가 나무틀 반대편 끝을 향해 빠르고 강하게 미끄러져 가게 되어 있다. 덫은 담비가 드나드는 입구에 설치된다. 이런 방법을 쓰면 가죽을 상하지 않으면서 담비를 잡을 수 있게 된다.

다음 날 새벽 6시 우리는 타우스크를 떠나 아르만(Arman) 마을, 혹은 고래잡이 선원들 사이에 도브라 타운(Dobratown. 즉 good town이란 뜻)이라 불리는 마을을 향했다. 그곳은 반나절 거리밖에 되지 않았지만, 우리는 개들을 새로운 개들로 바꾸었다. 길은 해안을 따라가는 길로 울퉁불퉁 언덕이 많고 둥근 바위돌이 많은 아주 험한 길이었다. 사실 내가 타고 가는 개썰매는 불행하게도 가장 뒤처져 가는 게으른 팀이었는데, 이것은 썰매 몰이꾼이 부주의하고 게으른 탓이었다. 그는 마치 찰스 디킨스의 소설에 나오는 게으르고 뚱뚱한 친구 같았다. 그래서 나는 그가 도중에 잠이 들어 썰매가 뒤집어지지 않을까 계속 노심초사하면서 그를 주시하지 않을 수 없었다. 그런 불안한 마음으로 가다가 잘 닦인 길이 나오자 그제야 나는 안심이 됐다.

　나는 그에게 조(Joe)라는 미국식 별명을 지어 주었는데, 그는 내가 부르는 소리에도 불구하고 파보쉬카 위에 웅크리고 앉아 낮잠을 자면서 개들이 앞에 가는 썰매를 따라가도록 내버려두고 있었다. 걱정스런 마음뿐인 나는 결과가 어떻게 되는지 지켜보기로 했다. 개들은 뒤에서 몰이꾼의 소리가 들려오지 않자, 등 뒤로 고개를 돌려 뒤돌아보기 시작했고, 몰이꾼이 잠이 든 것을 보고 서서히 속도를 줄이다가 마침내 모두가 걷기를 멈추고 몰이꾼과 마찬가지로 눈 위에 웅크리고 앉아 낮잠을 자기 시작했다. 이제 나의 인내심은 바닥이 났으므로, 나는 자리에서 일어나 몰이꾼 옆에 있는 막대 오슬을 집어들어 달콤한 낮잠을 자고 있는 몰이꾼의 옆구리를 쿡쿡 찌르며 아파치족 인디언이 전쟁 중에 지르는 소리처럼 고함을 질러 댔다. 그 소리에 개들은 모두 놀라 일어섰는데도, 이 게으른 몰이꾼은 그의 살찐 얼굴에 귀찮다는 표정을 지으며 여전히 잠에 취해 있었다.

　몸을 흔들어 깨우자 그는 마지못해 일어나 제법 알아들을 수 있는 영어로 투덜거렸다.

　"엄청 시끄럽네."

　그리고 다시 몸을 웅크리고 잠을 청하고 있었다. 그가 다시 잠들지 않게 하기 위해서 나는 그에게 계속 말을 붙였다.

　"당신 영어할 줄 알아요?"

　나의 물음에 그는 무표정한 얼굴로 나를 바라보며 영어로 대답했다.

　"몰라요."

　나는 질문의 형식을 바꿔 계속 말을 붙였다.

　"당신 영어할 줄 안다고요?"

　그러자 그는 즉각 대답했다.

　"조금 할 줄 알아요."

그러고 나서 그는 타우스크에서 만났던 고래잡이 선원들의 이름을 나에게 말하기 시작했다. 그러나 그는 같은 이름들을 계속 되풀이하다가 결국 다른 이름들을 다 말하지 못한 채 아르만에 도착하게 됐는데, 그때는 낮 12시 반경이었다.

이 마을 역시 타우스크 만에 위치해 있는데, 타우스크 마을과 너무 비슷해서 두 마을을 서로 구별하기가 어려울 정도였다. 10~12채 가량의 고만고만한 통나무집들이 마치 주사위통에서 굴러 떨어져 나온 것처럼 불규칙하게 여기저기 서 있는 모습을 상상해 보면 이들 마을의 풍경이 떠오르게 될 것이다. 거기에 조금 더 덧붙인다면, 집들이 눈보라 때문에 거의 절반쯤 눈 속에 파묻혀 있고, 집 주변에는 반쯤 굶주린 개들, 까마귀 떼, 까치 떼 등이 모여 있다. 이 새들은 결코 쫓겨난 적이 없으며, 오히려 길들여져서 매일 개들과 같은 먹이통에서 식사를 나눈다.

아바자 소령은 전에 이곳을 방문해 부유한 라무트족 사람 몇 명에게 전신선 가설 작업에 필요한 많은 순록을 구매하기 위해 다시 이곳을 방문하겠노라는 말을 전한 바 있었다. 우리가 도착하자 라무트족 사람들이 몰려들었는데, 그들은 구슬 장식 등 다양한 치장을 하고 가장 좋은 순록가죽 옷을 입은 채 나타났다. 그들 중 사람 좋아 보이는 노인 한 명은 목에 커다란 은메달을 걸고 있었는데, 그것은 주기적으로 찾아오는 기근 때 자신의 순록을 풀어 주민들을 기근에서 구해 낸 공로로 러시아 황제 차르가 그에게 수여한 것이었다.

이곳 주민들은 주로 물고기로 생계를 유지하고 있는데, 물고기 부족 사태가 자주 발생해 긴 겨울 동안 사람과 개가 먹을 것을 구할 수 없는 상태에 이르게 된다. 이들은 개를 아주 귀하게 여겨 식량이 떨어지면 개를 잡아 먹는 것이 아니라 개썰매를 타고 이웃 마을이나 부족들에게 가서 식량을 구해 와서 개와 나누어 먹을 정도이다. 이렇게 이들은 기근 때 이웃의 도움이나 나무껍질, 뿌리, 열매 등으로 연명한다. 그 노인의 은메달은 이런 기근 때 도와준 공로로 받은 것으로, 그 노인은 그 메달을 '자기 생명보다도 귀한 것'이라고 말했다.

이런 기근은 거의 3~4년마다 발생하는데, 커다란 고통을 가져다주면서 종종 죽음에 이르게 하기도 한다. 그런데 이상한 일은 사람들이 과거의 고통스런 경험을 소홀히 하면서 배우려 하지 않는다는 것이다. 그런 고통의 시간이 지나면 사람들은 그런 경험을 잊어버리고 또 다시 그런 재난이 닥칠 경우를 대비해 식량을 비축해 놓는다는 등의 준비를 전혀 하지 않는다는 것이다. 통상 보통 때에는 물고기가 아주 풍부하기 때문에, 추가 노동을 하지 않고서도 2~3년간 견딜 수 있을 정도의 충분한 식량을 비축해 놓을 수 있는 상태이다. 그런데 이들은 겨울에 먹을 정도의 물고기를 잡아 말리면, 곧 그물을 버려두고 춤추며 축제를 즐기는 데 빠져든다. 마치 하루치 식량만 있으면, 내일은 내일에 맡긴다는 식인 것이다. 라무트족은 퉁구스족과 용모, 언어, 관습 등에서 아주 유사한데, 내가 유일하게 찾아낸 다른 점 한 가지는 그들이 서로 이름만 다르다는 것뿐이다.[68]

우리가 만났던 라무트족 족장들은 아주 품위가 있었는데, 소령의 제안을 듣기 위해 최대한 위엄을 갖추고 자리에 앉아 있었다. 그들은 순록을 많이 갖고 있었고, 또 기꺼이 그중 일부를 제공할 준비를 갖추고 있었지만, 전신선 가설 작업 같은 일에는 참여하고픈 생각이 없어 보였다. 그들이 가설 작

---

[68] Lamuts(라무트족), 혹은 Evens(에웬족). 저자는 조지 케넌이 《시베리아 탐험기》에서 그랬던 것처럼 라무트족을 퉁구스족과 다른 것으로 묘사하고 있으나, 현대 인류학에서는 라무트족을 에웬족으로 보고 에웬족과 에웽키족이 모두 퉁구스족에 속하는 것으로 분류하고 있다. 그러나 저자는 다른 것은 이름뿐이라고 결론짓고 있어서 결국 현대 인류학의 견해와 별다른 차이가 없음을 보여 주고 있다. 라무트족 혹은 에웬족은 시베리아 여러 지역에 걸쳐 살고 있으며, 주로 오호츠크 해 연안에 많이 살고 있다. 1979년 당시 인구는 약 1만 2,000명이다. 퉁구스족에 속하고, 혈통상 에웽키족(Evenks)과 밀접한 관련이 있으며, 돌간족, 네기달족과도 비슷한 유대관계에 있다.

업의 목적과 성격에 대해 잘 이해하고 있는 것 같지 않았으므로, 소령은 그들에게 설명을 시작했다. 가설 작업은 단순히 나무 기둥들을 줄지어 세우고 그 기둥 꼭대기 위에 작은 전선을 이어 놓는 작업이 될 것이라고 말해 주었다. 그들은 또한 그들의 땅 안에 우리의 시설과 전신사무소들을 유치함으로써 그들이 얻게 되는 이익들, 그리고 그 이익들로 그들이 옷이나 기타 그들이 필요로 하는 모든 공급품들을 획득할 수 있다는 이야기도 듣게 됐다. 그러나 이 모든 이야기들이 그들을 전혀 만족시켜 주지 못하고 있는 것 같았다. 마침내 누군가가 그 전신선이 어느 방향으로 가게 되느냐고 물었고, 그에 대한 대답이 주어지자, 그들의 표정은 완전히 어두워지면서 더욱 이 사업을 꺼리는 듯했다.

우리는 그들이 왜 이 사업을 반대하는지 도무지 그 이유를 알 수 없었는데, 마침내 그들 중 한 사람이 마치 새로운 아이디어가 생각이라도 난 듯이 그 나무 기둥들 사이의 간격이 어떻게 되느냐고 물었다. 그에 대한 답변이 돌아가자, 그들의 표정이 환하게 밝아지면서 그들 모두가 기꺼이 순록을 팔겠다고 나섰다. 그들은 전신선이 그들의 통행로를 가로질러 갈 것이며, 또한 기둥들이 너무 촘촘히 박히게 되면 그들의 순록이 그 사이로 통과할 수 없을 것으로 걱정하고 있었던 것이다. 이제 그들은 더 이상 주저하지 않고 우리에게 봄이 되면 1마리당 2.5루블(약 1.87달러)로 순록을 팔기로 약속해 주었다. 우리는 지체 없이 사업이 진행될 수 있도록 약 400베르스따 떨어져 있는 얌스크(Yamsk)까지 가기 위해 필요한 힘 좋은 개들을 곧 주문해 놓았다.

우리가 머물렀던 짧은 기간 동안, 우리가 조그만 약상자를 갖고 있다는 소문을 듣고 이곳의 모든 아픈 사람들이 우리에게 몰려와 약을 요구하였다. 그들과 병 상담을 하다 보면, 의학적 지식이 필수적인 것이 아니라는 사실을 알게 되는데, 그들은 단지 우리가 주는 것이라면 심지어 비소나 도버

산(散)**69)** 등 어떤 약이라도 삼킬 준비가 된 것 같았다. 그러나 우리는 안전을 고려해 비소 같은 독약들은 처방하지 않았고, 도버산 같은 진통제만 사용해도 그 효과는 아주 좋았다.

원주민들에게는 질병이 많았는데, 아마도 포경선 선원들과의 접촉 때문인 것으로 추정됐다. 질병의 진행 상황을 알아볼 방법이 없었고, 우리가 방문했을 당시 많은 주민들이 질병에 감염되어 희망이 없는 상태였다. 일부 주민들은 차마 눈뜨고 볼 수 없을 정도로 몸이 썩어들어 가고 있는 산송장 같은 사람들도 있었다. 또한 폐병으로 각혈을 하고 있는 사람들도 많았다. 드물게 천연두 자국이 얼굴에 남아 있는 주민도 있었고, 가끔 곰과 싸우다 곰의 이빨과 발톱에 상처 난 자국이 그대로 얼굴에 남아 있는 일부 주민들도 있었다.

아르만 마을에서 타우스크 만을 가로질러 가면 일정을 상당히 단축할 수 있지만, 지금은 얼음이 녹아내리는 계절이었기 때문에 그런 시도는 아주 위험한 것이었다. 3년 전만 해도 어떤 원주민 일행이 이 지점에서 얼음 위를 가로질러 가다가 갑자기 얼음이 조각나면서 바다 쪽으로 둥둥 떠내려갔다고 했다. 4일 동안 바다를 떠돌다가 다행스럽게도 오호츠크 마을 인근 해안가에 닿을 수 있었다고 했다. 그때부터 이스프라브닉이 이런 횡단 시도를 금지했다고 했다. 그래서 우리는 아르만 마을에서부터 아르마니 강(Armani river) 상류를 따라 잘 닦여진 길을 새로운 개들이 끄는 썰매를 타고 따라가기로 했다.

마을에서 몇 베르스따 가지 않아 우리는 순록 한 마리가 앞서가고 뒤따

---

69) Dover's powders. 18세기 영국 의사 토머스 도버(Thomas Dover)가 개발한 감기약으로 진통제, 발한제, 그리고 경련을 멈추게 하는 약으로 1960년대까지 많이 사용됐다. 모르핀 성분 및 거담제인 이페칵이 포함돼 있고 포도주나 토닉 같은 술과 함께 복용하면 효과가 좋았다.

라 또 한 마리의 순록을 타고 가는 라무트족 사람 한 명을 만났는데, 그는 우리 개썰매 행렬을 보자마자 개들이 자신의 순록들을 발견하지 못하기를 바라면서 강둑 쪽으로 피해 달아났다. 그러나 개들의 날카로운 시각과 후각은 곧 순록들을 탐지해 내고 순식간에 늑대의 본성이 되살아났다. 약 200여 마리에 달하는 우리 썰매 개들이 모두 미친 듯이 흥분하면서 맹렬히 순록들에게로 달려갔고, 라무트족 사람의 외침소리는 사나운 개들의 으르렁거리는 소리에 파묻혀 버렸다. 미친 듯이 날뛰는 개들을 제어할 방법이 없었으므로, 대부분의 썰매 몰이꾼들은 무거운 썰매를 뒤집히게 하여 썰매의 속도를 줄이는 데 성공했다. 그럼에도 불구하고 3팀의 썰매들은 속도를 줄이는 데 실패했고, 결국 강둑을 오르려 하는 맨 뒤의 순록 한 마리가 개들에게 잡히고 말았다. 10~12마리의 개들이 즉각 이 불쌍한 순록을 에워쌌는데, 그때 썰매 몰이꾼들이 무거운 오슬을 들고 좌우로 개들을 물리치면서 중간에 끼어들었다. 그러자 이때 정신을 차린 순록이 자신감을 회복해 용감하게 뛰어오르며 개들을 공격하기까지 했다. 마침내 개들이 썰매 몰이꾼들 옆으로 물러섰다. 그런 와중에 나머지 순록 한 마리는 해안가 숲으로 도망갔는데, 우리가 쫓아가기도 전에 결국 뒤쫓아온 개들에 의해 심한 상처를 입고 그만 죽고 말았다.

우리 모두는 이런 사태가 벌어진 것에 대해 라무트족 사람에게 크게 사과를 하고 그가 입은 손실에 대해 만족할 만큼의 돈으로 후한 배상을 해준 다음, 다시 길을 나섰다. 더 이상 그런 사고 없이 날이 어두워질 때까지 우리는 앞으로 나아가다가 숲이 우거진 곳에서 야영을 하기로 했다. 그곳에서 반경 몇 베르스따 안에는 유르트 같은 것이 하나도 보이지 않았으므로, 우리는 아바자 소령이 기지가에서 가져온 조그만 코략족 텐트인 폴로그(polog)를 설치하여 오늘밤을 지내기로 했다.

폴로그는 사각으로 둘러싸인 조그만 텐트 방인데, 무두질한 두툼하고 무거운 순록가죽으로 만들어졌으며, 코략족 유르트 내부의 네 귀퉁이 위쪽에 줄로 매달려 있도록 만들어져 있다. 크기는 1.8 × 1.8 × 1.2m로 공기가 새 나가지 않으며, 또한 다른 가족들이 살 수 있도록 하나의 유르트 안에 독립된 공간으로 여러 개의 폴로그가 설치될 수 있다. 폴로그 안으로 들어가면, 조그만 램프를 하나 들고 들어가야 하는데, 그것은 얕은 나무접시에 물개 기름을 채우고 거기에 이끼를 띄우고 불을 붙인 것이다. 이것은 어두운 방을 환하게 밝혀 줄 뿐만 아니라, 밀폐된 공간에 열기를 불어넣어 금세 방안을 따뜻하게 만들어 준다. 우리는 폴로그를 설치하고 램프를 켰다. 그런데 잠시 후 기름 타는 냄새가 견딜 수 없을 정도로 심해져서 우리는 가죽 장막을 들어 올려 외부의 신선한 공기를 들여 마시지 않을 수 없었다.

얌스크까지 가는 여행은 특별히 재미있는 여행은 아니었다. 길은 계속해서 낙엽송과 가문비나무로 빽빽한 숲이 이어졌고, 또 수많은 작은 강들을 건너야 했다. 우리는 아침부터 저녁까지 썰매를 타고 달리면서 밤에는 통상 유르트에서 야영을 했는데, 썰매 몰이꾼들과 개들에게는 충분한 휴식 시간이 주어지지 않는 강행군이었다. 애초에 우리는 얌스크에서 새로운 썰매 몰이꾼들과 개들로 바꿀 계획이었으므로, 3~4일간의 강행군으로 조금 잠을 자지 못한다고 해서 그들이 견딜 수 없을 정도는 아닌 것이다. 한편 우리는 안락한 파보쉬카에 타고 있기 때문에 길을 가는 동안에도 잠을 잘 수 있어서 별 문제가 없었다.

그러나 일부 개들에게는 무거운 썰매와 강행군이 문제가 됐다. 왜냐하면 따뜻한 낮 동안 눈이 녹았다가 다시 얼어붙으면서 눈길이 험하게 변했고, 그에 따라 개들의 발바닥에도 찢기는 상처가 생겨났던 것이다. 이런 경우를 대비해서 썰매 몰이꾼들은 개의 발을 보호해 주는 조그만 가죽양말 같은 것들을 준비해 놓고 있었는데, 개들이 장화 신은 것처럼 발을 싸매고 달리는 모습을 볼 수 있는 기회는 그리 흔한 것이 아니었다.

요즘 같은 계절에는 눈이 녹았다 얼었다 하면서 길 상태가 험해지기 때문에 자작나무로 만든 썰매의 활주부 또한 쉽게 상할 수 있다. 그래서 썰매의 활주부를 보호하기 위해 썰매 몰이꾼들은 하루에 2~3시간을 할애하면서 썰매를 뒤집어 놓고 물에 적신 순록가죽 조각으로 활주부를 닦아 매끄럽게 얼어붙도록 하는 작업에 몰두하곤 한다. 길을 가는 도중에 물을 구하기가 어렵다면, 사전에 물을 넣은 통을 얼지 않도록 모피 밑에, 혹은 신체 옆에 붙여 두어 운반한다. 그러나 봄이 되면 이렇게 얼려 놓은 활주부가 다 녹아 버리기 때문에 아무런 보호 역할도 하지 못한다. 그래서 만일 길이 정말 험할 경우에는, 활주부에 기다란 고래 갈비뼈를 덧대기도 한다.

우리는 눈이 녹으면서 자갈 바닥을 드러낸 여러 강들에서 많은 마노석들을 발견할 수 있었다. 원주민들은 이것들을 부싯돌로 사용하고 있었는데, 부싯깃이나 불쏘시개로는 자작나무에서 자라는 버섯을 잿물에 넣고 끓인 다음 말린 것을 사용했다. 그들은 이렇게 부싯돌로 불을 내거나, 아니면 마른 나뭇가지 두 개를 마찰시켜 불을 냈다. 원주민들 이야기로는 이 지역, 그리고 특히 북부 캄차카 지역에서 유황이 발견된다고 했다. 그들은 불이 잘 붙는 유황의 활용법을 알고 있기 때문에, 누구나 부싯깃 주머니에 유황을 넣어 가지고 다니다가 뼈나 나무로 만든 조그만 그릇 안에 넣고 부싯깃에 불을 붙여 유황에 대고 입으로 바람을 불어 불을 붙인다고 했다.

이렇게 개썰매 여행을 길게 하면서 나는 자연스럽게 개들의 특성을 배울 수 있는 기회를 많이 갖게 됐다. 개들의 영리함을 놀라움과 경탄스러움을 갖고 바라보고 있는 나 자신을 발견한 것이 한두 번이 아니다. 개들의 성격은 사람의 그것만큼이나 다양하다. 개들은 상당한 지능과 명민함을 갖고 있으며, 빈번하게 자기 주인의 허를 찌르기도 한다. 일부 개들은 조용하고 위엄이 있기까지 한데, 그들은 자기에게 주어진 의무를 완벽하게 인지하고 성실하게 그 의무를 완수한다. 이런 개들은 행렬의 맨 앞에 선도견으로 배치되어 뒤따라오는 경박한 젊은 개들의 모범이 되고, 또한 그들을 가르치는 현명한 지도자 역할을 하게 된다. 한편 이런 개들 뒤에는 나쁜 역할을 하는 악당 개들이 숨어 있다. 이들은 교활하고 후각이 예민한 친구들로 항상 어깨너머로 눈을 돌려 주인의 눈치를 살피면서 주인이 보고 있는 동안에는 열심히 끄는 척 하다가 주인의 관심이 딴 데로 돌아가면 즉시 발걸음을 늦추는 행태를 보인다. 그러다가 주인이 그의 속임수를 알아채고 때리려고 장대를 들어 올리면, 마치 다 죽어가는 듯이 불쌍한 울음소리를 내며 옆의 개 뒤로 숨는다. 또한 이들은 지나가는 다른 팀의 개들에게 싸움을 거는 것이 취미이며, 일단 싸움이 벌어지면 정작 자신은 물러서서 싸움하는 것을 구경하기만 한다.

밤에 식사 시간이 되면, 일단 한 입에 자기 몫의 생선을 집어삼키고 옆에 있는 자기보다 약한 개의 식사를 빼앗아 먹는다. 이들은 항상 딴짓거리를 할 준비가 돼 있기 때문에, 길을 가다가 옆에서 뇌조가 날아오르면 이때다 싶어 펄쩍 뛰며 쫓아갈 채비를 하고 옆에 있는 개들을 부추겨 뇌조를 쫓아가기도 한다. 딴짓거리 할 만한 일이 없을 때에는 그저 일을 해야만 한다. 왜냐하면 행렬 뒤에는 썰매 몰이꾼이 게으른 개들에게 장대질을 하기 때문이다. 언덕을 내려갈 때에도 이들은 뭉그적거리다가 다른 개들에게 마지못해 이끌려 내려간다. 이들은 밤이 오기를 고대하는데, 밤이 되면 선잠이라도 잘 수 있기 때문이다. 그런데 아침이 되면 발로 대여섯 번 차야 잠에서 깨어난다.

아까도 말했지만 개들 중 최고의 개는 지도자 역할을 하는 개들이다. 그들은 지능이 있고, 적극적이며, 감각이 뛰어나고, 또한 분별력이 있는 개들인데, 소리와 행동으로 다른 개들을 지도한다. 내가 겪은 일을 예로 들어 보면, 여행 중에 길옆에서 여우 한 마리가 달아나는 모습이 모든 개들의 눈에 띄게 되자, 썰매 몰이꾼을 제외한 모든 개들이 미친 듯이 쫓아가려고 하는 와중에 앞에 있던 선도견도 질질 끌려가게 됐다. 선도견은 안 끌려가려고 버텼으나 다른 개들의 끄는 힘이 너무 컸다. 그러자 선도견이 갑자기 귀를 쫑긋 세우더니 반대편 쪽을 바라보며 여러 번 날카롭고도 빠른 울음소리로 짖어 대면서 마치 다른 사냥감을 발견한 것처럼 펄쩍펄쩍 뛰었다. 그러자 다른 개들도 모두 덩달아 선도견을 따라 했고, 선도견은 다른 개들을 원래 가던 길로 되돌려 놓았다. 그래서 우리는 더 이상 어려움 없이 가던 길을 나아가게 됐던 것이다.

아르만 마을을 떠난 지 3일째 되는 날 밤 우리는 밤새도록 길을 달려 다음 날 새벽 어느 유르트에 도착했는데, 바로 그때 눈폭풍인 푸르가(poorga)가 우리를 덮쳤다. 유르트는 아주 낡은 것이어서 눈 무게 때문에 지붕이 내려앉았다. 그래서 우리는 할 수 없이 폴로그를 설치해야만 했다. 무성하게 우거진 낙엽송 숲이 바람을 막아 주고 있었지만, 쏟아지는 엄청난 폭설 때문에 앞이 안 보일 지경이었다. 6시간 잠을 자고 깨어 보니 사방이 눈으로 뒤덮여 있었고, 오로지 툭 솟아 있는 썰매 윗부분만 보일 뿐이었다. 밤 사이에 갑자기 날씨가 따뜻해져서 눈이 비로 바뀌어 내리고 있었고, 얼마 후 다시 날씨가 추워지면서 녹았던 것이 다시 얼어붙어 단단한 얼음 껍질을 형성하고 있었다.

눈이 그쳤는데도 우리와 개들은 피로를 못 이기고 다시 잠자리에 빠져들고 있었다. 그러나 나는 폴로그에서 밖으로 기어 나왔고, 보이는 것이라곤 우리의 거처였던 곳을 표시해 주는 무덤같이 생긴 낮은 눈더미뿐이었다. 일어나라고 두세 번 소리를 내지르자, 얼어 있던 눈더미 껍질이 깨져 나가면서 한 사람씩 모피 외투를 뒤집어쓰고 밖으로 기어 나왔다. 그 모습은 마치 죽은 자들이 무덤에서 기어 나오는 것 같은 아주 우스꽝스런 광경이었다. 그러나 이런 정도의 외침으로 개들을 깨우기에는 역부족이었다. 개들은 몸을 돌돌 웅크리고 자고 있었는데, 눈에 덮여 조금 볼록하게 나와 있을 뿐,

어디에 있는지 도무지 찾을 수가 없었다. 개들을 찾기 위해 우리는 썰매 있는 데로 가서 거기 묶여 있는 기다란 개줄, 즉 물개가죽 끈을 찾아 따라가서 개들을 찾아낼 수 있었다. 그런 다음 갑자기 개줄을 두세 번 흔들어 대자, 볼록한 얼음 껍질이 깨지면서 그 안에서 잠이 깬 개가 놀란 모습을 드러냈다. 썰매 몰이꾼의 외침소리가 두세 번 더 들려온 다음에야, 개들은 하품을 하고 기지개를 켜면서 자리에서 일어나 옆의 친구 개들이 일어나는 모습을 바라보고 있었다. 어떤 개들은 얼음이 단단하게 얼어붙어 있어 서너 번 흔들어야 깨는 경우도 있었다.

코사크족 부쉰이 나에게 말해 주기를, 여행하다가 어떤 때는 얼음이 너무 두껍게 얼어붙어 손도끼로 깬 다음 개가 빠져나올 수 있었다고 했다. 내 생각에 사람이나 동물이나 이런 식으로 눈에 뒤덮여 얼어 버리면 숨쉬기가 곤란하지 않을까 했으나, 눈이 덮혀도 느슨한 틈이 있는 상태로 얼기 때문에 숨쉬는 데는 지장이 없다고 했다.

통상 원주민들이 개들을 다루는 것을 보면 아주 거칠고, 또한 때때로 잔인하다 싶을 정도로 심하게 다루기도 하는데, 그것은 개들을 복종시키는 유일한 방법처럼 보였다. 개들은 친절함이나 호의 같은 특성은 거의 갖고 있지 않은 것 같았다. 내 썰매에 속한 개 한 마리는 덩치가 크고 다 좋은데, 한쪽 눈이 먼 개였다. 어제 길에서 점심 식사를 하고 있을 때, 이 불쌍한 개가 자기에게 던져진 먹이를 잘 찾지 못해서 한 조각도 먹지 못하고 있는 광경을 목격하게 됐다. 나는 동정심이 발동해서 말린 생선 한 조각을 손으로 집어 그 개에게 먹이려 했다. 그런데 그 개는 내 손과 생선을 한꺼번에 덥썩 물어 버렸고, 결국 나의 손에는 그 개의 감사의 표시로 이빨 자국이 남게 됐다. 그 개는 항상 '날 듯이' 재빠르게 먹이를 잡도록 훈련됐으므로, 이런 경우에도 똑같은 행동이 나올 수밖에 없었던 것이다. 나 같은 이방인들이 원주민들과 같은 썰매팀이라는 동질감을 갖기에는 아직도 요원한 것 같왔다. 아직도 현장에 적응해야 할 일들이 많은 것이다.

3월 24일 우리는 얌스크 마을에 도착했다. 이 작은 마을은 주민이 약 150명 정도로 얌스크 만(Yamsk bay)에 위치해 있다. 주민은 거의 코랴족(Koraks)이었는데, 나로서는 처음 보는 종족이었다. 그들은 이미 러시아어와 러시아 관습에 적응해 있었으므로, 해안가에 사는 다른 반(半)문명화된 원주민들과 다른 모습을 찾아볼 수 없었다. 이 마을에는 포경선 어부들이 자주 방문했으므로, 주민들이 그들에게서 밝은 색의 페인트를 얻어 집안 내부를 멋지게 치장해 놓고 있었다. 그래서 그런지 이 마을은 다른 마을들보다 더 나아 보였고, 주민들도 부지런하고 잘 사는 것 같았다. 부지런함을 표시해 주고 있는 것은 그들이 이미 아바자 소령이 이곳을 처음 방문한 이래로 전신선 공사에 사용할 전신주 기둥을 아주 많이 베어 놓았다는 사실만 보아도 알 수 있었다.

다음 날 아침 출발하려던 것이 우리의 계획이었는데, 아침에 일어나 보니 하늘에는 눈구름이 가득하고 눈폭풍이 몰아치고 있어 옆집으로도 옮겨 갈 수가 없는 형편이었다. 이런 푸르가 속에서 출발한다는 것은 몇 발자국도 못가 길을 잃어버리는 아주 어리석은 짓이 될 것이므로, 우리는 26일 아침까지 출발을 연기하기로 결정했다.

마을에서 몇 베르스따 떨어진 곳에 아주 너른 툰드라지대가 펼쳐져 있었는데, 그곳에는 전신주 기둥이 삼각대를 형성하여 긴 줄을 이루며 뻗어 있었는데, 그것은 마치 푸르가 속에서 길을 안내해 주고 있는 것 같았다. 이 삼각대 행렬 너머에 우리가 가야 할 길이 있었는데, 그것은 통상 우거진 숲을 통과해 가다가 때때로 해안가를 따라 가면서 원주민 집들과 만나기도 하고, 또 강을 따라 올라가다가 어느 지점에서 산을 하나 넘어가는 등, 이런 일정들이 매일 되풀이될 것이었다. 다음에 우리가 도착할 지점은 토우마네(Toumane)란 마을인데, 얌스크에서 직선거리로 약 150베르스따 떨어진 곳이다. 하지만 우리가 가야 할 거리는 그보다 훨씬 먼 거리이다. 이곳까지 가는 여정은 썰매 몰이꾼들이 무슨 사건을 만들지 않는 한, 별 재미가 없는 구간일 것으로 생각된다. 우리는 아침 일찍 출발했는데, 어젯밤 늦게까지 여행을 한 탓에 다소 피곤했으므로, 나는 파보쉬카의 덮개를 올리고 곧 잠에 빠져들었다. 그런 상태로 시간이 얼마나 흘렀는지 모르겠지만, 갑자기 쿵 하고 무언가에 부딪히는 충격에 잠이 깼고, 눈을 떠 보니 썰매가 뒤집혀 있었다. 썰매 몰이꾼이 무슨 조치를 취하겠지 하는 생각에 그대로 누워 있었으나, 아무런 소리도 들리지 않아 마음이 급해진 나는 썰매 몰이꾼인 이고르(Egor)에게 소리를 질렀고, 그는 통상 하는 대답으로 답했다.

"시챠스(Ce chas)"

'시챠스'란 것은 문자 그대로 '지금(this hour)'이란 뜻인데, 원주민들 사이에서는 '곧, 즉시(right away, immediately)'란 뜻으로 쓰였다. 나는 1~2분간 화를 삭이며 머리와 오른쪽 어깨를 들어 올렸고, 나머지 몸은 45도 각도로 기울어 있었다. 이고르가 '시챠스'를 '곧'이 아니라 '지금'이란 뜻으로 쓴 것으로 생각되자, 나는 아주 힘들게 몸을 일으켜 세워 주위를 살펴보았다. 이고르는 커다란 얼음더미에 기대어 서서 동료인 다른 썰매 몰이꾼과 함께 편안하게 담배를 피우고 있었다. 만일 내가 아니라 식량인 말린 연어가 뒤집어 엎어져 있었더라면, 이고르는 지금처럼 태평하게 담배나 피우고 있지만은 않았을 것이다. 이런 경우에 내가 화를 내기보다는 차라리 그들을 이해하는 편이 훨씬 마음이 편한 것이다.

토우마네 마을에 가까워지자, 낡은 통나무집들이 모여 있는 풍경이 눈에 들어왔다. 반쯤 굶은 듯한 개들이 무리지어 우리에게 다가오더니, 우리 썰매에서 나는 말린 생선 냄새를 맡고 우리 개들 사이로 파고 들어왔다. 한 마리가 내 다리 사이로 들어오더니 말린 생선 꾸러미 사이로 삐져나온 생선 하나를 물고 끄집어내리고 용을 썼다. 그 개의 상태를 모르는 나는 쫓아

내려고 발로 찼고, 그 개는 신음소리를 내면서도 필사적으로 생선에 매달려 있었다. 우리 개들이 즉시 그 개를 공격해 심하게 물어뜯었는데, 그 개는 너무 굶어서 그런지 아무런 저항도 하지 못하고 그만 생선에게서 떨어져 나갔다.

굶어죽은 많은 개들이 뻣뻣하게 얼어붙은 채로 눈 위에 여기저기 흩어져 있었다. 한쪽에서는 살아남은 두 마리 개들이 허기를 달래기 위해 죽은 개에게 달려들어 물어뜯고 있었다. 그것은 정말 비참한 광경이었는데, 우리 개들에게 줄 먹이도 충분치 않아 저 개들에게 나누어 줄 형편도 안 됐다. 밖에 나와 있는 원주민들에게 어떻게 된 일인가 물어 보았는데, 대답하기를, 기지가에서 오는 우편배달부가 개 먹이를 가지고 오다가 빌리가 산(the Villiga Mt.) 너머에서 푸르가를 만나 산속에 있는 유르트에서 10일간 고립돼 있는 바람에 산을 넘어오지 못했다는 것이었다. 고립돼 있는 동안 우편배달부의 개들이 여기 개들에게 줄 먹이를 거의 다 먹어치웠고, 결국 눈폭풍이 멎은 후 우편배달부는 빈손으로 토우마네 마을에 도착했으므로, 불쌍한 이 마을 개들은 그로부터 16일간 아무것도 먹지 못하고 굶어 죽어갔다는 것이다.

어느 주민의 집을 방문했는데, 이곳 사정도 밖의 사정과 별 다를 것 없이 비참한 상태였다. 성인 남자 2명이 비쩍 마른 상태로 느릿느릿 우리를 안쪽으로 안내했는데, 안쪽에는 2~3명의 성인 여자와 여러 명의 어린아이들이 굶어서 거의 뼈만 남은 상태로 앉아 있었다. 그들은 겨울식량인 말린 생선을 이미 다 먹어치우고 요즘엔 나무껍질이나 뿌리를 먹으며 봄이 올 때까지 연명하고 있다고 했다. 그런데 그들은 봄이 오면 지난 겨울의 그 고난에 찬 시절을 잊어버리고 흥청망청 물고기를 잡아먹으면서도 내일을 위한 준비를 전혀 생각하지 않는 것이다. 현재 이들이 처한 상황은 아주 비참한 것이지만, 이것은 모두 이곳 주민들의 게으름 때문인 것이다. 그들의 이야기를 다 듣고 난 후, 나는 그들에게 별 동정심이 가지 않았는데, 만일 내가 신이라 하더라도, 그들에게 아무런 양심의 가책 없이 이보다 더한 불행을 가져다줄 수도 있겠다는 생각이 들었다.

토우마네 마을에서는 이런 기근 사태가 매년 일어난다고 하는데, 내가 듣기로는 이 마을 해안가가 부근에서 물고기가 가장 많이 잡히는 곳이라고 했다. 2주일만 일하면 겨우내 먹을 식량보다 더 많은 양을 마련할 수 있고, 며칠만 더 일하면 1년 내내 충분히 지낼 수 있는 양을 마련할 수 있다는 것이다. 그러나 이런 모든 이점에도 불구하고 주민들은 더 이상 일하려 하지 않는다는 것이다. 과거의 불행도 잊고, 현재의 할 일도 잊고, 또 내일도 생각하지 않는다는 것이 그들의 생활방식처럼 보였다.

그들은 정부로부터 꼬아 짠 실을 제공받는데, 그것은 물고기 잡는 그물을 만들기 위한 것이다. 그런데 그물을 짜 물고기를 잡는 대신, 그들은 이 실을 라무트족에게 넘긴다. 그 대신 라무트족은 그들이 겨울 동안 먹을 식량인 물고기를 제공한다. 그리고 겨울이 시작되자마자, 그들은 축제를 벌이면서 단 몇 달 동안에 모든 식량을 소비한 다음, 남은 기간 동안에는 이웃한 다른 종족들로부터 식량을 구걸하며 살아간다.

| 제 23 장 |

토우마네 마을 출발-빌리가 산맥-원주민들의 신앙심-현명한 제비-빌리가 강-밤 여행-길을 잃다-눈 속에 파묻힌 유르트-놀랄 만한 개들의 인내심-타바토마 강-유황 온천-니아카나 마을-케넌으로부터 온 편지-그의 아나디르 강 탐험-매크리 팀 구조-실종된 매크리와 아놀드-기지가 만과 강-기지가 마을-여행 끝-요충지-초기 역사-아파나시 세스타코프-주민들-일거리와 오락거리-모피 무역-부활절 준비-그네 타기-축제와 금식-부활절 미사-한밤중의 방문-케넌, 매크리, 아놀드-매크리 팀의 모험-늦은 도착-임시 거처 만들기-연료-겨울-불확실한 전망-오카크리 축치족 우두머리-축치족-손짓 발짓으로 협상-매크리와 아놀드의 고난-늦어지는 여행-아르노라 강-온갖 방해와 협박-아나디르스크 도착-놀라운 만남-케넌의 모험-2주간의 휴식-다가오는 봄-다시 출발 준비-평범한 썰매 준비

    우리가 토우마네 마을에 도착한 것은 늦은 시각이었으므로 하룻밤을 묵고 다음 날 아침 일찍 떠나기 전에 굶주린 주민들을 위해 우리가 도울 수 있는 한도 내에서 식량을 나누어 주고 출발했다. 우편배달부가 푸르가를 만나 고생했던 곳에서 가까운 빌리가 산맥은 주그주르 산맥의 주능선에서 바다 쪽으로 빠지는 높은 지맥이며, 주그주르 산맥은 굽은 해안가를 따라 가다가 현재 우리 위치에서 북동쪽으로 멀리 있는 툰드라지대의 낮은 산들 쪽으로 사라져 간다. 이 빌리가 산은 여행자들이 항상 두려워하는 코스인데, 험하고 접근하기 어려워서 그런 것이 아니라, 거의 항상 골짜기마다 끊

임없이 강풍이 불어 대기 때문이었다. 이 산을 통과하는 방법에는 3가지 코스가 있다. 첫 번째는 산이 해안가로 급격히 떨어지는 절벽 밑에 있는 해안가 길을 따라가는 것인데, 이것은 소금기 있는 얼음 때문에 항상 가능한 것이 아니다. 두 번째는 산 능선을 직접 타고 가는 방법으로 날씨가 좋으면 최상의 방법이 될 것이다. 그러나 산세가 험하고 가파른 경사가 많아 날씨가 좋지 않으면 아주 위험한 코스이다. 세 번째는 가장 안전한 방법인데, 다만 다른 방법들보다 시간이 오래 걸린다는 것이다. 그것은 해안에서 약 64km 떨어진 산을 가로질러 내륙 쪽으로 돌아가는 방법이다.

우리는 세 번째 코스를 선택했는데, 그 가능성 때문이 아니라 우리가 계획한 전신선 가설 작업에 다른 두 가지 코스가 적합하지 않았기 때문이었고, 또한 세 번째 코스가 전신선 가설 작업에 적합한지 사전에 답사할 필요가 있었기 때문이었다. 이런 목적을 가지고 우리는 토우마네 마을을 떠나 내륙 쪽으로 나아갔다. 숲이 많고 기복이 있는 지역을 지나가면서 유르트에서 야영을 했는데, 야영을 하게 되면 통상 5시간을 넘지 않도록 바삐 움직였다.

유르트에는 보통 벽 쪽에 작은 십자고상이 매달려 있는데, 우리 썰매 몰이꾼들은 변함없이 그 앞에 서서 성호를 긋는다. 그런데 어느 유르트에는 작은 나무 십자고상 아래쪽에 제비 한 마리가 지난 여름에 둥지를 틀었다. 오두막집에는 귀퉁이와 틈새들이 많이 있어서 새들이 둥지를 틀기에 아주 적합한 곳인데, 제비가 다른 많은 곳을 제쳐 두고 자기 새끼들을 키우기 위해 유독 십자고상 발 아래쪽을 선택한 것은 선견지명이 있는 것으로 보였다. 십자고상 앞에서 누가 감히 제비집을 건드리겠는가? 십자고상이 제비집을 보호해 줄 것이다. 썰매 몰이꾼들은 모두 그런 시각으로 제비집을 바라보았다. 그들의 그런 믿음을 시험하기 위해 내가 그 제비집을 끌어내리는 시늉을 하자, 그들은 마치 신성모독을 당한다는 듯이 기겁을 하며 손을 내저었다. 설마 내가 어찌 양심의 가책 없이 그런 짓을 할 수 있겠는가?

　토우마네 마을을 떠난 지 이틀째 되는 날은 날씨가 아주 좋았다. 우리는 어려움 없이 산 하나를 넘어갔다. 그런데 길이 없어서 설피를 신고 개들이 나아갈 길을 만들어 주어야만 했다. 그 지역은 숲이 많고, 또 모든 면에서 전신선을 설치하기에 적합한 곳이었다. 우리는 동쪽으로 빌리가 강(Villiga river)의 한 지류의 상류에 닿았고, 그 지류를 타고 해안가 가까이에 내려와서 전에 우편배달부가 고립돼 있었던 유르트에 오후 5시경 도착했다. 날씨가 좋다보니 유르트에 오래 머물기보다는 계속 나아가는 것이 좋을 것 같아 쉬지 않고 계속 나아갔다. 우리가 가는 길은 해안가에서 3~5베르스따 떨어진, 해안가와 평행인 길이었는데, 넓은 황야, 기복이 있는 툰드라지대를 거쳐서 해안가와 점점 멀어지더니 지대가 높아지면서 내륙 쪽으로 멀리 낮은 산등성이를 이루는 곳에서 길이 멈추었다. 어둠이 닥쳐왔지만, 주변에서 야영에 필요한 나무를 찾을 수 없게 되자, 다음 유르트까지 계속 나아가기로 결정했다. 밤하늘에 구름이 옅게 끼어 별들도 보이지 않았고, 눈 덮인 황야에 어둠의 장막이 내려앉았으므로, 우리는 어디부터가 눈이고 어디까지가 하늘인지 구분할 수조차 없었다. 썰매는 마치 짙은 안개 속을 헤쳐 나가고 있는 것처럼 보였다.

　우리는 더 이상 사방 10m 이상의 거리에서 도로의 기복 상태를 알아볼 수 없었고, 하늘과 눈 등 모든 것이 똑같은 회색빛으로 보일 뿐이었다. 몇 시간을 헤맨 후, 길잡이들이 길을 잃었노라고 말했다. 나침반으로 동쪽 방향을 잡은 다음, 우리는 무조건 동쪽으로 따라가다가 숲을 만나면 야영을 하기로 했다. 몇 시간이 지나가고 마침내 우리는 몇 백m 앞에서 어두컴컴하고 기다란 선을 이루고 있는 숲을 발견할 수 있었는데, 그것은 오늘밤에 우리가 본 첫 물체였다. 길잡이들은 곧 여기가 어딘지 확인을 했고, 30분 후인 새벽 3시 30분경 우리는 마침내 유르트를 발견했다.

그런데 또 다른 장애물이 나타났다. 오두막집은 거의 눈으로 가득 차 있었다. 곧 썰매 몰이꾼들이 설피를 신고 삽으로 눈을 퍼내기 시작했고, 약 반 시간이 지나자 우리는 유르트 안에서 맛있는 커피를 실컷 마시고 있었다. 우리는 모두 너무 지쳐 있어서 잠자기 전에 저녁 식사를 할 여유가 없었는데, 심지어 개들도 전날 밤 이후로 아무것도 먹지 못했는데 이곳에 도착하자마자 그냥 눈 속에서 웅크리고 잠을 청하고 있었다.

이런 개들의 인내심은 아주 놀랄 만한 것이었다. 우리 일행에 있는 2개 팀 개들은 기지가에서부터 오호츠크까지 아바자 소령을 따라왔는데, 3주간만 쉬고 난 후, 다시 우리와 함께 무거운 썰매를 끌면서 먼 거리를 다시 되돌아가고 있는 것이다. 다른 팀들의 개들은 지금까지 최소한 네 번은 교체됐지만, 이 2개 팀은 한 번도 교체되지 않았다. 3~4일만 더 가면 여행이 끝나는데, 그때쯤이면 이 개들은 왕복으로 약 3,800km를 주파하게 되는 것인데, 아바자 소령과 같이 온 거리는 빼고 우리와 함께 한 거리만 따져봐도 19~20일 동안 1,900km를 주파하는 셈이다.

다음 날 아침 우리는 타바토마 강(Tavatoma river)에 도달했는데, 그곳에도 유르트가 눈에 뒤덮여 있었다. 푸르가가 덮친 흔적이 있었다. 그런데 우리 개들이 아직 어제 여행의 피로에서 회복되지 못하고 있어서 다음 날 아침까지 여기서 쉬기로 했다. 유르트에서 멀지 않은 곳에 2~3군데의 유황 온천이 있었고, 그 부근에 아주 낡아빠져 허물어질 듯한 건물이 한 채 있었다. 하루 종일 기온이 영하 26도 내외였지만, 온천의 온도는 영상 54도였다. 그러나 온천물이 일단 지표 밖으로 나오면 식기 시작하여 약 200m도 못 가서 얼어붙기 시작했다. 다음 날인 4월 1일 아침 일찍 출발하여 우리는 니아카나(Niakhana)라는 작은 마을에 도착했는데, 그곳은 우리의 목적지인 기지가에서 약 100베르스따밖에 떨어져 있지 않은 곳이었다. 우리가 가는 길은 거의 다 기복이 있는 툰드라지대였다.

4월 2일 아침 우리는 다시 새로운 개들로 교체하여 출발했는데, 밤이면 기지가에 도착할 예정이었다. 정오 무렵 우리는 기지가에서 썰매를 타고 오는 일행을 만났는데, 그 일행 중 원주민으로부터 케넌이 보낸 편지 묶음 하나를 받게 됐다. 그것은 케넌이 아나디르스크에서 쓴 편지들이었다. 그는 아나디르스크 지역에 사는 원주민인 축치족(Chukchis)[70] 사람들로부터 외국인 5명이 아나디르 강(Anadyr river) 하구 부근에 상륙했다는 정보를 듣고, 즉시 썰매 팀을 꾸려 그들을 찾으러 떠났다. 15일간의 춥고 힘든 여행 끝에, 그는 상륙 예상 지점에 도착해 밤늦도록 찾아 헤맸으나, 거처로 보이는 흔적을 찾을 수 없었다.

춥고, 지치고, 사기가 꺾인 그가 찾는 것을 포기하려 할 즈음, 썰매 몰이꾼 한 명이 거대한 눈 더미를 지나치다가 눈 더미 위로 삐죽 나와 있는 난로 연통을 발견했다. 이것이 바로 그가 찾던 외국인 5명의 거처였던 것이다. 팀장인 매크리(Mr. Macrae)는 아놀드(Arnold), 로빈슨(Robinson), 스미스(Smith), 하더(Harder)와 함께 그곳에 상륙했던 것이다. 그런데 그 거처에 들어가 보니, 로빈슨, 스미스, 하더 3명만 있었다. 매크리와 아놀드는 벌써 한 달 전에 축치족 사람 몇 명과 함께 아나디르스크 마을로 떠났다고 했다. 그들은 10일 정도면 아나디르스크에 도착해 다시 이곳에 남아 있는 3명을 구하러 돌아올 것으로 생각했던 것이다. 그 이후 케넌은 3명을 데리고 아나디

---

70) 저자는 Tchuctchus로 표기했으나, 오늘날 러시아어인 축치족으로 표기했다. 유전학자 스펜서 웰스(Spencer Wells)에 따르면, 축치족은 먼 옛날 중앙아시아에서 순록을 따라 북동아시아로 이주했으며, 1만 3,000년 전 그중 일부가 베링 해협을 통해 미주 대륙으로 이주하여 미주 대륙 원주민의 조상이 됐던 것으로 보고되고 있다. 18세기 초 인구가 약 6,000명이었고, 이후 끊이지 않는 러시아의 정복 시도에도 러시아 원정대장 파블류츠키를 죽이는 등 끝까지 굴하지 않았던 유일한 시베리아 원주민이다. 러시아인이 물러난 이후 계속 인구가 늘어나 20세기 말 인구가 약 1만 5,000명이 됐다. 그러나 러시아의 영향으로 오늘날 원주민 언어인 축치어가 있음에도 대부분이 러시아어를 사용하고 있는 형편이다.

르스크로 돌아왔는데, 케넌이 이 편지를 쓰고 있던 시점까지도 매크리와 아놀드에 관한 소식은 전혀 들려오지 않았다. 그래서 그는 그들이 살아 있는지에 대한 두려운 생각마저 들기 시작했다. 그러나 그들이 위험에 빠졌다 하더라도, 어디로 그들을 찾으러 가야 할지, 또 어떻게 해야 할지도 알 수 없었다. 축치족 사람들은 동부 시베리아에 있는 원주민들 중 가장 호전적인 종족으로 알려져 있었다. 이번에 케넌과 도드(Dodd. 페트로파블로프스크에서 케넌의 탐험팀에 통역으로 합류한 현지 미국인)가 했던 5인 탐색 여행은 지금까지 겨울에 아나디르 강 하구까지 갔다 온 최초의 여행이었다. 비록 이전에 필리페우스(Philippeus)[71]란 러시아인이 한번 시도한 적이 있었지만, 해안가 근처에 있는 야만적인 축치족 사람들 때문에 좌절된 적이 있었다.

케넌의 편지를 받게 된 것은 아주 기쁜 일이었으나, 한편으로는 매크리와 아놀드의 실종 사건이 많이 걱정됐다.

오후 2시경 우리는 오두막집 2~3채가 모여 있는 곳에 도달했는데, 그 집들은 바닷가에 쑥 내밀고 있는 어느 절벽 위에 자리 잡고 있었다. 여기서 우리는 툰드라지대를 버리고 기지가 만(Ghijigha gulf)의 얼어붙은 해안가 길을 따라 수km를 나아가 결국 기지가 강의 하구에 도달했다. 거기서 약 2시간을 더 나아가니 강 동쪽의 높은 둑 위에 자리 잡은 마을이 눈에 들어왔다. 마을의 집들은 강을 바라보면서 강둑을 따라 늘어서 있었다. 그 중간에 통나무로 지은 교회가 자리 잡고 있었는데, 위쪽에는 돔을 얹고 있고, 앞쪽에는 종루와 마주보고 있었다. 마침내 우리의 여행은 여기서 끝나게 됐는데, 그동안 타고 왔던 파보쉬카에서 내려서 마을에서의 실내 생활을 시작

---

[71] 저자는 필리피오스(Philepaeos)로 표기했으나, 오늘날 러시아어인 필리페우스로 표기했다. 조지 케넌의 《시베리아 탐험기》에도 필리페우스 중위로 나오는데, 1860년 아나디르 강을 탐험하다 추위와 굶주림으로 실패하고 가까스로 살아 돌아왔다.

기지가 마을

하게 된 것에 대해 아무런 후회도 없었다. 우리는 19일 동안 개썰매를 끌고 약 1,900km를 주파했던 것이다. 만일 이 정도 거리를 순록을 데리고 여행했다고 한다면, 4개월 반 정도의 시간이 걸렸을 것이다.

기지가 마을은 강 뒤쪽으로 황량하게 펼쳐져 있는 툰드라지대의 끄트머리에 위치해 있었는데, 툰드라지대에는 사방으로 강풍이 불어 대고, 수km 내에 바람을 막아 주는 나무 한 그루, 관목더미 하나, 조그만 언덕배기 하나 보이지 않았다. 그래서 집집마다 바람이 불어오는 쪽으로 거대한 눈 더미가 쌓여 있었고, 문이나 창문 쪽으로는 사람이 드나들 수 있도록 눈 더미에 통로가 깊이 뚫려 있었다. 집의 어느 쪽으로도 눈이 쌓여 있지 않은 곳은 없었는데, 왜냐하면 기류에 따라 바람의 방향이 수시로 바뀌면서 집 구석구석을 휩쓸고 가기 때문이었다. 이렇게 눈에 뒤덮여 있는 모습은 마을 풍경을 춥고도 황량하게 만들어 주고 있었지만, 한편으로는 좋은 점도 있었다. 왜냐하면 바람 때문에 생겨난 눈 더미가 오히려 추위와 바람을 막아 주면서 집을 보호하고 더 안락한 곳으로 만들어 주고 있기 때문이었다. 마을에는 약 500명의 주민이 살고 있는데, 대부분이 코사크족과 원주민과의 혼혈인들이었다. 코사크족은 약 50명 정도인데, 이스프라브닉과 하사관들, 의사 한 명, 2~3명의 성직자들 등이 포함된다.

기지가는 상당히 중요한 마을인데, 북동부 시베리아의 정부 소재지이며, 또한 매년 원주민들과의 모피 무역을 위해 이 부근 지역을 방문하는 러시아인 및 모든 모피 상인들이 모여드는 본부이기도 하다. 기지가는 또한 남부 캄차카에서 시베리아의 각 도시들로 가는 유일한 육로길 위에 있기 때문에, 겨울 초에 페트로파블로프스크를 출발해 다음해 봄에 야쿠츠크에 도착하는 우편마차가 거쳐야 하는 요충지이기도 하다. 이곳은 오호츠크 해에 초기 시절 세워진 러시아 정착촌들 중 하나였고, 1728년 초에 이곳에 방책 요새가 세워지면서 이웃 종족인 코략족을 정복하기 위해 아파나시 셰스타

기지가의 등대

코프(Afanasy Shestakov)[72]라는 젊은 장교가 코사크족과 퉁구스족으로 구성된 150명의 정복군대를 인솔해 떠났다. 그러나 그들은 약 200베르스따를 전진하고 나서 재앙에 가까운 패배를 당하게 되는데, 수많은 코략족 전사들이 야밤에 그들을 급습하여 대장인 세스타코프와 절반 이상의 부대원들을 죽였던 것이다.

먼 오지에 위치해 있음에도 불구하고, 기지가 마을과 그 주민들은 내가 오호츠크 해에서 보았던 다른 어떤 마을들보다도 더 문명의 혜택을 많이 받고 있는 마을이었다. 건물들이 잘 지어졌고, 어떤 집들에는 카펫도 깔려 있고 벽지도 발라져 있었다. 새로운 집들이 많이 건설되고 있는 중이었고, 필요한 통나무들은 기지가 강을 따라 뗏목 형태로 약 30km 떠내려와 공급되고 있었다. 사람들은 지적이고 근면한 편이었다. 보통 남자들은 겨울의 대부분을 모피 무역 상인들과 함께 여행하는 데 보낸다. 모피 무역 상인들

---

[72] 저자는 아파나사 세스타코바(Affanassa Shestakova)로 표기했으나, 오늘날은 '아파나시 세스타코프'로 쓴다.

은 물물교환을 통해 모피를 획득하여 돌아가게 된다. 여자들은 모피가죽을 무두질하고 여러 가지 다른 옷들을 만드는 데 시간을 보내는데, 그중 일부 옷들에는 무역 상인들에게서 얻은 다양한 색깔의 비단들과 모직물 등으로 자수를 놓은 아름다운 문양들로 장식을 한다. 주민들은 모두 노는 것을 아주 좋아하는데, 거의 매일 밤 '베추르카(vechourkas)'라고 불리는 밤 무도회가 열린다.

이 지역은 거대한 불모의 툰드라지대 때문에 다른 많은 지역들처럼 모피를 많이 생산해 내지는 못한다. 원주민들은 오랜 경험을 통해 대부분의 물품 가격들을 아주 잘 알고 있으므로, 여기서 생산되는 모피들도 아주 비싼 가격에 팔린다. 북부 툰드라지대에 있는 강들과 경계를 이루며 좁은 띠를 형성하고 있는 삼림지대와 캄챠카는 담비와 수달의 생산지이다. 비버는 축치족에게서 공급받는데, 그들은 베링 해의 동쪽에 있는 원주민들에게 순록 가죽을 넘겨주고 대신 비버 가죽을 받아온다. 이 지역에는 여러 종류의 여우들과 다람쥐들이 많이 살고 있는데, 특히 여우들은 이 지역 어디에서나 발견된다. 무역 상인들에 의해 수집된 모피들은 오호츠크를 경유해 야쿠츠크로 보내지고, 야쿠츠크에서 다시 중국과 유럽 시장으로 보내진다. 중국은 항상 커다란 시장을 형성하고 있으면서 값도 아주 후하게 치러 주고 있다.

우리가 이곳에 도착했을 당시, 이곳 주민들은 다가오는 부활절 준비에 바빠 있었는데, 이곳의 부활절은 날짜 계산이 우리와 달라 미국의 부활절보다 12일 늦었다. 그들은 사순절[73] 기간 동안 금식 비슷한 것을 해왔고, 이제 양심의 가책 없이 양껏 먹을 수 있는 시기가 오기를 간절히 고대하고

---

73) 사순절(四旬節. Lent). 사순절은 부활절까지 주일을 제외한 40일의 기간(부활절로부터 46일 전)을 말하는데, 교인들이 부활절을 기다리면서 예수의 고난을 묵상하며 금식이나 절식을 행한다. 서방 교회에서는 사순절을 40일간으로 정했으나 러시아 정교와 같은 동방 교회에서는 36일간으로 정했다.

있는 상황이었다. 그러나 여기에서는 음식이 귀하고, 또 다양하지도 않기 때문에, 어떤 음식도 금하는 마지막 날만 제외하고 사제들은 그리 엄격하게 통제를 하지 않는 편이다. 부활절을 위해 멀리 페테르부르크에서 그려진 성화들이 이곳 교회에 도착해 벽에 걸려 있었고, 교회 안에는 추위에도 아랑곳하지 않고 맨발로 떼 지어 성화에 경배드리는 여인네들로 가득했다. 날씨가 아주 추운 것은 아니었지만, 그래도 겨울은 겨울이었는데도 말이다.

이런 계절에 그네타기는 모든 주민들이 좋아하는 오락거리인데, 강둑을 따라 여러 대의 커다란 그네가 설치되고, 한 대에 최대 12명까지 탈 수도 있다. 회색 제복을 입은 코사크족 병사들이 그네를 앞뒤로 흔들어 주고, 그 사이에 주위에 있는 원주민들은 모두 러시아 노래를 불러 준다. 이 사람들은 모두 타고난 음악가들이어서 음악을 아주 사랑하고 대부분의 남녀들이 아주 좋은 목소리를 갖고 있다.

어떤 음식도 금해야 하는 사순절 마지막 날이 다가오면, 밤 12시까지 축제 분위기 속에서 먹고 놀다가, 12시가 되자마자 마치 마법에라도 걸린 것처럼 먹기를 중단하고 즉시 주민 모두가 반쯤 굶은 가엾은 표정을 짓는다. 그런 모습을 다른 사람들이 본다면, 아주 많이 굶은 모습이어서 불쌍하게 생각할 수도 있겠지만, 그들은 단지 굶은 지 반시간밖에 안 되는 사람들인 것이다.

부활절 당일에는 미사가 하루 종일 이어지고 밤에도 자정까지 계속되는데, 아주 재미있다. 미사의 마지막 순서로 대포 소리가 울려 퍼지면서 예수의 부활을 경축한다. 그러면 모든 사람들이 서로 껴안으며 세 번 키스를 하는데, 나도 나이, 성별을 가리지 않고 닥치는 대로 모든 사람들과 키스를 나눴다. 미사가 모두 끝나면 모든 사람들이 서둘러 집으로 향하는데, 집에서는 축제와 파티가 기다리고 있기 때문이다.

나의 방은 커다랗고 안락한 통나무집에 있었는데, 어느 모피 상인의 가족과 함께 건물을 나누어 쓰고 있었다. 나는 방에 들어와 침대에 누워 잠을 청하고 있었는데, 옆방에서 모피 상인 가족들이 포크와 나이프를 달가닥거리며 음식을 먹는 소리가 계속 들려왔다. 나는 잠을 이루지 못하고 뒤척이고 있었는데, 그때 방문이 열리면서 사람 몇 명이 들어왔다. 내 앞에 선 그들은 모두 3명이었는데, 무거운 모피 외투를 걸치고, 머리 두건과 수염에는 허옇게 서리가 내려앉은 모습이었다. 목소리로 나는 그들 중 케넌과 매크리를 알아차릴 수 있었지만, 아놀드는 알아볼 수 없었다. 왜냐하면 그는 도중에 심하게 앓고 있다가 이제 막 회복 중에 있었기 때문이었다. 케넌이 우리에게 마지막 편지를 쓰고 난 며칠 후, 매크리와 아놀드는 아나디르 강 하구에 있는 그들의 오두막을 떠나 64일간의 여행을 한 끝에 드디어 아나디르스크에 도착했다. 이렇게 만난 세 사람은 즉시 기지가를 향해 떠났고, 약 15일간의 여행 끝에 드디어 나와 만나게 됐던 것이다.

다음 이야기는 매크리 팀이 나에게 들려준 여행담을 요약해 본 것이다.

매크리 팀은 지난 가을 늦게 아나디르 강 하구에 상륙했다. 너무 늦은 계절에 도착했기 때문에 겨울이 시작되기 전에 보급품들을 배에서 육지로 나르고, 또 거처를 만들기에는 시간이 거의 없었다. 그들은 가능한 한 여행 거리를 단축하기 위해, 할 수 있는 데까지 강의 상류 쪽으로 배를 갖다 대었다. 주변에는 거처를 만들기 위해 필요한 나무들이 없었고, 오로지 있는 것이라곤 강에서 떠내려 온 통나무 표류목 몇 개와 배에서 가져온 판자 몇 개가 전부였으므로, 처음부터 그들은 난관에 부닥칠 수밖에 없었다. 마침내 그들은 땅바닥에 5.4×2.7×1.5m의 구덩이를 파고 그 위에 표류목으로 집틀을 만들었다. 주변에 있는 툰드라지대에는 난쟁이소나무들이 많이 있었으므로, 그 가지들을 꺾어다 집틀 사이에 얼기설기 엮어 넣어 벽을 만들었다. 그런 다음 벽 외부에는 진흙에 풀을 섞어 두툼한 벽을 만들어서 한기가 새들어 오지 못하도록 했고, 또한 판자를 사용해 지붕을 만들었다. 이렇게 하여 그들은 그럭저럭 지낼 만한 임시 거처를 마련한 셈이었다. 식량도 충분하고 난로도 좋은 것이 있었지만, 마땅한 연료가 없었으므로 주변에 있는 난쟁이소나무와 강가 여기저기에서 끌어온 표류목으로 대신 충당하기로 했다. 그들이 타고 온 고래잡이 보트도 거처의 외부에 세워놓고 바람막이 용으로 사용했는데, 그 보트는 만일 이번 겨울 작전이 실패로 돌아가면, 다가오는 봄에 강을 타고 오르내리며 탐험하는 데 사용할 작정이었다.

임시 오두막집이 완성되자, 이제는 모두가 땔감으로 쓸 나무를 찾아 나섰고, 멀리 있는 나무들을 집까지 운반하는 데는 매크리 팀이 여기까지 데려온 검은 곰처럼 생긴 뉴펀들랜드(Newfoundland) 종의 커다란 개 한 마리가 쓰였다. 그들은 또한 그린란드 에스키모들의 방식을 흉내 내어 오두막집 문 앞쪽으로 드나드는 통로로 쓸 기다란 터널을 만들어 놓았다. 그들의 준비가 채 끝나기도 전에 벌써 강한 겨울바람이 폭설을 동반하여 들이닥치기 시작했다.

점점 오두막집이 눈 속에 파묻혀 가자, 이제 어디로 도망갈 데도 없다는 자포자기 심정이 되면서, 오로지 남은 대책이라곤 행운으로 끝날지, 불행으로 끝날지 알 수 없는 혹독한 겨울을 있는 그대로 맞이해야 한다는 것이었다. 그들이 처한 상황은 희망적인 것이 아니었다. 5명의 남자들이 미지의 어느 외국 해안가에 고립되어 난생 처음 북극의 겨울과 마주치고 있는 것이다. 주위에는 온통 호전적이며 야만적인 것으로 알려진 원주민 부족들뿐이며, 그들은 그 원주민들의 언어와 관습도 전혀 모르는 상태로 원주민들과 소통할 수 있는 아무런 수단도 갖고 있지 않은 것이다. 그들이 알고 있는 정보라곤 단지 아나디르 강 상류 근처에 조그만 러시아인 정착촌이 예전에 있었다는 사실뿐이었다. 하지만 그 정착촌이 지금도 있는지를 확인할 방법이 없었다. 그들이 탐험대장으로부터 받은 지시는 강 상류 쪽으로 나아가다가 가능하면 오호츠크 해 쪽으로 내려가서 우리 팀과 만나라는 것이었다. 그러나 동절기 이동수단이 아무것도 없었으므로, 그들의 유일한 대안은 이 지역의 유목 원주민인 축치족이 오기를 기다렸다가 축치족의 호의를 얻어 이곳을 빠져나가는 것뿐이었다. 그들은 축치족이 소문대로 야만적인 원주민이 아니기를 희망하면서 불안에 떨고 있을 수밖에 없었다. 하지만 그들은 우리 팀과 마찬가지로 리볼버 권총과 후장식 카빈총으로 무장하고 있다는 것이 다행이었다.

마침내 오카크리(Okakrae)라 불리는 우두머리가 이끄는 소규모 축치족 무리들이 그들의 오두막에 도착했다. 그들은 이 축치족들이 아주 온순하다는 사실을 발견했고, 곧 우호적인 관계가 형성됐다. 이 축치족들은 여기서 약 40km 떨어져 있는 아나디르 만 아래쪽에 살고 있었다. 그들은 온갖 손짓 발짓을 다 사용해 강을 따라 올라가고 싶다는 의사를 축치족 사람들에게 전달했으나, 그 우두머리가 마찬가지 손짓 발짓으로 많은 달들이 뜬 다음에 자기가 순록을 끌고 와서 그들을 데려가겠노라는 의견을 제시했다. 매크리는 운송수단인 썰매와 순록을 구매하려고 갖은 애를 썼지만, 축치족들은 죽은 순록의 고기는 원하는 대로 얼마든지 팔았지만, 어떤 미신 때문에 그런지 절대 순록을 산 채로 팔지 않았다. 그런 일이 있은 후 얼마 되지 않아, 큰 무리의 축치족들이 그들의 오두막에 도착했다. 이 축치족들은 북부 툰드라지대에 몰아친 겨울 폭풍을 피하기 위해 순록 떼를 데리고 멀리 남쪽에 있는 산림 지역으로 이동하고 있는 중이었다. 이 축치족들 역시 우호적으로 보였고, 또 그들과의 관계에 있어서 어떤 불편한 사항도 없었는데, 단 한 가지 이들이 떠나고 나서 도끼, 삽, 기타 물건들이 사라져 버린 것은 예외였다. 겨울 초 어느 날 매크리와 로빈슨(Robinson)은 지난번 방문했던 축치족 우두머리 오카크리의 마을을 찾아가 어떻게든 순록을 구해 보려고 도보로 출발했다. 그들은 라이플 총을 지참하고 아침 일찍 길을 떠났고, 그 축치족 마을에서 하룻밤을 묵을 예정이었다. 그날은 바람도 없고 날씨도 좋았으며, 얼음은 단단하고 미끄러워서 직선코스로 강을 따라 내려가 만을 가로지르기에 안성마춤이었다. 그들은 별 어려움 없이 약 40km를 나아가서 오후 5시경 목적지에 도착했으나, 아주 실망스럽게도 그 축치족 마을은 버려져 있었다.

지치고 배곯은 그들은 당장이라도 쉬고 싶었지만, 밤에 아무도 없는 곳에서, 게다가 식량과 성냥도 없었으므로, 가능한 한 빨리 다시 왔던 길로 되돌아가야만 했다. 엎친 데 덮친 격으로 날씨는 점점 더 추워졌고, 살을 에는 듯한 강풍이 불어 대기 시작했다. 처음 약 30km는 이런 강풍을 맞아가며 나아가야만 했는데, 얼음이 너무 미끄러워 더 이상 앞으로 나아갈 수 없을 지경이었다. 게다가 낮 동안 걸어다녀 땀에 젖어 있던 속옷은 이제 추위가 더해 갈수록 딱딱하게 얼어붙기 시작했다. 그들은 만일 걸어가다 도중에 쉬게 되면, 그것은 곧 죽음을 의미하는 것이라는 사실을 즉각 알아차렸다. 피로에 지쳐 몸이 비틀거렸지만, 그들은 필사적으로 앞으로 나아가야만 했고, 어떻게든 미끄러운 얼음길을 벗어나 좀 더 안전한 발판을 찾아낼 수 있을까 하는 희망을 가지고 해안가 쪽으로 나아갔다.

어두운 밤이 찾아오자 바람과 추위는 더 심해졌는데, 그들은 아직도 목적지까지 절반도 나아가지 못하고 있었다. 지친 다리는 가까스로 몸을 지탱하고 있었는데, 조금이라도 삐끗하면 넘어지고 엎어졌다. 마침내 로빈슨은 얼음바닥에 쓰러져 일어나지 못하면서 더 이상 갈 수 없으니 얼어 죽는 수밖에 없노라고 선언했다. 그러나 매크리가 그에게서 권총과 라이플 총을 걷어 내어 짐을 덜어 주면서 일으켜 세워 다시 걷도록 도와주었다. 아직도 가장 가까운 해안에 도달하려면 몇 km 더 나아가야 했다. 시간이 갈수록 바람과 추위가 더 심해졌다. 이제는 오로지 초인적인 정신력과 체력만이 그들을 구해 낼 수 있을 뿐이었다. 얼어 죽을 위험에 빠졌다는 사실을 너무 잘 아는 그들은 서로 격려하고 도와주면서 견뎌 내고 있었던 것이다. 이렇게 추위와 악전고투를 치르고 있는 와중에, 이번에는 졸음이 무섭게 쏟아지고 있었다. 이제는 서 있기가 어려운 상태였다. 마침내 그들은 맨 땅을 밟을 수 있었는데, 그럼에도 오두막집은 여전히 약 10km 멀리 떨어져 있었고, 로빈슨은 다시 더 이상 갈 수 없노라고 선언했다. 이런 추위에 잠든다는 것은 곧 죽음이란 것을 알고 있으므로, 매크리는 온갖 수단을 다 써서 로빈슨이 잠드는 것을 막아야만 했다. 마침내 필사적으로 벌인 긴 투쟁 끝에, 새벽 3시경 그들은 거의 죽은 시체처럼 오두막집의 기다란 입구에 도착했다. 그런데 뉴펀들랜드 종의 커다란 검은 개가 그들을 알아보지 못하고 그들이 입구 안으로 들어가는 것을 막고 있었다. 한동안 그들은 밖에 붙들려 있다가, 안쪽에서 나온 동료들의 도움으로 들어갈 수 있었다. 두 사람은 모두 심하게 얼어 있었는데, 옷을 벗겨 보니 몸에 두껍게 서리가 얼어 있었다. 로빈슨은 후유증으로 3주 동안 침대를 벗어날 수 없었다. 두 사람은 23시간 동안 거의 쉬지 않고 80km가 넘는 거리를 걸어왔던 것이다.

  얼마간의 나날이 또 지나갔고, 마침내 돌아오겠다고 약속했던 축치족 오카크리가 그들의 오두막집에 도착했다. 그런데 그가 준비해 온 운송 장비는 딱 2명분이었다. 매크리가 아나디르스크 마을에 대해 물어 보자, 그는 그런 마을 이름을 들어 본 적이 없는 것인지 아무런 대답도 하지 못했다. 하지만 그는 강을 따라 상류 쪽으로 10일 정도 가면 러시아 정교 신부가 주재하고 있는 웨워키(Wewoki)라는 마을이 있다는 이야기를 하고 있는 것 같았다. 자신의 말을 증명이라도 하듯 그는 러시아어로 쓰여진 문서 하나와 조그만 십자고상 하나를 내보였다. 매크리 팀 중에는 러시아어를 읽을 줄 아는 사람이 한 명 있었으므로, 그 문서가 오카크리의 말을 입증해 주고 있다는 사실을 확인할 수 있었다. 그래서 매크리와 아놀드는 그와 함께 동행해 가기로 했고, 그 마을에 도착하는 즉시 기다리고 있는 나머지 팀원들을 데려오도록 그를 다시 보내기로 했다.

도중에 사고가 생겨 지체되는 경우를 생각하여 15일간의 충분한 식량을 가져가기로 했다. 권총 및 장총으로 무장을 잘하고, 또 원주민들로부터 적당한 옷을 구해 입은 후, 마침내 그들은 출발했다. 아나디르 강을 타고 내려가 만에 닿은 다음, 남서쪽으로부터 흘러 내려오는 또 하나의 아주 커다란 강을 타고 올라갔다. 매크리는 그 강에 아놀드라는 이름의 축치어 발음을 본떠 '아르노라(Arnora)'란 이름을 지어 주었다. 그들은 여행한 지 며칠 안 됐는데도, 밤이 되면 아침에 떠났던 자리에 되돌아와 있는 되돌이 현상들이 때때로 벌어지고 있는 상황을 목격하게 됐다. 하지만 그들이 처해 있는 상황은 길을 알고 있는 축치족 오카크리에게 전적으로 의지해야 하고, 또 그의 처분에 복종해야 하는 약자의 상황이었다. 그런 식으로 10일을 지내다 보니, 그들이 가져간 식량이 다 떨어져서 여행을 할 수 없는 지경이 됐다.

이제부터 그들은 오카크리의 천막 안에 폴로그 방 하나를 얻어 쓰면서 축치족 생활방식에 적응해야 했다. 반만 구운 순록고기, 순록의 위장에 들어 있던 내용물로 만든 수프 등이 이제 그들의 식사가 됐다. 마침내 그들은 순록의 주인인 늙은 축치족이 살고 있는 먼 남쪽의 축치족 마을에 도착했다. 그들은 여기서 많은 날들을 지체해야만 했는데, 다른 많은 원주민들이 오카크리에게 그들을 러시아인 마을에 데려가지 말고 버리고 가라고 온갖 말로 꼬드겼기 때문이었다. 그들의 여행 목적을 모르는 원주민들에게 그 목적을 설명해 줄 수 있는 방법이 없었으므로, 그들은 혹시 원주민들이 그들을 스파이로 생각하고 있는 것은 아닐까, 또한 원주민들이 그들을 데려가면 러시아인들이 불쾌해할 수도 있다는 두려움을 갖고 있는 것이 아닐까 하는 걱정이 들었다. 그래서 그들은 때때로 그들의 제복과 러시아 관리들에게 보낼 문서들을 원주민들에게 보여 주면서, 그들이 중요한 임무를 띠고 왔다는 사실을 이 야만인들에게 전달해 주려고 애썼다. 그러나 이런 모든 시도들도 그들에게 가해지는 일부 모욕적인 언행들로부터 그들을 보호해 주지는 못했다. 그래서 그들은 여러 번 무기에 호소하는 편이 낫겠다는 생각을 하기도 했지만, 만일 그렇다면 죽음으로 끝날 것은 자명한 일이었다. 그럼에도 불구하고 때로는 면전에서 용감하게 보일 필요성도 있었다. 러시아인 마을에 데려가지 않으려는 수많은 방해와 압박을 받으면서 축치족 생활방식에 적응해야 했던 50일 이상의 시간을 보낸 후에, 정확히 오두막집을 떠난 이후로 64일째 되는 날에 드디어 그들은 아나디르스크에 도착했다. 그곳에서 케넌과 도드뿐만 아니라, 강 하구에 남아 있던 3명까지 모두를 대면하는 순간, 그들의 크게 놀라는 모습은 정말 인상적인 순간이었던 것이다.

내가 페트로파블로프스크에서 케넌을 마지막으로 보고 헤어진 이후로, 케넌 또한 수없이 많은 고난을 겪으면서 스스로 불굴의 탐험가라는 부러운 명성을 쌓아 올렸다. 그런데 그의 여행 이야기는 재미있는 일들이 너무 많고 길어서 내가 여기서 설명할 수가 없을 정도인 것이다. 다만 내가 독자들에게 해줄 수 있는 말은 그의 이야기가 이미 시중에 책으로 나와 있다는 사실이다.

마침내 우리 여행은 끝났고, 아무르 강과 베링 해 사이에 놓여 있는 지역의 탐사가 끝나면서 전신선이 설치될 경로가 확정됐다.

아나디르스크를 떠난 케넌, 매크리, 그리고 아놀드가 기지가에 도착한 이후로 거의 2주일 동안 우리는 마을에서 즐길 수 있는 모든 즐거움을 누리며 지내고 있었다. 해가 나는 좋은 날에는 썰매타기와 설피 신고 야외로 나들이가기 등을 즐기고, 저녁이 되면 밤 무도회, 카드 파티, 그리고 우리의 다양한 여행이야기 들려주기 등을 즐겼다. 봄이 빠른 걸음으로 다가오고 있었는데, 해가 떠 있는 시간이 점점 길어지고, 기온이 점점 따뜻해지면서 머지않아 눈과 얼음이 녹아 땅이 드러나고 강물이 수면을 드러내는 모습을 우리에게 약속해 주고 있는 것 같았다.

아나디르스크에서 케넌과 매크리, 아놀드를 데리고 온 개썰매 팀은 서둘러서 오호츠크 해안을 떠날 준비를 하고 있었다. 왜냐하면 지나가야 하는 강바닥이 녹아 수면이 드러나면 위험해지기 때문이었다. 놀랍게도 이미 소금기 있는 부드러운 바람과 따뜻해진 햇살이 겨우내 툰드라지대에 쌓여 있던 눈 속으로 침투해 들어가고 있었다.

이제 나는 두 번째 겨울 여행을 끝내고 일상적인 정착생활을 조용히 즐기고 있을 무렵, 아바자 소령으로부터 기지가와 베링 해 사이에 설치될 전신선 일부 구간의 감독관으로 나를 임명한다는 지시를 받았다. 또한 돌아갈 준비를 하고 있는 개썰매 팀과 함께 즉시 아나디르스크로 되돌아가서 강을 타고 하구로 내려가, 봄이 되면 그곳으로 올라오는 배와 만나라는 지시도 함께 받았다. 매크리는 나와 함께 동행하여 아나디르 구간으로 알려져 있는, 즉 아나디르 강을 따라 이어져 있는 내 구간의 또 다른 일부를 감독하는 책임자에 임명됐다.

우리는 출발 준비를 하는 데 단 하루밖에 여유가 없었다. 하지만 하루면 충분한 시간이었다. 옷은 필요한 몇몇 모피옷을 추가하는 것을 제외하면 더 이상 필요치 않았다. 나는 이번에는 파보쉬카 타는 것을 포기하고 더 가벼운 일반 썰매를 타기로 했는데, 썰매 뒤에는 나의 썰매 몰이꾼이 나의 등짝을 편하게 해주려고 여러 개의 장대를 끈으로 묶어 놓았다. 매크리도 비슷한 일반 썰매를 지급받았다. 아바자 소령은 며칠 후에 우리를 따라오기로 했는데, 그는 아나디르스크에 도착하면 도드와 로빈슨을 데리고 다시 기지가로 돌아올 작정이었다. 왜냐하면 그는 도드와 로빈슨을 케넌과 마후드가 책임지고 있는 구간 안에서 일부 역할을 맡도록 지시했기 때문이었다.

제 24 장

기지가 출발-몰모프카 강-야쿠트족 유르트-우유 구매-개들에게 공격당한 암소-툰드라지대-설맹-불모지대-우시노바 강-파렌 강-독수리 둥지-새벽 출발-푸르가-전속력으로 질주-코에일 마을-이상하게 생긴 건물-이교도들의 희생물-입구 찾기-내부-즈다로바(인사를 전합니다)-커다란 구리솥-영예로운 자리-해충들-코랴족-용모-의복-특징-음식-불평 안 하기-물물교환-코랴족 춤-인구-연료-문명화된 코랴족-정착 코랴족-생활-보트-무기-설피-정령 숭배-독한 술에 중독-독버섯 음료 묵카무르-마취되는 방법-결혼식-일방적 결정-순록 유목 코랴족-개 먹이 부족-원주민 아이들의 활쏘기-무관심-가까스로 맞지 않은 화살-달리기와 레슬링-출발-미키나 마을-호의적이지 않은 접대-셰스타코바 마을과 강-징검다리 얼음-셰스타코바 산맥-아클란 강-눈구덩이 잠자리-잠잘 때 입는 옷-풍부한 물고기와 다양한 사냥감-썰매에 치인 개-거친 치료

4월 18일 수요일 날이 밝아왔는데, 여행하기에 아주 좋은 날씨였다. 날씨는 눈이 단단하게 굳을 정도로 적당히 추웠고, 개들도 여러 날 충분히 휴식을 취한 다음이어서 최상의 상태로 보였다. 타고난 질주 본능을 지닌 개들이 다가올 험한 여행을 기다리며 썰매를 끌 준비를 하고 있었고, 보급품들은 주의 깊게 포장됐으며, 친구들과 작별 인사를 나눈 후 출발 신호가 올리자 우리는 마을의 뒤쪽에 있는 툰드라지대를 향해 힘찬 발걸음을 내디디며 출발했다. 잠시 후 마을의 흔적이 모두 시야에서 사라졌다.

출발을 아주 늦게 했으므로, 우리는 야영을 하기까지 약 30베르스따 이상을 나아가지 않기로 했다.

약 10베르스따 나아간 후, 우리는 기지가 강의 작은 지류인 말모프카 강(Molmofka river)의 숲이 우거져 있는 둑과 만났다. 우리는 이 근처에 있는 한 야쿠트족 유르트에 도착했고, 젖소 2~3마리를 갖고 있는 야쿠트족 주인장에게서 우리가 도중에 먹을 몇 kg 정도의 우유를 구입했다.

우유를 kg 단위로 구입한다는 것이 이상하게 들릴 수 있지만, 동절기에는 언 상태로 사고 팔면서 간단하게 포장해 오랜 기간 동안 운반할 수 있는 점이 편리했다. 먹고 싶을 때에는 도끼나 칼집으로 필요한 양만큼 떼어 내어 녹여 먹으면 됐다.

야쿠트족 유르트를 떠난 우리는 말모프카 강을 따라 올라갔는데, 잘 우거진 낙엽송 숲을 통과하여 날이 어두워질 무렵 노상에 있는 한 작은 야쿠트족 유르트에 도착했고, 그곳에서 하룻밤 야영을 했다.

그 야쿠트족 유르트에서 우리는 전에 아르만 근처에서 겪었던 개들의 순록 습격 사건의 재판 같은 경우를 또 다시 당하게 됐는데, 다만 이번 경우에는 순록이 아니라 암소가 그 희생자였다. 개들이 갑자기 암소에게 달려들어 땅에 쓰러뜨리려 했는데, 다행히 개 몰이꾼들이 재빨리 끼어들어 커다란 재앙으로 이어지는 것을 막았다.

다음 날 새벽 4시경 우리는 나무, 풀 등이 있는 모든 식생지대를 뒤로 하고 유르트에서 동쪽으로 방향을 잡으며 거대한 툰드라 불모지대를 향해 출발했다. 툰드라지대에 들어서자 표면에 있는 눈이 며칠 동안 따뜻한 햇빛에 녹아 유리처럼 반짝이고 있었는데, 그 반사 빛이 너무나 눈에 부시게 밝아서 우리들은 모두 잠시 동안 거의 눈이 멀어 버리는 듯했으므로, 눈의 보호를 위해서 부득이 고글을 꺼내 써야 했다. 고글조차도 강렬한 햇빛을 완전하게 막아 주기에는 충분치 않았으므로, 눈(雪)을 똑바로 쳐다보면 눈

툰드라지대

(眼)이 아파왔다. 썰매 몰이꾼들의 경우는 우리보다 더 심했는데, 그들은 개들에게 지시를 내리기 위해 눈을 계속 뜨고 있어야만 했기 때문이다. 게다가 그들이 고글 대신 쓰고 있는 그들의 전통적인 보안(保眼)장치는 우리가 쓰고 있는 것만큼 효과적이지 못한 것이었다. 그 장치들은 단순히 기다랗고 좁은 양철조각에 조그만 구멍들을 뚫어 놓은 것이나, 아니면 기다랗고 좁은 나뭇조각에 가는 틈새들을 각자 눈에 맞추어 만들어 놓은 것이었다.

2시간 동안 앞으로 나아가자, 우리 뒤로 어두컴컴하게 보이던 숲의 윤곽이 이제 완전히 사라져 보이지 않게 되면서, 우리가 사방으로 지평선 끝까지 뻗어 있는 길도 없는 불모지대에 들어섰음을 알게 됐다. 무서우리만큼 조용한 정적과 외로움이 이 거대한 불모지대를 휘감고 있어서 어떤 감당치 못할 이상한 감정을 느끼게 됐다. 그 감정은 마치 어떤 무시무시한 재앙이 우리를 기다리고 있는 듯한 느낌이었다. 그러면서 만일 어떤 조그마한 움직임이라도 있었으면, 즉 마른 잎 하나라도 바스락거려 준다거나, 아니면 썩은 나무 그루터기 하나라도 눈 밖으로 툭 튀어나와 있어 준다면, 얼마나 커다란 마음의 위안이 될 수 있을까 하는 바람마저 일었다. 그러나 정말 움직이는 것이라곤 하나도 없었으며, 오로지 존재하는 것이라곤 추위에 얼어붙어 정지된 자연뿐이었고, 그 속에서 우리 또한 아무런 말도 없이 그저 앞으로 나아가고 있을 뿐이었다. 2시간이 넘도록 나는 사람이나 개가 내는 소리조차 들을 수 없었다. 모든 것이 마법에 걸려 있는 듯했다.

10시간의 여행 끝에 우리는 사막 같은 불모지 한가운데에서 우시노바 강(Usinova river)이라 불리는, 얼어붙어 있는 조그만 강 하나를 만났는데, 그 강둑에는 온갖 풍상을 다 겪은 듯이 껍질이 거칠고 아주 커다란 나무 10여 그루가 서 있었고, 이 강의 이름은 그 나무들에게서 비롯됐다고 했다. 여기서 우리는 저녁 식사를 준비하기 위해 필요한 마른 나뭇가지들을 충분히 주워 모으고, 사람과 개 모두 휴식을 취하기 위해 약 2시간 동안 머물렀다. 오후 5시경 우리는 다시 길을 떠났고, 얼어붙은 조그만 호수들이 여러 개 이어져 있는 지역을 지나갔으며, 오후 10시경 해가 지자 파렌 강(Paren river)의 하상으로 내려갔다. 이 강의 폭은 약 30m로 강둑에는 낙엽송, 가문비나무, 자작나무, 포플러나무 등으로 이루어진 숲이 좁게 띠를 이루고 있었다. 이곳에서 우리는 오늘밤 야영하기로 했고, 야영지에서 나는 나무 꼭대기에 자리 잡은 독수리 둥지를 6개나 찾아볼 수 있었다.

새벽 3시경 얼굴에 눈이 떨어지는 바람에 나는 잠에서 깨었다(우리는 텐트를 가져오지 않았다). 눈을 떠 보니 이미 날은 밝아 있었는데, 하늘에는 부분적으로 구름이 끼어 있어 조금 걱정됐다. 눈폭풍인 푸르가가 들이닥치기 전에 여기서 약 30베르스따 떨어져 있는 코에일(Coeil)이라는 코략족 마을에 도달하려고, 우리는 서둘러 차를 마시고 출발했다. 파렌 강의 동쪽 둑에 좁게 띠를 이루고 있던 숲에서 빠져나온 우리는 경사가 완만하게 기복이 있는 기다란 평원지대를 따라 나아갔는데, 마치 어제 지나갔던 길과도 유사했다. 이런 불모지대를 여러 시간 동안 지나가는 동안 조그만 나뭇가지 같은 어떤 물체들도 일절 발견되지 않아, 그야말로 여행의 단조로움이란 이루 말할 수가 없었다. 이전에 지나갔던 썰매 자국조차 모두 밤새 내린 눈에 지워져 있었고, 온 사방으로 지평선까지 보이는 것이라곤 오로지 눈밖에 없었다. 나로서는 동절기의 이런 툰드라지대보다 더 재미없고 지루한 여행은 어디에서도 생각해 낼 수 없었다.

날씨는 아주 좋은 편이었다. 아침에 날씨는 포근하고 바람도 없었으며, 하늘에 구름이 걸려 있어 눈부신 햇빛으로부터 눈과 얼굴을 보호할 수 있었다. 하지만 너무 조용한 것이 맘에 걸렸고, 언젠가 한번 푸르가와 맞닥뜨릴 것만 같은 나쁜 예감이 들었다. 우리의 썰매 몰이꾼들은 계속 소리를 지르며 개들에게 더 빠른 속도를 주문하고 있었는데, 그 모습이 바로 푸르가에 대한 그들의 두려움을 여실히 보여 주고 있는 것이었다.

오전 10시경 어느 낮은 언덕 위에 도달하자, 나의 썰매 몰이꾼이 한동안 벌판 너머 앞쪽을 응시하더니, 지평선 끝자락 위에 있는 보일까말까 하는 거무스름한 선을 나에게 가리키면서 동시에 '코에일'이란 단어를 중얼거렸고, 이후 즉시 개들도 쉼터가 가까이 있다는 사실을 알아챈 듯 전속력으로 질주해 가기 시작했다. 그런데 멀리서 눈이 담배 연기 피어오르듯 하는 모습이 보이더니, 잠시 후 두꺼운 눈구름이 우리를 에워쌌다. 허리케인과 같은 분노에 찬 매서운 강풍이 불어 대면서 삽시간에 눈폭풍이 벌판에 몰아치기 시작했다. 강풍 앞에서 개들이 비틀거렸고, 썰매도 휘청거렸다.

썰매 몰이꾼이 나에게 마을 위치를 가리켜 주자마자, 나는 즉시 나침반을 꺼내 그곳의 방향을 잡았다. 이런 눈폭풍 속에서 앞으로 남은 길을 가려면 나침반의 도움을 받아야만 했으므로, 일부 썰매 몰이꾼들이 그런 조그만 청동상자가 자기들보다 이 지역 지리에 대해 더 많이 알고 있다는 생각에 경멸과 비웃음을 보내고 있었지만, 내가 나침반의 도움을 받으려 한 것은 잘한 일이었다. 1시간 동안 눈폭풍과 싸우고 나자, 바람이 갑자기 잦아들면서 쏟아지는 눈 사이로 여러 개의 커다랗고 검은 물체들이 전면에 나타났고, 곧 우리는 그것들이 코에일 마을에 있는 집들이란 것을 알게 됐다. 하지만 나는 지금까지 그런 집들을 전혀 본 적이 없었으므로, 만일 전에 그런 집들을 방문했던 우리의 다른 팀 사람들에게서 그런 집들에 대해 들어본 적이 없었더라면, 나는 분명 그런 이상한 물체들에 대해 전혀 이해할 수 없었을 것이다.

내 앞에는 이상하게 생긴 통나무 구조물들이 떼지어 있었는데, 각자의 1개 구조물은 거대한 모래시계를 닮아 있었고, 나로서는 그 외의 어떤 다른 표현도 찾아볼 수 없었다. 이런 인상은 원뿔을 뒤집어 놓은 것 같은 지붕을 제외하면 아무것도 눈에 보이지 않으면서 각 구조물의 주거 공간이 모두 땅 밑에 위치하고 있다는 사실 때문에 생겨난 것이었다. 구조물의 상부에는 하부 구조물과 대략 똑같은 크기의, 원뿔을 뒤집어 놓은 듯한 지붕이 올려져 있는데, 긴 장대들이 하부 구조물에서부터 지붕 끄트머리까지 뻗어나와 있으면서 지붕을 지탱하고 있었다. 하늘로 솟은 긴 장대의 뾰족한 끄트머리들에는 죽은 개들의 목이 꿰어져 이교도 신들에게 바쳐지는 희생물로 매달려 있었다. 집의 부속시설이면서 개들의 접근을 피하기 위해 눈 위로 1~2m 높이 세워져 있는 이 상부 구조물인 지붕은 원뿔이나 피라미드를 뒤집어 놓은 듯한 모양이면서 일종의 창고로 쓰이고 있었다. 지붕에는 원주민들의 어망, 개썰매 장구 등의 잡다한 물건들, 그리고 마을에 떼 지어 몰려다니는 반쯤 굶은 듯한 개들의 게걸스런 탐욕을 달래 주는 데 도움이 될 수 있는 말린 생선 등의 모든 먹거리들이 매달려 있었다.

우리가 그 구조물들 있는 곳으로 다가가자, 주민들이 벌떼처럼 유르트의 상부 구조물 쪽으로 몰려들더니, 우리의 방문 목적을 확인하기 위해 우리 쪽으로 몰려들기 시작했다. 하룻밤 쉴 곳이 필요한 우리는 유르트 주변을 서성이며 입구를 찾아 헤매었으나, 도저히 찾을 수가 없어 어떻게 해야할 지를 모르고 서 있었는데, 그때 체격이 크고 얼굴이 둥글면서 마음씨 좋게 생긴 어느 코랴족 사람 한 명이 나에게 다가와서 자기를 따라오라는 신호를 보냈다. 우리는 기다란 기둥 하나를 타고 상부로 올라갔는데, 그 기둥에는 일련의 구멍들이 계단 역할을 하도록 뚫어져 있었다. 상부 안쪽은 대야처럼 움푹하게 들어가 있었으며, 먹다 버려 부패한 지방 부분이 그대로 붙어 있는 물개가죽들, 설피들, 개썰매 장구들, 그리고 짚단으로 숨통이 막혀 죽은 어린 강아지들 몇 마리가 주변에 널려져 있었다. 죽은 강아지들 역시 원주민들의 이교도 신들에게 희생물로 바쳐진 것이었다. 상부 안쪽 가운데에는 사람이 드나들 수 있을 정도 크기의 어두운 구멍이 하나 뚫려 있었는데, 그 구멍은 땅 밑에 있는 굴까지 연결돼 있는 것 같았다. 그 구멍으로부터는 구름 같은 연기가 새어 나왔는데, 참을 수 없는 모든 냄새들이 혼합된 아주 지독한 냄새가 나고 있었다.

나를 안내하던 코랴족 사람 체킨(Chekin)과 그 유르트의 주인장은 내가 따라오는 것을 뒤돌아보고는 격려의 미소를 지어 보이면서 구멍 속으로 발을 집어넣은 다음, 우리가 올라갈 때 잡았던 기둥과 같은 또 하나의 기둥을 잡고 쏜살같이 시야에서 사라져 버렸다. 굴 속에 무엇이 있는지도 모르고, 또 연기에 숨이 막히는 상황에서도 나는 최선을 다해 그들을 따라가야만 했다. 기둥을 타고 밑으로 살살 기어내려 가는데, 한 계단 한 계단 내려갈 때마다 발을 뻗어 바닥을 찾아보았으나 헛발질만 하고 있었으므로, 바닥이 없는 끝없이 깊은 구덩이 속으로 들어가고 있는 것이 아닌가 하는 생각이 들 무렵 단단한 발판에 발이 닿았다.

내가 굴 바닥에 들어서자 캄캄한 사방 어둠 속에서 손님을 반기는 인사 소리가 들려왔고, 나 역시 똑같은 단어와 억양으로 대답했다.

"즈다로-오-바(Zdaro-o-va)."[74]

그러나 나는 이후로도 한동안 어둠속에서 사물을 구별할 수 없었다. 어둠에 익숙해지자 나는 매크리가 벌써 와 앉아 있는 것을 발견했는데, 그는 내가 밖에서 문을 찾아 헤매고 있을 때 이미 들어와 있었다고 했다. 점점 사물이 또렷하게 보이면서 굴 속 내부가 자신의 모든 것을 드러냈다.

집 내부는 8각형 형태를 하고 있었고, 지름이 약 7.5m였다. 집을 지탱하고 있는 무거운 통나무 기둥들은 모두 연기에 그을려 새까맸으면서도 반들반들 윤이 났다. 우리가 들어온 구멍은 출입구로 쓰이는데, 더러운 바닥에서 약 7.5m 높이에 있었고, 집 안 상층부 절반이 자욱한 연기로 뒤덮여 있어 구멍이 잘 보이지 않았다. 집 안 가장자리 끝부분에는 바닥에서 약 60cm 높이로 넓은 단이 이어져 있었는데, 그 위에는 더러운 모피 이부자리하며 옷가지들이 쌓여 있었고, 그 위로 15~20명의 코랴족 사람들이 추하고 이빨 빠진 늙은 노파에서부터 통통한 아기까지 모든 남녀노소들이 물개기름과 시커먼 때 투성이로 앉아 있거나 누워 있었다. 단 위쪽에는 폴로그 방을 만들 수 있는 두꺼운 가죽들이 매달려 있었는데, 유사시 여러 개의 다른 방들을 만들어 코랴족 방식으로 잔다면 약 50명까지 수용할 수 있는 용도로 사용될 수 있었다. 출입구 구멍 바로 아래, 즉 바닥의 한가운데에는 화덕이 있어 불이 피워져 있고, 커다란 돌로 만든 화덕 위에는 커다란 구리솥이 얹혀 있었다. 코랴족 사람들은 그 안에 물개고기와 고래고기들을 넣고 음식을 준비한다.

우리가 타고 내려온 구멍 뚫린 통나무 기둥 아래쪽에서 가장 가까이 있

---

74) "인사를 전합니다"라는 뜻.

는 단 부분이 영예로운 자리로 간주되고 있었는데, 손님이 오면 항상 손님을 위해 비워 두는 자리이다. 손님이 없을 때는 집주인이 그 자리를 차지한다. 그 자리에 앉기 전에 우리는 그 자리에 있는 낡은 가죽을 제거하고 대신 우리의 이부자리로 교체하는 예방책을 취했는데, 왜냐하면 우리 곁에 있는 코략족 사람들이 자꾸 몸을 긁적거리고 있었으므로, 영예로운 자리에 있는 낡은 가죽에도 빈대, 이, 벼룩 같은 달갑잖은 생물들이 있을 것으로 생각됐기 때문이었다.

코략족은 생김새나 관습에 있어서 아주 특이한 종족이다. 남자들은 좋은 체격을 가졌는데, 키도 크고 튼튼하며 살이 쪄 있기도 하다. 사람 좋은 얼굴, 작고 검은 눈, 돌출된 광대뼈, 넓은 코, 두꺼운 입술 등을 가졌다. 그들은 머리털을 정수리 부분은 밀어 내고 눈과 귀 위쪽까지만 매달려 있도록 정리해 놓고 있어서 마치 수도승처럼 보이기도 한다. 여자들은 남자들과 생김새가 비슷하지만, 얼굴에 문신을 한 것이 다르다. 그들은 이마, 코, 턱에는 긴 선을, 뺨에는 복잡한 문양을 새겨 장식해 놓고 있다. 머리에 빗질을 할 때, 그들은 가운데에 가르마를 타고, 보통 머리 뒤로 두 갈래로 땋아 내려서 구슬 달린 실로 묶어 정리한다.

코략족의 옷은 잘 무두질한 순록가죽으로 만드는데, 속옷으로 털 달린 모피를 피부에 닿게 입는다. 문양은 퉁구스족의 것과 많이 비슷하다. 그들은 옷의 청결함에는 신경 쓰지 않는다. 그들은 또한 구할 수 있는 것이라면 고래, 물개, 순록, 물고기 등 어떤 것이라도 모두 먹는다. 그들의 음식 속에서 지방 성분이 빠지는 경우는 드물다. 그들은 원래 용감하고 독립적이며 죽음을 두려워하지 않는다. 평상시에는 호의적이나 기회가 닿으면 배신한다고 알려져 있다.

우리를 위한 코략족 사람 체킨과 주인장의 접대는 이런 환경에서는 최선의 것이라 할 수 있을 것이므로, 우리는 더 이상 소란피울 것도 없이 그들의 호의에 감사하며 가능한 한 아주 안락하다고 우리 자신의 마음을 다스리면서 푸르가가 그치기를 기다려야만 했다. 그래서 우리는 우리가 보고, 듣고, 느끼고, 냄새 맡는 것이 무엇이든 간에, 더 이상 아무런 불평을 하지 않기로 결심했다. 기지가에서부터 우리와 동행한 코사크족 친구 바실리(Vassilly)도 잠시 후 유르트 안으로 들어와 우리와 합류했고, 우리는 체킨과 함께 차를 곁들인 점심 식사를 마친 다음, 파이프 담배에 불을 붙이고 뒤로 벌렁 누워 코략족의 생활습관을 살펴보면서 이 새로운 환경을 즐겨 보기로 했다.

코략족 사람들이 식사하는 모습은 다음과 같다. 먼저 커다란 솥 아래 화덕에 불이 붙으면, 솥 안에 여러 개의 커다란 물개고기 덩어리들이 던져지고, 음식이 다 됐다는 소리가 나면서 곧 실내에 있는 남녀노소 원주민 모두가 커다란 식사용 칼을 하나씩 들고서 물에 익힌 고기로 가득한 나무 접시들 주위로 모여들어 적을 공격하듯 음식에 달려들기 시작한다.

그들의 식욕은 음식의 종류를 가리지 않고 왕성하다. 나는 나중에 주인장 가족 중 젊은 사람 한 명이 음식 담던 나무접시를 완전히 다른 용도로 사용하는 것을 보고 아주 놀란 적이 있다. 식사가 끝나자 여자들은 본업으로 돌아가 가죽을 무두질하든가 아이들이 잠자도록 다독거린다든가 다른 일들을 하고, 남자들은 작은 종재기같이 생긴 파이프 담배를 피우면서 우리 주위에 모여들어 우리의 일거수일투족을 아주 호기심어린 눈으로 관찰했다. 우리가 성냥을 꺼내어 불을 붙이는 모습을 보고 아주 놀라워하면서 감탄을 했다. 그런데 매크리가 파이프 담배를 피우다가 입을 오무려 동그란 고리 모양의 담배 연기를 계속 뿜어내자 완전히 경탄의 도가니가 되더니, 사방에서 이 놀라운 묘기를 보려고 모여들었다. 출입구인 구멍 사이로는 오후 내내 쉴 새 없이 사람들이 들락거리면서 그곳을 통해 들어오는 햇빛이 쉴 새 없이 음영을 만들며 어른댔다. 그들 중 일부는 여우가죽이나 다른 것들을 들고 와서 우리가 갖고 있는 담배, 칼, 기타 잡동사니들과 물물교환하기를 원했다.

우리는 더러운 몰골을 하고 있는 2~3명의 코략족 아가씨들에게 반짝거리는 구슬목걸이들을 선물함으로써 그들로부터 영원한 우정을 보장받으면서 그에 대한 보답으로 그들이 좋아하는 춤을 볼 수 있는 기회를 갖게 됐다. 그들의 춤은 뭐라고 표현하기가 어려울 정도로 이상하고 기괴했다. 처음에 그들은 보통 너비로 서서 뱃속에서 우러나오는 것 같은 낮은 소리로 마치 투덜거리듯이 웅얼거리기 시작하더니, 빠르게 앉았다 일어났다를 반복하다가, 몸을 앞뒤로 계속 흔들면서 팔도 허공에 흔들어 댔다. 한동안 이런 행동을 계속하다가 서서히 속도가 빨라지면서 목소리의 억양도 바뀌어 갔다. 점점 열기가 고조되면서 그들은 얼굴과 몸이 인간이라고 알아볼 수 없을 정도로 비틀리고 왜곡된 상태에서 공중으로 뛰고 몸을 비트는 등 온갖 몸부림을 쳤다. 그렇게 몸부림을 치는 동안에도 그들은 계속 이 세상 소리가 아닌 듯한 이상한 신음소리, 투덜대는 소리, 끽끽 우는 소리 등을 온몸이 부서져 나갈 듯 쥐어 짜냈다. 그들은 땀이 흘러내리고 목소리가 쉬어서 더 이상 소리를 낼 수 없을 정도로 완전히 지쳐서 땅바닥에 무너져 내릴 때까지 계속 그런 춤을 추었다. 땅바닥에 쓰러져야만 다시 정상으로 되돌아가는 것이다.

이런 춤을 보다가 나는 문득 어느 여름날 중국의 아모이 항(port of Amoy)[75]에서 열린 무도회에 초대된 어느 중국인 고위관리가 잠시 그곳에 들른 수많은 우리 해군장교들에게 해준 말이 생각났다. 그 고위관리는 무도장이 내려다보이는 높은 단 위에서 우리의 영사 및 여러 장교들과 함께 앉아 있었는데, 그의 금욕주의적인 얼굴에는 싫고 좋은 감정 표현의 흔적이 전혀

---

75) 오늘날 대만과 마주보고 있는 중국 복건성 샤먼(厦門)을 말한다. 예전에는 아모이로 불렸다.

나타나 있지 않았다. 무도장에는 춤추는 사람들이 가벼운 여름옷을 입고도 얼굴에 흐르는 땀을 훔치면서 왈츠 행진곡에 맞추어 이리저리 휘젓고 다녔는데, 우리 영사가 중국인 관리에게 몸을 돌려 춤이 어떠냐고 물어 보았다. 그러자 그는 이렇게 대답했다.

"오, 아주 좋습니다. 하지만 저 춤은 당신을 위해 당신의 하인들이 대신 춤추는 것이겠지요."

그래서 내가 보기에 이 코랴족 춤도 구경꾼들에게는 아주 좋은 것이겠지만, 내가 직접 춤추는 데 참여하지는 않을 것 같았다.

코에일 마을은 주민이 약 300명 정도이며, 펜진스크 만(Penjinsk Gulf)을 내려다보는 어느 낮은 강둑 위에 자리 잡고 있었다. 거기서 나무숲이 가장 가까이 있는 곳이 파렌 강(Paren river)이었으므로, 주민들은 떠내려 오는 표류목으로 집 지을 나무나 연료로 쓸 나무를 구해야 했다. 그러나 내가 이미 말했듯이 코랴족 사람들은 유르트 안의 폴로그 방에서 물개 기름을 태워 난방을 하고 있었다.

코랴족에는 세 가지 부류가 있다. 첫 번째는 문명화된 코랴족으로 내가 이미 기술했던 사람들이다. 그들은 기지가의 서부 해안가 마을들, 즉 얌스크(Yamsk), 토우마네(Toumane), 니아코나(Niakona) 등에 살고 있다. 그들은 다른 문명화된 원주민들과 거의 구별할 수 없다. 나머지 두 부류는 여전히 자신들의 이교 신앙과 야만적인 관습을 유지하고 있다. 그중 한 부류는 정착 코랴족으로 알려져 있는데, 그들은 펜진스크 만에 영구 주거지를 갖고 있으며, 에스키모처럼 거의 전적으로 바다 생산물에 의지해 살아가고 있다. 그들은 흩어져 사는 몇몇 예외자들을 제외하고는 모두 4개의 마을들, 즉 코에일, 미키나(Meekina), 셰스타코바, 카르메노이(Karmenoi)에 모여 산다. 그들은 총을 거의 갖고 있지 않고, 고래나 다른 커다란 사냥감을 잡을 때에도 여전히 활과 화살, 뼈촉 달린 창과 작살 등에 의지하고 있다. 물개를 잡을 때는 보통 물개가죽 끈으로 만든 아주 커다란 예인망을 사용하고, 더 작은 물고기를 잡을 때는 기지가에서 구해 온 꼬아 짠 예인망을 사용한다.

그들은 두 종류의 배, 즉 보트나 카누를 사용한다. 보트는 자작나무로 만들어지는데, 그 위에 물개가죽을 씌어 단단히 박음질하고 이음새는 그리스나 역청을 발라 막아 준다. 일부 큰 배들은 40명까지 태울 수 있다. 카누는 그린란드의 '카약(kiak)'과 많이 닮았다. 1~2명이 탈 수 있으며, 전체가 다 폐쇄돼 있는데, 오직 가운데에 구멍이 하나 뚫려 있고, 그 안에 사람이 들어가 앉는다. 겨울에는 운송수단으로 개썰매를 이용하는데, 그들이 사용하는 설피는 내가 이미 묘사해 놓았던 설피와는 다르다. 그들의 설피는 나뭇가지들을 둥글게 엮어 만든 것인데, 앞부분이 올라가 있고, 뒷부분이 뾰족하다. 그 위에 물개가죽 끈으로 얼기설기 엮었는데, 아주 어설퍼서 야쿠트족과 퉁구스족의 그것만큼 눈 위로 잘 뜨지 못한다.

그들은 이교도인데, 보이지 않는 정령들을 숭배하고, 샤먼들을 통해서 정령들에게 다가간다. 아프거나 재난을 당했을 때, 최고로 좋은 개들을 희생물로 정령들에게 바친다. 여행 중에도 미신적인 경외의 대상으로 여기는 바위나 산을 지날 때는 반드시 제물을 바치고 지나간다.

거의 모든 야만족들과 마찬가지로, 그들도 마취 성분이 있는 것들에 아주 열정을 갖고 집착한다. 독한 술일 경우, 그들은 거의 어떤 것도 희생할 준비가 되어 있다. 하지만 그것을 구하기가 어렵기 때문에, 그들은 일종의 독버섯으로부터 '묵카무르(muck-a-moor)'란 음료를 스스로 만든다. 러시아인들은 그 음료를 해충 구제하는 데 사용한다. 그들은 이 독버섯 음료를 아주 효과가 좋은 것으로 평가하고 있으나, 귀하고 가격이 비싸서 가난한 사람들에게는 그림의 떡이다. 하지만 이 음료는 주변에서 벌어지는 연회나 주연 자리에 항상 준비되어 있다. 만드는 방법은 독버섯을 술에 담가 두는 것으로 아주 간단하다. 그런 다음 아주 많은 양을 마시는데, 뚜렷하게 몸에 해로운 증상은 나타나지 않는다. 그러다가 시간이 좀 지나면 완전히 마취 상태에 빠지게 된다. 가난한 사람들은 그릇을 들고 옆에 서서 기다리고 있다가 남은 음료를 얻어 마시고 돌아가며 마취 상태에 빠진다. 이런 식으로 때때로 마을 전체가 마취 상태에 빠지게 된다.

다음은 코략족의 구애와 결혼 장면을 기술한 것인데, 코사크족 친구 바실리로부터 들은 새로운 이야기이다.

일단 젊은이가 사랑에 빠지면, 그는 사랑하는 여인의 아버지에게 가서 결혼하고 싶다는 의사를 밝힌다. 그러면 곧 일종의 계약관계로 들어가는데, 젊은이가 그 장인될 사람의 하인으로 몇 년간 일하고, 그 계약기간이 다 되면 장인될 사람이 딸을 젊은이에게 줄지 안 줄지를 결정한다는 것이다. 만일 아름다운 딸을 가진 아버지라면, 그는 한 번에 5~6명의 사위 후보자들을 가질 수도 있다. 그렇게 계약기간이 끝나고 운 좋게 장인될 사람이 딸을 준다는 결정을 내리더라도, 두 번째 관문이 젊은이를 기다리고 있다. 커다란 유르트 안에 마을의 나이든 여인네들이 모두 모여 손에 물개가죽 끈과 회초리를 들고 여러 개의 폴로그 방들에 나누어 들어가 앉아서 대기하고 있다. 결혼할 딸이 가죽옷으로 몸을 감싼 채 방안에 나타나면 그녀의 연인인 젊은이가 뒤쫓아 간다. 이렇게 방 안을 이리저리 돌아다니며 숨바꼭질 경주를 하게 되는데, 젊은이가 자기 연인을 따라잡고 그녀의 몸에 손톱자국을 남겨야만 그녀를 신부로 삼

코략족 젊은 남자

을 수 있다. 폴로그 방을 거칠 때마다 나이든 여인네들은 젊은이에게 매질을 가하고 다리를 잡아 넘어뜨리기도 하면서 가는 것을 방해한다.

선택의 우선권은 모두 여자에게 있다. 만일 여자가 뒤쫓아 오는 남자의 아내가 되고 싶지 않으면, 그녀는 아무런 어려움 없이 그 남자를 회피할 수 있다. 반대로 만일 여자가 그 남자를 좋아하면, 그녀는 의도적으로 도중에 넘어지거나, 아니면 자기의 바람을 나이든 여인네들에게 알려서 그녀들이 단지 뒤쫓아 오는 남자를 방해하는 시늉만 하게 한다. 때로는 남자가 아주 필사적으로 여자를 좋아하는 데도 여자 얻기에 실패하는 경우, 그는 다시 장인될 사람에게 가서 몇 년간 하인으로 일하는 계약을 맺으면서 다시 한 번 결혼할 수 있는 특권을 얻어 내기도 한다.

코략족 젊은 여자

코략족의 세 번째 부류는 순록유목 코략족(the Reindeer Koraks)으로 알려져 있는데, 그들은 두 번째 부류인 정착 코략족과는 아주 다르다. 그들은 유목민으로 퉁구스족처럼 가죽 천막에서 살면서 많은 순록 떼를 데리고 이끼를 찾아 이리저리 옮겨 다닌다.

하루 종일, 그리고 그 다음 날도 쉬지 않고 푸르가가 계속됐다. 그래서 우리는 일정이 늦어지는 것을 피할 수 없다고 자위하면서 이곳의 불결하고 냄새 나는 환경을 아무런 불평 없이 그대로 받아들였다. 그럼에도 불구하고 벼룩, 이, 빈대 같은 수많은 해충들이 무자비하게 공격해 대는 데에는 정말 고통스러웠다. 아마도 그들은 미국인을 특별히 좋아하고, 또 충분히 포식했던 것 같다.

오늘 썰매 몰이꾼들로부터 개 먹이가 떨어졌다는 소리를 들었는데, 기지가를 떠날 때 이틀치 먹이만 가지고 떠났다고 했다. 도중에 코략족에게서 생선과 물개기름을 충분히 얻을 것으로 기대했고, 그러면 펜지나까지 가서 다시 새로 개 먹이를 공급받을 수 있다고 생각했다는 것이다. 그러나 코에일 마을의 코략족은 이미 저장해 놓은 개 먹이를 거의 다 소진해 버려서 우리가 머무르는 기간 이상의 먹이를 제공할 여력이 없었다. 그래서 우리는 앞으로 필요한 양을 미키나 나 셰스타코바 마을의 원주민들에게서 얻어 내야만 했다.

이곳에 머물게 되는 이틀째가 되자 시간이 아주 더디 갔다. 우리는 몇 분이 멀다 하고 지붕으로 올라가 눈폭풍이 잦아드는 조짐이 있나 살펴보았다.

원주민들은 강풍과 폭설에 아주 무관심하게 지내는 것 같이 보였는데, 아마도 그런 것들에 익숙해져서 그런 것 같았다. 오전 내내 사내아이들이 활과 뼈촉 달린 화살을 들고 과녁에 쏴서 맞히는 놀이를 하고 있었다. 그들의 활 쏘는 실력을 알아보려고 나는 러시아 동전들을 장대 위에 올려놓고 그들이 쏘도록 해서 맞히는 사람이 동전을 가져가도록 했다. 그런데 그들은 동전을 잘 맞히지 못했다.

그런데 조그만 사건이 일어났고, 그 사건이 원주민들의 금욕적이고도 무감각한 성향을 잘 보여 주고 있었다. 더군다나 이런 아이들에게도 그런 성향이 발달돼 있다는 것을 보고 우리는 매우 놀랐다. 눈이 쌓인 언덕배기에서 아이들이 동전과 직선거리에 서서 화살을 날리고 있었는데, 그때 마침 옆으로 약 10m 정도 떨어져 있는 통나무 창고에 두 여자아이들이 기대어 서 있었다. 그런데 화살 하나가 빗나가더니 여자아이들 쪽으로 날아갔다.

여자아이들은 화살이 날아오는 것을 보면서도 피할 시간이 없었는데, 다행히 머리를 숙여 화살을 피했다. 다음 순간 화살이 날아가서 여자아이들 머리 바로 위에 있던 통나무 속에 파르르 떨면서 꽂혔다. 나는 화살이 통나무에 꽂히는 순간 나도 모르게 몸이 덜덜 떨리는 것을 막을 수가 없었다. 그런데 이 어린 이교도들은 아무런 감정의 변화를 나타내지 않았는데, 심지어 화살이 어디로 날아가는지 끝까지 지켜보지도 않고, 또 그런 일에는 아무런 관심도 없다는 듯이 계속 활을 쏘고 있었다.

남자들은 나중에 우리에게 그들이 하는 일부 운동들, 즉 레슬링이나 달리기 경주 같은 것을 보여 주었다. 그들은 운동에 능한 종족이었는데, 그들의 민첩성은 우리 일부 체육인들도 부러워할 정도였다. 레슬링의 경우, 그들은 눈이 오나 바람이 부나 상관없이 웃통을 벗은 다음, 각기 한 손으로는 상대방의 머리털을 움켜잡고 다른 손으로는 옆구리 뱃살을 단단히 부여잡은 다음, 두 사람 중 한 사람이 먼저 눈 속에 반쯤 파묻힐 때까지 서로 비틀고, 흔들고, 몸부림치고, 발을 걸어 넘어뜨리는 등 가능한 수단을 모두 동원했다. 경기가 끝나면, 이긴 사람의 손에는 상대방의 머리에서 잡아 뽑은 머리터럭들이 들어 있고, 또 일부 참가자들의 옆구리에는 붉은 손가락 자국이나 심하게 긁힌 상처 등이 남아 있고, 게다가 피까지 흘러내리는 경우도 있다. 그들이 애용하는 기술 중 하나는 상대방의 목을 양손으로 잡아 목을 조르면서 재빨리 당기는 것인데, 십중팔구 상대방을 항복시킬 수 있는 방법이다.

4월 22일 일요일, 오늘도 아직 눈폭풍이 계속되고 있었지만, 점점 잦아들고 있는 조짐이 보였으므로 우리는 출발했다. 우리는 만의 굴곡부를 따라 갔는데, 어떤 때는 소금기 있는 얼음길을, 또 어떤 때는 툰드라지대의 가장자리 길을 따라갔다. 날씨는 눈이 간헐적으로 내리다가 중간 중간에 해가 드는 날씨였다. 오후 7시경 우리는 미키나 마을에 도착했는데, 이곳은 모든 것이 코에일 마을과 비슷했다. 다만 집들이 더 적었다. 우리 개들은 쉬지 않고 달려왔으므로 아주 지쳐 있었다. 이곳의 코략족 사람들은 코에일 마을 사람들만큼 호의적이지 않았고, 오히려 무례하기까지 했다. 개 먹이를 충분히 가지고 있었으면서도 그들은 우리에게 어떤 가격으로도 팔기를 거절했으므로, 우리는 다른 여행자들에게서 하룻밤 먹이를 빌려야만 했다.

다음 날 새벽 4시경 우리는 서둘러 출발했고, 동쪽으로 방향을 잡아 툰드라지대로 나아간 후, 아침 9시 반경 셰스타코바의 코략족 마을에 도착했다. 그곳은 '셰스타코바'라는 똑같은 이름의 작은 강 하구에 위치해 있었다.

이 마을은 지난 세기 초 러시아 장교인 셰스타코프가 부하들을 이끌고 가다가 습격당해 몰살당한 장소 부근에 있었다. 우리는 단지 이곳에서 개 먹이를 구할 동안만 머물렀는데, 이곳 원주민들은 기꺼이 개 먹이를 공급해 주었으므로, 바로 이곳을 출발할 수 있었다. 이번에는 해안가 길을 버리고 북쪽 방향에 있는 셰스타코바 강을 따라 올라갔다. 이 강은 이미 여러 곳이 녹아내리기 시작하고 있었으므로, 우리는 징검다리 건너듯 얼음과 얼음 사이로 건너가야만 했다.

해가 지자 우리는 강 상류에 도달해서 셰스타코바 산맥(Shestakova Khrebet)으로 알려진 길고도 완만한 분수령을 따라 올라갔다. 산을 넘어가니 주위 환경이 바뀌면서 날씨도 추워졌고, 또 20베르스따 이내에 불을 피울 나무가 하나도 없었으므로, 우리는 밤 10시까지 계속 나아가야만 했다. 어둠을 뚫고 나아가는 동안 추위로 많은 고생을 했다. 온도계는 영하 34도를 가리키고 있었다.

우리는 아클란 강(Aklan river)의 한 작은 지류에서 하룻밤을 지내기 위해 야영을 했다. 그곳에서는 모닥불을 피울 마른 나뭇가지들을 충분히 구할 수 있었다. 그리고 그곳에는 눈이 약 2m 높이로 깊게 쌓여 있었는데, 전에 이곳을 지나가던 사람들이 깊게 구덩이를 파놓은 곳이 있었고, 그 구덩이는 우리가 그 안에 들어가 불을 피우고 잠을 잘 수 있을 만큼 충분히 컸다.

우리는 매서운 바람이 불어 대는 이 툰드라지대에서 바람을 피할 수 있는 이런 구덩이를 이용할 수 있다는 데에 감사하면서 구덩이에 들어가 자리를 잡고 모닥불을 피웠는데, 우리를 둘러싸고 있던 눈벽에 불빛이 너울거리며 투영돼 보이면서 잠자리가 보다 안락하고 쾌적하게 느껴졌다.

이번 여행에서 나는 밤에 잘 때 옷을 벗고 자는 오랜 습관을 버리고 원주민들의 방식을 따르고 있었다. 그들의 방식이란 밤에 잘 때 옷을 하나도 벗지 않고 오히려 남아 있는 다른 모든 모피들을 쌓아 올려 덮는 것이었다. 기지가를 떠나기 전에 나는 특별히 잠잘 때 입는 옷과 양말을 준비했었다. 잠잘 때 입는 옷이란 것은 모피가 이중으로 된 두껍고 거대한 쿠크랑카였는데, 아래로는 발목까지 덮이고, 위로는 무겁고 넓은 머리 두건이 머리를 감싸 주면서 가장자리에는 두꺼운 늑대털이 달려 있어 잠잘 때 날리는 눈이 얼굴에 떨어지는 것을 막아 주고 있었다. 일단 이 쿠크랑카를 입고, 또 모피로 된 수면용 양말을 챙겨 신으면, 그 전체 크기가 작은 술통만할 정도로 크다. 게다가 부드러운 눈 위에 두꺼운 곰가죽을 깔개로 깔아 놓으면 모든 잠잘 준비가 끝나면서 나는 서리 대왕인 잭 프로스트(Jack Frost)의 추위와 맞설 수 있게 되는 것이다. 마지막으로 한 가지 반드시 빠뜨려서는 안 되는 주의사항이 있는데, 그것은 바로 잠자기 전에 낮에 신고 있었던 모피 양말을 벗고 잘 마른 새 양말로 갈아 신어야 한다는 것이다. 하루 종일 신고 있던 양말은 땀에 젖어 있기 때문에, 만일 새 양말로 갈아 신지 않으면, 밤사이에 발이 얼어 버리게 된다.

우리는 아침 7시경 길을 나섰고, 북쪽 방향으로 툰드라지대를 가로질러 10베르스따 정도 떨어져 있는 아클란 강을 향해 나아갔다. 이 강은 폭이 약 60m로 둑 위에 숲이 무성하게 우거져 있었고, 동쪽으로 약 50베르스따 정도 흘러가 펜지나 강(Penjina river)으로 유입된다. 또한 펜지나 강은 수백km

에 달하는 이 내륙지대를 통과해 세스타코바 마을 동쪽으로 수km 거리에 있는 펜진스크 만(Penjinsk gulf)으로 흘러 들어간다. 이 두 강에는 물고기들이 넘쳐나고, 강둑에 우거져 있는 숲에는 곰, 늑대, 여우, 담비, 토끼 등의 다양한 사냥감들이 많이 서식하고 있었다.

  우리는 쉬지 않고 앞으로 나아갔다. 오로지 한 번 가파른 강둑을 내려가다가 무거운 썰매에 치인 개 한 마리를 구해 내기 위해 잠시 멈춰 선 것을 제외하고 말이다. 우리는 띠 모양의 숲을 통과해서 약 800m 정도 나아갔고, 다시 툰드라지대가 나타났다. 개썰매 몰이꾼들이 개를 구조해 회복시키는 과정은 우리네 문명인들의 관점과 완전히 일치하는 것은 아니었다. 그 개는 내가 전에 기술한 적이 있는 게으른 개 중의 한 마리였는데, 그 게으름이 사고를 불러 일으켰던 것이다. 그 개는 견인줄로 개들 중 맨 뒤쪽에 묶여 있어서 썰매의 무게를 바로 감당할 수밖에 없는 위치였는데, 경사진 길을 따라 내려가게 되자, 무거운 썰매는 가속도가 붙어 더 빨라지는 데 비해, 그 개는 여전히 게으름을 피우며 느리게 가자 결국 썰매 활주부에 깔리고 말았던 것이다. 썰매 몰이꾼들이 그 개를 활주부에서 끌어내 보니, 살아 있는 기척이 없었다. 그런데 썰매 몰이꾼들이 몇 번 발로 걸어차고 때리면서 눈 속에 굴려 놓으니 다시 되살아났다. 그러더니 그 개는 사지를 뻗으면서 기지개를 켜더니 곧 아무렇지도 않다는 듯 다시 일상으로 복귀했다. 뭐니 뭐니 해도 가장 놀라웠던 것은 그 개가 그런 사고를 당하고도 별다른 교훈을 얻지 못하고 언덕길을 내려갈 때마다 똑같은 행동을 매번 되풀이한다는 것이었다.

| 제 25 장 |

거대한 툰드라지대-우스카나나 산-지치고 힘들어 하는 개들-풀린 의문점-효과 없는 비난-꼼수-우스카나나 강-이쉬긴스키 산-펜지나 강 계곡-무서운 푸르가-뿔뿔이 흩어진 썰매들-밤샘 수색-펜지나 마을-아나디르스크 행 썰매-마인 강 탐험 계획-많은 장애물들-출발-슬라보트나 강-라세이차 소프카(여우 봉우리)-마인 강-폴폴 산-신기루-이상한 환상-춤추는 도시-폴폴 강-코럑족이 지나간 흔적-눈폭풍-폴로그 방-땔감 구하기-눈보라 치는 밤-코럑족 사냥꾼들-순록 유목 코럑족-용모와 성격-큰 부자-지배체제-주인장과 하인-순록의 가치-손키(작은 썰매)-개 먹이로서의 이점을 가진 말린 생선-무서운 푸르가-5월 1일에 맞은 눈폭탄-뜬눈으로 밤새기-착각-다시 출발-또 다시 푸르가-야영-순록 옆구리살-갈비구이 야영지-마인 강-해빙-설맹 치료제-올로프카 강-아바자 강-백조와 곰 발자국-풍부한 사냥감-썰매 자국-추측-가설 공사에 적합한 프로스펙트 절벽-지친 상태-마지막 개 먹이-올간 강-전신선 절벽-아나디르 강 계곡-크레파스트 마을-여행의 끝

아클란 강을 벗어나자 우리 앞에는 거대한 설원이 펼쳐져 있었다. 설원은 너비가 약 25~40km 정도로 멀리 북쪽으로 뻗어 있었는데, 양쪽으로는 눈에 덮인 낮은 산들이 경계를 이루고 있었다. 산 위에는 검은 바위 덩어리들이 눈을 뚫고 나와 있었는데, 식물이 있는 흔적이라곤 보이지 않았다. 오른쪽에는 돔처럼 생긴 산이 하나 있었는데, 사방이 깎아지른 절벽이면서 평평한 꼭대기에는 커다란 바위 덩어리를 하나 이고 있어서, 마치 작은 성

이 환상적으로 모습을 드러내고 있는 것 같았다. 그래서 우리는 이 산에 성산(城山, Castle Mt.)이라는 이름을 붙였다. 설원의 표면은 딱딱하고 미끄러우면서 빛이 났는데, 거기에 햇빛이 반사되어 우리 눈을 상하게 할 뿐만 아니라, 얼굴도 상하게 할 정도여서 우리는 사슴가죽으로 만든 안면 마스크를 착용해야만 했다. 약 12시간 동안 이 설원을 곧바로 가로질러 갔고, 그 결과 원주민들이 우스카니나 산(Ooscanina Mt. 토끼 산)이라 부르는 낮은 분수령의 밑자락에 도착했다. 여기서 우리는 아클란 강의 한 작은 지류에 있는, 작은 숲이 있는 강둑에서 야영을 했다. 우리는 하루 종일 비슷하게 생긴 2개의 강을 건넜던 것이다.

오늘은 유독 개들이 지쳐 보이고 썰매 끄는 것을 힘들어 하는 것 같아 왜 그런지 조사를 해보기로 했다. 의문은 곧 풀렸다. 위에 얹혀 있는 우리 짐을 내려놓자 그 밑에는 썰매 몰이꾼들이 우리 모르게 숨겨놓은 100~200kg 정도 되는 자신들이 쓸 짐들이 놓여 있었다. 우리는 이 많은 짐들을 운송한 것에 대한 대가를 지불받아야 했지만, 이미 너무 늦어 버린 지금 어쩔 수가 없었다. 그래서 우리는 아주 서툰 러시아어로 그들에게 화를 풀어야만 했다. 그런데 이 몰이꾼 악당들은 우리가 그들의 짐을 들어내 눈 속에 처박아 놓고 떠날까 봐 조바심을 내면서도 우리의 서툰 러시아어에 터져 나오는 웃음을 애써 가리고 있었다.

썰매 몰이꾼들은 많이 처져 있는 개들의 기운을 북돋우기 위한 꼼수를 썼는데, 그것이 그런대로 효과를 냈다. 가장 상태가 좋은 개들을 맨 앞에 세우고 그 뒤에 줄줄이 상태에 따라 순서를 정해 주고 말린 생선들을 앞서 가는 썰매들의 뒤꽁무니에 매달아 놓았다. 그 냄새가 뒤따라오는 개들에게 전해져 개들은 그 먹이를 잡으려고 지금보다 2배의 힘을 냈다.

4월 25일 이제 우리에겐 개먹이가 하루치밖에 남지 않았는데, 여기서 가장 가까운 마을인 펜지나(Penjina) 마을까지는 아직도 약 100베르스따 정도의 거리가 남아 있었다. 새벽 4시 우리는 우스카니나 산맥(Ooscanina Khrebet)이라 불리는 분수령을 따라 올라가고 있었다. 이 산을 넘어가자 전날 지나왔던 곳과 비슷한 툰드라지대를 또 만났다. 우스카니나 산에서 내려다보니 실처럼 가는 3개의 강들이 어두운 빛을 띠며 우리 앞에 펼쳐진 거대한 설원 위로 이리저리 휘돌아가고 있었다. 그 3개의 강들은 첫 번째, 두 번째, 세 번째 우스카니나 강이라 불리는 작은 강들이었고, 또 이 세 강들은 다시 아클란 강 하구 위쪽에 있는 펜지나 강(Penjina river)으로 유입되고 있었다. 멀리 옆쪽으로는 작은 원뿔형 봉우리를 가진 이쉬긴스키 산(Ishiginski Mt.)이 있었는데, 설원에서 툭 튀어나온 길잡이 표지로서 우리가 갈 길을 표시해 주고 있었다. 우리는 북동쪽으로 방향을 잡고 떠났으며, 오후 4시경 또 다른 낮은 분수령 하나를 만났다. 이 산을 넘어가니 또 하나의 설원이 나타났고, 여기에도 숲이 별로 없는 2~3개의 작은 강들이 가로질러 흘러가고 있었다. 멀리 다른 옆으로 펜지나 강이 절벽으로 이루어진 낮은 산자락을 따라 흘러가고 있었는데, 그 산자락 밑에 펜지나 마을이 위치해 있었다.

그러나 펜지나 마을에 닿으려면 아직도 많은 거리를 가야만 했으므로, 우리는 서둘러 설원 속으로 뛰어 들어갔다. 설원은 평평하지가 않고 작은 협곡들이 깎아지른 듯 불규칙하게 서있고, 월계수 나무 같은 작은 관목숲이 여기저기 많이 널려 있어 썰매가 나아가는 길을 방해하고 있었다. 그래서 비교적 나아가는 속도가 느렸고, 밤이 되자 어두워지면서 날씨가 추워졌다. 이제 가고자 하는 거리의 절반도 못 왔는데, 푸르가가 다가오고 있는 조짐이 보였다. 아직도 약 20베르스따를 더 가야 하므로, 푸르가가 우리를 덮치기 전에 피난처를 찾기 위해 개들을 독촉했다. 30분도 안 돼 먹구름과 함께 눈발이 날리더니 바로 매서운 강풍이 우리 얼굴을 정면으로 때려 댔다. 마을로 가는 방향을 알아볼 수 없어 나의 나침반도 별 도움이 되지 않왔고, 썰매 몰이꾼들도 어디가 어딘지 몰라 어쩔 줄 모르고 있었다.

삽시간에 썰매들이 눈폭풍과 어둠 속에서 서로 분리됐다. 아무리 소리 높여 외쳐 봐도 으르렁거리는 폭풍소리에 파묻혀 버릴 뿐, 따로 떨어져서 1~2대씩 각자 최선을 다해 북쪽을 향해 나아가야만 했다. 바람이 너무 강해 우리는 바람이 부는 대로 휩쓸려 가는 것 같았다. 우리의 단 한 가지 희망은 강둑에 있는 숲으로 피난처를 찾아 가는 것이었다. 여러 시간의 사투 끝에 썰매 2대만이 간신히 어느 강에 다다를 수 있었는데, 그 강이 펜지나 마을의 위쪽에 있는지, 아래쪽에 있는지 구별할 수가 없었다. 이곳에서 야영을 했어야 했는데, 결정적으로 개먹이를 실은 바실리의 썰매가 보이지 않았다. 위급한 상황이었으므로, 할 수 없이 우리는 마을을 찾으려 강을 따라 올라갔고, 도중에 운이 좋게도 흩어진 4~5대의 썰매들을 다시 만나게 됐다. 약 2시간 동안 강을 따라 더듬더듬 넘어지면서 나아간 후, 제대로 된 길을 만나게 됐고, 드디어 새벽 2시경 펜지나 마을에 들어서게 됐다. 날이 밝고서도 오랫동안 일부 썰매들은 아직도 도착하지 못하고 있었다.

펜지나는 타우스크 마을과 얌스크 마을을 닮은 작은 마을인데, 대부분의 집들이 그 두 마을의 집들보다 상태가 좋지 않았다. 주민 수도 50명을 넘지 않았는데, 주로 코사크족과 추반치족(Chuvantsy),[76] 유카기르족(Yukagirs)[77] 으로 구성돼 있고, 대부분 서로 다소간 혼혈돼 있었다. 우리가 도착해서 보

---

[76] 저자는 추안시족(Chuansee)으로 표기하고 있으나, 오늘날 발음인 추반치족으로 표기했다. 유카기르족(Yukagir)의 하나인 추완족(Chuwan)의 후손으로 알려져 있다.

[77] 저자는 우카가리족(Ukagari)으로 표기하고 있으나, 오늘날 발음인 유카기르족으로 표기했다. 러시아 사하 공화국 콜리마 강하류 지역과 축치족 자치구에 걸쳐 살고 있는 유카기르족은 오늘날까지도 그 기원이 알려져 있지 않으며, 토착어인 유카기르어도 고립어로서 고아시아어 중 하나로 알려져 있다. 17세기 중엽 약 5,000명이었던 인구는 러시아의 침략으로 17세기 말 절반으로 줄어들었고, 20세기 말 약 600명으로 줄었다가 2002년 약 1,500명으로 늘었다는 보고가 있다. 유카기르족 대부분은 주변 종족들의 영향으로 토착어인 유카기르어보다 야쿠트어나 러시아어를 구사하고 있다.

니, 기지가에서 보급품을 싣고 우리보다 며칠 앞서 아나디르스크로 떠났던 썰매들이 이미 도착해 있었다.

여기서 아나디르스크까지는 직선거리로 4일 정도 걸리는데, 우리의 계획은 동쪽으로 마인 강(Mayn river)[78]까지 가는 것이었다. 그 강은 아나디르 강의 커다란 지류로 북쪽으로 흘러가는데, 우리는 그 강을 따라 강 하구에까지 가서 전신선을 설치할 만한지, 그리고 전신주로 쓸 나무들이 있는지 등을 알아볼 작정이었다. 케넌은 펜지나에서 우리와 똑같은 경로를 택해 북쪽으로 향했는데, 강을 따라 절반 정도 내려가다가 개먹이가 떨어져서 중도에 포기하고 아나디르스크로 가야만 했다고 했다.

푸르가는 26~27일 양일간 쉬지 않고 계속 사납게 불어 댔으므로, 간신히 펜지나에 도착한 우리로써는 정말 백번, 천번 신에게 감사하면서 자축할 따름이었다. 그런데 여기에 머무는 동안 우리는 여러 정보를 통해 우리 계획이 실현되기 어려운 여러 심각한 장애물들에 둘러싸여 있다는 사실을 알게 됐다. 우리가 가고자 하는 지역은 원주민들에게조차 거의 미지의 세계로 남아 있는 험한 곳이어서 어쩌면 오랜 기간이 소요될지도 몰랐다. 우리는 어쩌면 깊은 눈구덩이 속에 빠질 수도 있고, 안내자도 없이 길이 없는 곳을 가야 할 수도 있으며, 그러다 보면 속도가 느려질 것은 뻔한 일이었다.

그런 어려운 과업을 성공으로 이끌기 위해서는, 좋은 개들과 충분한 개먹이 확보가 필수적이었다. 나는 우선 펜지나에서 개썰매 한 팀을 꾸릴 수 있었는데, 개먹이인 말린 생선이 거의 다 떨어져서 단지 150마리의 생선밖에 구할 수 없었다. 이 정도로는 3팀이 단 5일밖에 견딜 수 없는 양이었다. 단 한 팀이라도 그런 정도의 양을 갖고 나선다는 것은 미친 짓이었으므로, 당분간 거의 모든 계획을 포기해야 할 상황에 있었다. 그러나 우리는 그대

---

78) 저자는 마얀 강으로 표기하고 있으나, 오늘날의 발음인 마인 강으로 표기했다.

로 주저앉기보다는 마인 강 동쪽 어디엔가 살고 있을 유목 코략족을 찾아보는 시도를 하는 것이 낫다는 판단을 했다. 만일 그들에게서 개먹이로 쓸 순록고기를 충분히 구하는 데 성공한다면, 우리는 모험을 계속할 수 있을 것이다.

우리는 개들 중 최고의 개들만 뽑아서 1팀, 그리고 펜지나에서 새로운 개들을 뽑아서 1팀, 이렇게 2팀을 만들었다. 그리고 우리가 도중에 먹을 식량도 최소한으로 줄이고, 또 개인 짐들도 최소한으로 줄였다. 그런 다음 남은 것들은 아나디르스크로 직접 가는 다른 썰매팀에게 맡기고, 4월 28일 아침 유목 코략족을 찾으러가기 위해 출발했다. 우리 팀은 매크리와 나, 썰매 몰이꾼들, 그리고 취사 및 병참 담당으로 우리와 동행하는 코사크족 친구 바실리로 구성돼 있었다.

펜지나를 떠나 동남쪽으로 방향을 잡고 기복이 있는 황무지를 약 20베르스따 나아가서 슬라보트나 강(Slavotna river)에 도착했다. 이 강은 숲이 별로 없는 작은 강인데, 낮은 산에서 기원하여 남쪽으로 흘러 펜지나 강으로 유입되는데, 북쪽으로 약 40베르스따 올라가면 마인 강이 나타난다.

우리는 이 강의 동쪽에 있는 라세이차 소프카(Laceitsa Soapka), 즉 여우 봉우리(Fox Peak)로 알려진 원뿔 모양의 산 부근에 있는 어느 낮은 분수령을 지나쳐 갔다. 이 산에서 내려다보이는 마인 강 계곡의 풍경은 장대했는데, 그 계곡은 동쪽에서 서쪽으로 거의 약 50베르스따에 걸쳐 이어져 있었고, 북쪽 방면으로는 거의 그보다 2배되는 거리에 걸쳐 뻗어 있었다. 그 계곡은 우리 앞에 거대한 설원으로 끊이지 않고 펼쳐져 있었는데, 예외가 있다면 바로 2개의 강이 검은 선을 그리며 휘돌아 나가면서 하얀 설원을 갈라놓은 것뿐이었다. 멀리 북쪽에 있는 이 두 강의 합류점에서부터 마인 강이 시작된다.

그러나 이 풍경의 가장 두드러진 특징은 동쪽 계곡을 경계로 하여 쭉 하얀 눈으로 덮여 있는 낮은 산들 사이에서 불쑥 튀어나와 있는 약 1,500m 높이의 험하게 생긴 원뿔형 산봉우리였다. 이 산이 바로 폴폴 산(Mount Polpol)으로 이 지역에서 가장 높은 산 중 하나였다. 이 산 너머에서 우리는 유목 코략족을 찾으려고 하는 것이다. 우리는 이 계곡을 가로질러 약 10베르스따 나아가자 2개의 강 중 첫 번째 강에 도달했고, 거기에서 하룻밤을 야영했다. 다음 날 아침 날씨는 아주 추웠지만, 대기는 유리알처럼 아주 맑았다.

새벽 3시 반경 우리는 다시 길을 나섰고, 방향은 폴폴 산을 향했다. 폴폴 산의 산봉우리는 마치 흐린 유리를 통해 보이는 것처럼 흐리게 보였다. 그런데 다시 한 번 살펴보니, 갑자기 마치 15km나 더 가까이 다가가서 보는 것처럼 아주 분명하게 보였으므로, 우리는 마치 마술이라도 보는 것처럼 깜짝 놀랄 지경이었다. 다음 순간 우리 눈앞에 떠 있는 산봉우리 위에서 흙과 눈이 뒤섞여 대변동이 일어나고 있는 것 같았다. 우리가 미처 감탄사를 발하기도 전에, 적어도 150m 높이의 커다란 탑이 산봉우리 위에 올라앉아 있었다.

우리가 탑을 보고 있는 동안에도, 탑은 서서히 작아져 절반 크기로 변하더니, 마치 마법에 의한 것처럼 양쪽에서 날개처럼 익벽이 돋아났다. 이제 나는 이 모든 것이 하늘로 날아 올라간다 해도 놀라지 않을 정도가 됐다. 익벽이 서서히 사각형의 형태를 갖추면서 오래된 교회당 건물로 우리 앞에 나타났다. 마법에 의해 다시 탑이 사라지고 대신 곧바로 성곽이 나타나면서 익벽, 요새 등을 갖추는 등 완전히 모습이 바뀌었다. 나는 마치 갑자기 유럽 중세시대의 어느 성 밑으로 이동해 온 느낌이어서 잠시 후 성 위에서 파수병이 순찰 돌러 나올 것만 같은 그런 느낌이었다. 그럴 즈음 다시 모든 것이 사라지고 산 하나가 다시 모습을 드러냈다. 이런 현상을 보면서 그 원인을 곰곰이 생각해 보고 있는데, 갑자기 멀리 북쪽에 있는 낮은 산들 사이로 커다란 소용돌이가 일면서 나의 시선을 빼앗아갔다. 산등성이를 따라 탑과 성벽들이 떠올랐다가 갑자기 사라져 버렸다. 때때로 그보다 더 큰 것들이 소리도 없이 수km에 걸쳐 나타났다가, 마치 지진이라도 난 것처럼 폭삭 내려앉아 부서지고, 또 다시 보란 듯이 제 모습으로 떠올랐다. 한 번은 산등성이에 도시 하나가 떠올랐는데, 맞배지붕의 집들과 높고 낮은 굴뚝들, 교회 첨탑들, 그리고 기타 다른 건물들이 한동안 움직이지 않은 채 완벽한 도시 모습을 드러내고 있었다.

그러더니 마치 모두 동의나 한 듯이, 다른 건축물들이 떠오르면서 그 자리를 차지했다가 다시 사라지고, 또 다른 어디에선가 갑자기 나타나고를 반복하더니, 또 다른 물체들이 계속 바뀌어 나타나 춤을 추었다. 이런 환영이 계속되면서 결국 갑자기 우리 눈앞에 아무것도 보이지 않으면서 오로지 낮은 산의 자연스런 윤곽만이 눈에 들어왔다. 우리는 눈을 부비며 우리가 꿈을 꾸고 있는 것이 아닌가 하는 생각을 했으나, 그것은 결코 꿈이 아니었다. 왜냐하면 우리 눈앞에서 다시 폴폴 산이 요동을 치기 시작하고 있었기 때문이었다.

산의 절반 아래쪽은 쪼그라들기 시작하고, 절반 위쪽은 늘어나고 있었는데, 점점 시간이 갈수록 위쪽은 부챗살처럼 넓어지고, 아래 절반은 위쪽이 느리게 오그라들면서, 마치 보이지 않는 2명의 거인이 양쪽에서 줄을 잡아당겨 허리를 졸라매는 듯한 형상이었다. 마침내 거대한 흙덩어리가 거의 둘로 분리되어 윗부분이 천둥소리를 내며 굴러 떨어질 듯하다가, 줄이 느슨하게 풀리면서 원래 모습 그대로 폴폴 산이 다시 모습을 드러냈다. 이것은 내가 이 지역에서 처음 본 신기루 현상이었는데, 그동안 황량한 툰드라 지대에서 단조로운 여행을 하고 있던 것에 대해 하늘이 내린 커다란 보상인 것 같았다.

신기루 현상이 끝난 후 우리는 약 20베르스따를 더 나아간 다음, 전날 낮은 산 위에서 바라본, 폴폴 강(Polpol river)으로 알려진 강과 만났다. 우리는 이 강을 거슬러 올라가다가 남동쪽 방향으로 나아갔는데, 남쪽에 있는 폴폴 산의 밑자락 주변을 지나갔다. 거기서 약 40베르스따를 더 나아가니 또다시 폴폴 강과 만났고, 거기서 코랴족이 지나간 자국을 발견하고 크게 고무됐다. 코랴족은 황무지인 낮은 산들을 따라 북쪽으로 나아가고 있었다. 우리는 그들의 발자국을 따라가서 어두워지기 전에 그들의 야영터에 도착하기를 기대했으나, 10베르스따도 못 가서 날이 어두워졌고, 또한 습기를 머금은 눈폭풍이 시작되고 있었다. 우리는 야영하는 것 외에 다른 방법이 없었는데, 주위에는 모닥불을 피울 잔가지들이 없었다. 다행히도 썰매 몰이꾼들 중 한 명이 낡아빠진 폴로그를 하나 갖고 있었으므로, 우리는 그것을 빌려서 끌고 온 썰매 2대와 오슬을 이용해 그럭저럭 거처를 마련했다. 우리는 텐트를 가져오지 않았던 것이다. 나머지 썰매 1대는 짐을 내려놓고 바실리로 하여금 그것을 타고 주변 산으로 가서 불 피울 나뭇가지들을 구해 오도록 했다. 30분 후에 그는 충분한 나뭇가지들을 구해서 돌아왔다.

저녁 식사를 마친 후, 우리는 변변치 못한 우리의 임시 거처 안으로 기어 들어갔다. 그래도 안에는 우리 3명이 들어가 누울 정도로 공간이 충분했다. 안타깝게도 썰매 몰이꾼들은 썰매 위에 앉아 취침용 쿠크랑카를 덮고, 머리에는 커다란 머리 두건을 쓰고, 서로 몸을 밀착시킨 채로 밤을 보냈다.

아침이 되자, 눈폭풍이 거의 잦아 들었다. 바실리는 나뭇가지들을 구하러 벌써 나가 있었다.

무거운 짐을 싣고 코랴족을 쫓아가는 것이 별 실익이 없다는 판단에, 우리는 썰매 몰이꾼들에게 짐을 내려놓은 썰매를 몰고 코랴족을 따라가 순록 고기를 구해 오도록 했다. 그날은 구름이 끼어 걱정스런 마음이었는데, 결국 밤이 되자 눈폭풍이 심하게 우리를 몰아쳤다. 밤 9시가 됐는데도 썰매 몰이꾼들은 돌아오지 않았으므로, 우리는 그들의 안위가 걱정되기 시작했다. 그런데 30분 후 멀리서 개 짖는 소리가 들려왔고, 곧 그들이 나타났다. 썰매에는 방금 잡은 2마리분의 싱싱한 순록고기가 실려 있었다. 그것은 정말 용기를 북돋워 주는 장면이었다. 몇 분 후 7명의 건장한 코랴족 사람들이 도착했다. 그들은 긴 창으로 무장을 하고 깨끗한 순록모피 옷을 입고 있었는데, 온통 하얀 눈을 뒤집어쓰고 있었다.

그들은 순록과 썰매를 갖고 왔는데, 우리 개들 때문에 순록들을 뒤로 감춰야만 했다. 그들은 순록들을 주변 언덕에 매어 놓고 왔다. 그 사이에도 눈폭풍은 거세게 몰아치고 있었고, 우리의 작은 폴로그 방 안에는 손님들로 발 디딜 틈이 없었다. 손님들은 우리 썰매 몰이꾼들로부터 낯선 이방인인 '미국인들'이 왔다는 이야기를 듣고 호기심 어린 눈으로 보고 싶어 여기까지 왔던 것이다. 그들에게 차를 대접한 뒤, 한 사람당 담배 한 움큼과 바늘 2개씩을 선물로 나누어 주었다. 그들은 방문에 대한 대가로 받은 선물에 기뻐하면서 눈폭풍이 계속되는 데도 밤 11시까지 머물다가 떠났다.

그들은 바늘을 아주 소중히 생각하고 있었는데, 우리가 준 바늘은 그들이 보통 사용하는 뼈 송곳보다 훨씬 우수한 것이었다. 그러나 그들은 거친 도구로 느리고도 지루하게 작업을 함에도 불구하고, 어디에도 뒤지지 않는 아주 세련된 옷을 만들어 내고 있었다. 그들은 순록의 힘줄로 실을 만들어 쓴다. 우리는 이들 순록유목 코랴족이 해안가에 살고 있는 정착 코랴족보다 훨씬 우월한 사람들이란 것을 알 수 있었다. 그들은 유목생활 때문에 문명인들과의 접촉이 드물어서 그들의 형제인 정착 코랴족 사람들이 보여 주고 있는 온갖 사기와 기만 행위 등에 대해 전혀 그런 개념조차 모르고, 또 관대하고 정직한 성품을 갖고 있었다.

그들의 언어와 종교는 정착 코랴족과 똑같지만, 생활방식은 전적으로 다르다. 그들 중 일부 사람들은 순록을 엄청 많이 갖고 있는 부자들이다. 나는 어떤 노인네가 1만 5,000여 마리에 달하는 순록을 갖고 있다는 이야기를

순록 떼

|제25장| 449

들었다. 그들은 특별한 지배체제를 갖고 있지 않지만, 기본적인 자연법과 정의에 의해 다스려지고 있다고 한다. 각자가 스스로 다스리며, 법을 어겼을 경우, 오로지 피해를 당한 사람에게 그 해결책을 물어 볼 수 있다. 피해를 당한 사람은 어떻게 할지에 대한 선택권을 갖고 있다. 그들은 똑같은 방식으로 보복하는 법을 굳게 믿고 있다고 했다. 만일 어떤 사람이 살인을 저질렀으면, 그는 반대로 죽은 사람의 친구들에 의해 살해당하기 쉽다. 가끔 문제가 해결되지 않아 가문 간의 불화가 다음 세대를 통해 계속되기도 한다. 그들은 자신의 권리를 지키는 데 최선을 다하며, 또한 다른 사람의 권리를 침해하지 않으려고 조심한다.

나는 그들이 어떠한 지배체제도 갖고 있지 않다고 말했지만, 부유한 사람이 자신에게 기대어 음식과 옷을 구하는 사람들에게 어떤 식으로든 영향력을 행사한다는 것도 사실인 것이다. 자기 소유의 순록이 없는 사람들은 부유한 사람 가족의 일원으로 편입되어 음식과 옷을 제공받으며, 대신 그들 주인의 순록 떼를 돌보고 보호하는 일을 도와준다. 많은 순록을 소유하고 있는 부자는 순록들을 1,000~1,200마리의 단위로 여기저기 흩어 놓아 충분한 먹이를 구할 수 있도록 한다. 이들 원주민들에게 순록은 전부인 것이다. 순록은 그들에게 먹거리, 옷, 운송수단, 거처 등 모든 것을 제공해 준다. 내가 이미 기술했듯이, 그들은 순록 힘줄로 실을 만들어 쓰고, 뼈와 뿔로는 일상생활에 필요한 다양한 작은 도구들을 만들어 쓰며, 심지어 무역 거래를 통해 철을 구할 수 없을 경우 무기까지 만들어 쓴다.

또한 그들은 뿔을 '손키(sonkees)'라 불리는 가벼운 썰매를 만드는 데 쓴다. 이 가벼운 썰매는 아주 아름답고 우아한 모습을 지닌 작은 썰매인데, 어떤 것들은 장인의 정신을 엿볼 수 있을 정도로 아주 세련된 것들도 있다. 길고 가벼운 활주부가 아름다운 곡선을 이루며 앞부분에 나와 있고, 보통 자작나무로 만들어진다. 그 위로 6~12개의 둥근 지지대를 올리는데, 때때로 나무로 만들기도 하지만, 보통 순록뿔로 매끄럽고 광택이 나도록 세심한 주의를 기울여 만든다. 그 둥근 지지대 위에 가벼운 몸통 부분을 얹는데, 그것은 의자와 똑같이 뒤쪽이 둥글고 팔걸이도 둥글게 만들어진다. 모든 부분이 광택이 나도록 세심하게 만들어지고, 각 연결 부위들은 고래수염으로 만든 길고 좁은 끈으로 매끈하게 묶어 주면 모든 것이 완성된다.

이 가벼운 썰매는 순록 2마리가 끄는데, 전에 아얀의 우편도로에서 탔던 썰매와 같은 방식으로 순록에게 장구를 씌운다. 썰매 몰이꾼은 끝이 뾰족한 가벼운 장대를 가지고 순록을 조종한다. 원주민들은 또 다른 종류의 썰매를 갖고 있는데, 그것은 크고, 무겁고, 또 비교적 거칠게 만들어진 것으로, 짐을 운반할 때 이용하는 썰매이다. 가족 전체가 순록 떼를 몰고 먼 거리를 천천히 이동할 때, 이 썰매를 모든 용도에 다 이용한다.

이들 코랴족에게서 얻어온 순록고기는 한 마리에게서 나오는 양이 약 35~45kg 정도 됐다. 이런 어려운 상황에서 아주 귀중한 것이지만, 우리는 그 대신 말린 생선을 구할 수 있었더라면 더 좋았을 텐데 하는 생각을 하지 않을 수 없었다. 하지만 3일치의 말린 생선과 물개기름뿐이었으므로, 이 순록고기가 있으면 우리는 5~6일을 더 버틸 수 있는 것이다. 말린 생선의 장점은 가볍고 포장이 쉽다는 것이다. 만일 현재 우리가 갖고 있는 약 90kg 정도의 순록고기 대신 그 무게만큼의 말린 생선을 갖고 있다면, 그것은 순록고기로 따지면 약 315kg 정도의 양을 갖고 있는 것에 해당되는 것이다.

무서운 밤이 찾아왔다. 바람이 으르렁대면서 별다른 보호막이 없는 우리를 사납게 몰아치고 있었는데, 설사 바람에 날려 우리가 산자락까지 날아간다 해도 별로 놀랄 일이 아닐 것 같았다. 눈도 밤새도록 몰아치면서 폴로그에 있는 수많은 틈새와 구멍을 통해 안으로 쏟아져 들어왔는데, 중간에 깨어 보니 우리 위로 눈이 약 5cm 두께로 덮여 있었다. 오늘은 5월 1일이었다. 5월에 이렇게 눈폭탄을 맞으리라고는 전혀 꿈도 꾸지 못했다. 매크리와 나는 될수록 즐거운 장면만을 상상해 보려고 노력했다. 밝은 여름옷을 입고 화려한 리본과 방금 꺾어 만든 화환을 몸에 건 채, 푸른 초원을 뛰어다니고 그늘진 숲을 지나 5월의 축제 기둥 앞에서 우리가 다시 즐겁게 만나는 장면이었다. 우리는 또한 따뜻해진 날씨를 상상해 보았다. 맑고 푸른 하늘, 빛나는 햇살, 꽃향기를 머금은 훈풍 등 이런 것들이야말로 정말 축복받은 세상이 아닐까. 하지만 현실은 아직 그런 것들이 가능한 세상이 아니었다. 눈폭풍은 흐느껴 울다가, 비명을 지르고, 또 다시 고함을 내지르는 등, 마치 마음대로 모든 살아 있는 것들을 휩쓸어가려는 듯 계속 무서운 기세를 이어갔다.

나는 곰가죽을 깔아 놓은 잠자리에서 상반신만 일으킨 채 폴로그 틈새로 밖을 엿보았는데, 그때 본 황량한 광경이란 잊을 수가 없다. 당시에 사방은 어두웠지만, 사물을 알아보기에 충분할 정도의 빛이 있었다. 미친 듯한 눈폭풍이 마치 모든 것을 찢어 놓을 듯이 소용돌이치고 있는 혼돈 속에서, 누군가가 모피를 뒤덮은 채 죽은 듯이 썰매 위에 걸터앉아 있었는데, 아마도 썰매 몰이꾼들 중 한 사람인 것 같았다. 바람을 직접 맞게 되는 신체 부분에는 눈더미가 크게 쌓여 있어 마치 무슨 괴물을 보는 것 같았다. 나는 머리가 쭈뼛해지는 공포심을 느끼면서 다시 잠자리에 누웠다. 시계를 보니 멈춰 있어서 지금이 몇 시인지 알 수 없었다. 얼마 후 바실리가 일어나서 밖으로 기어나가 불을 피워 보려 애를 썼으나 매번 실패로 돌아가자, 말린 생선 한 마리를 가지고 다시 폴로그 안으로 기어들어와 우리에게 나누어 주었다.

우리가 얼마나 오랫동안 잠자리에 있었는지 알 수 없었고, 또한 이런 험한 날씨 속에서 움직일 엄두가 나지 않았다. 몇 시간이 지나도 푸르가가 잦아들 기미가 보이지 않았다. 매크리와 나는 될 수 있는 한 잠을 자지 않으려고 오랫동안 담배를 피우고 이야기를 나누면서 시간을 보내고 있었다.

지금까지 잠자리에 있었는데도 불구하고 우리는 모두 몹시 졸린 상태여서 눈을 계속 뜨고 있기가 아주 어려웠다. 그러나 만일 지금 잠들어 버리면, 정작 밤에 뜬눈으로 지샐 수 있기 때문에, 한 사람이 졸기라도 하면 다른 사람들이 그를 흔들어 깨워서 계속 이야기를 시키기로 서로 간에 약속을 해 놓았던 것이다. 우리는 이러기를 여러 시간동안 계속했는데, 고맙게도 이제 바람이 잦아들었고, 썰매 몰이꾼 한 명이 다가와서 눈폭풍이 그쳤다고 알려 주었다. 우리는 어젯밤 이후로 조그만 말린 생선조각 하나 먹은 것 이외에 다른 아무것도 먹지 못했으므로, 자기 전에 저녁을 먹기 위해 즉시 불을 지폈다. 해가 막 지고 있었다. 분명 거의 밤 9시가 다 됐을 텐데, 지금 해가 지는 것으로 보아 낮이 많이 길어진 것 같았다.

저녁 식사를 마친 후, 우리는 폴로그 안으로 다시 기어 들어갔는데, 그때 썰매 몰이꾼 한 명이 우리에게 출발하지 않을 거냐고 물어왔다. 우리는 대답해 주었다.

"아침이 될 때까지 출발하지 않는다."

잠시 이상하다는 듯이 우리를 바라보더니, 그가 말했다.

"지금이 아침이다."

우리는 그가 미쳤다고 생각했다. 그런데 다른 사람들도 그가 맞다고 동의하는 바람에, 우리는 나침반을 꺼내 보았는데, 태양의 방향으로 보아 태양이 지금 지고 있는 것이 아니라 뜨고 있는 것임을 알 수 있었다. 우리는 지난밤 밤새도록 잠을 못 이루고 거의 뜬눈으로 지새웠던 것이다. 요즈음 낮이 길어져서 밤 동안 내내 황혼이 계속되고 있었던 것이다. 우리는 그것을 해가 지고 있는 것으로 착각했던 것인데, 이 모든 것을 멈춘 시계와 눈폭풍 탓으로 돌렸다.

폭풍이 잦아든 틈을 타서 우리는 곧 다시 길을 나섰고, 나침반으로 북쪽 방향을 맞추어 나아갔다. 이 지역에 대해 전혀 아는 바가 없었고, 또 안내자도 없었지만, 우리는 조만간 마인 강이나 그 지류 중 하나에 도달하리라는 자신감을 갖고 있었다. 길을 떠난 지 얼마 안 돼 다시 눈폭풍이 불어오기 시작했는데, 이번에는 바람이 남쪽에서 불어오면서 우리 등 쪽을 때렸으므로, 앞으로 나아가는 데 별다른 지장이 없었다. 그러다가 오후가 되어서 우리는 마인 강의 한 지류에 도달하게 됐고, 거기서부터 북쪽 방향을 따라갔다.

2시간여 동안 우리는 강을 따라갔는데, 이제 바람이 너무 강해져서 오리나무 숲이 크게 우거진 곳의 뒤쪽에 자리를 잡고 야영을 해야만 했다. 곧 모닥불이 피워지고, 찻주전자가 올려져 끓는 소리가 마치 즐거운 노랫소리처럼 주변에 울려 퍼지자, 바실리가 저녁 식사를 준비하러 나섰다. 그런데 갑자기 매크리가 담배 피우는 것을 중단하고 자신의 주머니칼을 꺼내면서 말했다.

"오늘은 내가 요리하지. 로키 산 정식을 맛보게 될 거야. 내 요리가 맛이 없다는 말이 나오면, 내 다시는 앞치마를 입고 주걱을 들지 않겠다고 맹세하지."

'맥(매크리의 애칭)'은 예전에 로키 산을 여행한 적이 있어서 요리에도 어느 정도 일가견이 있었다. 그래서 나는 그가 하는 요리에 실망하지 않으리라는 것을 알고 있었다. 잠시 후 그는 지방층이 있는 순록 옆구리살을 가지고 돌아왔는데, 나뭇가지들을 뾰족하게 깎아서 고기를 꿰어 놓은 후, 그것들을 불에 굽기 시작했다. 곧 육즙이 흘러내려 뜨거운 재 속에 떨어지자, 그는 찻잔을 재빨리 그 밑에 받쳐 놓아 육즙을 모두 수거한 뒤 수시로 연기에 그을리는 갈비 위에 다시 뿌려 주었다. 고기 굽는 냄새만 맡아도 거의 허기가 채워지는 듯한 기분이었다.

마침내 그런 길고도 세심한 요리 과정이 끝나고, 마치 전투에 승리한 듯한 목소리로 저녁 식사가 다 됐다는 소리가 전해지자, 우리는 모두 습격이

나 하는 듯이 우르르 달려들었다. 비록 소금, 후추, 접시 등 아무것도 없고 오로지 불과 주머니칼밖에 없었지만, 이보다 더 맛있는 고기를 지금까지 맛본 적이 없었던 것 같았다. 로키 산 정식의 효과는 놀라운 것이었다. 이제 바람과 눈도 더 이상 우리를 괴롭히지 않았고, 우리는 맛있는 고기를 먹고 한껏 기분이 고양돼 있었으므로, 즉석에서 회의를 열어 이 야영 장소를 '갈비구이 캠프(Roast-rib Camp)'라고 명명하기로 만장일치로 결정했다.

기분이 좋아진 탓에 우리는 잠도 자지 않고 다시 길을 떠났는데, 5베르스따도 가지 못하고 다시 야영을 해야만 했다. 다음 날 새벽 3시 반경 다시 길을 떠났는데, 날씨가 맑았으므로 우리 모두는 기분이 좋았다. 오전 10시경 우리는 우리가 따라간 마인 강의 지류[79]와 마인 강이 함께 만나는 지점에 도달했고, 거기서부터 북쪽 방향으로 마인 강을 따라 내려갔는데, 좁은 계곡 양쪽으로는 불모의 낮은 산들이 이어져 있었다. 강둑에는 포플러나무, 버드나무, 월계수 등이 있었지만, 낙엽송은 보이지 않았다.

지금까지 우리는 눈이 딱딱하게 얼어붙어 있어 여행하기에 아주 적합했지만, 오늘 낮에는 태양이 너무 뜨거워서 얼음이 녹을 정도였고, 썰매가 녹아드는 눈 속에 깊이 빠져 그곳을 빠져나오는 데 3시간 동안 고생해야만 했다. 썰매 몰이꾼들 중 한 명은 눈에 반사된 햇빛 때문에 거의 눈이 멀어 버렸고, 우리들도 모두 상당한 고통을 맛봐야 했다. 적절한 관리를 하지 않았던 나의 코는 과도한 노출로 인해 물집이 생겼는데, 날씨가 다시 추워지자 물집이 얼어 버리는 불행한 사태가 발생했다. 이런 극도로 상반된 날씨 변화 때문에 우리 몸이 적응하기가 아주 어려웠다. 원주민들은 설맹(雪盲)에 대한 치료약으로 담배 때문에 갈색으로 변한 타액을 사용했는데, 아주 독했지만 매우 효과가 좋았다.

---

79) 저자 주: 나중에 우리는 케넌이 북쪽으로 가다가 이 지류를 '돌아가는 강(Return river)' 이라고 명명했던 것을 알게 됐다.

다음 날 아침 우리는 일찍 길을 떠났고, 하루 종일 단단하게 얼어붙은 마인 강을 따라 내려갔다. 해가 질 무렵 우리는 서쪽에서 흘러오고 있는 올로프카 강(Orlofka river)의 하구에 도착했다. 이 지점에서 케넌은 개먹이가 떨어지는 바람에 마인 강을 떠나 아나디르스크로 가는 직선 경로를 택해야만 했었던 것이다.

몇 베르스따를 더 나아가서 우리는 삼림지대에 도달했다. 그곳에는 자작나무, 가문비나무, 낙엽송 등의 나무들이 여기저기 흩어져 있었다. 낙엽송은 키가 크고, 몸체가 곧으며, 비교적 단단해서 전신주로 쓰기에 아주 적당했다. 이곳에는 눈이 깊이 쌓여 있고 부드러워서 겨울바람을 막아 줄 피신처를 구축하기에 적당했으나, 우리는 길을 뚫고 나아가기 위해 설피를 신어야만 했다. 이후 우리는 강의 동쪽으로 가로질러 가서 넓은 툰드라지대에 도달했으며, 그곳을 밤 10시까지 계속 나아가서 야영을 했다. 하루 종일 우리는 곰의 발자국, 그리고 우리 머리 위로 날아가 북쪽으로 향하는 거위와 백조들을 목격했는데, 이 모든 것들이 봄이 가까이 왔음을 알려 주고 있었다.

우리 야영지의 동쪽으로는 넓은 계곡이 남동쪽 방향으로 뻗어 있었다. 계곡이 너무나 커서 강도 커다란 강이 흘러갈 것이 틀림없었다. 그래서 우리는 그 강이 올간 강(Olgan river)이라고 결론지었다. 그 강은 매크리와 아놀드가 축치족과 함께 긴 여행을 하는 동안 아나디르스크로 가는 도중에 타고 내려갔던 큰 강이었다. 이제부터 우리는 우리가 어느 정도 정보를 갖고 있는 지역을 가게 된다는 사실에 마음이 놓였다.

5월 5일 아침 우리는 길을 나섰고, 8베르스따를 나아간 후 빽빽한 삼림이 기다랗게 띠를 이루고 있는 곳에 도달했다. 우리는 그 삼림지대를 뚫고 가야만 했는데, 눈이 깊이 쌓여 있고 부드러워서 앞으로 나아가기가 어려웠고, 또 곳곳에 있는 난쟁이 덤불숲을 뚫고 가기 위해 나무를 쳐내며 길을 만들어야만 했다. 그곳을 벗어나자 갑자기 폭이 약 90m 정도 되는 커다란 강이 나타났는데, 곧 매크리가 그 강은 올간 강이 아니라고 말해 주었다. 그 강은 우리가 타고 내려왔던 지류보다 더 큰 강이었으므로, 우리는 이 강이 마인 강의 본류라고 결론지었고, 두 강을 구별하기 위해 우리가 타고 내려왔던 지류를 아바자 강(Abasa river)이라고 이름 붙였었다는 것을 나중에 알게 됐다. 얼어붙은 강을 따라 내려오다가 우리는 아주 커다란 한 쌍의 백조들과 만났고, 또한 얼음이 녹아 수면이 드러나 있는 곳 근처에 지나간 지 얼마 안 된 곰 발자국들을 발견할 수 있었다. 그곳에서 곰들이 아침 먹거리를 잡기 위해 머물러 있었던 것 같았다. 우리는 또한 숲을 통과하면서 토끼와 뇌조를 아주 많이 목격하였다.

그러나 가장 우리를 놀라게 한 것은 방금 전에 남동쪽 방향으로 마인 강을 따라 올라간 것 같은 개썰매 2대의 궤적이 발견된 것이었다. 처음에 우리는 아나디르스크 주민 몇 사람이 순록고기를 구하기 위해 코략족을 찾아서 간 것으로 생각했으나, 우리의 썰매 몰이꾼들이 아나디르스크 주민들은 다른 쪽 방향에 있는 훨씬 더 가까운 곳에서 순록고기를 구할 수 있기 때문에, 이쪽 지역까지 절대 오지 않는다고 말해 주었다. 그래서 우리가 다음으로 생각한 것은 아바자 소령이 이미 아나디르스크에 도착했는데, 우리가 오랫동안 도착하지 않는 것을 걱정해서 우리를 찾기 위해 이 썰매들을 보낸 것이 아닌가 하고 생각했다.

그러나 그들이 다른 강 대신 이 강을 따라 올라갔다는 사실은 그런 생각과 부합되지 않는 것이었다. 마침내 우리는 날씨가 따뜻해지고 있어서 소령 자신이 더 이상 아나디르스크에서 출발을 미룰 수 없었으므로, 우리와 만나기를 기대하면서 되돌아가는 도중에 이 경로를 선택했는데, 잘못된 지류를 타고 올라갔던 것으로 결론지었다. 이 결론이 우리에겐 가장 그럴 듯해 보였으므로, 우리는 그를 따라잡을 수 있다는 희망을 가지고 방향을 되돌리려 했으나, 현재 개먹이가 다 떨어져 가고 있어서 돌이킬 수 없는 상황이라는 것을 잘 알고 있었다. 게다가 목적지까지 가는 데 필요한 우리의 식량도 다 떨어져 가고 있었으므로, 더 이상 낭비할 시간이 없었다. 그들의 궤적을 안내자 삼아서 따라가면서 우리는 다시 강바닥을 따라 앞으로 나아갔다. 양쪽 둑에는 낙엽송, 가문비나무 등이 빽빽이 우거져 있어서 많은 사냥감들의 서식처가 되어 주고 있었다. 어느 곳에서는 강둑 위에 여우 한 마리가 겁도 없이 앉아 있으면서 우리가 지나갈 때 썰매 개들을 보고 짖어 대기도 했다. 그 여우는 분명 사냥꾼들을 한 번도 본 적이 없는 것 같았다.

오후 1시반경 우리는 한낮의 더위를 피하고 개들에게 휴식을 주기 위해 2시간 동안 여행길을 멈추었다. 3시경 다시 길을 나섰는데, 도무지 날씨가 추워질 기미가 보이지 않았다. 눈은 깊이 쌓여 있었지만 녹아 내려 질척해지고 있는 상황이어서 길을 가기가 매우 어려웠다. 우리는 썰매를 가볍게 하기 위해서 모두 내려 설피를 신고 길을 헤쳐 나갔는데, 그럼에도 불구하고 개들이 썰매를 끌고 가는 속도는 우리가 걷는 것보다 빠르지 않았다. 이런 속도로 간다면 개먹이가 목적지에 도달하기도 전에 다 떨어져 버릴 것이다. 그나마 다행인 것은 해가 밤 9시까지 지지 않는다는 것이었다. 그래서 우리는 밤 10시까지 여행할 수 있을 만큼 시야가 확보됐기 때문에, 느리게 간 것에 대한 보상으로 더 오랜 시간 동안 여행하려고 했다.

이 날은 15시간을 여행했는데도 15베르스따 이상을 나아가지 못했다. 강의 많은 곳이 녹아내려 구멍이 뚫리기 시작했고, 가는 도중 매 30분마다 곰 발자국들을 발견하게 됐다. 그러나 실제로 곰들을 보지는 못했다. 독수리도 하늘에서 그 자태를 드러내고 있었고, 무서운 해충들 중 하나인 모기도 우리 머리 위에서 앵앵 소리를 내며 날고 있었다. 5월 6일 일요일 밤 9시 반경 우리는 어느 조그만 섬에서 야영을 했다.

밤새도록 얼음이 녹고 있었다. 이런 일은 겨울이 시작되고 나서 처음 있는 일이었다. 이제 강 위를 따라 여행하는 것은 불가능해지고 있었으므로, 지금까지 따라왔던 강바닥 길을 버리고 강둑 길을 따라가기로 했다. 우리는 왼쪽 강둑 길을 따라 나섰고, 낙엽송 숲을 지나 오후 1시경 강 위로 불쑥 솟아 있는 절벽에 도달했으며, 그곳에서 개들에게 휴식 시간을 주고 저녁 식사를 했다. 저녁 식사를 마친 후 나는 절벽에 올라가 주변 지형물들을 살피면서 현재 우리가 어디쯤 와 있는가를 알아보려 했다. 이 지점에서 마인 강 계곡은 폭이 약 40베르스따 정도로 낙엽송 숲이 계속 이어져 있는 것 같았다.

이제야 나는 지금까지 지나온 불모의 툰드라지대에 익숙해지려 하고 있었는데, 지금 이 광경은 아주 새로운 모습이었다. 전신선 가설 작업의 관점에서 본다면, 이런 숲지대는 완벽하게 좋은 환경이었다. 케넌은 아나디르스크 강둑에서 나무 한 그루 없는 완전한 불모지대를 발견했지만, 이곳의 삼림지대는 기지가에서 베링 해까지 전신선에 필요한 전신주를 모두 공급할 수 있을 정도로 나무가 풍부한 지대였고, 게다가 제법 오랜 기간 동안 전신주를 보수할 수 있을 정도였다. 때때로 내가 얼음 구멍 속의 수심을 재어본 결과, 이제는 뗏목을 띄울 수 있을 정도로 얼음이 녹아내려 물이 충분하다는 사실을 알 수 있었다. 그래서 우리는 이곳을 가설 작업하기에 좋은 장소라는 의미로 '프로스펙트 절벽(Prospect Bluff)'이라고 이름 붙였다. 나침반을 살펴보니 강은 북쪽으로 흘러가고 있었다.

오후 2시경 우리는 설피를 신고 강의 서쪽 둑을 따라 다시 길을 나섰는데, 길은 기복이 있으면서 숲이 조금 형성돼 있었다. 우리가 낮은 지대를 지나가고 있을 때, 매크리가 북동쪽을 가리키며 "랄루마(Laluma)! 랄루마!" 하고 기쁨에 겨운 듯한 목소리로 외쳤다. 그 방향을 바라다보니, 멀리서 높이 솟은 원뿔형 산봉우리 하나가 보일 듯 말 듯 보였다. 매크리는 마치 오랜 친구를 만난 듯했다. 축치족과 함께 오랫동안 여행하는 동안에 약

|제25장| 459

1,800m에 달하는 이 산봉우리 랄루마가 항상 그의 앞에 떠올라 있었던 것이다. 지금 이 봉우리를 알아볼 수 있다는 것은 행운이었는데, 그것으로 인해 현재 우리가 어디쯤 와 있는지를 알 수 있기 때문이었다. 우리는 하루 종일 35베르스따밖에 나아가지 못했지만, 이미 어두워지고 있어서 야영을 하기로 했다.

이제 우리는 개먹이가 하루치밖에 남지 않았는데, 목적지에 도달하려면 이틀을 더 가야 했다. 그동안 우리는 썰매를 가볍게 하기 위해서 될 수 있으면 개먹이로 순록고기를 먼저 주어 왔었다. 그리고 이제 우리의 식량도 다 떨어져 가고 있었다. 게다가 눈이 녹아내려 무거워진 눈 속을 헤치고 나아가야 하는 아주 어려운 실정, 대부분의 시간을 설피를 신고 움직여야 하는 어려움, 보통 24시간 중 평균 약 3시간 정도밖에 자지 못했던 부족한 잠, 그리고 햇빛의 눈반사로 고통받아 약해진 눈 등 이 모든 어려운 상황들 때문에 우리는 하루빨리 목적지에 도달하고 싶은 심정이었다. 우리의 피부 또한 햇빛에 너무 심하게 타서 우리를 백인이라고 알아보기가 힘들 정도였다.

다음 날 새벽 3시경 길을 떠나려고 하는 참에 우리는 뒤에서 무슨 소리가 들려오는 것을 들었다. 곧 3대의 빈 썰매들이 다가오고 있는 모습이 보였다. 그들은 우리가 발견했던 썰매 궤적의 주인공들인 것으로 판명됐는데, 그들 썰매 몰이꾼들이 우리에게 알려 주기를, 자기들이 출발하기 3일 전에 아나디르스크에 도착한 아바자 소령이 우리를 찾으러 그들을 보냈다는 것이었다. 우리는 아바자 강 하류 근처에서 서로 엇갈렸던 것이다. 그들은 우리 썰매의 궤적을 발견한 이후, 우리를 따라잡으려고 밤낮으로 달려왔다는 것이다. 그래서 우리는 그들과 개들에게 휴식을 취할 시간을 주기 위해 2시간 동안 출발을 미뤘다. 그들의 개들은 24시간 동안 아무것도 먹지 않았으므로, 우리는 우리의 마지막 개먹이인 말린 생선을 그 개들에게 주었다.

우리는 그들 썰매 중 빈 썰매 한 대를 앞에 세워 길을 만들도록 하고, 나머지 썰매들이 그 뒤를 따라가도록 했는데, 그럼에도 불구하고 빈 썰매가 앞에서 잘 나아가지 못하고 뒤따라오는 썰매들에게 잡혔다. 야영지를 떠나 10베르스따 나아가서 우리는 어떤 아주 좁은 강 위에 불쑥 솟아오른 또 하나의 절벽과 만나게 됐고, 거기서 1베르스따 아래쪽에서 올간 강 하구와 만나게 됐다. 거기서 70베르스따 정도 더 아래쪽으로 내려가야 만날 줄 알았는데 말이다. 우리는 그 절벽에 '전신선 절벽(Telegraph Bluff)'이란 이름을 붙였는데, 그곳이 폭이 좁아 강을 가로질러 전신선을 연결하기에 가장 적합한 장소였기 때문이었다. 이 부근에는 낡아서 버려진 오두막집이 하나 있었고, 주변에는 낙엽송 숲이 빽빽하게 들어차 있었다. 그러나 올간 강 하구 아래쪽으로는 나무가 하나도 없었다. 조금 높은 지대에 올라가 바라보니, 그 좁은 강이 수km 북쪽으로 아주 구불구불하게 흘러가고 있었다.

식량이 다 떨어진 상태에서 우리는 전신 절벽을 떠나 곧 낮은 산들이 있는 곳에 도달했는데, 그곳은 서쪽으로 마인 강 계곡과 경계를 이루고 있었다. 우리는 북서쪽으로 방향을 잡아 넓은 불모지 툰드라지대를 거쳐 크레파스트(Crepast) 마을을 향해 갔는데, 그 마을은 다른 2~3마을과 더불어 아나디르스크 마을을 형성하고 있었다. 이 툰드라지대는 아나디르 강 계곡 안에 있었다. 그 툰드라지대에서 우리는 아나디르 강이 북쪽과 서쪽으로 멀리 희미하게 구불구불 흘러가고 있는 모습을 볼 수 있었다. 그 강 너머 멀리 지평선 위로 시야가 사라질 때까지 툰드라지대가 계속되고 있었다. 이 툰드라지대를 가로질러 가는 우리의 여행길은 길고도 지루한 것이었는데, 그렇다고 해서 툰드라지대는 평평하지도 않았고, 또 눈도 깊이 쌓여 있었으며, 월계수 숲이 점점이 흩어져 박혀 있었다.

5월 8일 새벽 3시경 해가 떠올랐을 때, 우리는 완전히 지친 상태로 크레파스트 마을에 입성했다. 야영지를 떠난 지 22시간 만의 일이었다. 나는 거기서 단지 새로운 개썰매로 갈아타기에 필요한 시간만큼만 기다렸다. 그리고 준비가 끝나자마자 몹시 지친 매크리와 아놀드가 잠시 휴식을 취한 다음 출발하도록 이곳에 남겨 놓고, 15베르스따 떨어져 있는 마르코바(Markova) 마을을 향해 출발했다. 그곳에는 아바자 소령이 머물고 있었다.

우리의 여행은 아주 혹독한 것이었지만, 우리는 기대 이상의 성과를 거두었고, 우리가 탐험한 대로 마인 강과 아바자 강이 전신선이 놓일 구간으로 지정됐다.

| 제 26 장 |

크레파스트 마을-아나디르스크의 초기 역사-데즈뇨프-세묜 모토라-추반치족과 유카기르족-축치족 원정대-파블류츠키-잔인한 살육-현재 주민-마르코바 마을-작업 계획-이스프라브닉의 협조 지시-코사크족 하사관 코셰빈-아바자 소령의 출발-뉴펀들랜드 종 개 '쿡'-쿡의 가혹한 운명-봄철 보급품-순록 확보 계획-숲지대-뇌조와 덫-우리의 시기적절한 도착-아나디르 강 상류-수많은 수로와 섬들-마인 수로와 바카라나 수로-오두막집 구입-작은 보트 베트카-에스키모 강아지 '닉'-거위와 백조-큰 보트 카르바스-원주민들의 여름옷-순록고기 구하러 간 사람들의 귀환-마인 강으로 출발-코셰빈에 내린 지시-위험스런 얼음길 여행-전신 중계소 건물 짓기-사기 떨어지는 소식-뇌조 사냥-마르코바 마을 신부의 도착-코사크족 톨스테킨의 고난-불운-벌목-마인 강의 요란한 해빙-마르코바로 출발-물새들-해가 지지 않는 지역-자정 무렵의 일몰 현상-천둥과 번개-자연의 규칙성-아나디르 강의 해빙-장엄한 광경-이교도들의 미신적인 유산-홍수-굶주림-죽은 동료들의 사체를 뜯어먹는 개들-몽둥이로 토끼 잡기-뗏목 만들기-뗏목 타고 출발

크레파스트 마을은 아나디르 강의 남쪽 둑에 위치해 있었는데, 강 수면에서 약 9m 높이 올라와 있는 둑 위에 있었다. 마을에는 10여 채의 조악한 통나무집들과 '움바르(umbars)'라 불리는 창고들이 있었다. 창고들은 지상에서 약 2m 높이로 기둥을 박아 놓고 그 위에 건물을 올렸다. 크레파스트란 이름은 러시아어로 '요새(fort)'를 뜻하는데, 이것은 초창기 러시아인들이

아나디르 강에 정착촌을 건설했던 위치인 것이다. 당시에 데즈뇨프(Dezhnyov)[80]란 사람과 그의 추종자들 210명이 1649년 아나디르 강을 따라 올라가서 여기에 방책으로 둘러싼 조그만 요새 하나를 건설했다.

데즈뇨프는 1648년 3척의 배를 이끌고 북극에 있는 콜리마(Kolyma)[81] 강 하구를 떠나 아시아 대륙의 동쪽 끄트머리를 향했고, 그해 10월 배 2척이 파손됐으며, 그의 배는 아나디르 강 하구 근처 해안가에 좌초됐다. 거기에서 그는 겨울을 보냈고, 이미 기술한 대로 그는 다음해 여름 강을 따라 올라가다가 '아나울족(Anauls)'[82]이라는 축치족의 한 지파를 만나서 공물을 받아내려 하다가, 그들이 저항하는 바람에 전투가 벌어졌고, 그들은 거의 모두 죽임을 당했다.

1650년 세묜 모토라(Semyon Motora)[83]라는 코사크족 사람이 최초로 콜

---

80) 세묜 이바노비치 데즈뇨프(Semyon Ivanovich Dezhnyov, 1605~1673). 저자는 데쉬네프(Deshnew)로 표기했으나, 오늘날 발음인 데즈뇨프로 쓴다. 코사크족 출신 탐험가. 토볼스크, 예니세이스크, 야쿠츠크 등에서 코사크 용병으로 근무하다가 1643년 원주민으로부터 조세용 모피를 거두기 위해 인디기르카 강을 따라 북극해로 나가 콜리마 강 하구에 도달했다. 그는 베링보다 1세기 앞선 1648년 90명 정도의 부하들을 이끌고 아시아와 아메리카 대륙을 가로지르는 해협을 북쪽에서부터 남쪽으로 통과하여 아시아와 아메리카 대륙이 서로 떨어져 있다는 것을 입증했다. 이후 그는 이 지역 지도와 보고서를 작성했으며, 그 공적으로 코사크족 대장으로 승진했다. 그러나 그의 보고서는 야쿠츠크의 문서보관소에 묻혀 있다가 1736년 독일 역사가 게르하르트 프리드리히 뮐러(Gerhard Friedrich Muller)가 발견하여 비로소 세상에 알려졌다. 현재 추코트카 반도의 최동단을 데즈뇨프 곶이라 부른다.

81) 저자는 Colema로 표기했으나, 현재는 Kolyma로 쓴다.

82) 저자는 아나울리(Anauli)로 표기했으나, 현재는 아나울족(Anauls)이라 쓴다. 이들은 유카기르족의 한 지파로 정착생활을 한다. 17세기에 아나디르 강 주변에 살면서 어로와 수렵생활을 했던 것으로 기록되어 있다. 18세기 이후로 그들에 대해 더 이상 알려진 사실이 없으며, 아마도 러시아인들에게 동화된 것으로 보인다. 저자는 축치족의 지파로 보았으나, 잘못된 것으로 보인다.

83) 저자는 Simeon Motora로 표기했으나 현재는 Semyon Motora로 쓴다. 그는 1650년 미하일 스타두킨(Mikhail Stadukhin)과 함께 콜리마 강의 지류인 아뉴이 강(Anyuy river)을 거슬러 올라가서 다시 포기차-아나디르 강(Pogycha-Anadyr)의 상류를 타고 내려

리마에서 크레파스트까지의 육로 여행길을 개척해 놓았고, 그 후로 계속 교류가 지속됐으므로 정규 수비대가 배치됐다. 점점 콜리마에서 많은 주민들이 크레파스트로 이주했고, 또한 때때로 추반치족[84] 같은 유카기르족[85] 지파들 원주민들이 축치족과의 전쟁에 패해서 쫓겨 오거나, 혹은 순록들이 질병 같은 재해로 인해 거의 전멸되어 극빈 상태에 빠져서 이주해 오는 경우도 있었는데, 이런 원주민들은 정착하여 물고기를 잡아 연명해야만 했다. 마침내 아나디르 강에는 마르코바(Markova)와 포코루크나(Pokorukna)라는 두 마을이 더 생겨났고, 전자는 크레파스트 위쪽으로 약 15베르스따, 후자는 약 35베르스따 떨어져 있었다. 이 세 마을을 합쳐서 아나디르스크 마을이라 부르는데,[86] 지금까지는 마르코바가 나머지 두 마을을 이끌어 가고 있다.

이 지역의 초기 역사는 잘 알려져 있지 않다. 주민들은 축치족과의 전쟁에 대한 이야기들을 세대가 바뀔 때마다 후손들에게 전해줘 왔으며, 이야기가 한 번 되풀이될 때마다 과장되게 부풀려져서 이제는 아주 어마어마한

오는 내륙 루트를 처음으로 탐험하였다. 이 내륙 루트가 데즈뇨프가 개발한 해상 루트보다 훨씬 쉬웠으므로, 이후로 데즈뇨프의 해상 루트는 더 이상 이용되지 않았다. 나중에 모토라는 원주민들에게 죽임을 당한다.

84) Chuvantsys 혹은 Chooances. 추완 유카기르족(Chuwan Yukagirs)의 한 부족이었으나 축치족의 공격을 받아 통혼하여 생긴 부족으로 축치어와 러시아어를 구사한다.

85) Yukagirs. 유카기르족은 러시아 사하 공화국 콜리마 강 하류 지역과 축치족 자치구에 걸쳐 살고 있는데, 그 기원은 잘 알려져 있지 않다. 토착어인 유카기르어는 고립어로 고아시아어 중 하나로 알려져 있다. 17세기 중엽 약 5,000명이었던 인구는 러시아의 침략으로 17세기 말 절반으로 줄어들었고, 20세기 말 약 600명까지 줄었다가 2002년 약 1,500명으로 늘었다는 보고가 있다. 유카기르족 대부분은 주변 종족들의 영향으로 토착어인 유카기르어보다 야쿠트어나 러시아어를 구사하고 있다.

86) 케넌은 《시베리아 탐험기》에서 아나디르스크 마을이 4개의 작은 마을, 즉 마르코바, 크레파스트, 프솔킨(Psolkin), 포코루코프(Pokorookof)로 이루어져 있다고 기술한 바 있다.

일이 일어났던 것처럼 돼 버렸다.

　독일 역사가인 뮐러(Gerhard Friedrich Müller)가 찾아낸 데즈뇨프의 보고서에 따르면, 1710년 아나디르스크에 있던 3명의 코사크족 사람들이 야쿠츠크에 있는 군 지휘관에게 보고하기를, 1701년 러시아인들에게 귀속돼 있는 일부 유카기르족 원주민들이 아나디르스크에 있는 군 지휘관에게 다음과 같이 불평을 털어놓았다고 했다. 즉 그들은 자주 축치족의 공격을 받고 있으므로, 자기들을 도와 축치족을 물리치기 위해 러시아군을 보내 달라고 요청했다는 것이었다. 그래서 러시아군 24명, 유카기르족 110명으로 이루어진 한 팀이 해안가로 전진해 가서 13명의 축치족을 발견하고 공물을 바칠 것을 요구했다. 축치족이 이를 거절하자 전쟁이 벌어졌고, 10명의 축치족이 살해당하고 나머지 남자들과 여자, 아이들이 모두 포로로 잡혀갔다. 그러나 남자들은 대부분 포로가 되느니 차라리 서로 죽여 자결했다. 그런데 그중 일부가 도망가서 300여 명의 세력을 모아가지고 러시아군과 맞섰는데, 결과는 축치족 200여 명이 살해당했다. 다음 날 다시 3,000명으로 세력을 모은 축치족이 러시아군을 공격했고, 전쟁은 하루 종일 이어졌다. 축치족은 많은 수가 살해당했지만, 러시아군과 유카기르족은 단 10명만 부상을 입었을 뿐이었다. 축치족은 활, 창, 돌 던지는 끈 등의 원시적인 무기만으로 무장하고 있었던 것이다. 그래도 축치족은 소수의 러시아군과 유카기르족을 포위해 계속 5일 동안 공격했고, 마침내 러시아군은 도망을 쳐서 안전한 아나디르스크로 돌아갔다.

　그로부터 29년 후인 1730년 파블류츠키[87] 원정대장이 크레파스트 마을

---

[87] Dmitry Ivanovich Pavlutsky(? - 1747). 추코트카 지역 탐험가이자 축치족 정벌 원정대장. 1725년 피터 대제의 명을 받아 러시아 원정대가 축치족 정벌에 나섰으나, 원정대장 셰스타코프(Afanasy Shestakov) 소령이 1730년 3월 파렌 강에서 원주민들에게 죽임을 당했다. 1731년 다시 파블류츠키 소령이 이끄는 원정대가 정벌에 나서 무자비하게 축치족을 살해했다. 그러나 축치족은 이에 굴하지않고 1747년 3월 500명의 전사들이

에 도착했고, 다음해 그는 215명의 러시아군, 160명의 코랴족, 60명의 유카기르족으로 구성된 원정대를 거느리고 축치족을 정벌하러 떠났다. 그들은 하루에 10베르스따 정도의 속도로 2개월 동안의 여행 끝에 북극 해안가에 도착했고, 거기서 해안가를 따라 약 2주간 동쪽으로 전진하다가 6월 7일 드디어 일단의 축치족을 만나 살육을 자행했다. 얼마나 죽였는지는 들은 바가 없다. 8일간 휴식을 취한 다음, 그들은 약 2주간 동쪽으로 이동하다가 6월 30일 또 다른 축치족 무리들을 만나 살육을 자행했다. 이 지점에서 3일간 휴식을 취한 다음, 그들은 '츄코츠코이 노스(Tchucotskoi Noss)'란 곳을 통과하여 아나디르 만(Anadyr gulf)에 도착했다. 이곳에서 그들은 수많은 축치족 사람들을 무자비하게 살해했는데, 그럼에도 불구하고 축치족을 굴복시킬 수 없었다.

당시 그들의 전리품 중에서 지난해 원정대장인 아파나시 셰스타코프의 유품들이 몇 개 발견됐다. 그는 펜진스크 만(Penjinsk gulf)에서 축치족에게 패배하여 죽임을 당했던 것이다. 파블류츠키의 이번 원정에서 죽은 원정대원들은 러시아 군인 3명, 유카기르족 1명, 코랴족 5명뿐이었다. 그들은 10월 21일 크레파스트 마을로 돌아왔다.

이런 이야기 외에도 원주민들은 나에게 또 다른 이야기를 해주었다. 즉 오래 전에(아마도 뮐러 시기 이후로) 축치족이 아주 많은 전사들을 이끌고 크레파스트 요새를 포위 공격해 러시아군을 패퇴시켰는데, 그때 러시아군은 펜지나로 가는 직선 경로상에 있는 어느 낮은 산으로 쫓겨 갔다. 그 산

아나디르스크 요새를 포위공격했다. 131명의 파블류츠키 군대는 숫자가 적어 대패하였고, 파블류츠키 자신은 도망치다가 결국 붙잡혀 죽었다. 축치족은 그의 목을 베어 수년간 전리품으로 보관했다고 하며, 그의 시신은 야쿠츠크에 묻혔다. 1750년까지도 축치족은 정벌되지 않았으므로, 결국 러시아의 엘리자베따 여제는 전략을 바꾸어 1778년 축치족과 평화협정을 맺었다. 이후 축치족이 러시아에 굴복하게 되는 것은 1917년 러시아 혁명 이후이다.

은 '루스키 흐레벳(Ruski Khrebet. 역주: 러시아인 산맥)'이라 불리는 이틀 거리에 있는 산이었다. 여기서 축치족은 다시 러시아군을 공격하여 많은 병사들을 살육하고 잔당들을 완전히 소탕해 버렸다. 만일 이 이야기가 사실이라면, 이 사건 이후로 이곳에서 이와 같은 전쟁이 더 이상 일어나지 않았다는 것으로, 이 모든 것은 내가 본 원주민들(그들 중에는 노인들도 일부 있었다)의 회상과도 일치하는 것이다. 그 후로 많은 세월 동안 크레파스트 마을에는 수비대 같은 것이 전혀 설치되지 않았고, 또한 현재까지도 오래된 요새의 흔적 같은 것도 보이지 않고 있다.

현재 주민들은 대부분 그 당시 초기 개척자들의 후손이다. 그들은 추반치족, 유카기르족, 라무트족, 러시아인 등으로 각기 다른 조상을 가진 것으로 분류되지만, 그들은 모두 오랜 세월 동안 러시아어를 채택해 사용해 왔으므로, 자신들의 고유한 특성을 잊어버려서 서로 간에 다른 부족의 구성원이었다는 사실을 구별하기가 어렵게 됐다.

마르코바는 내가 보기에 별 재미도 없고, 별 매력도 없는 마을이었는데, 조그만 교회당 하나와 6채 정도의 조악한 통나무집들이 전부였다. 하지만 5월 8일 아침 우리가 마을로 진입했을 때, 우리는 너무나 지쳐 있었으므로,

마르코바 마을 전경

어떤 마을이든 감지덕지한 상황이었다. 우리는 아바람(Avaram)이란 이름의 어느 추반치족 노인의 집에 머물기로 했는데, 도드(케넌의 친구), 그리고 매크리 팀원들인 로빈슨(Robinson), 하더(Harder), 스미스(Smith) 등이 그집에 머무르고 있었다. 아직 이른 아침이었고, 그들은 모두 잠에 빠져 있었다. 내가 그들을 깨웠고, 아바자 소령과 이스프라브닉에 대해 물어 보았더니, 그들은 또 다른 집에 머물고 있다고 했다. 나는 잠을 자려고 침대에 몸을 던졌으나, 너무 지쳐 있어서 잠을 이룰 수가 없었다. 동절기가 막바지에 다다랐기 때문에 낭비할 시간이 없었으므로, 아바자 소령과 이스프라브닉은 다음 날 즉시 기지가로 출발하기로 결정했다.

나의 계획은 준비가 되는 대로 올간 강 하구까지 원주민 노동자들을 데리고 가서 전신주로 쓸 나무들을 베어 낸 다음, 봄에 물이 불어 오르면 뗏목을 만들어서 마인 강과 아나디르 강을 따라 나무가 없는 곳으로 떠내려 보내는 것이다. 그렇게 해놓으면, 회사 배들이 얼음이 풀린 시기에 강 하구로 올라오는 즉시, 우리가 전신선 가설 작업을 시작할 수 있을 것이다.

그렇지 않으면 이곳 여름은 아주 짧기 때문에, 통나무 뗏목이 도착하지 않으면 전신선 구간에서 아무런 일도 할 수 없을 것이며, 우리는 또 1년을 지체하게 될 것이다.

이스프라브닉은 떠나기 전에 다른 마을 촌장들과 모든 주민들을 모아 놓고 우리가 필요로 하는 모든 지원들을 아끼지 말라고 지시했다. 즉 노동에 필요한 인력, 겨울에 필요한 썰매 개 등 필요한 모든 것을 우리에게 제공하라고 했으며, 또한 원주민들에게 커다란 권위와 영향력을 지닌 코사크족 하사관 코셰빈(Koschevin)과 6명의 다른 코사크족 병사들이 나의 지시에 따르도록 지시해 놓았다. 이런 영향력을 부여받은 우리는 거의 50여 명에 달하는 건장한 남자들을 소집할 수 있는 권한을 갖고 있었으므로, 여름까지 많은 양의 일을 할 수 있을 것으로 기대됐다.

동절기의 막바지인 요즈음에는 한낮의 더위를 피해서 밤에 여행하는 것이 더 나았다. 그래서 5월 9일 오후 늦게 소령과 이스프라브닉, 도드와 로빈슨, 그리고 뉴펀들랜드 종 개 '쿡(Cook)'은 길을 떠났다. 쿡은 케넌과 함께 아나디르 강 상류를 따라가는 여행의 후유증으로 다리가 많이 아팠다.

불쌍한 쿡! 그의 운명은 가혹했다. 그는 다른 개들만큼 잘할 수 있다는 것을 썰매 개들에게 보여 주기 위해 수많은 투쟁을 해야만 했다. 아나디르 강 상류를 따라가는 여행 내내 그는 한 썰매 뒤에 묶여 있어야만 했는데, 왜냐하면 다른 개들이 그의 큰 덩치를 시기해서 그런지, 아니면 곰의 먼 친척쯤으로 여기고 있는 것인지, 기회만 있으면 그를 공격하고 아주 못살게 굴었기 때문이었다. 그가 마르코바 마을에 도착하자, 여기서도 그는 많은 개들의 공격을 받았다. 한 마리가 공격하기도 하고, 떼로 공격하기도 했다. 마침내 참다못한 그가 다른 개 한 마리를 죽이고 다른 여러 마리들을 심하게 다치게 만들었는데, 그제야 다른 개들이 그를 존경하기 시작했다. 기지가와 중간에 있는 마을들에 도착했을 때에도 그는 어김없이 똑같은 시련을 다시 겪어야만 했다.

마르코바를 떠날 때쯤 그는 이제 완전히 시베리아 생활에 동화됐다. 그는 다른 개들처럼 당연스레 개썰매 장구들을 받아들였고, 항상 자기 몫을 다했다. 그에게는 특별한 과업이 주어졌는데, 나무를 나르는 일과 마을 우물인 근처 강 얼음 구멍에서 물통을 나르는 일이었다. 처음에 그는 서툴러서 잘 울부짖지 못했는데, 점점 다른 개들을 따라서 하더니, 나중에는 마을 개들이 밤의 합창을 시작할 때마다 그의 목소리가 다른 개들보다 더 돋보이게 들렸고, 또 쉽게 구별할 수 있을 정도였다. 이렇게 적응했는데도 썰매 몰이꾼들은 덩치가 큰 그를 말처럼 마차를 끄는 데 이용하겠다는 생각은 하지 않았다.

봄이 다가오는 것에 대비한 우리의 보급품들은 차, 설탕, 검은 밀가루 혹은 호밀가루 등으로 제한됐는데, 그것들은 우리가 기지가에서 가져온 것들이었다. 차와 설탕은 우리와 노동자로 고용된 원주민들이 먹을 만큼 충분했으나, 밀가루는 좀 부족했다. 하지만 원주민들은 빵을 잘 먹지 않고, 순록고기와 물고기를 주식으로 삼고 있었다. 우리는 물고기를 구할 수 없었으므로, 순록고기에 의지해야 했고, 코략족이나 축치족에게서 충분한 양을 구할 수 있기를 기대했다. 우리는 또한 개먹이도 많이 부족했으므로, 그들에게서 개먹이로 쓸 순록고기를 충분히 확보해야 했다.

이렇게 필요한 양을 구하기 위해, 아바자 소령이 떠나고 난 다음 날인 5월 10일 나는 코사크족 하사관 코셰빈을 마인 강 상류 쪽에 있는 코략족에게로 보냈다. 그는 15대의 썰매에 80마리분의 순록고기를 살 수 있는 충분한 양의 '칠케츠키(chilketski)', 즉 담배를 싣고 떠났는데, 나는 그에게 코략족이 순록 떼를 올간 강 하구 근처로 몰고 오도록 설득해 보라고 지시했다. 왜냐하면 그 근처에서 육상 팀이 작업에 들어갈 것이기 때문이다. 코셰빈이 필요한 양의 순록고기를 구하는 데 실패할 경우를 대비해 나는 또 한 명의 코사크족 톨스테킨(Tolstekhin)을 다음 날 다른 방향으로 순록고기를 구하기 위해 보냈다. 우리는 구매할 수 있는 것은 모두 구매해야 할 정도로 많은 양이 필요했던 것이다.

이 무렵 마을에는 건장한 남자들이 코사크족들을 따라 멀리 가고 없었으므로, 우리는 그들이 돌아올 때까지 마인 강으로의 출발을 연기해야만 했다.

마르코바 마을은 마르코바 강의 동쪽 둑 위에 위치해 있었는데, 그 강은 아나디르 강과의 합류점에서 약 1km 정도 떨어져 있었다. 이 두 강의 양쪽으로는 약 2~3km에 걸쳐 숲이 띠를 이루고 있으면서 주민들에게 땔감 및 건축용 목재를 공급해 주고 있었고, 또한 사방에서 불어오는 사나운 바람으로부터 마을을 지켜 주고 있었다. 겨울이 되면 이 숲은 수천 마리의 프타르미간, 즉 뇌조들의 서식처가 된다. 마을 주변에는 이런 숲들이 사방에 점점이 흩어져 있다. 원주민들은 총을 많이 갖고 있지 않았고, 또한 탄약이 부족하기 때문에 총을 거의 사용하지 않고 있었다. 설사 덫을 놓아 이런 새들을 매일 수백 마리씩 잡고, 또 전에 기술했던 것처럼 덫 같은 함정으로 여우같은 큰 짐승들을 잡는다 하더라도, 워낙 숲이 많은 이런 환경 속에서 동물들이 거의 아무런 제재를 받지 않고 번창할 수 있는 것이다. 이런 덫은 가벼워서 눈 위에 그대로 놓는데, 미끼로는 뇌조가 아주 좋아하는 '토폴로바(topolova) 나무'[88)]의 어린 싹을 사용한다.

  우리가 이 마을에 도착했을 때, 원주민들은 개와 함께 주로 이 뇌조를 잡아먹고 살았는데, 날씨가 따뜻해지고 얼음이 녹아내리면서 그렇게 오랫동안 눈 위에 덫을 놓아 둘 수 없게 됐다. 그러자 원주민들은 이웃 부족들에게 가서 식량을 구걸해야만 할 지경에 이르렀다. 그럴 즈음 우리가 도착한 것은 그들에게는 아주 행운이었다. 우리는 그들에게 순록고기를 구매할 수 있는 담배를 공급해 주었는데, 만일 담배조차 없었다면 그들은 그들보다 더 야만스런 형제들에게 자비심을 빌어야만 했을 것이다.

  아나디르 강은 마인 강 하구 위쪽에서부터 흘러와서 거대하고 평평한 툰드라지대를 아주 느리게 통과하면서 러시아인들이 '프로톡(protok)'이라 부르는 이루 셀 수 없이 많은 수로들로 갈라진다. 이런 수로들은 많은 수가 1년 내내 물을 품고 있기도 하지만, 또 많은 수가 평소에 말라 있다가 봄이 되면 눈이 녹으면서 범람하기도 한다. 아나디르 강 본류에서 내륙쪽으로 수km 떨어져 있는 많은 곳에서는 이런 수로들이 서로 복잡하게 얽히면서 많은 섬들이 생겨났다. 마르코바와 크레파스트 마을은 이렇게 생긴 섬들에 위치하고 있었다. 마르코바 위쪽에서 수km 떨어져 있고, 또 크레파스트 아

---

88) 포플러나무.

래쪽에서 수km 떨어져 있는 아나디르 강 본류는 거의 동쪽으로 흘러가는데, 크레파스트에서 방향을 북동쪽으로 바꾸어 가다가 멀리 북쪽에서 커다랗게 직각을 이루면서 다시 거의 남쪽으로 흘러가고 결국 마인 강과 만나게 된다. 즉 크레파스트 부근의 아나디르 강에서부터 마인 강까지 2개의 수로가 흘러가다가, 이 직각으로 꺾어진 부분에서 안쪽의 땅에 또 하나의 커다란 섬이 생겨나게 됐다.

2개의 수로 중 하나는 마인 강 하구 위쪽으로 40베르스따 떨어져 있는 지점에서 마인 강과 합류하고 있는데, 그 지점을 '바카라나(Vaccarana)'라고 부르고 있으며, 그 수로를 바카라나 수로(Vaccarana protok)라고 한다. 나머지 수로는 더 멀리 위쪽에서 마인 강과 합류하고 있으므로 마인 수로(Main protok)라고 한다. 케넌은 아나디르 만(Anadyr bay)으로 가는 여행 중에 아나디르 강 본류를 따라가는 대신 바카라나 수로를 따라갔는데, 그렇게 함으로써 그는 여행 일정을 이틀이나 줄일 수 있었다.

우리는 강을 따라 전신주용 통나무 뗏목을 떠내려 보내는 것 이외에, 겨울철 유르트 10~12개를 지을 통나무들도 뗏목에 실어 보내기로 했다. 그것들은 겨울에 임시 거처로 강둑을 따라 편리한 위치에 세워지게 될 것이다. 또한 원주민들이 물고기 잡는 기간 중에 사용하기 위해 만들어 놓은 '레트니아 포바리니에(letnia povarinie)', 즉 여름 오두막집이 많이 있었는데, 그 소유자들이 그것들을 우리에게 팔려고 내놓은 것들이 있었다. 매크리와 나는 그것들을 무너뜨리고 남은 통나무들을 겨울용 유르트로 재활용할 수 있는지 살펴보러 마르코바에서 30베르스따 떨어져 있는 강 상류로 거슬러 올라갔다. 그중에서 우리 목적에 맞는 것들로 16개를 선택한 다음, 되돌아오는 길에 파코루쿠아(Pakorukua)라는 보잘 것 없이 통나무 오두막 몇 채 뿐인 조그만 마을에 들렀다.

그곳에서 우리의 관심을 끌었던 것은 단 하나 '베트카(vetkas)'라고 불리는 아주 작은 보트뿐이었다. 눈이 녹으면서 강둑 위에 있던 여러 척의 베트카들이 그 모습을 드러내고 있었다. 그것은 아주 작고 가벼워서 사람이 타고 갈 수 있을까 의심이 들 정도였다. 그러나 나의 썰매 몰이꾼인 아바라니(Avarani)가 비록 그것을 타는 데는 숙련된 기술이 필요하지만, 원주민들은 그것을 긴 여행에도 빈번하게 사용하고 있다고 우리에게 말해 주었다. 특히 그것은 야생순록을 잡기 위한 목적으로 만들어졌다고 했다. 해마다 가을이 되면 야생순록들이 강의 북쪽에 있는 춥고 황량한 툰드라지대에서 남쪽에 있는 산악지대로 이동하는데, 도중에 강을 헤엄쳐 건너갈 때, 그리고 또 봄이 되어 숲속에 떼지어 있는 수백만 마리 모기 떼의 습격을 피해 다시 북쪽에 있는 툰드라지대로 돌아가면서 도중에 다시 강을 헤엄쳐 건너갈 때, 원주민들은 그것을 타고 쫓아가 야생순록을 잡는 것이다. 툰드라지대에도 모기떼는 마찬가지로 많이 있지만, 강한 바람이 해충을 쫓아 주는 역할을 하고 있었다.

우리가 본 베트카는 길이가 약 4.5m로 길지만, 폭은 30cm 정도로 아주 좁다. 도끼로 베어 낸 판자 3장으로 만들어지는데, 바닥은 평평하고, 앞뒤 양쪽은 뾰족하다. 바닥 판자는 두께가 약 3cm 정도이고, 옆 판자는 폭이 20~25cm, 두께는 약 6mm 정도이다. 옆 판자를 바닥 판자에 순록 힘줄로 만든 실로 꿰매어 붙이고, 이음새는 주의 깊게 역청으로 봉한다. 배의 중간에는 2개의 가벼운 나무막대가 가로질러 있어서 양옆 판자들이 비틀리는 것을 방지해 준다. 노 젓는 사람은 바닥에 다리를 뻗고 앉아서 양쪽에 날개가 달린 가벼운 노를 양손으로 잡고 한쪽 날개를 한쪽 수면에 넣고 저은 다음, 다시 반대편 수면에 반대 날개를 넣고 젓는 식으로 계속 좌우로 번갈아 가며 젓는다. 배의 바닥에는 순록 잡을 때 쓰는 약 3.5m 길이의 창과 노를 준비해 놓는다.

이 마을에 머무는 동안 나는 썰매 개인 에스키모 종 강아지 한 마리를 선물받았는데, 강아지를 준 사람의 이름인 '니콜라이(Nikolai)'를 본떠 강아지에게 '닉(Nik)'이라 이름붙였다. 그런데 니콜라이가 자기 이름을 개에게 붙여 주었다는 소리를 듣고 많이 당황스러워 하면서, 만일 이름을 바꾸지 않으면 자신에게 어떤 재앙이 닥칠 것이라고 이야기해 주었다. 그래서 나는 그에게 미국에서는 빈번하게 사람 이름을 본떠 개 이름을 붙인다고 말해 주었고, 그러자 그는 비로소 안심하였다.

마르코바 마을로 돌아오는 길에 우리는 거위와 백조는 몇 마리 안 되는데 뇌조는 수천 마리에 달하는 광경을 볼 수 있었다. 일부 뇌조들은 툰드라 지대 벌판에서 그대로 서서 잠자고 있었는데, 눈이 바람에 날려 그들 몸을 덮어서 머리밖에 보이지 않았다. 다른 뇌조들은 완전히 눈에 덮여 있었는데, 우리가 다가가자 눈을 털고 도망갔다.

이곳 주민들은 여름에 가족, 개, 가재도구 등을 나르기 위해서 '카르바스(carbass)'라 부르는 커다란 배를 사용하는데, 그 배는 10여 명까지 태울 수 있었다. 그 배는 통나무 속을 파내고 양옆에 2장의 판자를 잇대서 만든 단순한 구조인데, 잇댄 곳은 순록 힘줄로 만든 끈으로 묶고 그 틈새들은 땅에서 자라는 이끼로 막아 놓았다. 그 배는 때때로 이끼가 물에 씻겨 나가기 때문에, 물살이 거친 곳에서는 아주 불안해 보였으나, 더 나은 배가 모자라는 상황이어서 원주민들은 그럭저럭 그 배를 잘 활용하고 있었다.

마르코바 마을에 머무는 동안 우리는 원주민들이 입는 것 같은 여름옷들을 장만했는데, 그것들은 가벼운 수사슴가죽을 부드럽게 무두질한 다음, 한 쪽 면을 완전히 연기에 그을려서 물에 젖더라도 딱딱하게 굳어 버리지 않도록 만들어졌다. 여름옷 중에서 제일 중요한 옷은 '콤리(comlea)', 혹은 '콤리카(comleaka)'라고 부르는 긴 상의인데, 손목과 목까지 착 달라붙으면서 뒤쪽에 작은 두건이 달려 있어 머리를 덮으면 앞 얼굴만 노출되는 형태였다. 이것은 모기들로부터 머리를 보호하기 위한 것이다.

이 밖에도 수사슴가죽으로 만든 바지, 손목까지 감싸 주는 벙어리장갑, 같은 재료로 만들고 바닥에는 두꺼운 곰가죽으로 창을 댄 장화 등이 있었다. 이 장화는 맑은 날씨에 신는 것이고, 눈비가 오는 궂은 날씨에는 물개가죽이나 말가죽으로 만들어서 기름을 발라 방수가 되는 다른 장화를 신는다. 이런

이반 에르메치코프(Ivan Ermechkoff)

옷들을 갖춰 입고, 모기망을 뒤집어쓰고, 수사슴가죽으로 만든 모자를 쓰면 (원주민들은 여름에 이런 모자를 쓰지 않지만), 우리는 아무리 많은 모기 떼들이 우리를 공격해도 두렵지 않았다. 이런 여름옷을 챙겨 입은 라무트족 2명의 실제 초상은 다음과 같다.

하루하루 지나면서 원주민들이 여행에서 되돌아오기 시작했다. 일부는 가족들을 위한 순록고기를 구하는 데 성공했지만, 많은 사람들은 빈털터리로 되돌아왔다.

전에 코셰빈과 아바라니에게 강물이 풀릴 것을 대비하여 2척의 '카르바스'와 후릿그물 1개를 만들라고 지시했고, 또한 코셰빈에게는 미리 구입해 둔 16채의 여름 오두막집들을 허물어뜨리고 그 통나무들을 마인 수로를

표도르 차얀(Feador Chyan)

통해서 마인 강까지 뗏목으로 떠내려 보낼 것을 지시한 후, 우리는 10대의 썰매에 우리의 식량과 짐을 모두 챙겨서 16명의 남자 원주민들과 함께 출발했다. 다른 사람들은 나중에 물개가죽 끈을 가지고 와서 뗏목 엮을 때 함께 일하기로 했다. 왜냐하면 우리는 뗏목 만드는 데 필요한 송곳 같은 도구들을 하나도 갖고 있지 않았기 때문이었다. 아마 겨울이 다시 찾아올 때까지는 코셰빈을 다시 만날 수 없을 것이라는 생각에, 나는 또 그에게 12대의 썰매를 강 하구까지 보내 놓으라는 지시를 내렸다. 다음 겨울 강물이 얼어 길이 열리면 만일 유사시에 우리를 배가 닿는 곳까지 데려다 줄 수 있도록 하기 위해서였다.

우리는 눈폭풍이 휘몰아치는 가운데 크레파스트 마을에 도착했다. 그래서 눈폭풍이 잦아들기를 저녁 때까지 기다렸다가 다시 출발해 밤새도록 나아가서 다음 날 오후 3시경 올간 강 하구에 도착했다. 이곳은 여행하기가 정말 나쁜 조건이었는데, 특히 마인 강을 따라가는 길이 그랬다. 그곳에서 썰매들이 얼음 녹은 곳에 많이 빠졌다. 그런 일들을 제외하면 아주 신나는 여행이었다. 썰매들은 각자 1대씩 떨어져서 가야만 했는데, 얼음이 녹아내려 잘못하면 물에 빠질 수 있기 때문이었다. 얼음이 갈라지고 깨지는 소리에 놀란 개들이 빠르게 달려 나갔기 때문에 간신히 물구멍 속으로 빠지지 않고 빠져나올 수 있었다. 도중에 우리는 처음으로 거위들을 총으로 쏘아 잡았다.

다음 날 우리는 모두 커다란 통나무집 하나를 만드는 데 힘을 모았다. 그것은 나중에 창고로 활용될 예정이었다. 이 집 하나 만드는 데 약 5일 걸릴 것인데, 5월 26일 코셰빈이 보낸 12마리 분량의 순록고기가 2대의 썰매에 실려 도착했다. 그것은 우리 개들이 단 2일밖에 먹지 못할 양이었고, 또 더 이상 마인 강 부근에서 개먹이를 구할 수 없다는 소식에 우리는 사기가 저하됐다. 썰매 몰이꾼들이 우리에게 전하는 말에 의하면, 그곳 원주민들은 우리를 도우려는 의지가 있지만, 지금은 순록들이 새끼 낳는 시기이므로, 순록들을 데리고 올간 강까지 올 수가 없고, 또 새끼 밴 암컷들은 그런 여행을 할 수가 없는 상태라는 것이다. 그래서 코셰빈은 펜지나의 서쪽에 살고 있는 코랴족을 찾아갔다는 것이다. 다른 곳으로 순록고기를 구하러 보냈던 코사크족 톨스테킨으로부터는 아직까지 아무런 소식도 들을 수 없었다.

여기서 개들을 먹여 살릴 수 없다는 것을 알게 된 나는 5월 28일 월요일 하더(Harder)에게 개들을 모두 아나디르스크로 데려가도록 했으며, 또한 식량도 부족하기 때문에 강과 수로를 건널 수 있는 카르바스 1척을 그에게 주어 가능한 한 모든 인력들을 데리고 그곳을 떠났다가 마르코바로 다시 돌아오도록 했다. 지금까지 개들에게 먹일 순록고기를 아끼기 위해 우리는 거위들을 사냥하여 전 팀원들이 그럭저럭 먹고 살아오는 데 성공했었다. 사냥은 좋은 운동도 됐다. 매일 밤 11시경이 되면 아직도 날은 밝았고, 우리는 설피를 신고 마인 강을 가로질러 그 너머에 있는 습지로 가서 각자 다른 장소에 매복한 다음, 거위들이 떼를 지어 하늘로 날아오를 때마다 일제사격을 가했다. 그렇게 1시쯤 되면 우리는 몸이 비틀거릴 정도로 많은 거위들을 잡을 수 있었다. 그러나 곧 거위들이 위험하다는 것을 알아채고 다른 습지로 이동하기 시작했고, 또 마인 강의 얼음이 녹아내려 우리는 더 이상 강을 가로질러 갈 수가 없었다.

5월 29일 마르코바 마을의 야쿠트족 출신 신부가 15마리의 순록을 이끌고 우리에게 도착했다. 그는 동부 시베리아에서 모든 악행을 일삼는 사람이었지만, 이렇게 형제애가 남아 있는 사람이기도 했다. 그가 우리에게 말해 주길, 코셰빈이 마르코바에 있으며, 코셰빈이 20마리의 순록을 구입했는데, 우리가 그곳으로 되돌아올 것을 생각하여, 봄에 강이 범람할 동안 우리가 먹을 식량으로 쓰도록 그곳에 5마리를 남겨 놓았다고 했다. 톨스테킨 역시 별다른 성과 없이 그냥 마르코바로 되돌아왔다고 했다. 게다가 그는 아주 힘든 고난을 겪었다고 했다. 그와 그의 동료들은 4일 동안 아무것도 못 먹고, 단지 물개가죽 끈을 물에 끓여 한 끼를 해결했으며, 심지어 개들은 5일 동안 아무것도 먹지 못했다고 했다.

불운이 우리를 줄줄이 기다리고 있는 것 같았다. 처음부터 많은 주민들이 매우 굶주린 상태에 있어서 노동을 하기에 부적합할 정도로 질병에 시달리고 있었으므로, 우리는 많은 사람들을 인력으로 뽑을 수가 없었다. 게다가 우리가 제공하기로 한 순록고기를 제공할 수 없어서, 나는 3명의 원주민을 집으로 다시 돌려보내기도 했다. 이외에도 또 다른 장애물이 있었는데, 순록고기를 주민들에게 공급하는 문제에 관해서 이웃 종족인 축치족과 추반치족 사이에 어떤 오해가 생겨서 결국 그들에게서 어떤 도움도 받지 못하게 되는 일이 생겨 버렸다. 그래서 우리는 개먹이도 구하지 못했을 뿐만 아니라, 뗏목 묶는 데 사용할 물개가죽 끈도 충분히 구할 수 없게 됐다. 이제 우리는 아무것도 해놓은 것 없이 그대로 마인 강을 떠나야 한다는 것이 자명해졌다. 우리는 모든 인력을 전신주로 쓸 나무를 베고 쌓아 놓는 데에 투입했다.

5월 30일 하더가 인력을 확보하지 못하고 그대로 마르코바에서 돌아왔다. 그런데 그가 카르바스 1척을 끌고 왔으므로, 우리는 수로를 통해 돌아갈 수 있을 것이다. 그러나 그가 보고하기를, 강들이 모두 녹기 시작하고 있으므로, 만일 우리가 곧 썰매를 타고 돌아가지 않으면, 나중에는 결코 돌아갈 수 없을 것이라고 했다.

6월 1일 매크리와 하더에게 우리의 짐을 가지고 마르코바로 떠났다가 다시 썰매를 되돌려 보내 남은 우리들을 옮기도록 했다. 다음 날 마인 강의 얼음이 녹아서 부서지기 시작했고, 물이 위로 빠르게 솟아올랐다. 그것은 아주 대단한 광경이었다. 8개월 동안 쌓인 눈과 얼음이 약 시속 10km의 속도로 우레와 같은 소리를 내면서 무너져 내렸다가 수면에 거품이 일면서 사그라져 갔고, 또한 커다란 얼음덩어리들이 서로 겹치며 쌓였다가 목마 타기 하듯이 강 한가운데로 떨어져 내렸다. 몇 시간 안에 강은 가장자리까지 물로 가득 차더니 강둑 너머로 넘치기 시작했고, 홍수가 나서 우리가 있는 위치까지 위협할 기세였다. 불어난 물이 여기저기 눈을 집어삼키고 있던 6월 3일 썰매가 때에 맞추어 도착했기 때문에, 우리는 짐을 꾸려 빠져나갈 수 있었다. 산등성이를 가로질러 아나디르 강 계곡까지 나아간 후, 여행 길이 한결 나아졌다. 강 하나를 또 만났고, 우리는 부빙을 이용해야만 했다. 그곳에는 카르바스가 1척 남아 있었고, 수로는 완전히 열려 있었다.

마르코바까지 가는 여행은 아주 힘들었다. 하루만 더 늦었더라면, 우리는 마르코바에 도착할 수 없었을 것이다. 밤낮으로 계속 쉬지 않고 나아간 결과, 우리는 6월 4일 밤 11시 30분 마르코바 마을에 도착했다. 장장 36시간 동안의 긴 여행이었다.

아나디르 강은 여기저기 조금씩 녹고 있었지만, 여전히 얼음에 싸여 있었다. 그러나 마르코바 마을 부근에는 이미 녹아내려 수면을 보이고 있는 곳이 있었다. 그런 곳에 수많은 거위, 오리, 백조들이 떼를 지어 모여 있었는데, 그들이 너무 경계하는 바람에 총으로 사냥할 수가 없었다. 게다가 마인 강에서 탄약을 너무 많이 소비하여 조금밖에 남지 않아 아껴서 사용해야 했다. 그래서 우리는 아주 작은 보트인 베트카를 이용해 보기로 했다. 베트카를 조작하는 법을 익히자, 우리는 곧 실행에 나서 베트카를 혼자 타고 오리잡이를 하는 짜릿한 모험을 즐기게 됐다.

이렇게 우리의 호기심을 끄는 나날들이 지나갔다. 그런데 사실 하루 24시간 중에 오로지 낮만 있었다. 별을 볼 수 있을 만큼 어두운 적이 없었다. 잠자리에 들 때도 여전히 날이 훤했고, 잠에서 깰 때도 날이 훤했다. 심지어 분명 시간으로는 밤이 분명한데, 잠을 이룰 수가 없었다. 해가 질 때와 뜰 때, 딱 2시간 동안을 제외하고 나머지 시간 동안은 항상 날이 밝았다. 며칠이 지나자, 해가 질 때와 뜰 때의 시간이 더 줄어 있었다. 이 짧은 시간 동안에 해는 사라졌다고 하지만, 사실은 지평선 아래를 따라 스쳐 지나가고 있을 뿐이었고, 그래서 해가 없는 동안에도 북녘 하늘은 온통 황금색, 심홍색, 자주색, 오렌지색 등의 아주 멋진 색으로 빛나게 되면서, 온갖 아름답고 미묘한 색조들이 뒤섞여 하나로 조화된 장엄한 광경을 연출하고 있었다. 다시 말해 그것은 춥고도 황량한 풍경 위로 말로 형언할 수 없는 아름다운 광채를 드리우고 있는 것이다. 그러면서 그 다채로운 광경이 때때로 어두운 구름 때문에 부분적으로 가려지면서도 가장자리 부분은 가라앉은 해의 빛을 받아 붉게 빛나고 있었다.

자정 무렵 아나디르 강변으로 지는 이런 일몰 현상을 나는 결코 잊을 수 없을 것이다. 그것은 내가 지금까지 보았던 어떤 일몰 현상보다도 장엄하고 아름다운 것이었는데, 거의 2시간 동안 그런 아름다운 현상이 사라지지 않고 계속됐다. 그러다가 갑자기 먹구름이 나타나서 하늘에 휘장을 두른 듯한 그 다채로운 빛의 향연에 몇 갈래의 번개를 던져 넣었다. 번개를 동반한 폭풍은 이 지역에서 아주 희귀한 현상이어서, 원주민들이 모두 가슴에 십자가를 그리며 중얼중얼 기도를 드리기 시작했다. 우리가 저런 번개를 사용해 전신으로 글을 전송한다는 사실을 그들에게 말해 주었을 때, 그들은 마치 우리가 신성모독죄를 저지른 것처럼 아주 두려워했다.

이렇게 낮이 계속되는 현상 속에서는 몇 시에 잠을 자고, 몇 시에 잠에서 깬다는 것이 무의미했다. 그저 자연스럽게 우리가 자자고 싶은 때가 밤이었고, 또 깨고 싶은 때가 낮이었다. 그래도 밤이 되면 주위가 좀 더 조용해지고 좀 더 날씨가 시원해지며, 또 좀 더 쾌적해지는 분위기인 것을 느끼게 된다. 그러나 그런 느낌도 잠시이고 곧 다시 태양의 열기가 달아오르기 시작하는 것이다.

그런데 나에게 가장 특이한 일로 다가온 것은 바로 새나 짐승들이 그런 현상에도 불구하고 규칙적으로 잠자고 활동한다는 사실이었다. 한번은 숙소에서 빠져나와 보니, 세상만물이 모두 제각기 활발하게 활동하고 있는 모습이 눈에 들어왔다. 서로 다른 집들의 진흙 굴뚝으로부터 하얀 연기가 피어오르고, 원주민들은 활달한 개들이 끄는 썰매를 타고 땔감 나무를 가득 실은 채 이리저리 지나다니고 있었으며, 여인네들은 줄을 지어 얼어붙은 강에 뚫어 놓은 얼음 구멍으로 다가가 물통에 가득 물을 담은 후 어깨에 걸친 막대에 매달아 나르고 있었다. 줄 풀린 개들은 마을을 이리저리 쏘다니며 들쥐를 잡거나, 길바닥에 떨어진 음식쪼가리를 차지하기 위해 까치들과 실랑이를 벌이고 있었고, 주변 숲속에는 뇌조를 비롯한 수많은 새들이 날개를 퍼덕이며 가지에 난 싱싱한 싹을 찾아 날아다니고 있었다. 이런 풍경과 뒤섞여서 도끼질하는 소리, 개썰매 몰이꾼들의 고함소리, 우물로 향하는 계집아이들의 웃음소리와 노랫소리 등이 들려왔다. 온종일 거의 해가 떠 있는 이곳에서도 모든 만물과 사람들이 살아 있고 깨어 있는 것이다.

몇 시간 후 나는 다시 숙소 밖으로 나왔는데, 전처럼 해가 밝게 비추고 있었지만, 사방은 쥐죽은 듯 고요했다. 굴뚝에 연기도 피어오르지 않았고, 사람들도 보이지 않았다. 여기저기 마을 개들이 두툼한 꼬리털로 얼굴을 감싼 채 눈 속에 웅크리고 앉아 세월을 잊은 양 잠들어 있었다. 까치들도 썰매 위에나 집의 툭 튀어나온 부분에 앉아서 꼬리를 내리고 눈을 감은 채 꾸벅꾸벅 졸고 있었다. 주변 숲속에서도 가지 사이로 새들의 움직임이 전혀 보이지 않았다. 그러나 자세히 보면 하얀 뇌조들이 눈 속에서 머리를 날개에 파묻고 잠들어 있는 모습이 보였다. 정확한 시계에 맞추어 주변의 모든 자연이 잠자러 들어간 것 같았고, 또 정확한 시간에 자연은 잠에서 깨어날 것이다.

우리는 마인 강에서 돌아오자마자 곧장 우리가 구입해 놓은 유르트들이 눈 녹은 홍수로부터 휩쓸려 가는 것을 막기 위한 준비에 들어갔다. 그러나 6월 6일 아침 마르코바 강의 얼음이 다 녹아내려 넘쳐흐르면서 물살의 속도가 빨라졌고, 그 속도가 너무 빨라서 일부 원주민들이 맞은편 강둑에 있다가 마을로 돌아오지 못했다. 순식간에 물살이 너무나 거세어지면서 얼음이 견디지 못하고 부서져 나갔고, 불어난 강물은 위아래로 굽이치면서 마치 포탄이 터지는 것처럼 우르르 꽝꽝거리는 소리를 냈다. 겨우내 두껍게 얼어붙어 있던 얼음들이 조각나면서 사나운 분류 속으로 거품을 내며 사라져 갔다. 수위가 점점 빠르게 올라가고 있었다. 처음에는 물길이 얼음 덩어리들에 막혀 섬들 사이에 끼어 있었다. 그러다가 점점 물살이 세어지면서 갑자기 막혀 있던 얼음벽이 터져 버렸다. 그러면서 사나워진 물살은 주변의 모든 것을 휩쓸어 가면서 마치 끓어오르는 것 같은 홍수가 돼 버렸다. 강에는 나무줄기와 통나무 같은 것들이 여기저기 둥둥 떠가고, 수면 위로 나와 있는 나뭇가지들은 상처로 뒤틀린 채 마치 애타게 구조를 기다리는 듯 두 팔을 허공에 내벌리고 있었다. 그러나 그것들은 구조될 희망 없이 그저 휩쓸려 내려가 성난 아나디르 강에 뒤섞일 뿐이었고, 단지 우리 눈앞에 거대하게 펼쳐지고 있는 파노라마 속에서 통나무로서의 자신의 역할을 다하고 있는 것뿐이었다.

그것은 정말 두려운 광경이었다. 모든 주민들이 강둑 위에 몰려서서 그들이 매년 행하는 관습에 따라 성호를 긋고 구식 부싯돌 점화총으로 공포탄을 발사했다. 이런 관습은 그들의 오래된 이교도 미신의 유산인 것이다. 그것은 물의 정령을 숭배하는 형식으로, 그렇게 하는 대가로 겨울에 물고기를 공급받게 된다고 믿고 있었다.

12시간이 지나자, 전 지역의 얼음이 녹아 내려서 하나의 거대한 호수로 변했으며, 많은 원주민들이 가족과 개들을 챙겨서 집을 버리고 지붕으로 올라가 피신하거나, 아니면 물 위로 솟아 있는 작은 언덕 위로 대피하는 상황이 됐다. 다행히 우리 숙소는 물길이 닿지 않았지만, 주변 모든 곳이 물에 둘러싸여 있어서 다른 곳으로 이동하려면 보트를 이용해야만 했다.

지금은 1년 중 '굶어 죽는 기근 시기'에 해당했다. 긴 겨울의 끝자락에서 주민들은 식량을 모두 소진해 버렸다. 이런 때 봄 홍수가 들이닥쳐 원주민들을 산으로 밀어 냈고, 또 모든 통신을 끊어 버렸다. 물가에 사는 물새들조차 물을 피해 더 조용한 물가를 찾아 넓은 툰드라지대로 떠났다. 물이 범람하자 물고기도 잡을 수 없었고, 또 뇌조도 보이지 않았다. 뇌조들은 모두 툰드라지대의 야산으로 둥지를 틀기 위해 떠났다. 이번 봄이 지난번보다 좀 낫다고 했지만, 고통이 많은 편이었다. 한 가족이 이틀에 한 번 음식을 먹을 정도로 식량은 줄어 있었다. 우리가 겨울 동안 아껴 왔던 순록고기가 날이 따뜻해지자 곧 상해 버려서 먹을 수 없는 상태가 됐다.

원주민들은 어떤 것이라도 먹을 준비가 돼 있었으므로, 우리는 남은 식량을 그들에게 나누어 주었다. 그러나 그 양이 너무 적어서 그들의 고통을 덜어 주기에는 역부족이었다. 한 원주민이 나에게 와서 눈물을 흘리며 말하기를, 그와 그의 가족이 여러 날 동안 개의 장구를 물에 끓여 수프를 만들어 마셨다고 했다. 또 다른 사람들은 침구로 쓰는 순록가죽을 끓여 먹었다고 했다. 우리의 식량은 나날이 줄어들어 이제는 가공하지 않은 검은 밀가루 약간, 그리고 차와 설탕은 강 하구까지 갈 수 있을 정도의 충분한 양이 남아 있었다. 그래서 우리는 그것들을 조금 나누어 줄 수 있었으나, 별 도움이 되지 않았다. 개들은 더 심각한 상황이었다. 많은 개들이 굶어 죽은 동료의 사체들로 연명하고 있었다.

크레파스트 마을에서는 일부 주민들이 베트카를 타고 툰드라지대에 있는 야산, 즉 지금은 홍수 때문에 섬이 된 야산에 건너가서 몽둥이로 토끼를 잡아 가족들을 먹여 살렸다. 토끼들은 물에 빠지는 것을 피하기 위해 야산으로 많은 수가 도망가 살고 있었던 것이다.

강에 얼음이 완전히 없어지자마자, 굶주린 주민들은 모두 카르바스에 가족과 개를 싣고 마인 강 하구로 떠났다. 거기에서 물고기를 잡고, 헤엄쳐 가는 순록들을 잡기 위해서였다. 그렇게 모두가 마르코바 마을을 떠나 마을은 거의 황폐화됐다.

홍수 기간 동안 코셰빈과 아바라니는 카르바스 2척을 완성했다. 6월 19일경 물이 허리 높이까지 빠졌다. 우리는 곧 우리가 구입한 여름 오두막집들 있는 곳으로 가서 오두막집들을 허물어뜨리고 그 통나무들로 뗏목을 만들었다. 6월 20일 밤 8개의 오두막집을 허물었는데, 오두막집 하나로 조그만 뗏목 하나를 만들 수 있었다. 그런 다음 모든 뗏목을 끈으로 연결해 놓았고, 필요할 때는 한 개씩 뗏목을 분리할 수 있도록 만들어 놓았다. 그 사이에 하더를 강 상류로 보내서 다른 집들을 구입하도록 했다. 그러나 홍수 때문에 단 2채밖에 구입할 수 없었다. 그 2채도 허물어서 뗏목을 만들어 이미 만들어 놓은 뗏목들에 덧붙였다. 이제 우리에게는 우리를 따라온 8명의 원주민들과 우리들이 먹을 이틀치 분량의 식량인 검은 밀가루, 그리고 약간의 차와 설탕밖에 남지 않았다. 고기는 먹어 본 지 벌써 오래 전이었다. 이제 마인 강 하구에 도착하기 전에 어떤 다른 식량을 얻기가 어려웠고, 또한 모든 것이 준비되자, 더 이상 시간을 지체할 것 없이 우리는 6월 22일 뗏목에 몸을 싣고 출발했다.

| 제 27 장 |

항해-뗏목 타고 아나디르 강 하류로-섬과의 충돌-마르코바 마을에 지원 요청-넓은 강으로 진입-가장 낮이 긴 날-홍수로 넘치는 강-바카라나 수로-줄어드는 식량-원주민들의 강한 위장-불침번-수영-놀라워하는 원주민들-아바람 노인의 수영 실력-순진한 주민들-소심함-오리알-아바람 노인의 모험-"까묵(악마다)!"-느린 항해-말털로 꼰 그물-닉과 키요테, 모기 떼에게 물려 죽을 뻔한 개들-바카라나 수로-바일리(하얀 물고기)-다시 마인 강으로-야생 순록 잡기-실패-원주민 야영지-말린 고기 보충-깊은 강-화석화된 나무와 맘모스 상아-야생순록 이동-마인 강 하구-물고기 잡는 마르코바 주민들-축제 분위기-물고기 잡기-편안한 뗏목 항해-아름다운 일몰과 일출 광경-도망간 야생 순록-커다란 보트 비데라와 작은 보트 비다르카-바일리(하얀) 강-강 이름의 기원-수은 발견-야영화-강풍-순록 사냥과 물고기 잡이-'천 개의 섬' 통과-짜릿한 순록 사냥-축치족 유르트 야랑가-비다르카-축치족 얀덴코프의 관대함-초청-순록고기 말리는 덕장-잔치-다시 출발-우초스티카 마을-가설 공사용 겨울 유르트 건설-지긋지긋한 모기 떼-부어오른 얼굴-고통스런 개들-모스케(각다귀)-하더의 성공적인 귀환-아스베스토스와 구리 광석 표본들

여기서 베링 해까지는 강과 수로를 통해 거의 500km를 가야 했는데, 우리와 함께 가는 원주민들 중 마지막 300km 여행길에 대해, 특히 뗏목타기에 대해 잘 아는 사람은 하나도 없었다. 우리는 확신이 없는 불안한 상태로 잔잔한 수로에서 계류 장치를 풀어 놓고 천천히 흘러가서 아나디르 강의

거센 물결에 합류했다. 수위는 여전히 여름 수준을 능가하는 약 4.5m 정도였고, 속도는 약 10km 정도로 바다를 향해 나아가고 있었다. 일단 출발은 괜찮았으므로, 우리 뗏목이 도중에 있는 수많은 섬들과 부딪히지만 않는다면, 빠른 항해도 가능할 것 같은 자신감이 들었다.

크레파스트 위쪽에 있는 바카라나 수로(Vaccarana protok)를 따라가서 마인 강까지 가는 것이 우리의 첫 번째 목표였는데, 마인 강은 길게 북쪽으로 우회해 가는 아나디르 강을 피해 가는 지름길이었다.

마인 강과 아나디르 강과의 합류점에서부터 바일리 강(Baillee river), 즉 북쪽에서부터 흘러내려오는 아나디르 강의 큰 지류인 하얀 강(White river)까지는, 우리의 길 안내자가 확신하듯이 괜찮은 항해가 될 것으로 예상됐지만, 여기까지가 그의 지식의 전부였고, 그 이후의 물길에 대해서 더 이상 아는 바가 없었다.

그날은 맑고 따뜻했다. 한 가지 점만 제외한다면 모든 면에서 우리의 출발은 순조로웠다. 이 한 가지 장애물은 북쪽에서 불어오는 강풍이었는데, 그것은 나중에 지붕 자재로 쓰려고 뗏목 위에 실어 놓았던 나무껍질 더미를 휩쓸어 갈 듯했고, 또한 우리가 필사적으로 노를 저었음에도 불구하고 계속해서 뗏목을 해안가 쪽으로 밀어붙이고 있었다. 그래서 해안가 쪽으로 밀려가지 않는 것이 우리의 최대의 난제였다.

이런 식으로 강둑으로 밀려가는 동안, 우리는 겨우 출발점에서 약 3km 밖에 나아가지 못했고, 갑자기 수로 입구가 나타나면서 물살이 거세어졌다. 우리 바로 앞에는 약 200m도 안 되는 거리에 뾰족한 섬 하나가 나타나면서 물길이 두 갈래로 갈라졌고, 그러면서 물살이 아주 빨라졌다. 모두가 손에 노를 잡고 필사적으로 저었으나, 바람과 수로의 조류가 우리 의도와는 정반대로 작용하고 있어서 노질한 지 여섯 번도 안 되어 뗏목은 섬 해안가에 충돌하고 말았다. 그럼에도 불구하고 뗏목을 엮어 놓은 물개가죽 끈이 아주 튼튼해서 통나무 몇 개가 부서져 나간 것을 제외하곤 별다른 피해가 없었다. 그러나 충돌한 후, 뗏목이 좁은 수로 입구로 들어가서 갇히고 말았다.

물살이 너무 강해서 우리 힘만으로는 그 속에서 빠져나올 수가 없었으므로, 원주민 한 명을 베트카에 태워 도움을 요청하도록 마르코바 마을 근처로 보냈다. 곧 17명의 구조 인력이 도착했고, 거의 2시간에 걸쳐 뗏목을 끌고 나무기둥으로 밀면서 구조 작업을 한 결과, 우리는 다시 섬 위쪽으로 약 200m 떨어져 있는 강둑에 도달하게 됐다. 이제 바람은 잦아들었고, 우리는 섬을 스쳐 지나가며 다시 출발하는 데 성공했다. 마르코바와 크레파스트 사이에는 수많은 수로가 교차하고 있었으므로, 우리는 앞으로 더 많은 비상 사태가 일어날 것에 대비해 3~4명의 인력을 추가로 확보해 놓았다.

마침내 거의 20시간 동안의 험한 항해 끝에, 우리는 섬들 사이를 빠져나와 크레파스트 마을 바로 위쪽에 있는 넓은 강으로 진입했다. 그 강은 조류가 완만해 항해하기가 비교적 수월했다.

그날은 1년 중 낮이 가장 긴 날이었다. 일몰과 일출 사이에 단지 55분이 지났을 뿐이었다. 태양은 시야에서 가려져 있었지만, 책 읽기에 충분할 정도로 날이 훤했다. 새벽 3시 30분경 우리는 크레파스트 옆을 지나갔는데, 강 아래쪽으로 몇 베르스따 떨어져 있는 바카라나 수로로 우리가 진입할 수 있도록 도움을 받기 위해 사람을 한 명 해안가로 보냈다. 이때 강한 바람이 강의 조류와 반대되는 방향으로 불어 댔다. 파도가 높이 솟구치더니 뗏목이 삐거덕거리며 비틀렸다. 그럼에도 불구하고 바람은 우리에게 큰 도움이 됐다. 뗏목의 속도를 줄여 주어서 다른 조건에서보다 더 쉽게 우리는 수로 안으로 진입할 수 있었다. 일단 수로 안으로 들어왔으므로, 우리는 남는 인력을 마을로 돌려보내고 다시 항해할 준비를 했다.

수로 안으로 진입한 후, 뗏목에서 보니 2개의 야산을 제외하곤 땅의 흔적이 보이지 않았다.

　야산은 서로 약 65km 이상 떨어져 있는 것 같았다. 우리는 수면 위로 튀어나와 있는 나무 끝부분들이 줄지어 있는 모습을 보고 수로의 방향을 판단할 수 있을 뿐이었다. 이들 사이로 우리는 조심스레 뗏목을 몰고 갔는데, 혹시나 물이 얕아 바닥에 걸리지나 않을까 걱정이 됐다.

　그러나 이렇게 대조적일 수가! 아까 우리가 너무 빠른 물살 때문에 고생했다면, 지금은 너무 느리게 나아갔다. 이것은 우리에게 우려스러운 일이었는데, 왜냐하면 우리에게는 하루치를 조금 넘는 검은 밀가루와 거의 2주일치의 차와 설탕만이 남아 있었기 때문이다. 다행스럽게도 크레파스트 마을에서 우리를 도와주러 온 원주민 인력들이 약간의 썩은 순록고기를 가져와서 우리 팀원들에게 나누어 주었다. 우리는 그것을 먹을 수 없었지만, 원주민 팀원들은 검은 밀가루를 먹기보다는 그것을 먹기를 선택했다. 우리로서는 다 같이 검은 밀가루를 절약해 먹는다면 여러 날을 지탱할 수 있을 것으로 기대했는데 말이다.

　썩은 순록고기 속에는 여러 가지 좋지 않은 것들이 포함돼 있을 것이지만, 원주민들은 별로 개의치 않고 썩은 부분을 칼끝으로 하나하나 도려내 버리고 아무렇지도 않은 듯 식사를 계속했다.

　수로에 진입한 후, 우리의 속도는 시속 약 1km도 되지 않는 것 같았다. 그러나 우리는 점점 갈수록 속도가 빨라지고 있다는 것을 알아차릴 수 있었다. 수로의 길이가 약 80km에 달했지만, 우리는 밀가루가 떨어질 무렵이면 이곳을 빠져나가 마인 강에 도달할 수 있으리라 기대했다.

　밤낮으로 나아가기 위해, 우리는 일행을 2팀으로 나누어 매 6시간마다 서로 교대하기로 했다. 6명이 한 팀이 된다면 아주 나쁜 날씨를 제외하곤 뗏목을 다루는 데 충분한 인력인 것이다. 지금까지 우리들 중 어느 누구도 때때로 선잠을 자는 것을 제외하고 48시간 동안 잠을 자지 않았다. 첫 번째로 스미스와 내가 불침번이 됐는데, 근무 중에 우리는 수로 안에서 수영을 즐겼다. 얼음이 녹아 내린 지 얼마 되지 않았는데도 우리는 그리 추운 것을 못 느꼈다. 우리가 수영하는 것을 보고 다른 사람들이 아주 놀라워했는데, 그것은 그들에게 처음 보는 광경이었다. 게다가 우리가 물속으로 다이빙을 하자, 그들은 놀람과 동시에 감탄사를 연발하기까지 했다. 그러더니 잠자고 있는 동료들을 깨워 우리가 수영하고 있는 모습을 호기심 어린 눈으로 바라보며 계속해서 감탄사를 연발했다.

"소로브노 칵 오우트카!(Sorovno kak outka. 마치 오리 같네)"

우리와 함께 온 우리 숙소 주인장인 아바람은 아나디르 강에서 최고의 수영꾼으로 유명했으므로, 우리는 그가 함께 수영하도록 권유했다. 그는 2개의 커다란 나무토막을 손에 쥐고 강에 뛰어들더니 노 젓듯이 나무토막을 휘저었고, 그렇게 물속에서 힘들게 허위적거려야만 빠지지 않고 수면 위에 그럭저럭 떠 있을 수 있었다.

내가 봤을 때, 이들 원주민들은 예외 없이 모두 아주 순박하고, 단순하며, 겁이 많고, 소심한 사람들이었다. 그들이 갖고 있는 악한 면들은 모두 마을의 신부들에게서 배운 것 같았다. 그런데도 그들은 신부들을 거의 초인적인 존재로 여기면서 심지어 신부들의 잘못까지도 숭배했다. 그들 대부분은 정말 겁이 많았다. 내가 강 하구까지 나와 동행할 사람을 모집할 때도 그들이 축치족을 두려워했기 때문에 너무나 어려움이 많았다. 만일 그들 사이에 죽은 쥐 한 마리를 던져 놓으면, 그들 중 일부는 거의 발작을 일으킬 정도가 될지도 몰랐다.

특히 구릴라(Goorilla)라는 이름을 가진 사람은 전혀 수영을 할 줄 모르는 사람이었지만, 뗏목 만들 때 누군가가 죽은 쥐를 그에게 들이대는 것을 피하기 위해 물속에 뛰어들었던 사람이었다. 아바람은 이 지역 전체를 통틀어서 가장 겁 없는 사람이었다. 그는 자주 곰사냥을 다녔는데, 그 때문에 그의 동료들은 그를 완전히 경외스런 눈으로 바라보았다. 그러나 그런 그도 아주 미신적인 이유로 어떤 일에서는 극도로 겁이 많았다.

수로에서 첫날밤을 보내는 동안 우리는 때때로 수면 위에 튀어나와 있는 작은 야산들과 만났다. 이들 중 한 야산에서 스미스(Smith)가 알 8개가 들어 있는 오리 둥지를 발견하면서 오리 한 마리를 사냥하는 데 성공했다. 이것은 지방분이 필요했던 차에 아주 환영받을 일이었다. 그러자 아바람 노인이 베트카를 타고 오리 사냥에 나섰는데, 수 시간이 지난 후에도 모습을 나타내지 않아, 한참 걱정하고 있던 차에 그의 베트카가 뗏목 있는 곳으로 돌아왔다. 그는 머리부터 발끝까지 흠뻑 젖은 채, 그의 눈은 무언가에 놀라 얼이 빠진 것처럼 크게 벌어져 있었다. 그에게 분명 무슨 문제가 생긴 것이었다. 그는 엄숙한 표정을 하고 앉아 있으면서 누구에게도 한마디 말을 건네지 않았다. 그는 사냥감을 한 마리도 잡아 오지 못했으므로, 나는 그것에는 뭔가 이유가 있을 것이라 생각해 그에게 무슨 문제가 있었느냐고 물어보았다. 그는 퉁명스럽게 축치어로 대답했다.

"까묵! 메멜리케드!(Kamuk! memeliked! 악마 때문에 배가 뒤집어졌다!)"

그것이 우리가 거의 1시간을 기다리면서 그에게서 들은 이야기의 전부였다. 사냥감을 찾아 노를 저어 떠났다가, 갑자기 옆에서 휘파람 부는 소리가 날카롭게 들려와 깜짝 놀란 그는 소리 나는 방향을 바라보았는데, 아무것도 보이지 않았고, 이번에는 다시 소리가 뒤에서 들려왔다고 했다. 그러자 그는 그것이 악마의 소행이라고 확신하게 됐고, 너무 무서워진 그는 그만 베트카를 뒤집어엎고 말았던 것이다. 우리는 그에게 그 소리가 새들이 내는 소리였을 거라고 말해 주었으나, 그는 전혀 믿으려 하지 않았다. 이 불쌍한 친구는 자신의 미신적인 생각 때문에 여러 날을 고통 받았으며, 게다가 원주민 동료 중 한 명이면서 쾌활한 성격을 가진 이반(Ivan)이란 이름의 사람이 아바람을 볼 때마다 강물을 손으로 가리키며 짧은 휘파람을 불어 대면서 "까묵!" 하고 소리를 질러 댔다. 그리고 동시에 온몸을 흔들어 대며 웃음을 터뜨렸다. 그럼에도 불구하고 아바람은 전혀 웃음을 짓지 않았다.

수로를 통과해 가는 동안 우리는 너무 느리게 나아가고 있었으므로, 주변에 있는 거의 모든 섬들을 탐색해 볼 수 있는 충분한 시간이 있었다. 그 결과 우리는 통상 충분한 오리알들을 발견할 수 있는 보상을 받게 됐고, 또한 거위, 오리, 토끼 등을 충분히 사냥하여 신선한 고기를 공급받을 수 있었다. 때때로 강한 바람이 불어 뗏목이 나아가지 못하도록 발을 묶어 놓는 경우에, 우리는 말총으로 엮은 자망(刺網) 그물을 강물에 내려 물고기를 잡으려고 했는데, 한 번도 성공한 적이 없었다. 이 그물은 말 꼬리털로 만든 것인데, 4개의 말꼬리털을 엮어 한 가닥 실을 만들었다. 그것은 가볍고 물속에서 구별하기가 쉽지 않은 데도, 커다란 물고기를 잡을 수 있을 만큼 충분히 튼튼했다. 그래서 원주민들은 비록 그것이 쉽게 썩고, 또 유지하는 데 세심한 주의가 필요함에도 불구하고 다른 것으로 만든 그물보다 그것을 더 애용했다.

수로는 아주 구불구불했다. 많은 곳에서 구불구불한 만곡부가 반도 형태를 이루고 있었는데, 그 목 부분의 한쪽 끝에서 권총을 쏘면, 반도를 돌아가는 데 배로 몇 시간 걸릴 반대편 끝까지 총알이 날아갈 수 있을 정도로 구불구불했다. 하지만 뗏목 여행은 그럭저럭 편안해서 식량이 버텨 주는 한, 이 정도의 지체는 얼마든지 견딜 수 있었다. 바람이 강하지 않으면, 우리는 태양의 열기를 피하기 위해 매크리 팀의 작은 텐트를 뗏목 위에 쳤다. 뗏목 위로 몰려드는 모기떼만 없었더라면, 뗏목 여행도 그런 대로 만족스런 여행이 됐을 것이다. 이 해충 때문에 우리는 밤이나 낮이나 항상 가죽옷을 입고 있어야 했다. 머리에서 발끝까지 수사슴가죽을 뒤집어쓴 다음, 손목, 발목, 목, 허리 등을 끈으로 묶어 노출된 곳이 없도록 하면서 모기망을 뒤집어쓰고 있어도, 우리는 어느새 모기에게 물려 고통을 당하고 있었다. 우리의

2마리 개들, 한 마리는 내가 전에 언급했던 '닉(Nik)'이란 개와 매크리에게 속한 '키요테(Kiote)'란 개는 모기에게 엄청 물려 거의 죽는 줄 알았다. 그들의 유일한 피난처는 식사 준비를 하기 위해 뗏목 위에 피워 놓은 불에서 나오는 연기였다. 우리는 강에서 수영할 때도, 그리고 옷을 갈아입을 때도 이 연기를 이용해 모기를 피했다.

6월 27일 수요일 사냥해 온 오리와 알을 먹고 있을 때, 우리 눈에 바카라나(Vaccarana)라고 불리는 마을이 눈에 들어왔다. 수로의 옆으로 집 한 채가 눈에 띄었고, 이 마을은 마인 강에서 약 1.5km 정도 떨어져 있었다. 이곳에 정박하지 않고 우리는 대신 몇 사람을 해안가에 보내어 식량을 구할 수 있는지 알아보도록 했다. 그사이에 우리는 말총으로 만든 자망 그물을 내려 커다란 물고기 2마리를 잡는 데 성공했는데, 그 물고기 이름은 '바일리(baillee, '하얀 물고기'라는 뜻)'라고 했다. 그러나 2마리로는 우리 12명이 한 입씩 먹기에도 턱없이 부족했다. 해안가로 간 사람들이 30분 만에 돌아와 마을이 버려졌다고 보고했다.

얼마 지나지 않아 우리는 마인 강에 도달했다. 이곳에서 마인 강은 폭이 약 1.5km가 넘는 커다란 강이었다. 깊이를 측정해 보니 약 6m 정도 됐다. 그러나 이반이 말해 주길, 우리가 깊이를 잰 곳은 여름철이 되면 물이 말라 버려 모래톱이 된다고 했다.

우리가 마인 강에 진입하려 하자, 누군가가 소리를 질렀다.

"알라네(Alane)[89]! 알라네!"

주변에 있는 툰드라지대 너머로 12~15마리의 야생순록들이 강둑을 향해 가면서 한가롭게 노닐고 있는 모습이 눈에 들어왔다. 원주민들 이야기로는 야생순록들이 강을 헤엄쳐 건너가려 할 것이라고 했다. 우리 모두는

---

[89] 러시아어로 사슴을 뜻한다. 알레니가 바른 발음이다.

흥분했지만, 소리 하나 내지 않고 창을 던져 순록들을 잡을 준비를 하고 있었다. 곧 뗏목을 붙들어 매고, 4척의 베트카를 물에 내렸다. 사냥꾼들은 길고 가벼운 창으로 무장한 채, 조심스럽게 베트카에 자리를 잡고 앉아 강 건너편 둑을 향해 재빠르게 배를 저어갔다. 그곳에서 순록들이 강 속으로 들어가는 것을 기다렸다가, 완전히 들어가면 노로 강물을 철썩이며 순록들을 포위한 다음, 창을 던져 잡는 것이 그들의 의도였다. 사냥에 참여하기 위해 나는 매크리의 카빈총을 집어 들고 베트카에 타고 곧 반대편 강둑으로 나아가서 총으로 순록을 잡을 수 있는 위치를 잡고 만반의 준비를 갖추었다. 몇 분이 몇 시간처럼 길게 여겨졌고, 모기들은 계속해서 나를 공격하고 있었다. 참다못한 나는 마침내 반대편 강둑으로 다시 되돌아왔는데, 거기에는 이미 다른 사람들이 나보다 먼저 와 있었다.

그런데 순록들이 무슨 이유에선가 놀라서 도망을 가 버렸고, 결국 우리는 사냥도 못하고 식량 확보에도 실패하고 말았다. 전문가인 원주민 사냥꾼들이 6명 정도 있다면, 그들은 약 300여 마리에 달하는 순록 떼라 하더라도, 한 마리도 도망가지 못하게 포위해 창으로 잡을 수 있는 것으로 알려져 있다. 때때로 아주 많은 순록 떼가 헤엄쳐 가고 있을 때는, 마을 전체가 사냥에 참가한다. 일부는 창을 가지고 베트카를 타고 가고, 또 다른 일부는 카르바스를 타고 강 아래쪽으로 내려가서 떠내려 오는 죽은 순록들을 거두어 올린다. 그럴 경우 카르바스에 탄 사람들은 자기들이 끌어올린 순록 모두를 차지하게 되고, 죽지 않고 해안가에 도달한 순록들은 창을 가지고 기다리는 사람들의 차지가 된다.

창을 가지고 기다리는 사람들은 아주 전문가들이어서 순록들을 좋은 순록과 그보다 못한 순록으로 정확히 구분한다. 그들은 살찌고 좋은 순록들을 해안가까지 살려 보낸 다음 창으로 잡아 자기들 것으로 차지하고, 그보다 못한 순록들은 강 건너는 도중에 그 자리에서 죽여서 강 아래쪽에 기다리고 있는 사람들을 위해 떠내려 보낸다. 때때로 이런 식으로 포위된 상태에서 일부 순록들이 저항하기도 하는데, 그럴 경우 순록에게서 좀 떨어져 거리를 유지할 필요가 있으며, 그렇지 못하면 순록에게 받혀 베트카가 뒤집어지거나 가라앉기도 한다고 했다.

우리는 사냥을 못해 상당히 실망스러워하고 있었는데, 잠시 후 베트카 한 척이 하류 쪽에서 올라와 우리에게 다가왔다. 그때 하류 쪽에서 총성이 여러 번 들려왔다. 베트카에 탄 원주민이 말해 주기를, 바카라나 마을 주민들이 모두 사냥에 나섰다고 했다. 결국 우리는 그들에게서 신선한 순록고기와 말린 고기를 구할 수 있었다. 우리는 그들이 야영하고 있는 곳으로 노를 저어 내려갔다. 그들의 야영지는 헛간 같은 오두막집이었지만, 우리는 정말 진심 어린 환대를 받았다. 그들은 우리가 탄 베트카들이 다가오는 것을 보고 축포를 쏴 주었다. 두 가족이 여기에서 야영하고 있었는데, 한 가족은 낡은 폴로그 방에 들어 있었고, 다른 가족은 카르바스 한 척을 뒤집어서 그 주위에 순록가죽을 걸쳐 놓은 것이 전부인 임시 거처 안에 들어 있었다.

지금은 순록들이 북쪽으로 이동하는 계절이었다. 그래서 그들은 순록들이 이동하는 경로를 따라 마인 강의 북쪽 강둑 부근에 자리를 잡고 있었던 것이다. 그들은 반대편 강둑에서부터 헤엄쳐 오는 순록들이 볼 수 없는, 난쟁이소나무 즉 케드로브닉이 무성하게 자라 있는 덤불숲 한가운데서 야영을 하고 있었다. 모기떼들이 야영지에 몰려 있어 우리는 거의 죽을 지경이었는데도, 반쯤 벗은 거나 다름없는 원주민들은 그 속에서 아무렇지도 않은 듯 평상시와 다름없이 이리저리 나다니고 있었다.

밤이 됐지만 여전히 훤했고, 단지 조용할 뿐이었다. 여행하기에 좋은 기회였으므로, 우리는 즉시 뗏목을 타고 여행을 다시 시작했다. 이제 우리에게는 이틀치의 말린 고기가 확보돼 있었다. 이 말린 고기는 생고기를 얇고 길게 잘라 햇볕에 말린 것이었다. 도중에 많은 양이 숙성되기 전에 부패하기 때문에, 원주민들 입맛이 아니면 다른 사람들은 먹을 수 없는 것이었다. 그렇지만 우리는 그런 것이라도 감사하게 받아들였다.

이 지점에서 마인 강은 폭이 약 1km 정도로 북동쪽 방향으로 흘러가고 있으면서, 북동쪽 강둑에는 낮은 야산들이 줄지어 경계를 이루고 있었고, 다른 쪽 강둑에는 난쟁이소나무 덤불숲이 여기저기 흩어져 있는 툰드라지대가 기복을 이루며 이어져 있었다. 강 수심은 어느 곳이나 약 5m 정도는 되는 것 같았고, 수로에서는 수심이 대략 18m 정도로 깊었다. 하지만 이제 강의 수심은 약 6m 정도로 평균보다 깊은 것 같았다. 이 지점에서 케넌은 매크리 팀의 야영지로 가는 도중에 동쪽으로 방향을 잡고 툰드라지대를 가로질러 가다가 아나디르 강을 다시 타고 내려가 우초스티카(Oochostika)라고 불리는 작은 축치족 마을에 도달했고, 그럼으로써 하루 여행길을 아낄 수 있었던 것이다. 아나디르 강은 마인 강 하구에서부터 또 한 번 북쪽으로 크게 휘돌아 나가고 있었다.

우리 일행 중 한 명인 이반이 나에게 말해 주기를, 이 툰드라지대에는 난쟁이소나무 덤불숲이 부분적으로 화석화된 곳들이 있고, 또 맘모스 뼈와 상아들이 원주민들에 의해 빈번하게 발견되고 있다고 했다. 상아들 중 어떤 것들은 길이가 약 4.5m에 달하는 것도 있으며, 러시아 무역상들에게서 담배 같은 다른 물품들과 물물교환하기도 한다고 했다.

6월 18일 정오 무렵 우리는 아나디르 강과 마인 강의 합류점에 도달했다. 이 두 강은 네모꼴로 함께 흘러가고 있어서 마치 한 강이 다른 강을 이어가고 있는 것처럼 보이는데, 우리가 그 합류점에 도착해서야 비로소 본류가 동쪽에서 갑자기 갈라지는 것을 알 수 있었다. 이 지점이 가을에 가장 많은 순록들이 지나쳐가는 지점들 중 하나였다. 매년 가을이 되면 순록들은 커다란 떼를 이루어 남쪽으로 이동하는데, 그 도중에 수백 마리가 죽임을 당한다. 겨울 동안에는 순록들이 남쪽에서 사방으로 흩어져 있다가, 다시 봄이 오면 혼자서, 혹은 작은 떼를 이루어 북쪽으로 되돌아간다. 이때는 도중에 죽임을 당하는 순록들이 그렇게 많지 않다.

이 지점에 아주 커다란 여름 마을이 하나 있는데, 이 마을 원주민들은 순록들이 이주하는 계절 동안에만 여기서 살기 때문에, 지금은 비어 있었다. 아나디르 강 합류점 아래쪽에 폭이 약 3km 정도 되는 커다란 강이 하나 있는데, 덤불숲으로 둘러싸인 작은 섬들 여러 개를 거느리고 있었다. 이 난쟁이소나무 덤불숲은 강을 따라 수km 가야만 볼 수 있는 귀한 나무들이다.

마인 강 아래쪽으로 8베르스따 내려가자, 우리는 마르코바 마을 사람들이 모여서 물고기를 잡고 있는 지점에 도달했다. 그들의 임시 거처는 여기저기 흩어져 있어서 마치 얼룩무늬를 연상케 했는데, 주변에 있는 모든 것들을 건축 재료로 이용해 지었다. 가난한 이 사람들은 우리가 그들을 마지막으로 보았던 때보다 지금 훨씬 더 즐거운 표정을 짓고 있었는데, 왜냐하면 현재 그들은 결핍 상태를 벗어나 있었고, 또 앞으로 더 좋아지리라는 희망을 품고 있었기 때문이었다.

그들은 매일같이 커다란 하얀 물고기, 즉 바일리를 충분히 잡아 올리고 있었고, 또 일부 사람들은 적은 양이긴 하지만 말려서 저장까지 하고 있었다. 이 바일리란 물고기는 아주 맛이 좋았고, 살도 단단하며, 기름기도 많았으므로 햇볕에 말리는 동안 기름이 밑으로 뚝뚝 떨어질 정도였다. 프라이팬에 구워 먹을 때도 기름이 많이 나왔다. 우리는 이틀 동안 여기에 뗏목을 붙들어 매놓고 식량으로 쓸 물고기를 잡으려고 애를 썼지만, 단지 여기 머무르는 동안 먹을 식량 정도만 잡았을 뿐이었다.

6월 30일 아침 강한 바람이 불어오면서, 파도가 높이 솟구쳐 올라 뗏목을 부서뜨릴 것 같이 위협했다. 우리는 해안가 쪽으로 다가가서 바람이 잦아들기를 기다렸다가 오후 7시쯤 다시 출발했다. 이번에는 조류가 반대 방향으로 강하게 흐르고 있었으므로, 앞으로 나아가기가 매우 어려웠다. 그래서 해안가에 줄을 걸어 놓고 수로 밖으로 뗏목을 끌어내야만 했다.

이후로 우리는 약 12시간 동안 편안한 여행을 했다. 강은 폭이 약 1.5km 정도로 보통이었는데, 조류는 강했다. 밤에는 날이 훤하고 조용했다. 강의 수량이 풍부해 뗏목이 물 위로 둥실둥실 편안하게 떠내려갔다. 아무런 장애물도 없었고, 또 바삐 할 일도 없었다. 오로지 뗏목 위에 누워 파이프 담배를 피워 물고 계속 변하면서 펼쳐지는 다양한 해안가 풍경을 편안하게 감상하는 것 외에는. 이제 해가 떨어지면서 노을이 지고 있었는데, 북쪽 하늘을 배경으로 붉은 해가 지평선 아래로 떨어지면서도 계속 빛을 발하고 있었다.

밤 동안에도 순록 2마리가 우리 뗏목 앞 약 1.5km 떨어진 곳에서 헤엄쳐 도망가고 있었고, 뒤에서 몇몇 사람들이 베트카를 타고 쫓아가고 있었는데, 맨 앞 베트카가 순록과의 거리를 약 30m 정도로 좁혀 갔을 때 순록들은 벌써 해안가로 올라가 도망치고 말았다.

마을 아래쪽으로 약 20베르스따 떨어진 곳에서 강은 거의 동쪽에서 북동쪽 25도 방향으로 진로를 바꾸었다. 강은 이 방향으로 계속 40베르스따 정도 흘러가는데, 한쪽으로는 높은 야산들이 줄지어 서 있고, 그 야산들에는 문자 그대로 야생순록들이 점점이 풀을 뜯으며 북쪽으로 나아가고 있었다. 지금 계절에 순록들은 거의 하얀색으로 보였는데, 왜냐하면 순록들이 겨우내 두껍게 입고 있던 우중충한 털옷을 벗어 버리기 시작했기 때문이었다.

아침 6시경 어느 코랴족 노인이 우리를 방문했는데, 그는 가족과 3~4마리의 개들을 데리고 강 하구를 향해 가고 있는 중이었다. 그들은 모두 '비데라(bidera)', 즉 바다코끼리 가죽으로 만든 커다란 카누 속에 뒤죽박죽으로 포개져 있었다. 그는 또한 '비다르카(bidarka)'로 불리는, 똑같은 재질로 만들어진 작은 배를 1척 갖고 있었는데, 그것은 전체가 다 막혀 있고 가운데에 둥그런 구멍이 하나 뚫려 있어 사람 한 명이 그곳에 들어가 앉을 수 있었다. 7시경 우리는 바일리 강(Baillee river), 즉 하얀 강의 하구 맞은편에 도착했다. 그 강은 북쪽으로부터 아나디르 강으로 유입되고 있었다. 그 강의 이름은 강물 색깔에서 기인한 것인데, 그 강의 색깔이 아나디르 강의 색깔보다 더 옅었다. 원주민들의 말에 따르면, 하얀 색깔의 돌로 이루어진 강바닥 위로 강물이 흘러가면서 강 색깔이 그렇게 밝은 빛을 띠고 있다는 것이었다. 또한 강둑에서는 수은이 발견되고 있는데, 축치족 사람들이 가끔 그 재료들을 아나디르스크로 운반해간다고 했다.

이곳은 순록들이 건너가기 좋아하는 또 다른 장소인데, 바람이 강하게 불고 있었고, 2~3가족들이 부근에서 야영을 하고 있었다. 우리는 그들에게서 순록고기도 얻을 겸, 물고기도 잡을 겸 해서 뗏목을 붙들어 매고 정박했다. 가죽옷과 모기망으로 무장을 했는데도 불구하고, 모기떼들이 사정없이 달려들어 우리를 괴롭혔다. 주위에 있는 툰드라지대에는 많은 야생화들이 제각기 서로 다른 색을 자랑하며 빛을 발하고 있었다.

우리는 순록고기를 구하러 원주민 몇 명을 보냈는데, 그들이 곧 돌아와서 보고하기를, 이틀간 바일리 강에 머물면서 원주민 한 명이 100마리 이상의 순록을 창으로 잡았다는 소문이 있지만, 실제로 지금까지 순록을 잡은 사람이 한 명도 없어서 순록고기를 구하지 못했다고 했다. 이 지점 아래쪽에서는 순록고기를 구할 가능성이 없었으므로 – 이곳은 아나디르스크 주민들이 야영하는 가장 아래쪽 한계선이었다 – 나는 하더와 2명의 원주민들을 카르바스에 태워 바일리 강 위쪽으로 보내어 순록고기를 얻어 오도록 했다.

바람이 너무 강하게 불어서 뗏목을 타고 갈 수가 없는 상황이었다. 뗏목 위에 쌓아 둔 나무껍질들이 바람에 날려갈 것 같아서 결국 뗏목을 해안가로 피신시켰다. 처음부터 우리는 뗏목을 강 한가운데 정박시키고 물고기라도 잡으려 했는데, 갑자기 불어오는 강풍 때문에 어쩔 수 없이 해안가로 대

피해야만 했던 것이다. 우리는 그렇게 사나운 날씨 때문에 다음 날인 7월 2일 새벽 3시까지 억류돼 있어야만 했다. 그동안 우리는 해안가로 올라가서 순록사냥에 나섰지만, 총 한 방도 못 쏴 보고 돌아와야만 했다. 일부 원주민들이 베트카를 타고 사냥을 떠났는데, 한참 동안 돌아오지 않았다. 그런데 몇 발의 총성이 울리더니 잠시 후 커다란 수사슴 한 마리를 잡아가지고 돌아왔다. 이것으로 당분간 식량 걱정은 하지 않아도 될 것 같았다. 게다가 그 사이에 그물로 잡아 놓은 커다란 하얀 물고기가 6마리나 있었다. 이제 우리는 축제를 벌여도 될 판이었는데, 불행하게도 다양하게 요리해 먹을 수단이 없었다. 그리고 날씨까지 너무 따뜻해서 고기를 오래 보관할 수가 없었으므로, 우리는 고기를 빨리 해치우지 않으면 안 됐다. 내일은 또 내일에 맡길 수밖에 없었다. 이제 검은 밀가루도 다 떨어졌고, 차와 설탕도 각각 450g 정도밖에 남지 않았다.

바일리 강 하구에서부터 아나디르 강은 급격히 구부러져서 남동쪽 35도 방향으로 흘러갔는데, 약 65km 정도 가면 우초스티카 마을에 도달한다. 거기까지 가는 동안에 수많은 섬들이 있었고, 또 바일리 강이 합류하면서 더 강해진 아나디르 강의 물살은 성난 듯이 맹렬한 속도로 흘러가면서 부글부글 끓기도 하고, 거품을 내기도 하고, 또 급작스레 급전직하해 거의 폭포를 이루기도 했다. 그렇게 6시간 동안 섬 사이를 돌아나가며 우리는 짜릿한 강물타기를 즐겼다. 다음 순간 무엇과 맞닥뜨릴지 아무도 몰랐다. 난관을 하나 지나가면, 우리는 섬 사이에 있는 또 다른 난관을 향해 곤두박질쳐 가고 있었다. 모든 신경이 곤두선 상태에서 바짝 긴장해 양손에 노를 잡고 우리는 섬과 섬 사이로 약 2m도 안 되는 간격을 두고 스쳐 지나갔는데, 다음번에는 섬에 부딪혀 난파될 수도 있는 상황이었다.

주변 다른 지역은 모두 불모지였는데, 이 섬들에는 거의 작달막한 포플러나무와 버드나무들로 숲이 우거져 있었다. 강의 남쪽 둑에는 높다란 절벽이 형성돼 있었는데, 뒤로 갈수록 점점 더 높아지더니 약 3베르스따 떨어진 곳에서 그럴 듯한 높은 산맥을 형성하고 있었다. 강의 북쪽 둑은 평평하면서 약 40베르스따에 걸쳐 이어져 있었고, 멀리 동쪽과 서쪽으로는 산들이 뻗어나가고 있었다. 우리는 아나디르 강의 이 부분을 '천 개의 섬(Thousand Isles)'이라 불렀으며, 이 부분의 수심은 약 25m 정도 됐다.

우리는 방금 '천개의 섬' 부분을 빠져나와 너른 강 한가운데로 진입했는데, 마침 그때 일행 중 한 명이 소리를 질렀다.

"알라네!"

약 2~3km 앞쪽에서 강으로 뛰어들어 헤엄쳐가는 순록 한 마리가 눈에 띄었다. 곧 우리 일행 중 3명이 베트카에 타고 추격에 나섰다. 경주가 벌어졌고, 나도 베트카를 타고 경주에 뛰어들었는데, 있는 힘을 다했지만 나는 곧 멀리 뒤처지고 말았다. 하지만 경주는 아주 멋진 광경이었다. 베트카에 앉아 왼쪽 오른쪽으로 빠르게 쉴 새 없이 노를 저을 때마다 햇살에 반짝이는 모습이 마치 전기 스파크가 일어나고 있는 것처럼 보였고, 또 작은 배들이 물 위에 긴 궤적을 남기며 따라가는 모습은 정말 아름다운 풍경이었다. 앞서 가는 순록을 따라잡을 수 있을까 하는 의심이 들었지만, 순록이 해안가에 가까워지는 순간, 전에도 순록을 잡아 본 적이 있는 추반치족 친구인 바실리(Vassilly)가 순록 앞으로 먼저 자신의 베트카를 들이댔고, 순록은 다시 방향을 돌려 강 한가운데로 나아갔다.

이제 이 불쌍한 짐승에게는 희망이 없었다. 베트카들이 순록 주위를 둘러쌌고, 나도 가까이 다가갔다. 다른 사람들이 나에게 창을 던지라고 했으나, 나는 그럴 자신이 없었다. 그 짐승은 완전히 두려움에 떨고 있었다. 나는 할 수 없다고 바실리에게 변명하자, 그가 직접 나서기로 했다. 순식간에 길고 가벼운 창이 순록 옆구리를 향해 날아갔고, 정확히 그 자리에 꽂혔다. 짐승의 옆구리에서 붉은 피가 뿜어져 나오면서 주변 약 1m 정도를 붉게 물들여 놓았다. 짐승은 5~6번 발을 발작적으로 내두르다가 천천히 옆으로 기울어지면서 머리를 물속에 빠뜨렸다. 몸은 그대로 물 위에 반시간 동안 떠있는 채로 있을 수 있겠지만, 때로는 더 빨리 가라앉을 수 있으므로, 우리는 서둘러 건지기로 했다. 이고르(Egor)와 내가 베트카를 옆으로 마주 댄 채 (한 척으로는 충분치 않았다), 순록 뿔을 들어 올리고 있는 동안, 바실리가 뗏목으로 돌아가서 큰 배인 카르바스 1척을 가져왔다. 그것은 커다란 수컷 순록이었다. 모기떼들이 죽은 순록 주변에 몰려들었다.

우초스티카 마을 위쪽으로 약 10베르스따 떨어져 있는 곳으로부터 낮은 야산들이 이어져 내려오다 마지막으로 오른쪽 강둑, 즉 남쪽 강둑에 높은 절벽을 형성하고 있었다. 절벽 아래쪽에 우초스티카 마을이 자리 잡고 있었다. 절벽에 도달하기 전에 우리는 강의 북쪽 둑에 몰려 있는 축치족 가죽 텐트인 '야랑가(yarangas)' 4개를 발견했다. 여기서 그 강의 폭은 약 1.5km 정도 됐고, 잠시 후 축치족 야영지로부터 작은 비다르카 2척이 물살을 헤치고 우리에게로 도착했다. 이 가죽으로 만든 작은 카누들을 추진시키기 위해서, 축치족 사람들은 양쪽에 날개가 달린 노를 사용했다. 그것은 마치 우리가 사용하고 있는 베트카의 노와 닮았는데, 더 투박하게 만들어져 있었다. 노의 한쪽 끝에는 짧은 창이 하나 부착돼 있어 유사시 순록 사냥할 때 사용할 수 있었다.

축치족 사람들이 비다르카에서 뗏목으로 옮겨 왔고, 그들 중 한 명은 얀덴코프(Yandenkow)라는 사람으로 키가 크고 사람이 좋아 보였다. 그는 케넌이 강을 따라 올라가는 여행을 할 당시에 많은 도움을 주었던 사람이었다. 당시 케넌은 매크리 팀의 야영지로부터 강을 타고 올라가는 길에 우초스티카 마을에 도착했는데, 개먹이가 다 떨어져 버려서 어디 다른 데서 개먹이를 구할 수도 없는 상황이었다. 이런 상황을 알게 된 얀덴코프는 아무런 대가 없이 자신의 순록 20마리를 케넌에게 제공했고, 당시에 케넌은 그에 대한 보답을 아무것도 해줄 수 없는 상황이었다. 그래서 우리가 그의 관대함에 대해 들은 바가 있어 잘 알고 있었다고 그에게 말해 주면서, 그에게 선물로 약간의 화약, 납, 담배 등을 주었더니, 아주 기뻐했다.

그러나 그가 방문한 특별한 목적은 우리를 그의 '야랑가'로 초대하는 것이었다. 그는 바일리 강 하구에서부터 우리보다 앞서 왔던 코략족 사람들에게서 우리가 오고 있다는 사실을 전해 듣고 우리와 함께 식사를 나누고 싶어 했던 것이었다. 그는 우리를 위해 잔치를 준비해 놓았다고 알려 왔다.

그를 실망시키고 싶지 않았으므로, 우리는 뗏목을 멀지 않은 곳에 정박시켜 놓고 커다란 카르바스 1척을 내려 타고 그들의 가죽텐트가 있는 맞은편 해안가로 나아갔다.

연기 때문에 검게 그을려 더러워진 그들의 가죽텐트 4개가 툰드라지대의 한쪽 구석에 세워져 있었다. 그것들은 따가운 태양빛을 막아 주고, 또 구름처럼 몰려드는 모기떼를 막아 주는 피난처였다. 축치족 사람들은 이 모기떼들이 창궐하는 바깥에서도 거의 절반은 옷을 벗은 채 아무렇지도 않다는 듯이 잘도 돌아다녔다. 가죽텐트는 형태가 퉁구스족 텐트와 비슷했으므로, 우리에게는 별로 새로울 것이 없었다. 해안가를 따라 나무 틀이 죽 이어져 있었는데, 그 위에는 100여 마리에 해당하는 순록고기들이 얹혀 있었다. 이것은 새로운 광경일 뿐만 아니라, 식량이 모자라는 우리에게는 환영할 만한 광경이었다. 그 밖에 약 20마리 가량의 죽은 순록들이 그대로 창에 꽂힌 채로 물속에 놓여 있으면서 가죽을 벗기우고 살이 발릴 차례를 기다리고 있었다. 텐트 사이로 여기저기 내장이 버려져 쌓여 있는 모습은 보기에 좋지 않은 광경이었다.

얀덴코프의 야랑가에 들어서자, 안에 구름처럼 빽빽한 연기가 가득 차 있어 거의 견딜 수 없을 정도였다. 또한 이, 빈대, 벼룩 같은 해충들이 모여 있을 순록가죽 위에 몸을 맡기고 앉아 있어야만 했는데, 우리는 그런 상태를 30분 정도 견뎌야 했다. 그러는 동안 커다란 나무 쟁반 위에 삶은 순록 머리들을 쌓아 올린 음식들이 들어왔고, 곧바로 잔치가 시작됐다. 삶은 순록머리를 보자마자 우리의 식욕은 완전히 사라져 버렸고, 동시에 전에 코랴족으로부터 받았던 비슷한 모양새의 대접이 되살아났다. 그래서 우리는 할 수 있는 대로 변명을 하면서 먹기를 피했는데, 다른 사람들은 곧 아무런 거리낌 없이 순록머리를 뜯어먹기 시작했고, 얼마 지나지 않아 나무쟁반 위에는 깨끗이 발라먹은 머리뼈만 수북이 쌓여 있었다.

우리가 떠날 때, 축치족 사람들은 우리에게 얼마간의 아주 좋은 순록고기와, 또 프라이팬에 볶아 먹도록 지방이 붙어 있는 방광 부분 등 여러 부위들을 선물로 주었다. 그들은 또한 우리 원주민 일행들을 위해 말린 순록고기를 카르바스가 가득 차도록 채워 주었다. 우리 원주민 일행들은 그것이 반쯤 썩은 상태일 때를 가장 좋아했다.

뗏목에 돌아오자마자, 우리는 즉시 출발했고, 7월 2일 오후 7시경 우초스티카 마을에 도착했다. 마을에서 보이는 것이라곤 온통 지하창고 같은 구덩이들뿐이었다. 그 안에는 2~3개의 겨울용 움집이 만들어져 있었다. 어떤 미신적인 생각 때문에, 축치족 사람들은 매년 여름이면 멀쩡한 집들을 부숴 버리고 가을에 그런 지하 움집들을 다시 짓는다고 했다.

우리는 여기에 나중에 전신선 가설공사를 할 때 쓸 유르트를 하나 세우고 7월 4일 밤까지 지낼 계획이었다. 유르트는 겨울용으로 안락하게 지어졌는데, 통나무, 잔디, 나무껍질 등으로 지붕을 만들었고, 긴 장대로 만든 틀 위에 3중으로 진흙을 이겨 발라 '츄알', 즉 벽난로를 만들었다.

여기에 머무는 동안 우리는 하얀 물고기를 많이 잡을 수 있었다. 어떤 것은 무게가 약 7kg에 달하는 것도 있었다. 모기들은 정말 지긋지긋했다. 우리 얼굴은 모기에 너무 많이 물려서 퉁퉁 부어올라 알아보기가 힘들 정도였다. 밤낮으로 수사슴가죽 옷과 모기망을 둘러쓰고 다녀도 별 소용이 없었다. 날씨가 아주 따뜻했으므로, 수사슴가죽 옷을 입으면 거의 견딜 수 없을 정도로 더웠다. 하지만 모기 때문에 어쩔 수 없이 입어야만 했다. 유르트를 만들면서 우리는 사방에 불을 피워 방안이 연기로 가득 차게 할 필요성이 있다는 사실을 알게 됐다. 불쌍한 개들은(이제 5마리가 됐는데, 3마리는 마인 강 아래에서 합류했다) 밤낮으로 먹지도 자지도 못하면서 낑낑거리고 울며 이리저리 모기를 피해 다녔다. 그들 중 2마리는 고통스러워서 자기 이빨로 등 쪽에 있는 거의 모든 털을 잡아 뜯기까지 했다. 보통 그들의 긴 털은 모기 같은 해충들로부터 보호막이 돼 주곤 하는데, 취약한 곳이라고 하면 발등과 눈꺼풀 그곳이다. 나는 '닉'이라는 개의 눈꺼풀 한군데에서 피 빨아먹고 있는 모기 9마리를 세어 본 적도 있었다. 불쌍한 개들은 낑낑거리며 울고 다니면서도, 자신이 어떻게 그 해충들을 제거해야 할지를 모르고 있었다.

이반이 우리에게 말해 주기를, 여름 기간 동안 이곳에는 3가지 커다란 해충이 있다는 것이었다. 첫 번째로 '코마레(comare)', 즉 모기인데, 원주민들은 별로 신경 쓰지 않는다. 두 번째로 아주 작은 각다귀인데, 반점이 있는 다리를 갖고 있으면서 '모스케(moske)'로 불리고 있다. 이 해충은 이곳 사람들 언어로 '쉬프카 후다(sheepka hooda)', 즉 아주 나쁜 해충이라고 불리는데, 모기보다 늦게 나온다. 어떤 옷으로도 이 각다귀의 공격을 막을 수가 없는데, 왜냐하면 이 각다귀들은 아주 작은 구멍이라도 뚫고 나오기 때문이다. 각다귀에게 물리면 아주 아플 뿐만 아니라 독이 있어서 물린 곳이 많이 부풀어 오른다. 개들에게는 가끔 치명적이어서 죽기까지 한다. 개의 코와 귀로 기어 들어가 안쪽을 쏘기 때문이다. 이 '모스케'가 나타나는 계절 동안에는 사람들이 개를 집안에 가두어 두고, 바닥에 조그만 불을 피워 방마다 연기를 가득 채워 놓는다. 우리는 해안가 근처에서는 이 각다귀들이 그리 문제를 일으키지 않는다는 사실을 알게 되자, 되도록 해안가 근처로 거처를 정하기로 마음먹었다. 세 번째는 '모크루사(mocrusa)'라고 불리는데, 그리 나쁜 해충인 것 같지 않았다.

우리의 경험으로 미루어 보건대, 모기들이 우글대는 여름보다는 아주 추운 겨울이 더 나았다. 지난 4일 동안 우초스티카 마을에 있으면서, 우리는 이곳 사람들이 텐트 안에 숨을 쉴 수 없을 정도로 항상 연기가 자욱하도록 불을 피워 놓는 이유를 이제야 알 수 있을 것 같았다. 모기와 숨 막힐 것 같은 연기, 이 둘 사이에서 선택을 하라고 한다면, 이제 우리는 연기를 선택할 것이다. 수사슴가죽은 모기가 뚫을 수 없는 유일한 재료이지만, 모기는 그 틈새인 이음매와 바늘구멍을 찾아내서 들어오는 놀라운 기술을 갖고 있는 것이다.

우리가 이 시베리아를 향해 떠나올 때, 시베리아에도 모기들이 존재하고 있다는 사실을 어느 정도 알고 있었지만, 어느 누구도 모기 때문에 이런 고통을 당하리라고는 전혀 상상하지 못했었다. 전에 미국과 적도 부근 열대 지역 여러 곳에서 모기의 공격을 받아 본 적이 있었지만, 별다른 커다란 불편을 겪은 적이 없었으므로, 시베리아라는 추운 지역에서 모기 때문에 큰 불편이 있으리라고는 전혀 예상할 수 없었던 것이다. 그런데 참으로 슬프도다! 우리는 우리가 투쟁해야 할 적에 대해 아무것도 아는 것이 없었으니 말이다. 시베리아는 1년에 8개월 동안 눈이 쌓이고 얼어붙어 있는 지역으로만 알고 있어서, 우리가 모기와 함께 생활하리라는 생각을 전혀 하지 못하고 있었던 것이다. 그러나 모기의 생존 조건이 물이 풍부한 곳이라면, 이야기가 달라지는 것이다.

툰드라지대는 눈이 녹으면서 수많은 웅덩이와 작은 호수들을 만들어 낸다. 그리고 땅은 표면 아래 몇 cm 밑부분이 딱딱하게 얼어 있어서 수분을 더 이상 흡수하지 않으므로, 웅덩이 물이 계속 남아 있다가 다음 겨울이 오면 다시 얼어붙는다. 축치족 사람들이 우리에게 알려 주기를, 평상시에는 바다 조류가 강 흐름에 영향을 미쳐 강 수위를 올려놓는다고 했다. 그러나 얼음이 녹는 이런 계절에는 반대로 엄청난 양의 강물이 바다로 흘러 들어간다고 했다. 결국 시베리아에는 항상 물이 풍부하다는 이야기이며, 그로 인해 우리는 모기들로부터 많은 고통을 받게 되는 것은 필연적이라는 사실을 예상할 수 있는 것이다.

7월 4일 하더가 이끄는 팀이 바일리 강 상류에서 얻은 5마리의 순록과 함께 돌아왔다. 그들은 더 많은 순록고기를 구하기 위해 카르바스를 타고 계속 강을 따라 내려갔으나, 더 이상 구하기에 실패했다고 했다. 하더를 따라간 원주민 이반(Ivan)이 원주민들이 바일리 강 색깔이라고 주장하는 돌 표본 하나를 나에게 가져왔다. 돌을 보자마자 나는 즉시 그것이 아주 질 좋은 '아스베스토스(asbestus)'[90]인 것을 알아차릴 수 있었다. 우리는 또한 우초스티카 절벽 아래에서 나오는 구리 광석 표본을 많이 볼 수 있었다. 그 광석들에는 구리가 아주 많이 함유돼 있었다.

---

[90] '불멸의 물질'이란 그리스어(asbestos)에서 유래한 섬유 형태의 광물로 섬유 모양을 한 각섬석의 한 종류 및 사문석 광물에 대한 일반적 총칭이다. '돌솜', '석면'이라고도 불린다. 불연재, 충전재 등 많은 용도로 쓰이지만, 오늘날에는 공해 문제로 사용이 재검토되고 있다. 석면은 러시아, 캐나다가 주산지이다.

| 제 28 장 |

우초스티카 출발-습지-얀덴코프에게 편지 전달을 부탁하다-치키오와 절벽-러시아인 유적-미하일 이바니치란 사람 이름으로 불리는 곰-크라스니아 강-필리페우스-볼쇼이 호수-전신선 절벽-스미스의 출발-침차 산-마지막 뗏목-떨어질 것 같은 위치-푸른 색 보트-화가 난 스미스의 이야기-매크리 팀 야영지 숙소에 난입한 축치족-파괴-쾌적한 항해-매크리 팀 야영지-황량한 화장터-까치밥나무 꽃-텐트를 뚫고 들어온 모기떼-줄어든 식량-몽둥이와 창으로 야생거위 사냥-거위 잡는 창-쫓아가다 넘어진 매크리-마르코바 마을 신부의 도착-선물 제공으로 개종-환영받지 못한 매크리-축치족 우두머리 오카크리-피부약을 마시다-오두막집 짓기-수영 잘하는 사람과 리볼버 권총에 대한 축치족의 생각-축치족의 용모, 언어, 특징, 관습, 종교 등-노인 죽이기-스파르타식 영웅주의-늙은 촌장 이야기-샤먼의 마술-공격 무기와 수비 무기-보트 끌어당기는 데 개들을 이용-파이프 담배 피우기-이상하게 생겼지만 경제적인 파이프-니코틴 중독-신부의 귀환-코셰빈에게 내린 지시-도착하지 않는 큰 범선-식량과 옷의 부족 사태

7월 15일 우리는 우초스티카를 떠났는데, 10베르스따 정도를 떠내려간 후, 강한 바람 때문에 뗏목을 붙들어 매고 정박한 채, 하루하고 반나절을 묶여 있어야만 했다. 버려진 마을 아래쪽으로 약 20베르스따 가는 동안 강은 마치 자석에 이끌린 것처럼 계속 남쪽으로 흘러갔는데, 섬들이 많이 있었다. 오른쪽 강둑 위로 절벽들이 내륙 안쪽으로 들어앉아 있었고, 지대가 낮고 습지가 많았다. 습지가 너무 많다 보니 유르트를 세울 마땅한 자리를 찾

기가 어려웠다. 그러다가 우리는 약 25베르스따를 더 가서 마침내 오른쪽 강둑 위에 있는 어느 작은 야산에 상륙했다. 여기에 매크리와 하더는 5명의 인력과 함께 남아서 나중에 전신선 가설 공사 때 쓸 유르트를 세우고, 나머지 우리들은 계속 뗏목을 타고 나아가서 원래 우리가 유르트를 세우기로 했던 치키오와 절벽(Tchikiowa bluff)에 도착하면, 유르트 세우기를 마친 그들이 카르바스를 타고 우리를 따라잡기를 기대하고 있었다. 우초스티카에서 남동쪽으로 20도 방향에 있는 '마운드 유르트(Mound Yourt)'를 떠난 지 얼마 안 돼서, 비데라를 타고 강 하구로 가던 얀덴코프가 우리를 따라잡았는데, 어쩌면 강 하구에 큰 배가 도착해 있을지 모른다는 생각에, 우리는 우리가 어디쯤 있으며, 무엇을 하고, 또 언제쯤 강 하구에 도달한다는 것을 알리는 편지들을 그에게 주어 큰 배에 전해 주도록 부탁했다.

　우리는 도중에 너무 강한 바람들을 많이 만나는 바람에 7월 8일 밤이 돼서야 치키오와 절벽에 도달할 수 있었다. 도중에 한 번 좌초를 당해 빠져나오는 데 커다란 어려움이 있었다. 치키오와 절벽은 낮은 야산들이 뻗어나가다 강의 오른쪽 둑 위에 멈춰 서 있는 자리에 위치해 있었다. 절벽 꼭대기에는 한때 러시아인 마을이 있었는데, 지금은 집 2채가 있던 자리가 아직도 식별 가능한 채로 남아 있었고, 거친 나무 십자가 2개가 아직도 서 있었다. 이것들은 오래전에 세워진 것일 텐데, 현재 주민 중에 그 당시 러시아인들이 이곳에 있었던 일에 대해 기억하고 있는 사람은 아무도 없었다. 60세가 넘어 보이는 어느 노인이 나에게 말해 주기를, 그 십자가들은 자기가 태어나기도 전부터 세워져 있었다고 했다.

　절벽 바로 아래쪽으로 흘러가는 강물은 나중에 아나디르 강으로 유입되는데, 처음에 우리는 그 강물이 한 지류인 것으로 생각했으나, 나중에 알고 보니 우초스티카 아래쪽으로 가는 지름길인 수로로 판명됐으며, 40베르스따 가는 동안 아나디르 강과 합쳐지는 곳이 없었다. 우리는 치키오와에 유르트 2채 분량의 통나무들을 내려놓았는데, 1채는 야산 위에 짓고, 나머지 1채 분량은 나중에 쓸 요량으로 남겨 두었다.

매크리 팀이 예정대로 우리를 따라잡지 못했으므로, 우리는 계속해서 먼저 앞서 나갔다. 동남쪽 20도 방향을 따라서 약 20베르스따 정도 나아가니, 강이 구불구불하면서 커다란 섬들 사이로 빠져나가고 있었다. 수많은 야생 거위들이 놀라서 날아갔다. 우리는 남쪽으로부터 흘러오는 어떤 커다란 강 하구에 도달했고, 그것은 아마도 크라스니아(Krasnia), 즉 '빨간 강(Red river)'인 것으로 추정됐다. 치키오와에서 이 지점까지 남쪽 강둑은 아주 지대가 낮고 습지가 많았다(마치 또 다른 커다란 섬 같았다). 바일리 강 아래쪽에 있는 북쪽 강둑에는 툰드라지대가 기복을 이루며 계속 이어져 있었고, 작은 호수와 웅덩이들이 점점이 박혀 있었다. 양쪽 강둑에는 작은 버드나무들이 수많은 덤불숲과 더불어 자라고 있었지만, 큰 나무들은 없었다.

어느 해안가에서 검은 곰 2마리가 서성이고 있는 모습이 보였는데, 우리가 총을 쏘려고 가까이 다가가자, 놀라서 도망가 버렸다. 이곳 원주민들은 곰에 대해 아주 미신적인 두려움을 갖고 있었다. 스미스가 곰들이 도망치는 것을 보고 소리를 지르자, 원주민들이 곰에게 그만 겁을 주라고 그에게 요청했다. 만일 그만두지 않으면, 언젠가 곰이 그에게 복수할 것이라고 했다. 원주민들이 곰에 대해 이야기할 때, '미드바이트(midvait)'[91]란 단어를 사용하지 않고, '미하일 이바니치(Mikhael Ivanitch)', 즉 존의 아들 마이클(Michael, son of John)이란 뜻으로 부른다. 나로서는 왜 이 이름이 선택됐는지 모르겠으나, 그들은 곰을 마치 사람인 것처럼 부르고 있는 것이다.

남쪽으로부터 흘러오는 큰 강은 크라스니아 강(Krasnia river)인 것으로 판명됐다. 왜냐하면 1베르스따를 더 나아가서 7월 9일 오후 6시 반쯤 우리는

---

91) 오늘날 곰의 러시아어 발음은 메드베지(medved)이다.

적어도 폭이 1베르스따 정도 되는 본류와 만나게 됐기 때문이었다.

1862년 겨울에 러시아인 신사 필리페우스가 아나디르 강 하구를 향해 출발해 치키오와에 도달했을 때, 만일 크라스니아 강 하류 쪽으로 나아가면, 그가 이끄는 탐험팀은 축치족에게 살해당할 것이라는 소리를 들었다. 이 때문에 그는 더 이상 그 방향으로 나아가지 못하고, 대신 치키오와에서 남동쪽으로 방향을 잡고 하루 동안 나아가 볼쇼이 오제로(Bolshoi Osero)라고 불리는 커다란 호수에 닿았다. 크라스니아 강은 이 호수에 그 수원을 두고 있었는데, 비록 길이가 짧은 강이지만 풍부한 수량이 여러 수로를 통과해 흐르고 있었다.

뗏목에서 바라보면, 강 하구 위쪽으로 약 10베르스따에 걸쳐 있는 동쪽 강둑에는 높은 절벽 하나가 낮은 야산 사이로 솟아 있었고, 한편 서쪽 강둑에는 낮은 습지대가 전개되고 있었다. 하구 바로 아래쪽에 있는 동쪽 해안가에 우리는 또 하나의 전신선 가설 작업용 유르트를 설치해 놓고, 그 안에 약간의 말린 순록고기를 남겨 놓았다. 그리고 매크리 팀이 지나가다 볼 수 있도록 가장 긴 통나무 3개를 삼각형으로 세워 위치 표시를 해놓은 다음, 유르트를 떠났다.

크라스니아 강 하구에서부터 아나디르 강은 양쪽에 높다란 강둑을 사이에 두고 약 20베르스따 정도 동북쪽으로 흘러가는데, 수심이 깊고 비교적 물길이 곧았다. 많은 곳에서 우리는 우리가 갖고 있는 25m짜리 수심측정선으로는 그 바닥을 잴 수 없었다.

7월 10일 새벽 1시경 우리는 크라스니아 강을 떠났는데, 바다 밀물의 영향으로 물이 불어서 나아가는 속도가 느려졌다. 오후 5시 반쯤 우리는 오른쪽 강둑 위에 높다란 바위가 툭 튀어 나와 있는 곳에 도달했다. 그 바위 밑에는 하얀 자작나무 한 그루가 자라나 있었다. 나는 곧 이것이 케넌이 묘사했던 '전신선 절벽(Telegraph bluff)'임을 알아보았다. 이곳은 케넌이 전신선을 강 건너로 보낼 수 있는 가장 적당한 곳으로 선택한 지점이었다. 반대편 강둑에는 툰드라지대가 굽이치고 있었는데, 우리는 그곳에 또 하나의 전신선 가설 작업용 유르트를 남겨 놓았다.

뗏목으로 돌아와 보니 바다 썰물 때문에 물이 빠져나가 뗏목이 모래톱에 걸려 있었다. 지렛대를 이용해 약 30분 동안 씨름한 끝에, 우리는 다시 뗏목을 띄울 수 있었다. 이제 뗏목은 유르트 3채 지을 분량으로 줄어들어 있었으므로, 우리 일행이 차지하는 공간도 조금씩 여유가 줄어 들어갔다. 다음 25베르스따 나아가는 동안 약 34시간이 소요됐는데, 왜냐하면 바닷물이 썰물일 때만 앞으로 나아갈 수 있었고, 또 강한 바람 때문에 나아가는 것이 더뎌졌기 때문이었다.

해안가에서 저녁 식사를 준비하는 동안, 야생순록 한 마리가 모닥불에서 약 6m밖에 안 되는 거리 안으로 뛰어 들어왔다. 모기의 등쌀에 못이긴 순록이 도망쳐 오다가 그 거리에 이르도록 우리를 보지 못했던 것이다. 우리가 총을 들고 쏘려는 순간, 순록은 휙 방향을 돌려 쏜살같이 도망쳤다.

나침반으로 살펴보니, '전신선 절벽'에서부터 강은 거의 동쪽으로 약 25베르스따 나아가다가, 남쪽으로 방향을 틀어 약 45베르스따 흘러갔다. 겨울 여행 시 방향이 꺾인 남쪽으로 따라가는 대신, 툰드라지대를 가로질러 가면, 길을 20베르스따 정도 단축하게 된다. 방향이 꺾이는 지점의 서쪽 강둑 위에 전신선 가설 작업용 유르트를 1채 세운 다음, 우리는 나머지 2채 분량의 뗏목을 반대편 강둑으로 띄워 보냈다. 스미스는 우리를 여기에 남겨 놓은 채, 베트카를 타고 약 20베르스따 거리에 있는 옛날 매크리 팀의 야영지를 향해 떠났다. 왜냐하면 우리의 카르바스로는 우리 모두와 남은 짐을 다 실을 수 없었기 때문에, 그보다 큰 고래잡이 보트를 가져 오려는 생각이었다.

이곳을 마주보고 있는 강의 남쪽 둑 위에는 약 300m 높이의 돔처럼 생긴 산봉우리가 서 있었는데, 케넌은 그 산에 침차 산(Chimcha Mt.)이란 이름을 붙여놓았다. 그 뜻은 축치어로 '가까운(Near) 산'이란 뜻이었다. 케넌은 매크리 팀의 야영지를 찾아가는 도중에 이곳을 지나가다가 밤도 늦고, 춥고, 거의 녹초가 된 상태에서 축치족 안내인에게 얼마나 더 가야 하느냐고 물으면, 매번 나오는 답변이 '침차(chimcha. 거의 다왔다)'였기 때문에, 그렇게 이름을 지었다고 했다.

유르트 1채 분량을 내려놓은 후, 바닷물의 영향으로 물살이 출렁이고, 또 바람이 강하게 불어 대서 도저히 남은 1채 분량을 내려놓을 수가 없었다. 일단 야영을 해야겠다는 생각에, 우리는 실을 수 있을 만큼의 물건들과 개들을 카르바스에 싣고 해안가로 떠났다. 카르바스에 너무 많은 짐을 실어서 거친 물살을 헤치고 나아가는 데 어려움이 있었다. 나는 쌓아 올린 짐의 꼭대기에 걸터앉아 있었는데, 그 위치가 결코 좋은 위치가 아니었다. 조금만 한쪽으로 몸이 쏠리면 보트 전체가 거의 뒤집어질 듯했다. 마침내 우리는 계속 이런 식으로 나아갈 수 없다는 판단에, 일단 아무 데나 상륙하려 하였는데, 바로 그때 푸른색 보트 한 척이 강 하류 꺾어지는 지점 부근에서 모습을 드러냈다.

스미스의 얼굴만 흘끗 보아도 모든 일을 알 수 있을 것 같았다. 강 하구에 아직 큰 배가 도착하지 않았고, 결국 식량도 확보하지 못한 것이었다. 그러나 그게 전부도 아니었고, 또 최악의 경우도 아닌 것 같았다. 그가 우리에게 다가와 지껄인 첫 번째 말은 다음과 같았다.

"망할 놈의 축치족 놈들 같으니라고! 여기로 데려왔어야 했는데. 여기 있으면 바로 강물에 처넣었을 거야!"

내가 물었다.

"왜? 무슨 일이야?"

"저놈들이 모든 것을 엉망으로 만들어 버렸다고. 우리가 지난 겨울에 케

아마르 강을 따라 내려가기

년과 같이 야영지를 떠나면서 이 보트를 남겨 두고 왔는데, 그때는 보트가 아무 이상이 없었다고. 어디 하나 잘못된 곳이 없었단 말이지. 그런데 어젯밤 야영지에 가보니, 모든 게 엉망진창이 돼 버렸더라고. 마치 미노츠 레지 등대(Minot's Ledge Lighthouse)⁹²⁾가 폭풍을 얻어맞아 다 부서져 버린 것처럼 말이야. 그 '스캘리왜그스(skallywags)'⁹³⁾, 즉 삐뚤어진 말썽꾼들 같은 축치족 놈들이 지난 겨울에 우리 야영지 숙소를 부수고 들어가 모든 것을 가져갔단 말이야. 도끼도, 삽도 다 훔쳐갔고, 가져가지 않은 물건들은 모두 땅바닥에 흩어져 있었고.

그런데 정말 나를 화나게 했던 것은 이 고래잡이 보트를 찾으러 갔던 때였지. 그 이교도 놈들이 보트 앞에 붙어 있는 선수재(船首材) 기둥과 바닥 중앙에 붙어 있는 긴 장대를 뜯어 갔고, 그 정도에 성이 차지 않았는지 키에 붙어 있는 고리까지 부숴 놓았던 거야. 하는 수 없이 나는 이 노로 키를 대신해서 내내 붙잡고 올 수밖에 없었다고. 그래서 난 이 말썽꾼들 같은 놈들이 썰매를 타고 가다가 뒤집어져서 훔쳐간 장대가 그들의 배를 찔러 주기를 바랄 뿐이야.

그 얼간이들은 내가 놓고 간 동상 치료 약단지도 가져갔더라고. 아마 그들은 그게 미국 위스키 술인 줄 알고 마셔 버릴 수도 있지. 거기엔 황산, 연

---

92) 이 등대는 미국 매사추세츠 주 플리머스 카운티의 미노츠 레지에 있는 등대인데, 1850년 처음 철구 조물로 세워졌다가 4개월 만에 폭풍을 맞고 부서졌다. 1860년 단단한 화강암으로 다시 만들어진 등대는 당시 미국에서 가장 많은 돈이 들어간 등대로 지금까지 잘 유지되고 있다.

93) 원래 아일랜드어로 고되게 일하다, 농장하인 등의 뜻을 갖고 있었는데, 18~19세기 스코틀랜드어로 사팔뜨기, 곁눈질, 비틀린 눈으로 바라보기 등의 뜻으로 쓰였다. 오늘날에는 잘못된, 옆길로 새기, 말썽쟁이 등의 뜻을 갖고 있으며, 한편 거리 패션을 추구하며 스포츠에 열광하는 영국 젊은이들의 기층문화를 뜻하기도 하면서 또한 과격한 훌리건을 뜻하기도 한다. 미국에서는 남북전쟁 후 공화당을 지지하는 남부 백인들을 뜻하기도 한다. 여기서는 말썽쟁이의 뜻으로 쓰인 듯하다.

당(鉛糖, sugar of lead)**94)** 같은 것들이 포함돼 있거든. 그리고 또 그들은 매크리가 새 잡을 때 쓰려고 남겨 둔 비소 1통도 가져 갔더라고."

하지만 우리는 그 푸른색 보트가 더 이상의 손상이 없는 것을 다행으로 여기면서, 우리의 짐과 개들을 보트에 실었다. 원주민들이 마지막 남은 유르트 자재들과 나머지 짐들을 가지고 다음 썰물 때를 기다렸다가 떠나도록 남겨 두고, 스미스와 나는 먼저 떠났다.

이제는 항해하기가 수월했다. 특히 뗏목 항해 후에 보트를 타는 것은 아주 기분이 달랐다. 스미스는 타고난 뱃군이어서 자기 역할을 톡톡히 하고 있었다. 여행 중에도 자신이 케이프 코드(Cape Cod)**95)**에 있었을 때 경험했던 것들을 이야기해 주곤 해서 여행이 심심치 않았다. 또한 때때로 원주민들에게 땔감으로 쓸 표류목이 있는 위치를 알려 주기도 하고, 또 오두막집 짓는 법을 알려 주기도 했다. 크라스니아 강 하구 위쪽으로는 표류목이 거의 보이지 않았고, 아래쪽 일부 해안가에는 표류목이 많이 쌓여 있었다. 이런 사실로 보아 크라스니아 강이 아나디르 강보다 더 나무가 많은 것으로 판단됐다.

7월 13일 새벽 4시 반쯤 우리는 어느 길고 좁은 모래톱을 돌아 북쪽 해안가로부터 흘러나오는 강을 따라 올라가서 매크리 팀의 야영지 맞은편에 정박해 해안가 위에 보트를 올려놓았다. 야영지는 보기가 민망할 정도로 어질러져 있었다. 말라 비틀어진 오이피클들이 땅바닥 여기저기에 흩어져 있었고, 놔두고 간 소고기와 돼지고기 나무통 3개가 도끼로 쪼개져 열려 있었으며, 내용물 일부가 모래 위 여기저기에 널려 있었다. 집 안에 있는 바닥창

---

94) 또는 초산연이라고 한다. 산화연에 초산을 섞어 만든 화합물로 하얀 결정체이며, 단맛이 나지만 독성이 있다. 로마시대 이래로 인공감미료로 사용됐으나, 독성 때문에 현재는 금지되어 있다. 물과 글리세린에 잘 녹으며, 타박상, 피부 염증, 염색제 등에 사용된다.
95) 미국 매사추세츠 주에 있는 곳.

고 구덩이는 일부 물이 들어차 있었고, 6~8개의 미육군 담요가 그 물 위에 둥둥 떠 있었는데, 부분적으로 찢어지고 썩어 있었다. 또한 일부 잠자리 매트리스들이 찢겨져 속이 벌어져 있었다. 놔두고 갈 때 담요들은 모두 새것이었는데, 원주민들이 담요를 가져가지 않은 것은 표시가 나서 나중에 탄로 나는 것이 두려웠기 때문이 아닌가 나는 추측해 보았다.

이곳은 사람이 거주하기에는 너무 분위기가 을씨년스러웠다. 이전에 축치족이 이곳을 사용했던 흔적들이 있었다. 2~3곳의 집터가 아직도 남아 있었고, 세월의 풍상을 겪어 이끼가 낀 순록뿔 5~6개가 쌓여 있었으며, 또한 재가 쌓여 있는 것으로 보아, 일부 주민들의 유해가 묻혀 있는 장소가 아닌가 하는 생각이 들었다. 게다가 축치족은 통상 시신을 화장하는 것으로 알려져 있다.

그러나 내가 가장 놀랐던 것은 빨갛고 하얀 까치밥나무 꽃이 커다랗게 무리를 지어 만발해 있는 것을 발견한 것이었다. 이것은 우리가 이 지역에서 본 유일한 꽃이었다. 이 지점에서 아나디르 강은 폭이 약 1.5km 이상이며, 수심도 매우 깊고, 또 아주 구불구불하다.

그날 마지막 남은 유르트 자재들이 도착했고, 다음 날 오후 매크리 팀이 뒤따라와 우리와 합류했다. 이렇게 우리는 크라스니아 강 하구 부근 한 곳에 자재를 내려 놓지 못한 것을 제외하곤, 우리가 가져간 유르트들을 지정된 장소에 모두 설치 완료했다.

우리는 먼저 임시로 쓸 텐트를 세웠고, 그런 다음 곧 우리가 지낼 집을 만들기 시작했다. 모기들이 극성이었지만, 다행스럽게도 바람이 강하게 불어왔다. 그렇게 거센 바람이 불어 대자, 모기들은 풀밭으로 도망갔다. 우리는 전에 겪은 경험을 바탕으로, 하루 종일 텐트 안에 불을 지펴 숨이 막힐 정도로 연기가 자욱하게 만들어 놓았다. 잠자리에 들기 전에도 똑같은 방식으로 연기를 피워 놓은 후, 주의 깊게 모든 틈과 구멍을 막아 버렸다. 그럼에도 불구하고 모기들은 결국 입구를 찾아냈다.

　이 무렵 우리는 식량이 다 떨어지고 남은 것이라곤 부서진 소고기와 돼지고기 통에 남아 있는 것과 땅위에 버려져 있는 고기뿐이었다. 이 고기는 소금에 절여 놓은 것이라서 아직도 먹을 만했다. 그러나 빵, 차, 설탕이 없으면 그냥 먹기 어려웠다. 우리는 말총 그물로 물고기 잡기를 계속했는데, 어떤 날은 두 끼 식사 분량의 충분한 물고기를 잡았고, 또 어떤 날은 한 마리도 못 잡았다. 그래서 물고기를 못 잡으면 며칠 동안 짜디짠 고기만 먹어야 했다.

　우리 일행은 건장한 남자 13명이어서 곧 이 소금에 절인 고기도 다 떨어져서 먹거리가 하나도 없는 상태가 됐다. 물고기도 잘 잡히지 않았다. 연어는 원주민들의 주식이었는데, 아직 강으로 올라올 때가 아니었다. 다만 툰드라지대의 호수에는 거위가 많이 서식하고 있었는데, 안타깝게도 우리에게는 탄약도 다 떨어져서 총으로 사냥할 수도 없었다.

　마침내 거위들이 '깃털갈이'를 하기 시작했고, 그러면서 날아다닐 수가 없게 됐다. 이렇게 우리에게 또 다른 먹거리가 생기게 됐다. 이 깃털갈이 기간 동안 거위들은 호수나 웅덩이에 모여 있게 되는데, 그런 곳은 여우 같은 동물들을 피할 수 있기 때문이었다. 어느 날 일행 중 한 명이 100여 마리에 가까운 거위들이 3~4km 거리에 있는 조그만 호수에 몰려 있다는 소식을 전해 왔고, 우리는 모두 야생거위 사냥에 나서기로 했다. 만일 우리가 다가가면 거위들이 물로 도망갈 것이므로, 거위들을 해안가 쪽으로 몰아가는 것이 중요했다.

　베트카 2척, 개들, 거위 잡는 창 2개, 그리고 단단한 몽둥이를 가지고 우리는 출발했다. 호수에 다가가서, 먼저 거위들을 몰아갈 최적의 장소를 고른 다음, 원주민 2명이 베트카를 타고 호수 반대편으로 건너갔고, 남은 우리들은 거위들이 상륙할 지점 부근에 은신했다. 개들이 흥분해 날뛰었으므로, 팔에 안고 달래 주어야 했다.

　모든 준비가 끝나자, 베트카 2척이 거위들을 몰아 대기 시작했고, 거위들이 해안가로 달아나지 않고 주위를 맴돌자, 원주민들은 거위 잡는 창을 던져 거위를 잡기 시작했다. 한 번 던지면 한 마리가 잡혔다. 그러면 노를 저어가서 목을 잡아 베트카 안에 넣었다. 이런 작업이 계속 되풀이됐다.

　거위 잡는 창은 길이가 1.5m 정도로 아주 가벼웠는데, 끝에는 삼지창같이 쇠못이 세 개 달려 있었다. 그것들은 서로 다른 방향으로 갈라져 있었다. 창을 던질 때, 원주민들은 약 45cm 길이의 막대기를 이용해 던지는데, 막대기 한쪽 끝에 뚫려 있는 구멍 속에 엄지손가락을 넣어 한 손으로 잡고, 반대편 끝에 파여져 있는 쐐기 홈 위에 창 뒤쪽 끝부분을 얹은 다음 투척한다. 막대기를 사용하는 이점은 지렛대 효과인데, 끝부분에 파여진 쐐기 홈으로부터 창이 날아가게 되는 이치이다.

　마침내 거위 떼들이 해안가로 향했고, 그뒤를 베트카가 바짝 추격했다. 거위 떼들이 해안가에 상륙하자, 본격적으로 사냥이 시작됐다. 먼저 개들을 풀어 놓았고, 그런 다음 우리가 소리를 지르며 달리면서 닥치는 대로 몽둥이로 때려잡았다. 그렇게 한 번에 20마리를 잡았고, 또 따라가서 이번에는 38마리를 잡았다. 마지막으로, 창으로 2마리를 더 잡아서 모두 합해 60마리를 잡았다. 오늘 하루는 풍성한 날이었다.

　그런데 거위가 거위답지 않고, 그 기질이 마치 주머니쥐와 같거나, 아니면 그보다 더했다. 여러 번 몽둥이 타작을 당하면 죽은 듯이 있다가 사람이 뛰어 넘어가거나 지나가면 다시 살아나서 다른 방향으로 도망가는 것이었다. 이렇게 거위들은 우리를 속이고 여러 번 도망가는 데 성공하곤 했다. 매크리도 예외가 아니었다. 매크리가 따라갔던 거위는 다 자란 수컷 거위였는데, 목을 앞으로 쭉 빼고 날개를 펄럭이며 필사적으로 도망가고 있었다. 그 뒤를 따라 매크리가 한 손에 몽둥이를 들고 다른 한 손에는 모기망을 든 채 따라가고 있었는데, 둘 사이의 간격이 점점 가까워지면서 매크리의 몽둥이가 그 불쌍한 거위의 목을 내리치려는 순간, 불행히도 풀뿌리가 매크리의 발에 걸리면서 매크리의 몸이 완전히 한 바퀴 돌면서 조그만 웅덩이 속으로 거꾸로 처박히고 말았다.

사람들이 생각하기에, 거위 60마리라면 어느 정도 오래 먹을 수 있으리라 생각하겠지만, 거위는 3일 만에 다 떨어지고 말았다. 그리고 이제는 더 이상 거위를 잡을 수도 없었는데, 왜냐하면 거위들이 이번 습격으로 놀라 이웃 호수로 모두 도망갔기 때문이었다. 게다가 불행스럽게도 우리의 사냥이 끝나자 바로 마르코바 마을 신부가 여러 명을 대동하고 우리 야영지에 들러서 남은 거위고기를 모두 먹어 버리고 갔다. 그 신부는 강 하구에 있는 우리를 방문한다는 핑계로 축치족에게로 가서 개종시키려는 임무를 띠고 가던 중이었던 것이다. 나중에 내가 들은 바로는 그 임무가 아주 성공적이었다고 했다. 다만 개종한 한 명이 신부가 준 선물이 적다는 이유로 강에 들어가 세례를 받는 것을 거부한 일이 있었다고 했다. 그는 분명 침례의식을 믿는 사람이 아니었던 것이다.

분명 축치족들은 매크리가 돌아왔다는 소식을 들었을 것인데도, 매크리의 오랜 축치족 친구들이 아무도 야영지로 찾아오지 않고 있는 것은 놀랄 만한 일이었다. 우리는 그들에게서 순록고기를 얻고자 하는 심정이 절박했으므로, 그들이 우리를 찾아오기를 계속 고대하고 있었던 것이다. 그런데 그들은 오지 않았으므로, 우리가 그들을 찾아가기로 결정했다. 7월 28일 매크리는 4명을 데리고 푸른색 보트를 타고 떠났다. 4일이 지난 후, 그는 6마리의 순록과 우리가 원하는 것을 나중에 모두 구할 수 있는 좋은 정보들을 가지고 돌아왔다.

매크리가 축치족 마을에 도착했을 때, 그전에는 그렇지 않았는데, 아무도 그를 만나러 오는 사람이 없었다고 했다. 푸른색 보트가 나타나자 그들은 모두 매크리를 못 본 척하면서 혼자 남겨 두고 보트 있는 쪽으로 걸어갔다고 했다. 이런 환영받지 못하는 이상한 광경에 매크리는 아주 놀라서 어쩔 줄 몰라 하고 있었는데, 지난 겨울 함께 여행했던 오카크리(Okakrae)가 조심스레 그에게 다가왔다. 그들의 그런 이상한 행동에 대해 매크리가 물어보자, 오카크리는 다음과 같이 대답했다고 한다. 이곳 축치족 사람들은 자기들이 오두막집에 들어가 모든 것을 부수고 약탈한 것으로 매크리가 오해하고 있다고 생각하여, 만일 자기들이 매크리 앞에 나타나면 매크리가 총으로 그 자리에서 쏴 죽일 것이라고 두려워하고 있었다는 것이었다. 오카크리가 매크리 앞에서 총에 맞지 않고 살아 있는 것을 본 다른 원주민들이 그들 주위에 몰려들기 시작했고, 매크리 팀의 방문이 복수하기 위한 것이 아니라 호의적인 것이라는 것을 알게 된 그들은 매크리에게 모든 환대를 다했다고 했다.

오카크리가 말하기를, 북극해에 살고 있는 축치족 일부가 아나디르 강 남쪽에 있는 산록에서 겨울을 보내고 돌아가는 길에 매크리 팀의 야영지에 들러 그런 짓을 벌였다고 했다. 그들 중 2명이 술이라고 생각하고 무언가를 마셨는데, 1명은 살지 못했을 것이라고 했다. 오카크리가 항아리 운운 하는 말로 미루어, 매크리는 그들이 약단지에 들어있던 것을 마셨으리라고 추정했는데, 그 밖에 비소 같은 유독물에 대해서는 들은 바가 없었다.

모래톱 부근 지역에 도착한 지 며칠이 지난 후, 새로운 집이 완성되고 집 안에 침상도 들였다. 남아 있던 매크리의 낡은 난로와 연통도 다시 정비하여 들여 놓고 음식을 해먹었다. 지붕 만드는 데에는 주변에 널려 있는 잔디를 사용했다. 창문마다 모기망을 씌워 놓았고, 여러 날 동안 집 안에 연기가 가득하도록 불을 피워 모기를 쫓으려고 애를 썼다. 그러나 모든 방법이 실패로 돌아갔다. 모든 구멍을 이끼로 막았는데도 모기가 들어오는 것을 보고, 우리는 어찌할 바를 모르고 있었다. 마침내 잔디로 덮은 지붕으로 불빛을 비추어 그 새는 틈새를 찾아냈다. 통나무 사이사이 공간에 수백만 마리의 모기떼들이 숨어 있었는데, 바로 부화해 날기 시작하고 있었다. 모기들이 우리가 지붕 재료로 사용한 뗏장들에 지난 여름 알을 낳아 놓았고, 이제 그 알들이 부화하기 시작했던 것이다. 그래서 우리는 그 틈새들을 다 막아 더 이상 안으로 들어오지 못하게 했다.

매크리가 축치족 마을을 방문한 이후로, 축치족 사람들은 우리를 자주 방문했으며, 때로는 고기를 가져오기도 했다. 그러다가 마침내 그런 일도 모두 끊어지고 말았다. 그러나 이맘때쯤이면 연어가 강으로 올라오기 시작하는 때였으므로, 우리 일행이 연어를 잡아 충분히 지낼 수 있었다. 우리가 수영하는 모습만큼 축치족을 즐겁게 해주는 것은 또 없는 것 같았다. 우리가 수영을 하고 있으면, 남녀노소 할 것 없이 축치족 모두가 나와 강둑에 몰려서서 우리를 바라보았다. 우리가 물속으로 다이빙했다가 다시 나오면, 그들은 모두 동시에 "훅-호(Huk-ho)!"하고 감탄사를 발하며 놀라워했다. 어느 노인네는 이렇게 말하기도 했다.

"나는 이런 사람들과는 싸우기 싫다고. 이런 사람들은 밑으로 잠수해서 우리 가죽배의 바닥에 구멍을 뚫어 놓아 우리들을 가라앉게 만들 거야."

우리의 리볼버 권총 역시 그들의 커다란 호기심의 대상이었다. 그들은 우리가 하루 종일 탄알을 재장전하지 않아도 총을 쏠 수 있는 것으로 생각하고 있었다. 우리는 그들의 그런 생각을 바로 잡아 주려고 애쓰지 않고 그대로 두었다.

축치족은 생김새나 기타 많은 관습에 있어서 코략족과 아주 많이 닮아 있었다. 그들 또한 머리 정수리 부분을 밀어 냈고, 여자들은 얼굴에 문신을 하고 있었다. 그들의 신앙은 샤먼들의 대리행위를 통해 이루어지고 있었고, 개와 순록이 희생물로 바쳐졌다. 그들은 코략족과 마찬가지로 두 부류로 나뉜다. 한 부류는 순록 유목민이고 다른 한 부류는 해안가 정착민으로 고래, 물개, 바다코끼리 등을 잡아먹으며 산다. 한 남자가 자신이 부양할 수 있는 만큼의 많은 아내들을 거느릴 수 있다. 그리고 아내들을 마음대로 처분할 수 있는데, 팔고, 교환하고, 버릴 수 있으며, 심지어 가끔 있는 일이지만 죽이기까지 할 수 있다. 그들은 생명에 대해서 별로 신경 쓰지 않는다. 그래서 부족 중에 나이 많은 사람이나 약한 사람, 그리고 스스로 살아갈 수 없는 사람들을 죽이는 것이 그들의 정식 관습이다. 그들은 이들을 창으로 찔러 죽이거나, 돌을 던져 죽이거나, 아니면 물개가죽 끈으로 목 졸라 죽이는데, 그 선택권은 죽는 사람에게 부여한다. 죽은 사람이 생전에 많은 존경을 받았던 사람이라면 화장을 하고, 그렇지 않으면 시신을 늑대나 다른 동물들에게 내준다. 그러나 이 모든 야만스러운 관습에도 불구하고, 그들은 아주 지적이며, 또한 많은 고상한 특성들을 가지고 있는 족속이다.

나는 어느 추반치족 노인에게서 어느 늙은 축치족 촌장에 대한 이야기를 들은 적이 있다. 이 이야기는 인류의 고상한 행동에 속하는 그런 이야기여서 여기에 기록할 만한 가치가 있다고 생각된다. 그것은 정말 스파르타식 영웅주의를 생각나게 만드는 그런 것이다.

온 세상에 재앙스런 전염병들, 마마, 콜레라 등이 만연하던 시기가 있었다. 축치족 사람들은 아주 빠른 속도로 죽어 가고 있었다. 샤먼들이 각지에서 불려와서 밤낮으로 커다란 악령의 분노를 달래느라 여념이 없었다. 수많은 개들이 희생물로 바쳐졌고, 하얀 눈은 새빨간 피로 붉게 물들었다. 그러나 죽음의 신이 지배하고 있었고, 그 파괴력은 날이 갈수록 커져만 갔다. 모든 제의를 행했음에도 불구하고 효과가 없자, 그들은 각지에 있는 모든 샤먼들을 불러 모아 다음 단계로 무엇을 해야 할 것인지를 결정하기 위해 커다란 회의를 열었다. 그들은 부족신이 아주 많이 화가 나 있어서 계속 개를 희생물로 드리는 것만으로는 진정시킬 수 없다는 결론을 내렸다.

다시 피가 내를 이루며 흘러 내렸다. 수백 마리의 순록들이 제단에 바쳐져 죽임을 당했다. 아침부터 밤까지, 매일매일, 마을에는 북소리, 그리고 미친 듯이 외쳐대는 비명소리, 울부짖는 소리 등으로 가득 찼다. 위대한 그들 부족은 봄에 눈 녹듯이 사라져 가고 있었고, 머지않아 후세에게 그들의 고난을 들려줄 사람이 아무도 남지 않게 될 것이다. 이 단계에서 샤먼들은 다시 큰 회의를 소집했고, 길고도 엄숙한 협의를 거쳐 늙은 촌장을 희생물로 드리면 악령도 진정시키는 데 부족함이 없을 것이라는 결정을 내렸다. 샤먼들의 결정은 곧 법이었고, 그것은 부족민들에게 천둥번개와 같이 놀라운 결정이었다. 늙은 촌장은 부족민들 모두에게 사랑받고 있었으므로, 많은 사람들이 대신 희생물이 되겠다고 나섰으나, 샤먼들은 다른 사람들이 희생물로 바쳐지는 것으로는 속죄가 불충분하다고 말했다. 그러자 부족민들은 자기들의 안전을 위해 늙은 촌장을 희생물로 바치느니, 차라리 전염병에 걸려 죽겠노라고 결심했다.

그때 늙은 촌장이 부족민들을 모두 모아놓고, 마을의 안녕을 위해 자신의 생명을 거두어 줄 것을 간곡히 부탁했다. 그러나 그의 생명을 거두어갈 일을 맡고자 하는 사람이 한 명도 없었다. 그러자 늙은 촌장은 자기의 외아들인 젊은 청년을 불러서 자신의 창을 넘겨주고 자신의 심장에 창끝을 겨누게 한 다음, 아들에게 푹 찌르라고 명령했다. 아들은 이 명령을 거부했으나, 결국 이어지는 아버지의 재촉과 욕설에 시키는 대로 창으로 찔렀다. 전 지역에 걸쳐 울음소리가 가득했다. 그 이후 곧 전염병은 사라졌고, 부족민들은 모두 전염병이 사라진 것은 늙은 촌장의 죽음 덕분이라고 생각했다.

일부 샤먼들은 아주 전문적인 마술꾼들이기도 하다. 그들은 공개 석상에서 마술을 부리기도 하는데, 가장 일반적인 것이 자신의 혀를 자르거나 자신의 신체 부위에 칼을 찌르는 행위이다. 이런 행위 때문에 그들은 부족민들 사이에서 거의 초인적 존재로, 또 무서운 존재로 여겨지는 것이다. 나는 멀리 남쪽 아무르 강에서부터 여행을 해오는 동안, 그들의 교묘한 마술에 대해서 들은 적이 있는데, 항상 그것들을 눈으로 보기를 원했지만, 나는 결코 그런 좋은 기회를 만나지 못했다.

축치족은 용감하고, 자주적이며, 호전적인 종족이다. 그래서 이웃 부족들이 두려워하는데, 실상 그들은 총포에 대한 극도의 공포심을 갖고 있다. 그들의 공격 무기란 것은 창, 활, 돌팔매끈 등이고, 방어를 위해서 2중으로 된 커다란 수사슴가죽 갑옷을 입을 뿐이다. 그 갑옷 안에는 모래가 채워져 있어 적으로부터의 창과 화살을 막아 준다. 코랴족과 마찬가지로 그들은 달리기, 뛰어오르기, 레슬링 등을 좋아하는 운동의 달인들이다. 모든 면에서 코랴족과 닮아 있어 서로 구분하기가 쉽지 않다. 그러나 언어는 서로 조금씩 다르다.

지금까지 우리가 만나 왔던 축치족 사람들은 순록유목민에 속한다. 겨울 여행을 위해 그들은 유목 코랴족과 마찬가지로 똑같은 종류의 썰매와 설피를 사용하고 있다. 여름에는 내가 이미 기술한 대로 그들은 비데라와 비다르카란 보트를 이용하고 있다. 그런 보트를 타고 강을 거슬러 올라가거나 해안가를 따라갈 때, 그들은 해안가에 긴 물개가죽 끈을 붙들어 매놓고 개들을 시켜 줄을 잡아당기도록 한다.

그들은 모든 원주민들이 그렇듯이 아주 애연가들인데, 무엇보다 담배를 절약할 수 있도록 만들어진 아주 요상하게 생긴 담배 파이프를 사용한다. 담뱃대에는 바느질 골무만한 크기의 그릇 모양으로 생긴 것이 달려 있는데, 보통 그것은 아연이나 구리로 만들어져 있다. 담뱃대 길이는 때때로 남자 팔길이보다 더 긴 것도 있다. 담뱃대 속은 비어 있으면서 아래쪽에 조그만 문들이 있는데, 그곳들을 통해 담배 찌꺼기들을 제거할 수 있으며, 언제든지 그 문들을 여닫을 수 있다. 이곳에서는 담배가 귀하기 때문에 이런 구조로 만들어졌는데, 그들은 항상 부드러운 나무나 나무껍질을 난도질해 담배와 똑같은 양으로 서로 섞어 사용한다. 담배가 없을 때는 얇게 깎아 낸 나무부스러기들을 니코틴 액에 담갔다 말린 것을 담뱃대에 넣어 담배 대신 피운다. 일부 사람들은 거의 니코틴 중독이 되어서 항상 입에 달고 사는데, 때때로 아나디르스크에까지 가서 물물교환으로 담배를 구해 온다.

8월 1일 마르코바 마을 신부가 강 상류 쪽으로 되돌아갔다. 그때까지도 아직 큰 배가 도착하지 않고 있었으므로, 큰 배가 도착하는 것을 보고 싶어 하는 원주민들이 그동안 우리를 따라와 있었다. 그런데 기다려도 오지 않자, 그들 대부분이 큰 배가 결코 오지 않을 것이라고 결론을 내리고 자기들 마을로 되돌아가려고 했다. 게다가 그들은 다가오는 겨울에 대비하여 물고기와 순록을 확보해 놓기 위해 때에 맞춰 되돌아가려고 했다. 그러나 우리는 그들 중 4명을 설득해 남아 있도록 했고, 만일 우리가 큰 배를 기다리다 돌아가지 못하는 경우가 생기면, 나중에 겨울길이 열리자마자 우리가 타고 돌아갈 수 있도록 개썰매 10~12대를 우리에게 보내라는 지시를 그들 4명을 통해 코사크족 동료 코셰빈에게 전하도록 보냈다.

우리는 큰 배가 도착하지 않을지도 모른다는 일말의 두려운 생각이 들기 시작했다. 어쩌면 배에 어떤 큰 사고가 생겼을지도 모르는 일이었다. 더 이상 배가 강 하구까지 들어오지 못한다는 사실을 확인하기까지 우리는 어떡하든 입에 풀칠을 하면서라도 기다리겠다는 것이 우리의 의도였다. 그게 확인되면 우리는 가능한 한 우초스티카 마을로 가야만 했다. 거기에 도착하면 우리는 따뜻한 환영과 먹을 것을 충분히 보장받을 수 있고, 그러면서 아나디르스크로부터 코셰빈이 보내 준 개썰매가 도착하기를 기다릴 수 있을 것이다.

연어는 아직 아주 귀한 때였고, 우리의 말총 그물은 너무 낡아서 한 번 던지면 엉키는 바람에 한 마리 이상을 잡을 수 없었다. 그래서 우리는 다시 한 번 식량 부족 사태에 이르게 됐다. 그런데 다행스럽게도 이웃 툰드라지대에서 우리는 연어와 워틀베리(whortleberries)[96]를 찾아내었고, 그것들은 우리가 기아 상태에서 벗어나는 데 다소 도움이 됐다.

우리는 모든 면에서 다 닳고 낡아빠진 상태에 있었다. 우리의 속옷은 여기저기가 닳아빠져서 맨몸을 다 가리지 못할 정도였고, 수사슴가죽옷은 어디 찢어져 나간 부분은 없었지만, 너무 오래 사용해서 많이 닳고 손상돼 있었다. 주변에 물이 풍부하고, 그래서 모기가 많은 것 역시 사실이었다. 실제로 모기가 너무 많아서 단벌 옷을 벗어들고 세탁 한 번 하기도 어려웠다.

---

[96] 월귤나무의 일종.

| 제 29 장 |

매크리 팀 야영지에서의 생활-물고기 잡이-증기선 라이트 호의 라본과 윔퍼-증기선의 첫 모습-애완견을 처음 본 원주민들-아나디르 내(內)만과 외(外)만-골든게이트 만-플로버 만으로 항행-플로버 만-축치족 마을-회사 범선 나이팅게일 호와 러트거스 호-전신선 중계소 건설 작업-북부 해안가 원주민들-주거-비데라-먹거리-물물교환-바다코끼리 사냥-한 떼의 축치족 사람들-노인 죽일 준비-무관심-축치족 난쿰의 설명-죽이는 방법-풍부한 해부학 지식-강을 오르내리는 작은 증기선-회사 범선 골든게이트 호의 도착-아나디르 강으로 출발-증기선 웨이드 호-좌초된 골든게이트 호-전신선 중계소 위치 선택-골든게이트 호를 끌어당기는 웨이드 호-다가오는 겨울-무거운 물자 내리기-다시 뜬 골든게이트 호-강풍에 침몰한 바지선-웨이드 강-겨울 준비-첫눈-얼어붙는 강-다시 좌초된 골든게이트 호-두꺼운 얼음덩이-위험에 빠진 웨이드 호-웨이드 호의 올해 마지막 여행-얼음을 뚫고 해안가로-해안가에 올려진 웨이드 호-난파된 골든게이트 호-선원들의 위험한 탈출-보급품 내리기-우울한 전망-선원들 숙소 건설-중계소 건물-보급책임자 파남의 저장소-도서관-우리 숙소-동장군 오기를 기다림-줄어든 배급량-중계소 규칙-업무 분담-우리의 새로운 손님들-이전 거주자들이 남긴 십자가들

매크리 팀 야영지에 있는 동안 우리는 잠자는 일로 날을 보냈다. 그러다 보니 하루에 몇 번씩 밥 먹을 일이 없었다. 아침에 일어나면, 첫 번째 하는 일이 먼저 오두막집 문을 열고 강 하류 쪽에 배가 도착한 기미가 있는지를

꼼꼼히 살핀다. 아무런 기미가 없다는 것이 확인되면, 잠시 실망에 빠져 있다가, 곧 그물을 챙겨들고 자갈이 많이 깔려 있는 해변가로 내려가 아침 먹거리를 찾는다. 그렇게 물고기가 잡히면 종종 저녁 식사거리가 되고, 가끔 한두 번은 많이 잡혀 성대한 저녁 식사가 되기도 한다.

이런 식으로 우리는 한 끼 식사에 만족해 왔다. 물고기를 잡고, 불을 지피고, 프라이팬에 물을 붓고 물고기를 넣어 끓이면, 스튜 비슷한 음식이 만들어지는데, 그 속에는 물고기 외에 다른 부수 재료들이 들어가는 일이 없다. 우리는 그것을 그냥 씹어 삼킨다. 우리는 그런 행위에 '먹는다'라는 말을 쓰지 않는다. 왜냐하면 그 말에는 어떤 즐거움이란 것이 포함돼 있는 말인데, 우리가 정기적으로 뱃속에 음식을 집어넣는 행위는 전혀 그런 즐거움이 없기 때문이다. 우리는 그저 생명 유지에 필요하기 때문에 먹는 것이다. 밤에 우리는 다시 한 번 강을 꼼꼼히 살펴본 뒤에 잠자리에 들었다.

그렇게 하루하루가 지나갔다. 그해에 전신선 가설 공사를 조금이라도 할 수 있을 가능성이 점점 줄어들고 있었고(왜냐하면 여름 시기를 놓치면 한 해를 놓치는 것이기 때문에), 도착해야 할 배가 오지 않으므로 배의 안전에 대한 의구심과 불안감이 점점 커져만 가고 있었다.

8월 14일 밤, 우리는 오지 않는 배에 대해 많은 걱정을 하면서 잠자리에 들었다. 다음 날 일찍 나는 주위가 시끄러운 바람에 잠에서 깨었는데, 나가 보니 낯선 사람들이 와 있었다. 그들은 미국인들이었다. 탐험대의 통역사인 라본(Labourne)은 내가 전에 본 적이 있는 사람이었고, 나머지 사람들은 처음 본 사람들이었다. 서로 악수를 나누고 소개를 했다. 그들은 통역사 라본, 화가인 프레데릭 윔퍼(Frederick Whymper), 전신 증기선 라이트 호(the telegraph steamer Wright)의 2등항해사, 선원 한 명으로 구성돼 있었다. 라이트 호는 아나디르 내(內)만(Anadyr bay) 입구 아래쪽으로 약 50km 떨어진 지점에 정박해 있으면서 작년에 두고 간 석탄을 싣고 있다고 했다. 탐험대의 기술책임자이자 탐험대장인 벌클리 대령이 승선해 있는데, 그는 플로버 만(Plover bay)97)에 있는 프로비덴스 항(Port Providence)98)으로 갈 예정이며, 그곳에서 다른 배들과 만날 계획이라는 것이었다. 그는 아나디르 강 하구에서 탐험팀 대원들을 만나리라고는 생각하지 않았지만, 만일 누군가 강 하구로 내려오는 사람이 있을지도 모른다는 생각에 이 팀을 보내어 편지를 전하고자 했던 것이다.

냉동 고기, 딱딱한 빵, 당밀99) 등으로 푸짐한 식사를 마친 후, 하더에게 이 야영지를 지키도록 당부하고, 우리는 이 새로운 친구들과 함께 증기선이 있는 곳으로 떠났다. 우리 원주민 일행들은 우리만큼 관심이 많았다. 그들은 증기선 같은 커다란 배를 본 적이 없어서 모두가 촉각을 곤두세우고 있었다. 폭우가 쏟아지고 있었지만, 우리는 그런 것에 아랑곳하지 않았다. 4시간 동안의 항해 끝에 드디어 안개 속에서 우리 앞에 검은색의 커다란 증기선이 그 모습을 드러냈다. 우리가 다가오는 것을 보고 증기선의 대포

---

97) 러시아어로는 프로비데니야 만(Provideniya bay, 영어로는 Providence bay). 축치 반도 남쪽 해안에 있는 만. 플로버 만이란 영어 이름인데, 원래 프로비데니야 만 안쪽에 있는 피난처를 의미했다. 1848년 1월 영국 배 플로버 호(HMS Plover)가 행방불명된 프랭클린 탐험대를 찾아 플리머스 항을 떠나 베링 해로 향했다가 이곳에서 한 겨울을 안전하게 보냈으므로, 최초로 베링 해 지역에서 겨울을 성공적으로 보낸 것을 기념하여 프로비데니야 만을 플로버 만이라 명명했다. 이후 1865년 러-미 전신회사 소속 탐험선인 골든 게이트(Golden Gate) 호가 이곳을 방문했으며, 탐험대원인 프레데릭 윔퍼(Frederick Whymper)는 이곳이 "여름이면 안쪽에 여러 척의 포경선들이 정박해 있는 것이 보통"이었던 곳으로 묘사하는 등 여러 기록을 남겼다.
98) 러시아어로는 프로비데니야 항. 오늘날 러시아 북동쪽 베링 해 끝단에 있는 추코트 자치구에 속한 인구 약 2,000명의 항구 도시이며, 공군 기지가 있어 러시아와 북미지역을 연결하는 교량 역할을 하고 있다. 인구의 절반 이상이 축치족 및 유픽족(Yupiks. 에스키모족)이다.
99) 당밀(糖蜜. molasses)은 사탕수수나 사탕무를 설탕으로 가공할 때 부수적으로 나오는 찐득한 시럽을 말한다. 정제된 설탕과는 달리 당밀에는 상당량의 비타민, 미네랄이 들어 있다. 그래서 당밀은 간혹 건강식품으로 팔리기도 하며, 소사료 등 다른 산업적 용도로도 쓰인다.

가 환영한다는 의미로 축포를 발사했고, 잠시 후 우리는 수많은 친구들에 둘러씌이게 됐다. 그들은 물에 흠뻑 젖은 수사슴가죽옷을 입고 있는 우리를 찬찬히 살펴보면서 끝없는 질문 공세에 들어갔다.

우리가 도착했을 때, 라이트 호는 이미 석탄 선적을 끝내고 출항 준비를 하고 있었다. 나는 내 공사 구역에 필요한 물자, 인력, 공급품 등을 구하기 위해 플로버 만으로 가는 것이 필요했고, 또 벌클리 대령이 나를 초청했으므로, 일단 벌클리 대령과 동행하기로 했다.

우리와 동행한 원주민들을 지켜보는 것은 아주 즐거운 일이었다. 그들은 온통 놀라움에 휩싸여 있었다. 선실 주변에 칠해져 있는 페인트와 금박 장식, 각종 기계류, 커다란 돛대들, 그리고 그 밖에 배의 모든 것들이 그들에게 계속 놀라움의 감탄사를 연발하게 만들었다. 증기를 내뿜는 날카로운 소리 때문에 하마터면 그들은 거의 배 밖으로 뛰어내릴 뻔했다. 배 안에는 작은 개 2마리가 있었는데, 그중 한 마리는 아주 못생긴 래트테리어[100] 종 개였다. 그 개는 회색 상의를 입고 있었는데, 여러 가지 재주를 부리도록 훈련받은 개였다. 원주민들은 오랜 시간 동안 이 개를 호기심 어린 눈으로 바라보고 있었는데, 그들은 이전에 본 적은 없지만, 들어서 알고 있는 고양이가 바로 이 작은 동물이라고 생각하고 있었다. 그런데 그 작은 동물이 개라는 사실을 알게 되자, 그들은 어이가 없어 할 말을 잃고 있었다. '플로라(Flora)'란 이름의 이 래트테리어는 검은색과 갈색이 섞여 있는 얼룩이로 털에서 윤기가 났다. 플로라가 자신을 바라다보고 있는 원주민들 사이로 훌

---

[100] 1820년대 영국에서 다람쥐 사냥을 위해 작은 품종의 개 폭스테리어를 만들어 낸 게 시초이다. 1890년대 미국으로 건너간 폭스테리어 품종은 그레이하운드, 비글, 위페트 품종들과의 교배를 통해 래트테리어 품종으로 태어났다. 이 개는 미국 남부에서 인기 있는 스포츠였던 쥐잡기 대회에서 1등을 차지하면서 인기를 끌었고, 그래서 래트테리어란 이름이 붙었다. 시어도어 루즈벨트 대통령이 가장 좋아했던 사냥견으로 널리 알려져 있다.

쩍 뛰어들자, 원주민들은 모두 놀라서 몸을 떨며 뒤로 물러섰다. 아직도 그들은 이 동물이 개라는 사실을 믿지 못하고 있었다.

내가 원주민들 중 한 명에게 물어 보았다.

"자, 니콜라이, 당신은 이 증기선에 대해 어떻게 생각하고 있습니까?"

그가 대답했다.

"오, 나는 모르겠습니다. 나리."

그의 대답은 그들 전체의 심정을 대변하는 것이었을 것이다. 나중에 매크리에서 들은 바에 따르면, 그들은 이 처음 보는 광경에 너무나 혼란스러웠던 나머지, 이후로 며칠간 제정신으로 돌아오지 못했다고 했다.

매크리 팀 야영지 아래쪽으로 약 10km 정도 되는 지점에서는 아나디르 강이 폭이 넓어지면서 커다란 만, 혹은 호수라고도 말할 수 있는 곳으로 들어가는데, 그 만은 길이가 약 30km에 달했고, 그 남쪽 끄트머리에는 내가 전에 말했던 아르노라 강(Arnora river)이 유입되고 있는데, 우리는 나중에 이 만에 골든게이트 만(Golden Gate bay)이란 이름을 붙여 주었다. 이 만 아래쪽으로는 해안들이 다시 서로 가까이 접근해 가다가 다시 또 하나의 만을 형성하게 되는데, 이것이 바로 아나디르 내(內)만(Anadyr bay)이며, 이 만 아래쪽으로 약 5~6km 거리에는 베링 해의 한쪽 팔 격인 '아나디르 외(外)만(Anadyr gulf)'이 위치해 있다. 우리가 증기선을 탔을 때, 증기선은 골든게이트 만의 입구에 있었다.

매크리 팀 야영지로 돌아가기로 돼 있는 매크리가 증기선으로부터 필요한 물자들을 자신의 보트에 옮겨 싣자마자, 증기선의 프로펠러가 움직이기 시작했고, 나를 태운 증기선은 빠르게 너른 바다로 빠져나왔다. 8월 16일 우리는 아나디르 강을 떠나서 18일 플로버 만에 도착했다. 날씨는 평온하고 아름다웠으며, 여행은 아주 즐거웠다. 특히 기나긴 유배생활을 끝낸 다음인 나에게 있어서는. 여행하는 내내 거의 우리는 북쪽 해안의 평원지대 풍경을 감상하면서 왔는데, 그 평원지대에서 몇 베르스따 안쪽으로 적당히 높은 산들이 단조롭게 이어져 있었다. 그리고 그 산들과 바다 해안가 사이에는 툰드라지대가 굽이치며 뻗어 있었다.

우리가 플로버 만에 다가가자, 이 산들은 점점 해안가 쪽으로 낮아져서 결국에는 바닷가에 높은 절벽을 형성하면서 끝을 맺고 있었다. 만은 이 산들의 바로 한가운데에 형성돼 있었는데, 폭은 약 3km 정도를 유지하면서 바다로부터 약 30km 정도 뒤로 물러나 있었다. 그 입구는 기다랗고 좁은 모래톱으로 거의 봉쇄돼 있었는데, 모래톱은 동쪽에 있는 곶으로부터 쭉 뻗어 나와 있어 배들이 안쪽으로 대피할 수 있는 매우 안전한 정박소를 제공해 주고 있었다. 이 부근에는 축치족 마을이 하나 있는데, 가구수는 12가구가 넘었다. 이들은 북부 해안가에 사는 축치족으로, 이들 중 일부가 바로 매크리 팀의 야영지에 들어와 집을 엉망으로 만들어 놓았던 장본인들이었다. 주변에 있는 산들은 모두 높고, 가파르고, 험했는데, 바윗덩어리들도 모양이 둥글거나 뾰족하거나 각양각색이었다. 만에 가까이 있는 산들은 몇 곳을 제외하고는 모두 황폐해서 다른 지역에는 많이 있는 이끼조차도 이곳에서는 뿌리를 내리지 못하고 있었다.

만 안으로 들어서자, 우리는 입항할 순서를 기다리고 있는 우리 회사 배 2척, 즉 나이팅게일 (Nightingale) 호와 돛이 3개인 러트거스 (Rutgers) 호를 볼 수 있었다. 아나디르 강에 도착할 예정이었던 돛이 3개인 골든게이트 (Golden Gate) 호는 2주일이 지나도록 도착하지 않고 있었다. 그래서 결과적으로 나도 더 오랫동안 억류돼 있을 수밖에 없었다. 플로버 만은 커다란 곶의 끄트머리에 위치해 있었다. 이 곳을 가로질러 약 60km 길이의 육상 전신선이 설치되기로 결정돼 있었다. 그러면 베링 해를 가로질러 오는 선과 아나디르 내(內)만을 가로질러 오는 선을 중간에서 연결해 주게 되는 것이다. 여기에 전신선 중계역이 세워질 것이고, 다음 겨울 동안 한 팀이 남아 그 공사를 맡게 될 것이다. 그리고 이미 그런 목적으로 쓸 통나무들이 운반돼 있었으므로, 라이트 호가 도착하면 바로 회사 배들이 만의 다른 쪽 끄트머리로 이동해서 건물 지을 장소를 선택하고 공사를 시작하기로 돼 있었다. 샌프란시스코로부터 소집돼 온 많은 인력들이 전신선 경로를 따라 여러 다른 지역들에 배치됐고, 그들 모두는 해안가에 상륙해 작업을 도왔다. 짧은 시간 동안에 그 선택된 지역들에는 노동 인력들이 활기를 띠고 있었다. 어떤 팀은 바다 기초 닦을 돌들을 나르고 있었고, 또 다른 팀은 지붕에 얹을 잔디를 파서 날랐으며, 또 다른 팀은 목수가 쓸 목재를 공급해 주기 위해 해안가에서 통나무들을 날라다 주었다.

그러는 동안 우리는 라이트 호를 타고 골든게이트 호를 찾으러 만의 입구 쪽으로 여러 번 다녀왔고, 또 축치족 마을도 여러 번 다녀왔다. 이곳 북부 해안가 축치족 사람들은 내가 이미 전에 묘사했던 축치족 모습과 거의 똑같았는데, 주변 환경이 불모지대이고 표류목이 전혀 없었으므로, 그들은 집과 보트 만드는 재료들을 다른 데서 찾아야만 했다. 그래서 그들은 텐트를 바다코끼리, 물개, 순록 등의 가죽으로 만들어야 했고, 또 텐트 틀을 만드는 데 쓸 곧은 나무 장대들을 구할 수 없었으므로, 대신에 굽은 고래뼈를 사용해 텐트 틀을 만들다 보니 통상 텐트의 형태는 타원형이 됐다.

그들은 연료로 고래 기름을 사용했다. 그들이 사용하는 커다란 가죽 보트인 비데라는 보통 바다코끼리 가죽으로 만들어지는데, 때때로 그 틀은 역시 그 뼈로 만들어진다. 이 가죽 보트는 아주 험한 날씨에도 종종 바다에 떠워지는데, 뒤집어지는 것을 막기 위해 양쪽에 공기를 불어 넣은 물개가죽 통들을 매달아 놓았다. 그리고 그들은 날개가 하나인 짧은 노를 잡고 보트를 저었다. 겨울에는 순록가죽옷을 입고 물개가죽 장화를 신는데, 여름에는 많은 사람들이 새 깃털을 적당하게 꿰매어 만든 옷을 입는다. 비오는 날에는 고래나 바다코끼리의 내장, 혹은 물고기가죽으로 만든 뒤집어쓰는 옷이나 두건을 입는다. 이런 옷들은 종종 맑은 날씨일 때도 착용된다. 동부 시베리아 전역에 걸쳐서 러시아인에게 동화된 원주민들은 이런 재료들을 창문 만드는 데에도 이용하고 있는데, 고래나 바다코끼리의 내장은 반투명하기 때문에, 얼음을 사각형으로 만들어 창문으로 사용하는 것보다 많은 면에서 더 나았다. 그리고 그들은 종종 물고기가죽도 비늘을 제거하여 창문으로 사용하고 있다.

그들의 주식은 거의 고래, 물개, 바다코끼리 등으로 구성되는데, 이 동물들은 이 지역에 풍부하기 때문에 축치족은 먹거리가 떨어지는 경우가 거의 없다. 게다가 그들은 매년 이곳 해안으로 찾아오는 고래잡이 어선들 및 무역 상인들과 바다코끼리 어금니, 고래 뼈, 고래 기름 등을 술, 총, 그리고 그들이 원하는 다양한 물품들과 바꾸는 물물교역을 아주 적극적으로 행하고 있다.

여름이 되면 그들은 항상 성공하는 것은 아니지만, 바다코끼리를 잡는 데 아주 영리한 방법을 사용하고 있다. 모래톱 부근 지역을 몇 번 오가는 동안 운 좋게도 나는 바다코끼리를 잡는 장면을 목격할 수 있었다. 해안에서 약 1km 정도 떨어진 바다에서 여러 마리의 커다란 검은 동물들이 이따금 수면 위로 그 모습을 드러내고 있는 광경이 나의 눈길을 끌고 있었다.

그러다가 그 동물들은 커다랗게 물을 튀기며 곧 물속으로 들어가 시야에서 사라졌다. 축치족 사람들은 그 동물들을 보자마자 각자 뼈촉 달린 작살 6개씩을 지참하고 탈 수 있는 데까지 많은 사람들이 비데라에 승선했다. 작살에는 기다란 물개가죽 끈이 달려 있고, 그 끝에는 공기를 불어넣은 물개가죽 통이 묶여 있었다. 그런 다음 그들은 각자 검은 고래 뼈로 만든 끝부분이 길고 평평한 노를 잡고 바다코끼리가 있는 지점으로 빠르게 노를 저어갔다. 보트의 앞쪽에는 축치족 한 명이 작살을 들고 던질 자세를 취하고 있었다. 목표 지점에 도착하자마자 절반 가량의 사람들이 노를 내려놓고 이번에는 평평하게 생긴 고래 뼈를 잡은 다음, 물 표면을 찰싹찰싹 두드려 소리를 내기 시작했다. 이것은 그 동물들의 호기심을 자극하여 수면 위로 다시 떠오르게 유인하는 것이다. 이렇게 여러 번 그 동물들이 떠오르도록 유인하다가, 그중에서 사정권 안에 가까이 다가오는 바다코끼리를 향해 작살을 던졌다. 작살이 그 동물 몸에 적중하면 줄에 연결된 물개가죽 통을 즉시 바다에 내던졌다.

작살이 한번 꽂히게 되면 아주 단단해서 그 동물이 그것을 뽑아 낼 수가 없고, 또 부표인 물개가죽 통이 그 위치를 알려 주고 있어 도망치기가 쉽지 않기 때문에, 다시 여러 개의 작살을 몸에 맞을 수밖에 없었다. 잠시 후 그 동물의 몸에는 많은 부표들이 연결돼 있어 더 이상 그 동물은 물밑으로 잠수해 도망칠 수 없게 됐다. 그러자 마지막으로 보트 한 척이 다가와 창으로 그 동물의 급소를 찔러 죽여 버렸다. 그들은 이렇게 2마리를 더 잡았다. 고래를 잡는 데도 이와 똑같은 방법이 사용되는데, 단지 수면을 찰싹찰싹 두드리는 과정이 생략되고, 또 그 거대한 동물을 수면 위로 띄우기 위해서는 아주 많은 수의 물개가죽 통이 필요하다는 점이 다를 뿐이다.

어느 날 증기선이 만 아래쪽 끄트머리에 정박해 있는데, 우리는 마을 뒤쪽으로 약 1km 떨어져 있는 험한 산의 한 지점에 원주민들이 아주 많이 모여 있는 모습을 발견했다. 우리는 그들이 왜 모여 있는지 궁금해서 보트 한 척을 내려 타고 해안가에 도착했다. 우리는 울퉁불퉁한 바위들이 널려 있는 산길을 약 100m 정도 올라가야만 했다. 도착해 보니 사방에는 바윗돌들이 널려 있고, 또 부서진 사람 해골과 다른 뼈들이 널려 있었다. 우리는 곧 이곳이 축치족 사람들이 노인이나 살기 힘든 사람들을 죽이는 장소라는 것을 직감하게 됐다. 이제 우리는 그런 야만적인 장면을 목격하게 되는 순간에 있는 것이다. 나는 고백하건대, 당시 나는 마음이 아파서 도저히 축치족 사람들이 모여 있는 곳으로 발길이 떨어지지 않고 있었다. 그런데 축치

바다코끼리 사냥

족들이 보통과 다름없이 이야기를 나누면서 가끔 웃음도 터뜨리고 하는 모습에 우리는 긴장을 풀고 가까이 다가갔다.

그 자리에는 남녀노소 모두 합해 약 40명 가량의 축치족 사람들이 모여 있었는데, 모두가 정신이 멀쩡한 상태로 있었다. 그들 한가운데에는 평평한 땅위에 돌들이 약 2m 정도의 길이로 하나의 타원형을 이루고 있었고, 그 옆에는 방금 죽인 순록 한 마리가 누워 있었다. 5~6명의 부녀자들이 순록의 살점을 뜯어내 한줌 정도의 담배 가루와 함께 돌들 위에 뿌렸다. 모두가 뭐라고 이야기를 하면서 간혹 웃음을 터뜨리기도 했다. 그들은 그들의 신에게 제물을 바치고 있는 것 같았다. 그래서 우리는 고래잡이 어부들이나 무역 상인들에게서 조금 영어를 배워 알고 있는 축치족 사람 난쿰(Nan-Kum)을 옆에 불러다 놓고 질문을 하기 시작했다. 모여 있는 사람들 중에 한 명을 가리키면서, 그가 대답했다.

"저 노인을 보세요. 눈이 없어요. 그를 죽일 겁니다."

그가 가리키는 곳을 보니, 다른 사람들 사이에 눈이 먼 한 노인이 바위 위에 앉아 있었다. 그런데 그의 얼굴 표정이 아주 평온하고 태연해서 희생자라고는 전혀 생각할 수 없을 정도였으므로, 우리는 그가 사람을 잘못 가리킨 것이 아닌가 하는 생각이 들었다. 아무도 그 노인에게 주의를 기울이는 사람도 없었고, 또 그 노인에게서 어떤 특별한 모습도 보이지 않았다. 또한 그 노인의 친구들조차 그 노인이 곧 다른 세계로 인도된다고 느낄 만한 행동을 전혀 보이지 않고 있었다.

우리가 또 물었다.

"그런데 무엇 때문에 그를 죽이려고 하는 겁니까, 난쿰?"

"노인은 그를 좋아합니다. 노인은 순록을 많이 갖고 있어요. 작년에 노인의 아들이 죽었어요. 노인은 아들을 많이 좋아했어요. 노인 역시 죽고 싶어해요. 노인은 축치족 사람들이 자기를 죽여 주길 원해요. 맞아요. 노인은 자기를 죽일 사람을 뽑지 않았어요. 맞아요. 아무도 노인을 죽이지 않았어요. 지난달 노인은 자기를 죽여 주긴 원해요. 오늘 축치족 사람들이 그를 죽이려고 해요."

우리로써는 난쿰이 뜻하는 바를 알아내기가 좀 어려웠다. 하지만 마침내 노인의 요청에 따라 그들이 노인을 죽이려 하고 있다는 사실을 알아 차렸다. 그 노인은 순록을 많이 갖고 있는데, 작년에 외아들이 죽었다. 노인은 아들을 무척 사랑했기 때문에, 아들이 죽자 삶이 그에게는 짐이 됐고, 그래서 부족 사람들이 자신을 죽여 주기를 원했다. 그렇게 죽을 날짜가 확정됐는데, 노인의 손자 아이가 슬피 울면서 죽지 말라고 간청하여 노인은 손자 아이를 위해 죽지 않기로 했다. 그러나 노인은 다시 마음을 바꾸어 이제 노인이 바라는 대로 죽을 순간에 있는 것이었다.

난쿰은 우리에게 그들이 어떻게 희생자들을 죽이는지에 대해 말해 주었다. 만일 희생자가 주변 사람들의 존경을 받는 사람이라면, 그들은 먼저 그에게 어떤 물질 – 나로서는 그것이 무엇인지 알 수가 없었다 – 을 흡입하게 하여 무감각한 상태로 만들어 놓고, 그런 다음 대동맥을 끊어 피가 흘러나오게 함으로써 죽음에 이르게 한다는 것이었다. 난쿰은 이런 이야기를 하면서 대동맥의 여러 다른 위치들을 손가락으로 가리키며 풍부한 인체 해부 지식을 보여 주었다. 그런 다음 그들은 죽은 사체를 항상 화장한다고 했다. 그 밖의 다른 사람들의 경우, 그들은 창으로 찔러 죽이거나 돌을 던져 죽인다고 했다. 또한 일부 사람들의 경우, 올가미로 목을 졸라 죽인 다음, 산에 있는 바위 위에 올려놓는다고 했다. 그러면 바위 위에서 썩어가거나, 아니면 늑대나 곰, 떠돌이 개들에 의해 뜯어 먹힌다고 했다.

난쿰은 우리가 그런 야만스런 관습에 대해 동의하지 않고 놀라고 있는 것을 보고 이해할 수 없다는 반응이었다.

우리 일행 중 한 명이 말했다.

|제29장| 539

"그것은 좋지 않은 것입니다, 난쿰. 아주 나쁜 것입니다."

그가 대답했다.

"나쁘지 않습니다. 축치족 사람들은 그를 많이 좋아합니다. 모든 친구들, 모든 사람들이 똑같습니다. 나도 늙으면 똑같이 나를 죽여 달라고 합니다."

우리는 축치족 사람들이 다음 순서를 진행하려고 한다는 것을 알아채고 더 이상 보고 싶은 마음이 들지 않았다. 그들 역시 우리의 존재가 부담스러워 잠시 진행을 멈추고 있었다. 나 역시 어떤 변명을 대고 자리를 뜨고 싶어 했으므로, 우리는 곧 자리를 떠났다. 난쿰이 나중에 나에게 말해 주기를, 그 노인은 결국 죽임을 당하지 않았다고 했다. 왜냐하면 노인의 손자 아이가 다시 한 번 노인의 마음을 바꾸어 놓았기 때문이었다. 하지만 우리 배가 만을 떠날 때까지 어쩌면 그들이 노인 죽이는 것을 일부러 미뤄 두는 것일 수도 있었다.

우리 회사 소속의 커다란 쾌속 범선인 나이팅게일 호는 샌프란시스코에서부터 바닥이 평평한 2척의 작은 증기선을 분해해 갑판에 싣고 왔는데, 1척은 러시아의 미국 땅에 있는 유콘 강(Yukon river) 항해를 위해 제작한 것이고, 다른 1척은 아나디르 강 항해를 위해 제작한 것이다. 벌클리 대령이 도착하자 곧 이 작은 증기선들은 나이팅게일 호 갑판에서 내려졌고, 분해된 부분들이 조립되기 시작했다.

전에 이야기했듯이, 골든게이트 호는 우리가 만에 들어온 후 2주가 지나서야 비로소 도착했기 때문에, 대신 여러 공사 지점에 들를 예정인 다른 배들에게 공급품, 전신 자재, 각종 기구 등을 옮겨 주고 배분해 주느라 거의 2주 정도의 기간이 더 소요됐다. 마침내 9월 12일경 이 북부 아시아 지역에서 내년에 필요한 모든 것들이 골든게이트 호에 실렸다. 중계역 사무소 건설 공사에 필요한 통나무들이 포함됐고, 짐을 싣고 운반하기 위한 커다란 바지선 한 척도 따라갔으며, 9개월 동안 25명의 인력들이 소비할 보급품들 역시 포함됐다. 내 팀의 인력은 이렇게 증가해 있었다. 하지만 우리는 내년 여름이 되기 전까지는 별로 할 일이 없었으므로 이보다 더 많은 인력이 필요치 않았다.

더 이상 낭비할 시간이 없었으므로, 모든 것이 준비되자마자 우리는 작은 증기선 웨이드(Wade) 호를 끌고 출발했다. 웨이드 호는 배 뒤쪽에 외바퀴 수차가 달려 있는 작은 보트로 길이가 약 20m 정도인데, 짐을 약 20톤 정도 실을 수 있었다. 우리가 플로버 만을 떠날 당시에 웨이드 호는 굴뚝을 세우고 수차를 결합하기만 하면 바로 사용할 수 있는 상태에 있었다. 마침 날씨가 좋아서 기술자인 포브스(Forbes)가 몇몇 인력의 도움을 받아 견인되는 상태에서 그런 작업을 모두 마칠 수 있었다.

9월 19일 우리는 아나디르 강 하구에 들어섰고, 방향을 북쪽에 있는 작은 골든게이트 만 쪽으로 돌렸다. 그 만은 아나디르 외(外)만을 가로질러 뻗어 나갈 전신선의 끝을 상륙시키기에 최적의 장소로 선택된 곳이었다. 하지만 골든게이트 호가 5~6km밖에 나아가지 못한 상태에서 어느 모래톱에 좌초됐다. 나는 즉시 재레드 노턴(Jared Norton)에게 보트 1척과 승무원 1명을 대동해 매크리 팀 야영지로 가서 현재 우리가 좌초해 있는 지점을 알려 주라고 급파했다. 그런 다음 나는 다른 사람과 함께 전신선 중계소 설치에 적합한 장소를 선택하기 위해 작은 강 하구로 갔다. 그 작은 강은 현재의 골든게이트 호의 위치에서 약 8km 떨어져 있는 만으로 유입되고 있었다. 범선이 좌초되자마자 웨이드 호가 가까이 다가와 2시간 동안 범선을 모래톱에서 끌어당겼으나, 웨이드 호의 힘이 충분치 못했다.

이미 겨울이 급속히 다가오고 있었다. 겨울의 전령꾼이 주변의 야산에 눈 내리는 풍경으로 옷을 갈아입히고 있는 중이었다. 그래서 우리는 얼음이 얼어붙어 범선을 묶어 놓는 것을 피해야만 했고, 또 범선의 무게를 줄이기 위해 짐을 해안가로 날라야만 했다. 모두가 아침부터 저녁까지 바쁘게 움직였고, 작은 증기선은 짐을 가득 실은 바지선을 줄로 매어 끌고 범선과 해안가 사이를 계속 왕복했는데, 증기선의 힘이 딸리고, 거리가 너무 멀고, 또 짐을 올리고 내리는 데 시간이 너무 걸렸으므로 하루에 두 번 이상 왕복하기가 힘들었다. 먼저 통나무 목재들이 해안가에 내려졌고, 전신선 중계역 사무소를 짓기 위한 목수들이 배치되면서 곧 공사가 시작됐다.

9월 23일경 무거운 물자들이 거의 해안가에 내려졌다. 그러나 수백 km 이내에 나무숲이 없었으므로, 증기선이 연료로 써야 하는 석탄만은 남겨 놓았다. 다음 날 무게가 가벼워진 범선은 바다 밀물이 밀려들어 오고, 또 동쪽에서 불어오는 강한 바람의 도움을 받아 양쪽으로 흔들리면서 물에 떠올라 모래톱을 빠져나올 수 있었다. 그런데 다음 날 우리는 커다란 바지선을 잃어버리게 되는 불운을 겪게 됐다. 바지선은 석탄을 가득 실은 채 새벽 3시 반쯤 해안가에 도착했는데, 사람들은 그때까지 힘들게 일해서 완전히 지친 상태였으므로, 바지선을 2개의 닻줄로 해안에 묶어 놓고 날이 밝으면 하역 작업을 할 참이었다. 작은 증기선 웨이드 호도 옆에 정박해 있었다. 그런데 밤새도록 강한 동풍이 불어 대면서 증기선과 바지선을 심하게 흔들어 댔고, 그 결과 닻줄이 풀리면서 두 배가 약 13m 높이의 강한 파도에 휩쓸리면서 바지선이 물속에 가라앉았다.

다음 날 아침 우리는 바지선을 끌어 올리려 해봤지만, 성공하지 못했고, 시간이 없었기 때문에 당분간 구난 작업을 중단할 수밖에 없었다. 나는 다가오는 겨울 동안 증기선을 피난시켜 놓을 수 있는 장소를 찾고 있었는데, 골든게이트 만이나 웨이드 강(Wade river)에서는 적당한 장소를 찾지 못했고, 아나디르 강 위쪽에서 찾으려고 강을 따라 올라가려고 하고 있었다. 웨이드 강이란 이름은 전신선 중계소 자리 쪽에 있는 만으로 흘러 들어가는 강에 우리의 증기선 이름을 붙인 것이었다. 그 전신선 중계소에도 적당한 이름을 붙여 줘야 했는데, 범선에 타고 있던 장교들과 우리 팀원들은 우리의 새로운 거주지가 될 그 전신선 중계소에 '부시 중계소(Bush's Station)'란 이름을 지어 주었다. 그 이름은 주변 수 km 이내에 덤불숲이 하나도 자라고 있지 않기 때문에,[101] 모르는 사람들에게는 아주 부적절한 이름이 될 수밖에 없을 것이다.

10월 1일 모든 물자가 해안가에 다 내려졌고, 중계소 건설 공사도 거의 끝나가고 있었다. 그러나 목재가 충분치 않아서 나무 상자들을 해체해 우리 잠자리 침대 만드는 데 이용해야만 했다. 범선에 딸린 보트 한 척은 중계소에 정박해 부근에 있는 조그만 호수에서 떠온 물로 물탱크를 채우고 있었는데, 날이 너무 늦었으므로 2등항해사인 맥켄나(McKenna)는 다음 날 아침까지 기다렸다가 날이 밝으면 범선으로 돌아가기로 했다. 날씨는 이미 가벼운 눈이 내리는 상태였고, 여러 날이 지나자 물가에는 얼음이 얼어붙기 시작하고 있었다. 하지만 아직은 아주 얇게 얼어 있는 상태였다. 그런데 다음 날 아침 만에는 여기저기 얼음이 두껍게 얼어 있는 부분들이 있었고, 바닷물이 시속 약 7km의 속도로 웨이드 강 입구까지 들어갔다 나갔다 하고 있었다. 이미 겨울이 우리에게 닥쳐와 있는 것이 분명했다. 범선은 이미 돛을 펴고 좁은 수로를 빠져나가려 하고 있었다.

물탱크가 다 채워지자, 우리는 증기선에 보트를 매달고 범선을 향해 출발했다. 우리는 천천히 나아갔고, 오후가 돼서야 범선을 따라잡을 수 있었다. 그런데 범선이 다시 모래톱에 좌초됐다. 이번에는 빠져나갈 희망이 별로 없어 보였다. 바다 밀물이 들어오는 내내 작은 증기선이 범선을 끌어내 보려고 애썼지만, 역부족이었고, 또 날도 어두워져서 우리는 증기선을 범선과 나란히 묶어 놓고 내일 아침에 다시 시도해 보기로 했다. 이 만은 길이

---

101) 부시는 저자의 이름이며, 덤불숲이란 뜻이 있다. 아마도 저자의 이름을 따서 중계소 이름을 붙인 것 같다. 이 책의 초반부에서도 산 이름에 탐험대장인 벌클리 대령의 이름을 따서 벌클리 산으로 지은 적이 있다.

가 약 15km에 달하는데, 웨이드 강에서부터 흘러나와 이 만으로 통과해 들어가는 아주 좁고 구불구불한 수로 한 곳을 제외하고는 모든 곳의 깊이가 아주 얕은 곳이었다. 골든게이트 호의 선장 하딩(Harding)은 이곳이 처음이어서 수로에 익숙지 않았고, 또 겨울이 너무 갑자기 닥쳐와서 수심을 완전하게 측량할 시간이 없었다.

바다 썰물이 빠져나가자, 범선이 기울어졌고, 그 기울어진 정도가 너무 심해 우리는 침대 안에 누워 있을 수가 없었다. 한밤중에 선체에서 삐거덕거리는 소리가 크게 나서 잠에서 깨었는데, 그 소리가 몇 시간 동안 계속되다가 갑자기 사시나무 떨듯이 덜덜덜 떨다가 잠깐 거의 원래 모습으로 되돌아오는 것 같더니, 마치 선체 안에 있는 거의 모든 목재들이 굴러 떨어져 내리는 듯한 소리와 함께 선체가 뒤로 넘어갔다. 그 직후 웨이드 호의 선장 애시컴(Ashcomb)이 선실로 뛰어 들어와서 증기선이 가라앉고 있다고 말해주었다. 배가 너무 기울어 있어서 우리는 갑판에 서 있을 수가 없었다. 처음에 증기선은 범선의 후미진 곳에 붙들어 매놓았었는데, 지금은 바다 조류가 바뀌는 바람에 무거운 얼음덩이들이 증기선을 위에서 짓누르고 있는 상황이었다. 하지만 커다란 어려움 없이 증기선은 얼음덩이들로부터 빠져나와 범선의 다른 쪽에 나란히 붙어 있었다. 그리하여 증기선은 다음에 바다 조류가 바뀔 때까지는 아주 안전한 상태에 놓이게 됐다.

아침에 우리는 만이 약 3cm 두께의 얼음으로 덮여 있는 것을 발견하고서, 만일 즉시 증기선을 타고 해안가로 가지 않으면, 증기선은 다음 바다 조류를 맞고서 파손될 것이 거의 확실하다는 사실을 깨닫게 됐으므로, 우리는 약 10km 거리에 있는 해안가를 향해 얼음을 뚫고 나아가기로 했다. 5~6번의 헛된 노력 끝에, 증기선이 조금씩 얼음을 헤치고 나아가게 됐다. 하지만 더 좋은 방법은 선체를 뒤로 돌려놓고 엔진을 거꾸로 돌리는 것이었다. 그렇게 하면 증기선의 후미에 달려 있는 커다란 수차가 얼음을 깨면서 앞으로 나아가게 되는 것이다. 우리는 훨씬 좋은 이 방법을 채택했지만, 속도가 느려 거의 하루 종일 나아가야 했다. 어쨌든 마침내 우리는 중계소 있는 해안가에 안전하게 도착했다.

이번이 웨이드 호가 올해 다닐 수 있는 마지막 운행인 것이 분명했다. 그래서 우리는 즉시 웨이드 호를 해안에 올려놓는 작업을 시작했다. 해안가 주변에는 이미 약 2m 높이의 얼음 장벽이 형성돼 있었다. 증기선을 끌어 올리기 위해서는 썰물 때를 이용해 모두가 곡괭이나 삽을 들고 그 얼음 장벽을 뚫어야만 했다. 그런 다음 나무 기둥들을 단단히 땅에 박고 기중기를 설치했다. 이제 증기선을 해안 위로 끌어당기기 시작했고, 물가에서 약 4m 거리에 이어져 있는 얼음 바닥이 그 무게에 쓸리면서 수많은 얼음 파편들이 거의 증기선의 갑판실까지 날아올랐다. 이제 증기선은 해안에 올라앉았고, 우리가 예상했던 것보다 더 빨리 일이 끝났다.

하지만 증기선을 다루는 과정은 그리 수월하지 않았다. 그래서 수차가 심하게 부서졌는데, 다행스럽게도 우리에게는 여분의 부속품들이 남아 있었다. 선체에는 5~6곳의 찢겨진 부분들이 있었고, 일부 기계들이 자리를 이탈한 곳들도 있었다. 하지만 운이 좋게도 아주 커다란 파손 없이 기계들은 성능을 유지하고 있었다. 이제 증기선은 더 이상의 손상 없이 다음해 봄까지는 잘 보존될 수 있을 것이다.

우리의 모든 관심은 골든게이트 호에 쏠려 있었으며, 그 범선이 다시 돛을 펴고 만으로 미끄러져 나가 아나디르 강으로 거슬러 올라가는 모습을 보기를 희망하고 있었다. 그러나 밀물이 들어올 때에도 범선이 여전히 기울어져 있는 것으로 보아, 그런 일이 일어날 가망성이 없었다. 웨이드 호를 해안가에 올려놓은 다음 날 아침, 골든게이트 호에 실려 있던 모든 보트들이 범선을 떠나 위험스러운 데도 불구하고 떠다니는 부빙 사이로 해안가를 향해 오고 있는 모습이 보였다. 우리는 해안가에 모여 있다가 도착한 보

얼음에 덮인 해안가에 올라앉은 증기선 웨이드 호

트들을 맞이했다. 그들은 범선 양쪽이 얼음 때문에 찢어져서 물이 찼는데, 현재로서는 그대로 두는 것 외에 다른 방법이 없다는 나쁜 소식을 함께 전해 왔다. 범선 안에는 선원들이 먹을 식량 2개월치가 조금 넘는 분량이 남아 있는데, 물이 닿지 않는 주갑판에 안전하게 보관돼 있다고 했다. 북극의 긴 겨울이 이제 시작인데, 2개월치 식량 가지고 무엇을 할 수 있겠는가? 나는 다음 봄이 시작될 때까지 나의 팀원 25명을 간신히 먹여 살릴 정도의 식량만 공급받았을 뿐이었다. 그런데 이런 재난을 당한 상태에서 이제 팀원은 46명으로 늘어났는데, 식량은 조금 늘었을 뿐인 것이다. 범선 안에 남아 있는 식량을 아껴 먹는다 쳐도, 우리는 거의 겨울의 절반도 넘기지 못할 것이다.

모두가 곧 조금의 식량이라도 절약해야 한다는 절박성을 깨닫게 됐으므로, 잠시 후 보트 4척이 지원자들을 싣고 난파당한 범선으로 향했다. 보트들은 이미 부빙 때문에 심하게 찌그러지고 찢겨진 상태였으므로, 약간의 보수가 필요했다. 특히 부빙 사이를 항해하는 것은 아주 위험스런 일이었는데, 만일 사고가 나서 사람이 물에 빠지게 되면 구조하기가 아주 어려운 상태에 놓이게 된다. 얼음이 아주 딱딱하게 얼어 있는 것이 아니어서 사람의 몸무게를 지탱하지 못하는 상태이며, 또 조류 때문에 부빙들이 서로 앞뒤로 빠른 속도로 부딪히기도 하기 때문이다.

출발하기 전에 각 보트에는 함석, 납작한 못, 범포 등이 제공됐다. 그것들로 보수를 마친 보트들은 난파당한 범선을 향해 나아갔는데, 절반도 못 가 모든 보트들이 물이 새는지 계속 물을 퍼내고 있었다. 하지만 결국 4척의 보트 모두가 무사히 범선에 도달했다. 보트들은 모두 심하게 손상돼 있었으므로, 해안가로 돌아오기 전에 한 번 더 보수를 해야만 했다. 돌아오는 길도 심각한 사고 없이 식량을 가득 실은 채 무사히 돌아왔다. 이후로는 범선에서 가져온 구리로 모든 보트를 보수한 후, 조류를 이용해 여러 번 범선에 다녀왔는데, 겨울용 난로와 가구를 포함하여 많은 쓸모 있는 것들을 가져왔다. 하딩 선장은 모든 식량이 안전하게 이전될 때까지 범선을 떠나지 않았고, 1등항해사 프로스트(Frost)를 비롯한 모든 선원들이 처음부터 끝까지 최선을 다해 일을 마쳤다.

우리는 매일 난파된 범선이 조류와 부빙에 따라 흔들리면서 여기저기 찢기고 있는 모습을 바라다보고만 있었는데, 마지막 보트가 다녀간 이후로 범선 주위에는 얼음이 두껍게 얼어붙어 떠다니는 부빙을 막아 주는 방파제 역할을 하고 있었다. 그래서 내년 봄에 얼음이 풀릴 때까지는 부빙에 의한 더 이상의 손상은 없을 것으로 기대됐다.

플로버 만에서 받은 자재들 중에는 브리티시컬럼비아에서 가져온 500여 개의 전신주용 기둥이 있었는데, 그것들은 원래 이곳 툰드라지대에 배분할 계획이었다. 그런데 지금 보니 전신주 기둥은 거의 남아돌아가고 있으므로, 차라리 지금 당장 필요한 골든게이트 호 선원들을 위한 숙소를 짓는 데 쓰기로 했다.

프로스트 1등항해사의 지휘 아래, 며칠간에 걸쳐 커다랗고 안락한 숙소가 지어졌다. 길이가 약 11m, 폭이 약 5m 정도로 외부에는 진흙을 두껍게 발랐고, 벽 쪽으로 줄지어 침상을 늘어놓았으며, 범선에서 가져온 난로들을 조리용 및 난방용으로 쓰기 위해 방안에 배치했다. 선원들 숙소가 다 완성되자, 그들 숙소는 우리 숙소만큼 안락한 시설이 됐다. 중계역 사무소 건물은 4개의 방으로 나뉘고, 가벼운 짐을 넣을 수 있는 다락방이 위쪽에 설치돼 있었다. 난로와 침대가 배치됐고, 바깥쪽 벽에는 판자 2개 사이에 땅에서 자라는 이끼들을 채워 넣어 약 15cm 두께의 보온벽을 만들어 붙여 놓았다. 밖에는 일종의 식료품 저장소를 만들어 소고기, 돼지고기, 당밀 등의 중량 있는 식품들을 저장해 놓았다. 선원들은 이곳을 '파남의 보급 창고(Farnam's gash)'라고 불렀는데, 파남(Farnam)은 이곳에서 보급을 책임지고 있는 사람의 이름이었다.

플로버 만에 있을 때, 나는 운 좋게도 약 100여 권에 달하는 시집, 여행책, 소설, 기타 등등의 잡다한 책들을 구할 수 있었다. 나는 이것들을 중계소 도서관이라 이름 붙인 곳의 선반 위에 나란히 진열해 놓았고, 백스터(Baxter)를 도서관 사서로 임명해 일반인들의 이용을 가능케 했다. 나는 이 책들 때문에 다음 겨울동안 길고도 지루한 많은 시간들을 여유롭게 보낼 수 있을 것 같았다.

범선에서 가져온 커다란 거울, 의자, 탁자, 침대 커튼, 등잔, 그리고 기타 다양한 물건들이 우리의 방을 멋지게 장식해 주고 있었다(이 지역에서는 이 정도면 근사한 것이다). 그래서 사람들은 모두 즐겁고 안락한 기분이 들면서어서 동장군이 얼음 군대를 데리고 진격해 오길 기다릴 정도였다.

이제 우리의 첫 번째 관심은 보급품이 어느 정도 확보돼 있느냐 하는 것이었다. 보급 책임자인 파남의 도움을 받아 현재 갖고 있는 보급품의 재고를 완전히 파악했다. 현재의 식량 재고로는 우리가 철저히 절약만 한다면 약 6개월을 지탱할 수 있는 것으로 추정됐는데, 통상 4개월만 버티면 봄에 얼음이 풀리면서 올라오는 화물선의 지원을 받을 수 있을 것 같았다. 배급 계획서가 작성되고, 개인 배급량을 최대한 낮추며, 매주 소요되는 양을 계산하고 확인했다. 이런 식으로 우리는 일주일 단위로 기본 식단을 정하고 엄격히 그것을 지키려고 애썼는데, 비록 그런 식단이 환영받지는 못했지만, 그래도 불평하는 사람들은 없었다. 간부든 일반 직원이든 모두가 처음부터 똑같은 식사를 했다. 모두가 그런 방식이 필요하다는 것을 인식하고 있었으므로, 최대한 긍정적으로 환경에 자신을 맞추려고 노력하고 있었.

얼마 지나지 않아, 모두가 동의한 상태에서 일주일 식단의 이름이 만들어졌는데, 그날 음식 중 가장 두드러지는 재료의 이름을 따서 이름을 지었다. 예를 들면 '콩 먹는 날(bean day)', '설탕 먹는 날(sugar day)', '베이컨 먹는 날(bacon day)', '당밀 먹는 날(molasses day)', '부드러운 빵 먹는 날(soft-bread day)' 등이다.

중계소 생활 규칙이 만들어져 식당에 붙여졌다. 식당에서는 모든 사람들이 그것을 볼 수 있었고, 또 사람들이 요구하는 것을 알 수 있었다.

이 규칙에는 매주 간부 한 사람이 주방을 감독하고, 또 침구가 통풍 건조되고 있는지, 숙소가 청소가 잘 되고 있고 또 잘 정돈돼 있는지 등에 관한 내용들이 들어 있으며, 또 규칙을 어기는 경우가 있으면 보고해야 하는 등의 내용들이 들어 있었다. 매주 2명이 숙소 청소를 위해, 그리고 보급 책임자인 파남이 요리를 할 수 있도록 도와주기 위해 석탄과 물을 공급하는 일에 배당됐다.

이 밖에도 다른 소소한 규칙들이 많았는데, 주로 질서유지나 분별력 있는 행동을 요구하는 것들이었고, 그중 어떤 것들은 아주 엄격한 것들도 있었다. 내가 보기에 내년쯤이면 규칙을 어기는 일은 없어질 것으로 보였다.

딕슨(Dixon)은 우리의 유일한 의료담당 책임자인데, 그는 그 밖의 다른 일들도 떠맡고 있었다. 즉 기압계와 온도계의 관리 및 기후 관측 업무를 맡고 있었는데, 하루에 세 번 아침, 점심, 저녁 시간에 관측하고 기록하는 일이었다.

골든게이트 호가 난파함으로써 북극의 겨울 동안 우리와 같이 머물 수밖에 없는 불행한 사태에 빠진 사람들 중에는 스토다드(Stoddard), 레게트(Leggett), 켈리(Kelly), 스미스 시니어(Smith senior) 등이 있었다. 이들은 기꺼이 중계소의 모든 업무를 나누어 맡았으며, 그들 앞에 닥친 기나긴 북극 겨울의 가혹함과 지루함을 말없이 받아들였다.

중계소의 위치는 주변의 다른 곳보다는 나은 곳이지만, 아주 좋은 피난처는 아니었다. 그곳은 아주 넓은 평원에 위치해 있었는데, 한쪽으로는 골든게이트 만과 경계를 이루고 있었고, 다른 한쪽으로는 웨이드 강과 경계를 이루고 있었다. 이 강은 하구의 너비가 약 180m 정도 됐다. 그곳은 우리가 오기 오래 전에 이미 백인들과 원주민들이 거주해 왔던 곳이었다. 순록 뿔이 쌓여 있는 것으로 보아 원주민들의 무덤이 있는 것으로 추정됐고, 한편으로는 높이 세운 거친 나무 십자가가 있는 것으로 보아 기독교도들이 또한 이곳을 방문했던 것으로 보였다. 이 십자가는 의심할 여지 없이 러시아인들의 것이겠지만, 그들이 이곳에서 살았던 것인지는 들은 바가 없었다. 데즈뇨프는 1648년 이 지역 어디에선가 겨울을 보내고 최초로 아나디르 강을 따라 올라간 사람인데, 내가 생각하기에, 이 십자가가 그의 탐험팀이 세운 것일 가능성은 거의 없어 보였다.

| 제 30 장 |

난파선 선원들까지 관리-걱정과 희망-풍족치 않은 보급품-매크리 팀 야영지로 보낸 도보 팀-성공-우리 사업에 대한 축치족의 생각-설명-순록 떼의 도착-협상-순록 죽이기-굼벵이 같은 벌레들-거울-아나디르스크에서 온 썰매들의 도착-기근 사태와 개 전염병-아나디르스크로 출발-푸르가-신참내기의 절망감-개들의 죽음-전신선 절벽-우초스티카 마을-다시 만난 얀덴코프-최고의 씨름꾼-거래되는 여자들-마르코바에서-주민들의 절박한 상황-물고기도, 순록도 뇌조도 개도 없는 상황-기근 사태-순록 구하러 코사크족 코셰빈을 보내다-기지가로 출발-케넌-사기를 돋워 주는 소식-순록 구하러 더 많은 팀들을 보내다-굶주림을 견디는 원주민들-한탄할 만한 상황-원주민들의 단순한 사고-시간과 나이 관념이 없다-약에 대한 맹신-펜지나에서 온 보급품-재레드 노턴의 도착-혹독한 추위 영하 56도-고통받는 야영팀-크리스마스 휴일-악령 쫓아내기-펜지나에서 구입한 순록들-코략족이 데려온 순록들-실망-무역 거래 시기-주민들의 마지막 희망인 축치족이 오지 않다-매크리 팀 로빈슨의 죽음-쓸쓸한 오두막집-난파선 해체 작업-썰매 개 닉의 죽음-늑대의 습격을 받은 난파 선원 영-시베리아에서 가장 무서운 사람

이즈음 우리의 상태는 결코 즐거운 것이 아니었다. 왜냐하면 보급품이 그리 풍족하지 않았기 때문이었다. 내 심정은 그야말로 매일같이 걱정과 희망 사이를 오르내리고 있었다. 예상치 못하게 난파선 선원들이 나의 관리하에 들어오게 되자, 나는 매시간 걱정 속에 살게 됐다. 비록 다른 사람들에게는 나의 고민을 최대한 숨기려 노력하고 있지만, 일부 팀원들이 앞으

로 어떻게 먹고 살 것인가를 물어올 때마다, 나는 주변의 원주민들에게서 식량을 얻을 수 있으니 아무 걱정 없다고 말해 주곤 했던 것이다.

내가 지원을 받을 수 있기를 희망하고 있는 것에는 두 가지 길이 있었다. 그러나 동시에 두 가지 모두 실패할 가능성도 있었다. 첫 번째는 축치족에게서 구하는 것인데, 나로서는 그들이 남쪽으로 이동하는 도중에 우리 중계소 부근을 지나쳐 가기를 희망하고 있는 것이다. 만일 그렇게 된다면, 우리는 그들에게서 충분한 양의 순록고기를 얻을 수 있을 것이라는 강한 희망을 나는 갖고 있었다. 그러나 여기에는 두 가지 실패할 가능성이 있었다. 이미 겨울에 접어들었으므로, 원주민들이 남쪽으로 이동하지 않을 수도 있는 것이고, 혹은 그들이 이동하더라도, 다른 경로를 따라 이동한다면 우리로서는 그들이 어디 있는지 알 수도 없고, 또 찾아낼 방법도 없는 것이다.

두 번째는 내가 코사크족 하사관인 코셰빈에게 지시했듯이, 겨울 여행길이 열리는 대로 아나디르스크에서 개썰매들을 우리에게 보내면, 그 개썰매들을 이용하는 것이다. 개썰매들이 도착하면, 나는 직접 축치족에게로 갈 수도 있고, 또 개썰매들을 나누어 그 일부를 오호츠크 해 지역으로 보낼 수도 있는 것이다. 하지만 내가 코셰빈에게 전하라는 지시가 코셰빈에게 전해지지 않았을 가능성도 있고, 또한 그가 개썰매들을 구할 수 없을 가능성도 있는 것이다. 설사 개썰매들을 보냈다 하더라도, 그들은 여기 중계소에서 약 70km 떨어져 있는 매크리 팀 야영지로 가게 될 것이고, 그렇게 되면 거기서 아무도 없다는 사실을 알게 되고, 우리가 어디 있는지 몰라서 다시 아나디르스크로 되돌아갈 가능성도 있는 것이다.

마침내 10월 20일이 됐지만 축치족은 어디에도 보이지 않았다. 어쩌면 우리를 두려워해서 그런지도 몰랐다. 축치족을 찾아내기 위한 가능성을 2배로 높이기 위해, 그리고 개썰매들이 직접 이 중계소로 찾아오도록 하기 위해, 나는 스미스 주니어(Smith junior)를 팀장으로 하는 팀 하나를 도보로 매크리 팀 야영지로 보내서 그곳에서 식량이 다할 때까지 머물도록 지시를 내렸다. 며칠 후 그 팀의 일부 팀원들이 2~3명의 축치족 사람들과 함께 개썰매들을 타고 되돌아왔다. 그들은 매크리 팀 야영지에서 축치족 사람들을 만났고, 이 중계소를 방문해 주도록 설득했던 것이다. 이들 축치족 사람들은 의도적으로 우리를 두려워하며 만나기를 피했는데, 우리의 목적이 그들과 전쟁을 벌이려는 것이라고 생각하고 있었으므로, 그들을 우리 곁으로 가까이 데려오는 데 많은 어려움이 있었다. 그들이 말했다.

"만일 당신들의 목적이 우리와 전쟁하는 것이 아니라면, 왜 당신들의 여자들과 아이들을 같이 데려오지 않았는가?"

우리는 대답하기를, 우리 여자들은 너무 약하고 항상 여름 계절에서만 살아왔기 때문에 만일 이 툰드라지대의 추운 푸르가에 단 10분만 노출돼도 마치 시든 꽃처럼 시들어 죽을 것이라고 했고, 또 아이들도 겨울이 다가오면 마치 모기들이 죽어 나가는 것보다 더 빨리 죽을 것이라고 했다. 그러자 한 나이든 축치족 사람이 머리를 흔들어 댔는데, 내가 보기에 그는 우리가 다소 허풍을 떨고 있다고 생각하거나, 아니면 우리 여자와 아이들이 정말 이상하고 쓸모없는 사람들임에 틀림없다고 생각하고 있는 것 같았다. 그들이 보기에 축치족 여자들은 아주 힘든 노동을 감내하고 있으며, 또한 추운 야외에서도 얼마든지 견딜 수 있는 능력을 가진 사람들인 것이다.

그렇게 우리는 그들과 농담 섞인 재미있는 이야기들을 나누면서 그들에게 얼마간의 작은 선물들을 제공했는데, 그로 말미암아 그들은 우리의 목적이 우호적인 것이라고 확신하면서 나중에 순록 떼를 몰고 다시 올 것을 약속했다. 우리도 그들이 다시 오면 순록 일부를 사고 그 대가로 솥, 도끼, 화약, 담배 등의 그들이 가장 필요로 하는 품목들을 넘겨주기로 약속했다.

오늘은 양쪽 모두를 만족시켜 준 날이었다. 3일 후 원주민들이 가족들과 함께 약 800마리에 달하는 순록 떼를 몰고 도착했다. 우리는 그중에서 150

마리의 순록을 사기로 그들과 만족스러운 거래를 성사시켰고, 그들은 우리가 사들인 순록들을 죽이러 떠났다. 몇 시간 후 그들은 만족스럽지 못한 표정으로 다시 돌아와서 더 많은 보상을 요구했다. 나는 곧 그들이 끝없이 보상을 요구하리라는 것을 간파하고 그들에게 우리가 서로 합의한 가격 이상을 더 줄 수는 없지만, 만일 순록들을 죽여 손질해 준다면, 우정의 표시로 많은 선물을 제공하겠다고 말했다. 우리는 그들과 앞으로도 많은 거래를 해야 할 필요성이 있었으므로, 우리가 거래 약속을 지키는 것처럼 그들도 똑같이 거래 약속을 지켜야 한다는 사실을 그들이 인식하기를 바랐다. 그들은 우리가 약속한 선물들에 완전한 만족감을 드러내며 다시 돌아갔는데, 30분도 못 돼 그들은 다시 돌아와서 우리에게도 여분이 없는 총과 기타 다른 물건들을 추가로 요구했다. 이제 우리는 다시 다른 기회를 가질 수 없을지도 모른다는 생각에 순록만이라도 얻어 내겠다는 심정으로 마침내 그들에게 말했다. 만일 그들이 우리가 구입한 순록들을 죽이지 않는다면, 우리는 대신 우리 사람들을 보내 순록들을 죽이겠다고 했다.

이제 그들은 더 이상 얻을 것이 없다는 사실을 알게 되자, 서둘러 순록들에게로 가서 밧줄로 순록들을 잡아 죽이기 시작했다. 한 마리씩 창을 던져 죽이기 전에 그들은 중얼거리며 일종의 간단한 기도를 올렸다. 순록이 죽으면 우리 쪽 사람들이 축치족 여인네들을 도와 순록의 껍질을 벗기고 내장을 빼내는 등 손질을 한 다음, 부패를 막기 위해 안쪽에 눈을 집어넣었다. 그런 다음 중계소 건물 반대 방향으로 쌓아올려 눈이 들이치는 것을 막았다. 그날은 날씨가 아주 추워서 섭씨 영하 33도를 기록하고 있었다. 그런데도 불구하고 축치족 여인네들은 윗도리 가죽옷을 벗어 놓은 상태에서 팔을 걷어붙이고 추운 날씨에 아랑곳하지 않고 일하는 데 몰두했다. 머리에 아무것도 쓰지 않아 서리가 하얗게 내려앉았다.

나는 순록 등 부분에서 길이가 약 2.5cm 정도 되는 굼벵이 같은 종류의 아주 커다란 벌레를 처음 목격했는데, 그것은 소에게서 가끔 발견되는 것과 아주 많이 닮아 있었다. 여인네들은 이 벌레들을 한 움큼씩 잡아서 집 안에 있는 남정네들에게 가져다주었는데, 그들은 마치 그것들이 먹기 좋은 것이라도 되는 양 때때로 이빨 사이에 넣고 씹었다. 그런 장면은 시베리아 생활에 익숙지 않은 일부 사람들에게는 아주 불유쾌한 기분이 들게 하는 것이었다.

원주민들에게는 거울이 아주 호기심 가는 물건이었다. 그들은 떼를 지어 거울 앞에 모여서 서로의 얼굴 표정을 바라보며 웃는 것이 주요한 즐거움이었다. 축치족 사람들이 별 탈 없이 우리 중계소를 다녀간 뒤로, 여러 다른 축치족 사람들이 다녀갔는데, 그들은 여우, 비버 가죽, 매머드 상아 등을 갖고 와서 담배나 기타 잡동사니들과 교환해 갔다. 일부 상아들은 크기가 아주 거대했는데도, 몇 푼 안 되는 사소한 품목들이면 얻을 수 있었다.

10월 31일 코셰빈이 아나디르스크에서 보낸 12대의 개썰매들이 도착했다. 그들이 함께 가져온 소식 중 우리의 일할 의욕을 북돋워 주는 것은 하나도 없었다. 기나긴 겨울의 초입인데도 원주민들은 벌써부터 많은 사람들이 거의 기아 상태에 놓여 있다는 것이었다. 지난 여름부터 연어들이 아나디르 강 상류로 올라오지 않았고, 그래서 전부 개먹이가 없는 상태라는 것이었다. 게다가 엎친 데 덮친 격으로 개 전염병이 나돌아 전 지역의 4/5 정도에 퍼져 있다고 했다. 과거에 케인(Kane) 탐험팀의 개들이 걸린 병도 이 전염병인 것이 틀림없었다. 이 병에 걸리면 거의 예외 없이 죽음에 이르렀다.

이제 중계소에 있는 우리 팀은 식량 부족에서 완전히 벗어났으므로, 우리의 다음 관심은 현재 상황에 맞추어 어떤 일이라도 추진하는 것이었다. 통나무 기둥들이 뗏목을 이루어 내려올 때까지는 아나디르 강을 따라서 어떠한 공사도 추진된 일이 없었다. 그런데 어떤 일이라도 할 수 있는 상황이 된다면, 아마도 마인 강 지역이 그런 일을 시작하기에 가장 적합한 지역이 될 수 있을 것이다. 그러나 우리의 가장 큰 어려움은 운송 수단과 개먹이를 확보하는 것이 될 것이다. 만일 이것이 가능해지면, 기지가에서 보급품을 운송해 올 수 있으며, 따라서 강을 따라 있는 작업팀들도 계속 작업을 할 수 있게 되는 것이다. 이런 것들을 확실히 하기 위해서, 그리고 골든게이트 호가 난파당했으나 선원들은 전원 무사하다는 사실을 알리기 위해서, 나는 즉시 아나디르스크로 출발하기로 결정했다. 그렇게 되면 그 소식이 기지가로, 또 썰매를 통해 이르쿠츠크로, 그런 다음 전신선을 통해 페테르부르크로, 그 다음에는 아메리카에서 걱정하고 있는 선원들의 가족 친지들에게 전달될 것으로 기대했다.

매크리를 지휘관으로 남겨 놓고, 노동감독관인 디씨 노턴(D.C. Norton), 하더, 그리고 다른 2명을 데리고 나는 11월 5일 아나디르스크를 향해 출발했다. 출발 때부터 눈이 내리고 있었고, 푸르가의 조짐도 있었지만, 우리는 그대로 출발했고, 매크리 팀 야영지로 향하는 툰드라지대를 가로질러 가는 직선 경로를 선택했다. 우리는 밤에 그곳에 도착하기를 기대했다. 그러나 눈이 충분치 않게 쌓여 있어서 험한 둔덕들이 그대로 노출돼 있는 상태에서 개썰매가 나아가는 것이 더뎠다. 밤이 되자 눈폭풍이 더 심해져서 우리는 서로 흩어지게 됐다. 우리는 6명이 간신히 함께 모이게 됐고, 다행히 조그만 관목숲이 모여 있는 곳에 도착하게 됐다. 불을 피우고 저녁 식사를 한 다음, 그대로 눈 위에 쓰러져 잠이 들었다.

다음 날 아침에 보니 개와 사람들이 모두 눈에 파묻혀 있었다. 정오 무렵 우리는 매크리 팀 야영지에 도착했는데, 그곳에서 우리는 우리와 헤어졌던 나머지 사람들의 썰매들을 발견할 수 있었다. 그들은 거의 밤을 새워 그곳에 도착한 것 같았다. 그 팀의 3명에게는 이런 극지 체험이 아주 혹독한 환영식 같은 것이었으므로, 그중 한 명이 나에게 다가와 물었다.

"대장님, 마르코바까지 가는 데 얼마나 걸릴 거라고 생각하십니까?"

나는 대답해 주었다.

"약 13일 정도."

그러자 그는 얼굴이 완전히 놀라는 표정이 되어 소리쳤다.

"아이고! 12일이나 더!"

그러더니 한숨을 내뱉고 몸을 떨었다.

거센 눈폭풍 때문에 도중에 개 4마리가 죽어 넘어지는 고난을 겪으며, 우리는 4일 걸려 전신선 절벽 반대쪽에 세워져 있는 유르트에 도착했다. 유르트에서부터 강을 따라 올라가서 마르코바까지는 추운 날씨 때문에 눈길이 딱딱하게 얼어 붙어 있어 내내 나아가기가 편했다. 우리는 12일의 여행 끝에 드디어 11월 17일 마르코바에 도착했다.

우초스티카 마을에서 우리는 우리의 도착을 기다리고 있는 얀덴코프를 발견했다. 그는 살찐 순록 한 마리를 갖고 있다가 우리에게 선물로 주었다. 나는 답례로 갖고 왔던 카빈총 한 정과 여러 소소한 선물들을 주었는데, 그는 아주 기뻐했다. 그는 또한 전신선 공사에 대해 특별한 관심을 갖고 모든 질문을 쏟아 내었다. 전신에 관련된 모든 것과 전신선 공사가 다 끝나면 어떻게 되는가 등에 관한 것들이었다. 내가 그에 대한 답변을 모두 마치자, 그는 매우 만족한 듯한 표정으로 다음과 같이 말했다. 이제까지 원주민들은 전신선 공사가 야생순록들에게 위협을 가하고, 또 강 건너로 이동해 가는 것을 방해하여 원주민들의 생계를 곤란하게 만드는 것으로 걱정해 왔다는 것이었다. 그는 이어서 말했다.

"그런데 이제부터 전신선을 건드리는 사람이 있다면, 내가 먼저 그들에게 매를 들 것이고, 그런 행위를 당신들에게 알려 줄 것입니다."

얀덴코프는 아주 덩치가 크고 운동에 능한 사람이었는데, 이 지역에서 보기 드문 뛰어난 사람이었다. 그는 그의 부족 사람들 중에서 최고의 씨름꾼은 아니었지만, 최고 중의 한 명으로 인정받고 있었다.

이 지역에 잠깐 머무는 동안 우리는 새로운 무역 거래 형태를 목격하게 됐는데, 교환 대상이 2명의 원주민 아내들이었다.

마르코바에 도착했을 때, 우리는 우리가 전에 아나디르 강 하구에서 개썰매 몰이꾼들로부터 들은 현지 주민들의 궁핍한 상황이 전혀 과장이 아니었다는 사실을 알게 됐다. 앞으로 혹독한 겨울이 닥칠 것을 예상해 많은 가구들이 얼음을 뚫고 물고기를 잡을 수 있는 마인 강 하구와 바일리 강으로 이동해 가고 있다고 했다.

우리는 바일리 강에서 예전의 곰 사냥꾼인 아바람 노인을 발견할 수 있었다. 다른 사람들보다 수완이 좋아 잘 살았던 원주민 일리야 디치코프(Illia Deachkoff)도 자신의 가족을 데리고 마인 강으로 왔다. 그는 지난 봄에 올간 강 하구 부근에서 우리 집을 짓는 데 참여한 적이 있는 사람이었다. 떠나지 않고 남아 있는 사람들 중에 많은 사람들이 아주 절박한 상황에 놓여 있다고 했다. 겨울 초입인데도 먹을 것이 없어서 순록가죽으로 만든 침구류들을 물에 넣고 끓여 수프를 만들어 먹는다고 했다. 개들의 상황은 더 심해서 거의 다 죽어가고 있는 상태이며, 남아있는 개들은 반쯤 굶어 죽어가고 있어서 거의 아무짝에도 쓸모가 없다고 했다. 그런데 개들이 설사 썰매를 끌 수 있는 상태에 있다고 하더라도, 축치족 및 다른 이웃 부족들이 마을에 접근하려고 하지 않는 상황에서 개들을 찾아가려 한다는 것은 별 도움이 되지 않을 것 같았다.

이런 기근 사태는 4~5년마다 주기적으로 물고기를 잡지 못해 발생하고 있다고 했다. 그럴 때마다 통상 원주민들은 이웃부족에게서 순록을 얻거나, 또는 주변에 거의 항상 아주 풍부하게 있는 뇌조를 사냥해 겨울을 넘긴다고 했다. 그러나 올해의 기근 사태는 여러 불행들이 겹쳐서 그들에게 닥쳤던 것이다. 그들에게는 창으로 사냥할 순록도 없었고, 잡을 연어도 없었던 것이다. 개들이 거의 다 죽어 버려서 순록을 사러 이웃한 유목 부족들에게 갈 수도 없었고, 이상하게도 마을 주변에서도 뇌조가 눈에 띄지 않았다. 단 하나 남은 그들의 마지막 희망은 이런 소식을 듣고 순록을 많이 갖고 있는 사람이 순록 떼를 몰고 마을로 찾아오는 것뿐이었다.

이런 불행 때문에 우리는 여기에서 우리 일을 추진하기 위한 노동력이나 운송 수단 같은 도움을 받기가 불가능한 상태였다. 이런 상황에서 펜지나와 기지가는 우리가 이런 것들을 구할 수 있는 가장 가까운 장소였다. 이런 것들을 구할 수 없다면, 우리가 기지가에서 필요한 보급품들을 구해서 마인 강에서 일하는 팀원들을 먹여 살릴 수 있다 하더라도, 제일 먼저 해야 할 일인 경로를 따라 전신주용 기둥을 배분하는 일을 조금도 진척시킬 수 없을 것이다. 우리가 도착한 후 곧 나는 코셰빈을 축치족에게 보내서 우리가 전에 신세졌던 많은 원주민들을 돕기 위해, 또 우리 자신을 위해 70마리의 순록을 사오도록 했다. 그리고 디씨 노턴을 마르코바의 책임자로 남겨놓고 나는 11월 20일 그럭저럭 개썰매 2팀을 만들어 펜지나로 가는 직선 코스를 택해 기지가를 향해 출발했다.

길을 떠난 지 3일째 되는 날 아침 낮은 산인 루스키 산을 가로질러 가다가 아나디르스크로 가는 도중에 있는 케넌을 만나게 됐다. 그는 약간의 식량과 개먹이로 1,100마리의 말린 생선을 갖고 가고 있었다. 그것은 즐거운 만남이었는데, 마침 푸르가가 맹위를 떨치고 있었으므로, 우리는 다시 올로프카 강에 있는 어떤 지점으로 되돌아갔다. 우리는 그곳에서 폴로그를 설치하고 하룻밤을 보냈는데, 지난번 만난 이후로 겪은 다양한 경험들을 하나하나 서로 주고받으며 이야기를 나누었고, 또 미국 집에서 온 편지들을 건네받아 정독하며 읽었다. 편지들은 1인당 여러 개가 와 있었다. 하지만 가장 반가운 소식은 기지가에 보급품이 엄청 많다는 사실이었다. 그것들은 모두 회사 배가 운반해 온 것으로, 케넌은 그것들을 수송할 수 있는 운반

수단들을 구하는 데 아무런 어려움이 없을 것으로 생각하고 있었다.

다음 날 우리는 아나디르스크로 되돌아가기 위해 출발했다. 케넌은 우리와 함께 4~5일 동안만 남아 있다가, 골든게이트 호의 난파 소식을 전하기 위해 다시 서둘러 오호츠크 해로 돌아갔다. 그와의 만남은 짧았지만, 이제 와서 돌아보니, 그것은 이곳 겨울의 황량한 풍경에 단 한 점의 밝은 빛을 비추어 준 것 같은 그런 느낌이었다. 그가 가져온 좋은 소식은 우리 주위에 있는 모든 불쌍한 원주민들의 고통으로 야기된 우울한 분위기를 잠시 밝게 바꾸어 놓는 계기가 됐고, 또한 조금이라도 일을 해보려고 하는 우리의 희망에 다소 기운을 북돋워 주는 계기가 됐다. 우리는 마인 강에서 한 팀이 일을 할 수 있다는 것에 만족하고 있었다. 그러나 전신주 기둥을 배분하기 위해 개들과 개먹이를 구하는 일은 우리의 최대의 난관이 될 것이다. 만일 우리가 축치족이나 코랴족에게서 충분한 양을 구하는 데 성공한다면, 이런 난관은 극복될 것이다. 3~4일 만에 코셰빈이 원주민들을 찾는 데 실패하고 그냥 돌아왔다.

아직 이른 겨울이었는데도 극심한 추위 때문에 12월과 1월은 밖에서 일하는 것이 불가능하다는 생각에, 나는 당분간 아나디르 외(外)만 중계소에 더 많은 인력을 보내는 것을 연기했다. 한편 나는 코셰빈과 톨스테킨에게 순록 200마리를 살 수 있을 만큼의 충분한 담배와 물건들을 주어 다시 코랴족 사람들을 찾아가라고 즉시 급파했다. 며칠 후 그들은 다시 코랴족 사람들을 찾지 못하고 그냥 돌아왔다. 그래서 코셰빈은 곧 펜지나를 향해 떠났는데, 기지가에서 보낸 보급품이 펜지나에 도착하는 대로 바로 인수받아 오기 위해서였다.

12월은 추위와 눈폭풍으로 지샜다. 온도계는 통상 영하 49도를 가리키고 있었다. 이것은 우리가 지금까지 경험한 최고로 추운 날씨였지만, 우리는 장작도 많이 준비해 놓는 등 비교적 따뜻하고 안락한 숙소에서 지내고 있

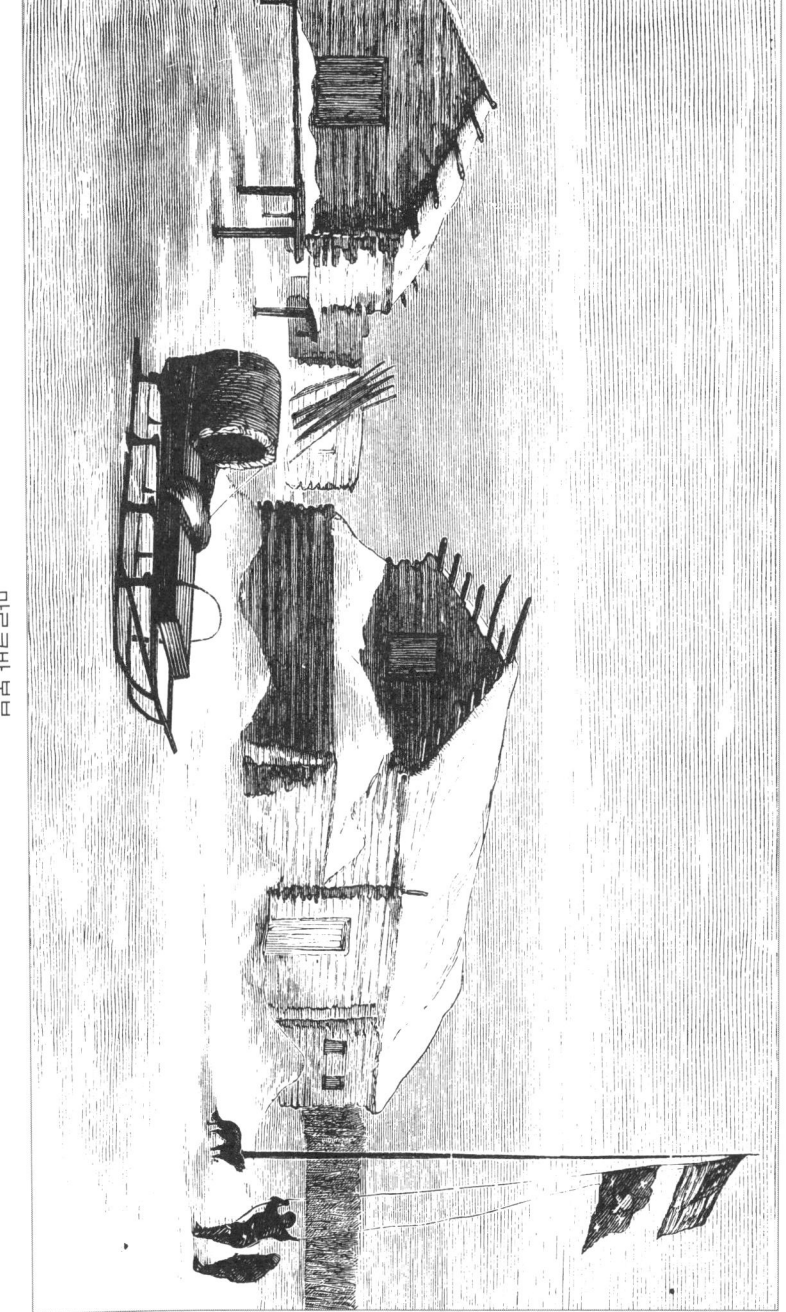
미드리바 금광

|제30장| 561

었으므로, 바깥의 혹독한 추위와는 좀 동떨어져 있었다. 하지만 우리는 실내에서도 모피 외투를 입고 있어야 했고, 화로에서 약 1m 이상 떨어져 있으면 물이 얼었다. 나도 화로에서 좀 떨어져 있는 책상에 앉아 글을 써보려고 여러 번 시도해 봤지만, 도저히 추위 때문에 계속 할 수가 없어 포기할 수밖에 없었다.

  이런 추운 날씨에 이곳 사람들은 어떻게 살아갈 수 있는지 나로서는 이해가 가지 않았지만, 그들은 체질적으로 특별하게, 그리고 운이 좋게도 살아남은 것 같았다. 그들은 또한 굶주림에도 익숙해 있는 것 같았는데, 그들은 우리가 상상할 수 있는 것보다 훨씬 더 적은 양으로도 살아갈 수 있었다. 우리는 우리도 부족한 보급품들을 할 수 있는 한 그들과 나누어 썼는데, 이 지역에서 겪은 우리의 과거 경험으로 보아, 너무 낙관적인 미래에 의지하는 것은 좋을 것이 없었다. 어느 날 자기 가족이 기아 상태에 몰려 있는 어느 불쌍한 친구가 눈물을 흘리며 나에게 찾아와서 도움을 요청했다. 그는 어린아이들이 있는 대가족의 가장이었는데, 이틀 동안 아무것도 먹지 못하고 있다고 했다. 가족들이 모두 살이 빠져 홀쭉한 상태로 거의 굶어 죽어갈 지경이었고, 7마리나 되는 그의 개들도 거의 뼈만 남아 있는 상태였다. 이런 상황에서 개에게까지 줄 먹이는 없었지만, 우리는 아껴 놓은 식량을 그에게 주었다. 그는 곧 떠났고, 당분간은 살아남을 것이다. 몇 시간 후 또 한 명이 찾아와서 여러 날 동안 스스로 결정을 내리지 못하고 있다고 나의 조언을 구했다. 그가 말했다.

  "나리, 겨울이 시작됐는데, 나에게는 아내와 7명의 아이들, 7마리의 개들이 있습니다. 그런데 고기나 생선이 하나도 없습니다. 갖고 있는 것이라곤 약간의 순록가죽과 약 15m 길이의 물개가죽 끈밖에 없어서 그것이라도 끓여 먹일 수는 있습니다. 축치족 사람들이 와서 도와줄 때까지 이렇게 연명할 수밖에 없습니다. 이웃사람들도 모두 굶주리고 있기 때문에, 어디 가서 먹을 것을 구할 수 있을지 모르겠습니다."

그는 잠시 머뭇거리다가 더듬거리는 소리로 말했다.

"아이들이 죽게 되면, 개들이 살아남겠지요. 그런데 개들이 죽으면, 어떻게 축치족 사람들에게 가서 순록을 얻을 수 있겠어요? 그렇게 되면 가족이 또 굶고, 결국 나는 가족도 잃고 개도 잃어버리게 될 겁니다."

그가 나에게 원하는 것은 가족을 굶기느냐, 아니면 개들을 굶기느냐 둘 중에 하나를 결정하게 해달라는 것이었다. 이것은 일부 원주민들이 극도의 궁핍한 상황에 처해 있다는 것을 보여 주는 실례인 것이다. 나는 펜지나에서 보급품이 도착하면 더 많은 식량을 제공하겠노라는 약속과 함께 가장으로서의 도덕적 책무에 대해 짧게 이야기해 준 후, 약간의 식량을 그에게 주었다. 그는 그렇게 약간의 위안을 받고 떠나갔다. 그러나 내가 감히 이야기하건대, 만일 최악의 상태에 다다르면, 어떤 길로 가게 될지는 말하지 않아도 알 수 있는 일인 것이다.

그들 원주민들은 늙으나 젊으나 취향이나 생각이 너무나 어린애들 같았다. 일부 원주민들이 문제를 해결해 달라고, 혹은 조언을 구하기 위해 우리 숙소에 오는 일은 거의 매일 일어나는 일이었다. 우리가 그들에게 무언가를 이야기해 주면, 그들은 그것을 성경의 복음처럼 받아들였고, 우리의 조언은 그들에게 법처럼 여겨졌다. 때때로 아주 단순한 문제들에 대해 그들이 토론을 벌이는 것을 들어 보고 우리가 마치 중재자처럼 중간에서 조정해 주는 것은 아주 재미있는 일이었다. 언젠가 2명의 나이든 사람들과 35세 청년 한 명이 나에게 조언을 구하러 왔다. 내가 조언을 해주자, 그들은 매우 고맙다고 하면서 그들 중 한 명이 나에게 말했다.

"아, 나리! 당신은 우리에게 아버지와도 같은 사람입니다."

그들보다 비교적 나이가 적은 우리들에게 그런 식으로 말했다는 것은 아주 웃음이 나오는 일인 것이다.

그들은 시간이나 나이에 대한 관념이 없는 것 같았다. 똑똑해 보이는 원주민 한 명이 당시 나이가 23세인 우리 팀원 중 한 명을 보고서 잠시 생각해 보더니, 55세라고 판단내렸다. 그러자 그 자리에 같이 있던 다른 원주민 한 명이 말했다.

"아니야, 친구, 그보다 더 많다고. 내가 보기에 적어도 62세나 63세라고."

그들은 턱수염이 별로 없었는데, 있어도 아주 적었다. 우리가 턱수염이 많았으므로, 그들은 곧 우리가 아주 나이 많은 사람들이라고 생각했던 것 같았다. 그들은 우리를 "스타릭(stareek. 노인)"이라고 불렀다.

절반쯤 문명화된 이들 원주민들은 아주 강건한 종족이 아니었다. 그들은 아마도 문명화된 오호츠크 해 해안가에서부터 기인됐을 수많은 질병에 시달려 왔다. 그들은 우리가 그동안 성취해 놓은 것들을 보고 우리 팀원들의 우월한 지식과 능력에 맹목적일 정도로 믿음을 갖고 있어서, 우리 모두가 약에 대한 모든 지식을 갖고 있는 것으로 상상하고 있었고, 또 우리가 작은 약상자를 갖고 있다는 사실만으로도 그들의 생각에 확신이 들었던 것이다. 그래서 그들은 거의 매일 약을 달라고 우리를 쫓아다녔다. 얼마 안 되어 약상자에는 먹어도 별로 해가 되지 않는 약들은 모두 없어지고 특별한 약만 남았다. 그런데도 그들은 여전히 약을 더 달라고 간청하고 있었다. 그들은 약이 특정한 경우에만 효과가 있다는 사실을 이해하고 있지 못했으므로, 약병을 여러 병 집어 들고 이것저것 여러 개씩 섞어서 먹어 보려 했다. 만일 우리가 그들에게 약이 아닌 다른 무언가를 주어도, 그들은 조금도 망설이지 않고 무조건 삼키려고 할 것이 틀림없었다.

지금까지 나는 케넌이 아나디르 강 하구로 일하러 가는 팀들에게 공급하려고 나에게 전해 준 1,100마리의 말린 생선을 보관해 두고 있었다. 자기 개들에게 먹일 것이 없는 원주민들은 개들에게 먹이를 먹이기 위해 기꺼이 여행에 참여했으므로, 1월 13일 나는 13개 썰매팀들에게 마인 강에서 일하는 데 필요한 장비들을 챙겨서 하류 쪽 중계소로 보냈고, 그들은 그곳에 있는 재레드 노턴과 5명의 인력들을 데리고 마인 강으로 갈 예정이었다. 그렇게 한 소대 정도의 인력을 마인 강에 보내 전신주로 쓸 기둥들을 베어서 분배를 시작하는 것이 나의 의도였다. 아직까지 기지가로부터 보급품이 다 도착하지 않았으므로, 우리는 그것을 매일 기다리고 있었다.

  2월 2일 코셰빈이 펜지나로부터 보급품을 가득 실은 8대의 썰매를 대동하고 돌아왔다. 그 보급품은 기지가의 이스프라브닉이 우리를 위해 펜지나까지 가져다준 것이었다. 또한 이 썰매들은 필요할 경우 강 하구까지 계속 나아가기로 약속돼 있었다. 나는 개먹이가 준비되는 대로 즉시 이 썰매들을 강 하구로 출발시켰고, 그곳에 도착하면 매크리, 백스터(전신 기사), 프로스트(난파된 범선의 1등항해사) 및 다른 6명의 인력들을 데리고 돌아오도록 했다. 그들이 돌아오면 그들 중 프로스트와 4명의 선원들은 내가 중계소를 떠난 이후로 중계소의 육상팀에 남아 일하도록 했다. 이것은 겨울 동안 아나디르 내(內)만 중계소로 가는 마지막 썰매 행렬이 될 것이므로, 나는 매크리에게 소금에 절인 저장 식품들을 가지고 오도록 요청했다. 그것들은 봄 홍수 기간 동안 마인 강 팀을 돕는 데 쓰일 것인데, 봄이 되면 강물이 범람하게 되어 다른 식량을 구할 수 없다는 것을 우리는 이미 알고 있었다.

  2월 5일 재레드 노턴 일행을 동반한 13대의 썰매들이 하류 쪽 중계소로부터 마르코바 마을에 도착했다. 왔다 갔다 왕복 총 23일 걸렸지만, 빠르고 즐거운 여행이었다고 했다. 2월 9일 마침 식량 공급이 이루어지자, 디씨 노턴 외 6명의 첫 팀이 마인 강으로 일하러 떠났.

  혹독한 추위를 피하기 위해 2월까지 인력을 보내지 않고 기다렸으나, 그것은 나의 계산 착오로 드러났다. 재레드 노턴 팀이 마르코바 마을에 도착한 후 즉시, 그리고 디씨 노턴 팀이 마인 강으로 가고 있는 동안의 2주일간 계속 우리는 지금까지 가장 추운 날씨와 맞닥뜨리고 있었다. 2월 7~18일 사이에 하루의 평균 기온은 영하 41도였고, 최고로 따뜻한 기온은 영하 29도, 최고로 추운 기온은 영하 56도였다.

18일은 기온이 영하 47도였는데, 바로 그 다음 날은 기온이 영하 6도까지 올라가서 결국 27시간 이후에 무려 31도 차이가 났던 것이다.

2월 19, 20, 21일에는 온도가 영하 28도에서 영하 6도까지 오르락내리락했으며, 다음 4일간의 온도가 22일에는 영하 45도, 23일에는 영하 49도, 24일에는 영하 52도, 25일에는 영하 41도로 뚝 떨어졌다. 잠깐 따뜻했던 때에는 가벼운 눈이 내렸으나, 나머지 기간 동안에는 내내 맑고 조용했다.

날씨가 최고로 추운 기간 동안 디씨 노턴 팀은 야외에서 야영을 하고 있었는데, 왜냐하면 지난 봄에 시작했던 집짓기가 아직 덜 끝나 숙소에 입주할 수가 없는 상황이었고, 또 추위를 막기 위해서는 많은 부분을 보수해야만 했기 때문이다. 가장 추운 밤 동안에는 잠자러 가는 것도 겁났다고 했다. 디씨 노턴은 모닥불 주위로 너무 가까이 다가서서 거의 손을 데일 뻔했다고 했고, 코도 거의 얼어붙어 있었다고 했다. 그 당시 매크리 팀도 아나디르 강을 따라 올라가고 있었는데, 날씨는 아주 추웠지만, 멀리 내륙 쪽보다는 훨씬 따뜻했다고 했다.

우리는 실내에 있었지만, 실내도 아주 추웠다. 벽난로가 활활 타오르고 있었지만, 창가 쪽 방 일부분은 온도가 영하 37도를 기록하고 있었다. 밖에는 보름달이 떠 있었지만, 달빛은 창백하고 흐렸다. 사방이 마치 안개가 두껍게 껴 있는 것처럼 흐릿한 상태로 얼어붙어 있었다. 최고로 추운 날씨를 실감해 보기 위해, 나는 맨머리에 맨손으로 문밖에 나가 잠시 서 있었다.

문밖에 나선 처음 순간에는 전보다 더 춥다는 사실을 느낄 수 없었다. 밖은 그저 고요하고 죽음이 다가온 것처럼 정적에 싸여 있을 뿐이었다. 내가 알아챈 특이한 것은 나의 입에서 나간 따뜻한 입김이 차디찬 공기와 접촉하면서 나는 "쉬식" 하는 소리뿐이었다. 하지만 잠시 후 나는 코, 귀, 손가락

등의 노출된 부위에서 아주 미세하게 쑤시는 듯한 감각을 느꼈다. 그것은 마치 잎이 시드는 것처럼 오그라드는 느낌이었다. 그래서 나는 곧 집안으로 뛰어 들어갔다.

나는 시베리아에 오기 전에는 항상 마음속에 극한의 추위 속에서 몸도 이도 덜덜 떨리는 그런 장면들을 상상해 왔었다. 그런데 2년 이상을 머무르는 동안 나는 한 가지 경우를 제외하고는 어떤 경우에도 그렇게 덜덜 떠는 모습을 본 적이 없었다. 그 한 가지 경우란, 어떤 사람이 마인 강 얼음이 꺼지면서 물속에 빠진 적이 있었는데, 그때 몸이 다 젖으면서 영하의 날씨에 노출되자 덜덜 떨고 있는 모습을 본 적이 있었던 것이다.

이런 맑은 날씨에서는 아무리 추위도 그렇게 덜덜 떨며 고통을 당하는 경우는 없으며, 오로지 몸이 땀이나 기타 다른 이유로 물에 젖을 경우에만 그런 고통을 당하게 되는 것이다. 아주 극한의 추위 속에서도 이렇게 무거운 모피 외투를 입고 계속 운동을 하면, 다소 땀이 나게 마련이고, 그렇게 되면 그 사람은 젖은 옷을 갈아입지 않는 한 그런 고통을 당할 수밖에 없는 것이다. 하지만 너무 과도하게 많은 옷을 입지 않고, 또 과도하게 움직이지 않는 등 적절한 주의를 기울인다면, 그 사람은 그런 고통을 겪지 않고도 오랫동안 여행을 할 수가 있게 된다. 물론 코는 수십 번 얼었다 녹았다 할 테지만 말이다. 그런데 코는 별 고통을 못 느낀다. 아픔이 잘 느껴지지 않기 때문에, 사람들은 종종 자기 코가 얼어 있다가, 자신은 모르고 옆에 있던 동료가 그 사실을 알려 주는 경우가 대부분이다. 그리고 치료법도 쉽다. 나는 아직까지 코가 얼어 있는 원주민들을 본 적이 없지만, 볼과 턱 부분이 얼어 있는 경우는 많이 보았다.

식량 부족과 그에 따른 뚜렷한 대책도 없는 상황임에도 불구하고 주민들은 매년 하던 대로 연말연시 행사를 즐겼다. 미국식 크리스마스 날인 12월 25일은 여기에선 잊혀진 날이었지만, 현지 주민들의 크리스마스 날은 그로부터 12일 후였는데, 종전과 같이 엄격히 지켜졌다. 무도회인 베추르카가 거의 매일 밤 열렸다.

무도회는 항상 사람들로 가득 찼는데, 가장 즐거워하는 사람들은 가장 빈곤한 상태에 빠져있는 사람들인 것 같았다. 다른 놀이 중에는 사람들이 나무 가면이나 손수건으로 얼굴을 가리고 집집마다 돌아다니면서 3줄짜리 전통 악기를 연주하며 춤추는 것도 있었다. 이런 종류의 가장 무도회가 일주일 이상 밤마다 계속되는데, 이 가장 무도회가 끝나면 마을의 신부가 집집마다 돌아다니면서 축성을 해주었다. 가장 무도회 기간 중에는 가장 무도회를 벌임으로써 집집마다 도사리고 있는 악마를 추방한다고 사람들은 믿고 있었다.

기지가의 이스프라브닉이 펜지나를 방문한 기간 동안에, 그는 우리를 위해 유목 코랴족으로부터 170마리의 순록을 사들이는 데 성공했다. 그러나 그것들은 너무나 멀리 떨어져 있어서, 우리에게 도착하기까지에는 수송상 너무나 많은 어려움이 있다는 사실을 우리는 알게 됐다. 그래서 실제로 우리는 그것들로부터 아무런 이득도 얻지 못했다. 개들이 현재 아주 굶주린 상태에서 개먹이로 너무나 많은 순록고기를 먹어치우고 있기 때문에, 만일 내가 펜지나로 썰매들을 보내 순록고기들을 마르코바로 가져오도록 한다면, 오는 도중에 개들이 개먹이로 순록고기들을 모두 먹어치우고 말 것이다. 그래서 생각한 것이 순록들을 마르코바나 마인 강으로 몰고 온 다음 죽여서 필요한 고기를 확보하는 방법이었다. 이 방법을 실천하기 위해 나는 다시 코사크족 사람들을 파견했다.

2월 17일 일부 코랴족 사람들이 순록 36마리를 끌고 도착했다. 그들이 보고하기를, 다른 70마리가 코세빈이 택한 길로 오고 있다고 했다. 36마리 중 20마리는 곧 마인 강에 있는 디씨 노턴 팀에게 보내졌고, 나머지는 개먹이로 쓰였다.

다른 코랴족 사람들이 도착하기를 기다리며 며칠을 보내고 있는 중에, 원주민 한 명이 와서 말해 주었다. 그 코랴족 사람들은 깊이 쌓인 눈 때문에 올로프카 강 너머로 순록 떼를 몰고갈 수 없는 형편이었고, 결국 그 부근에서 70마리가 죽었다고 했다. 그래서 결국 개먹이로밖에는 쓸모가 없게 됐다고 했다. 이것은 우리에게 아주 실망스러운 심각한 사태였다.

매년 많은 축치족 사람들이 오호츠크 해 지역으로부터 모피 상인들과 거래를 하기 위해 아나디르스크로 온다. 이제 무역거래 시기가 다가오고 있었고, 우리의 잘못된 판단으로 큰 손실을 입고 있는 상태였으므로, 우리는 이 무역 거래를 마지막 방법으로 생각하고 있었다. 모피 상인들은 이미 거래를 위해 많은 양의 담배와 잡동사니들을 갖고 도착하고 있었지만, 아직도 축치족 사람들은 얼마 안 되는 순록과 모피를 갖고 온 일부를 제외하면 큰 무리들이 오지 않고 있었다. 이런 마당에 베링 해를 넘어온 비버 가죽들이 거래의 주요 품목이 됐다. 그것들은 대부분 매년 여름 아메리카 인디언들이 잡아들인 것으로 순록가죽과 교환되어 옷 만드는 데 이용되고 있었다.

2월이 다 지나가고 있었고, 사실 겨울도 다 지나가고 있었는데, 기다리던 축치족 사람들은 도착하지 않고 있었다. 모피 상인들은 빈손으로 돌아가야 할 판이었다. 하지만 가장 실망하고 있는 사람들은 사실상 현지 주민들이었다. 그들은 간절하게 축치족에게서 식량을 구하기를 원하고 있었던 것이다. 그럼에도 불구하고 일부 주민들은 축치족이 오지 않으리라는 것을 이미 예상하고 있었다. 왜냐하면 예전에도 정착 원주민들이 궁핍 상태에 빠졌을 때, 순록떼를 가진 축치족 사람들이 많은 순록들을 기증하고도 아무런 보상을 받지 못할까 두려워서 의도적으로 멀리 떨어져 있는 경우가 있었기 때문이었다. 이제 우리가 식량을 의지할 데는 기지에서 보급품을 공급받는 방법밖에 없었다. 그러나 거기까지 개썰매를 타고 왕복하려면 또 많은 양의 개먹이가 필요했다. 이 때문에 우리는 운송 수단을 구하는 데도 많은 어려움이 있었다.

내가 2월 4일 매크리 팀을 위해 아나디르스크 외(外)만 중계소로 떠나보냈던 펜지나의 썰매들이 3월 4일까지도 마르코바 마을에 돌아오지 않고 있었다. 그들은 아나디르 강을 따라가는 아주 힘든 여행을 하고 있었는데, 설상가상으로 팀원 중에 존 로빈슨(John Robinson)이 도중에 장염을 앓다 죽었다. 중계소를 떠날 때, 불쌍한 로빈슨은 아주 건강해 보였었다. 그러나 그 후 2월 21일 그는 전신선 절벽 유르트에서 죽었던 것이다. 그 당시 무서운 푸르가가 휘몰아치고 있었고, 바람은 마치 허리케인처럼 불어 대고 있었다고 했다. 울부짖는 듯한 바람소리 때문에 외따로 떨어져 있는 오두막집은 분위기가 더 음울했으며, 집 앞에 쌓여 있는 눈들은 휘몰아치는 바람 때문에 이리저리 날렸다. 집 안은 춥고, 어둡고, 분위기가 침울했다. 벽난로에 불은 활활 타고 있었지만, 통나무 사이에 막아 놓은 이끼들이 많이 떨어져 나가 방 전체가 따뜻하지 않았다. 이런 틈새들을 통해 바람뿐 아니라 눈도 함께 바람에 휩쓸려 방 안으로 들어왔다. 이런 쓸쓸한 분위기 속에서 가엾은 로빈슨은 가죽침대에 누워서 고향의 친척들을 멀리한 채 마지막 숨을 내쉬고 있었다. 그의 주위에는 오로지 동료들의 거친 손들만이 그의 손을 잡아 주고 있을 뿐이었다. 그것은 정말 아주 슬픈 장면이었을 것이다. 제대로 된 집도 아니고 그런 외롭고 쓸쓸한 작은 오두막집에서 마지막 숨을 거둬야 했다는 사실이 너무도 슬펐다. 하지만 또 한편으로 생각해 보면 불완전하기는 하지만, 만일 그런 오두막집도 없는 상황에서 그런 일을 당했다면 얼마나 헤아릴 수 없이 가슴이 아팠을 것인가 하는 생각이 들었다.

매크리가 부시 중계소를 떠날 때까지 특기할 만한 일은 아무것도 없었다고 했다. 그는 개먹이로 쓸 순록 50마리를 구입하는 데 성공했으므로, 그의 팀은 건강 상태도 좋았다. 그래서 그들은 며칠 동안 난파된 골든게이트 호

난파선 해체 작업

|제30장| 571

를 해체하는 일에 몰두했고, 돛대 기둥, 전신선, 돛 등 쓸모 있는 모든 것들을 해안가로 날랐다. 이런 일을 하는데 그들은 키요테와 닉 2마리 개들의 도움을 받았는데, 그중에 닉은 불행하게도 얼마 안 돼 늑대들의 습격으로 죽임을 당했다고 했다. 중계소 근처에 쌓아 놓은 순록고기가 이웃 툰드라지대에 살고 있는 늑대들의 표적이 됐던 것이다. 어느 날 밤 한 떼의 늑대들이 중계소 바로 문 앞까지 쳐들어왔고, 다음 날 아침 닉의 몸은 문자 그대로 선원들 숙소에서 몇 발자국 떨어지지 않은 곳에 갈갈이 찢겨 있었다고 했다. 팀원들의 많은 사랑을 받았던 닉의 죽음으로 모든 팀원들이 아주 슬퍼했다. 그는 지금까지 내가 이 지역에서 본 개들 중 덩치도 크도 잘 생긴 가장 좋은 개였다. 골든게이트 호의 선원 중 한 명인 영(Young)은 신발 벗고 잰 키가 약 190cm의 장신이었는데, 그도 늑대 무리들로부터 비슷한 공격을 최근에 받은 적이 있었다.

중계소 뒤쪽으로 약 5km 떨어져 있는 툰드라지대에 조그만 호수 여러 개가 있었는데, 사람들이 얼음에 구멍을 뚫고 송어 낚시를 하려고 자주 들락거렸다. 송어가 꽤 많이 잡혔으므로, 일부 사람들은 거의 매일 도끼와 낚시줄을 들고 와서 낚시를 했다. 그날은 영이 혼자 있는 날이었고, 도끼 외에는 아무런 보호 장비가 없었다. 주위의 툰드라지대에서 늑대들이 울부짖는 소리가 들리는 것은 아주 다반사로 있는 일이었으므로, 통상 사람들은 별 신경을 쓰지 않았다.

영은 조그만 호수 한가운데에서 얼음을 뚫고 낚시를 하고 있었는데, 아주 가까이에서 늑대 울음소리가 들려 깜짝 놀랐다. 소리 나는 방향을 바라보니, 곧 한 마리의 커다란 수컷 순록이 호수로 뛰어 들어와 약 100m 도 안 되는 거리 안에 있는 해안가를 따라 달아나는 모습이 보였다. 1분도 안 돼 7마리의 굶주린 듯한 아주 커다란 늑대들이 호수 안에 뛰어 들어왔고, 머리와 꼬리를 바람에 날리며 전속력으로 순록의 발자국을 따라 뛰어갔다. 영은 도끼를 집어 들었으나, 숨을 죽이고 늑대들이 알아채지 못하도록 움직이지 않았다.

　그러나 늑대들 중의 한 마리가 지나가다가 그를 보았고, 곧 전체 늑대들이 그에게로 다가오고 있었다. 한바탕 싸움을 예상한 그는 몸을 일으켜 세우고 소리를 내지르며 도끼를 휘둘렀다. 늑대들은 갑작스런 일격을 당하자 놀라서 곧 달려드는 것을 멈추고 그에게서 약 30m 의 거리를 두고 앉아 있었다. 그러나 곧 늑대들은 다시 용기를 내서 그에게 달려들었다. 처음 도끼를 휘둘러 효과를 보았던 그는 이번에는 더 크게 소리 지르며 맹렬하게 도끼를 휘두르며 늑대들에게 다가갔다. 그러자 늑대들이 잠시 꼬리를 내리고 잠잠히 있더니 슬슬 도망치면서 다시 순록의 발자국을 따라가기 시작했다. 영은 곧 중계소로 돌아왔고, 그의 무용담 때문에 그는 북동 시베리아에서 가장 무서운 사람이 됐다. 그 후로 그는 툰드라지대에서 다시는 혼자 밖으로 나다니지 않겠다고 결심했다.

| 제31장 |

어려움에 부딪친 전신주용 기둥 배분 작업-마인 강으로 떠나 간 매크리-펜지나의 보급품-기지가에서 오지 않는 썰매-추측-오호츠크로 출발-비어 있는 펜지나 마을-재레드 노턴과 코사크족에게 내린 지시-기지가 도착-어려움에 빠진 아놀드-마인 강으로 출발한 썰매들-푸르가 때문에 길을 잃고 되돌아오다-다시 출발-아나디르스크와 펜지나에서 온 썰매들-재정난으로 약속어음 발행-도박 여행 다니는 신부들-구하기 어려운 개썰매-마르코바로 돌아가는 길-샌포드가 감춰 놓은 노상 저장고와 곰들-얼음이 녹은 펜지나 강-첫 번째로 떠난 썰매들-위기에 처한 마인 강 팀-계속되는 실패-마르코바 도착-매크리 보고서-벌목-설사 증세-줄어드는 보급품-작업 연기-일리야 디치코프의 공로-크레파스트에서 온 보급품 썰매-사기가 떨어진 사람들-사냥 실패-코략족을 찾아서-올간 강-힘든 여행-실패-되돌아오다-작업 중지-아슬아슬한 식량-마르코바로 출발-말을 구입하다-때맞춰 말고기를 보내다-펜지나로 출발-엄청난 식욕-말고기 썰매-돌아가는 길-보급품을 가지고 마인 강으로 떠난 백스터-해명-보급품이 모자랐던 이유

매크리는 아나디르 강에서의 여행을 끝낸 후 마르코바로 돌아왔다가 곧 다시 하류 쪽 중계소에서 데려온 사람들을 데리고 마인 강으로 떠났다. 그는 코략족 및 축치족과의 거래를 통해 순록고기를 사들이기 위해 아나디르스크에서 구할 수 있는 담배 및 기타 다양한 물건 등의 모든 것들을 가지고 갔다. 그가 할 수 있는 일이란 것은 전신주용으로 쓸 나무들을 베어 내서 보관해 두었다가 봄이 되면 아나디르 강에 뗏목으로 띄울 수 있도록 준비

해 두는 것이었다. 그러나 아마도 올로프카 강이나 마인 강까지는 직접 나무를 잘라 배분까지 하기가 어려울 것 같았다. 이제 우리는 더 이상 전신주 기둥을 배분하는 데 필요한 개와 썰매들을 구하기가 어려웠기 때문이었다.

나는 디씨 노턴 팀이 가능하면 마인 강 상류까지 일을 진척시켰으면 하는 마음이었다. 그러면 펜지나까지 가는 거리를 직선거리로 줄일 수 있고, 또 케넌이 기지가에서 보급품을 날라 도와주는 데에도 별 어려움이 없을 것이기 때문이었다.

펜지나에는 지난 1월에 이스프라브닉이 우리를 위해 가져다준 보급품이 아직 남아 있었다. 이 보급품 중 일부를 매크리 팀에게 보내기 위해서 나는 원주민들에게 순록을 제공하고 6개의 개썰매팀을 고용하는 데 성공했다. 그래서 3월 19일 나는 재레드 노턴이 그 썰매팀들을 데리고 펜지나로 출발하도록 했으며, 그가 펜지나에 도착하면 계속 머물러 있으면서 기지가로부터 오는 보급품을 받아 수송 수단이 구해지는 대로 빨리 보급품을 매크리 팀에게 보내도록 했다.

재레드 노턴 팀이 떠나고 난 다음 날 코셰빈이 펜지나로부터 썰매 2대분의 보급품을 가지고 도착했는데, 놀랄 만한 정보도 하나 갖고 왔다. 그것은 1월 초 이후로 내내 기지가로부터 보급품이 도착하지 않고 있다는 것이었다. 이렇게 오래 지체되는 것으로 보아, 곧 나는 케넌이 기대했던 운송 수단을 구하지 못한 것으로 판단했다. 현재 우리는 5월 1일까지 버틸 수 있을 만큼의 보급품을 갖고 있었다. 그러나 그 후로는 식량을 구하기가 제일 어려운 시기가 될 것이므로, 오호츠크 해 지역에서 식량을 구할 수 없으면, 우리에게는 의심할 여지없이 커다란 재난이 닥쳐오게 될 것이다.

매크리는 전에 아나디르 강에서의 여행 기간 동안 매크리 팀 야영지에서 공급받아야 할 소금에 절인 식량들이 도착하지 않아 기다리기를 포기한 적이 있었다. 그리고 이제 우리는 의지할 만한 곳이 하나도 없는 상태였다. 우리가 취할 수 있는 유일한 방법은 여기에서, 그리고 펜지나에서 썰매를 구한 다음 기지가로 직접 가서 보급품을 싣고 곧바로 돌아오는 것이었다. 곧바로 출발해 통상적인 속도로만 간다면, 보급품은 제 때에 도달해 재난을 피할 수 있을 것이다. 기지가로 떠나는 여행은 예비로 개들을 갖고 있는 원주민들에게는 그야말로 시의적절한 기회가 될 것이다. 그러나 그들도 굶주리고 있는 자기 가족들을 위한 식량을 썰매에 싣고 돌아와야 할 것이므로, 어쩌면 우리들에게 그들이 별 도움이 안 될 수도 있었다. 그럼에도 불구하고 3월 26일 나는 펜지나에서 더 많은 썰매들을 구하기 위해 직접 4개의 개 썰매팀을 구성해 즉각 펜지나로 떠났다. 그리고 나는 매크리에게 나의 출발을 알렸고, 마르코바에는 한 사람을 남겨 두고 만일 순록들을 살 수 있으면 마인 강으로 보급품을 보내도록 했다.

펜지나로 가는 길에 나는 펜지나에서 보급품을 싣고 돌아오고 있는 재레드 노턴 팀의 썰매 6대를 만났다. 이 보급품은 내가 이끄는 썰매들이 오호츠크에서 되돌아올 때까지 우리 팀원들을 먹여 살리게 될 것이다.

펜지나에 도착하자 마을이 거의 비어 있는 것을 발견하게 됐다. 모든 주민들이 순록고기를 구하기 위해 코략족을 찾아 나선 것이었다. 그래서 주민들이 돌아오고 나면, 우리 보급품을 실을 썰매들을 여러 대 구할 수 있을 것이라고 했다. 하지만 나는 그때까지 기다릴 수가 없었으므로, 계속 기지가를 향해 나아갔다. 길은 지난 봄에 매크리와 내가 북쪽으로 가는 여행을 할 때 따라갔던 경로와 똑같은 길이었다. 펜지나를 떠나기 전에 나는 재레드 노턴에게 올간 강까지 보급품을 갖고 가서 디씨 노턴 팀을 만나 전해주고, 다시 나를 따라 기지가로 오라는 지시를 내렸고, 또 일부 코사크족 동료들에게는 24마리의 순록들을 마인 강으로 몰고가서 죽인 다음 순록고기를 매크리 팀에게 전하라는 지시를 내렸다.

기지가로 가는 우리의 여행은 별다른 사건이 없는 여행이었다. 눈이 많이 내렸지만, 여행하기에는 좋은 조건이었고, 썰매가 가벼웠으므로 마르코바에서 기지가까지는 단지 13일밖에 걸리지 않았다. 온도는 영하 12도에서 영하 40도까지 오르내렸다. 셰스타코바와 코에일에 있는 코랴족 마을에서 우리는 개먹이를 구할 수 있었고, 4월 9일 아침 기지가에 도착했다. 도착해 보니 케넌과 도드, 그리고 10여명의 다른 사람들이 지난 가을 회사 범선인 언워드(Onward) 호와 클라라 벨(Clara Bell) 호를 타고 이미 여기에 도착해 있는 것을 보고 나는 많이 놀랐다. 이미 늦겨울로 접어들고 있었으므로, 언워드 호는 오로지 페트로파블로프스크에 입항할 수 있었고, 승객들은 기지가로 가기 위해서 개와 순록을 데리고 캄차카 반도를 통과하는 겨울 여행을 해야만 했다는 것이다.

　기지가에서 썰매를 구하기가 어렵겠다는 우리의 추측은 정확히 맞아 떨어졌다. 얌스크에 있는 아놀드 팀도 식량이 떨어져 가고 있는 상황이었는데, 그곳의 개들도 거의 다 굶어 죽었으므로, 케넌은 마땅한 썰매들이 없어 아놀드 팀과 마인 강 팀에게 보급품을 보낼 수 없는 상황에 있었던 것이다.

　우리는 4월 9일 기지가에 도착했고, 12일에는 푸르가가 거세게 몰아치고 있었다. 그래서 보급품을 실은 나의 썰매 4대가 다시 돌아가기가 어려운 상태에 있었다. 그러나 13일에는 날씨가 다시 좋아졌다. 그래서 나는 가능한 한 빨리 아나디르스크로 가도록 썰매들에게 지시를 내렸다. 그들은 17일 정도면 아나디르스크에 도착할 것이고, 그때쯤이면 매크리 팀의 식량이 다 떨어지기 직전일 것이다. 나는 남아서 기다렸다가 재레드 노턴 팀이 도착하는 대로 그의 썰매들과 함께 돌아가기로 했다. 14일에는 푸르가가 다시 거세어졌고, 그런 상태가 거의 2주간이나 쉬지 않고 계속됐다. 나는 떠난 지 얼마 안 된 나의 썰매 4대가 많이 걱정됐다. 그들은 너른 툰드라지대를 가로질러 가야 하는데, 심한 푸르가를 만나 다시 되돌아오거나, 아니면 시간이 많이 지체될 수도 있기 때문이었다. 그래서 19일에 그들이 비어 있는 썰매인 채로 완전히 지쳐서 기지가로 되돌아왔을 때, 나는 크게 실망했지만, 크게 놀라지는 않았다. 그들이 툰드라지대 한가운데를 지나가고 있을 때, 푸르가가 그들을 덮쳤던 것이다. 3일 동안 이리저리 헤매다가 결국 길을 잃었다. 다시 출발했지만, 개먹이는 하룻밤치밖에 남지 않았으므로, 코에일 마을에서 먹이를 보충할 수 있기를 기대했지만, 결국 개들은 굶을 수밖에 없었다. 그들이 마지막으로 할 수 있었던 일은 썰매를 가볍게 하기 위해 짐을 버리는 일뿐이었던 것이다. 이제 마르코바에 보급품을 가져다주어야 할 시간이 11일밖에 남지 않았다. 짐을 싣고 힘이 다 빠진 개들로는 11일 안에 마르코바에 도착한다는 것은 거의 불가능할 것 같았다. 그러나 낭비할 시간이 없었다. 나는 그들에게 하루치의 휴식을 준 후, 2대의 썰매를 추가해 다시 짐을 싣고 4월 21일 눈폭풍이 여전히 거세게 몰아치는 데도, 총 6대의 썰매들을 다시 출발시켰다.

펜지나와 아나디르스크에서 출발한 썰매들이 4월 30일까지도 기지가에 도착하지 않고 있었다. 아마도 푸르가 때문에 도중에 지체되는 것 같았다. 그들은 28일 만에 기지가에 도착했는데, 내가 13일 만에 도착한 것과 비교됐다. 그들의 개들은 걱정스런 상태에 있었다. 이번 여행에서 원주민들은 자기 가족들의 식량까지 구해야 했으므로, 개들은 아주 무리한 상태에 있을 수밖에 없었던 것이다.

지금까지 우리는 재정난 때문에 몇몇 원주민들에게는 대가를 지불할 수 없었다. 그것은 뉴욕에 있는 본부가 일부 사무 처리를 잘못했기 때문이었다. 다른 방법이 없었던 우리는 결국 지금까지 다소간의 빚을 질 수밖에 없었다. 대신 우리는 기지가에서 보급품으로 지불해 주는 약속어음을 발행했고, 원주민들이 기지가로 약속어음을 가져오면 모두 보급품으로 보상해 주었던 것이다.

이것은 가난한 원주민들에게 아주 좋은 기회였는데, 왜냐하면 우리는 그들이 절실히 필요로 하는 식량들을 가득 실어 주었기 때문이었다. 만일 우리가 그들에게 돈을 지급했다면, 전부가 아니고 일부분이라 하더라도, 그들은 아마 신부와 어울려 도박을 하다가 돈을 다 잃게 될 것이다. 신부는 그런 일에 전문가였으므로, 원주민들에게서 이런 식으로 모피와 돈을 빼앗아 거의 자기 가족을 부양하는 데 쓰는 것이다. 아나디르스크와 기지가의 신부들은 거의 매년 겨울이 되면 공동으로 코랴족 마을들을 돌아다니며 도박 여행을 하는데, 그들이 돌아올 때에는 썰매 안에 값비싼 모피들이 가득했다. 아나디르스크의 신부는 썰매를 타고 와서 기지가에 머무는 동안, 그의 가르침을 따르는 불행하고 가난한 원주민들의 '정신적인 지도자'인 그는 계속 고주망태처럼 술에 빠져 있었다.

나는 마인 강 팀에게 보급품을 보내기 위해 필요한 개썰매들을 구하는 데 많은 어려움이 있었는데, 어쨌든 많은 수는 아니더라도 적은 수의 개썰매들을 구할 수 있었다. 나는 이것들을 가지고 5월 3일 기지가를 떠났는데, 그날은 1년 전에 매크리와 내가 출발했던 날짜보다 15일 늦은 날이었다. 케넌 팀원들인 루어크(Rourke)와 피어슨(Pierson)이 나와 함께 동행하여 펜지나로 갔고, 펜지나에서는 샌포드(Sanford)가 거느리는 작은 팀이 펜지나 강 부근에서 나무를 베어 뗏목을 띄우기 위해 그들보다 앞서서 떠나갔다.

펜진스크 만(Penjinsk gulf)을 따라 펼쳐져 있는 툰드라지대는 거의 눈이 녹아 있어 개썰매를 타고 여행하기가 아주 어려운 상태에 있었다. 또한 셰스타코바 강을 따라 올라가는 것도 얼음이 녹아 있기 때문에 거의 불가능한 상태에 있었다. 그러나 산의 북쪽으로는 날씨가 더 추웠으므로 여행하기가 더 나았다. 전에 아클란 강에서 샌포드 팀은 짐이 너무 무거워 일부 보급품을 땅을 파고 묻어 놓은 적이 있었다. 그 지점에 우리가 도착하고 보니, 곰들이 그 구덩이를 다 파내어 먹을 수 있는 것은 모두 먹어치우고 아마 맛이 없다고 생각했는지 6개의 도끼들만 남겨 놓았다.

펜지나 마을 맞은 편에 있는 펜지나 강도 얼음이 거의 다 녹아 있었으므로, 우리가 도착한 5월 14일 우리는 카르바스를 이용해 강을 건너야만 했다. 여기서 나는 매크리 팀을 위한 보급품을 가지고 기지를 떠났었던 첫 번째 개썰매 팀이 있는 것을 발견하고 많이 놀랐다. 그들은 개를 여러 마리 잃어버린 상태에서 22일에 걸친 여행 끝에 방금 도착했다고 했다. 이 썰매들은 정상적인 여행 속도라면 5월 3일까지 마인 강에 도착했어야 했다.

이렇게 오래 지체하게 된 것 때문에 매크리 팀의 안전이 크게 걱정됐다. 그들의 식량은 5월 3일 이후 며칠이 지나서 완전히 바닥났을 것이 틀림없었다. 재레드 노턴은 그들에게서 3주 이상 되는 기간 동안 아무런 소식도 듣지 못했으므로, 그들의 형편에 대해서 판단할 수 없었다고 했다. 나는 그 썰매 팀을 즉시 출발시켰고, 지체 없이 마인 강으로 가도록 했다.

재레드 노턴이 나에게 알려 주기를, 내가 오호츠크 지역으로 떠난 다음에 곧 이어서 아나디르스크와 펜지나에 남아 있던 여행할 수 있는 모든 개들이 어디론가 다 떠나 버려서 정작 그 자신은 개썰매를 구할 수 없었다고 했다. 설상가상으로 올로프카 강에 남겨 두었던 순록고기도 지나가는 개썰매팀들이 다 소비해 버려서 마른 식량도 구할 수 없는 형편이었는데, 그렇지 않았으면 그는 떠돌이 개나 버려진 쓸모없는 개들을 모아 개썰매팀 하나를 만들었을 수도 있었다. 하지만 설사 만들었다 하더라도 가는 도중에 먹을 개먹이로 순록들을 끌고 가야 했을 것이다. 그리고 개들이 너무 허약해서 다른 짐을 다 빼고서라도 약 3일치 이상의 보급품을 나를 수 없었을 것이다. 이런 상황에서 그가 마인 강을 왕복으로 다녀올 수 있을 만큼의 시간인 10~12일 동안의 여행을 시도하려는 것은 소용없는 짓이었다. 한편 내가 지시를 내렸던 코사크족 동료들도 순록 떼를 몰고 마인 강으로 가도록 코랴족을 설득하는 데 실패했다. 그들은 코랴족에게 비용을 지불한다고 했는데도 눈이 깊이 쌓였다고 거부당했던 것이다.

기지가로부터 많은 보급품이 도착해 있었는데, 겨울이 다 지나가고 있어서 보급품을 운송하는 일이 점점 더 어려워지고 있었다. 다행스럽게도 샌포드는 자기 소유의 개썰매 팀을 하나 갖고 있었는데, 그것을 내가 인수했고, 또 아나디르스크로 가는 썰매 몰이꾼들을 잘 설득하여 그들의 썰매에 우리 보급품 나머지를 실을 수 있도록 했다. 그렇게 모든 보급품이 운송됐고, 재레드 노턴과 나는 펜지나를 출발하여 4일간의 여행 끝에 5월 21일 마르코바에 도착했다.

여기서 우리는 매크리와 그의 동료 4명이 원주민들과 함께 살고 있다는 이야기를 들었다. 그들은 생존하기 위해 그럴 수밖에 없었다. 그 밖의 나머지 팀원들은 아직 마인 강에 남아 말고기를 먹으면서 아주 불안한 상태로 생존해 있었는데, 그들 중 많은 사람들이 병에 걸려 있다고 했다. 그들은 지난 한 달 동안 아주 어려운 생활을 이끌어 왔으며, 상당한 고난을 겪었다고 했다. 내가 여기 추가하는 것은 매크리의 보고서인데, 그의 보고서가 마인 강에서 그의 팀이 겪었던 일들을 나보다 더 훌륭하게 잘 전달해 줄 것이다.

매크리 보고서(Macrae's Report)
- 북동 시베리아 마르코바 마을에서 1867년 6월 4일

부시 대장님께.

지난번 대장님께 드린 보고서는 3월 10일까지 마인 강 중계소에서 일한 과정에 대한 설명을 한 것입니다. 지난 한 주일 동안에는 눈폭풍이 몰아쳤지만, 3월 13일에는 날씨가 좋아져서 프로스트가 4명의 인력을 데리고 올간 강 부근에 있는 어느 습지로 이동했고, 같은 날 디씨 노턴은 6명의 팀원들을 데리고 마인 강 구간에서 나무를 베어 분배하는 작업을 하기 위해 출발했습니다. 저는 디씨 노턴과 대

장님이 크레파스트로부터 보내 준 보급품을 나누었는데, 각 팀에 10일치의 식량, 즉 딱딱한 빵, 차, 약 11kg의 베이컨, 2마리의 순록 등이 할당됐다. 나무 자르는 작업에 나서기에 앞서, 야외에서 야영하기에는 너무 날씨가 추웠으므로, 프로스트는 먼저 작은 오두막집을 하나 만들었습니다. 온도계가 없어 정확히 알 수는 없지만, 밤에는 평균 온도가 영하 34도 정도 되는 것으로 판단됐습니다. 가능한 한 많은 일을 하기 위해서 나는 프로스트 팀에 요리 담당으로 프랭크(Frank)를 보냈고, 우리 팀에서는 나와 백스터가 요리 담당으로 나무와 물을 길어 오고 요리를 했습니다.

숲속에는 눈이 1~1.5m 정도 깊이로 쌓여 있었는데, 설피가 없는 사람들이 많아서 이동하는데 시간이 많이 걸렸습니다. 그래서 하루에 한 사람당 평균 약 30개 정도의 나무를 벨 수 있었습니다.

그런데 갑작스레 우리 모두에게 설사 증세가 나타났고, 일부 사람들은 너무 심해 일을 계속할 수 없는 사태가 벌어졌습니다. 저는 아편 정제 이외에는 아무런 약도 갖고 있지 않았고, 또 너무 추운 날씨 때문에 아편을 먹기가 조심스러웠다. 3월 21일 우리의 보급품은 딱딱한 빵과 순록고기뿐인 이틀 분량으로 줄어 들었으므로, 나는 일을 잠시 중단하도록 하고 식사량도 절반으로 줄이도록 지시했습니다. 그때까지 백스터와 나는 일리야 디치코프(마인 강, 올간 강 부근에 사는 원주민)가 공급해 주는 물고기를 먹고 살았는데, 저는 이 자리를 빌려 그의 공적을 말하고자 합니다. 그는 항상 물고기나 짐승을 잡아와서 우리에게 나누어 주었고, 여러 번 디씨 노턴 팀에게도 나누어 주었습니다. 그는 자신의 썰매를 가지고 항상 우리를 도울 준비가 돼 있었으며, 만일 그의 도움이 없었더라면 저는 디씨 노턴 팀에게 대장님이 보내온 보급품을 전달할 수 없었을 것입니다. 마르코바와 크레파스트에서 온 원주민들 역시 자신들이나 개들이 먹을 식량이 없었는데, 그들이 중계소에 머무는 동안에는 그가 항상 그들과 개들에게 먹을 것을 제공했습니다.

25일 크레파스트로부터 밀가루와 딱딱한 빵을 싣고 온 썰매 2대가 도착했고, 같은 날 디씨 노턴 팀이 와서 3일 동안 머물렀는데, 너무 추워서 잠을 제대로 자지 못했습니다. 사람들 사이에서 당신이 보급품을 보낼 썰매를 확보할 수 없을 것이라는 소문이 돌고 있었고, 그것은 사람들을 매우 불안하고 만족스럽지 못한 상태로 만들었습니다.

저는 우리의 설사 증세를 우리가 먹는 음식에 지방 성분이 너무 없어서 그런 것으로 판단하고 이 문제에 대해 대장님과 만나 상의하고 싶었고, 또 가능하면 썰매를 구해 코략족에게로 가서 순록고기를 얻어 오고 싶었습니다. 그래서 저는 중계소를 떠나 크레파스트로 갔는데, 26일 저녁 그곳에 도착했습니다.

그런데 대장님이 그날 아침 기지가를 향해 떠났다는 쪽지를 받고 실망이 컸습니다.

여행할 수 있는 원주민들은 모두 기지가를 향해 떠날 준비를 하고 있었습니다. 크레파스트의 주민들은 한두 경우 예외는 있었지만, 거의 모두가 새나 토끼 등을 잡아먹으며 근근이 살아가고 있었습니다. 그들의 말에 따르면, 마르코바 위쪽에 사는 사람들은 거의 굶어죽어 가고 있다고 했습니다. 그래서 저는 그들에게 함께 코략족에게로 가자고 제안했고, 만일 내가 코략족에게서 50마리의 순록을 사는 데 성공한다면, 그들에게 먼저 30마리를 주겠노라고 했습니다. 설사 그들이 그런 심각한 기근 상태에 빠져 있다고 생각하지 않더라도, 저는 이 제안이 그들이 여행에 나서도록 할 만큼 충분한 것이라고 생각하고 있었습니다. 그들은 어떻게 하든 썰매를 구해서 나와 함께 가겠노라고 약속했습니다. 다음 날 저는 마을 촌장의 썰매를 비싼 가격에 빌려서 중계소로 돌아왔습니다.

4월 3일 디씨 노턴은 자기 팀원들을 새로 보충했고, 날씨가 다소 좋아지자, 그는 다시 출발했습니다. 그는 10일치 식량을 갖고 있었는데, 딱딱한 빵, 강낭콩, 순록고기, 차, 설탕 등이었습니다. 여기서 설탕은 사치품이었습니다. 대장님이 저에게 전달한 쪽지에는 다음과 같은 내용이 있었습니다.

"디씨 노턴에게 올로프카 강까지 밀고 나가라고 전하라. 그러면 우리가 펜지나로부터 직접 그에게 보급품을 보낼 수 있을 것이다."

저는 그에게 대장님의 지시를 전달했습니다. 저는 펜지나에 있는 재레드 노턴에게 편지를 썼습니다. 디씨 노턴 팀이 4월 12일까지 올로프카 강 하구에 도달할 텐데, 만일 그곳으로 보급품이 도착하지 않으면 그들은 심각한 위험에 처할 수 있다고 썼습니다.

날씨는 계속 좋았지만, 매우 추웠습니다. 저의 판단으로는 4월 12일까지 밤에는 적어도 영하 34도는 되는 것 같았습니다.

3월 25일 이후 일리야 디치코프는 물고기를 잡지 못하고 있었으므로, 그때부터 백스터와 저는 뇌조와 토끼 등의 사냥에 나섰고, 때때로 프로스트 팀에게까지 사냥한 것을 보내 주기도 했습니다. 그렇게 다른 먹거리가 있을 경우 우리는 순록고기를 먹지 않고 아껴 놓았습니다.

4월 11일 프로스트 팀의 식량이 2일치 분량의 강낭콩과 순록고기로 줄어 들었으므로, 그는 다시 일을 중지했고, 저는 모든 사람들에게 사냥할 것을 지시했습니다.

13일 하더가 썰매 4대에 순록 5마리, 밀가루 4자루, 강낭콩 2자루,

베이컨 4.5kg, 많은 차 등을 싣고 도착했습니다. 그는 저에게 재레드 노턴으로부터 받은 쪽지 하나를 전달해 주었는데, 내용은 다음과 같습니다. 그는 올로프카 강을 지나가는 썰매들을 구할 수가 없었고, 펜지나에 있는 보급품들이 밀가루 2자루, 딱딱한 빵 1박스, 베이컨 4.5kg, 차 14kg, 설탕 45kg 등으로 줄어 들었다고 했습니다. 그가 순록에 대해서 언급하지 않았으므로, 저는 당연히 순록고기가 다 소비되고 없는 것으로 알고 있었습니다.

하더와 같이 온 사람들은 내가 크레파스트에서 약속했던 조건으로 코략족에게 가려던 원주민들이었습니다. 그들은 개들에게 줄 먹이가 하루치밖에 없었으므로, 저는 그들이 디씨 노턴 팀에게 가져다 줄 보급품을 싣고 올로프카 강으로 가도록 설득할 수 없었습니다. 게다가 디씨 노턴 팀이 올로프카 강에서 보급품을 공급받지 못하는 경우에 펜지나까지 나아갈 생각도 조금 갖고 있었으므로, 그들이 거기서 디씨 노턴 팀을 찾아낼 수 있을지도 불확실했습니다.

원주민들 중 한 명이 말하기를, 자기는 코략족이 야영하고 있는 지점을 정확히 알고 있다고 했습니다. 그들은 순록을 많이 갖고 있는데 팔려고 하는 중이며, 가는 길도 좋고, 또 거리도 단 하루 걸린다고 했습니다. 이제 어디로든 이동할 수가 없는 봄의 홍수기가 다가오고 있으므로, 이런 경우는 제가 팀원들에게 순록고기를 구해다 줄 수 있는 마지막이면서 유일한 기회가 될 것으로 보였습니다. 그래서 저는 그곳으로 갈 채비를 했습니다. 그러나 눈폭풍 때문에 이틀이나 묶여 있게 됐다.

크레파스트로부터 온 허약한 개들로는 하루도 여행하기가 힘들겠다는 생각에, 저는 일리야를 설득해 나와 같이 가기로 했습니다. 저는 프로스트 팀에게 제가 돌아올 때까지 버티도록 450g의 밀가루를 주었고, 백스터에게는 디씨 노턴 팀이 오면 그들과 합류해 똑같은 일을 하도록 지시를 내렸습니다.

16일 아침은 맑고 바람도 없었으므로 우리는 일찍 떠났습니다. 저는 하더가 개먹이용으로 가져온 순록 5마리를 끌고 갔고, 일리야는 도중에 먹을 오래된 생선 약간을 준비해 왔습니다. 저는 3일치 식량으로 딱딱한 빵과 차를 갖고 갔습니다.

도중에 눈폭풍이 몰아쳐 눈이 많이 내렸으므로, 우리는 거의 하루 종일 설피를 신고 천천히 나아가야만 했습니다. 약 50km를 나아간 후, 올간 강의 북동쪽 지류 부근에서 야영을 했는데, 그곳은 코략족이 있는 곳으로 추정되는 지점에서 수십km 떨어져 있었습니다. 동쪽으로부터 밤새도록 거센 눈폭풍이 몰아쳤는데, 그 방향은 우리가 가고자 하는 방향이었습니다.

다음 날 우리는 그 방향으로 계속 나아갔고, 드디어 추정 지점에 도착해 보니 이미 코략족은 떠나고 없었고 야영지는 버려진 상태였습니다. 눈폭풍에도 그들의 발자국이 남아 있는 것으로 보아, 그들은 분명 방금 떠난 것이었습니다. 그러자 우리의 길잡이 원주민이 말하기를, 약 80km 떨어져 있는 남동쪽 지류 부근에서 그들을 만날 수 있을 것이라고 했습니다. 우리는 그들의 발자국을 따라갔고, 곧 두 지류를 갈라놓는 산으로 들어가고 있었습니다. 밤이 되자 모두가 설피를 신고 개를 도와주며 길을 뚫고 나아가느라 약 40km밖에 나아가지 못했습니다.

다음 날은 눈폭풍이 더 거세어지면서 산길을 휩쓸어 댔으므로 우리는 썰매를 가지고 나아갈 수가 없는 형편이었습니다. 저는 설사증세 때문에 몸이 약해져서 더 이상 걸어가기가 어려운 상태였으므로, 썰매에 남아 있기로 하고, 만일 원주민들이 이런 상황 속에서도 코략족을 찾아 나선다면 1인당 30루블을 지불하겠다는 제안을 했습니다. 그들이 대답하기를, 만일 이런 눈폭풍 속에서 코략족을 찾아낼 수 있는 일말의 가능성이 있다면, 자기들이 돈도 받지 않고 찾아 나서겠다고 했습니다.

다음 날 아침 우리에게 남은 식량은 생선 한 마리와 1~2kg 정도의 딱딱한 빵뿐이었고, 개먹이는 모두 소비되고 없는 상태였습니다. 눈폭풍은 여전히 사나웠으므로, 그것을 뚫고 앞으로 나아갈 수가 없었다. 결국 저는 더 이상 순록고기를 얻을 수 없다는 현실을 받아들일 수밖에 없었고, 마지못해 발길을 돌리지 않을 수 없었습니다.

그날 우리는 썰매를 질질 끌다시피 하면서 약 20km밖에 나아가지 못했고, 만일 일리야 팀이 없었더라면, 제가 코략족과 거래하려고 갖고 온 물품들을 모두 버려야 했을 것입니다.

우리는 그날 밤 마지막 남은 생선을 먹었고, 다음 날 아침 눈이 많이 내리고 있었지만, 우리는 일찍 출발했습니다. 우리는 설피를 신고 약 15cm 깊이의 젖은 눈 속에 빠져 가며 나아가야 했는데, 오후에는 날씨가 추워지면서 눈이 딱딱하게 얼어붙어 걷기가 수월해졌습니다. 그렇게 우리는 그날 하루 종일 약 65km를 걸어서 밤 10시경 중계소에 도착할 수 있었습니다.

이틀 전에 디씨 노턴과 4명의 인력들이 도착해 있었고, 나머지 2명의 인력들은 걷기가 싫어서 그대로 올로프카 강에 남아 있다고 했습니다.

제가 돌아오고 이틀 후, 썰매들이 마르코바로 떠났는데, 저는 그들 편에 스캐몬(Scammon)를 딸려 보내, 얼마 전에 펜지나에서 온 순록 3마리를 데리고 오도록 했으며, 또한 기지가에서 오는 썰매가 있으면 바로 여기로 오도록 했습니다.

이후로 작업은 이루어지지 않았습니다. 프로스트 팀은 마인 강 중계소에서 250그루의 나무를 베었고, 올간 강에 있는 그의 야영지에서는 1,900그루를 베었습니다. 이것들을 우리가 작년에 벤 것과, 그리고 내가 도착하기 전까지 디씨 노턴 팀이 벤 것을 모두 합치면 거의 5,000그루가 됐습니다. 프로스트는 또한 뗏목 띄우는 데 필요한 삿대 6개를 만들었는데, 각 길이가 약 9m 정도 됐습니다. 그리고 그는 뗏목과 함께 동행하는 보트도 만들었는데, 뗏목 하나에 보트 한 척씩 만들었습니다. 보트는 가볍고, 물고기 잡는 그물을 치기에 적합하도록 만들었습니다.

디씨 노턴, 백스터, 그리고 저는 덫을 만들어 숲속에 놓았는데, 이렇게 잡은 짐승들과 일리야와 콘스탄틴(Constantine)이 잡아다 준 약간의 짐승들, 그리고 배급으로 받은 450g의 밀가루로 우리는 충분히 먹을 수 있었습니다. 이 무렵 커다란 순록 떼가 프로스트의 야영지 근처로 지나가고 있었고, 그는 그중에서 3마리를 잡아 죽일 수 있었습니다. 하지만 그것들은 우리가 펜지나로부터 받은 순록들처럼 작고 살도 별로 없었으며, 지방도 별로 없었습니다. 그래서 다른 고기들이 없을 경우에만 먹었습니다. 저는 5월 1일까지 보급품이 도착할 것인지에 대해 생각해 보았는데, 두 가지 이유 때문에 그때쯤이면 기지가로부터 보급품이 도착하리라 기대했습니다. 첫 번째 이유는 대장님이 서둘러서 썰매들을 돌려보내리라는 것을 알고 있기 때문이며, 두 번째 이유는 마르코바와 크레파스트에서 온 인력들이 부활절인 4월 28일을 집에서 보내리라 예상되기 때문이었습니다.

5월 1일까지는 날씨가 아주 따뜻했고, 눈도 빨리 녹아 내렸습니다. 새들은 강을 떠나서 툰드라지대로 날아갔고, 식량을 보충하기 위해 우리가 놓은 덫에는 토끼가 더 이상 잡히지 않았으며, 여전히 기지가로부터는 아무런 소식도 없었습니다. 그 당시 우리에게 남아 있는 식량은 토끼 7마리와 강낭콩 9kg이 전부였습니다. 이제 무언가를 하지 않으면 안 됐습니다. 생계를 이런 불확실한 방식에 의존하려고 했던 것이 아니었으므로, 저는 마르코바로 가기로 결정했습니다.

다음 날 일리야와 콘스탄틴은 마르코바로 먼저 출발했습니다. 그들은 기지가로부터 보급 썰매들이 마르코바에 도착하여, 부활절 주일동안 원주민들이 관습대로 차를 마시고 춤을 추고 있다고 믿고 있었습니다. 저는 기지가 썰매들이 도착했다고 믿지 않았으므로, 마르코바에서 제가 보낸 스캐몬을 찾아 순록 3마리를 여기로 돌려보낼 수 있을 것이고, 또한 필요하다면 말을 소유하고 있는 신부에게로 가서 식량으로 쓰기 위해 그의 말들 중 일부를 구입할 수도 있을 것입니다.

5월 2일 저녁 저는 중계소를 떠났습니다. 제가 준비한 것은 토끼 한 마리와 900g의 빵(내가 아파서 먹지 못하고 남긴 것), 그리고 충분한 양의 차였습니다. 우리는 차만큼은 항상 충분한 양을 갖고 있었는데, 만일 차가 없었더라면 우리는 훨씬 고통스러웠을 것입니다. 다행히 날씨가 좋아 여행은 순조로웠습니다. 그렇게 날씨라도 도와주지 않았더라면, 많이 아픈 상태로 극도로 쇠약해져 있던 저는 아마도 저에게 닥친 고난을 헤쳐 나가지 못했을 것입니다.

다음 날 오전 10시 마르코바의 전 주민들이 우리를 기지가에서 오는 썰매로 잘못 알고 우리를 환영하러 나와 있었습니다. 기지가 썰매들은 아직 1대도 도착하지 않고 있었고, 어떤 것들은 45일씩이나 돌아오지 않고 있었습니다. 저는 파르빌 무르도프스코이(Parvil Murdofskoi)란 사람의 집에 초대받았는데(그 집 이상으로 먹을 것이 많은 집은 찾아볼 수 없을 것이다), 저녁 식사로 뇌조 가슴살을 먹었습니다. 그것은 제가 차와 딱딱한 빵만 먹다가 24시간 이후 먹어 본 첫 고기였습니다. 개들이 제가 갖고 간 토끼고기를 전부 먹어치웠던 것입니다.

저는 즉시 마을 신부 집으로 갔습니다. 신부가 없었으므로 신부의 아내에게 말을 사겠다고 제안했습니다. 제가 말을 사들이려는 목적은 식량으로 쓰기 위한 것뿐만 아니라, 전신주 기둥을 뗏목으로 엮기 위해 강둑으로 끌고 가는 데 쓰고, 또 나중에 구간에 따라 그것을 배치하는 데에도 쓰기 위한 것이었습니다(단순히 기지가로부터 썰매들이 도착하지 않으니까 지금 당장 식량으로 쓰기 위한 것이 아니었습니다). 그녀는 신부가 없는 상태에서 말을 팔려고 하지 않았습니다. 왜냐하면 신부가 이미 기지가에서 말을 팔았을 가능성도 있기 때문이었습니다. 하지만 제가 한 마리만 식용으로 쓰겠다고 요구하자, 그녀는 허락했습니다. 그녀는 저에게 차 한 잔과 흑빵 한 조각을 가져다주면서 말하기를, 만일 썰매들이 곧 도착하지 않으면, 그녀는 자기 가족을 위해 말들을 죽일 수밖에 없을 것이라고 했습니다. 사실 당시에 강가에 사는 사람들은 전적으로 물고기를 잡아먹고 사는 방법에 의존하고 있었으므로, 만일 그들이 그날 물고기를 잡지 못하면, 그날은 그냥 굶어야 했습니다. 그래서 제가 여기서 말고기 이외의 다른 먹거리들을 구할 수 없는 것입니다.

다음 날인 5월 5일 저는 일리야와 콘스탄틴에게 개먹이로 제가 찾아 낸 저장식품 절반을 주면서 먼저 순록 3마리를 끌고 마인 강 중계소로 돌아가라고 출발시켰습니다. 이 순록들은 한동안 마인 강에 남아 있는 팀원들의 굶주림을 달래 주게 될 것입니다. 그런데 일리야가 저에게 말해 주기를, 그는 봄 홍수 기간 동안에 자기 가족이 먹을 순록을 4마리 남겨놓은 것이 있는데, 만일 마지막 극한 상황이 오면 그 순록들을 우리 팀을 위해 나누어 주겠다고 했습니다.

    5월 7일 수요일 아직도 썰매들이 기지가로부터 도착하지 않았으므로, 저는 제가 구입한 말 한 마리를 중계소로 보내기로 했습니다. 저는 크레파스트 마을 유지인 이반 에르메치코프(Ivan Ermechkoff)로부터 썰매, 몰이꾼 2명, 개먹이 등 모든 것을 빌렸습니다. 그는 그 마을에서 나에게 이틀치 개먹이를 공급해 줄 수 있는 유일한 사람이었습니다. 저는 몰이꾼 2명에게 저의 말 한 마리와 함께 디씨 노턴에게 보내는 쪽지도 같이 딸려 보냈습니다. 그 내용은 어쩔 수 없는 상황이 아니면 말을 죽이지 말고, 뗏목 만들 때 강둑으로 나무 기둥을 옮기는 데 이용하라는 것이었습니다. 금요일 저녁 저는 이맘때쯤이면 말이 중계소에 도착했으리라고 예상하고 있었는데, 중계소로 보낸 2명 중 1명이 되돌아온 것을 보고 깜짝 놀랐습니다. 그가 말하기를, 그들은 단지 크레파스트까지밖에 가지 못하고 더 이상 나아갈 수 없었다고 했습니다.

    그날 아침 마인 강 하구로부터 2대의 썰매가 왔는데, 기지가 보급 썰매들을 찾으러 온 것이었습니다. 저는 그 팀이 현재 보급품이 다 떨어져 가고 있는 위급한 상황에 놓였다는 사실을 알아채고, 그 썰매 몰이꾼들을 각각 10루블씩 지급하고 고용하여 곧 크레파스트로 썰매를 몰고 가서 그 말을 죽였습니다. 그리고 크레파스트에 남아 있는 허섭스레기 같은 개들을 모두 모아 또 하나의 썰매팀을 만든 다음, 다음 날 저녁 말고기를 실은 2대의 썰매를 마인 강 하구를 향해 출발시켰습니다. 크레파스트에서 저는 프로스트가 보낸 사람 2명을 만났는데, 프로스트는 팀을 여러 개로 나누는 것이 생존하기에 더 나을 것으로 생각했던 것 같았습니다. 그들이 저에게 말하기를,

제가 떠나간 후 사냥으로 짐승 한 마리 잡을 수 없었다고 했습니다.

저는 그날 밤 설피를 신고 걸어서 마르코바로 돌아왔는데, 와서 보니 펜지나로부터 방금 도착한 2명이 있었습니다. 그들이 저에게 알려 주기를, 보급품은 5월 12일 오늘로부터 20일 이전에 이미 펜지나에 도착해 있었으며, 펜지나에는 어느 미국인이 썰매를 1대밖에 갖고 있지 않았다고 했습니다. 그 말을 듣자마자 저는 곧 그들에게 충분한 비용을 지불하고 그들의 썰매 2대를 확보했습니다. 그리고 여기저기서 개들을 끌어 모아 펜지나로 떠날 수 있는 썰매팀 하나를 더 만들었습니다. 그러면서도 저는 모든 가능성을 생각하고 있었습니다. 사람들이 알려준 바에 따르면, 펜지나 아래쪽에는 거의 눈이 녹아내렸다고 하는데, 혹시 기지가의 썰매들이 땅에 발이 묶여 있는 것이 아직 썰매들이 도착하지 않고 있는 이유일 수도 있었습니다.

다음 날 아침 마인 강 하구로 떠났던 썰매들이 디씨 노턴의 쪽지를 가지고 돌아왔는데, 그 쪽지의 내용은 다음과 같았습니다. 말고기가 도착했을 때는 그들이 냄비에 마지막 고기조각을 넣고 끓이고 있을 때였는데, 그만큼 모두가 아주 쇠약해져 있어서 바깥에 돌아다니기도 힘들었다고 했습니다.

덫을 놓아도 잡히지 않았고, 거위도 찾아오지 않았습니다. 18일 아침 저는 '개'라고 부르기에도 민망할 정도로 말라 있는 8마리의 개들을 모아 놓고 몸 상태를 점검하고 있는데, 마을 주민 한 명이 찾아와 어망 만드는 데 필요한 말꼬리털을 팔라고 했습니다. 그는 저에게 그 대가로 40마리의 뇌조를 주었고, 저는 그것들을 개먹이로 사용하기로 했습니다.

떠날 준비가 됐을 때, 일리야와 백스터, 그리고 다른 두 사람이 설피를 신고 저를 찾아왔습니다. 그들은 저에게 놀라운 소식을 전해주었는데, 말고기는 지금부터 그 팀이 이틀 더 먹을 식량밖에 안 될 것이라고 했습니다.

당시 말고기는 지방이 많은 상태로 약 225kg 정도 됐으므로, 저는 적어도 12~15일은 먹을 수 있으리라 예상하고 있었습니다. 말고기가 얼마나 맛있는지, 그리고 아주 굶주린 상태에 있는 사람들이 얼마나 많이 먹을 수 있는가에 대해서는 대장님도 잘 알 것입니다. 하지만 그 많은 말고기를 단 10명이 6일 만에 먹어 치웠다는 것은 가히 놀랄 만한 일인 것입니다.

할 수 없이 저는 또 한 마리의 말을 사서 곧 죽였다. 저는 일리야를 설득해서 저와 같이 펜지나로 가기로 했고, 또 그의 썰매를 이용하기로 했습니다. 그리고 저는 저의 말라빠진 개썰매팀을 말고기와 함께 마인 강 하구로 보냈습니다.

저는 디씨 노턴에게 쪽지를 보냈는데, 제가 그 말을 사기 위해 100루블을 지불해야 했으니, 그는 마땅히 내가 돌아올 때까지 그 고기를 아껴 먹어야 한다는 내용이었습니다(그러나 다행스럽게도 실제로 나는 이 돈을 지불할 필요가 없었습니다. 왜냐하면 그 말들은 이미 기지가에서 케넌이 마리당 25루블의 가격으로 사들인 것이었기 때문이었습니다).

펜지나로 가는 도중에 먹을 나의 식량은 작은 생선 4마리, 반쯤 썩은 순록고기 약간(현재 이곳 사람들이 나에게 제공할 수 있는 최대한의 것이었습니다), 그리고 말고기 약간이 전부였습니다.

우리는 5월 15일 밤에 마르코바를 출발했고, 17일 아침 펜지나에서 약 65km 떨어진 지점에서 기지가로부터 되돌아오고 있는 썰매들을 만났습니다. 썰매 몰이꾼들의 이야기에 따르면, 대장님이 그날 밤에 펜지나를 떠나서 자정 무렵 그 지점을 지나가게 될 것이라고 했습니다. 저는 다음 날 아침 8시까지 그 지점에서 대장님의 도착을 기다렸는데, 다른 썰매들이 도착했고, 저는 대장님이 그날 오후까지 펜지나를 떠나지 않을 것이라는 이야기를 들었습니다.

지나쳐 가는 썰매들이 저와 개들에게 먹을 것을 주었고, 또 5대의 썰매들이 우리의 보급품을 싣고 마르코바를 향해 가고 있었습니다. 우리는 19일 아침 펜지나에 도착했고, 저는 몸 상태가 너무 안 좋아 거의 똑바로 걸을 수도 없는 상태였습니다. 다음 날 저녁 저는 이곳에서 가장 좋은 썰매팀 2대를 구해 보급품을 실은 다음 백스터와 함께 마인 강 중계소로 보냈고, 21일 드디어 대장님과 만났습니다.

저는 몸 상태가 너무 안 좋아 이 보고서를 제출할 수 있을지 의문인 상태였으나, 대장님의 요청에 따라 사실만을 적은 이 진술서를 제출하는 바입니다.

존경하는 대장님께 당신의 충실한 부하,
C. L. 매크리 드림.

매크리가 제출한 상기 보고서는 정확하기 때문에 아무런 설명도 필요치 않다. 다만 그가 마르코바에서 들었던 정보, 즉 4월 20일경 펜지나에 도착해 있던 어느 미국인과 그가 소유하고 있던 개썰매팀에 관한 정보는 제외하고 말이다.

더 자세한 설명이 없이도, 사람들은 재레드 노턴에 대한 부분이 다소 소홀하다는 생각이 들 것이다. 그는 펜지나에서 보급 책임자 역할을 맡고 있었는데, 썰매를 구하지 못해 보급품을 제대로 추진하지 못했지만, 그의 입장은 정당화될 수 있을 것이다. 왜냐하면 그는 최선을 다해 썰매를 구해서 보급품을 추진하려고 노력했기 때문에, 나는 항상 그에게 깊이 감사하고 있다. 아까 언급한 어느 미국인이란 바로 샌포드였으며, 당시 그에게 할당된 보급품이 너무 적어서 그는 그의 팀의 안전을 걱정하고 있던 상황이었다.

그가 당시 개썰매팀 하나를 갖고 있었다는 것은 사실이며, 아마도 한두 개 팀을 더 구할 수 있었을지도 모른다. 하지만 펜지나에 보급품이 많이 있었다 하더라도, 부족한 정도의 순록고기를 제외하면 다른 어떤 개먹이도 없던 상황이었다. 그 정도로는 마인 강까지 갔다가 돌아올 정도의 개먹이 양이었고, 게다가 돌아올 때는 아마도 개들이 힘이 빠진 상태에서 끌기 때문에 더 많은 양을 필요로 했을 것이다. 샌포드는 보급품을 보내려고 주어진 모든 기회를 이용했는데, 만일 그가 보낸 모든 보급품이 목적지에 제대로 전달됐다면, 현지 팀원들이 굶주리는 고통을 겪지 않아도 됐을 것이다.

나중에 제기되는 의문들에 대해 조사해 본 결과, 나는 펜지나로부터 운송됐던 순록들의 절반 이상이 마인 강 팀들에게 전달됐고, 그 나머지는 원주민 썰매 몰이꾼들이 자기 가족들을 먹여 살리기 위해 가져갔던 것으로 밝혀졌음을 알리고자 한다.

| 제 32 장 |

일에 대한 열정-디씨 노턴의 보고서-극한의 추위 영하 55도-추위를 모르는 원주민들-동상-마인 강 중계소-대대적인 보수 작업-도끼에 미치는 추위의 영향-전신주 기둥 분배-캠프 1, 2, 3-추위에 잠 못 이루는 밤-떨어져 가는 식량-귀환-다시 작업장으로-올로프카 강-보이지 않는 보급품 썰매-4번 캠프 설치-설맹-신호 올리기-뇌조 사냥-떨어져 가는 보급품-남기로 한 콜번과 네스빗-중계소로 출발-눈폭풍 속에 길을 잃다-부족한 식량-힘든 여정-눈길 뚫고 나가기-잠을 잘 수 없는 밤-중계소 도착-펜지나로부터 보급품 도착-마인 강 팀의 고난-걱정-돌아온 백스터-마인 강을 향해 출발한 러브맨의 썰매-툰드라지대에서 길을 잃다-곰들-얼음이 깨져 물에 빠지다-자포자기-되돌아온 썰매-개 짖는 소리-마르코바 도착-보급품의 도착-지난 힘든 일을 잊고 다시 재계약-풍부한 식량 확보-로빈슨의 유해-굶주린 개들-부서지는 얼음-마인 강으로 출발-나무에 줄을 매어 보트 끌어당기기-즐거운 원주민들-순록 사냥-잔치 분위기-마인 강-야생 물새들-거친 물살-다시 만난 일리야-잠복-아름다운 모습-동정심-살육-순록 덫-마인 강 중계소 도착-전신선 절벽 유르트로 출발-능력 있는 친구 이반 에르메치코프

다음 내용은 디씨 노턴의 보고서에서 뽑은 것이다. 그의 보고서는 그의 팀이 2월 초 아나디르스크를 떠나 마인 강으로 향하고 있었던 당시에 대한 것이다. 이런 내용은 북극지방에서 오로지 도끼 등 몇몇 도구들만 가지고 극한의 추위 속에서 전신선 가설 작업을 벌여야 하는 고난에 대해서 독자

들이 어느 정도 이해할 수 있도록 전달해 줄 것이다. 그들은 일에 대한 열정을 너무나 많이 보여 주었고, 또 그들에게 할당된 일을 수행하는 데 너무나도 많은 고난을 겪었다. 그래서 그들의 이런 일부 경험을 보고 마치 그들이 겪은 모든 것을 본 것처럼 평가한다는 것은 정당한 일이 아닐 것이다.

디씨 노턴 팀은 메이슨(Mason), 네스빗(Nesbit), 스미스, 콜번(Colburn), 그리고 스캐몬 등으로 구성돼 있었는데, 스캐몬은 2월 9일 당시 보급품을 썰매에 싣고 마르코바를 떠났던 그였다. 디씨 노턴의 보고서 내용은 다음과 같다.

······첫날 우리는 크레파스트로 나아갔고, 다음 날 아침 마인 강 중계소를 향해 나아갔습니다. 마르코바를 떠난 후 첫날에는 온도계가 영하 48도를 가리키고 있었지만, 우리는 식량이 충분했고, 또 이런 극심한 추위에도 별 불편함을 느끼지 못하고 있었습니다. 10일 아침 날씨가 다소 따뜻해진 것 같았으므로, 나는 오전 내내 단지 짧은 외투와 보통 바지만 입고 걸었습니다. 그러나 정오 무렵 차를 마시려고 정지했을 때, 공기가 아주 차가워지는 것을 느꼈습니다. 우리는 걸어가고 있는 동안에는 그런 추위를 몰랐던 것입니다. 차를 마시고 다시 출발하자, 나는 가죽외투 2개를 껴입고 썰매에 앉아 있는데도 따뜻한 것을 느낄 수 없었습니다.

우리는 해가 질 때까지 나아갔는데도 크레파스트와 중계소 사이 거리의 절반 밖에 나아가지 못했고, 수로 둑 위로 마른 나무가 많이 있는 편리한 장소에서 야영을 했습니다. 이때가 아마도 우리 팀원들이 야외에서 겪은 가장 추운 밤 날씨가 아니었나 생각합니다. 케인 박사(Dr. Kane)가 북극 탐험을 할 당시에 그가 관찰한 가장 추운 온도는 영하 56도였는데, 우리가 여기서 관찰한 것은 영하 55도였습니다.

 이런 극심한 추위 속에서도 원주민 썰매 몰이꾼들이 모피 외투인 쿠크랑카를 입은 채 그대로 잠에 빠져 있는 모습들이 간간이 나의 눈에 들어왔습니다. 그들은 마치 그런 추위를 모르고 있는 것 같았습니다. 나는 전혀 잠을 이루지 못하고 저녁때 주워 온 마른 나무들을 높이 쌓아 놓고 피워 놓은 모닥불 곁을 떠나지 못하고 있었습니다.

 새벽 2시 반경 나는 사람들을 깨웠고, 차를 끓이고 순록고기 탕을 끓여 딱딱한 빵과 함께 아침 식사를 마친 후, 새벽 3시 반경 길을 나섰습니다.

 우리 모두는 추위로부터 몸을 보호하는 데 많은 어려움을 겪고 있었는데, 매번 주의를 했음에도 불구하고 몸의 일부가 조금씩 얼어가고 있었습니다. 손가락, 발가락, 귀, 코 등이 제일 먼저 피해를 입었습니다. 다행히 바람은 아주 조금만 불고 있었는데, 우리가 나아가고 있는 남동쪽으로 불고 있었습니다.

 우리는 11일 오후 3시경 마인 강 중계소에 도착했고, 집이 마치 통나무 가축우리처럼 사람이 살 수 없을 것처럼 보였습니다. 하지만 우리는 곧 보수 작업에 들어가서 바람을 막기 위해 눈으로 둑을 쌓아 놓고, 집 안에는 난로를 피워 놓았습니다. 주변에는 한 원주민이 우리 집보다 더 안락한 두 개짜리 방에 살고 있는 작은 유르트 1채를 제외하고는 아무것도 없이 아주 황량했습니다.

 13일에는 대대적으로 집수리에 들어갔습니다. 벌써 이틀 밤을 잤지만, 너무 추워서 잠을 잘 수 없었는데, 온도는 여전히 영하 46~54도를 유지하고 있었습니다.

 14, 15, 16일은 순록가죽으로 집 구석구석을 막는 작업과 벽난로

인 츄알을 만드는 작업에 몰두했습니다. 이 모든 작업들이 끝나자, 우리는 비로소 어느 정도 안도감을 느낄 수 있었습니다.······

오늘부터 3월 7일까지는 매크리가 중계소에 도착해서 책임을 지는 기간이었는데, 디씨 노턴 팀은 중계소 부근에 조그만 저장실을 만들고 나무를 베는 일에 종사하고 있었다. 날씨는 아직도 혹독하게 추웠으므로, 많은 팀원들이 동상에 노출돼 있었지만, 아주 심한 환자는 없었다.

사람들은 이 혹독한 날씨에 얼어붙은 나무들을 벤다는 것이 매우 힘든 작업이라는 사실을 깨닫게 됐다. 예상과 달리, 나무에 도끼가 잘 들어가지 않았던 것이다. 도끼질을 하면 그 충격으로 10여 개나 되는 힉코리 나무(hickory)[102]로 만든 도끼자루가 덜덜덜 떨리면서 부서져 나갔다. 극심한 추위는 도끼날을 부서뜨리는 대신 도끼자루를 부서뜨리는 것 같았다. 이것은 아마도 도끼질할 때 대기 중의 정전기가 금속을 타고 흘러 들어가면서 그런 현상이 생기는 것 같았다.

3월 13일 디씨 노턴 팀은 중계소를 출발했고, 펜지나를 향해가는 마인 강을 따라가면서 나무를 베고 기둥을 분배했다. 이 작업을 위해 쓰인 것은 다음과 같다. 숙소용으로 쓰일 2개의 캔버스 텐트, 10일치 식량, 식량 등의 짐을 야영지에 따라 운반하고, 또 나무기둥을 운반하기 위한 썰매 1대(개없는) 등이었다. 일리야는 중계소에서 약 6km 떨어져 있는 작업장 야영지로 보급품을 운반하는 데 개들을 데리고 와서 첫날부터 그들을 도와주었다. 이 마음이 넉넉한 추반치족 사나이는 또한 얼음을 깨고 잡아온 많은 생선들을 제공해 줌으로써 그들의 보급 창고를 넉넉하게 해주었다.

---

102) 가래나무과에 속하는 견과류 낙엽교목으로 약 15종은 북아메리카 동부, 3종은 아시아 동부가 원산지이다. 대개 30m까지 자라며 피칸 종은 견과가 맛이 좋아 식용으로 쓰이며, 다른 종은 목재용, 가구용, 그리고 야구방망이, 골프채 등 스포츠 장비로도 쓰인다.

23일까지 디씨 노턴 팀은 1번 캠프, 2번 캠프, 3번 캠프로 이름 붙인 3개의 작업장 야영지를 만들어 가면서 약 30km 떨어져 있는 프로스펙트 절벽(Prospect bluff)까지 나무를 베어 분배했다. 그동안 날씨는 맑았지만, 아주 추웠다. 중계소에서 보낸 순록 2마리가 도착해 그들의 보급 창고는 다시 충전됐다. 디씨 노턴의 기록은 다음과 같이 이어진다.

……23일 토요일. 오늘 아침은 더 추웠습니다. 모두가 오늘이 지금까지의 겨울 기간 중 가장 추운 날씨로 인정했습니다. 우리는 오늘 아침 야영지를 옮기려고 했지만, 극심한 추위 때문에 실행에 옮기지 못했습니다. 우리가 보기에 텐트 안에 들여 놓은 꼬냑 브랜디 술이 약간 얼어붙은 것으로 보아 오늘 온도가 약 영하 46도 정도로 추정됐습니다.

25일 월요일. 어제보다 더 추웠습니다. 우리들 중 어느 누구도 어젯밤 잠을 이룬 사람은 없었습니다. 커다란 모닥불 주위에서 아침 식사를 하는 도중에, 우리는 얼어붙지 않도록 양철 컵을 한 손에서 다른 손으로 번갈아가며 바꾸어 주어야 했습니다.

보급품이 거의 떨어져가고 있었으므로, 우리는 3번 캠프를 떠나서 중계소 부근에 있는 더 안락한 숙소를 찾아보기로 결정했습니다. 우리는 옮길 수 없는 것들은 텐트 안에 쌓아 놓고 이틀치 식량을 갖고 갔습니다. 우리는 설피를 신고 중계소 쪽으로 약 30km 정도 나아갔고, 오후 3시경 다소 기진맥진한 상태에서 중계소에 도착했습니다. 우리는 지난 5일 동안 밤에 거의 잠을 못 이뤘던 탓에 더 피곤했던 것입니다. 중계소에는 마르코바로부터 방금 도착한 보급품이 있어 우리는 아주 기분이 좋았습니다.……

디씨 노턴 팀이 돌아오자, 매크리는 그를 중계소 책임자로 남겨놓고 마르코바로 떠났다.

4월 2일 디씨 노턴 팀은 다시 작업하러 나섰고, 마지막 캠프에 도착해 보니, 모든 것이 이상이 없었고, 다만 여우들이 썰매에 묶여 있는 물개가죽 끈을 물어뜯어 먹어 버린 것을 발견할 수 있었다.

그들은 다음 날 약 6km 떨어진 곳에 새로운 4번 캠프를 세웠다. 디씨 노턴의 기록은 또 다시 이어진다.

……4월 6일 날씨는 맑지만, 여전히 매우 추웠습니다. 메이슨은 캠프로 돌아갈 수 없을 정도로 발에 동상이 심했습니다.

10일 수요일. 추위가 극심했습니다. 눈폭풍의 조짐도 있었습니다. 한 사람을 데리고 올로프카 강 하구로 가보기로 결정했습니다. 펜지나로부터 보급품을 싣고 오는 썰매가 있는지 알아보려는 것입니다.

11일 목요일. 아침에 스미스와 나는 설피를 신고 올로프카 강 하구를 향해 출발했습니다. 오후 3시경 강 하구에 도착했는데, 썰매가 도착했다는 아무런 흔적도 보이지 않았습니다. 만일 썰매가 도착하면 우리는 캠프에 신호를 보내기로 했습니다.……

디씨 노턴은 이곳에 뇌조가 많이 있다는 사실을 알게 됐고, 현재 보급품이 떨어져가고 있었으므로 그는 그의 팀을 이곳으로 옮겨오기로 결정했다. 여기서 펜지나 썰매가 보급품을 싣고 도착할 때까지 뇌조를 사냥해서 먹고 살려는 생각이었다. 4월 12일 그들은 야영 장비들을 들고 약 24km 정도 나아갔고, 밤새도록 극심한 추위 때문에 잠을 설친 그들은 다음 날 아침 약 6km 정도 나아가서 어느 예상치 못한 강에 도달했다. 짧은 거리였지만, 그들은 몸을 녹이기 위해 멈춰 서서 모닥불을 피워야 했다. 디씨 노턴의 보고서는 다음과 같이 이어진다.

……나는 좀 더 따뜻하게 하기 위해서 모닥불 하나를 더 피우라고 사람들에게 지시했고, 그동안 나는 야영하기에 적합한 장소를 찾으러 갔습니다. 나는 강에서 약 3km 떨어져 있는 어느 섬에 나무도 많고 피할 곳도 있는 장소를 찾아냈습니다. 아직도 썰매 소식은 없었습니다. 나는 썰매 소식을 알아보기 위해 스미스를 보냈고, 그동안 나는 모닥불을 피우고 야영지 자리에 쌓여 있는 눈을 삽으로 퍼냈습니다. 우리는 눈에 반사된 햇빛 때문에 모두 설맹이 될 것처럼 눈이 아팠고, 나는 앞을 볼 수 없을 정도로 많이 아팠습니다. 일부 팀원들이 야영지를 만드는 동안 스미스와 나는 덫을 만들어 설치하기 시작했습니다. 우리는 오후 내내 6개의 덫을 설치했고, 우리 야영지로 곧장 보급 썰매가 오도록 신호를 올렸습니다.

14일 일요일. 오늘 아침 우리는 덫에 뇌조 2마리가 걸려 있는 것을 발견했습니다. 덫을 13개 더 만들었습니다. 눈폭풍이 다가올 조짐이 보였습니다. 우리는 잡목을 베어다 야영지의 삼면에 쌓아 놓고 바람을 막았습니다. 밤이 되자 눈폭풍이 시작됐습니다. 아주 춥지는 않았습니다. 눈은 약 5cm 정도 쌓였습니다. 우리는 저녁 식사로 마지막 남은 강낭콩을 먹었습니다. 우리에게 남은 것은 이제 순록고기 약간, 딱딱한 건빵, 그리고 약 1.4kg의 설탕과 차뿐이었습니다.

12~17일까지 우리는 올간 강 하구에서 야영을 하면서 펜지나에서 오는 썰매들을 기다리고 있었습니다. 많은 덫을 만들어 설치해 놓고 식량으로 뇌조를 잡아먹고 있었던 것입니다. 그래도 썰매가 도착하지 않자, 우리는 중계소로 돌아가기로 결정했습니다. 그러나 팀원들 중 2명, 즉 콜번과 네스빗이 보급품이 모자란다는 이유로 차라리 그대로 남아서 뇌조들이나 잡아먹으면서 버텨 보겠다고 했습니

다. 팀원들 모두는 현재 설맹의 고통을 당하고 있었습니다.

 4월 17일. 오늘 아침 스미스, 버튼, 메이슨, 스캐몬, 그리고 나는 아침 식사로 순록고기 아주 조금, 딱딱한 건빵 3개씩, 그리고 설탕 넣은 차를 마신 다음 콜번과 네스빗에게 안녕을 고하고 중계소를 향해 떠났습니다. 거리는 약 80km였고, 하루 만에 도착하기를 우리는 기대하고 있었습니다. 출발하고 얼마 안 돼 눈폭풍이 몰려오자, 앞에 있는 모든 지형지물들이 잘 보이지 않았습니다. 하지만 다행스럽게도 우리는 전신주 기둥을 베어 쌓아 놓고 분배하는 장소에 도달할 수 있어서 길을 잃지 않았습니다. 이제 우리는 눈폭풍을 뚫고 바로 나아가야 했는데, 눈폭풍이 더욱 거세지고 있었습니다.

 우리는 정오 무렵 5번째 캠프에 도달했고, 잠시 쉬면서 건빵 한 개와 차를 마셨습니다. 이제 눈폭풍이 약간 잦아들었고, 해가 잠시 얼굴을 비추었으므로, 우리는 더 이상 어려움이 없을 것이라는 희망을 품고 있었습니다. 그런데 다시 출발하고 얼마 안 돼 눈폭풍이 더 거세어지기 시작했습니다. 눈이 바람에 휘날려 얼굴을 때렸고, 눈이 가려진 우리는 길을 잃었으며, 그로 인해 적어도 약 5km 정도 더 뒤로 처질 수밖에 없었습니다.

 우리는 다시 전신선 작업 구간을 찾아왔지만, 많이 지쳐 있었고, 해도 지고 있었습니다. 우리는 따뜻한 차를 마시고 건빵을 먹으며 휴식을 취한 다음, 서둘러 다시 출발했습니다. 아직 중계소까지 약 29km 정도 남아 있었습니다. 지금까지 내가 선두에서 길을 헤쳐 왔으므로, 나는 이제 지치기 시작했고, 그래서 메이슨을 선두로 내세우고 나는 뒤로 빠졌습니다. 그는 단지 3~5km 나아가다가 힘들다고 뒤로 빠졌고, 이번에는 버튼이 선두에 섰습니다. 우리는 이제 너무나 지쳐서 건빵과 차로는 기운을 낼 수 없다는 사실을 깨닫게 됐습니다. 밤이 아주 빨리 찾아왔고, 우리에게는 아직도 갈 길이 약 19km 정도 남아 있었습니다. 우리는 이제 걷는다기보다는 비틀거리며 나아가고 있었고, 길을 보고 간다기보다는 느낌으로 나아가고 있었습니다. 때때로 우리는 길을 따라 가다가, 어느 순간 길을 벗어나 가고 있었으며, 그렇게 우리는 지친 다리를 끌고 깊이 쌓인 눈을 헤쳐 나가고 있었습니다.

오후 10시경 우리는 2번째 캠프에 도달했고, 이제 더 이상 앞으로 나아갈 수 없었습니다. 우리는 어렵게 불을 피울 수 있었고, 그러는 동안 일부 사람들이 눈폭풍을 막을 수 있도록 잡목들을 주위에 쌓아 놓았습니다. 그렇게 해서 부분적으로 눈폭풍을 막는 데 성공했으나, 바람이 방향을 틀어 불기 시작하자 별 소용이 없게 됐습니다. 우리는 컵에 차를 가득 따라 몇 잔씩 마셨습니다. 차는 시베리아에서 정말로 사람의 마음을 진정시켜 주는 위로제였는데, 이것은 우리 몸을 따뜻하게 해주고, 또 마음을 안정시켜 주었습니다. 우리는 덤불숲으로 둘러싸인 야영지에 누워 있었는데, 잠을 자지 않았습니다. 왜냐하면 잠에 빠지게 되면 추위에 몸이 마비되면서 얼어죽을 수 있기 때문이었습니다.

1시간 정도 누워 있다가, 나는 사람들을 깨웠습니다. 우리는 주위에 있는 마른나무들을 더 모아다가 모닥불을 더 크게 키웠습니다. 우리는 불 주위에 둘러앉아 잠을 쫓기 위해 계속 이야기를 나누었습니다. 졸린 눈으로 버티며 날이 새기를 기다리고 있었던 것입니다. 새벽 3시경 회색빛 하늘이 밝아오자, 우리는 서둘러 아침 식사를 준비했습니다. 이제 식사라곤 차가 전부였습니다. 차를 배불리 마신 다음, 우리는 마지막 힘을 다해 중계소를 향해 출발했습니다.

오늘 우리는 가장 어려운 구간을 가게 됐는데, 일부 깊은 계곡들을 가로질러 가야만 했습니다. 이 구간에서 사람들은 비틀거리고 넘어졌으며, 도움 없이는 다시 일어설 수 없었습니다. 하지만 중계소까지 얼마 안 남았다는 생각에 힘을 냈습니다. 우리는 해뜰 무렵에 첫 번째 캠프에 도달했으며, 모두 쓰러져 잠시 휴식을 취했습니다. 나는 더 이상 긴 휴식을 주지 않았고, 빨리 가자고 사람들을 재촉했습니다. 왜냐하면 이런 경우 사람들은 휴식 시간을 더 늘려 주면 늘려 줄수록, 더 많이 쉬고 싶어지기 때문입니다.

몇 분 후 우리는 다시 출발했습니다. 이제 우리는 스캐몬을 선두에 내세웠는데, 그는 우리들보다 덜 지쳐 보였기 때문이었습니다. 이런 식으로 결국 우리는 오전 7시경 중계소에 도착했습니다. 올로프카 강 하구를 떠난 지 24시간 만이었습니다. 만일 그보다 더 먼 거리였으면, 나는 우리 팀원들 중 누군가는 낙오했을 가능성이 있다고 생각합니다. 우리가 강둑에 도착했을 때, 우리들 중 일부가 누군가의 도움 없이는 일어날 수 없었기 때문이었습니다.

하루 이틀 전에 펜지나로부터 보급품이 도착했다는 소식을 듣고 우리는 기뻤습니다. 매크리가 되돌아올 때까지 이 중계소에 머물러 있다가, 나는 일리야와 콘스탄틴에게 썰매를 타고 가서 콜번과 네스빗을 데려오도록 했습니다. 그들은 뇌조를 충분히 사냥할 수 있어서 그리 배고픔의 고통을 겪지 않았다고 했습니다. 나는 며칠 후 그들을 우리 야영지에 다시 보내 남아 있던 장비들을 가져오도록 했고, 그들은 그 임무를 무사히 마쳤습니다.

나는 상기와 같은 과업에 대해 대장님의 우호적인 평가를 기대하는 바이며, 또한 대장님을 통해 우리가 많은 경우에 있어서 일리야로부터 많은 지원을 받았다는 사실을 회사 간부들 모두가 알게 되기를 희망합니다. 우리에게 마지막 한줌의 식량밖에 남지 않아 거의 굶어죽을 수밖에 없는 단계에 이르렀을 때, 그가 순록고기나 물고기 등을 보내 주어 우리는 가까스로 살아남을 수 있었던 것입니다. 나는 개인적으로 그의 수많은 도움의 손길에 대해 감사하다는 말을 하지 않을 수 없습니다.

삼가 경의를 표하며,
D.C. 노턴 드림.

이때 이후에야 비로소 마인 강 팀은 최대의 걱정에 휩싸이게 된다. 비록 마지막 날까지 쪼들려 본 경우는 몇 번 있었지만, 지금까지 그들 모두가 함께 보급품이 하나도 없는 상태까지 가게 된 경우는 한 번도 없었던 것이다. 그런 위기에 닥칠 때쯤 적절하게 마르코바로부터 보급품이 도착하거나, 아니면 일리야가 운 좋게 사로잡은 사냥감들을 제공함으로써 그들은 다시 살아날 수 있었던 것이다. 그러나 이런 불안정한 공급선은 시시각각으로 다가오는 괴물과도 같은 '기근 사태'와 함께 그들을 커다란 걱정 속에 몰아넣고 있었다. 그래서 그들은 아주 사기가 저하돼 있었다. 이런 걱정은 그들 모두가 겪고 있었던 좋지 않은 몸 상태에서 기인한 허약함과 무력감 때문에 더욱 커져만 갔다.

오호츠크 주변 지역에서 거센 눈폭풍이 몇 주 동안 쉬지 않고 몰아치고 있었으므로, 기지가로부터 보급품 썰매들의 출발이 지체되고 있었는데, 그것은 극히 불행한 사태였다. 내가 펜지나에 도착해 보니, 첫 번째로 되돌아가야 할 썰매들이 아직도 그곳에 머무르고 있는 현장을 볼 수 있었으므로, 나는 마인 강 팀의 안전이 크게 걱정됐다. 또한 마르코바에 도착해서 매크리를 발견한 나는 그들이 보급품이 전달되지 않은 기간 동안 어떡하든 삶을 유지해 왔다는 사실을 알게 됐다.

보급품 썰매가 도착하자마자 즉시 보급품을 가지고 마인 강으로 출발했던 백스터가 5월 22일 그대로 보급품을 실은 채 마르코바로 되돌아왔다. 수로의 얼음이 다 녹아 버렸기 때문에 중계소에 도착할 수 없었던 것이다.

우리의 보급품은 이제 모두 마르코바에 있었다. 이제는 우리가 마인 강에 수로를 통해 보급품을 운반하는 것보다 마인 강에서 사람들이 육로를 통해 보급품을 가져가는 것이 더 쉬울 것 같았다. 그래서 나는 즉시 러브맨(Loveman)의 지휘하에 충분한 썰매들을 급파했다. 그는 17세의 젊은이로 마르코바 팀의 일원이었다. 그는 이번 기회에 개썰매 몰이에 관한 그의 능력을 시험해 보고 싶어 했으므로, 나는 그에게 내가 펜지나에서 샌포드로부터 얻은 썰매팀을 맡겼던 것이며, 그는 다른 썰매들과 같이 떠나갔다.

5월 26일 새벽 1시경 우리는 잠에서 깨었다. 러브맨이 마인 강 팀과 함께 여행에서 돌아와서 우리 숙소에 들어왔던 것이다. 그런데 그의 모습은 미안할 정도로 우스꽝스러웠다. 그의 얼굴은 반쯤 엄숙하면서도 그동안의 노심초사로 초췌해진 표정이었지만, 우리는 박장대소하지 않을 수 없었다. 그는 발목 위에까지 닿는 모피 양말을 신고 있었고, 낡은 쿠크랑카를 안과 밖을 바꿔 입고 있었는데, 그것은 너무 낡아 그의 어깨에서 마치 누더기처럼 매달려 있으면서 거의 그의 무릎이 드러나 있었다. 그는 머리에 아무것도 쓰지 않고 있었고, 머리는 헝클어져 있었으며, 얼굴에는 흙이 묻어 더러운 상태였다. 그는 비쩍 마른 몸매로 심각한 표정을 짓고 있었는데, 우리가 큰 웃음을 터뜨리자 그는 겸연쩍은 듯 평상시에 곧잘 보이곤 하던 사람 좋은 미소를 지어 보였다. 매크리가 말했다.

"그래, 러브맨, 이제 돌아왔구나. 그런데 너는 아주 힘든 여행을 한 것처럼 보이는구나!"

"당신은 어제 툰드라지대에서 나를 봤어야 해요. 나는 운이 나빴어요. 나는 거위를 잡아먹으려고 생각하고 있었어요. 그런데 놀랍게도 곰 두 마리가 눈 언덕 위에 앉아서 나를 바라보고 있는 거예요. 마치 나를 잡아먹으면

맛이 있을까 하고 생각하고 있는 것 같았어요. 물론 나는 도망치려고 생각했죠. 개들을 뛰게 만들려고 했지만, 개들이 움직이지 않았어요. 그래서 나는 차라리 개들을 남겨 놓고 내가 도망가기로 생각했어요. 그런데 내가 본 첫 번째 곰이 그리 배고파 보이지 않았고, 또 움직이지도 않았어요. 그래서 나도 움직이지 않고 가만히 있었어요. 10분도 안 돼 다른 곰 한 마리가 나타났어요. 내가 곰들의 영역에 들어와 있다는 생각이 들었어요. 그놈은 다른 곰들보다 더 컸어요. 그놈은 우리를 보자 뒷다리를 일으켜 세우고 으르렁 댔어요. 그런데 개들은 딴 청을 부리더라고요. 그러자 그놈이 딴 곳으로 가 버렸고, 나는 안도의 한숨을 쉬었어요. 당신이 나를 봤어야 해요. 나는 마치 나뭇잎이 떨듯이 온몸이 덜덜 떨렸어요. 그 후로 모든 것이 곰처럼 보였어요."

내가 물었다.

"그런데 다른 썰매들은 어디 있어?"

"아! 그들은 마인 강으로 가 버렸어요. 나는 이틀 동안 그들을 보지 못했어요. 그 이야기를 잊어버리고 안 했네요. 우리가 출발한 첫 번째 날 나는 다른 썰매들 뒤를 따라가고 있었어요. 왜냐하면 내 개들이 앞설 마음이 없었기 때문이에요. 처음에는 뒤따라 잘 가고 있었어요. 그런데 덤불숲이 나타나고 우리는 거의 약 1km 정도 덤불숲 사이를 뚫고 지나가야 했어요. 그런데 개들이 나무 사이 이쪽저쪽으로 서로 엇갈리는 바람에 개들이 모두 헝클어지고 말았어요. 잠시 헝클어진 것을 풀고 다시 천천히 나아갔어요. 그런데 앞에 가던 썰매들이 보이지 않았어요. 설상가상으로 눈이 딱딱하게 얼어붙어 표면에 썰매 자국이 남아 있지 않았어요. 게다가 툰드라지대는 작은 골짜기들이 여기저기 흩어져 있어서 앞이 잘 보이지 않았어요. 다른 썰매들이 아주 멀리 가 버렸다는 생각은 들지 않았지만, 찾을 수가 없었어요. 나는 밤새도록 헤매고 다녔어요. 이제 나는 머리가 너무나 혼란스러워 어디로 가야 할지 알 수가 없었어요. 그 지역은 모든 방향이 똑같아 보였어요."

내가 물었다.

"그래서 넌 어떻게 했어?"

"그런데 나는 배가 고파서 잠시 멈춘 다음 차를 끓이려고 했어요. 하지만 나는 성냥을 잊어버리고 안 갖고 왔어요. 그래서 나는 주머니 속에 들어 있던 건빵 6개를 우물거리며 씹으면서 길을 가야만 했어요. 모든 식량은 다른 썰매들에 있었지요. 나는 어디로 가야 할지 몰랐으므로, 개들이 가고 싶은 데로 가도록 그냥 내버려두었어요. 그리고 누워서 잠을 잤어요. 잠에서 깨어나 보니 환한 대낮이었어요. 나는 또 배가 고파지기 시작했어요. 나는 건빵을 모두 먹어 버렸고, 이제 먹을 거라곤 하나도 남지 않았어요. 개들은 계속 걸어갔고, 나는 썰매가 어딘가에 도착하리라고 기대했어요. 하지만 우리는 아무 데에도 도달하지 못했고, 설상가상으로 나는 어느 웅덩이의 얼음이 깨지면서 물에 빠져 옷이 모두 젖어 버렸어요. 그래서 나는 옷을 모두 벗어 썰매 위에 걸어 말렸고, 그 사이에 추위를 막기 위해 이 낡은 옷들을 입고 담요를 둘둘 말고 있었던 거예요. 그때 정말 나는 무서웠어요. 거의 굶은 상태에서 마르코바로 돌아갈 희망도, 또 우리가 발견될 희망도 포기했고, 개들도 몹시 지쳐 있었어요. 그래서 생각하기도 싫었지만, 이제 이렇게 굶어 죽는구나 하는 생각이 들었어요. 나는 이 전신선 탐험대(Telegraph Expedition)에 관한 이야기를 절대로 듣지 말았어야 했어요. 곧 나는 잠에 빠져들었고, 다시 잠에서 깨어 보니 마인 강에 갔다 온 썰매들에 둘러싸여 있었어요."

이것이 러브맨이 우리에게 들려준 이야기였다. 이 불쌍한 소년이 살 수 있는 확률은 아주 희박했던 것은 의심의 여지가 없다. 그가 그렇게 발견된 것은 단지 우발적인 일이었을 뿐이다. 그는 거의 사흘 동안 먹지도 못 하고

|제32장| 609

밖에서 돌아다니고 있었던 것이다.

다른 썰매들은 그를 찾기 위해 총을 쏘는 등 밤까지 찾아 헤매다가 찾지 못하자, 그가 마르코바로 되돌아갔을 것으로 생각하고 마인 강을 향해 떠나갔다.

25일 그들은 툰드라지대를 가로질러 마르코바로 되돌아가고 있었는데, 눈이 부드러워 여행하기가 어려웠고, 개들은 썰매 끄는 것이 힘들어 계속 캥캥거리며 짖어 대고 있었다. 이 개 짖는 소리가 러브맨을 살렸는데, 왜냐하면 그의 개들이 이 개 짖는 소리를 듣고 소리 나는 쪽으로 가까이 다가갔기 때문이었다.

다른 썰매들에 타고 있던 사람들은 툰드라지대 저 멀리에서 썰매 한 대가 다가오고 있는 것을 보고 많이 놀랐으며, 게다가 썰매에는 몰이꾼도 보이지 않았다. 개들이 러브맨의 개들인 것으로 확인되자, 놀라움은 근심걱정으로 바뀌었다. 사람들이 그의 썰매로 몰려들어 덮여 있는 순록가죽을 벗겨 내자 방금 잠에서 깨어난 러브맨이 자리에 누워 있었다. 이것은 아무도 예상치 못한 만남이었지만 모두에게, 특히 모든 희망을 포기하고 있었던 러브맨에게는 아주 기쁜 순간이었다. 그는 한동안 자신의 눈을 믿지 못하겠다는 듯이 모든 것이 꿈만 같다고 말했다.

그들이 마르코바에 도착하자 보급품이 도착해 있다는 소식이 들려왔고, 그 소식은 마인 강 팀원들의 사기를 드높여 주었다. 그들은 너무 기쁜 나머지 이번 봄에 만료되는 노동 계약을 1년 더 연장하기로 했다. 이제 그들은 지나간 과거 경험들에 대해 웃으며 이야기했으며, 많은 사람들이 맛없는 순록고기 대신 말고기를 선호한다고 말했다. 마르코바에 다시 식량이 떨어져 갈 무렵에 보급품 썰매들이 도착했던 것이다. 만일 보급품이 도착하지 않았으면, 프로스트는 개 한 마리를 죽여 그들에게 토끼 고기라고 속여 건넬 작정이었다.

이제 우리는 마르코바에서 차, 설탕, 밀가루, 쌀, 강낭콩 등을 충분히 확보해 놓고 있어서 7월 15일까지는 버틸 수 있게 됐다. 봄 홍수 기간에도 팀원들이 먹고 지낼 만한 양의 베이컨이 충분히 확보돼 있었고, 그 후에도 순록과 생선을 충분히 구할 수 있었다. 또 그때쯤이면 분명 화물선들이 강 하구에 도착할 것이다.

불쌍한 로빈슨의 유해는 여전히 전신선 절벽(Telegraph bluff) 유르트 부근의 눈 속에 파묻혀 있었다. 나의 의도는 썰매를 구해서 아나디르 내(內)만 중계소까지 가서 매장하는 것이었지만, 지금 상황으로는 전혀 불가능했다. 그래서 봄 홍수 기간이 끝나 수위가 낮아지면, 카르바스를 한 척 구해 강을 타고 내려가서 매장할 계획이었다.

기지가로부터 보급품 썰매들이 도착하자, 주민들의 생활 조건도 바뀌기 시작했다. 그들은 먹고 춤추는 데 몰두하기 시작했다. 그들 자신은 이제 식량 때문에 걱정하는 일이 없어졌으나, 개들에게는 그렇지 않았다. 이 불쌍한 짐승들은 아직까지 대부분 불쌍한 상황 속에 놓여 있었다. 거의 많은 개들이 죽어 있는 자신의 동료들의 사체들을 뜯어먹으며 생존해 가고 있었다. 우리는 개들로부터 먹을 수 있는 모든 것들을 감춰 놓아야 했다. 심지어 모피 옷까지도 감춰 놓아야 했고, 또 물고기 내장으로 만든 창문을 지키기 위해 밤에 창살을 쳐두어야 했다. 그렇지 않으면 짐승들이 뛰어들어와 먹을 수 있는 것은 무엇이든지 물고 달아났기 때문이었다.

이번 봄은 작년의 반복이었다. 낮이 길어지고, 자정쯤 아름다운 황혼이 찾아오며, 물새들이 날아오고, 마지막으로 강물 속에 거대한 얼음이 부서져 내렸다. 이렇게 얼음이 부서져 내리는 현상은 작년보다 며칠 빨리 찾아왔다. 작년에는 강 얼음이 6월 6일까지도 풀리지 않았는데, 올해 그맘때쯤에는 벌써 풀려 있어서 우리 팀이 수로를 이용해 마인 강 중계소로 보급품을 싣고 갈 수 있을 정도였다.

우리는 카르바스 3척을 끌고 마인 강 수로를 이용해 갔는데, 크레파스트에서 첫날밤을 보내고 마인 강과 수로가 만나는 지점 부근에서 두 번째 밤을 보냈다. 마인 강에서 우리는 거센 물살을 만났는데, 물살이 너무 세서 노를 저어 나아갈 수가 없었으므로, 해안가에 물개가죽 끈으로 줄을 매어 놓고 보트를 당겨서 나아가야만 했다. 이런 작업은 아주 느리고 지루하게 진행됐고, 때로는 사람들이 배에서 내려 물속에 들어가 작업을 해야 했으므로 모두에게 힘든 일이었다.

상류 쪽으로 나아가자 우리는 원주민들이 많이 몰려 있는 곳에 도달했다. 그들은 창으로 순록을 잡기 위해 우리보다 먼저 와 있었던 것이다. 강둑을 따라 나무 덕장이 쭉 이어져 있었고, 거기에는 햇볕에 말리기 위해 문자 그대로 새까맣게 수많은 순록고기들이 매달려 있었다. 그리고 물속에는 50마리가 넘는 순록들이 창에 찔린 채 놓여 있었는데, 껍질을 벗기우고 칼로 다듬어질 차례를 기다리고 있었다. 원주민들은 이미 이곳을 건너려던 순록들을 120여 마리 잡아 죽였다. 이런 모습은 우리 팀원들에게는 색다른 광경이겠지만, 원주민들에게는 가장 신나는 순간임에 틀림없을 것이다.

여기서 원주민들은 오로지 먹는 데만 몰두하고 있었는데, 우리가 다가가자 그들은 즐거운 표정으로 순록고기 쌓아올린 곳을 가리키며 큰 소리로 외쳤다.

"나리, 저길 보세요. 이제 더 이상 굶는 일은 없습니다."

강을 따라 사이 사이에 순록 사체들이 해안가에 줄로 연결된 채 물 위에 둥둥 떠 있는 모습들이 보였고, 어떤 것들은 햇빛을 가리기 위해 덤불로 덮어 놓은 것들도 있었다. 이런 식으로 많은 날 동안 그냥 방치해 놓는데, 약간 상하더라도 원주민들 미각에는 별 상관이 없었다. 이 지역에서는 매년 이런 식으로 수백 마리의 순록들이 사냥당하고 있었다.

이 지점에서 마인 강은 짧게 꺾이면서 아주 구불구불 흘러갔고, 주변 해안가에는 수많은 수로들이 형성돼 있었다. 해안가의 진흙 개펄에는 수천 마리의 거위들이 모여 있었고, 우리가 다가가자 놀라서 하늘로 날아올랐는데, 하늘이 다 시커멓게 변했다. 그러면서 펄럭이는 날갯짓 소리가 마치 천둥소리처럼 하늘을 진동시켰고, 동시에 그들이 놀라서 내는 비명소리들이 큰 소음을 만들어 내면서 수km 밖으로 퍼져 나갔다. 다른 물새들도 아주 많았다. 우리 머리 위로 수많은 오리 떼들이 날개를 펄럭이며 휙휙 날라갔고, 백조들은 짝을 지어 유유히 헤엄치면서 나팔소리 같은 울음소리를 냈다.

우리는 마인 강 중계소 아래쪽으로 5~6km 떨어져 있는 일리야의 임시 야영지에 도착했다. 그 지점에서 강은 커다랗게 굽었는데, 바로 아래쪽에서 우리는 이번 여행에서 다른 어느 곳에서도 보지 못했던 거센 물살을 만났다. 이때가 지금까지 가장 커다란 고비였는데, 우리 보트가 물살을 거슬러 끌어올려질지 의문이었다. 게다가 강둑도 가파르고, 높고, 덤불숲으로 싸여 있으며, 사람들이 걸어서 접근하기가 아주 어려운 상황이었다. 우리보다 앞서갔던 다른 2척의 카르바스들은 커다란 어려움 없이 이 어려운 지점을 지나쳐가는데 성공했지만, 우리는 줄을 절반쯤 잡아당겼을 때, 물개가죽 끈이 팽팽해지더니, 결국 해안가에 닿기 전에 줄이 끊어지면서 물살에 떠밀려 다시 원래 위치로 되돌아갔다. 다시 한 번 줄을 매어 놓았고, 이번에는 무사히 성공했다.

이번 일은 그자체로는 사소해 보이는 일이지만, 그로 인해 다른 보트들이 보지 못했던 아주 아름답고 새로운 광경을 볼 수 있는 좋은 기회가 됐다. 맞은 편 해안가에 일리야와 또 한 명의 원주민이 조그만 덤불집 속에 숨어 있었는데, 그들은 거기에서 순록들이 강을 건너는지를 계속 주시하고 있었다. 우리 보트를 보고 일리야가 베트카를 타고 건너와서 그의 덤불집 위쪽으로 약 1km 떨어져 있는, 물살이 소용돌이치는 지점에서 우리와 합류했다.

   그는 그와 그의 친구 콘스탄틴이 이미 200마리 이상의 순록을 잡아 죽였다고 우리에게 알려 주었다. 만일 성공한 원주민들이 있다면, 아마도 그가 당연히 포함돼야 할 것이다. 왜냐하면 그는 내가 지금까지 만났던 사람들 중에 가장 관대한 사람이었고, 그 많은 사람들 중에 내가 그런 사람을 만났다는 것은 아주 행운이었기 때문이었다. 우리는 약 15분간 이야기를 나눈 후, 그는 다시 강을 건너갔는데, 도중에 몇m 안 가서 멈추더니 우리에게도 멈추라는 신호를 보냈다. 잠시 후 커다란 수컷 순록 한 마리가 앞쪽으로 약 100m 정도 거리에 있는 만곡부 지점에 나타난 것이 시야에 들어왔다. 순록은 강을 쭉 훑어본 후 곧 몸을 돌려 숲속으로 사라졌다.

   일리야는 서둘러 강을 건너간 다음, 순록들이 헤엄쳐 닿을 지점 근처에 있는 가파른 절벽 아래쪽 해안가에 은신처를 잡았다. 절벽은 거의 약 5km에 걸쳐 뻗어 있었으므로, 은신처가 있는 지점은 순록들이 빠져나올 수 있는 유일한 출구였다. 우리는 몇 분간 기다렸고, 아무것도 나타나지 않았으므로 다시 움직이려고 하자, 일리야가 기다리라는 신호를 다시 보내왔다. 다음 몇 분이 지나자, 40~50마리 정도 되는 순록들이 만곡부 너머에서부터 물살을 가르며 우아하게 헤엄쳐 나와 일리야의 베트카가 은신해 있는 곳을 향해 직진하고 있는 모습이 우리 눈앞에 펼쳐졌다. 순록들이 밀집대형을 이루어 물살에 따라 넓은 뿔을 앞뒤로 부드럽게 흔들면서 소리 없이 수면을 미끄러지듯 나아가고 있는 모습은 정말 아름다운 광경이었다.

   그럼에도 불구하고 그들에게 어떤 동정심이 일어나는 것은 어쩔 수 없었다. 아무것도 모르는 순록들은 서서히 절벽 쪽으로 다가가고 있었고, 절벽 밑에는 보이지 않는 곳에 일리야가 어깨 위에 길고 가벼운 창을 올려놓고 노를 꽉 움켜쥔 채 베트카를 타고 마치 바윗덩이처럼 움직이지 않고 기다리고 있었다. 드디어 그는 재빨리 노를 저어 순록 떼 한가운데로 파고들었다. 그러는 동안 아래쪽으로 약 1.5km 떨어진 지점에서 망을 보고 있던 콘스탄틴도 같이 합류하기 위해 베트카를 타고 빠르게 위쪽으로 다가갔다. 하지만 그는 너무 늦었다. 이제 순록들은 일리야로부터 약 30m 거리 안에 있었다. 노젓기가 빨라졌고 일리야의 베트카 주변으로 물방울들이 튀면서 마치 분수처럼 부서져 내렸다. 베트카는 빠르게 나아갔고, 순식간에 당황해하는 순록 떼 한가운데로 파고들면서 긴 창이 빠르게 나부꼈다. 순록들이 미처 정신을 차리기도 전에 벌써 23마리가 창에 찔렸다. 남은 순록들은 모두 흩어져 버렸는데, 일부는 계속 앞으로 나아갔고, 약 10여 마리는 오던 길로 다시 되돌아가 우리의 카르바스가 기다리고 있는 곳으로 직진해 오고 있었다.

우리는 재빨리 후장식 카빈총 3정을 집어 들고 카르바스에서 해안가로 뛰어내려 순록들이 뭍으로 오르기를 기다렸다. 첫 순록이 뭍으로 뛰어오르는 순간 나는 총을 겨누고 방아쇠를 당겼다. 그러나 총소리가 나지 않았고, 순록은 빠른 걸음으로 내 옆을 지나쳐 인근 숲속으로 사라졌다. 뒤이어 2마리의 다른 순록들도 같은 길로 다가오고 있었는데, 또 총이 불발됐다. 아마도 여행 중에 녹이 슬어 공이가 탄환을 때리지 못하는 것 같았다. 나의 동료들도 나보다 나을게 없었다. 그들은 3발씩 장전된 라이플 총을 갖고 있었는데도, 총이 불발되는 바람에 5마리나 되는 순록들이 물을 튀기며 우리 옆으로 바짝 지나쳐갔다. 나는 그 당시의 상황에 대해 변명하고 싶은 생각이 없다. 하지만 내 생각에 이런 경우는 용서받을 수 있는 경우 중 하나가 아닌가 생각한다.

다른 순록들이 계속 우리 쪽으로 수영해 오고 있었으므로, 나는 필사적으로 총을 쏴 보려고 노력했다. 마침내 나는 총알이 강 너머로 날아가도록 하는 데 성공했고, 다시 장전을 했다. 이때 3마리의 다른 순록들이 돌멩이 던질 만한 거리에 다가왔는데도, 또 그 3마리가 뭍에 올라 바로 우리 총구 앞에서 빠른 걸음으로 숲속으로 사라져 갈 때까지도 우리 총들은 또 불발이었다. 이것은 정말 참을 수 없는 경우였다. 나는 다시 총을 점검한 뒤 다시 장전을 했고, 드디어 보트 쪽으로 헤엄쳐 오는 5마리 중 맨 나중에 오는 순록 한 마리를 거꾸러뜨렸다. 우리 모두 사기가 저하돼 있는 상태에서, 한 마리 잡은 것만으로도 기분이 다소 좋아졌다. 우리는 보트에 현재 쓸 만큼의 순록들을 실었고, 나머지는 일리야가 처리하도록 남겨 두었다.

창으로 잡은 23마리 이외에 통로에 놓은 덫으로 잡은 3마리가 추가됐다. 이 덫들은 물개가죽 끈으로 만든 단순한 덫인데, 순록 뿔이 한 번 걸리면 엉켜서 빠져나올 수가 없다. 일리야의 친구인 콘스탄틴이 우리 자리에 있었더라면, 아마 한 마리도 도망갈 수 없었을 것이다. 강은 너비가 약 450m 정도로 넓었다.

순록들을 주시하는 동안 원주민들은 아무 소리도 내지 않고 정적을 유지했다. 때로는 불도 피우지 않고 며칠째 주시하기도 한다. 왜냐하면 바람이 불어오면 순록들이 나무 타는 냄새를 맡고 다른 길로 피해 가기 때문이다.

6월 10일 오후 10시 반경 우리는 마인 강 중계소에 도착했다. 12일 재레드 노턴, 그리고 라무트족 원주민인 이반 에르메치코프와 함께 나는 전신선 절벽(Telegraph bluff) 유르트를 향해 떠났다. 그곳에서 로빈슨의 유해를 찾아서 골든게이트 만에 있는 아나디르 내(內)만 중계소에 묻기 위해서였다. 우리의 원주민 친구인 이반은 이번 겨울의 혹독한 굶주림 속에서 우리의 귀중한 친구로서의 자질을 충분히 증명해 냈다.

| 제 33 장 |

카르바스를 타고 마인 강 하류로-비-오리알 사냥-아바람 노인-오래된 감시탑-외로운 언덕 유르트-전신선 절벽 도착-까치 한 마리-임시 매장-떨어져 가는 식량-갈매기 둥지-강풍-위험한 항해-매크리 팀 야영지-곰들에 의해 엉망이 된 유르트-골든게이트 만-남아 있는 부빙-부시 중계소 도착-웨이드 호의 진수-장비 개선-건강한 선원들-선원 게디스의 죽음-장례식-제이에이치 로빈슨의 보고서-무서운 푸르가-길 잃은 켈리-또 하나의 모험-밤새 툰드라지대를 헤매다-반쯤 얼어 버린 몸-구조팀-손가락 절단 수술-조악한 수술 도구-부서지는 부빙-조류에 떠밀려 파손된 난파선-극한 추위가 금속에 미치는 영향-정전기-오로라-능력 있는 보급 책임자 파남-사냥과 야외 운동-증기선에 보급품 선적-아나디르 강 첫 여행-축치족의 호기심-감탄사 훅호!-로빈슨 유해의 재매장-미국 독립기념일 기념식-매크리 팀-1차 뗏목 팀-거친 시련-회사 배 클라라 벨 호의 도착-사업 포기-실망-선장 라이트 소령-웨이드 호의 마지막 여행-회사의 무법적인 조치-끊어진 보급품 공급-포경선 선장 레드필드-마지막 떠날 준비-보급 책임자 파남의 저장고 임대-남겨진 로빈슨과 게디스의 무덤-출발-플로버 만-옛 친구들과의 재회-관대한 레드필드 선장-"고래가 물 뿜는다!"-고래잡이와 절단 작업-거대한 고래 혀와 뼈-게걸스런 원주민들-집으로 가는 항해

아나디르 강 하류를 타고 가는 보트 여행을 위해 우리는 마르코바에서 온 팀이 사용한 3척의 작은 카르바스들을 구했다. 그것들은 오래돼서 안전한 배들은 아니었지만, 그렇게 험하지 않은 강 항해라면 괜찮을 것으로 생

각됐다. 물살이 계속 순조로웠으므로, 날씨가 허용하는 한 우리는 밤낮으로 목적지를 향해 흘러갔다. 여행하기가 너무 어려우면 잠깐잠깐 쉬어갔다. 마인 강 중계소에서 공급받은 보급품이 떨어지지 않기를 바랐으므로, 우리는 여행 중에 딱딱한 빵, 차, 설탕 등을 조금씩만 먹었고, 또 강을 따라 있는 야영지들에서 고기와 생선을 구할 수 있다는 생각을 하고 있었다.

6월 12일 오전 11시 반경 우리의 보트는 해안가를 떠났고, 드디어 여행이 시작됐다. 이반이 노를 저었고, 내가 키잡이가 됐다. 여행 내내 우리는 서로 번갈아가며 노잡이와 키잡이를 교대로 바꾸었다. 우리는 일리야의 집에 들러서 순록 혀와 신선한 고기, 그리고 말린 고기 등을 먹으며 충분한 휴식을 취한 다음, 다시 출발해 계속 나아가다가 오후 10시경 마인 강 수로 하구 바로 밑에 있는 마인 강 동쪽편에 텐트를 치고 야영했다.

다음 날은 바람이 많이 불었지만, 우리는 밤 9시까지 나아가다가 마인 강에 있는 어느 섬에서 야영을 했다. 14일 하루 종일 비가 내렸으므로, 우리는 밤까지 출발할 수 없었다. 밤부터 거의 쉬지 않고 밤낮으로 계속 나아가서 바일리 강 하구에 도달했다. 중간에 간간이 조그만 섬들에 들러 오리나 거위의 알들을 찾아 나섰는데, 알들이 아주 많이 있었다. 하지만 수백 개 되는 알들 중에서 우리 입맛에 맞는 알은 몇 개 되지 않았으므로, 이반이 혼자서 푸짐한 성찬을 즐겼다.

바일리 강 하구에서 아바람 노인과 여러 사람들이 이주하는 순록들 사냥을 하고 있었다. 그는 우리를 보고 반가워했고, 우리는 그가 예전에 바카라나 수로에서 베트카를 타고 오리 사냥에 나섰다가 새 우는 소리에 놀라 배가 뒤집어지면서 물에 빠졌던 사실을 끄집어내어 서로 이야기를 주고받으며 웃음꽃을 피웠다.

우리의 뗏목 팀들이 지나갈 때마다 신선한 고기를 공급해 주도록 그들에게 부탁을 한 뒤에, 우리는 계속 나아갔고, 바일리 강 하구 바로 아래쪽에 있는 오래된 목제 감시탑에 들르기 위해 가는 길을 잠시 멈추었다. 오래 전에 이곳에는 러시아인 마을 하나가 있었다. 그 당시에는 감시탑 위에 항상 초병이 근무하면서 적대적인 축치족이 공격해 오는지를 감시하고 있었다. 이 목제 구조물은 지상으로 높이 약 8~9m 되는 기둥 4개를 세워 놓고, 그 위에 작은 초소 하나를 만들어 놓은 것이었다. 그것은 아주 오래돼서 이끼가 끼어 있었고, 또 흔들거리기까지 해서 금방이라도 무너질 것 같았으므로 우리는 그 위로 올라갈 마음이 들지 않았다.

우리의 축치족 친구 얀덴코프는 우리가 도착했을 때 이미 우초스티카 마을을 떠나고 없었으므로, 그를 만나 볼 수 없었다.

우초스티카와 치키오와 사이에 있는 '외로운 언덕(Lone Mound)' 유르트에는 곰 한 마리가 태연하게 유르트 찾아 들어가는 입구 쪽 덤불숲에 살고 있었다. 우리가 얀덴코프 집을 방문하면서 그 덤불숲을 지나쳐 갔을 때, 곰은 출타 중이었고, 얀덴코프 역시 출타 중이었으므로, 그가 돌아오기를 기다릴 시간이 없었던 우리는 그냥 떠날 수밖에 없었다. 마침내 우리는 전신선 절벽 유르트에 도착했으나, 걱정스런 마음이 앞섰다. 이때쯤이면 툰드라 지대의 눈이 완전히 녹아내릴 때였다. 그래서 로빈슨의 유해가 짐승들에 의해 훼손되지나 않을까 걱정됐던 것이다. 유르트에 가까워지자, 우리 눈에 띈 살아 있는 것이라곤 오두막집 지붕에 앉아있는 까치 한 마리뿐이었다. 그 날짐승은 외롭게 누워 있는 우리 친구의 눈더미 무덤을 혼자서 지키고 있었다.

우리는 눈더미 무덤 위치가 당시 매크리 팀이 떠날 때와 똑같이 그대로 유지되고 있는 것에 놀라움과 동시에 감사함을 느끼고 있었다. 다만 한 가지 예외가 있다면, 눈더미가 사라진 것뿐이었다. 눈은 사라지고 그 위에 꺾어다 놓았던 나뭇가지들은 그대로 남아 따가운 햇살을 막아 주고 있었다. 우리는 마인 강 중계소에서 가져온 곡괭이와 삽으로 땅을 파고 유해를 임시로 매장해 놓았다. 우리는 유해를 나중에 수로가 열리는 대로 아나디르내(內)만 중계소로 운반할 예정이었다. 이때가 6월 21일로 로빈슨이 죽은 지 4개월째 되는 날이었다.

지금까지 이틀 비온 것을 빼놓고 우리가 여행을 시작하고 나서 계속 날씨가 좋았다. 때때로 바람이 좀 불어서 보트가 나아가는 것을 방해했지만, 1년 중 이 시기에 바람이 조금 있는 것은 어쩔 수 없는 일이었다. 하지만 그것은 한편으로는 이제 곳곳에서 창궐하기 시작하는 구름 같은 모기떼들을 막아 주는 역할을 하기도 했다.

전신선 절벽 유르트 아래쪽에서 우리는 바람뿐만 아니라 험한 물살과도 싸워야 했으므로, 나아가는 데 많은 방해를 받았다. 이것은 다소 문제가 됐는데, 원래 우리가 예상한 것보다 더 많은 시간이 소요됐으므로, 보급품이 그만큼 더 줄어들게 됐던 것이다. 이제 우리에게는 이틀치의 식량인, 차, 설탕, 몇 kg의 약간 부패한 말린 고기 만이 남아 있었다. 그럼에도 불구하고 우리는 끈기 있게 나아가 침차 산(Chimcha Mt.) 부근에 있는 강의 만곡부를 돌아나갔다. 이 지점에서부터 강은 동쪽으로 급격히 방향을 틀어서 약 20km를 나아가서 매크리 팀 야영지에 닿는다.

여기서 우리는 바다 쪽에서부터 강 상류 쪽으로 휩쓸면서 올라오고 있는 거센 강풍을 만났는데, 파도가 너무 높이 쳐서 우리의 낡고 오래된 카르바스로는 감히 항해에 나설 수 없었다. 그래서 우리는 잠시 강풍을 피해 근처에 있는 작은 섬으로 피신해 텐트를 쳤다. 그런데 놀랍게도 땅에는 온통 갈매기 둥지들로 가득 차 있었다. 우리는 곧 모자와 손수건에 알들을 주워 넣었는데, 이 알들도 우리가 전에 보았던 거위알들처럼 같은 맛이었으므로, 도로 그 자리에 되돌려 놓았다.

여기서 우리는 다음 날까지 머물러 있어야만 했다. 바람이 잦아들 기미가 안 보였으므로, 우리는 가장 안전한 해안가 길을 따라가 보기로 했다. 다음 날 우리는 해안가를 따라 약 5km 나아가서 매크리 팀 야영지의 맞은편 강둑에 도달하는 데 성공했다. 하지만 이제 가장 심각한 장애물이 그 모습을 드러냈다. 이 지점에서 강은 너비가 약 2.5km 이상이었고, 강풍이 물길 반대 방향으로 불어 대면서 커다란 파도를 만들어 내고 있었으므로, 바닥이 낮고 이끼로 틈새를 틀어막은 우리의 카르바스로는 항해하기가 다소 위험스러웠다. 전날 밤 우리는 저녁 식사로 마지막 남은 말린 고기를 국으로 만들어 먹었으므로, 매크리 팀 야영지에 도착할 때까지는 먹을 식량이 아무것도 없는 상황이었다. 그런데 전에 야영지에서 매크리가 강을 따라 올라가는 겨울 여행을 떠날 때, 소고기와 돼지고기 통들을 야영지에 버리고 갔던 일이 생각났다.

강폭이 넓은 쪽에서 거센 파도를 헤치고 강을 가로질러 통과한다는 생각은 절대 불가능해 보였다. 아마 100m도 못 가서 침몰하고 말지도 몰랐다. 그러나 바람을 잘 타고 가는 수밖에는 다른 방법이 없었다. 그래서 우리는 오랜 망설임 끝에 실행에 옮기기로 했고, 결국 우리는 거센 파도를 맞아 온몸이 젖고, 보트 절반이 물에 잠긴 채 맞은 편 해안가에 도달하는 데 성공했다.

야영지에 도착해서 우리가 한 첫 번째 일은 우리 배를 채워 줄 소고기와 돼지고기 통들을 찾는 것이었다. 첫눈에 오두막은 작년과 비슷하게 보였지만, 가까이 다가가 보니 많이 손상돼 있었다. 사방 벽에는 온통 이빨과 발톱 흔적들이었고, 작년에 놓고 간 나의 베트카는 발톱으로 갈갈이 찢겨져 있었으며, 지붕은 거의 절반이 부서져 있었다. 안으로 들어가 보니, 매크리가 놓고 갔던 소고기와 돼지고기 통들이 산산히 부서져 있었는데, 아마도 곰들의 짓인 것 같았다. 내용물인 고기들은 모두 먹어치워 버려 우리의 실망은 매우 컸다. 미하일 이바니치[103]는 분명 소고기를 그리 맛있게 먹은 것 같지는 않았는데, 방 안 곳곳에 소고기 통을 굴려 뒤집어엎고 엉망으로 만들어 놓았다. 그리고 남아 있는 소고기를 먹어치운 후, 잠자리를 만들어 놓고 한동안 이곳을 자기 집처럼 사용했던 것 같았다. 마찬가지로 돼지고기도 모두 먹어치운 다음에는 더 이상 먹을 것이 없다는 생각에 잠자리를 다른 곳으로 옮긴 것 같았다.

다음 날인 6월 26일 강풍이 잦아들자 우리는 다시 항해에 나섰다. 우리는 큰 곶(Cape Large) 아래쪽에 있는 만을 따라갔는데, 그 곳은 서쪽에 있는 골든게이트 만의 입구 쪽으로 가는 통로였다. 지금까지 우리는 어떤 얼음도 만나지 않았지만, 우리는 얼음 덩어리들이 이 만의 입구 쪽을 거의 막고 있는 것을 볼 수 있었다. 그 얼음 덩어리들은 바다 조류에 따라 앞뒤로 휩쓸리고 있었다. 우리는 모든 것을 운명에 맡기고 배 모서리가 얼음 덩어리에 부딪히지 않도록 촉각을 곤두세우며 이곳을 안전하게 통과해 나왔다.

잠시 후 부시 중계소 건물이 우리 눈 안에 들어왔고, 해안가에 사람들이 떼를 지어 몰려와서 마치 무슨 일이 일어난 것처럼 우리 보트를 쳐다보고 있었다. 이제 보트가 해안가에 닿자, 사람들이 몰려와서 우리의 귀환을 환영해 주었는데, 눈에 띄는 선원들은 여전히 모두 건강하고 행복해 보였다. 그들은 1시간 전에 증기선 웨이드 호를 진수시켜서 모두가 기분이 좋은 상태에 있다고 책임장교인 제이에이치 로빈슨(J. H. Robinson)이 말해 주었다. 그들은 그동안 증기선 수리를 완전히 마치고 새로 페인트를 칠했으며, 많은 면에서 증기선의 상태를 전보다 더 크게 개선시켜 놓았다고 했다. 기술자인 포브스(Forbes)의 지도 아래, 열을 보존하기 위해서 낡은 밧줄과 범포로 보일러 및 스팀파이프 들을 감싸 놓았으며, 엔진을 들어올려 정비를 하고 페인트도 새로 칠해 놓았다. 또한 선원들의 편의를 위해서 갑판실에 있는 난로를 새로운 것으로 교체하는 등 여러 가지 수리를 했다.

---

103) 이곳 사람들이 사람처럼 부르는 곰의 별명.

난파선 골든게이트 호의 선원들도 모두 건강한 상태에 있었다. 그러나 한 가지 예외가 있었는데, 지난 겨울 슬프고도 불행한 사건이 있었음을 알리는 표지가 나의 눈에 들어왔다. 작은 무덤에 묘비명이 적혀 있는 팻말이 하나 서 있었는데, 거기에는 골든게이트 호의 목수였던 찰스 게디스(Charles E. Geddes)가 오랫동안 심한 류머티즘 열병에 시달리다 4월 28일 오전 5시에 사망했다는 사실이 적혀 있었다.

제이에이치 로빈슨은 겨울 동안의 진행 사항을 기록해 놓은 그의 보고서에서 다음과 같이 말하고 있다.

"그의 생명을 살리기 위해 모든 노력을 다 했던 딕슨(Dixon)은 그가 심하게 앓을 때부터 밤낮으로 그를 보살폈으나 결국 그의 죽음을 막지 못했다. 그는 4월 30일 오전 10시반에 하딩 선장의 주도 아래 모든 사람들이 그의 죽음을 애도하는 가운데 매장됐다."

무덤 앞에서 모든 선원들이 제복을 입고 참석한 가운데 하딩 선장의 주도 아래 성공회 장례의식이 치러졌다.

팀원들 건강은 대체로 아주 좋았지만, 일부 사람들은 동상으로 많은 고생을 하고 있었다. 난파선인 골든게이트 호의 승객 중 한 명인 켈리(M.J. Kelly)는 특히 운이 나쁜 편이었다.

제이에이치 로빈슨의 보고서와 일지 중에서 매크리가 중계소를 떠난 2월 18일 이후로 겨울동안 팀원들이 겪은 여러 가지 경험들과 가장 인상 깊었던 일들을 뽑아내어 간단히 요약해 보면 다음과 같다.

……매크리가 떠난 날 저녁부터 남동쪽에서 거센 눈폭풍이 불어와서 21일 아침까지 계속되다가 바람의 방향이 갑자기 북서쪽으로 바뀌면서 이번 겨울 동안 가장 무서운 돌풍으로 변해 불어 오기 시작했다. 눈이 너무 많이 쌓여서 나가기만 하면 길을 잃을까 봐 집에

서 나갈 수 없었다. 위커 대령(Colonel Wicker)의 서기인 켈리는 아침에 중계소를 나서서 약 100m 거리를 걸어가다 길을 잃었다. 그는 자기 위치를 알리기 위해 총을 몇 발 쏘았고, 즉시 여러 명의 팀원들이 그를 찾아 나섰으나, 찾지 못하고 있는 가운데, 그들도 중계소 건물이 보이지 않는 상황에서 더 멀리 나아갈 수가 없었다. 그런데 30분 후에 다행스럽게도 우연히 그는 중계소로 돌아올 수 있었는데, 그의 몸은 심하게 얼어 있어서 여러 날 동안 침대에 누워 있어야만 했다. 그날 하루 동안에만 여러 다른 팀원들이 길을 잃어 고생을 했지만, 더 이상의 커다란 고생 없이 중계소로 되돌아올 수 있었다.……

제이에이치 로빈슨이 나에게 말해 주길, 그런 고생 이후에 그들은 중계소 건물과 선원들 숙소 사이에 밧줄을 연결해 놓을 필요성을 느꼈으므로, 약 50m 길이의 밧줄이 연결됐고, 그로 인해 식사하러 갈 때 길을 잃지 않게 됐노라고 했다. 제이에이치 로빈슨의 보고서는 계속 이어진다.

……3월 31일. 날씨가 맑고 아주 추웠다. 아침 6시 현재 온도계는 영하 46도를 가리키고 있었다. 전날 저녁 켈리는 산보하러 갔다 오겠노라고 하면서 2~3시간 외출을 허락해 달라고 요청했다. 나는 다른 사람들이 그가 없다는 사실을 보고하지 않았으므로, 그가 돌아온 것으로 생각하고 평상시처럼 잠자리에 들었다. 그런데 오늘 아침 7시 반 켈리가 몸이 다 얼어붙고, 걸을 수도 없는 무감각한 상태로 밖에서 발견됐다는 소식에 우리 모두는 놀랐다. 즉시 여러 명이 구조에 나섰고, 아침 8시경 그는 몸이 뻣뻣하게 얼어붙어 거의 숨이 끊어진 상태로 되돌아왔다. 그는 말도 못하고 감각도 없는 상태였다. 30분에 걸쳐 피부 마사지를 실시한 후 의식이 돌아왔고, 더듬거리며

불분명한 소리를 낼 수도 있게 됐다. 정오 무렵 이제 그는 조금 가벼운 음식을 먹을 수 있을 정도로 회복됐다. 그와 선원들 중 한 명인 영(Young)은 전날 저녁 늦게 중계소에서 약 5km 떨어져 있는 축치족 야영지를 찾아갔는데, 날이 어두워진 후 되돌아오다가 길을 잃고 어디가 어딘지도 모르는 상태에서 밤새도록 얼어붙은 툰드라지대를 헤매었다. 날이 밝자 그들은 난파선을 발견하게 됐고, 그들이 중계소로부터 남동쪽으로 약 13km 떨어져 있다는 사실을 알게 됐다. 영은 반쯤 얼은 상태에서 숙소에 도달하는 데 성공했으나, 켈리는 중계소를 약 1km 정도 남겨 놓고 체력이 떨어져 잠시 주저앉아 쉬다가 정신을 잃어가고 있는 와중에 구조에 나선 팀원들에 의해 되돌아올 수 있게 된 것이다.

4월 17일 딕슨은 그동안 온갖 조치를 다 취했는데도 불구하고 동상에 걸린 켈리의 오른손 중지와 검지손가락들이 상태가 너무 심해지자 절단 수술을 시행했다. 딕슨은 여기서 절단수술을 하는 데 능력 있는 사람으로 정평이 나 있었다. 그러나 그가 여기서 구할 수 있는 장비라고는 한 손으로 켜는 톱과 주머니칼, 그리고 대동맥을 집을 수 있는 낡고 녹슨 핀셋 등의 조잡한 기구들이 전부였다. 수술은 2시간 동안 이루어졌고, 환자는 클로로포름에 마취된 상태였다. 켈리는 이제 빠른 회복세에 있었다.

6월 23일 골든게이트 만과 웨이드 강의 얼음들이 소리도 없이 녹아 내렸고, 27일 만은 얼음 한 점 없이 깨끗했다. 하지만 바다 조류에 떠밀려온 얼음들이 왔다 갔다 했다. 내가 보기에 이 조류는 23일부터 26일까지 동쪽으로부터 불어 댔던 거센 강풍에 의해 생긴 것 같았고, 겨우내 눈이 조금 내렸기 때문에 웨이드 강물이 불어나지 못해서 밀려들어 오는 조류를 막기에는 역부족인 것 같았다. 축치족 사람들이 나에게 알려 주기를, 통상 얼음은 강물이 불어서 깨져 나가기도 하지만, 바다 조류 때문에 휩쓸려서 깨져 나간다고 했다.……

6월 24일 난파선은 중계소에서 약 3km 이내 거리에 밀려들어와 있었다. 얼음에 떠밀려서 그런 것인데, 썰물 때 수위는 약 1m 정도로 빠지고, 밀물 때는 약 2m 정도로 불었다. 난파선은 봄철이 되자 부서지는 얼음 때문에 심한 상처를 입고 있었는데, 좌현과 우현 양쪽 일부가 떨어져 나가고 없었다.

극심한 추위가 금속에 미치는 영향에 대해서 제이에이치 로빈슨은 다음과 같이 말하고 있다.

"가장 추운 날씨(영하 54도)에 전선이 수축하는 현상을 관찰해 본 결과, 이런 극심한 추위를 견디려면 전선 1.6km에는 160kg 정도의 무게가 필요하다는 확신이 들었다.104) 영하 52도, 영하 53도, 그리고 영하 54도에서 행해진 관찰에 따르면, 전신선 길이가 63m인 경우 7.5cm, 혹은 1.6km인 경우 187.5cm 정도 줄어들었다. 겨울 동안 일반 단철을 가지고 매우 불완전한 상태에서 행해진 관측이지만, 어쨌든 나는 다음과 같은 결론에 다다랐다. 즉 극심한 추위 속에서 대기 중에 있는 많은 양의 정전기가 쇠로 스며들어가 부서지지 않을 정도가 된다는 것인데, 그것은 보통 추운 날씨에 쇠가 잘 부러지지 않는 경우와 같은 것이다. 그러나 그것이 사실이라 하더라도, 그것은 겨울에 수축되면서 부러지지만 않는다는 것이지, 전신선의 수축을 막을 수 있는 것은 아니다."

여름일지라도 대기 중에 있는 정전기량은 놀랄 만한 것이다. 내가 도착

---

104) 저자 주: 보통 9번 전신선의 경우 1마일, 즉 1.6km에 약 134kg 정도의 무게가 나간다.

했을 때, 제이에이치 로빈슨은 약 5km 정도의 전신선을 구축해 놓았고, 또 중계소에 배터리와 기구 등을 설치해 놓았다. 자연 상태의 전류량이 전신을 가동할 만큼 강한 것이 아니었고, 또 우리는 자연 상태에서 충분히 시험해 볼 시간적 여유가 없었을 뿐만 아니라, 배터리의 도움 없이는 이 정도 길이의 전신선을 통해 전신을 보낼 수도 없었다.

지난 겨울 동안 여기와 아나디르스크에서 많은 오로라 현상들이 일어났었다. 비록 거의 밤에만 일어나는 현상들이었지만, 그 아름다움을 능가할 만한 것은 없는 것 같았다. 하지만 그것들은 지속 시간이 짧아서 30분을 넘는 경우는 드물었다. 이상하게 들릴지 모르겠지만, 나는 오호츠크 해 인근 지역에서 첫 겨울 여행을 하는 동안 이런 현상을 한 번도 목격하지 못했다. 그러나 케넌과 도드는 아나디르 강 지역에 머무는 동안 이런 멋진 현상을 여러 번 목격했다고 한다.

능력 있는 보급 책임자 파남이 보급품 관리를 잘해 준 덕분에, 중계소 보급품은 잘 유지되고 있었는데, 비록 다양한 품목은 아닐지라도, 적어도 다음 화물선이 도착할 때까지는 충분히 버틸 수 있는 여력이 있었다.

날씨가 따뜻해지자, 순록고기는 보관하기가 점점 힘들어져 가고 있었다. 하지만 사람들이 근처 호숫가에서 부지런히 사냥에 나섬으로써, 식탁은 항상 거위, 오리, 송어 등의 사냥감으로 풍요로웠다.

겨울에는 날씨가 허용하는 날에만 사냥과 어로 작업에 나설 수 있었고, 또 성공하는 확률도 적었다. 하지만 사람들은 다른 무엇보다도 운동하기를 즐겼는데, 웨이드 강의 미끄러운 얼음 위에서 야구, 달리기 경주 등을 자주 즐겼다. 그들은 영하 47도의 날씨에도 이런 경기들에 몰두하곤 했다. 이런 충분한 야외 운동이야말로 의심할 바 없이 팀원들의 건강을 유지시켜 주는 좋은 요인인 것이다.

재레드 노턴과 나는 14일간의 항해 끝에, 6월 26일 부시 중계소에 도착했었다. 27일에는 우초스티카에 공급할 석탄을 증기선에 싣는 작업에 하루 종일 매달렸다. 증기선의 작은 용량으로는 아나디르 강을 오르내리는 여행에 필요한 연료 이외에 추가로 더 많은 연료들을 실을 수 없었으므로, 이 중계소에 석탄을 많이 쌓아 놓고 여기에서 조금씩 석탄을 자주 싣고 감으로써 어려움을 해소할 수 있었다. 같은 날 로빈슨의 유해를 담을 관이 산뜻하게 만들어졌고, 28일 우리는 증기선을 타고 아나디르 강 하구를 향해 출발했다.

  증기선 웨이드 호는 작년 가을보다 훨씬 더 잘 나아가는 것 같았고, 우리는 도중에 별다른 어려움 없이 매크리 팀 야영지 아래쪽으로 11~13km 떨어져 있는 아나디르 강 하구에 도달했다. 여기서 우리는 물이 매우 얕은 것을 발견했는데(사실 그곳은 우리가 방금 지나쳐 온 만 안쪽의 연장선상에 있는 곳이었다), 수로가 매우 복잡해서 흘수선이 75cm밖에 안 되는 증기선은 여

우초스티카

러 번 땅에 부딪혔다. 그래서 우리는 이 지점에서 많은 부표들을 달아매고 나아갔지만, 거센 물살 때문에 부표가 수면 아래로 휩쓸리면서 제구실을 못했다.

우리는 도중에 딱 한 번 기계 고장을 수리하기 위해 몇 시간 정지한 것을 제외하고는 3일 동안 계속 거센 물살을 헤치며 나아간 후에 우초스티카에 도착해 석탄을 내리고, 또 뗏목 팀에 필요한 약간의 보급품도 내려놓았다.

이렇게 증기선의 날카로운 뱃고동 소리가 강둑에 울려 퍼지면서 다시 메아리쳐 돌아오는 풍경은 유사 이래 처음이었다. 그 이상한 소리에 놀란 거위와 오리들은 조용한 호수에서 깨어나 저 멀리 툰드라지대로 빠르게 날아갔고, 여우와 북극 토끼들은 숨어 있는 곳에서 뛰쳐나와 날쌔게 다른 피난처로 도망갔으며, 저 멀리 야산 위에 점점이 박혀 있는 야생순록들조차 놀라서 머리를 쳐들고 당황스런 모습으로 내달렸다. 그때 또 한 번 증기선의 증기 밸브가 열리면서 커다란 뱃고동 소리와 함께 증기가 빠져나왔는데, 그것은 문명의 첨병이 가까이 다가오고 있음을 알리는 것이었다.

하지만 그런 일깨움은 아직 시기상조였다. 위대한 창조자가 창조를 시작했을 때부터 자신에게 주어진 역할을 충실히 해온 온갖 자연의 소리들, 즉 물새들의 외침소리, 여우들의 짖는 소리, 늑대들의 울부짖음 등과 같이 오랫동안 익숙해져 온 본래의 환경을 간직한 채, 조용하고, 외부의 간섭을 받지 않고 지내온 이 지역이 몇 주 후면 다른 세상이 될지도 몰랐다.

이 작은 증기선 웨이드 호는 이 강들을 거슬러 올라온 최초의 증기선이었는데, 어쩌면 마지막이 될지도 몰랐다. 세월이 지나면서 증기선이 그 후계자를 이어받기도 전에 과거에 파묻힐 수도 있기 때문이었다. 만일 지구상에 커다란 변혁기가 오지 않는다면, 증기선은 살아남을 수도 있을 것이다. 만일 변혁기가 느리게 진행된다면, 이런 토양과 기후를 가진 이 지역은 문명에 더 잘 적응하게 될 것이다. 하지만 다음에 이 황무지 지대에 울려 퍼지게 될 날카로운 뱃고동 소리는 어쩌면 이 지역 전체의 살아 있는 것과 죽은 것 모든 것들을 뒤흔들어 놓을지도 모르는 것이다.

증기선이 다가가자 우리의 축치족 친구인 얀덴코프와 그의 동료들이 보여 준 호기심은 아주 재미있는 것이었다. 증기선이 강을 따라 올라가자, 그들은 햇살이 쪼이는 강둑에 모여서 하나같이 얼이 빠진 채 증기선 후미에서 하얀 거품을 내뿜으며 돌아가고 있는 빨간색의 커다란 바퀴를 바라보고만 있었다. 그들은 완전히 기가 막혀 할 말을 잊은 것 같았다. 입은 벌릴 대로 벌어지고, 눈은 휘둥그레 커진 상태로 그들은 증기선의 움직임을 일거수 일투족 지켜보고 있었다.

마침내 증기선이 우아하게 해안가로 미끄러지듯 들어서자, 오래 기다렸다는 듯이 "훅-호!" 하는 감탄사가 모두의 입에서 빠져나왔다. 그들은 가까이에서 증기선의 앞에서 끝까지 유심히 살펴본 다음, 증기선이 정박하자 모두가 배 위로 뛰어올라 그런 놀라운 배의 힘이 어디서 나오는지 살피러 여기저기 돌아다니기 시작했다. 기관실 화로를 뚫어져라 쳐다보기도 하고, 엔진 부분을 만져 보기도 하고, 또 윈치 기중기를 비틀어 보기까지 했다. 그래도 호기심이 충족되지 않은 그들은 선실 밑에 있는 석탄 저장실까지 내려가서 난해한 문제를 풀어 보려 애썼다.

우리가 축치족에 대한 한정된 지식만을 가지고 그들에게 증기선의 원리를 설명해 준다는 것은 불가능한 일이었다. 설사 그들의 언어를 안다고 할지라도, 그들을 이해시킬 수 있을지는 알 수 없는 일이었다. 우리는 그들을 초청해 그들의 보트들을 증기선 옆에 달아매고 함께 잠시 항해해 보기로 했는데, 이 짧은 항해에 그들은 매우 즐거워했다. 하지만 증기선을 떠날 때쯤에 그들은 전보다 더 혼란스러운 상태에 있었다.

부시 중계소로 되돌아가는 여정은 이틀 걸렸다.

전신선 절벽 유르트에서 로빈슨의 유해가 배에 실렸고, 이후로 부시 중계소에 있는 게디스의 묘 옆에 매장됐으며, 묘비명이 새겨진 팻말이 세워졌다.

웨이드 호는 전신선, 까치발, 애자 등을 날라 주기 위해 우초스티카에 두 번 더 갔다 왔다. 7월 4일이 돌아오자, 우리는 모든 미국인들이 축하하듯 미국의 독립기념일을 기념했다. 배에 달린 12파운드 포 하나를 해안가로 가져와서 축포를 쏘았고, 중계소 건물과 증기선에는 미국 국기와 회사 기를 매달아 놓고 경의를 표한 다음, 하루 휴일을 아주 즐겁게 보냈다. 보급 책임자인 파남은 이런 특별한 경우를 대비해 맛있는 것들을 아껴 놓고 있었는데, 우리가 플로버 만을 떠나기 전에 그런 맛있는 것들을 먹어 본 이후로 처음이었다. 저녁 식탁에는 다른 나라 음식들도 많이 준비되어 우리의 양철 식판이 휘어질 지경이었다.

증기선은 세 번째 여행을 떠났고, 도중에 우리는 매크리 팀 야영지 바로 아래쪽에서 첫 번째 뗏목을 타고 가고 있는 매크리 팀을 만났다. 그들은 6월 26일 한 대당 전신주 기둥이 1,000개씩 실려 있는 2대의 뗏목을 이끌고 마인 강 중계소를 떠났다. 그런데 마인 강 수위가 너무 낮아 뗏목을 띄울 수가 없었다. 그래서 뗏목 하나를 두 개의 작은 뗏목으로 분리해 띄웠다. 매크리는 메이슨(Mason)이 이끄는 팀 하나를 마인 강 중계소로 돌려보내어 남은 뗏목들을 이끌고 내려오도록 지시했다. 이런 식으로 그들은 강을 따라가면서, 겨울에 개들이 그 전신주 기둥들을 끌고 가기 편리한 지점들에 기둥들을 배분해 놓았다.

이 무렵 매크리 팀의 보급품은 거의 다 떨어져가고 있었으므로, 그들은 화물선이 도착하기를 기다리기 위해서 계속 중계소로 나아갔다. 그들은 모기떼와 등에 떼로부터 엄청난 고통을 겪고 있었다. 일부 팀원들의 얼굴은 너무나 심하게 부어올라 다른 사람들이 알아보기가 힘들 정도였다.

되돌아오는 길에 큰 곶(Cape Large)을 지나쳐가다가 우리는 범선 한 척이 웨이드 강 하구에 닻을 내리고 있는 모습을 보고 너무나 기뻤다. 그러나 자세히 바라보니, 기쁨은 실망으로 바뀌었다. 그 범선은 회사 깃발을 펄럭이고 있었다. 하지만 화물이 보이지 않았고, 또 뭍에 하역된 화물도 보이지 않았다. 해안가에는 아무런 화물도 보이지 않았다. 한 번 보면 모든 것을 알 수 있는 것이다. 우리의 불안한 추측은 들어맞았다. 아틀랜틱 케이블 회사(The Atlantic Cable)가 우리 회사와의 경쟁에서 승리한 것이었다. 그럼으로써 베링 해협을 거쳐 구대륙을 전신선으로 연결할 필요성이 없어진 것이다. 우리 회사, 즉 웨스턴유니온 전신회사와 최대의 경쟁관계에 있는 이 아틀랜틱 케이블 회사가 결국 경쟁에서 승리함으로써, 우리가 지금까지 이룬 것은 모두 물거품으로 돌아가게 됐던 것이다.

이런 사업 포기 발표는 우리와 한마디 상의도 없이 전격적으로 이루어진 것이었다. 우리 탐험대는 문명 세계로부터 1~2년간 유배되어 수없이 많은 궁핍과 고난을 겪으면서도 사업 성취에 대한 기대감으로 모든 것을 이겨 내며 지금까지 버텨 왔던 것이다. 우리는 금전적 보상을 바랐던 것이 아니었다. 왜냐하면 우리 모두는 열악한 작업 환경에 비해 정말 터무니없이 작은 금액을 받고도 아무런 불만 없이 일하고 있었기 때문이다.

정작 우리가 실망한 것은 이런 국가적 사업을 우리가 시작해 놓고 결실을 맺지 못하고 중도에 포기해야만 한다는 현실이었다. 애초에 이 사업은 국가가 떠맡는 것으로, 그리고 국가의 신용을 걸고 하는 일로 간주됐다. 게다가 약 1만 1,000km 이상의 긴 거리에 해당하면서 아직까지 야만적인 부족들이 살고 있는 이런 미개척 황무지 같은 극지대를 통과하는 전신선 구축 사업은 정말 힘든 일로써, 혹독한 추위를 견뎌야 하고, 또 헤아릴 수 없이 많은 어려움을 이겨 내야 했으므로, 우리 모두는 이 탐험대에 참여하게 된 것에 자부심마저 느끼고 있었던 것이다.

그리고 이제 장벽처럼 여겨지던 어려움에서 서서히 벗어나고 있는 중이었던 것이다. 커다란 어려움은 거의 다 사라져 버렸고, 가장 커다란 장애물도 극복됐다. 그래서 이제 비교적 쉬운 길로 빠져나왔다고 생각하는 순간, 사업 포기 발표가 나왔던 것이다. 우리로써는 이런 결정을 결코 받아들일 수 없는 것이었다.

정박해 있는 범선은 클라라 벨(Clara Bell) 호였고, 탐험대의 부관인 라이트 소령(Major Wright)이 타고 있었다. 우리에게 내려진 지시는 가능한 한 빨리 모든 것을 싣고 플로버 만으로 집결하라는 것이었다. 메이슨 팀은 아직도 마인 강에 있었으므로, 사람과 장비 등 실어 올 것들이 많이 남아 있었다. 그래서 다음 날 새벽 4시 그들을 데려오기 위해 웨이드 호가 아나디르 강에서의 마지막 여행에 나섰다. 이 마지막 여행에는 프로스트(Frost)가 지휘에 나섰으며, 가능한 한 빨리 다녀오도록 했다. 왜냐하면 클라라 벨 호가 미국 쪽 해안가에 들러서 남은 사람들을 실으려면 시간이 없었기 때문이었다.

사업 포기 발표가 나온 후, 회사는 그로 인한 문제들을 해결하기 위해 샌프란시스코로 사람을 보냈다. 경제적인 문제는 개인이나 회사 모두에게 매우 중요한 일이었지만, 4,000~5,000km 떨어진 곳에 빈 배를 보내어 보급품이 떨어진 팀원들을 싣고 문명 세계로 다시 돌아와야 하는 일은 다소 소홀하게 다루어진 측면이 있었다. 왜냐하면 궁핍한 상태의 팀원들을 먹여 살릴 보급품을 싣고 오지 않았기 때문이었다. 그것은 정말 회사의 무법적인 조치였다.

나는 겨울 동안 페테르부르크를 통해 여러 번 전보들을 보내어, 골든게이트 호가 난파됐기 때문에 팀원들의 상태가 위급하다는 사실을 알리면서 봄에 보급품을 빨리 보내 줄 것을 촉구했기 때문에, 미국에 있는 회사 본사에서 그런 사실을 몰랐다고 변명하는 것은 있을 수 없는 일인 것이다. 하지만 내가 우리 팀원들을 먹여 살리기 위해 보급품을 신청했을 때 – 우리 보급품은 거의 다 떨어져 가고 있었다 - 나는 보내 줄 보급품 재고가 하나도 없다는 이야기만 들었을 뿐이었다.

다행스럽게도 봄이 되어 강 얼음이 풀리면서 사람들은 연어를 많이 잡을 수 있었다. 비상시에 대비하기 위해 그것들을 커다란 나무통 3개에 넣고 소금에 절여 놓았다. 또한 배급제를 실시해 아주 조금씩만 먹음으로써 우리는 플로버 만에 도착한 이후 이런 식으로 근근이 살아갔고, 라이트 소령도 인근에 있는 포경선들을 찾아가 간청하고, 혹은 돈으로 식량을 사면서 굶주림에 처한 팀원들을 구해내려고 애썼다. 포경선인 마누엘라(Manuella) 호의 선장인 레드필드(Redfield)를 비롯해 다른 여러 포경선들의 선장들에게 이 기회를 빌어 그들의 관대함에 감사를 표하고자 한다. 그들은 궁핍 상태에 시달리고 있는 우리 팀원들에게 충분한 양의 보급품을 제공해 주었던 것이다.

웨이드 호는 25일 중계소로 돌아왔다. 웨이드 호는 마인 강을 거슬러 올라가 바카라나까지 갔는데, 그 위쪽으로는 물이 너무 얕아서 더 이상 나아갈 수 없었다고 했다. 바카라나에서 메이슨 팀을 만나 배에 태우고 곧장 되돌아왔으므로, 어쩔 수 없이 마인 강 중계소에 있는 물건들은 그대로 버려진 상태라고 했다. 나중에 나는 그 물건들을 이반 에르메치코프(재레드 노턴과 내가 카르바스를 타고 강을 따라 내려가는 여행을 함께했던 원주민)에게 관리를 위임했는데, 만일 기지가에 있는 회사 사람들의 요청이 있으면 그 물건들을 가져다주고, 만일 요청이 없으면 그가 마음대로 처리하도록 했다.

웨이드 호가 없는 동안 중계소에서는 난파선에서 떼어 낸 돛대, 삭구, 닻, 쇠사슬 등의 모든 것들을 클라라 벨 호로 옮겨 놓았다. 웨이드 호가 돌아오자, 나머지 화물들을 모두 배에 옮겨 실은 후, 사람들은 중계소 건물 입구 쪽에 페인트칠한 팻말 하나를 못으로 박아 놓았다. 거기에는 건물의 이름, 건립 날짜, 철수 날짜 등이 적혀 있었다. 이웃 건물에 있는 선원들도 곧 자기들 건물에 비슷한 팻말 하나를 붙여 놓았는데, 거기에는 다음과 같은 글과 함께 그집의 간단한 역사가 적혀 있었다.

"선원들이 손수 지은 집"

이렇게 우리는 혹시나 이 황량한 극지에서 낙오되어 길을 잃고 헤매는 사람들에게 이 건물들이 피난처로 유용하게 쓰이기를 바라는 동시에, 이 건물들이 세워진 목적을 알리고자 했던 것이다. 그런데 팀원들 중에서 일부 장난을 좋아하는 사람들이 지하 저장고 위에 팻말 하나를 만들어 세웠는데, 거기에는 다음과 같은 글이 적혀 있었다.

"파남 씨의 지하 저장고, 임대합니다."

이런 황량한 장소에 서 있는 건물들에 이런 장난스런 글귀들을 담고 있는 팻말들을 남겨 놓고, 우리는 마지막 떠날 준비를 하고 있었다. 보트에 올라서기 전에 우리는 다시 한 번 남기고 가는 것이 없는지 뒤돌아보고 난 후, 마지막 작별 인사를 보냈다. 그런데 아하! 무언가 남겨 놓고 가는 것이 있었다. 저 쓸쓸한 곳에 2개의 낮은 무덤이 나란히 누워 있으면서 앞에 있는 하얀 팻말들이 따스한 햇살 속에서 빛나고 있었다. 그 무덤들 아래 가엾은 로빈슨과 게디스가 누워 있었는데, 그들은 미래에 대한 밝은 희망을 품은 채 이곳에 왔으나, 꿈을 이루지 못하고 이 황량한 극지에서 눈을 감고 말았던 것이다. 이제 누가 그들을 돌봐 줄 것인가? 그들의 묘비목인 하얀 팻말들은 겨울에도 오로라 때문에 밝게 빛날 것이며, 또한 자정 무렵에도 떠 있는 태양 때문에 한밤중에도 밝게 빛나고 있을 것이다. 한 겨울에는 무서운 푸르가가 모든 것을 찢어발기듯이 으르렁 대며 미친 듯이 달려들 것이며, 한여름에는 부드러운 바람이 툰드라지대를 감싸면서 무덤 구석구석에 야생화의 향기를 전해 줄 것이다.

굶주린 늑대들도 먹이를 찾아 돌아다니다 그 무덤들을 지나칠 것이며, 야생순록들도 얼어붙은 이끼들을 찾아다니다가 그 무덤들을 지나쳐갈 것이고, 자고새들도 무덤들 사이에 둥지를 틀 수도 있을 것이며, 극지 토끼들도 그 무덤들 뒤편에 쉼터를 마련할 수도 있을 것이다. 그러나 그 어떤 것들도 그들의 마지막 잠을 방해하지는 못할 것이다.

처음에는 증기선이 클라라 벨 호를 골든게이트 만으로부터 이끌어 냈고, 다음에는 순서가 바뀌어 클라라 벨 호가 증기선을 끌고 갔다. 증기선은 나중에 플로버 만에서 난파되어 폐선이 됐고, 폐선은 분해되어 현지 원주민들의 몫으로 돌아갔다고 한다.

클라라 벨 호를 타고 본국으로 귀환하는 항해 길은 아주 즐거웠는데, 선장인 존 노턴(John Norton)과 승무원들의 친절한 배려 때문이었다. 그들의 배려심 때문에 아무런 고생도 하지 않았고, 여행도 편안했다.

플로버 만에서 우리는 클래런스 항(Port Clarence)105)에서 온 리비(Libby) 팀, 또 나중에 에니스(Ennis) 팀, 케첨(Ketchum) 팀, 그리고 러시아령 아메리카106)의 다른 지역들에서 2년간 우리와 같은 임무를 띠고 작업을 해왔던 다른 탐험대 대원들 5~6명을 만날 수 있었다.

이들은 모두 제각기 이번 탐험에서 주어진 임무를 완수하였다. 그들 중에는 윔퍼(Whymper)가 있었는데, 우리가 첫 번째 겨울을 지내고 난 후, 그는 증기선 라이트(Wright) 호를 타고 와서 매크리 팀 야영지에 있던 우리를 방문했던 팀원들 중 한 명이었다. 그는 지난 겨울 동안 러시아령 아메리카에 가서 여행을 하면서 그림을 그리는 임무를 담당하고 있었다.107)

플로버 만에 집결해 머무르는 동안, 우리는 골든게이트 호에서 뜯어 온

---

105) 베링 해를 사이에 두고 러시아 축치반도와 마주보고 있는 알래스카의 항구로 현재 인구는 20여 명에 불과하다.

106) 현재의 미국령 알래스카.

107) 저자 주: 윔퍼 씨의 여행기는 《알래스카 유콘 강 여행기(Travels in Alaska and on the Yukon)》란 제목으로 1869년 뉴욕의 하퍼 브라더스(Harper & Brothers) 출판사에서 출판됐다.

범포로 커다란 임시 텐트들을 만들어 각 팀원들을 수용했다. 보급품만 부족하지 않았더라면, 한 달 반 동안의 임시 텐트 생활은 아주 즐거웠을 것이다. 그럼에도 불구하고 우리는 오랜 친구들과 만나 서로의 경험담을 주고받으며 즐거운 생활을 영위해 나갔다.

임시 텐트 생활을 하는 동안, 우리는 만의 끄트머리 쪽에 정박해 있는 레드필드 선장의 배로 자주 놀러갔다. 선장은 매번 우리의 방문에도 싫은 기색 없이 관대하게 맞아 주어 마음씨 좋은 선장으로 평판이 높았다. 우리는 갈 때마다 항상 그로부터 친절하고 즐거운 환영을 받았다.

이렇게 방문을 하던 어느날 우리는 오랫동안 보고 싶어 했던 소원을 이루게 됐다. 그것은 바로 고래 잡는 현장을 보는 것이었다. 포경선 돛대 위에 있는 망루에서

"고래가 물 뿜는다!"

하는 소리가 들려오면, 다음 순간 우리는 저 멀리 바다 수면 위로 수증기가 훅 하고 뿜어져 나오는 모습을 볼 수 있었다. 곧 포경선에서 보트 3척이 내려지고, 수증기가 뿜어져 나오는 지점으로 빠르게 노를 저어갔다. 고래에게 작살을 꽂기까지에는 오랜 시간이 걸렸다. 하지만 결국에는 인내하는 자가 승리하는 법이었다. 오랜 시간이 흐른 다음 거대한 짐승이 물 위로 자신의 몸을 거의 다 드러내 놓고 꼬리로 바닷물을 쳐서 거품을 만들어 냈다. 마침내 기회가 찾아왔고, 포경선 대포에서 커다란 작살이 발사되면서 그 거대한 짐승의 몸에 들어가 박혔다. 그런 다음 얼마 안 되어 고래는 죽었고, 보트에서 가져온 깃발들이 고래의 사체에 꽂혔으며, 이제부터 고래 사체를 포경선 옆으로 끌고 가는 길고도 지루한 작업이 이어졌다.

그러는 동안 포경선의 목수는 고래의 지방을 떠내는 데 필요한 기다랗고 날카로운 삽들을 만드는 작업에 바빴으며, 다른 한편으로 일부 다른 사람들은 기중기를 다루기 위한 준비에 나섰다. 고래 사체가 포경선 옆으로 옮겨

지면, 사체가 물 아래 가라앉는 것을 방지하기 위해 고리를 걸어 놓은 다음, 삽과 도끼를 이용해 거대한 턱 부분을 잘라 내고 기중기를 이용해 갑판 위로 들어올렸다. 기중기 주위에서 일하는 사람들은 고래 사체 부분들을 끌어 올리는 작업을 하면서 노래를 계속 흥얼거렸다. 턱 부분이 갑판 위로 떨어지자, 3~4명 되는 사람들이 삽을 가지고 그것을 커다란 덩어리들로 잘라 해체해 놓았는데, 사람들은 그것을 '말 한 마리 덩어리'라 불렀다. 이것들은 나중에 잘게 썰어서 갑판 위에 있는 커다란 솥에 넣고 시식을 하게 된다. 그리고 나머지 고래 사체에서 먼저 두꺼운 지방층을 벗겨 내어 기다란 덩어리들로 자른 후 기중기로 들어 올렸다. 이런 식으로 고래 사체는 바다에서 천천히 위아래로 굴려지면서 기다란 덩어리들로 분해됐다. 기다란 덩어리들이 갑판 위로 올라오면, 여러 명이 달라들어 작은 덩어리들로 세분하여 '말고기 덩어리'들로 만든 다음, 갑판 아래쪽에 있는 저장실로 던져 넣었다.

이런 작업 중에서 가장 재미있는 부분은 보통 침대 크기만한 거대한 혀를 기중기로 들어 올리는 일이었다. 그것은 너무 무거워서 범선 전체가 기울어지고 돛대가 휘청거리기도 한다. 또한 무게가 약 725kg에 달하는 뼈가 들어 있는 거대한 턱 부분을 들어 올리는 일도 아주 재미있었는데, 턱 부분을 기중기로 들어 올리면, 그 매달려 있는 모습이 마치 12~14명을 수용할 수 있는 커다란 검은 텐트를 세워 놓은 모습과 닮아 있었다.

포경선 선장이 기름으로 미끌미끌한 갑판 위에 산처럼 쌓여 있는 고래 지방들을 가리키며 말했다.

"여러분들, 저걸 보시오. 저것들은 당신들 육지에 사는 사람들에게는 아주 더럽고 쓸모없는 것으로 보일 수도 있지만, 우리에게는 금과도 같이 소중한 것입니다. 저것이 바로 우리 고래잡이 어부들로 하여금 편안한 가정을 버리고 이곳으로 오게 하는 유인물인 것입니다. 우리 어부들은 이런 길도 없는 바다를 헤치고 다니며, 비좁은 선실도 마다하지 않고, 생명을 위협하는 온갖 고난을 다 겪으면서도 이곳으로 오게 되는 것입니다. 하지만 이런 고래들을 잡게 되면, 저것 한 덩어리에서 120, 150, 혹은 200통의 기름을 얻게 되고, 그것은 우리가 고생한 것 이상의 보상을 해주게 되는 것입니다. 당신 육지 사람들은 극장, 각종 스포츠 경기 등의 여러 오락거리들을 즐길 수 있겠지만, 우리는 이것만큼 더 재미있는 오락거리는 없다고 생각합니다."

이것은 해안가에 있는 원주민들에게도 풍요로운 수확이었고, 그들은 이것을 모든 용도에 이용했다. 10여 척의 비데라가 고래 사체 주변에 몰려들었고, 남녀노소 할 것 없이 모두가 고기를 얻으려고 칼을 들고 왔다. 그들은 사체에 달려들어 먼저 두꺼운 지방층을 벗겨 낸 다음, 드러난 순 살코기를 커다란 덩어리들로 잘라 내어 보트로 가져가서 내일의 양식으로 삼았다.

나는 그들이 그렇게 게걸스레 고기를 먹어치우는 것을 본 적이 없었다. 굶주린 개들도 그렇게 많이는 먹지 못할 것이다. 그들은 해체 작업에 들어가기 전에, 먼저 따뜻한 피가 질질 흐르는 기다란 덩어리 고기를 잘라 낸 다음, 입으로 그 한쪽 끝을 물고 고기를 씹어 먹기 시작하면서 동시에 사체를 자르고 떼어 내는 등의 분해 작업을 하여 자기 몫의 고기들을 보트에 실어 날랐다. 순식간에 그들의 몸은 머리에서 발끝까지 빨간 피로 물들어 있었다.

우리는 벌클리 대령이 탄 나이팅게일(Nightingale) 호가 도착하기를 기다리고 있었는데, 그는 샌프란시스코를 출발하여 일본을 경유한 다음 오기로 돼 있었다. 너무나 오래 도착하지 않았으므로, 그와 그의 배의 안전이 걱정됐는데, 9월 6일 드디어 그가 도착했다. 이로써 우리는 집으로 돌아가는 여행에 나서게 됐고, 오래지 않아 우리는 돛을 활짝 펴고 미끄러지듯 나아가 베링 해를 통과하면서 다시 한 번 문명 세계를 향해 나아가게 됐다. 우리는 22일간의 짧고도 즐거운 항해를 끝내고 다시 문명 세계에 도착했다.

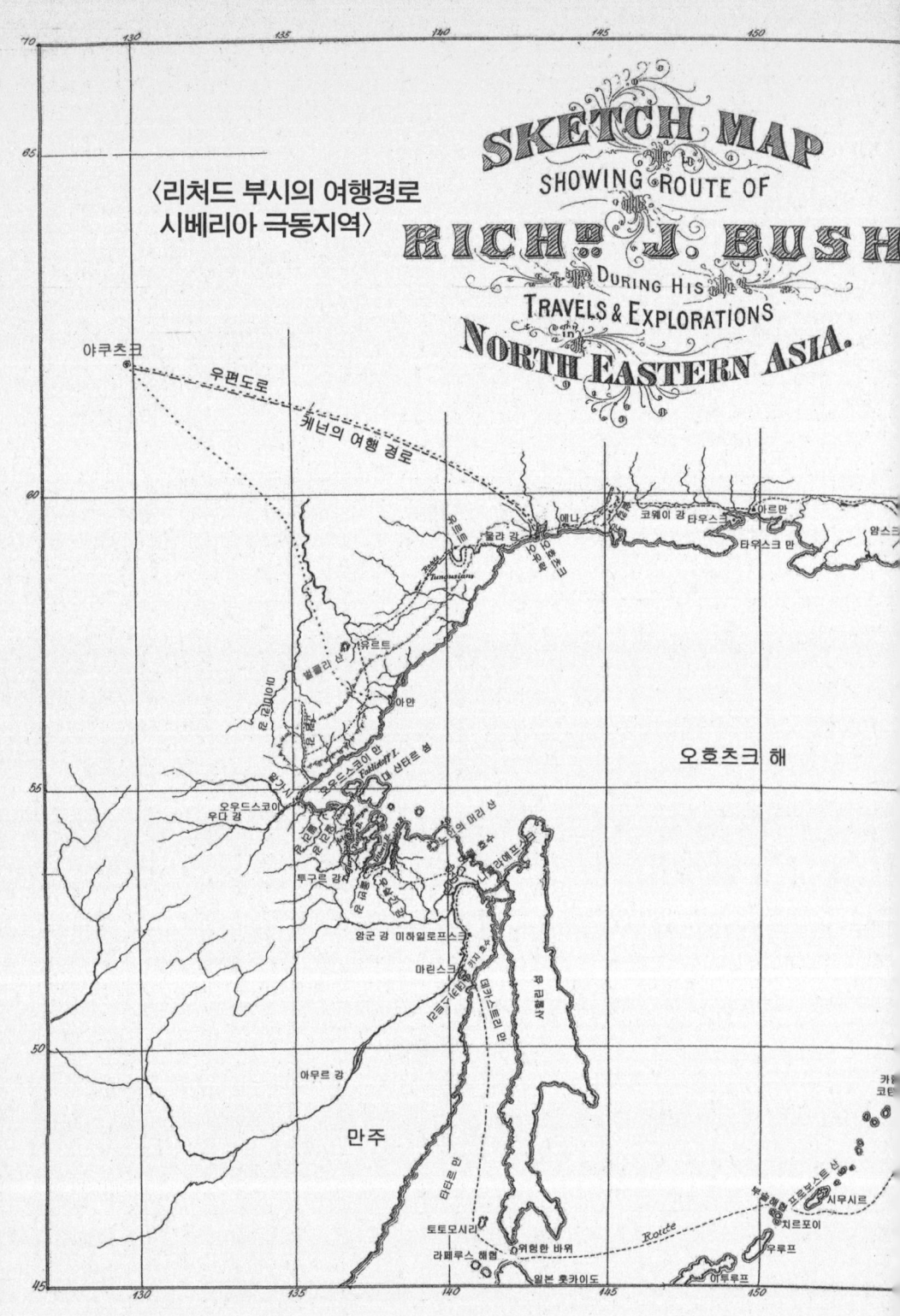